E-Book inside.

Mit folgendem persönlichen Code erhalten Sie die E-Book-Ausgabe dieses Buches zum kostenlosen Download.

62018-dgw6p-
56r01-141tg

Registrieren Sie sich unter **www.hanser-fachbuch.de/ebookinside** und nutzen Sie das E-Book auf Ihrem Rechner*, Tablet-PC und E-Book-Reader.

* Systemvoraussetzungen:
Internet-Verbindung und Adobe® Reader®

Schwab

Geschäftsprozessmanagement mit Visio, ViFlow und MS Project

Josef Schwab

Geschäftsprozessmanagement
mit Visio, ViFlow und MS Project

3., überarbeitete Auflage

HANSER

Der Autor:

Josef Schwab, Berlin

Alle in diesem Buch enthaltenen Informationen, Verfahren und Darstellungen wurden nach bestem Wissen zusammengestellt und mit Sorgfalt getestet. Dennoch sind Fehler nicht ganz auszuschließen. Aus diesem Grund sind die im vorliegenden Buch enthaltenen Informationen mit keiner Verpflichtung oder Garantie irgendeiner Art verbunden. Autor und Verlag übernehmen infolgedessen keine juristische Verantwortung und werden keine daraus folgende oder sonstige Haftung übernehmen, die auf irgendeine Art aus der Benutzung dieser Informationen – oder Teilen davon – entsteht.

Ebenso übernehmen Autor und Verlag keine Gewähr dafür, dass beschriebene Verfahren usw. frei von Schutzrechten Dritter sind. Die Wiedergabe von Gebrauchsnamen, Handelsnamen, Warenbezeichnungen usw. in diesem Buch berechtigt deshalb auch ohne besondere Kennzeichnung nicht zu der Annahme, dass solche Namen im Sinne der Warenzeichen- und Markenschutz-Gesetzgebung als frei zu betrachten wären und daher von jedermann benutzt werden dürften.

Bibliografische Information der Deutschen Nationalbibliothek:

Die Deutsche Nationalbibliothek verzeichnet diese Publikation in der Deutschen Nationalbibliografie; detaillierte bibliografische Daten sind im Internet über http://dnb.d-nb.de abrufbar.

Lektorat: Brigitte Bauer-Schiewek
Copy editing: Petra Kienle, Fürstenfeldbruck
Herstellung: Irene Weilhart
Layout: Manuela Treindl, Fürth
Umschlagdesign: Marc Müller-Bremer, www.rebranding.de, München
Umschlagrealisation: Stephan Rönigk
Druck und Bindung: Kösel, Krugzell
Ausstattung patentrechtlich geschützt. Kösel FD 351, Patent-Nr. 0748702
Printed in Germany

Print-ISBN: 978-3-446-43161-4
E-Book-ISBN: 978-3-446-43277-2

Inhalt

Vorwort

Zu den verwendeten Programmen und Versionen

Zur Prozessdarstellung arbeite ich hier zunächst mit

Microsoft Visio 2013

Parallel, um eventuelle Unterschiede beschreiben zu können, auch mit

Microsoft Visio 2010

Die Unterschiede sind jedoch für die hier beschriebenen Aufgaben minimal. In Kapitel 4 wird im Abschnitt 4.5.4 „Unterprozesse" ein funktionaler Unterschied beschrieben, der darin besteht, dass es in der neueren Version einfacher ist, Unterprozesse aus bestehenden Prozessen zu schöpfen. Dort werden beide Verfahren beschrieben. Ich hoffe, dass die Anwender jeder dieser Versionen damit zurechtkommen.

Dann arbeite ich mit der aktuellen Version

ViFlow 5.0

Ich meine allerdings, dass man auch mit den früheren Versionen von ViFlow die hier gezeigten Vorgehensweisen nachvollziehen kann, da ViFlow über eine sehr gute Hilfe verfügt, außerdem ein „Schnellzugang" und sogar das Handbuch in elektronischer Form mitgeliefert werden.

ViFlow 5 arbeitet mit der Version Visio 2007 oder höher zusammen. Empfohlen wird die Version Visio 2010, da in der Programmversion Visio 2013 noch ein Bug sei, der die Darstellung im Web (als HTML) unscharf mache.

Im letzten Kapitel, wenn wir die Prozesse aus ViFlow nach MS Project exportieren, arbeite ich mit der neuesten Version

MS Project 2013

Allerdings sehe ich keine Unterschiede zur Version

MS Project 2010

Das ist in der Anwendung hier identisch.

Ich habe den Export auch nach Project 2007 getestet, das funktioniert genauso. Allerdings hat Project 2007 eine andere Menüführung, das muss man dann analog anwenden. Das dürfte aber für etwas geübte Project-Benutzer, und an die wende ich mich in diesem Teil, keine Schwierigkeit darstellen.

Kurze Erläuterung des Aufbaus des Buchs und des Inhalts der einzelnen Kapitel

Das **erste Kapitel** erzählt etwas über meine persönlichen Erfahrungen mit und meinen Zugang zu dem Thema. Es entwickelt einige Vorüberlegungen zum Verhältnis von Geschäftsprozessmanagement und Projektmanagement, meiner Meinung nach Zwillinge im Geiste. Es enthält auch einige einleitende Bemerkungen zu den dazu eingesetzten Programmen. Am wichtigsten für die Leser, die eine Zertifizierung ihres Qualitätsmanagements anstreben, ist der Teil zur *DIN-ISO-Norm 9001:2008*.

Das **zweite Kapitel** geht auf die Ideengeschichte der Prozessanalyse ein. Es ist ja vielleicht nützlich zu wissen, was andere kluge Menschen sich schon früher zu diesem Thema gedacht haben. Und einige Kenntnisse über ökonomische Theorie können auch nicht schaden. Es werden die meiner Meinung nach zentralen zwei Begriffe für die Prozessanalyse entwickelt, *Ressourcenproduktivität* und *Prozessproduktivität*. Wenn Sie eine Abneigung gegen theoretische Gedanken haben, werden Sie allerdings vielleicht später Probleme haben, die praktischen Probleme, die sich aus diesen beiden Logiken ergeben, nachvollziehen zu können.

Das **dritte Kapitel** erläutert die Vorgehensweise und Inhalte, wenn Sie ein *Projekt Geschäftsprozessanalyse* durchführen möchten. Das kann man ja tun, um die Abläufe im Unternehmen oder in der Abteilung zu optimieren oder/und um eine Zertifizierung für ein Qualitätsmanagementsystem zu erlangen. Ich hoffe, dass es viele praktisch verwertbare Tipps enthält, jedenfalls auch einen Projektplan.

Das **vierte Kapitel** hat die Darstellung von Geschäftsprozessen mit dem Programm Microsoft Visio zum Inhalt - vom frühesten Beginn über Sprungreferenzen und Unterprozesse bis hin zur Erfassung und Darstellung von Daten, das ganze Programm. Da darf natürlich auch der Export als HTML für die Darstellung im Browser nicht fehlen. Und da die *BPMN*-Methode (BPMN, Business Process Model and Notation) gerade einen modischen Hype hat, gebe ich auch dazu meinen Senf.

Das **fünfte Kapitel** behandelt die Erfassung von Geschäftsprozessen mit dem Programm ViFlow. Dieses hinterlegt die grafischen Elemente aus Visio mit einer Datenbank. Dies hat viele Vorteile, unter anderem den, dass man erfasste Prozesse mehrmals verwenden kann, aber nur einmal pflegen muss. Außerdem hat es ein sehr leistungsfähiges *Webmodell* (Export nach HTML) und einen *Reporter* (so man den dazu kauft), mit dem man die Daten komfortabel auswerten kann.

Das **sechste Kapitel** hat die Optimierung der Prozesse mit dem Programm Microsoft Project zum Inhalt. Aus der Datenbank von ViFlow kann man die Prozesse nach MS Project exportieren und dessen Rechenkapazitäten nutzen. Für mich ist das dann der „harte Kern" der Prozessanalyse, wenn man Durchlaufzeiten errechnen (auch für Simulationen alternativer Verläufe) und auch die Prozesskosten zumindest annäherungsweise berechnen kann. Dazu benötigt man allerdings gute Kenntnisse von MS Project, die ich hier voraussetze.

Im **Anhang** stellen die Gastautoren Stefan Becker und Thomas Heidkamp ein komprimiertes Vorgehensmodell für eine *prozessorientierte QM-Dokumentation* dar. Besonderen Wert legen sie auf das *Change Management*, mit dem sich entscheiden kann, ob ein solches Projekt erfolgreich wird oder nicht. In der Schilderung der Anwendung der Software betonen sie das

Dokumentenhandling und – für mich besonders wichtig – die Fragen der Modellierung, d. h. der *Modellbildung*. Insofern meine ich, dass das eine gute Ergänzung zum vorhergehenden Teil ist.

Die in diesem Buch verwendeten Dateien stehen hier zum Download bereit:

http://www.schwab-gpm.de

Wenn Sie Fragen oder Wünsche haben oder mit mir diskutieren möchten (scheuen Sie sich nicht), erreichen Sie mich unter

schwab@schwab-pm.de

■ Danksagungen

Ganz kurz und knapp: Dank an alle, die mich in dieser Zeit begleitet haben, und insbesondere die, die mich öfter, nachhaltig, aber freundlich, aufgefordert haben, das Buch endlich zu beginnen, daran weiterzuarbeiten und es fertigzustellen. Das waren vornehmlich die Mitarbeiter des Hanser Verlags und die vielen Interessenten, die das Vorgängerbuch (aus 2006) nicht mehr abbekommen haben. (Dies erreichte im antiquarischen Handel astronomische Preise.)

Einen möchte ich doch namentlich erwähnen und das ist Herr Dr. Witowski von der Bayer Pharma AG. Er ermöglichte es mir, im Rahmen eines Projektes zur Prozessoptimierung die Software anzuwenden. In der praktischen Arbeit erkennt man dann auch die Grenzen der Tools – besonders Dr. Witowski rast mit traumwandlerischer Sicherheit an diese Grenzen mit seinen Anforderungen als Power-Anwender. Dabei habe ich viel gelernt.

Dann danke ich meinem Sohn Jakob für die Gespräche mit mir trotz seiner knappen Zeit. Er ist dabei, in Makroökonomie zu promovieren. In seinem aus dem Amerikanischen entlehnten Sprachgebrauch fasst er seine Erfahrung zusammen: „Am Ende des Tages ist es die Modellbildung, mit der die Wissenschaft beginnt. Hier entscheidet sich die Qualität." Auch für die Mikroökonomie – die Prozessanalyse ist sicherlich ein Teil davon – kommt es von Anfang an auf die Art der Modellbildung an. Einfachheit bringt Klarheit. Ohne praktikable Abstraktionen kann man gar nicht arbeiten und Prozesse schon gar nicht erfassen und optimieren.

Bilden Sie praktikable und realistische Modelle, haben Sie Mut zur Abstraktion und haben Sie dann Erfolg mit dem Gestalten Ihrer Prozesse – ein wenig Spaß macht es dann auch.

Berlin, im Juli 2013

Josef Schwab

1 Einleitung

1.1 Mein Zugang zum Thema

Was sind Geschäftsprozesse? Geschäftsprozesse sind Handlungen in ihrer Abfolge, die unternommen werden, um Güter oder Dienstleistungen für andere zu erstellen. So erleben wir Geschäftsprozesse täglich – als Opfer und als Täter. Wir erleben als Kunde das Produkt eines Prozesses – sei es, dass wir ein Buch oder eine Schallplatte kaufen oder eine Mahlzeit in einem Restaurant einnehmen. Jeder, der seine Brötchen mit Arbeit verdient, ist Teil (ein „Rädchen") eines Prozesses – er erhält Material oder Informationen, bearbeitet diese weiter und liefert das Ergebnis seiner Tätigkeit an andere (externe oder interne Kunden) weiter. Von der Differenz zwischen dem Wert der Zulieferung und dem Wert seiner Auslieferungen hofft er oder das ihn beschäftigende Unternehmen, leben zu können.

Wir spüren oft, dass an diesem Prozess etwas nicht stimmt – warum ist der Verkäufer so unfreundlich, warum das Bier lauwarm und das Essen kalt, warum begeht der Arbeitskollege immer wieder den gleichen Fehler? Unsere erste Reaktion besteht darin, dies dem Menschen, mit dem wir es zu tun haben, zuzurechnen, es als eine menschliche Fehlleistung zu interpretieren. Jedoch, wenn sich diese Fehlleistungen wiederholen, sollten wir doch tiefer gehen und bemerken, dass der Mensch und das Produkt, das er liefert, Teil einer Kette ist – Bestandteil bzw. Ergebnis eines Prozesses eben. Oft kann er gar nicht anders, weil er angewiesen ist, eine vorbestimmte Handlungsfolge auszuführen, weil er es so gewohnt ist oder weil schon das, was er bekommt, sich in einem so jämmerlichen Zustand befindet, dass keine wesentliche Verbesserung mehr möglich ist. Wenn wir eine Sensibilität dafür entwickeln, dass es nicht die einzelnen Akteure sind, sondern die Ergebnisse einer für uns zunächst unsichtbaren Handlungskette, dass die Waren und Dienstleistungen, die uns gegenübertreten, das Ergebnis eines Prozesses sind, sind wir reif für die Prozessanalyse.[1]

Dies gilt auch und gerade für Dienstleistungen, die wir in Anspruch nehmen wollen oder müssen. Die Verwaltung, auch die staatliche, erbringt Dienstleistungen, sei es die Erteilung einer KFZ-Zulassung oder die Verlängerung eines Personalausweises. Obwohl es schwer fallen mag, ist es gerade hier notwendig, nicht den einzelnen ausführenden Menschen, sondern die Prozesskette zu sehen, die zwar verständlichen, aber sicher oft unnötigen Ärger hervorruft.

---

[1] Das soll natürlich nicht individuelle Verantwortlichkeiten leugnen oder verkleinern. Nur sind normale Menschen keine Helden und eine Organisation darf nicht so aufgebaut sein, dass nur bei permanenter Nichtbeachtung der Regeln ein vernünftiges Ergebnis herauskommt. Bevor wir den Menschen vorwerfen, keine Helden zu sein, müssen wir die Regeln ändern.

Ich glaube, dass ein Schuss Menschenfreundlichkeit notwendig ist, um eine Empfindlichkeit für Handlungsfolgen, in die Individuen eingebunden sind, zu gewinnen. Prozessanalyse ist den Menschen freundlich gesonnen, denn sie versucht, die Umstände zu verbessern, unter denen die Menschen handeln, um bessere Ergebnisse zu erzielen.

Mein erstes und entscheidendes Erlebnis hatte ich gleich zu Beginn meines Berufslebens, als ich als Lehrling („Auszubildender") in einem Verlag eine bestimmte Tätigkeit wiederholt auszuführen hatte. Es ging um das Ausschneiden von Zeitungsartikeln mit Besprechungen von Büchern dieses Verlags und deren Bewertung (gut – schlecht, wichtig – unwichtig etc.). Der Zeitungsausschnitt wurde auf eine Karteikarte geklebt, die Bewertung mit einem farbigen Reitersystem kenntlich gemacht und die Karteikarte einsortiert. Ich machte den Verbesserungsvorschlag, zunächst eine größere Anzahl von Zeitungsausschnitten zu sammeln, dann jeweils zu bewerten und anschließend die Einheit der größeren Gruppe weiterzuverarbeiten. Fachlich gesprochen wollte ich die „Losgröße" verändern, um produktiver zu werden. (Ein verstecktes Motiv – ich gebe es zu – mag gewesen sein, eine größere Zeiteinheit ohne Unterbrechung Zeitung lesen zu können.) Wenn Sie meinen Ausführungen im ersten Kapitel noch folgen, werden Sie erkennen, dass ich die „Ressourcenproduktivität" durch eine Vertiefung der internen Arbeitsteilung erhöhen wollte. Die Antwort der mich anleitenden Assistentin war wortwörtlich: „Das haben wir jetzt schon zehn Jahre so gemacht und dabei bleibt es." Es gab weder eine Überlegung noch eine Diskussion, ob das sinnvoll sei. Als junger Mensch sah ich nur den bornierten Menschen vor mir, der mir eine unsinnige Vorschrift machte – heute ist es ein Beispiel für eine historisch gewachsene Organisation, die sich natürlich von einem Lehrling nichts sagen, geschweige denn verändern lässt, und meine erste Erfahrung mit Prozessanalyse.

Als ein weiteres Beispiel noch ein Erlebnis neueren Datums, das mich zusätzlich motivierte, mich mit diesem Thema zu beschäftigen und dieses Buch zu schreiben.

Inzwischen leidlich erfolgreicher Trainer und Berater in der Anwendung von Programmen zum Projektmanagement, übersah ich in der Tat bei einer Reisekostenabrechnung für einen Auftrag den Ausweis der enthaltenen Mehrwertsteuer auf einer S-Bahn-Karte. Ich wählte freiwillig die S-Bahn vom Flughafen statt eines Taxis, um dem Auftraggeber Kosten zu sparen. Bei dem strittigen Betrag handelte es sich um € 0,60 (= 19 % Mehrwertsteuer von € 3,80). Das Telefonat zwischen dem Rechnungsprüfer meines Auftraggebers in Frankfurt am Main und mir in Berlin dauerte ca. 10 Minuten, ich hatte ca. 15 Minuten zusätzliche Arbeit für Korrektur, Ausdruck und Versand der neuen Rechnung, und die Arbeit des Rechnungsprüfers bestand natürlich darin, das zu kontrollieren. Kosten der Aktion mindestens 100 €, Vollkostenrechnung weit mehr. Beim nächsten Auftrag für den gleichen Auftraggeber nahm ich das Taxi mit dem (gewohnten) Mehrwertsteuerausweis statt der S-Bahn. Das kostete den Auftraggeber ca. 30 € mehr, aber für den Rechnungsprüfer gab es nichts zu beanstanden.

Ein enorm effektiver Rechnungsprüfer (er kann sicher eine stolze Statistik vorweisen, in wie vielen Abrechnungen er Fehler entdeckt!) überzeugte mich davon, dass bei dieser Firma – sie gilt als sehr gut geführt – der Prozess der Abrechnungsbearbeitung insgesamt unproduktiv war. Dies trug zu meiner Sensibilisierung bei, sowohl mein eigenes Handeln als auch das Handeln anderer Menschen nicht mehr als unvermeidbares menschliches Unvermögen zu betrachten, sondern das jeweilige Eingebundensein in Abläufe und Prozesse zu erkennen und diese nach Möglichkeit zu verbessern.

1.2 Prozessanalyse und Projektmanagement

Als 1993 Michael Hammers und James Champys „Business Reengineering"[2] erschien, las ich es – wie viele – mit Begeisterung. Mit Spannung versuchte ich nachzuvollziehen, wie bei einem Versicherungsunternehmen oder einer Fast-Food-Kette die Prozesse völlig neu gestaltet wurden. Die berichteten Ergebnisse waren phänomenal: Die Bearbeitung eines Versicherungsvertrags verkürzte sich von zwei Wochen auf zwei Stunden! In einem anderen Beispiel erreichte man gleichzeitig mit einer Reduzierung des Küchenpersonals um 50 % eine Qualitätsverbesserung des Essens – gemessen in einer doppelt so hohen Kundenzufriedenheit. (Ich selbst bezweifle, ob diese Qualitätsverbesserung wirklich stattgefunden hat, aber mein Sohn, zurückgekehrt von seinem High-School-Jahr in den USA, bestätigte mir die Korrektheit derselben auf Grund seiner intensiven Feldstudien der dortigen Fast-Food-Gastronomie!).

Damals dachte ich, dass das Business Reengineering in dieser extremen Ausprägung des totalen Neugestaltens betrieblicher Abläufe nur die Unternehmen angehen würde, die echte Pioniere an ihrer Spitze stehen haben. Oder, was wohl öfter der Fall ist, Unternehmen, die sich in einer wirklichen Notsituation befinden bzw. denen das Wasser bis zum Hals steht. Ich glaube, die Erfahrung hat das bestätigt, so berichten die Akteure selbst.[3] Zum anderen schien mir das Gestalten der Geschäftsprozesse für das Unternehmen, mindestens aber je Branche oder Sparte, jeweils etwas Spezifisches zu sein. Der Ablauf der Bearbeitung eines Versicherungsvertrags schien mir nicht vergleichbar mit dem Prozess der Zubereitung eines mexikanischen Restaurantessens. Ich konnte kein verallgemeinerbares System in der Organisation und damit der Reorganisation der Geschäftsprozesse erkennen.

Ich wandte mich dem Projektmanagement zu, wie manche Leser wissen. Dies hat klare, ausgearbeitete methodische Grundlagen, ist trotzdem praktisch anzuwenden und hat eine zumindest ausreichende Unterstützung durch EDV-Tools. Meine Tätigkeit in den letzten Jahren war also vornehmlich dem EDV-gestützten Projektmanagement gewidmet und als Zusammenfassung meiner Erfahrungen entstanden meine Bücher zum Projektmanagement mit MS Project, zuletzt „Projektplanung mit Project 2010" im Carl Hanser Verlag.[4]

Inzwischen sehe ich viele Analogien zwischen Projektplanung und Geschäftsprozessanalyse. Beide erfassen einen schrittweisen Ablauf, indem die einzelnen Tätigkeiten gedanklich isoliert und modellhaft abgebildet werden. Modellhaft heißt, dass nur die entscheidenden Elemente dargestellt werden und Unwichtiges und Singuläres ausgeblendet wird, um das Systemische zu erfassen. Die Vorgänge bzw. Elemente des Prozesses werden mit weiteren uns interessierenden Informationen versehen, so z. B. der Zeitbedarf und die Ausführenden. Prozesse können (Unter-)Prozesse enthalten, die Details der Prozesse darstellen. In der Projektplanung ist das der Projektstrukturplan, der die Projektphasen darstellt, die jeweils Vorgänge auf detaillierteren Ebenen enthalten. Sowohl die Prozesse als auch die Vorgänge laufen in einer bestimmten Reihenfolge ab, die dargestellt werden muss. In der Projektplanung nennt man das Anordnungsbeziehungen.

---

2 „Business Reengineering", Michael Hammer/James Champy, deutsche Übersetzung Frankfurt/Main 1994

3 „Das prozesszentrierte Unternehmen. Die Arbeitswelt nach dem Reengineering", Michael Hammer, Frankfurt/Main 1997

4 „Projektplanung mit Project 2010. Ein Praxisbuch für alle Project-Anwender", Carl Hanser Verlag, München 2011

Ein guter Projektplan ist die Darstellung eines Prozesses, der das Projektergebnis zum Ziel hat. Ein Projekt ist ein in die Zukunft geplanter Prozess. In der Entwicklung der Disziplin ergab sich deshalb von Anfang an das Bedürfnis, den Zeitbedarf berechnen zu können. In jedem ernstzunehmenden Programm zum Projektmanagement ist deshalb eine Berechnungsmethode eingebaut, Netzplantechnik oder Methode des kritischen Weges genannt, die den Zeitbedarf, damit die Termine und die Auslastung der eingesetzten Ressourcen, errechnet.

Wenn nun mit der Netzplantechnik die (geplanten) Projektlaufzeiten errechnet werden können, warum nicht auch die Durchlaufzeiten und einige andere der Schlüsselgrößen (KPI = Key Performance Indicators) der erfassten Prozesse?

Die mit den GPM-Tools möglichen Analysemethoden spielen bei deren Beurteilung eine wichtige Rolle, denn sie sind die Voraussetzung von Simulation und Szenariovergleichen. So werden in der jüngsten Studie des Fraunhofer-Instituts für Arbeitswissenschaft die Analyseaspekte Durchlaufzeit, kritischer Pfad und Kosten ausdrücklich abgefragt.[5] Wenn in der Erfassung eines Prozesses der Ablauf dargestellt ist und der Zeitbedarf der einzelnen Prozessschritte (natürlich einschließlich Leerlaufzeiten) bekannt ist, können mit einem Programm, in das die Netzplantechnik implementiert ist, die Durchlaufzeiten der Prozesse berechnet werden. Noch viel wichtiger ist: Man kann sowohl die Prozesse identifizieren, die den Zeitbedarf bestimmen (die kritischen Vorgänge auf dem kritischen Weg) als auch die Ressourcenengpässe.

Damit lassen sich verschiedene, alternative Prozesse entwerfen und jeweils auf ihr Engpassverhalten und ihre Durchlaufzeiten untersuchen. Das nennt man wohl „statische Optimierung" im Gegensatz zu einer „dynamischen", doch kann man dabei die Parameter selbst verändern; man bestimmt selbst die möglichen alternativen Abläufe und sieht die Auswirkungen der Veränderungen. Das wird vielleicht nicht als ideale Lösung angesehen, da das Tool nicht selbst die Berechnung des optimalen Ablaufs durchführt, sondern nur den Zeitbedarf und die Engpässe der von uns, den Benutzern, eingegebenen alternativen Abläufe berechnet. Ich bin jedoch der Meinung, dass die Berechnung alternativer, vom Konstrukteur des Prozesses durchgespielter Handlungsfolgen sehr viel realistischer und praxisgerechter ist als die Optimierung durch einen programmierten Algorithmus, den wir nicht selbst beeinflussen können und von dem wir im Prinzip nicht wissen, wie und was er optimiert.[6]

Aus diesen Vorüberlegungen ergibt sich unser Vorgehen hier im Buch:

Mit Microsoft Visio® können Geschäftsprozesse einfach grafisch erfasst und dargestellt werden. Für viele Anwender, die nur gelegentlich Prozesse darstellen wollen und keine vertieften Analysen benötigen, ist dies wahrscheinlich ausreichend.

Speziell für die Erfassung von Geschäftsprozessen ist das Programm ViFlow® (es nutzt das Microsoft Visio® als Grafikteil) konzipiert. Mit ViFlow können sehr viel mehr prozessspezifische Informationen aufgenommen werden. Es speichert die Elemente der erfassten Prozesse in einer Datenbank und stellt damit nicht nur einen höheren Komfort (Prozesse können

[5] „Business Process Management Tools 2011", Spath, Weisbecker, Kopperger, Nägele (Hrsg.), Fraunhofer Institut für Arbeitswissenschaft und Organisation IAO, Stuttgart 2011

[6] Ähnlich dem programmierten Kapazitätsabgleich in den Programmen zum Projektmanagement. Auch dort bin ich der Meinung, dass die qualitative Aufgabe der Optimierung des Ressourceneinsatzes mit dem Kopf des Projektleiters (mit Unterstützung der Visualisierung der aktuellen Datenlage durch das Tool) allemal praxisgerechtere Lösungen generiert als der programmierte Algorithmus des Programms (siehe Josef Schwab: „Projektplanung mit MS Project 2010", S. 298 ff.)

mehrmals verwendet werden, müssen aber nur einmal gepflegt werden), sondern für die Analyse auch wesentlich mehr Auswertungsmöglichkeiten zur Verfügung. Allerdings verfügt ViFlow ebenfalls über keinen internen Rechenalgorithmus.

Die mit ViFlow in den Datenbanken gespeicherten Informationen können dann in das Projektplanungstool MS Project® übertragen werden. Dort können mit Hilfe der Netzplantechnik Durchlaufzeiten berechnet sowie Engpassanalysen vorgenommen werden. Es ist dann auch eine Simulation alternativer Verläufe möglich.

Es gibt natürlich andere Programme, die speziell für die Geschäftsprozessoptimierung geschaffen wurden. Mein Eindruck, der durch Untersuchungen gestützt wird[7], ist, dass diese Programme sehr komplex sind und deshalb Anwender, die sich nicht hauptberuflich mit dieser Aufgabe beschäftigen, überfordern. Außerdem spielen sie auch in einer anderen Preis-Liga. Die Lage erscheint mir wie zu früheren Zeiten der Projektmanagementsoftware: zu komplex und zu teuer! Ich versuche hier, einen Weg zur Geschäftsprozessdarstellung und -optimierung zu finden, den auch die Programme zum Projektmanagement und die immer größer werdende Gemeinde ihrer Anwender gegangen sind und gehen: so einfach (und preiswert) wie möglich und deshalb auch von Menschen anwendbar, die ihre Zeit noch für etwas anderes benötigen. Schließlich mit Unterstützung durch EDV-Programme, die auch deshalb preiswert sind, weil sie für eine große Zahl von Anwendern geeignet sind.

1.3 Ein anderer Zugang: die DIN-ISO-Norm: 9001:2008

1.3.1 Prozessorientiertes Qualitätsmanagement

Am 14. November 2008 ist eine Revision der ISO 9000:2000 erschienen, die jetzt eben die DIN ISO EN 9000:2008 ist. Diese stellt jedoch nur eine minimale Überarbeitung der bisherigen ISO-Norm 9000:2000 dar. Es hat nur geringe Änderungen des Wortlauts gegeben, an der grundlegenden Aussage der Prozessorientierung und an den acht Grundsätzen des zu zertifizierenden Qualitätsmanagementsystems hat sich nichts geändert.[8]

Bevor wir die Anforderungen der Norm für zertifizierte Qualitätsmanagementsysteme an die **Dokumentation und permanenten Verbesserungen der betrieblichen Prozesse** darstellen, einige kurze Bemerkungen zu Rolle, Aufgaben und Grenzen solcher Normen.

Eine Norm für eine Zertifizierung, z. B. eines Qualitätsmanagementsystems, ist jedenfalls auch aus dem Gedanken oder mit der Absicht entstanden, bestimmte Verfahren in der Breite

[7] „Potentiale, Grenzen und Erfolgsfaktoren des Einsatzes von GPO-Tools in GPO-Projekten", Lullies/Pastowsky/Grandke, unveröffentlichter Bericht aus einer Projektgemeinschaft, Siemens AG, München 1998; siehe ebenso die in Fußnote 5 genannte Studie des Fraunhofer Institut für Arbeitswissenschaft und Organisation IAO, Stuttgart 2011.

[8] Zu den Änderungen siehe „DIN EN ISO 9001:2008 - Änderungen und Auswirkungen", Beuth Verlag, 4. Auflage 2009, Hrsg. DIN Deutsches Institut für Normung e. V.

der Wirtschaft einzuführen. Damit will man den Beziehern von (Vor-)Produkten eine gewisse Sicherheit hinsichtlich deren Qualität geben, allerdings nicht direkt über die Qualität der Produkte, sondern darüber, dass die Lieferanten über ein Qualitätsmanagementsystem verfügen, welches der Norm entspricht.

Die Norm dient dazu, „Vertrauen in die Fähigkeit eines Lieferanten zu gewinnen, dass er festgelegte Mindestanforderungen an sein Qualitätsmanagementsystem erfüllt". Dieses Vertrauen soll dadurch geschaffen werden, dass er ein(e) diese Normen erfüllende(s) „Qualitätsmanagementsystem oder Qualitätsmanagementdarlegung" besitzt. So lautet die Norm in der Fassung von 1994, die es großzügiger Weise dem Normenanwender gestattet, beide Begriffe zu benutzen.[9]

Zunächst einmal: Es ist eine genuine Aufgabe des Marktes, bessere von schlechteren Produzenten oder Zulieferern zu trennen. Ein Lieferant, der schlechte Qualität liefert, wird früher oder später von der Liste der Zulieferer gestrichen. Der Markt hat die natürliche Aufgabe der Auslese und, wenn der Markt funktioniert, dann doch wesentlich auch in der Auslese nach Qualität. Es ist die ureigenste Aufgabe jedes Produzenten, seine Qualität beständig zu kontrollieren und zu verbessern und entsprechende Verfahren einzusetzen, will er nicht seine Kunden verlieren, sondern neue hinzugewinnen.

Eine definierte Norm, von welcher Stelle auch immer, doch von außerhalb des Markts gesetzt, ist ein marktfremdes Element. Wenn man also meint, durch externe Zertifizierungen bestimmte Verfahren propagieren oder durchsetzen zu müssen, ist man indirekt der Meinung, dass der Markt hier nicht hinreichend gut funktioniert. Dies trifft z. B. bei Sicherheits- oder Umweltstandards für die Produktion zu, wenn die Folgekosten als externe Effekte auf die Allgemeinheit abgewälzt werden können. Hier ist eine externe, meist von staatlichen, aber auch durch halbstaatliche Institutionen unterstützte Regulierung durch Normen (z. B. Emissions- oder Sicherheitsvorschriften) als Reaktion auf das Marktversagen sinnvoll und notwendig.[10]

Ich sehe für die Vermutung, dass die Auslesefunktion des Markts hinsichtlich der Qualität kein optimales Ergebnis erbringt, keinerlei Anlass. Ein Marktversagen für das Merkmal Qualität wird auch nicht ernsthaft behauptet.

Das marktlogische Argument für Zertifizierungen nach Normen ist die Reduzierung der Informationskosten für die Nachfrager. Wenn der Markt schwer überschaubar ist, könnten zuverlässigere Lieferanten durch die Existenz eines zertifizierten Qualitätsmanagementsystems von weniger zuverlässigen unterschieden werden. Dies ist jedoch zu bezweifeln, vor allem wenn es technische Entwicklungen gibt, die die Normierung schon zu dem Zeitpunkt überholt haben, zu dem die entsprechenden Gremien einen ausgewogenen Beschluss gefasst haben.[11] Solche Beschlüsse stellen Minimalkonsense dar, man einigt sich auf den kleinsten gemeinsamen Nenner. Was dann die Signalwirkung einer solchen Norm meines Erachtens in eine gefährliche Richtung bringen kann: Erfüllung der Norm heißt, dass man den minimalsten Standard hat, und für eine Verbesserung über diesen Standard hinaus gibt es weder Grund noch Anlass!

---

[9] Normensammlung Qualitätsmanagement und Zertifizierungsgrundlagen, Hrsg. DIN Deutsches Institut für Normung, DIN EN ISO 9001: 1994

[10] Oder man muss versuchen, besondere Qualitäten z. B. umweltschonender Produktionsverfahren am Markt zu kommunizieren und insofern vom Markt anerkennen zu lassen.

[11] Die entsprechenden DIN-Normen hatten bisher einen sechsjährigen Erneuerungszyklus: 1987, 1994, 2000.

So kann sich eine Norm, die das Gute will (nämlich durch ein eindeutiges, normiertes Signal die Auswahl unter Lieferanten zu erleichtern, ökonomisch ausgedrückt: Informationskosten über die Qualität der Lieferanten senken), ins Gegenteil verkehren: Sie zementiert einen niedrigen Stand, zumindest einen historisch überholten[12], und verhindert indirekt eine dynamische Fortentwicklung der eingesetzten Methoden, die der Markt eigentlich einfordert.

Dies ist meines Erachtens die Geschichte der bisherigen Normen DIN 9001 f. von 1994 bis heute: Die Handbücher über das Qualitätsmanagementsystem gibt es. Es gibt sie wirklich, irgendwo im Unternehmen[13], und welches Unternehmen ist nicht zertifiziert? Alle drei Jahre, wenn eine Re-Zertifizierung anstand (und jedes Jahr zum Überwachungsaudit), wurden die Handbücher wiedergefunden und entstaubt. Doch man hatte ja die Zertifizierung und in den Eingangsbereichen der Besucherbüros hängen die Urkunden, unübersehbar. Ebenso unübersehbar war, dass diese Norm keine Anstrengungen hervorrief, die betrieblichen Prozesse auf für die Qualität problematische Schnittstellen, Übergänge von Verantwortung und fehlerträchtige Medienbrüche wirklich zu überprüfen und neu zu gestalten.

Im Gegensatz zur früheren Norm versucht die Norm ab 2000, nicht mehr statische Verfahren, sondern **dynamisches Handeln** zur Maxime zu machen: „Die oberste Leitung[14] muss ihre Selbstverpflichtung bezüglich der Entwicklung und Verwirklichung des Qualitätsmanagementsystems und der **ständigen** Verbesserung der Wirksamkeit des Qualitätsmanagementsystems nachweisen ...“ (Absatz 5.1).[15]

„Die oberste Leitung muss das Qualitätsmanagementsystem der Organisation in geplanten Abständen bewerten, um dessen fortdauernde Eignung, Angemessenheit und Wirksamkeit sicherzustellen. Diese Bewertung muss die Bewertung von **Möglichkeiten für Verbesserungen** des und den **Änderungsbedarf** für das Qualitätsmanagementsystem einschließlich der Qualitätspolitik und der Qualitätsziele enthalten.“ (Absatz 5.6.1)

Aber nicht nur das Management, auch die Organisation insgesamt muss sich dynamisch verhalten: „Die Organisation muss die Wirksamkeit des Qualitätsmanagementsystems durch Einsatz der Qualitätspolitik, Qualitätsziele, Auditergebnisse, Datenanalyse, Korrektur- und Vorbeugemaßnahmen sowie Managementbewertungen **ständig verbessern**.“ (Absatz 8.5.1)

Bei Einführung eines endogen dynamischen Qualitätsmanagementsystems setzt man auf entschiedene Prozessorientierung. Wie eine Einführung in die Prozessanalyse liest sich die Einleitung zur Norm ISO 9001 (Absatz 0.2):

> **„Prozessorientierter Ansatz**
>
> Diese internationale Norm fördert die Wahl eines prozessorientierten Ansatzes für die Entwicklung, Verwirklichung und Verbesserung der Wirksamkeit eines Qualitätsmanagementsystems, um die Kundenzufriedenheit durch die Erfüllung der Kundenforderungen zu erhöhen.

---

[12] Ähnlich ist es mit den Zertifizierungen von Qualifikationen, die an bestimmte Verfahren gebunden sind, z. B. ganz bestimmte Software-Kenntnisse, die Institute oder gar die Hersteller selbst im Rahmen teurer Kurse vergeben.

[13] Neudeutsch: „Schrankware“. Dieses Schicksal teilen sie übrigens mit den meisten „eingeführten“ Projektmanagementhandbüchern.

[14] Es ist ja lobenswert, sich gegen das „Neudeutsch“, d. h. die unnötige Verwendung von Anglizismen, zu wehren. Aber die Verwendung des Begriffs „oberste Leitung“ statt Topmanagement finde ich hier doch gezwungen und – im historischen Kontext – fragwürdig.

[15] Die Bezeichnungen der Absätze beziehen sich auf „Normensammlung Qualitätsmanagement und Zertifizierungsgrundlagen“, Hrsg. DIN Deutsches Institut für Normung e. V., DIN EN ISO 9001:2008.

Damit eine Organisation wirksam funktionieren kann, muss sie zahlreiche miteinander verknüpfte Tätigkeiten erkennen, leiten und lenken. Eine Tätigkeit, die Ressourcen[16] verwendet und die ausgeführt wird, um die Umwandlung von Eingaben in Ergebnisse zu ermöglichen, kann als Prozess angesehen werden. Oft bildet das Ergebnis eines Prozesses die direkte Eingabe für den nächsten.

Die Anwendung eines Systems von Prozessen in einer Organisation, um das gewünschte Ergebnis zu erzeugen, gepaart mit dem Erkennen und den Wechselwirkungen dieser Prozesse sowie deren Management, kann als ‚prozessorientierter Ansatz' bezeichnet werden."

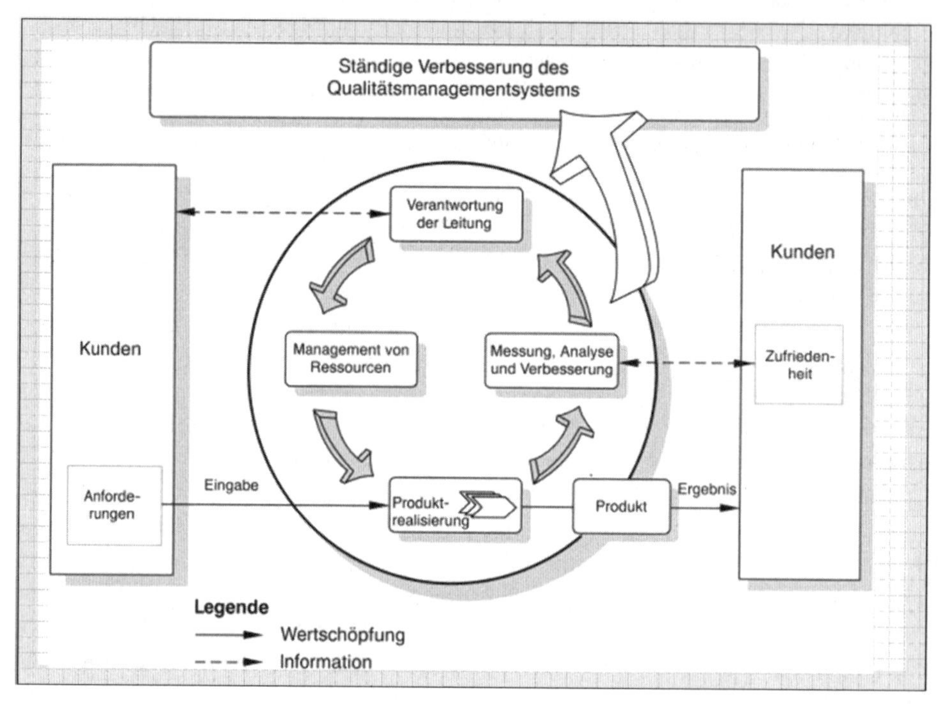

BILD 1.1 Prozessdarstellung der DIN EN ISO 9001:2000-12[17]

Die DIN ISO 9000:2008 enthält (gleich der von 2000) die folgenden acht Grundsätze:

- Kundenorientierung: Kundenzufriedenheit als entscheidendes Ziel
  Kundenerwartungen verstehen, erfüllen und danach streben, diese zu übertreffen
- Führung: weitgehende Verantwortung des Managements
  Das Management hat die Verpflichtung, sich um die ständige Verbesserung des Qualitätsmanagementsystems zu kümmern, und muss seine Wirksamkeit nachweisen.

[16] Wenn schon „oberste Leitung" für Topmanagement, dann bitte auch „Einsatzmittel" für Ressourcen!

[17] Wiedergegeben mit Erlaubnis des DIN Deutsches Institut für Normung e. V. Maßgebend für das Anwenden der Norm ist deren Fassung mit dem neuesten Ausgabedatum, die bei der Beuth Verlag GmbH, Burggrafenstraße 6, 10787 Berlin, erhältlich ist.

- Einbeziehung der Personen
  Nur die umfassende Einbeziehung der Personen ermöglicht es der Organisation, alle ihre Fähigkeiten zur Qualitätssicherung zu nutzen.
- Prozessorientierter Ansatz
  Die Wirksamkeit eines Qualitätsmanagementsystems und seine ständigen Verbesserungen werden dadurch sichergestellt, dass die betrieblichen Abläufe als Prozesse analysiert und einem ständigen Verbesserungsprozess unterworfen werden.
- Systemorientiertes Managementverständnis
  Das System der Organisation ist der Adressat der Prozessgestaltung. Das System besteht aus Prozessen.
- Ständige Verbesserungen und Überprüfungen
  Die ständige Verbesserung der Prozessabläufe ist das Ziel. Permanente Überprüfungen sollen Verbesserungspotentiale ausmachen. Qualitätsmanagement wird als dynamischer Prozess gesehen.
- Sachbezogener Ansatz zur Entscheidungsfindung
  Entscheidungen sollen sich auf nachprüfbare Zahlen, Daten und Informationen beziehen.
- Lieferantenbeziehungen zum gegenseitigen Nutzen
  Die Prozessorientierung wird über die Grenzen der eigenen Organisation hinaus ausgeweitet. Wenn die Lieferbeziehungen zum gegenseitigen Nutzen gestaltet werden, erhöht sich die entsprechende Wertschöpfung.

Kundenorientierung

Ausführlich wird im Abschnitt 7.2 die Kundenorientierung der Prozessgestaltung gefordert. Da die Organisation die Prozesse generiert, wird von ihr Folgendes verlangt:

> 7.2.1 **Ermittlung der Anforderungen in Bezug auf das Produkt**
>
> „Die Organisation muss Folgendes ermitteln:
>
> - die vom Kunden festgelegten Anforderungen einschließlich der Anforderungen hinsichtlich Lieferung und Tätigkeiten nach der Lieferung,
> - vom Kunden nicht angegebene Anforderungen, die jedoch für den festgelegten oder den beabsichtigten Gebrauch, soweit bekannt, notwendig sind."

Diese Prüfung der Kundenanforderungen muss vor einer Lieferverpflichtung vorgenommen werden (Abschnitt 7.2.2).

Hier wird im Prinzip ein Prozess der permanenten Überprüfung der Kundenanforderungen und deren Übereinstimmung mit den Fähigkeiten des eigenen Produktionsprozesses gefordert. Denn, so wird im Abschnitt über die „**Überwachung und Messung**" (8.2) als oberstes Ziel genannt:

> 8.2.1 **Kundenzufriedenheit**
>
> „Die Organisation muss Informationen über die Wahrnehmung der Kunden in der Frage, ob die Organisation die Kundenanforderungen erfüllt hat, als eines der Maße für die Leistung des Qualitätsmanagementsystems überwachen. Die Methoden zur Erlangung und zum Gebrauch dieser Informationen müssen festgelegt werden."

Führung: Verantwortung des Managements

Die „oberste Leitung", von mir ab jetzt immer mit „Management" rückübersetzt, ist im Kern für alle Maßnahmen des Qualitätsmanagements verantwortlich (Abschnitt 5). Qualitätssicherung wird als Produktsicherung verstanden.

So muss die „oberste Leitung" bzw. das „Topmanagement" in der englischen Sprachversion der Norm (Abschnitt 5.1)

> „ihre Selbstverpflichtung bezüglich der Entwicklung und Verwirklichung des Qualitätsmanagementsystems und der **ständigen Verbesserung der Wirksamkeit** des Qualitätsmanagementsystems nachweisen, indem sie
>
> a) der Organisation die Bedeutung der Erfüllung der Kundenanforderungen sowie der gesetzlichen und behördlichen Anforderungen vermittelt,
>
> b) die Qualitätspolitik festlegt,
>
> c) sicherstellt, dass Qualitätsziele festgelegt werden,
>
> d) Managementbewertungen durchführt und
>
> e) die Verfügbarkeit der Ressourcen sicherstellt."

Weiter geht es in Abschnitt 5.2:

> „Die oberste Leitung muss sicherstellen, dass die Kundenforderungen ermittelt und mit dem Ziel der **Erhöhung** der Kundenzufriedenheit erfüllt werden."

Einbeziehung der Personen

Ohne dass die konkreten Personen entsprechende Kenntnisse und ein entsprechendes Bewusstsein haben, läuft gar nichts.

> Abschnitt 6.2.2 **Fähigkeit, Bewusstsein und Schulung**
>
> „Die Organisation muss
>
> a) die notwendigen Fähigkeiten des Personals, das die Produktqualität beeinflussende Tätigkeiten ausübt, ermitteln,
>
> b) wo zutreffend, für Schulung sorgen oder andere Maßnahmen ergreifen, um die notwendige Kompetenz zu erreichen,
>
> c) die Wirksamkeit der ergriffenen Maßnahmen beurteilen,
>
> d) sicherstellen, dass ihr Personal sich der Bedeutung und Wichtigkeit seiner Tätigkeit bewusst ist und weiß, wie es zur Erreichung der Qualitätsziele beiträgt, und
>
> e) geeignete Aufzeichnungen zu Ausbildung, Schulung, Fertigkeiten und Erfahrungen führen."

Prozessorientierung

Der **prozessorientierte Ansatz** wird in der oben ausführlich zitierten Einleitung dargestellt.

In Abschnitt 4.1. **Allgemeine Anforderungen** (an ein Qualitätsmanagementsystem) wird weiter ausgeführt:

„Die Organisation muss

a) die für das Qualitätsmanagementsystem erforderlichen Prozesse und ihre Anwendung in der gesamten Organisation festlegen,
b) die Abfolge und Wechselwirkungen dieser Prozesse festlegen,
c) die erforderlichen Kriterien und Methoden festlegen, um das wirksame Durchführen und Lenken dieser Prozesse sicherzustellen,
d) die Verfügbarkeit von Ressourcen und Informationen sicherstellen, die zur Durchführung und Überwachung dieser Prozesse benötigt werden,
e) diese Prozesse überwachen, soweit zutreffend messen und analysieren, und
f) die erforderlichen Maßnahmen treffen, um die geplanten Ergebnisse sowie eine **ständige Verbesserung** dieser Prozesse zu erreichen."

Systemorientiertes Managementverständnis

Schon in der Begriffsklärung in Abschnitt 3 **Begriffe** wird definiert

Lieferant -> Organisation -> Kunde

Damit wird nicht (wie in den früheren Fassungen) der **Lieferant**, sondern die **Organisation** Adressat der Norm.

Durch Managementbewertungen (Abschnitt 5.6) muss „die oberste Leitung ... das Qualitätsmanagementsystem der Organisation in **geplanten** Abständen bewerten, um dessen **fortdauernde** Eignung, Angemessenheit und Wirksamkeit sicherzustellen."

Ständige Verbesserungen

Ich habe nicht zufällig in allen Zitaten aus der DIN ISO 9001 alle Wörter und Zusammenhänge, in denen das Wort **„ständig"** oder ein Synonym vorkommt, fett hervorgehoben. Wenn Sie sich alle diese Zitate noch einmal anschauen, werden Sie nicht länger bezweifeln, dass hier die Aufgabe, die Qualität zu sichern, als permanenter und dynamischer Prozess verstanden werden soll. Zum Ausräumen aller Zweifel hier noch einmal einige Zitate:

Abschnitt 5.1 **Verpflichtung der Leitung**

„Die oberste Leitung muss ihre Selbstverpflichtung bezüglich der Entwicklung und Verwirklichung des Qualitätsmanagementsystems und der ständigen Verbesserung der Wirksamkeit des Qualitätsmanagementsystems nachweisen ..."

Abschnitt 8.5.1 **Ständige Verbesserungen**

„Die Organisation muss die Wirksamkeit des Qualitätsmanagementsystems durch Einsatz der Qualitätspolitik, Qualitätsziele, Auditergebnisse, Datenanalyse, Korrektur- und Vorbeugemaßnahmen sowie Managementbewertungen ständig verbessern."

Beim Management von Ressourcen wird ausgeführt:

Abschnitt 6.1 **Bereitstellung von Ressourcen**

„Die Organisation muss die erforderlichen Ressourcen ermitteln und bereitstellen, um

a) das Qualitätsmanagementsystem zu verwirklichen und aufrechtzuerhalten und **seine Wirksamkeit ständig zu verbessern**, und
b) die Kundenzufriedenheit durch Erfüllung der Kundenanforderungen **zu erhöhen**."

Sachbezogener Ansatz zur Entscheidungsfindung

Im Prinzip müssen die Ergebnisse der Prozesse und auch die Kundenzufriedenheit permanent gemessen werden. Aus den Ergebnissen müssen entsprechende Schlussfolgerungen und Maßnahmen zur Verbesserung gezogen werden. So wird in Abschnitt 8 gefordert:

8.2.1 Messung der Kundenzufriedenheit (oben unter „Kundenbezogene Prozesse" zitiert)

8.2.2 Interne Audits über die Wirksamkeit des Qualitätsmanagementsystems; diese müssen in „**geplanten** Abständen" durchgeführt werden

8.2.3 Überwachung und Messung von Prozessen

8.2.4 Überwachung und Messung des Produkts

Hier werden sicherlich die Berater und Fachleute zu den „Balanced Scorecards" noch ein üppiges Betätigungsfeld finden. Daraus sollen sich jedenfalls Zahlen und Informationen ergeben, die einen sachbezogenen Ansatz zur Entscheidungsfindung ermöglichen. Die geforderte Prozessaufnahme und Dokumentation (siehe unten) schafft die Informationsbasis, Prozesse nach objektiven Kriterien zu optimieren, unabhängig von Einflüssen der funktionalen Organisationsstruktur.

Lieferantenbeziehungen zum gegenseitigen Nutzen

Sowohl die Kunden- als auch die Lieferantenbeziehungen müssen in die Prozessanalyse einbezogen werden. Die Wertschöpfung bezieht sich auf den Prozess insgesamt und dieser geht über organisatorische Grenzen oder Eigentümergrenzen hinweg. Insofern darf ein prozessorientiertes Qualitätsmanagementsystem nicht an den Betriebsgrenzen enden oder anfangen. Allerdings fehlen mir hierzu wirklich greifbare Aussagen im Normentext.

7.4 Beschaffung

Abschnitt 7.4.3 Verifizierung von beschafften Produkten

„Die Organisation muss die erforderlichen Prüfungen oder sonstigen Tätigkeiten festlegen und verwirklichen, durch die sichergestellt wird, dass das beschaffte Produkt die festgelegten Beschaffungsanforderungen erfüllt.

Wenn die Organisation oder ihr Kunde beabsichtigt, Verifizierungstätigkeiten beim Lieferanten durchzuführen, muss die Organisation die beabsichtigten Verifizierungsmaßnahmen und die Methode der Freigabe des Produktes in den Beschaffungsangaben festlegen."

Dokumentationspflicht

Abschnitt 4.2 legt die Dokumentationsanforderungen fest, wobei entscheidend ist, dass unter 4.2.1 in den Unterabsätzen nicht nur die Dokumentation der von der Norm geforderten Verfahren, sondern auch die Dokumentation der Prozesse verlangt wird:

a) dokumentierte Qualitätspolitik und Qualitätsziele,

b) ein Qualitätsmanagementhandbuch,

c) dokumentierte Verfahren und Aufzeichnungen, die von dieser Internationalen Norm gefordert werden, und

d) Dokumente, einschließlich Aufzeichnungen, die die Organisation zur Sicherstellung der wirksamen Planung, Durchführung und Lenkung ihrer Prozesse als notwendig eingestuft hat.

Es muss ein Qualitätsmanagementhandbuch erstellt (Abschnitt 4.2.2) und ein dokumentiertes Verfahren zur Lenkung der Dokumente eingeführt werden, um

> Abschnitt 4.2.3 Lenkung von Dokumenten
>
> Ein dokumentiertes Verfahren zur Festlegung der erforderlichen Lenkungsmaßnahmen muss eingeführt werden, um
>
> a) Dokumente bezüglich ihrer Angemessenheit vor ihrer Herausgabe zu genehmigen,
> b) Dokumente zu bewerten, sie bei Bedarf zu aktualisieren und erneut zu genehmigen,
> c) sicherzustellen, dass Änderungen und der aktuelle Überarbeitungsstatus von Dokumenten gekennzeichnet werden,
> d) sicherzustellen, dass gültige Fassungen zutreffender Dokumente an den jeweiligen Einsatzorten verfügbar sind,
> e) sicherzustellen, dass Dokumente lesbar und leicht erkennbar bleiben,
> f) sicherzustellen, dass Dokumente externer Herkunft, die die Organisation als notwendig für die Planung und den Betrieb des Qualitätsmanagementsystems eingestuft hat, gekennzeichnet werden und ihre Verteilung gelenkt wird, und
> g) die unbeabsichtigte Verwendung veralteter Dokumente zu verhindern und diese in geeigneter Weise zu kennzeichnen, falls sie aus irgendeinem Grund aufbewahrt werden.

Wobei hier die **ANMERKUNG 3** zu den **Dokumentationsanforderungen** für uns wichtig ist, wenn wir diese Dokumentation mit EDV-gestützten Tools zum Geschäftsprozessmanagement vornehmen und zur Verfügung stellen wollen:

> **„Die Dokumentation kann in jeder Form oder Art eines Mediums realisiert sein."**

Schlussfolgerungen

Meines Erachtens ergibt sich aus diesen Anforderungen an das Qualitätsmanagementsystem zwingend eine Verpflichtung für das zu zertifizierende Unternehmen, eine dokumentierte Geschäftsprozessanalyse durchzuführen und in regelmäßigen Abständen die (Kern-)Prozesse erneut einer Prüfung zu unterziehen. Prozessanalyse als permanente und dynamische Aufgabe wird zur Existenzfrage in einer Unternehmensumwelt, die sich permanent – und oft sehr schnell – verändert. Dies versucht diese Norm einzufangen.

Permanente, dynamische Prozessoptimierung als Aufgabe erfordert entsprechend Ressourcen, wie auch die Norm richtig feststellt. Ressourcen sind zum einen Mitarbeiter mit entsprechenden Qualifikationen und direkten oder indirekten Entscheidungsbefugnissen (Einflussmöglichkeiten). Ressourcen sind aber auch Hilfsmittel, z. B. Tools am PC. So wie heute kein Unternehmen mehr z. B. auf den Einsatz PC-gestützter Textverarbeitungssysteme verzichten kann, sollte bei der Erfassung und Dokumentation der Geschäftsprozesse nicht auf die Unterstützung speziell dafür geschaffener Programme verzichtet werden. Meines Erachtens sind die Anforderungen der Norm DIN ISO 9001:2008 gar nicht mehr ohne Toolunterstützung vernünftig zu verwirklichen, da nur durch den Einsatz eines elektronischen Tools die permanente Überprüfung und Weiterentwicklung der Geschäftsprozesse mit einem vertretbaren Aufwand zu erledigen ist.

Ein entsprechendes Programm muss leicht zu bedienen sein, die Abläufe verständlich darstellen und Hilfestellung bei der Analyse und der Veränderung der Prozesse geben.

Die Tools sollen die Prozesse modular aufbauen, so dass man die Detailebene der Prozessdarstellung selbst wählen und jederzeit ändern kann. Änderungsfreundlichkeit eines Tools zeigt sich z. B. daran, dass Teilprozesse mehrfach verwendbar sind, so dass Änderungen nur einmal vorgenommen werden müssen und dann in alle Prozesse durchschlagen, die diesen Teilprozess verwenden. Um Dokumente aktuell den Stellen zur Verfügung stellen zu können, die sie benötigen, ist eine einfache und komfortable Speicherung ins HTML-Format zu gewährleisten, da Intranet und Browser heute zu den Standardarbeitsmitteln der Kommunikation gehören. Die HTML-Dokumente zur Prozessdarstellung müssen die Funktionalität haben, die man von den anderen Internetseiten gewohnt ist: Durch Klicken auf die Links muss man zu den vor-, nach-, über- oder untergeordneten Prozessen springen können; ebenso z. B. zu den hinterlegten Dokumenten.

Ich werde Ihnen hier Programme vorstellen, die geeignet sind, die geforderte Dokumentation zur Zertifizierung eines Qualitätsmanagementsystems nach der DIN-ISO-Norm zu unterstützen. Die geforderte Überprüfung und stetige Verbesserung der Prozesse verliert etwas von ihrem Schrecken, wenn Sie eine Technik einsetzen, die leicht zu bedienen und änderungsfreundlich ist. Prüfen Sie selbst.

Nur: Auch wenn der Einsatz von Tools mehr oder weniger notwendig ist und Ihnen auf jeden Fall die Arbeit erleichtert – Tools sind eben nur Hilfsmittel. Deshalb sollten bzw. müssen Sie vor der Erläuterung der Tool-Anwendung die Kapitel zu den Themen „Geschäftsprozesse“, „Geschichte“, „Darstellung und Ablauf einer Geschäftsprozessanalyse“ lesen. Ich kann Sie damit nicht verschonen, denn die Programme alleine liefern Ihnen nicht das nötige Wissen, um Geschäftsprozessanalysen erfolgreich durchzuführen.

Auch während und nach den Kapiteln, die sich mit der Anwendung der GPM-Tools (GPM = Geschäftsprozessmanagement) beschäftigen, werde ich immer versuchen, zu erläutern, warum und mit welchem Ziel Sie die Programme anwenden sollen.

2 Prozesse

2.1 Was ist ein Prozess?

Ein Prozess ist eine Folge von Handlungen zur Erreichung eines Ziels. Ein Prozess hat Zulieferungen, Inputs, und ein Ergebnis, den Output. Man kann ihn meist noch detaillierter in mehrere Teilprozesse untergliedern. Ein Prozess ist eine zielgerichtete Handlungsfolge.

Handlungen werden vorgenommen, um ein Ergebnis zu erzielen. Ziel einer (wirtschaftlichen) Handlung ist es, einen Wert zu schaffen. Dies kann durch die Herstellung eines Objekts geschehen oder, in den allermeisten Fällen, indem ein Objekt weiterverarbeitet und somit ein Wert hinzugefügt wird. Dieses Objekt muss kein greifbares Ding, sondern kann eine Dienstleistung oder eine (verarbeitete) Information(-smenge) sein. In jedem Fall wird ein Input, seien es Güter, Daten oder Informationen, in einen Output transferiert.

Das Objekt der Handlung kommt als Zulieferung in den Prozess und verlässt diesen in einem weiterverarbeiteten Zustand. Die Differenz ist das Ergebnis der Handlung. In wirtschaftlicher Terminologie ist diese Differenz zwischen Input und Output die Wertschöpfung.

Zwischen den verschiedenen Handlungen eines Prozesses liegen Momente oder Phasen der Inaktivität. Ein Prozess besteht also aus Momenten oder Phasen von Handlungen und Phasen, in denen nichts geschieht. Beides wird im Regelfall Zeit und Geld kosten. Auch Nichthandlungen wie Lager- oder Wartezeiten kosten Zeit und Geld, deshalb sind sie bei der Prozessbetrachtung so wichtig wie die Erfassung der Handlungen.

BILD 2.1
Ein natürlicher Prozess[1]

[1] Wiedergabe mit freundlicher Genehmigung des Künstlers Tom Körner – CARTOONS + COMICS –, Berlin

Wenn ich beispielsweise einen Kuchen backen will, ist dies ein Prozess, da es mehrerer Handlungen in einer zielgerichteten Folge bedarf, um das Ergebnis zu erreichen. Beginn des Prozesses ist die Entscheidung, einen Kuchen zu backen. Zu Beginn des Prozesses ist das Ende des Prozesses, das Ziel, definiert: Was will ich erreichen?

Nach der Entscheidung, einen Kuchen zu backen, muss ich mich für eine bestimmte Art von Kuchen entscheiden: etwa einen Apfelkuchen oder einen Nusskuchen? Denn davon hängt es ab, welche Mittel ich beschaffen muss. Nach der Planung folgt die Beschaffung. Oder liegt hier etwas dazwischen? Warte ich noch einige Tage, um mir das alles noch einmal durch den Kopf gehen zu lassen? Oder gibt es noch einen Klärungsbedarf mit der Familie, gar mit dem eingeladenen Besuch? Ein Gespräch zur Klärung wäre eine Handlung, ein paar Tage Abwarten wäre eine Nichthandlung (oder als Handlung gesehen: Warten).

Nachdem der Teilprozess Einkauf, der aus mehreren Aktionen bestehen kann, beendet ist, wiederum: Wie lange bleiben die Zutaten liegen, ohne dass etwas passiert? Gibt es im Ablauf der Produktion technisch bedingte Wartezeiten, etwa dass der Teig eine Nacht ruhen muss, um aufzugehen?

Die eigentliche Produktion mag wiederum mehrere Teilprozesse umfassen, etwa den Teig herstellen, zu einem Boden verarbeiten, die Obstauflage vorbereiten, den Tortenguss herstellen.

Zum Schluss muss alles zusammengefügt werden in der richtigen Folge, die Endmontage sozusagen.

Dann gibt es wahrscheinlich eine Wartezeit zwischen dem Endpunkt der Produktion und dem Zeitpunkt der Konsumtion. Wenn ich ein Bäcker wäre und den Kuchen hergestellt hätte, um ihn zu verkaufen, würde nun der Teilprozess „Verkauf“ noch folgen. Wie mache ich die Kunden auf dieses Produkt aufmerksam? Ladenausstellung oder Zeitungsannonce oder Internetanzeige? Wird der Kuchen nur ganz oder auch stückweise verkauft, jeweils zu welchen Preisen? Wie wird das Produkt verpackt? Da ich kein Bäcker bin, lasse ich hier den Teilprozess „Verkauf“ nur als Merkposten für eine Prozesskette stehen.

Die Handlungsfolge – der Prozess „Kuchen backen“ – besteht also aus Aktivitäten und Zwischenzeiten, Zeiten der Nichtaktivität. Unter Umständen sind die Zeiten der Aktivität viel geringer als die Zeiten, in denen aus irgendwelchen Gründen nichts getan wird. Wenn man die beiden Dimensionen „Durchlaufzeit“ und „Kosten“ dieses Prozesses erfassen will, muss man natürlich beides berücksichtigen. Außer den Kosten der Einsatzmittel und den Kosten für die Zeiten der Aktivitäten entstehen weitere Kosten, wenn auch die Zwischen- oder Wartezeiten mit Kosten bewertet werden können oder müssen.

Nun ist die Prozessbetrachtung sehr einfach, wenn ein Mensch diese Handlungsfolge ausführt. Hier entsteht auch noch kein Qualitätsproblem (höchstens generell das meiner Koch- bzw. Backkünste), da ich, der alleinige Hersteller, ein genuines Eigeninteresse habe, alle Teile so gut wie möglich herzustellen.

Eigentliches Objekt der Prozessanalyse sind arbeitsteilige Prozesse, in die mehrere Menschen in verschiedenen Funktionen involviert sind. Prozesse in diesem modernen Sinn entstehen erst mit der industriellen Arbeitsteilung. Die industrielle Arbeitsorganisation hat – mit dem Ziel der Erhöhung der Produktivität – die einzelnen Handlungen eines Prozesses in arbeitsteilige Funktionen, die von verschiedenen Akteuren ausgeführt werden, aufgegliedert. Je tiefer die Arbeitsteilung die einzelnen Handlungen ausdifferenziert, desto problematischer wird der Prozess als Ganzes. Wenn z. B. der Einkauf als Funktion ausgegliedert wird, wird der Einkäufer „produktiver“ durch die Spezialisierung, die zur Gleichartigkeit seiner Tätigkeiten führt.

Das geht dann weiter innerhalb einer Abteilung „Einkauf". Hier werden wieder einzelne Handlungen als Funktionen fixiert: Bestellung entgegennehmen, Berechtigung prüfen, Entscheidung über Standardlieferanten oder Ausschreibung, Bestellung beim bisherigen Lieferanten (oder: Ausschreibung vornehmen: ein neuer Teilprozess und ein neuer Auszuführender oder gar eine andere Abteilung), Wareneingang prüfen, Rechnung prüfen, Zahlungen anweisen etc. Wenn das alles verschiedene Menschen übernehmen, haben wir zwar hochspezialisierte Rechnungsprüfer[2], aber niemanden mehr, der diesen Prozess mitsamt Ergebnis insgesamt überblickt bzw. rational gestalten kann. Hier entsteht systematisch das Problem der Qualität, da die Übergänge von einem Ausführenden zum nächsten (oder zur nächsten Abteilung) in der Kette problematisch sind, nicht nur als Zwischenzeiten, sondern hinsichtlich des Zustands des aus dieser arbeitsteiligen Funktion sich ergebenden Zwischenprodukts. Jedes Ergebnis einer Tätigkeit eines Akteurs ist der Input für den nächsten Ausführenden in der Kette. Da das Eigeninteresse des jeweiligen Akteurs sich auf die produktive, d. h. schnelle Erledigung seiner Teiltätigkeit beschränkt, stellt jedes Ergebnis einer Teilfunktion ein Problem für die Qualität des Endprodukts dar. Ein qualitativ schlechtes Ergebnis des Gesamtprozesses ist dem einzelnen Glied in der Kette (oft) nicht mehr zurechenbar.[3]

Soll also heißen, dass die funktionale Organisation, wie sie aus der industriellen Arbeitsteilung entstand und die Produktivität der einzelnen Arbeitsschritte enorm steigerte, dem Verständnis und der Effizienz der Prozesse diametral entgegensteht. Wenn ich also am Ende dieses Abschnitts definieren will, was ein Prozess **nicht** ist: Ein Prozess ist **nicht der funktionale Organisationsaufbau**, wie er sich meist in Abteilungen (Entwicklung, Konstruktion, Einkauf, Produktionsabteilungen mit ihren Untergliederungen, Lagerhaltung, Verkauf) etc. darstellt, sondern steht dem funktionalen Organisationsaufbau in seiner Logik entgegen. Er ist die Kette aller (Einzel-)Tätigkeiten zur Herstellung des Produkts über die Organisationsgrenzen hinweg.

Wir werden im übernächsten Abschnitt den Gegensatz von funktionalem Organisationsaufbau zu den Prozessen, den Handlungsketten, vertieft betrachten. Da jedoch zu einem vertieften Verständnis sowohl eines Zustands als auch möglicher Entwicklungen die Kenntnis der Genese, d. h. der Geschichte, notwendig ist, hier zunächst ein kurzer geschichtlicher Überblick über den Werdegang der Organisation der Arbeit.

---

[2] Mein zweites Beispiel – die Reklamation der Reisekostenabrechnung – in der Einleitung.

[3] Eine Idee, die Zurechenbarkeit herzustellen, hat die DIN-ISO-9001-Norm in ihrem Abschnitt 7.5.3. zur „Kennzeichnung und Rückverfolgbarkeit". Sie bezieht sich auf die Identifizierbarkeit eines Produkts und tritt nur ein, wenn sie ausdrücklich gefordert ist: „Wenn Rückverfolgbarkeit gefordert ist, muss die Organisation die eindeutige Kennzeichnung des Produkts lenken und Aufzeichnungen aufrechterhalten." Hier hat man wohl an die Landwirtschaft gedacht, in der die Geschichte z. B. eines Rinds von der Geburt bis zur Schlachtung nachvollziehbar sein muss.

2.2 Etwas Geschichte

Die Geschichte der Geschäftsprozesse ist die Geschichte der Arbeitsteilung. Ohne Arbeitsteilung keine Notwendigkeit, die Prozesse der Erstellung von Gütern und Diensten zu analysieren. Es ist hier nicht der Ort, über frühe Arbeitsteilungen, etwa zwischen den Geschlechtern, zu philosophieren. Zu Beginn der Neuzeit gab es jedoch eine entwickelte Arbeitsteilung in Bauern, Handwerker etc. Diese Arbeitsteilung folgte der Logik, dass Spezialisierungen die Arbeit produktiver machen, etwa wenn der Schmied sich auf seinen Amboss und der Schuhmacher sich auf seinen Leisten konzentriert. Die Bauern und die Handwerker waren auch noch „Eigentümer" ihres (Teil-)Prozesses, d. h., sie kontrollierten den von ihnen zu leistenden Abschnitt der Produktion. Die Akteure waren noch die Besitzer ihrer Arbeitsmittel. Hilfskräfte gab es sicherlich, sie waren aber in ihren Tätigkeiten quasi „Kopien" des Meisters, d. h., sie führten im Prinzip die gleichen Tätigkeiten aus und hatten dann meist die Perspektive, auch ein selbstständiger Handwerksmeister zu werden.

Der Vorläufer der industriellen Arbeitsteilung, das Verlagssystem, benutzte diese handwerkliche Arbeitsteilung, ohne sie wesentlich zu verändern. Wenn der Schuh-Verleger sich das Leder vom Gerber kauft, zum Zuschneider bringt, die zugeschnittenen Lederteile zum Schuhmacher weitertransportiert, der sie auf Leisten aufzieht, und dann das Ganze auch noch zum Besohlen muss, hat der arme Schuh-Verleger viel hin- und herzulaufen zwischen den einzelnen Handwerkern, die jeweils nur eine Aktivität in der Wertschöpfungskette beitragen, bis er das fertige Endprodukt in Händen hält und verkaufen kann. Aber der Verleger ist immerhin - modern gesprochen - der Eigentümer des Prozesses.[4]

Der nächste Schritt war, diese Aktivitäten als Prozess an einem Ort zu konzentrieren. Dies hatte nicht nur die Verkürzung der Wege des Materials und der Zwischenprodukte zur Folge, sondern auch, dass die Arbeitsteilung vertieft werden konnte. Die einzelnen Schritte der Produktion wurden immer weiter spezialisiert und damit wurde die Produktivität der einzelnen Tätigkeiten enorm erhöht.

2.2.1 Adam Smith: die Arbeitsteilung

Adam Smith (1720-1790), der Begründer der Ökonomie als moderner Wissenschaft, schildert im Jahr 1776 diese Logik der industriellen Arbeitsteilung sehr plastisch:

> „Wir wollen daher als Beispiel die Herstellung von Stecknadeln wählen, ein recht unscheinbares Gewerbe, das aber schon häufig zur Erklärung der Arbeitsteilung diente. Ein Arbeiter, der noch niemals Stecknadeln gemacht hat, und auch nicht dazu angelernt ist (erst die Arbeitsteilung hat daraus ein selbstständiges Gewerbe gemacht), so dass er auch mit den eingesetzten Maschinen nicht vertraut ist (auch zu deren Erfindung hat die Arbeitsteilung vermutlich Anlass gegeben), könnte, selbst wenn er sehr fleißig ist, täglich höchstens eine, sicherlich aber keine zwanzig Nadeln herstellen. Aber so, wie die Herstellung der

[4] Um eine zeitliche Einordnung zu ermöglichen: Mein Vater hat in seinen jungen Jahren, in der Zeit der Wirtschaftskrise 1928 und danach, als Schuh-Verleger, natürlich in Pirmasens, in der geschilderten Art versucht, der Arbeitslosigkeit zu entgehen.

Stecknadeln heute betrieben wird, ist sie nicht nur als Ganzes ein selbstständiges Gewerbe. Sie zerfällt vielmehr in eine Reihe getrennter Arbeitsgänge, die zumeist zur fachlichen Spezialisierung geführt haben. Der eine Arbeiter zieht den Draht, der andere streckt ihn, ein dritter schneidet ihn, ein vierter spitzt ihn zu, ein fünfter schleift das obere Ende, damit der Kopf aufgesetzt werden kann. Auch die Herstellung des Kopfs erfordert zwei oder drei getrennte Arbeitsgänge. Das Ansetzen des Kopfs ist eine eigene Tätigkeit, ebenso das Weißglühen der Nadel, ja, selbst das Verpacken der Nadeln ist eine Arbeit für sich. Um eine Stecknadel anzufertigen, sind somit etwa 18 verschiedene Arbeitsgänge notwendig, die in einigen Fabriken jeweils verschiedene Arbeiter besorgen, während in anderen ein einzelner zwei oder drei davon ausführt. Ich selbst habe eine kleine Manufaktur dieser Art gesehen, in der nur zehn Leute beschäftigt waren, so dass einige von ihnen zwei oder drei solche Arbeiten übernehmen mussten. Obwohl sie nur sehr arm und nur recht und schlecht mit dem nötigen Werkzeug ausgerüstet waren, konnten sie zusammen am Tag doch etwa zwölf Pfund Stecknadeln anfertigen, wenn sie sich einigermaßen anstrengten. Rechnet man für ein Pfund über 4000 Stecknadeln mittlerer Größe, so waren die zehn Arbeiter imstande, täglich etwa 48.000 herzustellen, jeder also ungefähr 4.800 Stück. Hätten sie indes alle einzeln und unabhängig voneinander gearbeitet, noch dazu ohne besondere Ausbildung, so hätte der Einzelne gewiss nicht einmal 20, vielleicht sogar keine einzige Nadel am Tag zustande gebracht. Mit anderen Worten, sie hätten mit Sicherheit nicht den zweihundertvierzigsten, vielleicht nicht einmal den vierhundertachtzigsten Teil von dem produziert, was sie nunmehr infolge einer sinnvollen Teilung und Verknüpfung der einzelnen Arbeitsgänge zu erzeugen imstande waren.

In jedem anderen Handwerk und Gewerbe wirkt sich die Arbeitsteilung oder Spezialisierung ähnlich wie in diesem doch recht unbedeutenden Erwerbszweig aus, wenn auch in vielen von ihnen der gesamte Produktionsablauf nicht so stark zerlegt und auf einzelne Verrichtungen zurückgeführt werden kann. Sobald aber die Teilung der Arbeit in einem Gewerbe möglich ist, führt sie zu einer entsprechenden Steigerung der Produktivität. In diesem Vorteil dürfte der Grund zu suchen sein, dass es überhaupt zu verschiedenen Gewerben und Berufen kam. Auch ist Spezialisierung gewöhnlich in Ländern am weitesten fortgeschritten, die wirtschaftlich am höchsten entwickelt sind.“[5]

In seiner Theorie über den Reichtum der Nationen identifiziert Adam Smith den Eigennutz, also das Selbstinteresse, als den eigentlichen Motor der wirtschaftlichen Handlungen und begründet damit die moderne ökonomische Wissenschaft. Was sollte aber die Arbeiter motivieren, so viele immer gleichbleibende Tätigkeiten in so schneller Abfolge wie möglich auszuführen? Da eine höhere Produktivität sowohl des Einzelnen als auch des Arbeitskollektivs insgesamt nicht automatisch zu höheren Einkommen, sprich höheren Löhnen, führt, haben die Arbeiter kein eigenes Interesse, ihre Produktivität durch Vertiefung der Arbeitsteilung und schnelleren Arbeitstakt zu erhöhen. Eher ist das Gegenteil der Fall: Es ist das Eigeninteresse des Arbeiters, bei gegebenem Lohn die von ihm zu erbringende Leistung zu reduzieren. Aus diesem Gegensatz von (Lohn-)Arbeit und Kapital entwickelte Karl Marx seine reziproke Theorie der Ausbeutung und der letztendlichen Überwindung des Kapitalismus durch die Arbeiter.

---

[5] Adam Smith: Der Wohlstand der Nationen. Eine Untersuchung seiner Natur und seiner Ursachen. Hrsg. H. C. Recktenwald, München 1993 (6. Auflage).

2.2.2 Frederick Winslow Taylor: die Arbeitswissenschaft

Hier setzen die Überlegungen des Begründers der modernen Arbeitswissenschaft, **Frederick Winslow Taylor** (1856–1915), ein. Dieser bemängelt in seinem Hauptwerk, „Die Grundsätze wissenschaftlicher Betriebsführung“:

> „Das stillschweigende oder offene Übereinkommen der Arbeiter, sich um die Arbeit zu drücken, d. h. absichtlich zu langsam zu arbeiten, dass ja nicht eine ehrliche Tagesleistung zustande kommt (...), ist in industriellen Unternehmungen fast allgemein gang und gäbe und besonders im Bauhandwerk recht üblich. Ich glaube mit der Behauptung, dass dieses „Sich-um-die-Arbeit-drücken“, wie es bei uns meistens genannt wird, das größte Übel darstelle, an dem gegenwärtig die arbeitende Bevölkerung in Amerika und England krankt, keinen Widerspruch zu fürchten müssen.“[6]

Dem Adam Smithschen Credo, dass, wenn jeder seinen Eigennutz maximiert, auch das größtmögliche Wohl aller erreicht wird, steht das Interesse der Arbeiter gegenüber:

> „Dieses ‚Sich-Drücken-vor-der-Arbeit‘ entspringt zwei Ursachen: erstens dem angeborenen Instinkt und der Neigung der Menschen, nicht mehr zu arbeiten, als unumgänglich nötig ist; zweitens der durch den Einfluss und das Beispiel anderer und eigenes Nachdenken geschaffenen Auffassung von der Zweckmäßigkeit im eigenen Interesse, Letzteres könnte man vielleicht das systematische ‚Sich-Drücken‘ nennen.“[7]

Das Interesse der Arbeiter besteht nicht darin, ihre maximale Leistung zu erbringen, sondern, im Gegenteil, sie sind „... der irrigen Ansicht, dass es gegen das eigene Interesse handeln hieße, Tag für Tag ihr Bestes zu geben.“[8]

Dieses Interesse der Arbeiter entstammt nach F. W. Taylor erstens dem „Trugschluss, der von Urzeiten her fast allgemein unter den Arbeitern verbreitet ist, dass eine wesentliche Vergrößerung der Produktion jedes Mannes und jeder Maschine schließlich dazu führen muss, eine große Anzahl von Arbeitern brotlos zu machen“.[9] Zweitens und drittens und überhaupt kommt es aber von der mangelhaften Organisation des Arbeitsprozesses, die es versäumt, das Eigeninteresse der Arbeiter an die produktive Erledigung ihrer Tätigkeiten zu binden. Für F. W. Taylor bedeutet dies unmissverständlich Beteiligungen am Produktivitätsfortschritt durch Loherhöhungen, denn er nennt Negativbeispiele, z. B. bei Einführung von Stücklohnsystemen:

> „Hat ein Arbeiter erlebt, dass der Lohn pro Stück zwei- oder dreimal herabgesetzt wurde als Folge davon, dass er angestrengter gearbeitet und seine tägliche Produktion erhöht hatte[10], so wird er wahrscheinlich jedes Verständnis für den Standpunkt des Arbeitgebers verlieren und den festen Vorsatz fassen, keine weiteren Lohnsenkungen mehr zuzulassen, wenn er sie irgendwie durch Zurückhalten mit der Arbeit verhindern kann.“[11]

---

[6] Frederick Winslow Taylor: Die Grundsätze wissenschaftlicher Betriebsführung. München und Berlin 1913, S.12.

[7] ebenda, S. 18

[8] ebenda, S. 16

[9] ebenda, S. 14

[10] Die klassische Arbeitsmarkttheorie ging von einem quasi unbegrenzten Angebot an (Lohn-)Arbeit aus, so dass die Lohnhöhe allein von den Reproduktionskosten der Arbeit bestimmt wurde. Dann führen Produktivitätsfortschritte eben nicht zu einer Erhöhung der Löhne.

[11] ebenda, S. 23

Um diesen, nach F. W. Taylor nur scheinbaren, Interessengegensatz zwischen Arbeitgeber und Arbeitnehmer aufzulösen, unternimmt er seine genauen Analysen des Arbeitsprozesses, „um den großen Gewinn für beide Teile, Arbeitgeber und Arbeitnehmer, vor Augen zu führen, den die Ersetzung der Faustregeln, (nach denen für F. W. Taylor der Arbeitsprozess bisher gestaltet war, J. Schwab, Hervorhebung von mir) durch **wissenschaftliche Methoden**, selbst im kleinsten Detail jeder gewerblichen Arbeit, herbeiführt. Die außergewöhnliche Zeitersparnis und die damit verbundene Steigerung der Produktion, die sich für jeden gewerblichen Arbeiter erzielen lassen, wenn alle unnötigen Bewegungen ausgeschaltet, langsame Bewegungen durch schnelle und unökonomische durch ökonomische Handgriffe ersetzt werden, kann nur von jemandem voll gewürdigt werden, der mit eigenen Augen die Resultate mit angesehen hat, die durch eingehendes Studium aller Handgriffe und der notwendigerweise aufzuwendenden Zeit durch einen dazu geeigneten Mann herbeigeführt werden."[12] Das Programm des Taylorismus ist also, durch genaue Bewegungs- und Zeitstudien der Einzelaktivitäten die Produktion „wissenschaftlich" zu optimieren, d. h. letztlich die Ressourcenproduktivität durch eine Vervielfachung der Arbeitsteilung innerhalb einzelner Produktionsschritte enorm zu steigern. Zwei Prinzipien stellen dabei die Grundlage des Taylorismus dar und sollen den Erfolg generieren: F. W. Taylor will die Arbeiter am Produktivitätsfortschritt durch entsprechende Erhöhungen ihrer Löhne beteiligen (dies ist die Folge der ökonomischen, am Selbstinteresse orientierten Logik) und er will den Ausführenden, hier als Arbeiter oder auch Arbeitnehmer bezeichnet, ihre Souveränität über ihre Tätigkeiten nehmen. Denn die auf „Faustregeln" fußende „den alten, allgemein üblichen Betriebssystemen zugrunde liegende Auffassung (verlangt) gebieterisch von jedem Arbeiter (die) volle Verantwortung für seine Arbeit, deren praktische Durchführung er nach eigenem Ermessen und mit verhältnismäßig geringer Hilfe und Anweisung seitens der Leitung zu bewerkstelligen hat." F. W. Taylor definiert die Analyse und die Gestaltung des Arbeitsprozesses als Aufgabe der Betriebsführung, die dabei nach „wissenschaftlichen" Grundsätzen vorgeht. Das von F. W. Taylor zu entwickelnde System der wissenschaftlichen Betriebsführung „. zielt darauf ab, eine klare und neue Trennung zu vollziehen zwischen der geistigen und der körperlichen Arbeit innerhalb der Werkstätten. Es basiert auf genauen Zeit- und Bewegungsstudien der Tätigkeit jedes Arbeiters in Isolation und delegiert die gesamten verstandesmäßigen Anteile der Vorgänge in die Hände des Managements."[13] Das heißt, der Prozess selbst, die Organisation des Prozesses und damit auch die Prozessüberwachung werden erstens als „wissenschaftliche Betriebsführung" bezeichnet (damit ist Taylor eigentlich der Erfinder der Prozessanalyse!) und werden zweitens aus der Verantwortung der Auszuführenden genommen und einer separaten Gruppe von Spezialisten übergeben. In seinem eigentlichen Hauptwerk, das seine Erfahrungen als Manager eines Stahlwerks schildert, in dem er seine neuen Organisationsprinzipien entwickelte und testete, „The Art of Cutting Metals", Philadelphia 1906, schildert er sehr deutlich den grundlegenden Ansatz seiner Überlegungen:

> „Der Gewinn dieser Führungsregeln ist weit größer als der aller anderer Verbesserungen zusammen, weil sie das ursprüngliche Ziel erreichten, für das wir die Experimente in 1880 begannen, das heißt die Kontrolle der Maschinenhalle (Fabrik) aus den Händen der vielen Arbeiter zu nehmen und sie vollständig in die Hände des Managements zu übertragen, um auf diese Weise die „Faustregeln" durch wissenschaftliche Kontrolle zu ersetzen."[14]

[12] ebenda, S. 25

[13] F. W. Taylor: Shop Management, London 1903 (eigene Übersetzung)

[14] F. W. Taylor: The Art of Cutting Metals, London 1906, § 51 (eigene Übersetzung)

Warum schildere ich die Taylorschen Überlegungen so ausführlich? Viele Leser mögen das für ganz alt, heute vollkommen überholt halten. Nun, ich habe dies relativ ausführlich getan (was heißt hier ausführlich: ganze Regale von Literatur darüber findet man in betriebswirtschaftlichen Bibliotheken!), einmal weil dies meines Erachtens wirklich die Geburtsstunde der systematischen Prozessanalyse und -gestaltung ist, auch wenn man das nicht wahrhaben will. Zum anderen sind die Grundüberlegungen nach wie vor in vielen Zeitstudien und Systemen zur Bewertung von Leistungen (als Grundlage von Stücklohnsystemen) gültig, auch wenn man das Ganze um „menschliche", physiologische und psychologische Faktoren angereichert hat. Natürlich hat es viel Widerspruch gegen die Taylorschen Prinzipien gegeben, und das Taylorsche System konnte auch nie in Reinkultur angewendet werden, ganz einfach weil der Mensch nicht wie eine Maschine, auch nicht als Anhängsel derselben, funktioniert. Um diese Prinzipien anwenden zu können, bedurfte es vieler Anbauten um ergonomische, physiologische und psychologische Gesichtspunkte. Das alles gab dem Ganzen einen „humaneren" Touch, aber es ändert nicht das zu Grunde liegende Prinzip und seinen grundlegenden Mangel: Dieses besteht darin, dass die Taylorschen Prinzipien nur auf die **Einzelverrichtungen** konzentriert sind („It is based upon the precise time and motion study of each workmans job in isolation."[15]) und allein auf die Erhöhung der Produktivität der Einzelverrichtungen ausgerichtet sind. Dies bezeichne ich in Anlehnung an E. Gutenberg als „Ressourceneffizienz". Die Betrachtung des Gesamtprozesses, also auch und gerade die Übergänge zwischen den einzelnen Aktivitäten, ist nicht auf dem „Radar" von Taylor bzw. wird ohne nähere Betrachtung in die Hände des Managements gelegt. Die „Prozesseffektivität" wird gleichsam als Summe der Effizienz der Einzelaktivitäten unterstellt und nicht weiter analysiert. So ist die Geburtsstunde der Prozessanalyse die der Maximierung der **Ressourceneffizienz** bei Vernachlässigung der Prozessbetrachtung bzw. der **Prozesseffizienz**.[16]

2.2.3 Henry Ford: das Band ist der Prozess

Folgerichtig waren **Henry Ford** (1863-1947) und seine Ingenieure dann die praktischen Vollender des Taylorismus, indem sie den Prozess in die Maschine, d. h. in das Fließband, quasi materialisiert haben und damit den Prozess der industriellen Massenfertigung überhaupt erst richtig in Gang setzten. „Die Maschine - der neue Messias"[17] ist bezeichnenderweise der Titel eines Aufsatzes von H. Ford und das Verhältnis zwischen Menschen und Maschinen ein Topos seiner philosophischen Überlegungen.

Die industrielle Massenfertigung kann die interne Arbeitsteilung und damit die Ressourceneffizienz umso mehr steigern, je höhere Stückzahlen von einem identischen Produkt gleichförmig produziert werden können. In der Fachsprache: Die Skalenerträge steigen mit der Losgröße. Deshalb ging Henry Ford den Weg, auf verschiedene Modelle zu verzichten, und entwickelte ein Universalmodell, das legendäre T-Modell. Schon bei der zwölfjährigen Entwicklung des Produkts wurde die Produktionsmethode mitentwickelt (das sollte man als Business New-Engineering bezeichnen): „Die Produktion muss von dem Artikel selbst ausgehen. Fabrik,

[15] F. W. Taylor: Shop Management.

[16] Dass die Aufteilung in Einzelaktivitäten wiederum eine Betrachtung des Gesamtprozesses erzwingt, zeigt Henry L. Gantt, der als Mitarbeiter von Taylor die Berechnungsmethode des Gesamtzeitbedarfs von Abfolgen von Einzelschritten entwickelte, was uns heute als Gantt-Diagramm scheinbar unhistorisch entgegentritt (s. Abschnitt 2.4.2).

[17] Henry Ford: Philosophie der Arbeit, Dresden o. J.

Organisation, Vertrieb und Finanzpläne werden sich schon dem Artikel anpassen. Der Meißel der Geschäftsführung erhält dadurch schärferen Schliff, und zum Schluss wird man entdecken, dass man Zeit gespart hat."[18] Heutige Projektplaner sollten bei Henry Ford in die Schule gehen:

> „Das, worauf es in erster Linie ankommt, ist das Produkt, und jede Überstürzung der Produktion, **noch ehe der Plan zu dem Produkt vollendet ist**, bedeutet nur **Zeitverschwendung**. Zwölf volle Jahre vergingen, bevor ich das mir in allen Dingen zusagende Modell T, das als der heutige Ford-Wagen bekannt ist, vollendet hatte."[19]

Nicht neue Produkte oder Produktvarianten, sondern die Verbesserungen der Produktionsmethode waren der Schlüssel zum Erfolg: „Während sich die meisten Fabrikanten eher zu einer Änderung des Produkts als ihrer Produktionsmethoden entschließen, verfolgen wir den gerade umgekehrten Weg"[20]. Nachdem also ein Produkt entwickelt war, das nach Einschätzung seines Konstrukteurs für 95 % der potentiellen Nachfrage, also der Bevölkerung (**nicht** der **bisherigen** Nachfrage nach Automobilen, sondern der **potentiellen** Nachfrage, die sich aus dem Bedarf nach den Diensten (!) des Produkts ergibt) „alles in allem die besten Dienste leistet"[21], galt es, entsprechende Produktionsmethoden zu entwickeln.

Dies beschreibt Ford sehr einfach und anschaulich. Der entscheidende Ansatz ist der (Transport-)**Weg**, nicht nur des Materials zum Arbeiter bzw. umgekehrt, sondern auch der des Produkts von einem Verarbeitungsschritt zum nächsten, und die **Technik**, wie diese Wege zurückzulegen sind. Henry Ford analysiert die Prozesse sehr sorgfältig und meines Erachtens sehr modern, um die Wege jeweils mit der optimalen Technik zu bewältigen[22] und damit eine maximale Ressourcenproduktivität mit der maximalen Prozesseffizienz zu verbinden, wobei das Primat der Prozesseffizienz gehört.

> „Der erste Fortschritt in der Montage bestand darin, dass wir die Arbeit zu den Arbeitern hinschafften, statt umgekehrt. Heute befolgen wir zwei große allgemeine Prinzipien bei sämtlichen Verrichtungen - einen Arbeiter, wenn irgend möglich, niemals mehr als nur einen Schritt tun zu lassen und nirgends zu dulden, dass er sich bei der Arbeit nach den Seiten oder vornüber zu bücken braucht.
>
> Die bei der Montage befolgten Grundregeln lauten:
>
> - Ordne Werkzeuge wie Arbeiter in der Reihenfolge der bevorstehenden Verrichtungen, so dass jeder Teil während des Prozesses der Zusammensetzung einen möglichst geringen Weg zurückzulegen hat.
> - Bediene dich der Gleitbahnen oder anderer Transportmittel, damit der Arbeiter nach vollendeter Verrichtung den Teil, an dem er gearbeitet hat, stets an dem gleichen Fleck - der sich selbstverständlich an der handlichsten Stelle befinden muss - niederlegen kann. Wenn möglich, nutze die Schwerkraft aus, um den betreffenden Teil dem nächsten Arbeiter zuzuführen.

---

[18] Henry Ford: „Mein Leben und Werk", Leipzig o. J., S. 19

[19] ebenda, S. 20 (Hervorhebungen J. Sch.)

[20] ebenda, S. 20. Mir scheint, dass die Anpassungen der Produktionsmethoden an das Produkt im Prinzip die Methode der Produktion von Dienstleistungen ist. Insofern verstand sich H. Ford als Produzent von Dienstleistungen.

[21] ebenda, S. 55. Der Dienst des Produkts war für H. Ford eben die preiswerte automobile Transportleistung für jedermann, während die Konkurrenz teure spezielle Automobile für eine ausgewählte Kundschaft produzierte.

[22] So erörtert er lange anfängliche Überlegungen, die Produktion an einem Ort, in einer Halle, zu konzentrieren, um Transportwege zu sparen. Diese Überlegung wird verworfen, als man über entsprechende Technik verfügte, um die Teile (Motoren, Fahrgestelle, Karosserien etc.) ohne großen Aufwand transportieren zu können. Die Auslagerung der Produktion der Teile ermöglichte wiederum eine Vertiefung der internen Arbeitsteilung dort.

- Bediene dich der Montagebahnen, um die zusammenzusetzenden Teile in handlichen Zwischenräumen an- und abfahren zu lassen.

Das Nettoresultat aus der Befolgung dieser Grundregeln ist eine Verminderung der Ansprüche an die Denktätigkeit des Arbeitenden und eine Reduzierung seiner Bewegungen auf das Mindestmaß. Nach Möglichkeit hat er ein und dieselbe Sache mit nur ein und derselben Bewegung zu verrichten.“[23]

Deutlicher kann man kaum darstellen, wie Ressourcenproduktivität und Prozessproduktivität hier zu einer Einheit zusammenwachsen. Die Zerlegung der Arbeitsschritte in kleinste Verrichtungseinheiten ermöglicht eine hohe Taktgeschwindigkeit (oder Wiederholrate) und dadurch eine hohe Ressourceneffizienz. Es zeichnet H. Ford aus, dass er wusste, dass das alleine nicht ausreichte, ja, dass der Weg zu diesem Ziel seine „Gleitbahnen“ oder „Montagebahnen“ sind, die den Prozess insgesamt zusammenfassen bzw. optimieren:

> „In unserer Fabrik ist jeder einzelne Arbeitsteil in Bewegung; entweder gleitet er an großen, über Manneshöhe befestigten Ketten in genauer Reihenfolge zur Montage, oder er bewegt sich auf Rollbahnen oder durch die Schwerkraft fort.“[24]

Die optimale Geschwindigkeit dieser Bänder ist die eigentliche Schwierigkeit und wird in langwierigen Experimenten erprobt. Mit den Schilderungen dieser Beispiele will ich den Leser hier verschonen, da sie sehr technisch sind.[25] Das Grundprinzip für die optimale Geschwindigkeit des Produktionsflusses, und das ist bei Ford die Bandgeschwindigkeit, ist, dass es weder Materialstaus geben darf noch unterausgelastete Kapazitäten, d. h., dass die Geschwindigkeit aller Einzelschritte gleich sein muss, deren „Tiefe“ daran ausgerichtet wird. Wenn alle Einzelverrichtungen gleich schnell das Werkstück bewegen, ist der Materialfluss harmonisch und die Prozesseffizienz maximiert. Darauf konzentrierte Henry Ford seine Entwicklungsarbeiten und erreichte durch ein radikales Business Engineering Produktivitätssprünge, die dem Stecknadelbeispiel von Adam Smith durchaus ähnlich sind. Hier die von Ford genannte Erfolgsstatistik: Im Jahr 1909/1910 produzierte die Ford-Company 18.664 Wagen und verkaufte sie zu einem Durchschnittspreis von 950 Dollar, im Jahr 1916/1917 produzierte die Firma 785.432 Wagen und verkaufte sie zu einem Durchschnittspreis von 360 Dollar. In sieben Jahren stieg die produzierte Menge ca. um den Faktor 40, während sich der Preis drittelte.[26]

Ich habe hier in Kürze versucht, die Gedankengebäude der drei „Riesen“ der modernen industriellen Entwicklung darzustellen, die eine einzige riesige Erfolgsgeschichte ist, zumindest für die westliche Welt. Auf den Schultern dieser Riesen stehen alle modernen Ökonomen: Adam Smith arbeitete die Produktivitätsgewinne der Arbeitsteilung heraus und identifizierte den Eigennutz, das Selbstinteresse, als den eigentlichen Motor der modernen kapitalistischen Wirtschaft. Er blieb die Erklärung schuldig, warum die Arbeiter sich dem Regime der Arbeitsteilung, der Maximierung der Ressourceneffizienz, unterwerfen sollen, da dies ihren primären Interessen widerspricht. F. W. Taylor sah dies und unterzog deshalb den (herkömm-

---

[23] ebenda, S. 93

[24] ebenda, S. 96

[25] bei Interesse: ebenda, S. 94 ff.

[26] Diese Entwicklung lässt sich in Abstrichen mit der Entwicklung des Preis-Leistungs-Verhältnisses in der Computertechnik in den letzten zehn Jahren vergleichen, wobei bei Ford in der Automobilproduktion seiner Zeit meines Erachtens weniger gravierende Technologiesprünge, sondern vornehmlich revolutionäre Produktionsmethoden der entscheidende Faktor waren.

lichen, bisher handwerklichen) Arbeitsprozess einer wissenschaftlichen Analyse mit dem Ziel einer Zerlegung der Arbeitsabläufe, weil er die Arbeiter damit entmachten und entlasten zu können glaubte. An den Produktivitätsgewinnen sollten die Arbeiter allerdings fair beteiligt werden. Seine Grenze war weniger sein rein maschinelles Verständnis der Arbeitsabläufe, in denen Menschen eben (noch?) eine entscheidende Rolle spiel(t)en. Dies konnte durch die Weiterentwicklung der Arbeitswissenschaft „menschlich" korrigiert werden. Seine isolierte Betrachtung der einzelnen Arbeitsvorgänge ist zwar die Grundlage der Vertiefung der internen Arbeitsteilung in der Produktion und somit einer Erhöhung der Ressourcenproduktivität, die Produktivität des Gesamtprozesses bleibt aber ohne weitere Betrachtung der Betriebsleitung überlassen. Henry Ford erkennt die offene Flanke: **die Gestaltung des Prozesses ist der entscheidende Hebel**. Indem er den Prozess (der Herstellung) durch (Transport-)Technik in den Griff bekommt, gewinnt er zweierlei: Die Wege der Materialien, der Arbeiter und des Produkts werden durch die Technik des Transports so geführt, dass sich eine optimale Prozesseffizienz (gesamte Durchlaufzeit) mit einer maximalen Ressourceneffizienz (Zeiten der Einzelverrichtungen, Produktivität der Schritte) verbindet.

Wenn die Maschine, das Fließband (die Ford'schen Gleit- oder Montagebahnen), der Prozess ist, ist die Prozesseffizienz die Summe der Einzeleffizienzen. Aber auch nur dann. Die Geschwindigkeit des Fließbands regelt alle Zeiten, sowohl die Zeiten der Handlungen als auch die Zeiten, die zwischen den Handlungen liegen (die Ford'schen „handlichen Zwischenräume"). Die Geschwindigkeit des Fließbands regelt den Gesamtprozess und damit die Produktivität der Einzelaktivitäten (hier als Ressourcenproduktivität bezeichnet) und die Durchlaufzeit insgesamt, d. h. die Produktivität des gesamten Prozesses.

Dann, aber auch nur dann. Wenn es keine den Prozessablauf regelnde Technik gibt, können und werden die Produktivität der einzelnen Tätigkeiten (Ressourcenproduktivität) und die Prozesseffizienz insgesamt (Prozessproduktivität) sich voneinander absetzen. Vielleicht hat der Erfolg der industriellen Massenproduktion, die ein gigantisch wachsendes Güterangebot schuf, das auch für die Arbeiter oder den Durchschnittsmenschen mit immer weniger Arbeitszeit (bzw. deren monetären Gegenwert) zu erhalten war, die also die Produktivität der Arbeit in einem historisch noch nie gekannten Maß steigerte, blind gemacht für deren Grundlage. Denn bei einer Produktion, die dieses den Prozess regelnde Fließband nicht hat, etwa bei der Produktion von Dienstleistungen oder Wissen, **fehlt eben das den Ablauf regelnde Band**!

2.2.4 Hammer/Champy: das verlorene Band der Geschäftsprozesse

So gesehen verblüfft es im Nachhinein, mit welcher Verblüffung die Analysen von **Hammer** und **Champy**[27] über Geschäftsprozesse aufgenommen wurden, denen das den Ablauf regelnde Band abhanden gekommen war. Mit dem Ergebnis, dass die Produktivität der Einzelaktivitäten und die Prozesseffizienz schlichtweg so weit auseinanderfielen, dass es allen Beteiligten hätte auffallen müssen. Manchmal überrascht es, was die Beteiligten nicht sehen (können oder wollen) und was dann (gute) Berater sehen müssen.

[27] Michael Hammer/James Champy: Business Reengineering, 2. Auflage Frankfurt 1994 (englische Originalausgabe New York 1993)

Ihre Untersuchungen z. B. der Auftragsbearbeitung des Fernmeldeunternehmens Bell Atlantic ergaben, „dass zwar die Zeitspanne zwischen Auftragseingang und Übergabe der Verbindung an den Kunden fünfzehn Tage betrug, dass sich aber unsere tatsächliche Arbeitszeit lediglich auf vielleicht zehn Stunden belief. Bei einer Bearbeitungszeit von dreißig Tagen nahm unsere tatsächliche Arbeitszeit fünfzehn Stunden in Anspruch."[28] Das Band, das die Arbeitsgänge verband, war verloren gegangen:

> „Diese Untersuchungen erbrachten unter anderem, dass zwischen dem ersten und dem letzten Schritt mindestens dreizehn Übergaben zwischen verschiedenen Arbeitsgruppen lagen und dass etwa siebenundzwanzig verschiedene Informationssysteme daran beteiligt waren."[29]

Nicht nur die Analyse des Arbeitsprozesses klingt wie die von Henry Ford, wenn er den traditionellen Arbeitsprozess der Automobilherstellung beschreibt (als sich die Arbeiter die Materialien suchen und zusammentragen mussten, um sie dann montieren zu können). Auch die Lösung ist analog, indem, einfach und ähnlich wie bei Henry Ford, die Wege minimiert und optimiert werden:

> „Sie (die Mitglieder des Kernteams zur Reorganisation, J. Sch.) begannen Mitte Juli 1991 mit ihrer Arbeit, und binnen eines Monats hatten sie einen neuen Prozess erarbeitet, der praktisch alle Funktionen des alten Ablaufs, die bisher geographisch verstreut, von verschiedenen Führungskräften geleitet und unterschiedlichen Abteilungen zugeordnet waren, an einem Standort unter einheitlicher Leitung zusammenführte."[30]

Die Fragmentierung des Prozesses, sicherlich historisch aus Gründen der vermeintlichen Steigerung der Produktivität der Einzelschritte durch Spezialisierung entstanden (wobei man im Zitat auch immer die Egoismen der Abteilungen und ihrer Führungskräfte mithört), hat die Effektivität des Gesamtprozesses quasi zerstört. Das Ergebnis der Zusammenführung der Tätigkeiten schafft dann wieder qualitative Produktivitätssprünge: „Nach wenigen Monaten bemaß sich die Durchlaufzeit (der bearbeiteten Anträge) des Teams nach Tagen und nicht mehr nach Wochen. In einigen Fällen hatte sie sich sogar auf Stunden reduziert."[31]

Im Gegensatz zur industriellen Produktion, wo das Produkt transportiert wird und die einzelnen Teile als isolierte Aktionen jeweils dem Produkt zugefügt werden können, steht bei **Dienstleistungen der Transport von Informationen und die Produktion von Wissen im Zentrum der Produkterstellung**: Was will der Kunde, welche Informationen brauche ich dazu (z. B. um einen Antrag auf Schaltung einer Leitung zu bearbeiten), welche technischen Möglichkeiten gibt es, was ist die preiswerteste Lösung, welche Hindernisse gilt es zu beachten?

> „Früher waren unsere Mitarbeiter für einzelne Aufgaben zuständig und hatten keinerlei Ahnung davon, wie das Gesamtsystem aussah oder was mit ihrer Arbeit in den nachfolgenden Schritten geschah. Jetzt bewegen wir uns auf eine andere Regelung zu, bei der Aufgaben kombiniert werden und wir ein systematisches Wissen aufbauen, so dass jeder von uns den gesamten Prozess kennt und weiß, welche Rolle er dabei spielt und wie wir wirksamer mit anderen zusammenarbeiten können."[32]

---

[28] ebenda, S. 253. Selbstdarstellung der Firma, deshalb „unsere" Arbeit etc.
[29] ebenda, S. 252/253
[30] ebenda. S. 254
[31] ebenda, S. 255
[32] ebenda, S. 256

Das Produkt von Henry Ford war ein schwarzes Automobil, das preiswert und zuverlässig seine Insassen transportierte, wobei die Macht des Kunden darin bestand, „seinen Wagen beliebig anstreichen (zu) lassen, wenn der Wagen nur schwarz ist“[33]. Das Produkt Dienstleistung dient mit einer bestimmten Leistung diesem Kunden (wird unter Umständen nur von diesem speziellen Kunden nachgefragt) und zur Erstellung dieser Leistung müssen Fähigkeiten, Wissen und Informationen gebündelt werden zu dem Zeitpunkt und Ort der Leistungserstellung, in der Regel an oder bei dem Kunden. Wie bei der Produktion materieller Güter die Zusammensetzung der Einzelteile und Einzelschritte optimiert werden müssen in den Dimensionen Zeit und Weg, müssen bei der Erstellung von Dienstleistungen die Informationen und das Wissen optimal zum richtigen Zeitpunkt und am Ort der Leistungserstellung zusammengefügt werden. Dieses Wissen und die Informationen kann man bündeln, indem man Teams zusammenstellt und zusammenarbeiten lässt, oder man nutzt wieder die Technik, diesmal um die Informationen zu transportieren:

> „Während wir noch an der Implementierung des Caseteam-Konzeptes arbeiten, ist das Kernteam (das die Reorganisation entwarf, J. Sch.) bereits einen Schritt weitergegangen: Caseteams sollen durch *einen* Caseworker ersetzt werden, der von entsprechend neuen Technologien unterstützt wird. Im Grunde kann dann eine Person die Aufgabe übernehmen, die jetzt ein Team mit Mitarbeitern verschiedener Fachrichtungen erfüllt. Dann werden die Bestandteile eines Kundenauftrages nicht mehr manuell von einem Team in unsere verschiedenen Systeme eingegeben, sondern ein Mitarbeiter kann mit Unterstützung der Technologie den Anruf eines Kunden entgegennehmen und auf seinem Terminal auf elektronischem Wege alle Verbindungen herstellen, die für den gewünschten Anschluss benötigt werden.“[34]

Der erste Schritt der Prozessanalyse führte zur Konzentration des Ablaufs auf ein Team, der zweite zur Bearbeitung des gesamten Ablaufs durch einen Mitarbeiter, der die notwendigen Informationen (die vorher von verschiedenen Mitarbeitern in einzelnen Bearbeitungsschritten beigetragen wurden) über eine entsprechende Technologie (Datenbanken) zur Verfügung gestellt bekommt. Es wird jetzt nicht mehr das Produkt transportiert, sondern die Informationen und das Wissen, und der entscheidende Hebel hierzu ist die neue Informationstechnologie. Der moderne Workflow entsteht und wird zum Gleitband der Informationsgesellschaft. Es ist sicherlich kein Zufall, wenn das Business Reengineering zeitgleich mit der Entwicklung und dem Rollout der Anwendung der Computertechnik zur Erledigung der Büro- und Verwaltungstätigkeiten Furore macht.[35]

Die Fokussierung der Consultants Hammer und Champy auf das „radikale“ Business Reengineering, d. h. den radikalen Neuentwurf der Geschäftsprozesse, war – so entnehmen wir es ihren Berichten – für die von ihnen beratenen Unternehmen überlebensnotwendig oder wurde von starken Führungspersönlichkeiten quasi als „Neuanfang“ – das Unternehmen neu

---

[33] oben zitiert, siehe Fußnote 17. Dies ist ein selbstironisches Zitat, das darüber hinwegtäuscht, dass H. Ford sehr intensive Überlegungen anstellte, um ein optimales Modell „für 95 %“ des Bedarfs der Durchschnittsbevölkerung an automobilen Transportleistungen zu befriedigen. Nur: Das Kundenbedürfnis seiner Zeit galt eben einem preiswerten Automobil und nicht (teureren) Produktdifferenzierungen. Dem entspricht etwa heute der Erfolg preiswerter Handelsketten mit Standardprodukten.

[34] ebenda, S. 256

[35] Dies wird in einem früheren Aufsatz von Michael Hammer wesentlich stärker herausgearbeitet: „Der Sprung in eine andere Dimension“, Harvard Business Manager, Band 6, Hamburg o. J. Der Originalaufsatz erschien in der Harvard Business Review Juli/August 1990.

erfinden – durchgesetzt. Dies hat natürlich entsprechende Kritik an der Generalisierbarkeit des Ansatzes hervorgerufen: Zum einen sind Menschen und ihre gewohnten Abläufe nur begrenzt veränderungswillig und -fähig und Überforderung führt zum Leistungsverlust oder gar zur Verweigerung. Zum anderen ignoriert es das praktische, verborgene Wissen der Organisation, wenn über die Köpfe der Beteiligten hinweg alles neu konstruiert werden soll.[36] Die Fokussierung der Consultants auf das „radikale" Business Reengineering – durchaus auch als geschicktes Marketing zu verstehen – hat allerdings oft ihren methodisch radikalen Bruch mit der bisherigen Sicht auf die Arbeitsorganisation übersehen lassen:

> „Zweihundert Jahre lang folgten die Menschen bei der Gründung und beim Aufbau von Unternehmen der brillanten Entdeckung von Adam Smith, dass industrielle Arbeit in ihre einfachsten und grundlegendsten Aufgaben zerlegt werden sollte. Im postindustriellen Zeitalter, an dessen Schwelle wir uns heute befinden, wird hinter der Gründung und Gestaltung von Unternehmen der Gedanke stehen, diese Aufgaben wieder zu kohärenten *Unternehmensprozessen* zusammenzuführen."[37]

Hammer und Champy grenzen sich in ihrem Selbstverständnis von Adam Smith und der Logik der industriellen Massenfertigung, der alleinigen Betrachtung der Ressourceneffizienz, geschichtlich und methodisch grundsätzlich ab.

> „Die wesentliche Botschaft unseres Buches lautet also: Es ist nicht mehr sinnvoll oder wünschenswert, dass Unternehmen ihre Tätigkeit nach Adam Smiths Grundsätzen der Arbeitsteilung organisieren. Einzelaufgabenorientierte Arbeitsplätze sind in der heutigen Welt der Kunden, des Wettbewerbs und des Wandels nicht mehr zeitgemäß. Statt dessen müssen die Firmen die Arbeit prozessorientiert organisieren."[38]

Mit und seit dem epochalen Buch von Hammer und Champy – die selbst dann auch den Weg in das Prozessmanagement differenzierter Veränderungsgrade[39] gegangen sind – ist also die Notwendigkeit der Gestaltung der Prozesse insgesamt wieder ins Zentrum der Betrachtung gerückt. Es war evident geworden, dass die Prozesseffizienz und die Produktivität der Einzelaktivitäten – die Ressourcenproduktivität – nicht zwangsläufig synchron verlaufen, wenn es kein die Einzeltätigkeiten verbindendes Band gibt. Seitdem ist die IT- und Beraterbranche auf der Suche nach dem die Einzeltätigkeiten verbindenden Band, sie sucht nach dem Workflow.

Hammer und Champy analysieren in ihrem Buch im Prinzip nur Dienstleistungsunternehmen – Versicherungen, Kabelanschlüsse mit Services, Fast-Food-Ketten – oder unternehmensinterne Dienstleistungen wie z. B. den Einkauf. Sie betonen, dass dies die neue Herausforderung ist, nicht nur weil Dienstleistungen einen stark wachsenden Anteil der volkswirtschaftlichen Wertschöpfung darstellen, sondern weil im Zuge des Wachstums der Firmen der damit verbundene Dienstleistungsanteil (auch als Management- und Verwaltungsfunktionen) so wie die Produktion von Gütern organisiert wurde: arbeitsteilig und fragmentiert. Man hatte nur die Organisationsform des Produktionsprozesses als Modell und dieser kannte nur den Maßstab der hohen Ressourcenproduktivität. Aber auch dem Produktionsprozess ging das verbindende Band verloren.

---

[36] Ein radikaler Konstruktivismus reduziert Freiheitsgrade der endogenen Entwicklung. Siehe Karl R. Popper: „Die offene Gesellschaft und ihre Feinde", Stuttgart 1992.

[37] Hammer/Champy, Business Reengineering, S. 12. Hervorhebung im Original.

[38] ebenda, S. 43

[39] siehe z. B. Michael Hammer: „Das prozesszentrierte Unternehmen. Die Arbeitswelt nach dem Reengineering", Frankfurt/Main 1997, Original New York 1996

2.2.5 Eliyahu M. Goldratt: neue Suche des Bands der Produktionsprozesse

Probleme entstehen nicht durch Zufall, auch nicht ihre Lösungen oder Lösungswege. Es gibt immer einen Zeitpunkt, zu dem Probleme als systematische erkannt werden und nach einer systematischen Lösung schreien. Dabei überrascht nur scheinbar, wenn etwa zeitgleich mit der Welle der Prozessanalyse im Dienstleistungsbereich die Analyse der Prozesse in ihr ureigenstes Gebiet, in den Produktionsprozess der Güter, zurückgekehrt ist. Nur haben inzwischen die Industrieroboter bei der Verrichtung der Arbeit die Menschen weitgehend ersetzt. Dies scheint zu einem Verlust des Bands geführt zu haben.

Als Manager einer Firma, die eine Produktionssteuerungssoftware herstellt und verkauft, beschließt **Eliyahu M. Goldratt** 1984, zur besseren Verkaufspromotion seiner Software einen Roman zu verfassen, der die Probleme der Produktionssteuerung verständlich und populär darstellt. Mit seinem angeheuerten Co-Autor Jeff Cox schreibt er einen „Roman über Prozessoptimierung", „Das Ziel", und schildert darin eine notleidende Produktionsfirma, die nur die Produktivität der einzelnen Produktionsschritte, der einzelnen Maschinen, kennt, aber keine Gleitbahnen hat, die den Prozess steuern.[40]

Die Ausgangssituation, die der bemitleidenswerte Romanheld Alex Rogo als Manager einer Produktionsstätte eines größeren Unternehmens vorfindet, ist katastrophal: Die Fabrik schreibt tiefrote Zahlen mit wachsender Tendenz, so dass der Vorstand droht, sie stillzulegen, wenn nicht innerhalb von drei Monaten der berühmte Turnaround gelingt.

Eigentlich sind die roten Zahlen nicht zu verstehen, denn die an den einzelnen Maschinen ermittelten Effizienzen sind alle sehr gut. Aber die plastische Schilderung eines Konflikts am Anfang zeigt, wo der Hase im Pfeffer liegt. Der Vorgesetzte des Romanhelden will einen Auftrag für einen wichtigen Kunden unbedingt sofort erledigt haben und versucht dies bei einem Maschinenführer durchzusetzen. Dieser hat jedoch gerade eine aufwendige Einrichtung der Maschine für einen anderen Auftrag vorgenommen und ist nicht bereit, seine Rüstzeit abzuschreiben und sich dem Chaos der willkürlichen Prioritäten („wir haben vier Prioritätsklassen: *Dringend ... Sehr dringend ... Allerdringendst ... Auf der Stelle zu erledigen*") zu fügen. Es kommt zum Eklat, mit der Folge der Kündigung des Maschinenführers und des Produktionsausfalls ausgerechnet jener Maschine, die allein diesen Bearbeitungsschritt ausführen kann.

Im scheinbar zufälligen Gespräch mit *Jonah* (angeblich ein Physikprofessor, in Wirklichkeit das Alter Ego des Autors) wird erörtert, dass die Einführung von Industrierobotern zwar eine Steigerung der Produktivität von z. B. 36 % in einem Fertigungsbereich erbrachte, doch – so ergeben die sokratischen Nachfragen Jonahs – dies weder die Lohnkosten reduzierte noch die Materialbestände verringerte und auch nicht zur Steigerung der Auslieferungen führte. Folgerichtigerweise bezweifelt der Professor eine Steigerung der Produktivität der Fabrik.

Zunächst nimmt Jonah, der sich inzwischen zum Unternehmensberater weiterentwickelt hat, das *„Ziel"* wieder ins Auge:

> „Vergessen Sie nicht, dass wir immer von dem Betrieb als Ganzem sprechen – nicht von einer Produktionsabteilung, nicht von einer einzelnen Fabrik, nicht von einer Abteilung einer Fabrik. Uns geht es nicht um ein lokales Optimum."[41]

[40] Eliyahu M. Goldratt/Jeff Cox: „Das Ziel. Ein Roman über Prozessoptimierung", Frankfurt/Main 2001, erste Originalausgabe 1984

[41] ebenda, S. 74

Und die bisherigen Kennzahlen messen immer eine lokale Größe und nicht das Gesamtergebnis. So beginnt die Prozessanalyse eben damit, sich von der Aufgabenorientierung und der Messung lokaler Produktivität zu lösen und das Ergebnis (des Gesamtprozesses) zu messen. Die entscheidenden Variablen sind der „Durchsatz", d. h. die Verkäufe, vielleicht besser Umsatz genannt, die „Bestände" und die „Betriebskosten". Bestände sind im Prinzip die Lager und die (nichtabgeschriebenen) Investitionen, die „Betriebskosten sind all jenes Geld, das das System dafür ausgibt, Bestände in Durchsatz zu verwandeln", also Abschreibungen und laufende Kosten einschließlich Lohnkosten.[42] Der Gewinn, das „Ziel", steigt mit höherem Umsatz oder geringeren Beständen oder niedrigeren Betriebskosten.

So haben die neuen Industrieroboter die Bestände erhöht, da sie teure Investitionen darstellen. Der Umsatz hat sich nicht erhöht (da die Prozesseffektivität nicht stieg), die Betriebskosten sind eher gestiegen, da der Umlaufbestand sich vergrößert hat und die Lohnkosten nicht verringert wurden.

In vielen Beispielen wird gezeigt, dass jede Maschine gut arbeitet, jeder Arbeitsschritt an und für sich gut ausgeführt wird, jedoch die Koordination zufällig ist: Durch unterschiedliche Geschwindigkeiten der einzelnen Roboter entstehen Zwischenlager. Um die (Einzel-) „Effizienzen" der teuren Maschinen zu erhöhen, müssen diese produzieren, obwohl zurzeit keine Bestellungen für diese (End-)Produkte vorliegen. Diese Mehrproduktion ergibt einen Überschuss an Teilen, für die keine Verwendung da ist. So werden einerseits Teile auf Halde produziert, andererseits sind Teile dann nicht da, wenn sie zur Ausführung des nächsten Schritts gebraucht werden, da andere Maschinen langsamer arbeiten oder störungsanfälliger sind. Die Technik der einzelnen Arbeitsgänge hat sich nicht simultan entwickelt, sondern offensichtlich sind einzelne Produktionsschritte in ihrer Technik und damit in ihrer Ressourcenproduktivität schneller vorangeschritten, andere zurückgeblieben. Vielleicht ergibt sich diese „Nicht-Gleichzeitigkeit" der Entwicklung durch den Drang des Managements, immer die neueste Technik einzusetzen. Im Roman wird dies zurückhaltend angedeutet durch den angedrohten Presse-Fototermin des Vorstandsvorsitzenden mit dem neuesten und tollsten Industrieroboter als Kulisse. (Natürlich müssen vorher die ungeplanten Zwischenlager gerade hinter dieser Maschine weggeräumt werden.)

Diese an sich schon komplexe Situation weitet sich dann regelmäßig zu einem Chaos aus, wenn „Terminjäger", d. h. für diesen Zweck abgestellte Angestellte, versuchen, einen eiligen Auftrag jeweils an den einzelnen Bearbeitungsschritten vor die anderen zu ziehen. Dies erhöht wieder die Zwischenlager und schafft an anderer Stelle Produktionslücken, da notwendige Teile für die Eilaufträge gebraucht wurden.

Bei einer (trotz des beruflichen Stresses nicht mehr abzusagenden) Wanderung mit der Pfadfindergruppe seines Sohnes entdeckt Rogo das (unsichtbare) Band, das die Gruppe verbindet. Alle müssen in der Gruppe hintereinander herlaufen. Keiner kann schneller sein als der vor ihm, aber langsamer. Die Abstände zwischen den Kindern werden größer, die Gruppe wird länger, weil die Anpassungen der individuellen Geschwindigkeit nach oben durch den Vorgänger begrenzt ist, einer langsameren Geschwindigkeit aber keine Grenzen gesetzt sind. Der Letzte müsste den kumulierten Abstand aller vor ihm gehenden aufholen, um aufzuschließen. Jedes individuelle Aufschließen kostet Energie. Erst wenn der Letzte das Ziel erreicht hat, ist die Gruppe im Ziel.

---

[42] ebenda, S. 73

Ergebnis: Die Gruppe wird durch die zufälligen Geschwindigkeitsschwankungen der Einzelnen immer länger und selbst der Langsamste kommt nicht so schnell voran, wie er eigentlich könnte, weil ihn die zufälligen Schwankungen der Geschwindigkeit der Gruppenmitglieder noch zusätzlich zurückwerfen.

Die Lösung, den Trupp nicht länger werden zu lassen, ist, den Langsamsten an der Spitze laufen zu lassen. Auf diese Weise reißt die Gruppe nicht auseinander. Wenn es dann noch gelingt, den Langsamen zu entlasten und dadurch seine Geschwindigkeit zu erhöhen, erhöht sich die Geschwindigkeit der Gruppe insgesamt.

Erst wenn alle Arbeitsgänge erbracht sind, kann das Produkt verkauft werden. Der Umsatz hängt vom langsamsten Arbeitsschritt ab. Wenn der Letzte langsamer wird, sinkt der Umsatz. Wenn der Abstand zwischen erstem und letztem Arbeitsschritt größer wird, steigen die Bestände (Lager). Wenn dann einzelne Schritte schneller vorgenommen werden, um die Geschwindigkeit (den Umsatz) zu erhöhen, steigen die Betriebskosten (der Energieverbrauch). Wenn die schnelleren Arbeitsschritte sich am Langsamsten orientieren, werden keine unnötigen Lager gebildet. Wenn es gelingt, die Einschränkung („Theory of Constraints = TOC") des langsamsten Arbeitsschritts zu verringern, wird die Gruppe schneller und der Umsatz erhöht sich.

In der Praxis der TOC[43] werden Fertigungseinheiten unterschieden, die einen Engpass darstellen, und solche, die keinen Engpass darstellen. Engpässe erkennt man u. a. daran, dass sich Material staut oder bei der Endmontage immer die Teile fehlen, die den Engpassmaschinen entstammen.

Eine Entlastung von Engpässen kann durch verschiedene Maßnahmen erreicht werden: Die Qualitätskontrolle muss vor die Engpassbereiche gelegt werden, so dass Ausschuss gar nicht die Engpassbereiche durchlaufen muss. Prioritäten müssen bei den Engpässen durchgesetzt werden, so dass z. B. keine Teile durch die Engpässe laufen, die nur zur Erhöhung der Effizienz einer Maschine gefertigt wurden, aber nicht für laufende Aufträge benötigt werden. Des Weiteren ist an die Auslagerung eines Engpassfertigungsschritts (Outsourcing), an die Reaktivierung alter (stillgelegter) Produktionseinrichtungen oder auch an die Änderung des Produktionsverfahrens überhaupt zu denken: Vielleicht können bei einigen Produktionslinien oder -schritten diese auch durch Nicht-Engpassbereiche vorgenommen werden.

Kostensteigerungen sind hierbei quasi zu vernachlässigen, da sie überkompensiert werden von den Opportunitätskosten entgangener Produktion. Die Kosten sind nicht die Kosten der einzelnen Maßnahme, sondern die jeder Produktionseinheit, die durch Unterlassen der Maßnahme nicht verkauft werden kann.

So muss unter allen Umständen ein Stillstand einer Engpassmaschine verhindert werden – auch um den Preis, dass Arbeitskräfte untätig warten, bis die Maschine einen Arbeitsgang beendet hat, um sie dann sofort neu in Gang zu setzen – statt in der Zwischenzeit anderes zu tun, dann aber zum Zeitpunkt des Neuladens der Engpassmaschine nicht sofort verfügbar zu sein.[44]

---

[43] Eliyahu M. Goldratt: „Theory of Constraints", Great Barrington 1999

[44] Dies ist analog der Behandlung der Kritischen Vorgänge im Projektmanagement. Dies hat Goldratt dann auch ausgearbeitet in seiner Anwendung der Theory of Constraints für das Projektmanagement: Eliyahu M. Goldratt: „Critical Chain", Great Barrington 1997. Auf Deutsch: „Die Kritische Kette", Frankfurt/Main 2002

Umgekehrte Effekte ergeben sich aus Erhöhungen der Effizienz von Nicht-Engpasseinheiten: Diese erhöhen nicht die Produktivität des (Gesamt-)Prozesses, sondern erhöhen durch zusätzliche Lagerbildung die Bestände und vermindern somit die Rendite. So kommt Jonah zur Quintessenz der Prozessanalyse:

> „Und die Folge dieser Regeln ist, dass wir nicht versuchen dürfen, jede einzelne Fertigungseinheit im System zu optimieren. Ein System aus lauter Einzeloptima ist alles andere als ein insgesamt optimales System; es ist sogar ein sehr ineffizientes System.“[45]

Nicht die Optimierung der einzelnen Fertigungsschritte ist also die Aufgabe (im Gegenteil, dies ist sogar kontraproduktiv), sondern die optimale Abstimmung der Geschwindigkeiten der Fertigungsschritte untereinander. Nur diese ergibt eine optimale Prozesseffektivität.

Aus der Erfahrung seiner Wanderung mit der Pfadfindergruppe seines Sohnes hat unser Romanheld die Idee gewonnen, den Langsamsten der Gruppe an der Spitze laufen zu lassen. Dann – so war die Erfahrung – fällt die Gruppe am wenigsten auseinander. Nun kann man aber in der Fertigung nicht die Engpässe einfach an den Anfang der Produktionskette stellen: Sie stehen irgendwo in der (Prozess-)Kette und das mag auch noch wechseln. Wenn man einen Engpassbereich beseitigt (z. B. durch Erweiterung der Kapazität oder durch Veränderung der Fertigungstiefe), wird jeweils ein anderer Bereich automatisch zum Engpass werden.

Das Problem ist die Kommunikation der Geschwindigkeiten der verschiedenen Abschnitte. Wie kann das unsichtbare Band sichtbar gemacht und damit produktiv eingesetzt werden? Als er seinen Kindern diese Aufgabe erklärt (am Beispiel der Pfadfindergruppe), kommt die Tochter auf einen Taktgeber für einen gemeinsamen Rhythmus, die Trommel: „Der Langsamste trommelt seine Geschwindigkeit und alle marschieren im Gleichschritt.“ Der Sohn schlägt zur Lösung das Seil vor: „Alle hängen an einem Seil und können sich nicht auseinander bewegen.“ Der Sohn ist mächtig stolz auf seine Lösungsidee: „Und das ist wie bei einem Fließband. Hast Du mir nicht einmal erzählt, das Fließband sei die genialste Erfindung in der Geschichte der Produktion?“[46]

Das neue Band ist das computerisierte Produktionssteuerungssystem des Vaters, das aufgrund der Daten den Materialfluss an der Arbeitsgeschwindigkeit der Engpasseinheiten ausrichtet (zusätzlich gewisser Puffer, die ungeplante, aber statistisch errechenbare Störungen ausgleichen), dadurch die Bestände minimiert und die Produktivität des Prozesses optimiert. Auf diese Weise wird das „Ziel“, die Rentabilität des Gesamtprozesses, erreicht: Geringere Bestände bedeuten geringere Kosten, eine Erweiterung der Kapazitäten der Engpässe erhöht den Umsatz.

Der Prozess kann auch flexibilisiert werden: Durch Verkleinerung der Losgrößen bei den Nicht-Engpässen sinkt zwar deren Effizienz, nicht aber die Prozessproduktivität (solange sie dann nicht zu neuen Engpasseinheiten werden). Eine Verringerung der Losgrößen macht die Produktion flexibler und man kann damit auch kurzfristige Kundenwünsche eher befriedigen.

Es versteht sich von selbst, dass aufgrund der Daten jetzt genauere Terminzusagen an die Kunden gemacht werden können und diese auch gehalten werden.

---

[45] „Das Ziel“, S. 235

[46] ebenda, S. 239 . Man wartet natürlich das ganze Buch hindurch auf das (Fließ-)Band, das die einzelnen Schritte miteinander verbindet. Das berühmte Vorbild Henry Ford wird aber nicht namentlich genannt, sondern das Fließband nur indirekt in einem Vater-Sohn-Gespräch zitiert.

Durch die höhere Termintreue und die höhere Flexibilität der Produktion kommen mehr und größere Aufträge, was eine bessere Auslastung ergibt. In dem Maß, wie die Kapazitäten der Engpässe erweitert werden können, steigen auch wieder die „Effizienzen" der Nicht-Engpässe, da diese besser ausgelastet werden.

Es ist kein Zufall, dass E. Goldratt seine „Theory of Constraints" nicht nur für die Produktionssteuerung fruchtbar gemacht hat, sondern auch für die Projektplanung, wo er den (dort als Methode ja schon vorhandenen) „Kritischen Weg" in die „Critical Chain", die „Kritische Kette", ummünzt, um sozusagen bewusst Engpässe zu schaffen (als Ansporn, diese zu meistern), dann aber geplante Zeitpuffer einbaut, um Versagen und unvorhersehbare Ereignisse in der Terminkette abzufangen.

Noch ist es ein Zufall, dass sowohl E. Goldratt im letzten Kapitel seines „Ziels" sich Gedanken um die Aufgaben und die Methoden des Managens von **prozessgesteuerten** Unternehmen macht als auch Mike Hammer in seinem Folgebuch „Das prozesszentrierte Unternehmen"[47] über die Perspektive der Arbeit, des Managements, der Unternehmen und sogar der Gesellschaft nachdenkt, wenn **prozesszentrierte** Unternehmen kulturbestimmend werden. Denn beide glauben, dass die konsequente Prozessorientierung von Unternehmen und der Arbeitswelt einen radikalen Bruch mit der Kultur der industriellen Massenfertigung bedeuten und neue Arbeits-, Kommunikations- und Lebensstile hervorbringen werden.

Beide Autoren sind sich darin einig, dass diese Herausforderung nur mit ganz anderen, der Prozessorientierung entsprechenden Managementmethoden bewältigt werden kann.

2.3 Prozesse versus Funktionen

Wir haben also zwei Perspektiven bei der Betrachtung der Produktion von Gütern und Diensten: einmal die genuine Sichtweise auf die Handlungsfolgen, die zur Erstellung dieses Guts oder Dienstes notwendig sind. Dies ist die Sicht auf den Prozess (Bild 2.2).

Dann die Sichtweise auf die funktionalen Einheiten, in denen sich jeweils Teile dieses Prozesses zu Einheiten, meist als Abteilungen oder Departments bezeichnet, arbeitsteilig ausdifferenziert haben. Dies ist die Sicht auf die funktionsorientierte Aufbauorganisation (Bild 2.3).

Die Prozesssicht zeigt die aufeinanderfolgenden Schritte, die für die Wertschöpfung eines einzelnen Guts oder Dienstes prinzipiell notwendig sind, während die Funktionssicht uns die Einheiten zeigt, die arbeitsteilig eine Funktion (einen Aufgabenblock) repetitiv wahrnehmen.

Die funktionalen Einheiten versuchen, die **Ressourceneffizienz** durch optimalen Ressourceneinsatz zu erhöhen. Dies steigert die Produktivität im Ausmaß der Wiederholungsrate gleichartiger Vorgänge. Die Wiederholungsrate steigt (bzw. fällt) proportional mit der Losgröße. **Die Funktionssicht mit dem Fokus auf die maximale Ressourceneffizienz ist die Sicht der industriellen Massenproduktion.** Der Kunde kommt im Übrigen hier nicht vor: Das Produkt wird in einem vorab festgelegten, nicht zu variierenden Zustand für den Markt gefertigt.

[47] a. a. O., s. Fußnote 38

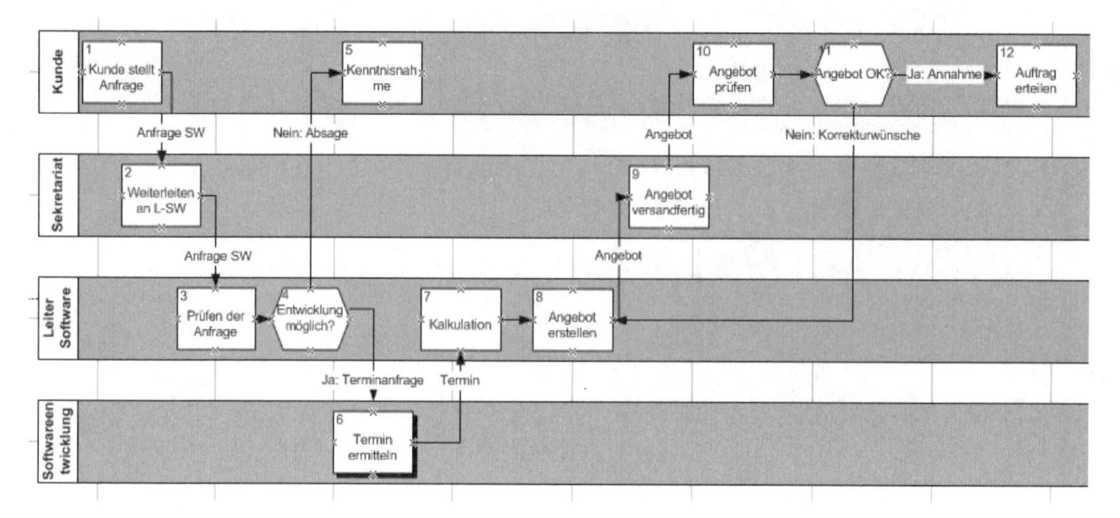

BILD 2.2 Prozess Angebotserstellung

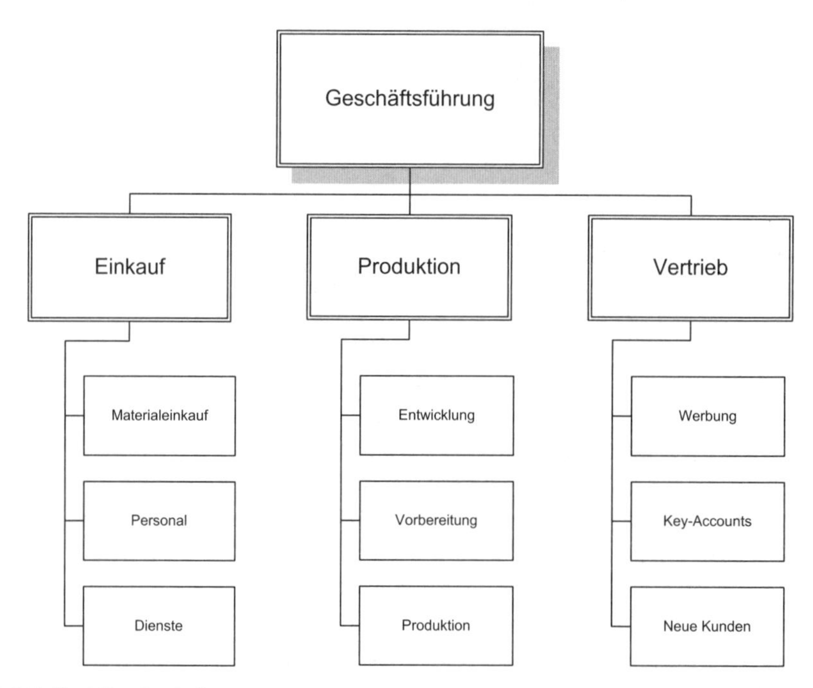

BILD 2.3 Funktionaler Aufbau

Schon seit Beginn der Untersuchungen über die industrielle Produktionsweise – etwa bei F. W. Taylor – übersieht man oft den Koordinations- und Managementaufwand, der die einzelnen Arbeitsschritte erst zu einem Ganzen zusammenbringt. Dieser war kostenmäßig so lange zu vernachlässigen, wie bei Adam Smith die Ressourcenproduktivität um den Faktor 480 oder einer ähnlichen Dimension stieg.

Außerdem erhöht jede weitere Ausdifferenzierung der Funktionen die Anzahl der Übergänge, die die Qualität vermindern. Es ist das Eigeninteresse der jeweiligen Einheit, ihre Teilaufgabe so schnell und mit so wenig Aufwand wie möglich durchzuführen. Dies erfordert wieder weitere Kontrollen, Qualitätsmanager etc.[48] Es steht zu vermuten, dass es „quer" zu den Funktionen der Aufbauorganisation eine inoffizielle Linie des Prozesswissens gibt: das geheime „Wissen" der Organisation. Jeder Beteiligte weiß, woher seine Vorprodukte kommen, in welchem Zustand diese sein sollen bzw. sind, und er weiß ebenfalls, an wen er was in welchem Zustand weiterzugeben hat. Dieses „verdeckte" Wissen kann man für die Prozessanalyse nutzbar machen.

Die Kosten für Koordination, Kontrolle und astronomisch wachsenden Bedarf an Abstimmungen (darunter fallen Besprechungen, IT-Investitionen), die die funktionsorientierte Aufbauorganisation erzeugt, gerieten immer mehr ins Blickfeld. Einmal durch die zunehmende Höhe der Kosten selbst: Wenn es zwölf Hierarchiestufen in einer Unternehmung gibt, kommt doch leicht die Frage auf: Wozu? Der Spruch „Viele Häuptlinge, wenige Indianer!" ist überholt, wenn es gar keine Indianer mehr gibt.

Zum anderen wird der Produktivitätsgewinn durch steigende Ressourceneffizienz geringer, je weniger die Vorteile großer Losgrößen, die „Economics of Scale" zum Tragen kommen. Höherer Lebensstandard führt zu differenten Lebensstilen, höheres Bildungsniveau bedeutet nicht nur andere Anforderungen an die Arbeit, sondern auch individuelle Konsumwünsche. Der Einfluss der Massenmedien verursacht einen schnellen Wechsel der Moden und bei gesättigten Märkten kann man nur noch Kunden gewinnen, wenn man ihre Wünsche individuell berücksichtigt. Kurz: Die Entwicklung zur Moderne, die Ausdifferenzierung zunehmend individueller Milieus, führt zu immer kleineren Losgrößen (Kleinserien- und Einzelproduktion) und zu schnellem Wechsel der Produkte oder zumindest Produktvarianten. Damit verliert sich der Effizienzgewinn durch Arbeitsteilung (Ressourcenproduktivität) und es wird zunehmend wichtiger, den „Kunden" als Ziel der eigenen Anstrengungen wahrzunehmen und die ganze Kette der Wertschöpfung, den Prozess, auf die Kundenwünsche hin zu gestalten.

Zudem verlagert sich ein immer größerer Teil der Wertschöpfungsketten von der Produktion sachlicher Güter auf die Produktion von Dienstleistungen. Dienstleistungen können nicht gelagert werden, sie werden meist individuell für einen Kunden erbracht und müssen auf diesen zugeschnitten sein. Wenn Hammer/Champy feststellen, dass zur Bearbeitung eines Versicherungsvertrags ca. zwei Stunden echte Bearbeitungszeit aufgewendet werden (hohe Ressourceneffizienz), dieser arbeitsteilige Prozess aber 28 Tage Durchlaufzeit benötigt, dann sehen wir die Ineffizienz der industriellen Logik (funktionsorientierte Aufbauorganisation) und benötigen die Logik der Dienstleistungsgesellschaft, die Prozessorganisation.

Prozessorganisation

Der Aufbau einer Wertschöpfungskette nach einer Prozesslogik verlangt einen kulturellen Bruch mit dem Denken in funktionalen Aufbaueinheiten.[49] Nicht mehr die Ressourceneffizienz, sondern die Effizienz des ganzen Prozesses wird der entscheidende Wettbewerbsfaktor.

---

[48] Ich glaube, dass die klassische Funktion des (deutschen) „Meisters" genau hier liegt: die gegensätzlichen Interessen der arbeitsteilig organisierten Menschen in einer Werkstatt auszugleichen, die Konflikte zu bewältigen und den Fluss des Prozesses innerhalb der „Werkstatt" damit sicherzustellen.

[49] So verkündet Michael Hammer „Den Tod des Organigramms" in „Das prozesszentrierte Unternehmen. Die Arbeitswelt nach dem Reengineering", Frankfurt/Main 1997, S. 150 f.

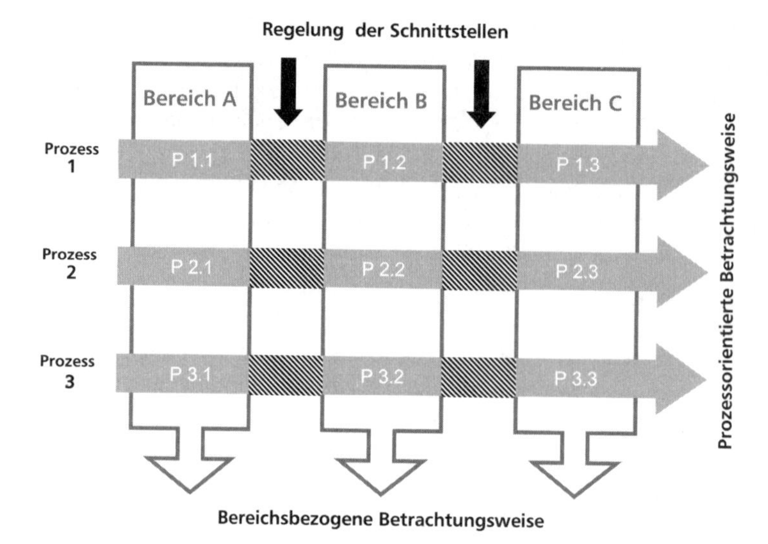

BILD 2.4 Prozess- versus bereichsorientierte Betrachtungsweise

Die gesamte Organisation, das gesamte Unternehmen besteht aus eben diesen Prozessketten und wenn man die gesamte Prozesslandschaft betrachtet, kann man die Prozesse unterscheiden in

- **Kernprozesse (Haupt- oder Schlüsselprozesse)**
  Dies sind alle Prozesse, die direkt die Wertschöpfung bewerkstelligen, also im Wesentlichen Entwicklung, Beschaffung, Produktion, Auslieferung, Montage usw.
- **Führungsprozesse (Managementprozesse)**
  Dies sind die Prozesse, die die Kernprozesse lenken oder kontrollieren, z. B. Unternehmensführungsprozess, Personalentwicklung, betriebliches Vorschlagswesen, interne Audits, Marketing usw.
- **Unterstützungsprozesse (Hilfsprozesse)**
  Prozesse, die die Kernprozesse unterstützen, also z. B. IT, Wartung der Maschinen und Einrichtungen, Prüfmittelüberwachung usw.

Meines Erachtens geht diese Einteilung in Prozessarten noch zu sehr von der bisherigen Organisationsform in funktionale Einheiten aus. So gehört z. B. Marketing/Vertrieb unbedingt zum Prozess, der die Kundenanfragen wahrnimmt und bearbeitet, um die Kundenzufriedenheit festzustellen und mit entsprechenden Strategien – eben auch der Neugestaltung der Prozesse – reagieren zu können. Es ist doch eine inhaltlich unsinnige Fragmentierung, eine Abteilung die Kundenanfragen bearbeiten zu lassen (und vielleicht auch Beschwerden oder Änderungswünsche entgegenzunehmen) und eine andere Abteilung das Marketing machen zu lassen!

In einer vertikalen, d. h. funktionalen Organisationsform werden aufgabenbezogen Abteilungen gebildet (z. B. Einkauf, Produktion, Verkauf); die entsprechende Darstellungsform ist das Organigramm (s. Bild 1.2 als Beispiel).

Neues Denken erfordert neue Zuteilungen von Verantwortung und damit andere Organisationsformen. In einer horizontalen Organisationsform stellt der prozessuale Ablauf, der „Workflow“, das Kriterium für den organisatorischen Zusammenhang dar (s. Bild 1.1 als Beispiel).

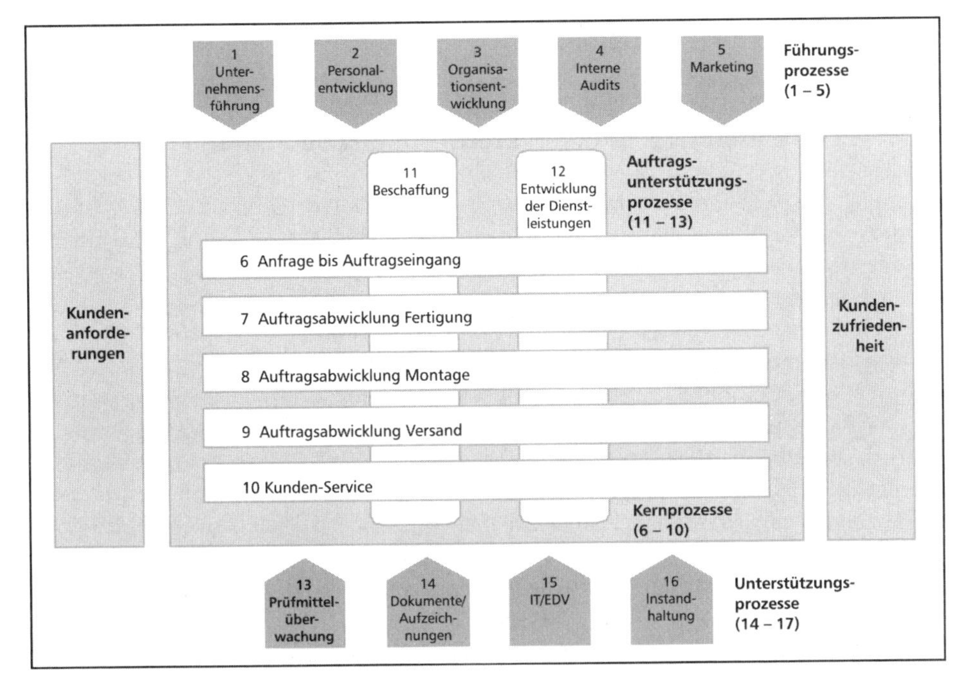

BILD 2.5 Kern-, Führungs- und Unterstützungsprozesse

In einer horizontalen Organisationsform gibt es einen Verantwortlichen für den Prozess, neudeutsch einen „Prozess-Owner“, und dieser sollte der Chef aller Mitarbeiter sein, die an dem Prozess arbeiten. Die Mitarbeiter, die an einem Prozess arbeiten, sollten sich als selbst regulierendes Team verstehen, das ständig nach der besten Art und Weise sucht, seine Arbeit zu verrichten. Das wäre nämlich der optimale Prozessablauf.

Bei einer Einführung von Geschäftsprozessmanagement wird oft versucht, eine Art Matrixstruktur aufzubauen: Es wird zwar jeweils ein Prozessverantwortlicher benannt, der den Prozess organisieren soll, der also die fachliche Verantwortung für seinen Prozess trägt, jedoch ohne Personalverantwortung (s. Kapitel 2, Abschnitt 2.7.2 „Prozessverantwortliche“). Diese bleibt bei den Leitern der funktionalen Abteilungen. Die Praktiker warnen vor einer solchen Lösung: „Der Versuch, mit historisch gewachsenen Strukturen erfolgreiches „Geschäftsprozess-Management“ zu betreiben, geht in aller Regel schief. Prozesse erfordern angepasste Strukturen.“[50]

[50] Stefan Franz/Rainer Scholz: „Prozessmanagement leichtgemacht“, Hanser Verlag, München Wien 1996, S. 170

2.4 Etwas Theorie

2.4.1 Erich Gutenberg: die Werkstattfertigung sucht ihren Fluss

Eigentlich gibt es ja eine akademische Disziplin, die sich mit den Problemen der optimalen Produktion beschäftigen sollte, die Betriebswirtschaftslehre. Der Altmeister der deutschen Betriebswirtschaftslehre, Erich Gutenberg, auf dessen „Theorie der Produktion" viele seiner Nachfolger aufbauen, ist sich immerhin der Grenzen seiner Theorie bewusst: „Sind die zur Gewinnung, Erzeugung oder Fertigung von Sachgütern erforderlichen Betriebsmittel ... vorhanden (der Beschaffungsprozess ist also abgeschlossen, J. Sch.), dann entsteht die Aufgabe, den Prozess der Gewinnung, Erzeugung oder Fertigung selbst zu planen. In diesem Sinn wird hier von Prozessplanung gesprochen. Sie wird durch die Absatzstruktur der Unternehmen und durch die Verfahren bestimmt, mit denen die Unternehmer den Produktionsprozess vollziehen. Werden keine lagerfähigen Produkte gefertigt, erzeugt oder gewonnen, dann handelt es sich um kunden- oder auftragsorientierte Unternehmen. Sie können den Produktionsprozess erst planen, wenn die Aufträge der Kunden vorliegen. Unternehmen, die lagerfähige Erzeugnisse produzieren, und deshalb auf Lager arbeiten können, sind marktorientierte Unternehmen. Sie können ihren Absatz planen und weisen insofern für die Planung des Produktionsprozesses andere Voraussetzungen auf als die kundenauftragsorientierten Unternehmen. Das Produktionsprogramm auftragsorientierter Unternehmen lässt – wenigstens dem Prinzip nach – keinen Raum für ein Manipulieren der Fertigungsgrößen."[51] Damit hat Gutenberg klar zum Ausdruck gebracht, dass er bzw. seine Theorie sich nicht mit der Produktion von „kunden- oder auftragsorientierten Unternehmen" beschäftigt, die „keine lagerfähigen Produkte" herstellen, also z. B. mit Dienstleistungen. Zum anderen hat er die Aufgabe seiner Theorie der Produktion klar beschrieben, nämlich „die Bestimmung der Stückzahlen, die von einer Serie oder Sorte hergestellt werden sollen".[52] Es folgt dann der mathematische Versuch, aus der Absatzmenge in der Zeit, den Lagerkosten (= Zinskosten), den Rüst- oder Umrüstzeiten (= fixe Kosten einer Serie) und den Herstellkosten im engeren Sinn, d. h. den losproportionalen Kosten, eine optimale Losgröße zu bestimmen. Je größer die Serie ist, desto mehr verteilen sich die fixen Kosten auf eine größere Stückzahl und finden nur eine Grenze in den steigenden Lager- und somit Zinskosten (= Fixkosten). Dies wird als Break-even-Analyse dargestellt.

Gutenberg erkennt selbst, dass bei mehreren Produktionsschritten mit unterschiedlichen Variablen, z. B. unterschiedlichen Stückkosten (unterschiedlicher Produktivität), die Einzeloptima nicht mehr das Gesamtoptimum ergeben, da die Lager- und Rüstkosten (Fixkosten) suboptimal werden, weil sich für jeden unterschiedlichen Produktionsschritt ein anderes Fixkostenoptimum errechnet: „Damit ist aufgezeigt, dass die auf den individuellen Losgrößenoptima der einzelnen Erzeugnisse (Erzeugnisarten) aufbauende Fertigungsplanung nicht unbedingt die kostengünstigste sein muss."[53] Der Versuch, auf mathematischem Weg die optimale Losgröße zu bestimmen, scheitert, da er nur unter sehr strengen (mathematischen) Voraussetzungen möglich ist, die in der Realität eben normalerweise nicht zutreffen.

---

[51] Erich Gutenberg: „Grundlagen der Betriebswirtschaftslehre, 1. Band: Die Produktion", 18. Auflage Heidelberg 1983, S. 199

[52] ebenda, S. 199

[53] ebenda, S. 210. Dieses Problem hat Goldratt wieder popularisiert aufgegriffen. Aber es ist wohl das grundlegende Problem der Theorie der Produktion.

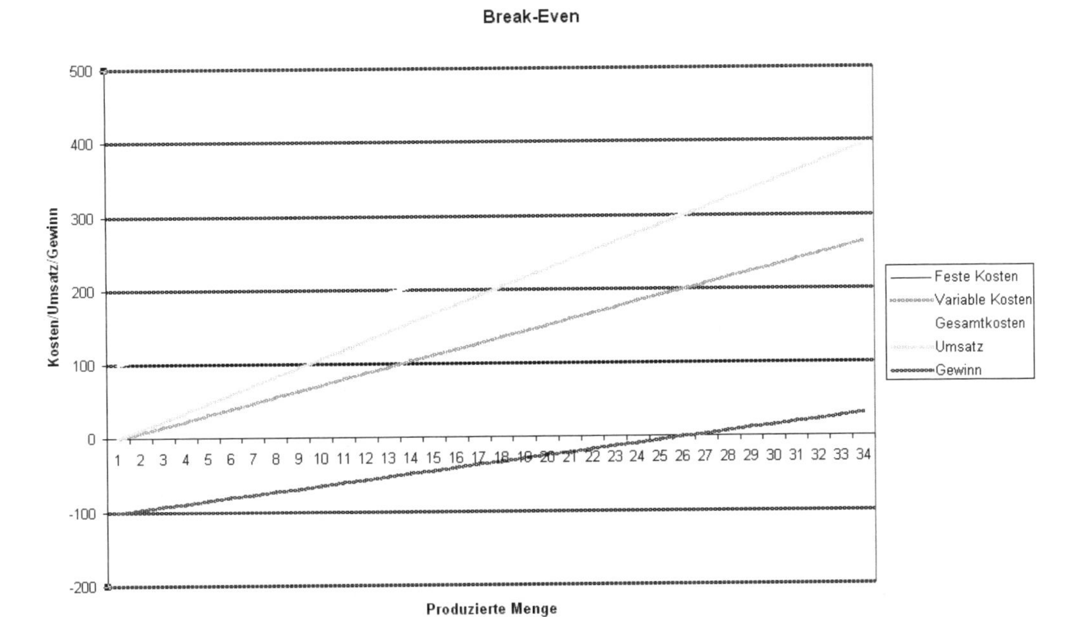

BILD 2.6 Fixe Kosten werden auf eine größere Menge aufgeteilt.

Fixe Kosten	hier im Beispiel 100 Geldeinheiten (untere Linie konstant bei -100, da diese Kosten per Definition unabhängig von der produzierten Menge entstehen)
Kosten pro Stück	hier im Beispiel acht Geldeinheiten (keine Linie)
Variable Kosten = Menge × Stückkosten	dunkle Linie, die bei 1 der produzierten Menge beginnt (bei Menge 1 entstehen Kosten von 8, bei produzierter Menge von z. B. 13 Mengeneinheiten entstehen 104 Geldeinheiten Kosten, hier wird die 100-Geldeinheiten-Linie überschritten)
Gesamtkosten	fixe Kosten plus variable Kosten (helle Linie, die bei 100 beginnt: Auch bei der Produktion von 0 Mengeneinheiten entstehen fixe Kosten, dann werden jeweils die variablen Kosten hinzuaddiert)
Umsatz	zwölf Geldeinheiten pro produzierter Menge (hellere Linie, die bei 0 beginnt und etwas steiler als die variablen Kosten ansteigt)
Gewinn	Umsatz minus Gesamtkosten (untere Linie, die bei -100 beginnt und dann ansteigt und bei der produzierten Menge zwischen 25 und 26 die Nulllinie schneidet; dies ist logischerweise die gleiche produzierte Menge, an der der Umsatz die Gesamtkosten erstmalig übertrifft, d. h. die Linie schneidet)
Break-even-Point	Gewinnschwelle: Schnittpunkt der Gewinnlinie mit der Nulllinie (hier bei der Produktionsmenge von 25)

Das Dilemma der Betriebswirtschaftslehre

Aus der unterschiedlichen Produktivität der einzelnen Produktivitätsschritte ergibt sich das „Ablaufdilemma" der von ihm so genannten „Werkstattfertigung": die Forderung, die Durchlaufzeit des Materials zu minimieren (Prozesseffizienz), und die Forderung, die Fertigungsaufträge so zu verteilen, dass eine möglichst maximale Auslastung der Maschinen bzw. der Betriebsteile erreicht wird (Ressourceneffizienz). „Auf die beiden Forderungen nach Verkürzung der Durchlaufzeit **und** nach optimaler Betriebsauslastung lassen sich viele Probleme der Ablaufplanung zurückführen."[54]

Dieses Dilemma kennt die „Fließfertigung" (hier hat er wohl die Produktionsmethode „am Fließband" von H. Ford im Blick, ohne sie zu nennen) nicht, denn sie oder auch das von Gutenberg ohne nähere Erläuterung eingeführte kontinuierliche Fertigungsverfahren verbinden die einzelnen Arbeitsgänge „... durch einen kontinuierlichen Prozess, in dem alle zeitlich und fertigungstechnisch voneinander abhängigen Arbeitsvorgänge hintereinander geschaltet werden. Die zeitliche Abstimmung der Arbeitsoperationen aufeinander stellt also das Mittel dar, das die Fließfertigung instand setzt, das geschilderte Arbeitsablaufdilemma zu umgehen. Im Idealfall entstehen keine Wartezeiten, sondern nur noch Transportzeiten für die einzelnen Aufträge."[55]

Nun könnte Gutenberg ja auf die Idee kommen, die „Werkstattfertigung" in eine Fließ- oder kontinuierliche Fertigung zu transformieren, indem sie ihre einzelnen Fertigungsschritte mit einem Band (sichtbar oder unsichtbar) zu einem kontinuierlichen Prozess verbindet – aber den Begriff Workflow gab es zu seiner Zeit noch nicht (Erstauflage der „Grundlagen der Betriebswirtschaft" 1951) und auch Eliyahu Goldratt mit seinem Produktionsplanungssystem betritt erst später die Bühne.

Der Begriff der Durchlaufzeit in der Fließ- bzw. der kontinuierlichen Fertigung bringt Gutenberg jedoch dazu, sich der Netzplantechnik zuzuwenden: „Für die Terminplanung und -überwachung komplexer Projekte eignen sich Methoden, mit denen die gesamte Terminkette von der Auftragserteilung über Konstruktion, Einkauf, Produktion und Absatz erfasst wird. Diese Methoden haben unter dem Begriff Netzplantechnik Verbreitung gefunden."[56]

2.4.2 Netzplantechnik: Durchlaufzeit und Engpässe

Gutenberg erläutert dann, wie die „gesamte Terminkette" des Produktionsprozesses mit Hilfe der Netzplantechnik errechnet werden kann. Der Kreis schließt sich, wenn man weiß, dass der Schöpfer der nach ihm benannten Balkendiagramme, Henry L. Gantt (1861–1919), ein Mitarbeiter von Frederick W. Taylor war, der in seinen Arbeitsstudien begann, die Arbeitsverrichtungen in kleinste Teile analytisch und dann real aufzugliedern, also sozusagen der Schöpfer der industriellen Arbeitsteilung. Daraus ergibt sich ja in der logischen Umkehrung, den Zeitbedarf der gesamten Kette der Tätigkeiten durch Addition der Einzelzeiten zu errechnen. Für ein Projekt im 1. Weltkrieg, als es darum ging, Kriegsschiffe für die amerikanische Marine zu konstruieren, entwickelte Henry L. Gantt das nach ihm benannte Chart.

[54] ebenda, S. 233, Hervorhebung durch den Autor.
[55] ebenda, S. 216
[56] ebenda, S. 227

Dieses hatte schon vollständig die heutige Form mit Vorgangsbalken und Meilensteinen und stellte die Struktur, den Ablauf und den Gesamtzeitbedarf von allen Vorgängen im Ablauf dar. Es war so perfekt, dass es nahezu 100 Jahre unverändert angewendet wurde. Erst Anfang der 1990er-Jahre wurden die aus den PERT-Netzplandiagrammen bekannten Verknüpfungslinien zu den Vorgangsbalken hinzugefügt, um den Ablauf besser zu visualisieren.

Die zugrunde liegende Termin- bzw. Zeitberechnungsmethode ist im Deutschen als Netzplantechnik bekannt.[57] Ich möchte hier kurz das Prinzip erläutern, wie die Einzelzeiten zu einer Gesamtdurchlaufzeit addiert werden. Noch wichtiger dabei ist, das Prinzip der Methode des kritischen Wegs als nützliches Instrument zu verstehen, um damit Engpässe erkennen zu können. Als Beispiel stelle ich einen Ausschnitt der Prozessanalyse des letzten Kapitels dar.

Nehmen wir an, es gibt zunächst drei Prozesse: Design, Entwicklung und Test. Das Design dauert schätzungsweise zehn Tage, die Entwicklung 30 Tage und die Tests 20 Tage.

Falls die drei Prozesse hintereinander ablaufen, kann man die Gesamtdauer durch Addition der jeweiligen Prozessdauer errechnen. Im Gantt-Chart dargestellt, sieht das so aus:

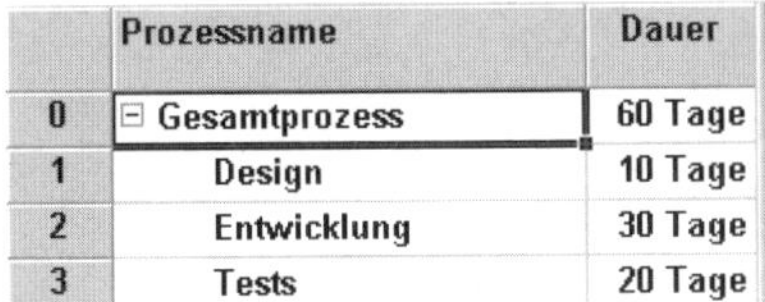

	Prozessname	Dauer
0	⊟ Gesamtprozess	60 Tage
1	Design	10 Tage
2	Entwicklung	30 Tage
3	Tests	20 Tage

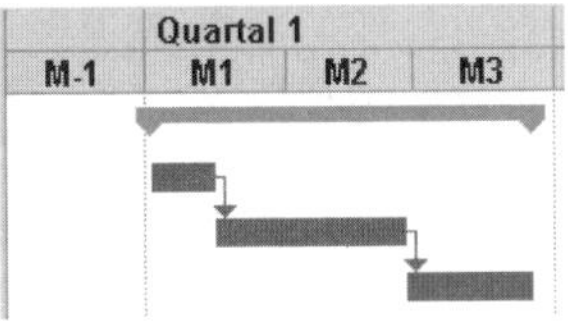

BILD 2.7
Eine einfache Rechnung

Wenn Sie nun 10 + 30 + 20 Tage addieren, haben Sie nicht nur die Gesamtdauer des Prozesses errechnet, sondern Sie haben, wenn Sie annehmen, dass der Prozess am Tage 0 beginnt, schon den Endtermin errechnet, nämlich 60 Tage nach seinem Beginn. Damit haben Sie bereits die „Vorwärtsrechnung“ durchgeführt, die die Netzplantechnik zur Terminberechnung unternimmt, indem sie (die Netzplantechnik), ausgehend vom Anfangstermin, durch Addition der Dauern die Termine berechnet.

Sie könnten das Ganze jetzt auch umkehren, ausgehend vom errechneten Endtermin (der 60. Tag nach dem Beginn) jeweils die Dauern subtrahieren, wäre also 60 - 20 - 30 - 10, und sind dann wieder bei 0, beim Anfangstermin. Nur macht das hier natürlich keinen Sinn, da alle Vorgänge auf dem kritischen Weg liegen, weil aus der Summe ihrer Dauern die Gesamtlaufzeit errechnet wurde. Der kritische Weg bestimmt eben die Differenz zwischen Anfang und Ende.

Wie lange dauert der Gesamtprozess, wenn Sie drei parallele Prozesse haben, sagen wir:

Entwicklung Programme 30 Tage, Entwicklung Datenbanken 20 Tage, Entwicklung Schnittstellen 10 Tage?

[57] Siehe auch mein Buch „Projektmanagement mit MS Project 2010“ Hanser Verlag 2011, S. 8 ff. „Wie werden die Termine berechnet?“
Das Standardwerk zur Netzplantechnik ist Jochen Schwarze: „Projektmanagement mit Netzplantechnik“, Herne 2006

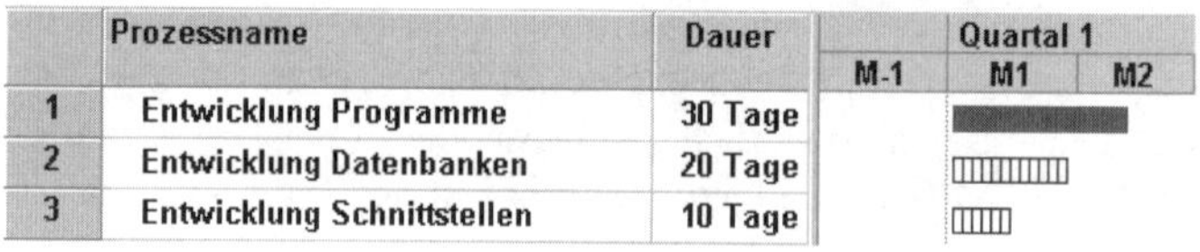

	Prozessname	Dauer
1	Entwicklung Programme	30 Tage
2	Entwicklung Datenbanken	20 Tage
3	Entwicklung Schnittstellen	10 Tage

BILD 2.8 Der kritische Vorgang[58]

Richtig: Der Schlüssel zum Verständnis der Methode des kritischen Wegs ist, dass bei parallel laufenden Aktivitäten immer die Aktivität mit der längsten Dauer die insgesamt benötigte Zeit bestimmt. Dies ist der kritische Vorgang (hier immer dunkel dargestellt). Also ist bei parallel liegenden Vorgängen der kritische Vorgang immer der längste.

Ein nichtkritischer Vorgang (hier immer schraffiert dargestellt) kann nur ein Vorgang sein, der weniger lang dauert als der parallele kritische Vorgang. Ein nichtkritischer Vorgang kann deshalb um die Differenz der Dauer zum kritischen Vorgang verlängert oder verschoben werden, ohne dass die benötigte Zeit (für den Gesamtprozess auf der Zeitachse) sich verlängert. Diesen zeitlichen Spielraum nennt man in der Sprache der Netzplantechnik Pufferzeit.

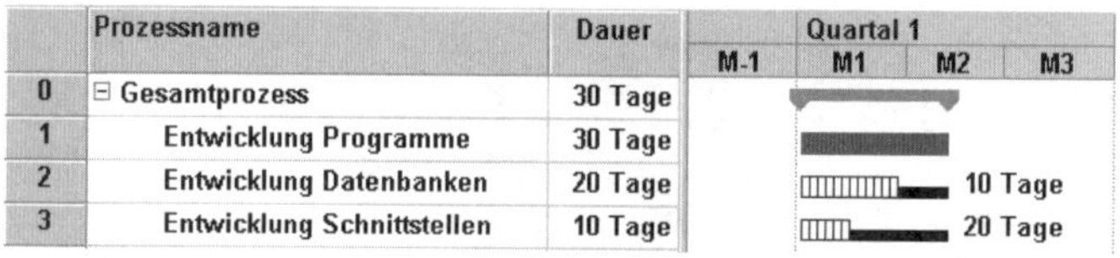

	Prozessname	Dauer	Pufferzeit
0	⊟ Gesamtprozess	30 Tage	
1	Entwicklung Programme	30 Tage	
2	Entwicklung Datenbanken	20 Tage	10 Tage
3	Entwicklung Schnittstellen	10 Tage	20 Tage

BILD 2.9 Die errechneten Pufferzeiten

Für die Terminberechnung nach der Critical Path Method (CPM) stellen die Pufferzeiten sozusagen eine Zeitreserve für die nichtkritischen Aktivitäten dar. Für die Prozessanalyse bedeuten die Pufferzeiten Wartezeiten für den folgenden Prozess, der alle Inputs dieser vorhergehenden Prozesse benötigt.

	Prozessname	Dauer	Pufferzeit
0	⊟ Gesamtprozess	60 Tage	
1	1 Design	10 Tage	
2	⊟ 2 Entwicklung	30 Tage	
3	2.1 Entwicklung Programme	30 Tage	
4	2.2 Entwicklung Datenbanken	20 Tage	10 Tage
5	2.3 Entwicklung Schnittstellen	10 Tage	20 Tage
6	3 Tests	20 Tage	

BILD 2.10 Der Engpass

Für die Terminberechnung bestimmt der kritische Weg die zeitliche Strecke zwischen dem Anfangs- und dem Endtermin, für die Prozessanalyse bestimmt der kritische Weg die Engpässe, die Flaschenhälse. Man sieht dies daran, dass die Outputs der nichtkritischen Vorgänge Wartezeiten haben. Bevor hier getestet werden kann, müssen die Outputs der drei Entwicklungsvorgänge produziert sein. Die Entwicklung der Programme bestimmt durch ihre Dauer den Beginn der Tests, insofern ist sie „kritisch“. Die anderen beiden – sagen wir: Bereiche – sind für diesen Zeitraum unterausgelastet. Wenn wir in der Lage wären, Kapazitäten von der Schnittstellenentwicklung zur Programmierung umzudisponieren, könnte das so aussehen:

[58] Die Abbildungen stammen aus Microsoft Project mit der Einstellung, dass ein Monat 20 Arbeitstage umfasst. Insofern ergeben hier 30 Arbeitstage eineinhalb Monate.

	Prozessname	Dauer
0	⊟ Gesamtprozess	50 Tage
1	1 Design	10 Tage
2	⊟ 2 Entwicklung	20 Tage
3	2.1 Entwicklung Programme	20 Tage
4	2.2 Entwicklung Datenbanken	20 Tage
5	2.3 Entwicklung Schnittstellen	20 Tage
6	3 Tests	20 Tage

Quartal 1: M-1, M1, M2, M3

BILD 2.11
Kein Engpass

Beachten Sie, dass sich die Durchlaufzeit des Gesamtprozesses gegenüber der vorherigen Situation um zehn Tage verkürzt hat.

Das Ziel der Prozesssteuerung muss also darin bestehen, die Produktivität der einzelnen Prozesse so zu gestalten, dass keine Engpässe und keine Wartezeiten entstehen. Natürlich gehören geplante Puffer zu den Prozessen, um Schwankungen der Produktivität, durchschnittliche Ausfallzeiten etc. ausgleichen zu können. Es dürfen jedoch keine dauerhaften, ungeplanten Puffer zwischen den Prozessen existieren, da diese zu ungeplanten Lagern führen. Diese binden nicht nur Umlaufmittel (soweit es sich um einen Produktionsprozess materieller Güter handelt), sondern zeigen eine Unterauslastung der nichtkritischen Bereiche an, signalisieren im Prinzip freie Kapazitäten.

Bei einem optimalen Prozessablauf sind alle Prozesse kritisch, d. h., sie haben keinen Puffer. (Der logische Gegensatz zur Projektplanung wird hier wieder offensichtlich: Eine meines Erachtens gute Projektplanung kennt keine kritischen Vorgänge, d. h., alle Vorgänge haben Zeitreserven!)

Ach, jetzt habe ich Ihnen den zweiten Teil der Terminberechnungen mittels der Netzplantechnik noch nicht erklärt. Der ist für unser Thema, das Geschäftsprozessmanagement, auch nicht so wichtig, weil wir hier ja keine konkreten Termine berechnen wollen. Es war mir wichtiger, die konkreten Ergebnisse aus der Netzplantechnik für das Geschäftsprozessmanagement zu zeigen und Schlussfolgerungen daraus zu ziehen. Hier der zweite Teil:

Wenn Vorgänge parallel liegen und unterschiedlich lange dauern, macht es auch Sinn, die Rückwärtsrechnung durchzuführen. Aber zunächst noch einmal die Vorwärtsrechnung: Ausgehend vom Anfangstermin (theoretisch der Tag 0) werden die Dauern addiert (siehe Bild 2.9)

10 Tage Design + 30 Tage Entwicklung Programmierung (dies ist der längste Vorgang mit 30 Tagen) und 20 Tage Test. Damit haben wir das Ende des Prozesses errechnet; der 60. Tag.

Nun können wir von diesem Endtermin ausgehend rückwärts rechnen und die jeweiligen Dauern subtrahieren: 60 minus 20 Tage Tests sind wir am 40. Tag, das ist der Anfang der Tests, damit das späteste Ende der Entwicklung. Ja, das späteste Ende aller Entwicklungsvorgänge. Für die Entwicklung Programmierung stimmt das ja auch, doch auch die beiden anderen Entwicklungsprozesse können hier enden. Dann haben sie natürlich keinen Spielraum mehr, sprich: keine Pufferzeit, und deshalb ist das ja auch das „Späteste Ende".

In der Rückwärtsrechnung liegen die Termine immer „So spät wie möglich", d. h., sie enden am Anfang des Nachfolgers (logischerweise eine „Sekunde" vor dem Anfang).

Ein Tool zur Projektplanung wie MS Project führt immer Vorwärts- und Rückwärtsrechnung durch und hat deshalb immer den „Frühesten Anfang" und das „Früheste Ende" als Ergebnis aus der Vorwärtsrechnung und den „Spätesten Anfang" und das „Späteste Ende" als Ergebnis aus der Rückwärtsrechnung. Bei kritischen Vorgängen ist das identisch – sie bestimmen ja überhaupt die Differenz zwischen Anfang und Ende – aber bei den nichtkritischen Vorgängen ist die Differenz zwischen jeweils frühestem Termin und spätestem Termin die Pufferzeit. Dies ist natürlich identisch mit der Differenz zwischen der Dauer eines nichtkritischen Vorgangss und seinem parallelen kritischen Vorgang.

Hier das Balkendiagramm mit den Terminen in spätester Lage:

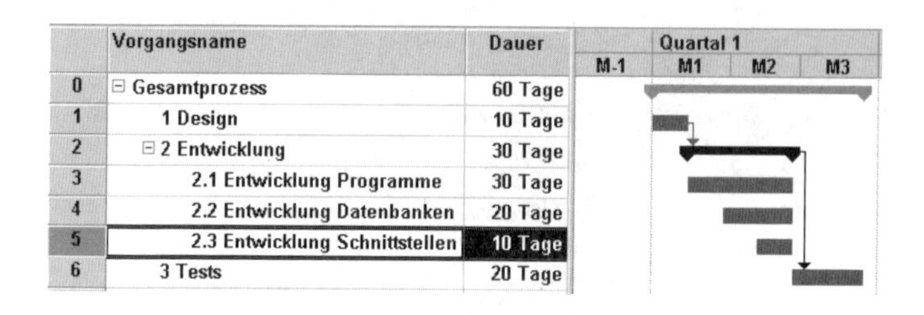

	Vorgangsname	Dauer
0	⊟ Gesamtprozess	60 Tage
1	1 Design	10 Tage
2	⊟ 2 Entwicklung	30 Tage
3	2.1 Entwicklung Programme	30 Tage
4	2.2 Entwicklung Datenbanken	20 Tage
5	2.3 Entwicklung Schnittstellen	10 Tage
6	3 Tests	20 Tage

BILD 2.12 Die Balken in spätester Lage

Und hier auch die Tabelle mit den Terminen:

Vorgangsname	Dauer	Frühester Anfang	Frühestes Ende	Spätester Anfang	Spätestes Ende	Gesamte Pufferzeit
⊟ Gesamtprozess	60 Tage	01. Jan	25. Mrz	01. Jan	25. Mrz	0 Tage
1 Design	10 Tage	01. Jan	14. Jan	01. Jan	14. Jan	0 Tage
⊟ 2 Entwicklung	30 Tage	15. Jan	25. Feb	15. Jan	25. Feb	0 Tage
2.1 Entwicklung Programme	30 Tage	15. Jan	25. Feb	15. Jan	25. Feb	0 Tage
2.2 Entwicklung Datenbanken	20 Tage	15. Jan	11. Feb	29. Jan	25. Feb	10 Tage
2.3 Entwicklung Schnittstellen	10 Tage	15. Jan	28. Jan	12. Feb	25. Feb	20 Tage
3 Tests	20 Tage	26. Feb	25. Mrz	26. Feb	25. Mrz	0 Tage

BILD 2.13 Früheste und späteste Termine

Leider kann man hier keine terminneutrale Darstellung der Termine wählen. Ich habe deshalb den Anfangstermin auf den 1. Januar eingestellt.

- **Vorwärtsrechnung:**

  01. Januar + 10 Tage Design = 14. Januar
  15. Januar + 30 Tage Entwicklung Programme = 25. Februar
  15. Januar + 20 Tage Entwicklung Datenbanken = 11. Februar
  15. Januar + 10 Tage Entwicklung Schnittstellen = 28. Januar

  längster Vorgang: Entwicklung Programme, endet am 25. Februar, deshalb:

  26. Februar + 20 Tage Tests = 25. März

- **Rückwärtsrechnung:**

  25. März – 20 Tage Tests = 26. Februar
  25. Februar – 10 Tage Entwicklung Schnittstellen = 12. Februar

  Beachten Sie die Differenz zum frühesten Anfang aus der Vorwärtsrechnung: 15. Januar.

  25. Februar – 20 Tage Entwicklung Datenbanken = 29. Januar

  Beachten Sie die Differenz zum frühesten Anfang aus der Vorwärtsrechnung: 15. Januar.

Hier noch einmal das Ergebnis unserer Überlegungen zur Methode des Kritischen Wegs hinsichtlich der Prozessgestaltung:[1]

- Nichtkritische Prozesse haben Puffer, diese zeigen eine Unterauslastung der nichtkritischen Bereiche an, signalisieren im Prinzip freie Kapazitäten.
- Bei einem vollkommen optimalen Prozessablauf sind alle Prozesse kritisch, d. h., sie verfügen über keine Puffer.
- Wenn alle Prozesse kritisch sind, sind die Produktivität der einzelnen Aktivitäten und die Produktivität des Gesamtprozesses optimal aufeinander abgestimmt. Dies stellt die optimale Prozesseffektivität dar.

[1] Wir nehmen dieses Thema in Kapitel 6 wieder praktisch auf.

■

3 Das Projekt Geschäftsprozess-optimierung

Gehen Sie die Analyse und Neugestaltung bzw. Optimierung Ihrer Prozesse als Projekt an. Prozessoptimierung[1] als Projekt heißt, dass Sie es richtig planen, nach Plan durchführen und mit den Methoden der Projektüberwachung den Fortschritt kontrollieren und steuern. Auch wenn heute das Wort Projekt inflationär verwendet wird (alle „Softwerker" machen „Projekte", doch auf eine Nachfrage, was das denn bedeute, höre ich meist wenig Erhellendes), besteht ein Projekt aus einer vorhergehenden Planung (auf welchen Zeit- oder Inhaltshorizont auch immer), einem strukturierten Ablauf und dem Versuch, das Vorhaben mit den Methoden der Projektüberwachung so zu steuern, dass die Verwirklichung so weit wie möglich nach Plan durchgeführt wird.[2]

So ist – um ein Unternehmen zu Recht als Projekt zu bezeichnen – die Grundlage von allem eine sorgfältige (Projekt-)Planung, die alle wichtigen Vorgänge (Aktivitäten) beinhalten muss, die zur (Projekt-)Zielerreichung notwendig sind. Das heißt, man muss wissen, was man erreichen will. Bevor man losgeht, sollte man sein Ziel kennen. Außerdem dient der Projektplan der Abstimmung mit allen Beteiligten (Stakeholder). Auch die sollen wissen, was ihr Teil ist und wann das voraussichtlich kommt. Vielleicht wollen sie ja auch ein Wort mitreden. Bevor ich die Projektphasen im Einzelnen beschreibe, hier eine schematische Darstellung eines idealtypischen Projektablaufs. Dieser Ablauf kann natürlich für das Projekt der Geschäftsprozessoptimierung für das ganze Unternehmen gelten oder für die Zertifizierung nach DIN ISO 9001:2008 oder auch nur für einen ausgesuchten Teilprozess.

Der dargestellte Projektablauf soll typisch sein, d. h., man muss ihn natürlich nach Bedarf an die Bedingungen vor Ort anpassen. Er kann und wird wohl auch immer mit mehreren Schleifen durchlaufen werden für die Phase der Ist-Analyse der Prozesse, der Konzeption von Verbesserungen (Soll-Konzept) und der Implementierungs- bzw. Einführungsphase neuer Prozesse.

---

[1] Ich benutze die Begriffe Geschäftsprozessmanagement, abgekürzt GPM, und Geschäftsprozessoptimierung, abgekürzt GPO, synonym. Warum sollte man die Geschäftsprozesse managen, wenn man sie nicht optimieren will? Über den Maßstab, was man also optimieren will, kann man sich unterhalten. Dies kommt hier gleich unter „Projektziele".

[2] Dazu gibt es ja eine umfangreiche Literatur. Wer es kurz und knapp mag z. B: Mark Brown: „Erfolgreiches Projektmanagement in 7 Tagen", Landsberg/Lech, 3. Auflage 1999, oder die Darstellung der Grundlagen der Planung in meinem Buch „Projektplanungen mit Project 2010" auf den Seiten 1–14. Dort auch eine ausführlichere Darstellung der Methode des Kritischen Weges.

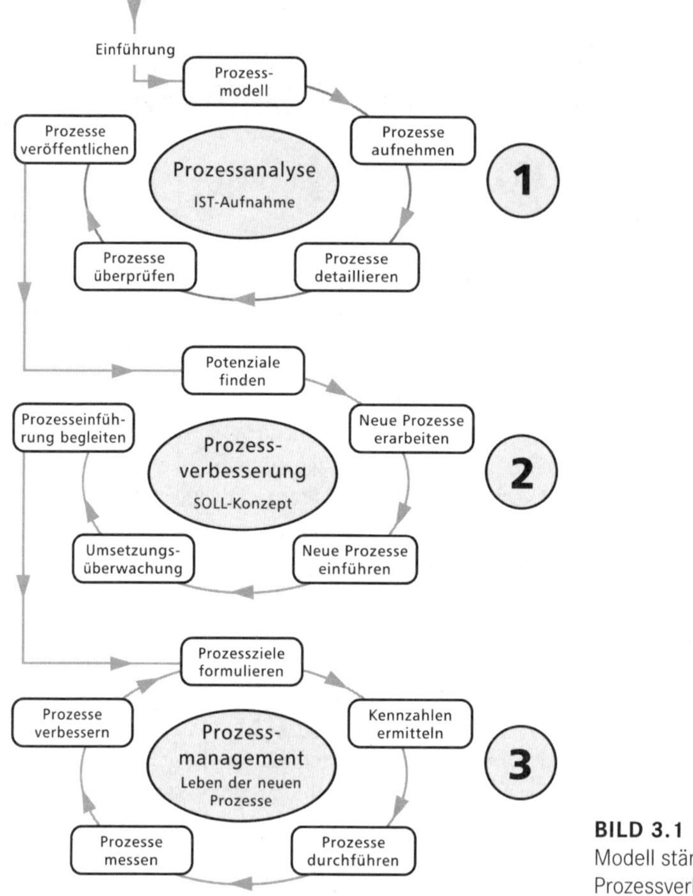

BILD 3.1 Modell ständiger Prozessverbesserungen[3]

3.1 Ein typischer Projektablauf

1. Projektziel(e) bestimmen

2. Vorüberlegungen, Vorstudien, Projektinhalte kommunizieren

3. Projektstart

- (evtl. vorläufiger) Projektauftrag
- Projektleiter auswählen
- Projektteam bilden
- Know-how von außen notwendig?

[3] Quelle: Vicon GmbH

- Kick-off-Meeting:
  - Zieldefinition
  - Umfeld- bzw. Stakeholder-Analyse: Wer hat welche Interessen mit welchem Gewicht an dem Projekt?
  - Erste grobe Terminplanung für das Projektteam

4. Planungsphase

- Projektphasen definieren (Grobplanung):
  - Ist-Analyse
  - Soll-Konzept
  - Testweise Einführung neuer Prozesse
  - Realisation neuer Prozesse
  - Effektivität feststellen (messen)
  - Feinschliff/Revision
- Detailplanung der Phasen:
  - Aufwandsschätzung für die einzelnen Vorgänge (jedenfalls für die Ist-Analyse, die nächsten Phasen können dann feingeplant werden, wenn die Informationen aus der ersten Phase zur Verfügung stehen)
  - Auswahl der Mitarbeiter, evtl. Auswahl der externen Berater, die unterstützen
  - die sachlichen Abhängigkeiten durch Vorgangsbeziehungen darstellen, d. h. den Ablauf erfassen
  - Wenn die eingesetzten Ressourcen mit Kosten bewertet werden, ist eine Kostenschätzung möglich.
- Terminplanung, jedenfalls für die Ist-Analyse, dann für die jeweils folgenden Phasen (folgt aus der Detailplanung):
  - Planung der Termine, des Ressourceneinsatzes, Kosten optimieren (Zeitreserven einbauen)
  - Termine abstimmen mit allen Beteiligten
  - Planung genehmigen lassen
- Projektauftrag mit Kostengenehmigung:
  - Vollmacht für den Projektleiter, das Projekt wie geplant durchzuführen, einschließlich
  - Kostenbewilligung

5. Durchführungsphase

- (vorläufiges) Prozessmodell erstellen
- Ist-Analyse des ausgewählten Prozesses starten:
  - Interviews durchführen
  - Workshops durchführen (alternativ oder beides)
  - Prozesseigentümer feststellen bzw. bestimmen
  - Prozess darstellen
  - Prozessablauf mit den Beteiligten besprechen und Verbesserungspotentiale ausmachen
  - Ist-Status des Prozesses veröffentlichen

- Soll-Konzept erarbeiten:
  - In der Ist-Analyse genannte oder sichtbar gewordene Verbesserungspotentiale feststellen
  - Neue Prozesse erarbeiten:
    - entweder inkrementell aus dem alten Prozess, indem die dort sichtbar gewordenen Verbesserungsmöglichkeiten realisiert werden, oder
    - Prozess auf dem leeren Zeichenblatt neu entwerfen: Input und gewünschten oder notwendigen Output bestimmen und dann alle Aktivitäten, die vom Input zum Output führen, radikal neu und ökonomisch in der logisch minimalen möglichen Form „konstruieren" (ohne Vorbelastung, wie das bisher gemacht wird!)
- Den Entwurf des neuen Prozesses mit den Beteiligten kommunizieren
  - Neuen Prozess einführen:
    - Maßnahmen durchführen, die vor der Einführung des neuen Prozesses notwendig sind, evtl. Informationen an die Kunden, die Lieferanten, d. h. im Wesentlichen die voraussichtlichen Änderungen kommunizieren
    - Probelauf des neuen Prozesses, wenn möglich partiell oder als Test ganz. Überprüfen der Folgerichtigkeit des Ablaufs und evtl. Probleme an den Schnittstellen des Inputs und des Outputs
- Neuen Prozess endgültig einführen:

  Stichtag oder Termin bestimmen,

  Änderungen, neue Prozesse und Veränderungen der Tätigkeiten der Mitarbeiter und den Termin kommunizieren,

  „Schalter umdrehen"
- Management der neuen Prozesse:
  - Überprüfung der Prozessleistung:
    - Mitarbeiterzufriedenheit
    - Kundenzufriedenheit
    - Qualität (soweit nicht identisch mit Kundenzufriedenheit)
    - Durchlaufzeit
    - Kosten
    - Ist-Analyse mit Analyse von Verbesserungspotentialen
    - Gehe zurück an den Anfang.

Dieser Kreislauf, der von der Ist-Analyse über die Aufnahme von Verbesserungsmöglichkeiten, von der Erarbeitung zur Einführung neuer Prozesse führt, dann die Leistungsfähigkeit der neuen Prozesse überprüft und evtl. wieder zu Veränderungen des Prozesses führt, ist in der Bild 3.1 sehr plastisch dargestellt.

3.2 Projektziel bestimmen

3.2.1 Das Band entdecken

Ganz einfach: Finden Sie das Band Ihrer Prozesse! Gesucht ist kein Geringerer als der Henry Ford der Dienstleistungs- und Informationsgesellschaft.

Finden Sie das (meist unsichtbare) Band, das die Einzelschritte Ihrer Prozesse verbindet und steuert. Wenn dieses Band optimal läuft, bringt es automatisch die beste Ressourceneffizienz (Produktivität der Einzeltätigkeiten) mit der höchsten Prozesseffizienz, der Produktivität des Gesamtprozesses, in Übereinstimmung. Der Umfang (das Wertschöpfungsvolumen) der Einzelschritte und die Art und Weise (Geschwindigkeit, Wiederholungsrate) ihrer Ausführung bestimmen die Ressourceneffizienz. Die Prozesseffizienz hängt ab von der Geschwindigkeit der Übergaben (der Schnittstellen), ihrer Art und Weise und damit natürlich auch von der Effizienz der Schnittstellen, d. h. wie häufig es zu Rückgaben etc. kommt. Die Produktivität des Gesamtprozesses ergibt sich aus der Summe der beiden Effizienzen.

Zwar mag aus der historischen Sicht stimmen, dass die Ressourceneffizienz das Thema der industriellen Produktionsweise ist und die Prozesseffizienz das Thema der Dienstleistungsgesellschaft, doch eine mathematische Tatsache ist nun mal, dass jeder Prozess, auch in der Produktion von Diensten und informationsbasiertem Wissen, aus der Summe der Einzelaktivitäten besteht plus der Zwischenzustände, die sich aus Warte- und Stillstandzeiten oder als produktive Pausen dazwischenschieben.

Auch für unsere modernen Prozesse sollten Sie die Regeln von Henry Ford sinngemäß anwenden:

1. **„Ordne Werkzeuge wie Arbeiter in der Reihenfolge der bevorstehenden Verrichtungen, so dass jeder Teil während des Prozesses der Zusammensetzung einen möglichst geringen Weg zurückzulegen hat.**
2. **Bediene dich der Gleitbahnen oder anderer Transportmittel, damit der Arbeiter nach vollendeter Verrichtung den Teil, an dem er gearbeitet hat, stets an dem gleichen Fleck – der sich selbstverständlich an der handlichsten Stelle befinden muss – niederlegen kann. Wenn möglich, nutze die Schwerkraft aus, um den betreffenden Teil dem nächsten Arbeiter zuzuführen.**
3. **Bediene dich der Montagebahnen, um die zusammenzusetzenden Teile in handlichen Zwischenräumen an- und abfahren zu lassen.“**[4]

Ich versuche, das in die heutige Arbeitswelt und Sprache zu übersetzen:

1. **Ordne den Informations- bzw. Datenfluss so, dass die Abfolge der Bearbeitung und der Menschen, die damit beschäftigt sind, in der Reihenfolge der Informationszuwächse abläuft. Die notwendigen Informationen oder das Wissen zur Bearbeitung wird am jeweiligen Arbeitsplatz bereitgestellt (durch Informationstechnik), so dass der Mitarbeiter dies mit dem geringstmöglichen Aufwand zur Verfügung hat. Die Einzelschritte sind so anzulegen, dass die Anzahl der Übergaben minimiert wird, bei maximaler Ausschöpfung des Potentials der Mitarbeiter, die die Tätigkeiten ausführen.**

[4] Siehe Fußnote 23 im 1. Kapitel

2. **Informationen, Daten, Dokumente oder andere Objekte werden nur zur Bearbeitung an den nächsten Prozess weitergegeben, wenn ein definierter Zustand erreicht ist, und nicht an der gleichen Stelle, von dem gleichen Mitarbeiter oder der gleichen funktionalen Einheit auch der nächste Bearbeitungsschritt durchgeführt werden kann. Bediene Dich bei der Weiterleitung der elektronischen Medien in automatisierter Form. Die Schnittstelle der Übergabe soll nach Möglichkeit so konstruiert sein, dass beide Seiten ein Interesse an ihrem reibungslosen Ablauf haben. Sie soll gut dokumentiert und von beiden Seiten in ihrem Ablauf akzeptiert werden.**
3. **Es darf nur ein Medium geben, in dem die Informationen von einem Bearbeitungsschritt zum nächsten gehen. Es darf keine Medienbrüche geben und der Informationsfluss ist so weit wie möglich automatisch vorzunehmen.**

3.2.2 Praktische Tipps dazu

Wenn Sie dieses Band nach und nach entdecken und seinen Ablauf optimieren, haben Sie Ihren Prozess letzten Endes wie einen Fluss gestaltet, in dem die Objekte der Tätigkeiten, seien es nun Materialien oder Informationen, ohne Staus und ohne größere Virulenzen ruhig, aber gleichmäßig fließen. Sie haben ein unsichtbares Band für den Prozess installiert.

Nun höre ich viele Leser schon jetzt ironisch lächelnd fragen: Haben Sie es nicht eine Nummer kleiner? Wie soll das praktisch aussehen und - es ist ja eine Mode, alles messen zu wollen - wie können wir das feststellen, wie können wir es messen? Zuerst ein paar praktische Tipps zu den oben formulierten Regeln:

1. Immer, wenn es in der Bearbeitungsfolge Schleifen gibt, liegt die Vermutung nahe, dass die Abfolge der Schritte nicht dem Wert- oder Informationszuwachs folgt.
2. Viele Übergänge legen die Vermutung nahe, dass die Einzeltätigkeiten zu klein geschnitten sind. Dies mag mit einer Unterforderung der Mitarbeiter einhergehen. Andererseits erhöht ein schneller Takt kleiner, repetitiver Tätigkeiten die Ressourcenproduktivität, was nur für einfache Tätigkeiten zu empfehlen ist und unproblematische Übergänge zwischen den Einzeltätigkeiten oder mehr oder weniger aufwendige Qualitätskontrollen erfordert. Unterbrechungen oder Wechsel zu anderen Tätigkeiten können die Produktivität erhöhen, wenn der Zeitverlust durch den Wechsel oder die Unterbrechung überkompensiert wird durch den Motivationsgewinn für das Ausführen der repetitiven Tätigkeiten.
3. Wenige Übergänge heißt in der Regel, dass der Umfang oder Wertzuwachs der Teilprozesse größer ist. Versuchen Sie, dafür sich selbst regulierende Teams einzurichten. Geistige Arbeit erfordert größere, ununterbrochene Zeiteinheiten, sich in das zu lösende Problem einzuarbeiten und dabeizubleiben. Störungen durch andere Tätigkeiten können extrem viel Zeit kosten, da der Prozess der geistigen Durchdringung wieder, unter Umständen eben mehrmals, neu aufgenommen werden muss. Unterbrechungen bei geistiger Arbeit demotivieren, wenn sie nicht selbst gewählt sind. Dies ist der Kern der Methode des „Agilen Projektmanagements“[5].

---

[5] Siehe Abschnitt 4.4 „Scrum als Prozess“ in meinem Buch „Projektplanung mit Project 2010“ im Hanser Verlag

4. Wenn Arbeitsplätze beide Arten von Tätigkeiten, wie unter 2 (repetitive) und 3 (geistige Durchdringung) aufgeführt, umfassen, ist zu einer strikten zeitlichen und/oder räumlichen Trennung zu raten. Zum Beispiel werden vormittags routinemäßig Standardanträge beantwortet (repetitive, gleichartige Tätigkeiten in schneller Folge), nachmittags wird ein neues Produkt entworfen oder über einen neuen Prozessablauf nachgedacht. Richten Sie „Sprechzeiten“ ein, in denen Sie für andere (öffentlich oder auch intern für Kollegen) zur Verfügung stehen, und markieren Sie umgekehrt Zeiten, in denen Sie auf keinen Fall gestört werden dürfen (und setzen Sie das durch!).
5. Warteschlangen deuten immer auf ein Problem hin:
   a) Entweder ist ein Engpass vorhanden, den man beseitigen sollte. Ein Engpass im internen Ablauf deutet auf unterschiedliche Geschwindigkeiten der Verarbeitung in einzelnen Prozessschritten hin (z. B. wenn sich permanent ein Materialstau vor einer Maschine bildet). Bei Maschinen wird die Lösung die Anpassung der Kapazitäten sein, bei Menschen oder Abteilungen mögen die Aufgabenblöcke zu groß bzw. zu klein geschnitten sein. Wenn eine permanente Warteschlange im Arbeitsablauf zwischen Abteilungen (oder Menschen) existiert, muss man nicht unbedingt das Personal anpassen, sondern kann die Aufgabenzuweisung ändern: Die „schnellere“ Abteilung übernimmt Aufgaben der „langsameren“ Abteilung.
   b) Die Lenkung funktioniert nicht. Kunden, die zu lange anstehen, werden unwillig und kommen nicht mehr, deshalb haben Kaufhäuser, Flughäfen oder ähnliche Einrichtungen Informationsschalter eingerichtet, die die Anfragen kanalisieren, d. h. die Warteschlangen vermeiden oder verkürzen, indem die Kunden an die richtigen „Eingänge“ verwiesen werden. Das Prinzip ist die Selektion, bevor der Kunde oder der Antrag in eine (spezielle) Warteschlange eingereiht wird. Das Gleiche, oft sehr rigoros angewendet, findet man bei telefonischen Anfragen oder Bestellungen: „Drücken Sie die 1, wenn Sie ... Drücken Sie die 2, wenn Sie ... etc.“ Rigoros und damit falsch angewendet ist dieses Prinzip, wenn es keine „neutrale“ Auswahl zulässt: „Drücken Sie die 9, wenn die bisherigen Auswahlen Ihrem Wunsch nicht entsprechen, Sie werden dann mit einem Mitarbeiter verbunden.“ Verwaltungseinrichtungen wie z. B. eine Meldebehörde, – nein, pardon, ein „Bürgerbüro“ –, oder eine KFZ-Zulassungsstelle müssen unbedingt eine Vorselektion treffen, bevor sie die Antragsteller dann in die hoffentlich richtige Warteschlange schicken.
6. Warteschlangen der Menschen oder Wartezeiten, die Materialen oder Informationen betreffen, deuten darauf hin, dass die Schnittstellen nicht ausreichend geklärt sind und nicht im gegenseitigen Interesse funktionieren. „Was? Der will was von mir ... Der kann warten ...“ ist nur möglich, wenn die schnelle Erledigung der Anforderung nicht in meinem Interesse liegt. Wenn die schnelle Erledigung honoriert wird mit reziprokem Verhalten (auch ich bekomme eine termingerechte Erledigung, Freundlichkeit, weniger Kontrolle, Freizeit, Geld oder Aussicht auf Beförderung), sieht das anders aus.
7. Warteschlangen und (nicht geplante) Schleifen im Arbeitsablauf deuten auf unklar definierte Zustände bei den Schnittstellen hin. Der folgende Prozess ist nicht zufrieden mit der Qualität der Zulieferung des vorhergehenden Prozesses, deshalb bleibt das Material oder die Information liegen. Oder – immerhin etwas besser – er gibt sie zurück und sagt idealerweise auch noch, warum. Wenn dies allerdings mit einer gewissen Regelmäßigkeit passiert, liegt kein einmaliger Fehler (der immer passieren kann), sondern ein systema-

tisches Problem vor. Der Fehler ist nie bei nur einer Seite (der Einfachheit halber beim vorgelagerten Prozesses) zu finden, sondern immer bei der Prozesskonstruktion: nicht geklärte, unterschiedliche Vorstellungen über den Zustand des Objekts bei der Übergabe. Kommunizieren! Kommunizieren! Kommunizieren! Und dann das Ergebnis dokumentieren: und von allen unterschreiben lassen!

8. Wenn z. B. eingehende Faxe abgetippt oder Ist-Zeiten aus einem Zeiterfassungssystem in MS Project zur Projekt-Fortschrittskontrolle manuell eingetragen werden, handelt es sich um einen Medienbruch. Dieser erfordert nicht nur mehr Arbeit, sondern ist auch eine Fehlerquelle. Und die Fehler zu beseitigen, kostet wieder viel Arbeit und somit Geld. Was für die körperliche Arbeit die Schwerkraft (die H. Ford ausnutzte, um seine Bänder fließen zu lassen), ist im Informationszeitalter die Identität der Daten:

   Ein einheitlicher, identischer, unternehmensweiter Datenbestand, maßgeschneiderte Datenbereitstellung für die jeweilige Aufgabe, dokumentierte Informationsflüsse in einem Medium.

3.2.3 Messbare Ziele

Ein Modewort ist ja Balanced Scorecard und bedeutet so viel wie „Ausgewogenes Punktesystem". Ursprünglich wurde es entwickelt, um zusätzlich zu den betriebswirtschaftlichen Kennziffern wie Umsatz, Kosten und Gewinn auch andere, „weiche" Faktoren zu messen. Dem liegt die Annahme zugrunde, dass die Daten aus der Buchhaltung immer Daten aus der Vergangenheit sind, und dann mag es ja schon zu spät sein. Statt der nachlaufenden Indikatoren der Finanzbuchhaltung wurden Indikatoren gesucht, die Trends in die Zukunft anzeigen sollten, Indikatoren, die quasi als Frühwarnsystem dienen sollten. Die Treffsicherheit verschiedener Indikatoren[6] war so gut wie die Voraussagen der zukünftigen Kursentwicklungen an der Börse von den Leuten, die Aktien verkaufen.

Im nächsten Schritt kam man zu der beeindruckenden Schlussfolgerung, dass man wissen müsse, wohin man gehen wolle, um die dafür entscheidenden Messgrößen ausmachen zu können. „Die strategiefokussierte Organisation. Führen mit der Balanced Scorecard" heißt folgerichtig der neueste Buchtitel der Schöpfer der Balanced Scorecard, Robert S. Kaplan und David P. Norton.[7] Hier dient die Messung verschiedener Zusammenhänge, z. B. zwischen Mitarbeiterprogrammen und Kundenzufriedenheit, der Kontrolle von Managementstrategien. Das genannte grundlegende strategische Ziel ist im Prinzip der Wandel funktionsorientierter Organisationen hin zu kundenorientierten Wertschöpfungsprozessen:

> „Traditionelle Organisationen sind um zahlreiche betriebliche Funktionalitäten wie Finanzen, Produktion, Marketing, Vertrieb, Entwicklung und Beschaffung herum entworfen. Jede einzelne Funktion verfügt dabei über ein eigenes Wissen, eine eigene Sprache und eine eigene Kultur. Solche funktionalen Silos wurden ein Haupthindernis für die Strategieimplementierung, da die Abstimmung zwischen ihnen auf große Kommunikations- und Koordinierungsschwierigkeiten stößt."[8]

[6] Ein Lehrbuch zu den Balanced Scorecards preist sich damit, 400 (!) verschiedene Arten von Kennzahlen auf einer CD mitzuliefern. Ich schone die Autoren, indem ich auf eine Quellenangabe verzichte.

[7] Robert S. Kaplan/David P. Norton: „Die strategiefokussierte Organisation", Stuttgart 2001

[8] ebenda, S. 12

Die Strategie definiert das Unternehmensziel, das unabhängig von der Branche im „Wertangebot für den Kunden“ besteht, die Messung verschiedener Kennziffern dient allein der Zielerreichung:

> „Der Einsatz quantitativer, aber nichtfinanzieller Größen in der Scorecard - wie Zykluszeiten, Marktanteile, Innovationen, Kompetenzen und Kundenzufriedenheit - erlaubt es, wertschaffende **Prozesse** nicht nur zu vermuten, sondern zu beschreiben und zu messen. Das Wertangebot für den Kunden definiert den Kontext, in welchem immaterielles Vermögen, wie fähige motivierte Mitarbeiter und Kundeninformationssysteme, in materielle Erfolge, wie z. B. Erhaltung des Kundenstamms, Umsätze durch neue Produkte und Dienstleistungen, und damit letztendlich in Gewinne umgewandelt werden“.[9]

Mal abgesehen davon, dass mir viele Strategy-Maps (Strategie = Zieldefinition - Wege zum Ziel definieren) wie Labyrinthe vorkommen, in denen man sich leicht verlaufen kann (oder eben jede Richtung bei Bedarf zum Ziel führen kann), und einige der Definitionen von Zusammenhängen wie die Statistiken beim Basketball[10], kann man doch festhalten, dass auch für die Schöpfer der Balanced Scorecards die Messungen bestimmter Größen immer (nur) eine dienende Funktion haben: Sie dienen der Feststellung des Grades der Zielerreichung und sind nicht das Ziel selbst.

Wobei wir wieder bei der Zielbestimmung des Projekts der Geschäftsprozessoptimierung sind und zwar bei der Definition messbarer Zielgrößen. Ich denke, Sie sollten bei einfachen, relativ leicht zu bestimmenden Größen bleiben. Diese könnten sein:

1. **Kundenzufriedenheit**
   Ein prozessorientiertes Unternehmen richtet die Prozesse optimal auf die Befriedigung der Kundenwünsche hin aus. Nun zeigt sich ja eigentlich am Umsatz, ob die Kunden zufrieden sind oder nicht. Aber wenn Sie Ihre Prozesse reorganisieren und die Kunden bleiben aus, mag es zu spät sein. Begleiten Sie eine Reorganisation z. B. Ihrer Auslieferung, mit einer gleichzeitigen (!) Befragung Ihrer Kunden. Ob Sie das selbst tun oder ob Sie dazu ein externes Unternehmen beauftragen, das vielleicht als neutraler angesehen wird und kein Eigeninteresse an geschönten Ergebnissen hat, müssen Sie selbst wissen.

   Beispiel für eine messbare Zielgröße: Steigerung der Kundenzufriedenheit um 25 %.

2. **Mitarbeiterzufriedenheit**
   In der Sprache von Kaplan/Norton stellen „fähige motivierte Mitarbeiter“ das „immaterielle Vermögen“ dar, das Ihr Unternehmen befähigt, letztlich materielle Erfolge zu erzielen. Wenn in Ihrem Unternehmen die Fluktuation sehr gering ist und das auch nach einer Prozessneuorganisation so bleibt, ist ja alles OK. Wenn dann aber eine Welle der Kündigungen gerade der fähigsten und bis dahin motiviertesten Mitarbeiter über Sie hereinbricht, ist

---

[9] ebenda, S. 11, Hervorhebungen durch den Autor.

[10] Anhängern von „messbaren“ Größen empfehle ich, sich mit den Statistiken beim Basketball zu beschäftigen. Es gibt nichts, was dort nicht gemessen wird: für jeden Spieler natürlich die Sekunden seiner Einsatzzeit, die Zahl der Ballkontakte, erfolgreiche und verlorene Pässe, Ballgewinne und -verluste, Rebounds (vom Brett zurückspringende Bälle), diese natürlich in der Offensive und in der Defensive, Pässe mit unmittelbar folgendem Korberfolg und natürlich die erzielten Körbe. Das alles pro Spiel, dann wird der Durchschnitt berechnet für alle Spiele, alle Heimspiele, alle Auswärtsspiele etc. Nun mag ein Spieler ganz wenig Ballkontakte haben, aber sich erfolgreich seinem Gegenspieler in den Weg stellen, weswegen man versucht, die verhinderten Korbwürfe der gegnerischen Mannschaft zu zählen, etc., etc. ... Typischerweise ist die Aufgabenteilung im Trainerteam die, dass sich der Assistant-Coach um die Statistik kümmert und der Head-Coach sich um die wirklich wichtigen Dinge kümmert, z. B. welcher Spieler wann eingesetzt wird.

es zu spät. Außerdem muss eine Unzufriedenheit mit dem Arbeitsablauf nicht unbedingt zu einer formalen Kündigung führen – es gibt eben auch eine „innere" Kündigung oder einfach verschiedene Grade der motivierten (oder demotivierten) Mitarbeit. Auch hier ist die Frage, ob Sie das selbst messen können oder überhaupt sollen oder ob Sie damit besser ein externes Unternehmen beauftragen.

Beispiel für eine messbare Zielgröße: Steigerung der Mitarbeiterzufriedenheit um 10 %.

3. **Fehlerquoten/Rückgaben**
Wenn Sie Waren produzieren, sehen Sie das ja an den Punkten der Qualitätskontrolle bzw. an den Retouren, d. h. der Rückgabequote durch die Kunden. Wenn Formulare, Anträge, Codierungsmodule von Software oder ähnliche ungeplante Schleifen ablaufen, sind das im Prinzip Rückgaben. Die Reduktion von Letzterem würden Sie auch an der Durchlaufzeit erkennen.

Beispiel für eine messbare Zielgröße: Reduktion der Fehlerquote um 10 %.

4. **Durchlaufzeit**
Dies ist ja ein klassischer Indikator der Prozessanalyse und -optimierung. Die Gesamtdurchlaufzeit ist die Summe aller Einzelschritte plus die Zeiten, die zwischen den Aktivitäten liegen. Das muss man alles vollständig erfassen und so werden Sie sehen, dass hier der Teufel im Detail steckt. Aber im letzten Kapitel werde ich zeigen, wie Sie mit Hilfe der CPM-Methode und das heißt mit Hilfe eines PM-Tools, hier MS Project, die Durchlaufzeit der Prozesse berechnen können.

Beispiel für eine messbare Zielgröße: Verringerung der durchschnittlichen Durchlaufzeit um 25 %.

5. **Kosten**
Wenn die Zeiten der Einzelprozesse richtig erfasst sind und diesen Prozessen Ressourcen mit Kosten zugeordnet werden, haben wir automatisch die Gesamtkosten errechnet. Auch hier steckt die Problematik in den Einzelheiten, so z. B., wie Sie Warte- oder Liegezeiten bewerten, die zwar keine Ressourcen kostenträchtig beschäftigen, die aber schon dadurch Geld kosten, dass ja (Kapital-)Bestände brach herumliegen. Von der Unzufriedenheit der Kunden über lange Wartezeiten oder verspätete Termine ganz zu schweigen.

Ein Rat

Mein Rat wäre, sich auf das Ziel einer qualitativen Prozessverbesserung festzulegen, die Verbesserungen quantitativer Größen sind dann der gewünschte Begleiteffekt. Ich habe Probleme, diesen Messungen wirklich zu vertrauen. Wer misst, mit welchen Methoden, wie vertrauenswürdig, wie genau? ■

Wenn Sie sich schon auf quantitative Werte bei der Zielbestimmung einlassen, sollten Sie immer nur einen Wert nehmen – den Wert, der Ihnen am wichtigsten ist, bei Konstanz der anderen Werte. Also z. B. Reduzierung der Durchlaufzeit um 20 % bei gleicher Kundenzufriedenheit, gleicher Fehlerquote und gleicher Mitarbeiterzufriedenheit. Sie sollten dabei natürlich die anderen Werte im Auge behalten und schnell reagieren, wenn sie sich in negativer Richtung ändern. Positive Änderungen sind erwünscht. Da diese Größen in irgendeinem, aber von uns letztlich nicht zu quantifizierenden Zusammenhang stehen (dies ist die Problematik der Kaplan/Nortonschen Ursache-Wirkungs-Zusammenhänge)[11], ergibt eine andere Zielbestimmung keinen Sinn.

Was soll z. B. die quantitative Festlegung auf: Steigerung der Kundenzufriedenheit um 20 %, Steigerung der Mitarbeiterzufriedenheit um 20 %, Reduzierung der Durchlaufzeit um 10 %. Was macht man dann, wenn die Kundenzufriedenheit um 25 % stieg, die Mitarbeiterzufriedenheit um 15 % stieg und die Durchlaufzeit sich um 5 % verlängerte? Sind dann die Ziele erreicht worden oder nicht?

3.3 Vorüberlegungen, Projekt kommunizieren

Bei unseren Überlegungen zum Projektziel hatten wir noch kein handelndes Subjekt, das dieses Ziel definiert. Wir können also sagen, dass das Vorüberlegungen waren. Und dass Sie dieses Buch lesen, ist eine Vorstudie. Vielleicht trainieren Sie auch noch ein wenig die Software, die Sie sich ja in Form von Demoversionen downloaden können, um zu prüfen, ob Sie damit zurechtkommen. Vielleicht reden Sie mit Ihren Kollegen über Ihre Prozesse, ob Sie die schon für perfekt halten oder ob Sie z. B. schon unmittelbar Verbesserungspotentiale sehen. Das wäre dann die Kommunikation eines Projektinhalts.

Man kann keine allgemein gültige Aussage machen, wie ein Projekt zur Geschäftsprozessreorganisation wirklich zustande kommt. Sicher ist nur, dass entweder ein Problemdruck da sein muss (Kunden beschweren sich, zu hohe und kostenträchtige Fehlerquote, mangelnde Wettbewerbsfähigkeit, sinkende Umsätze, hohe Fluktuationsrate des Personals, vermehrtes Auftreten von „inneren" Kündigungen etc.) oder dass visionäre Menschen sagen: Das nehmen wir jetzt in Angriff! Was auf jeden Fall vorhanden sein muss, ist der Wille bei allen Beteiligten, auch bei der Geschäftsleitung, ernsthaft **eine Veränderung anzugehen**. Dies muss in Maßnahmen zum Ausdruck kommen, da nicht nur die finanziellen Mittel bewilligt werden, sondern auch die Personen mit den nötigen Kompetenzen ausgestattet werden müssen. **Ohne eine Projektleitung, die die Mittel und die Kompetenzen mit voller Unterstützung durch die Geschäftsleitung erhält, sollten Sie das Projekt Geschäftsprozessoptimierung vergessen.**

Zur Kommunikation des Projekts gehört natürlich ein Projektmarketing. Werben Sie dafür, dass schon viel damit gewonnen ist, wenn man die Abläufe transparent macht (hier ist die Software nützlich). Transparente Abläufe zeigen eventuelle Doppelarbeit oder fehlerträchtige Medienbrüche, Engpässe im Ablauf oder schlecht definierte Übergänge (aber denken müssen Sie, das kann Ihnen keine Software abnehmen!). Mitarbeiter sehen vielleicht schon Verbesserungsmöglichkeiten oder die Ideen zur Verbesserung des Ablaufs entstehen im Verlauf der Analyse, in Ihrem oder in anderen Köpfen. Anschließend kann man versuchen, sie umzusetzen. Eigentlich kann da niemand etwas dagegen haben.

---

[11] So wurde die statistische Korrelation zwischen Mitarbeiterprogrammen und Kundenzufriedenheit untersucht. Wenn diese Korrelation statistisch nicht nachweisbar ist, werden dann die Mitarbeiterprogramme gestrichen?

Aufwand und Ertrag müssen natürlich in einem vernünftigen Verhältnis zueinander stehen. Deshalb empfiehlt es sich, vielleicht nicht ganz groß zu beginnen, nicht das ganze Unternehmen neu erfinden zu wollen (obwohl man sich das auch überlegen sollte, zumindest, bevor man ganz aufgeben muss!). Man kann sich einen Teil seiner Prozesse oder einen bestimmten Prozess aussuchen, um eine Prozessanalyse durchzuführen. Das übt und qualifiziert. Und mit dieser Erfahrung lässt sich der nächste Prozess angehen.

Wenn Sie eine Zertifizierung nach der DIN-ISO-Norm 9001:2008 anstreben, müssen Sie allerdings gleich richtig einsteigen, denn der Nachweis Ihres Qualitätsmanagement-Bewusstseins und der Dokumentation Ihrer Prozesse in einem Handbuch kann sich nicht auf einen Teil Ihrer Prozesse beschränken. Dann sollten Sie auch über die Heranziehung externer Experten nachdenken. Und deren Preis-Leistungs-Verhältnis prüfen.

Projektstart

Nehmen wir an, die Geschäftsleitung hat beschlossen, ein (erstes) Projekt zum Geschäftsprozessmanagement durchzuführen. Die Gründe sind vielfältiger Art: Erstens sind einige der im vorherigen Abschnitt genannten Probleme bekannt (Unzufriedenheit einiger Kunden und der Mitarbeiter in einigen Abteilungen), zweitens strebt man eine Zertifizierung nach ISO 9001:2000 an. ■

3.3.1 Projektleiter ernennen

Der Mitarbeiter Schwab wird damit beauftragt, den Prozess der Auftragsbearbeitung im Unternehmen zu analysieren, zu dokumentieren und dann schließlich zu optimieren. Schwab wurde zum Projektleiter ernannt, da er öfter in Besprechungen zu verstehen gegeben hat, dass dem Unternehmen eine Überprüfung seiner Prozesse gut tun würde, ja notwendig sei. Außerdem signalisiert er, dass er sich mit dem Thema beschäftigt hat. Oder er hat sich um die Teilnahme an einem entsprechenden Seminar beworben oder schon daran teilgenommen. Und, ganz entscheidend: Schwab ist in den Prozess der Auftragsbearbeitung nicht involviert, d. h., er hat kein eigenes Interessen an einem bestimmten Prozessablauf.

3.3.2 Projektteam, Kick-off-Meeting

Schwab sucht sich einige Mitarbeiter, sagen wir drei, aus verschiedenen Abteilungen (IT, Einkauf, Herstellung) aus. Das Projektteam trifft sich zum Kick-off-Meeting und legt einen ersten (vorläufigen) Terminplan für seine Tätigkeit fest.

Natürlich müssen sie auch noch mal über das Projektziel nachdenken und beschließen, sowohl die einzelnen Stationen der Auftragsbearbeitung zu verbessern wie auch den Prozess insgesamt. Das heißt, sie haben das unbescheidene Ziel, das (unsichtbare) Band, das die Vorgänge der Auftragsbearbeitung verbindet, zu finden und optimal zu gestalten. Als Ergebnis soll die Gesamtdurchlaufzeit im Durchschnitt mindestens 10 % kürzer sein als die bisherige Durchlaufzeit, Ausreißer nach oben (gibt es besonders schwierige Fälle?) sollen maximal 150 % der neuen durchschnittlichen Bearbeitungszeit dauern dürfen.

3.3.3 Umfeldanalyse und Projektmarketing

Das Projektteam erstellt auch eine Umfeld- bzw. Einflussanalyse und stellt fest, dass die Geschäftsleitung ein erhebliches Interesse an einer Reorganisation hat, während die Abteilung Vertrieb dem Vorhaben ziemlich reserviert gegenübersteht. Von einigen Kunden weiß man, dass sie sich schon über eine ihrer Meinung nach schleppende und qualitativ unzureichende Auftragsbearbeitung beschwert haben. (Sie wechseln zurzeit noch nicht den Lieferanten, weil das Preis-Leistungs-Verhältnis noch, die Betonung liegt auf noch, stimmt.)

Das Team legt eine Matrix an, in der von oben nach unten die Abteilungen und die Kunden (und sonstige Betroffene und Interessenten an diesem Prozess) stehen, dann von links nach rechts eine Skala von 1 bis 5. Ist ein „Stakeholder" quasi desinteressiert oder vermutet man gar Widerstände, wird ein x bei 1 eingetragen. Steht er voll und ganz hinter dem Projekt, ja forciert es, wird eine 5 eingetragen. Dazwischen stehen die anderen Werte. Das Projektteam beschließt, den Ansatz des Projekts und dann natürlich erste Ergebnisse sofort intensiv zu kommunizieren, besonders mit den Stakeholdern, die in der Matrix niedrige Werte haben (um diese vielleicht zu verbessern). Außerdem beschließt man, die Bereiche mit den niedrigen Interessenwerten besonders im Auge zu behalten, da von hier aus vielleicht noch Querschüsse kommen. Dies ist Teil der Risikoanalyse des Projekts.

3.3.4 Qualifikation des Teams und externe Beratungsleistungen

Das Projektteam überlegt auch, was es an Qualifikationen selbst benötigt und was an Know-how von außen beschafft werden muss. Jedes Mitglied des Projektteams wird ein Seminar zum Geschäftsprozessmanagement besuchen. Aber man beschließt auch, einen externen Berater hinzuzuziehen, da man ein solches Projekt das erste Mal angeht. Obwohl man schon mit dem Berater Meierotto zusammengearbeitet hat, beschließt man, Angebote von anderen einschlägigen Beratungsunternehmen anzufordern, da über das Preis-Leistungs-Verhältnis eine gewisse Unsicherheit herrscht. Wichtig ist dabei, die angeforderte Leistung des Beraters nicht der Menge nach, also z. B. in Beratungstagen, zu spezifizieren, sondern zunächst die Leistung vom Inhalt her genau zu bestimmen. Wenn man die gewünschten Ergebnisse der Beratungsleistung benennen kann, kann der Berater eine Aufwandsschätzung vornehmen (wie viele Tage benötigt er, diese Ergebnisse zu erreichen?), der Aufwand multipliziert mit seinem Tagessatz ergibt dann den Gesamtpreis für die externe Beratungsleistung.

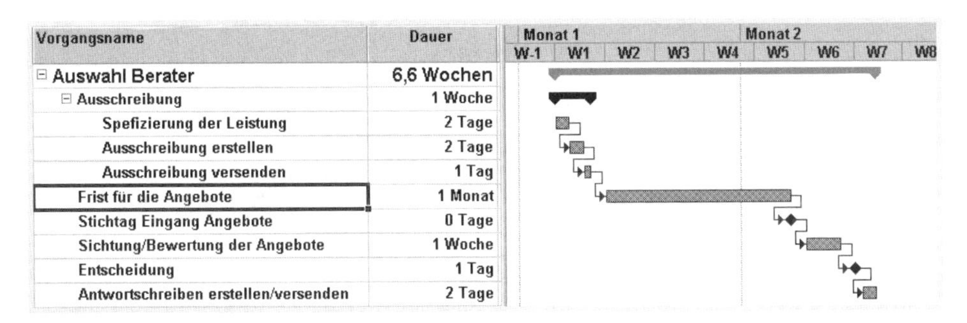

Vorgangsname	Dauer
⊟ Auswahl Berater	6,6 Wochen
⊟ Ausschreibung	1 Woche
Spefizierung der Leistung	2 Tage
Ausschreibung erstellen	2 Tage
Ausschreibung versenden	1 Tag
Frist für die Angebote	1 Monat
Stichtag Eingang Angebote	0 Tage
Sichtung/Bewertung der Angebote	1 Woche
Entscheidung	1 Tag
Antwortschreiben erstellen/versenden	2 Tage

BILD 3.2 Teilprojekt Auswahl Berater

Der Projektleiter macht einen kleinen Plan für den Auswahlprozess Berater. Man sieht sofort, dass allein diese kleine Aktion schon insgesamt über sechs Wochen benötigt, wenn man nach der Versendung der Aufforderungen zur Abgabe der Angebote eine Frist von einem Monat einräumt.

Das Projektteam macht sich an das, was ein Projekt ausmacht, nämlich die Planung.

■ 3.4 Planungsphase

Da nun die wirkliche Planung erfolgt, kommt immer erst der entsprechende Teil der Planung als MS-Project-Abbildung und dann die Erläuterungen zu den einzelnen Punkten. Zum Abschluss dann gegebenenfalls noch der detaillierte Projektplan.

Die Projektphasen

Nach der Vorbereitung kommt die Ist-Analyse, die Erarbeitung der Soll-Konzeption, dann die Einführung des neuen Prozesses, die Messung der Leistungsfähigkeit des neuen Prozesses und dann kann es wieder von vorn beginnen.

Dies ist die Grobplanung der Projektphasen, die sachlich und zeitlich aufeinanderfolgen. Hier noch ohne Dauern, da diese sich aus der Detailplanung der Phasen erst ergeben. Aber die Vorbereitungen haben wir ja schon so weit im Detail, hier ist jetzt das Teilprojekt „Auswahl

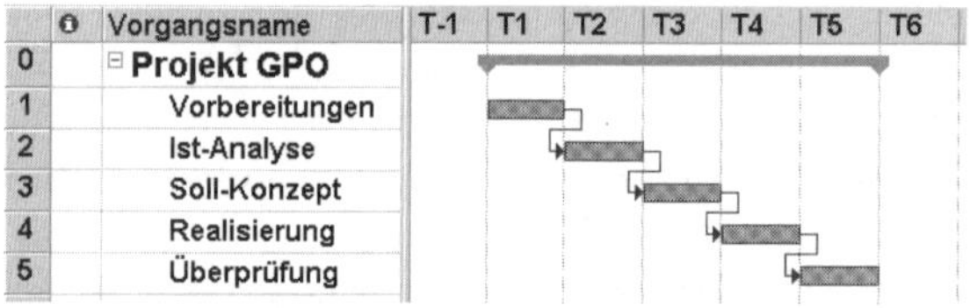

	ⓘ	Vorgangsname	T-1	T1	T2	T3	T4	T5	T6
0		⊟ **Projekt GPO**							
1		Vorbereitungen							
2		Ist-Analyse							
3		Soll-Konzept							
4		Realisierung							
5		Überprüfung							

BILD 3.3
Die Phasen des Projekts

	ⓘ	Vorg.M.	Vorgangsname	Dauer	Januar	Februar	März
0			⊟ **Projekt GPO**	**47 Tage?**			
1			⊟ 1 Vorbereitung	43 Tage			
2			1.1 Kick-Off	0 Tage	07.01.		
3			1.2 Interne Vorbereitung/Spezifizierung	2 Wochen			
4			⊞ **1.3 Auswahl Berater**	**33 Tage**			
5			2 Start Ist-Analyse	0 Tage		18.02.	
6			3 Ist-Analyse	1 Tag?			
7			4 Start Soll-Konzept	0 Tage		19.02.	
8			5 Soll-Konzept	1 Tag?			
9			6 Start Realisierung	0 Tage		20.02.	
10			7 Realisierung	1 Tag?			
11			8 Start Überprüfung	0 Tage		21.02.	
12			9 Permanente Prozessüberprüfung	1 Tag?			
13			10 Ende ?	0 Tage		22.02.	

BILD 3.4 Phasen mit Meilensteinen

Berater“ eingefügt. Außerdem sind zwischen den Phasen jetzt Meilensteine eingefügt, die den Beginn jeder Phase markieren. Dadurch wird es nicht nur übersichtlicher, sondern es erlaubt uns später, Zeitreserven als Puffer einzubauen. Der Anfangstermin in der Projektinfo wurde für dieses Beispiel auf den 7. Januar 2013 gelegt.

3.5 Ist-Analyse

Wenn sich die Projektgruppe sicher ist, über das nötige Handwerkszeug zu verfügen, kann sie mit der Ist-Aufnahme beginnen. Gegebenenfalls müsste sie sich einen Prozess auswählen, mit dem sie beginnt. Wichtig für die Bestimmung eines Prozesses ist, dass man einen eindeutigen Anfangspunkt definiert, an dem er beginnt, einen „Prozessauslöser“, und ein Prozessende definiert: Dieses ist der Prozess-Output, der eventuell an den nächsten Prozess weitergegeben wird. Oft ist der Output des einen Prozesses der Input (und damit der Anfangspunkt) des nächsten. In einer späteren Untersuchung kann und muss man vielleicht genau die Schnittstelle zwischen den Prozessen untersuchen.

Hier wurde ja schon im Projektauftrag festgelegt, zunächst den Prozess „Auftragsbearbeitung“, sozusagen als Pilotprojekt, zu bearbeiten. Für diesen Prozess ist der Auslöser der Auftragseingang und das Prozessende die Auslieferung an den Kunden.

Ist-Analyse bedeutet, den Prozess in seinem gegenwärtigen Ablauf zunächst aufzunehmen und zu dokumentieren. Diese Dokumentation muss von allen Beteiligten überprüft und verifiziert werden. Dabei kommen vielleicht schon einige Verbesserungspotentiale zum Vorschein. Diese können und sollen natürlich dokumentiert werden, doch sollen bei der Ist-Analyse noch keine Veränderungen vorgenommen werden. Die Gefahr dabei wäre, sich in Einzelschritten und Einzelheiten zu verlieren und den Gesamtprozess aus den Augen zu verlieren.

3.5.1 Methoden der Ist-Aufnahme

Wenn man den Prozess nicht kennt, sollte man ihn sich einfach mal anschauen, soweit es was zu sehen gibt. Eine Ist-Analyse sollte damit beginnen, den Prozess in Augenschein zu nehmen. Da erfährt man vielleicht schon viel. Und dann die Menschen fragen, die an dem Prozess beteiligt sind. Die Mitarbeiter, die den Prozess durchführen, wissen am besten, was in dem Prozess abläuft. Sie sollen über den Ablauf, die ihnen bekannten Stärken und Schwächen (Probleme), Auskunft geben.

Es gibt dann im Prinzip zwei Befragungsmethoden, beide haben Vor- und Nachteile:

1. Einen Workshop mit den Beteiligten aus den betroffenen Bereichen
2. Einzelinterviews mit den Mitarbeitern, die an dem Prozess arbeiten

Sehen Sie diese beiden Methoden der Befragung nicht als Alternativen, sondern als Ergänzungen: Was im Workshop ungeklärt oder unausgesprochen blieb, kann man vielleicht im Einzelinterview erkennen.

3.5.2 Workshop

Hier werden die Beteiligten entweder auf einmal (eine zu große Zahl Teilnehmer ist nicht zu empfehlen, vielleicht maximal acht bis zwölf Teilnehmer) oder in Gruppen zur Prozessaufnahme und -diskussion eingeladen. Der Vorteil ist die Bündelung des Wissens und eventuell die Zeitersparnis gegenüber Einzelinterviews. Der Nachteil ist, dass Einzelne in der Gruppe nichts sagen mögen oder Angst vor Nachteilen haben, wenn sie kritische Statements abgeben. Der Moderator eines Workshops muss erfahren sein (und sollte von außen kommen), um ein Klima des Vertrauens und der Offenheit zu erzeugen. Es dreht sich nicht um Personen und deren Stellungen oder Haltungen, sondern um die objektive Erfassung des Prozesses. Hier ein kleines Vorgehensmodell.

- **Vorbereitungen:**
  - Moderator und eventuell Co-Moderatoren auswählen
  - jeweilige Gruppen zusammenstellen
  - Räume reservieren und vorbereiten
  - Termine festlegen
  - Einladungen vornehmen
  - Räume ausstatten mit Flip-Chart, Pinnwänden, PC, Beamer etc.
- **Durchführung:**
  - Ziele des Workshops erklären: Prozesserfassung
  - Ablauf des Workshops klären (auch Pausen, Verpflegung etc. und Uhrzeit des geplanten Endes)
  - Anfangs- und Endpunkt des aufnehmenden Prozesses klären
  - Prozessdarstellung erklären, entweder an der Pinnwand oder mit dem Beamer und dem PC-Programm zur Prozessdarstellung
  - Ermuntern, alles über seine Tätigkeit zu sagen, unabhängig von Vorgesetzten etc.
- **Inhalt bzw. Fragen:**
  - Was ist der Anstoß bzw. Auslöser des Prozesses?
  - Was sind die notwendigen Prozessinputs: Wer liefert diese, wer nimmt sie an, werden sie überprüft, wie ist die Qualität der Inputs?
  - Aus welchen Tätigkeiten besteht der Prozess?
  - Wer führt diese Tätigkeiten aus: permanente Aufgabenverteilung oder wechselnde Aufgaben bzw. wechselnde Mitarbeiter bei den einzelnen Prozessschritten?
  - Fühlen sich Mitarbeiter überfordert bzw. unterfordert?
  - Wie sind die Transporte oder Wege oder Übergaben von einer Tätigkeit zur nächsten organisiert?
  - Gibt es begleitende Dokumente: Welche, wer führt sie, wer füllt sie aus?
  - Werden diese begleitenden Dokumente als sachlich notwendig empfunden oder als Zuviel an Bürokratie oder zu wenig?
  - Gibt es bei dem Transport oder den Übergaben Wartezeiten oder systematische Staus, ungeplante Lager?

  - Wer ist verantwortlich für den Prozess, gibt es einen Prozessverantwortlichen?
  - Was sind die Ergebnisse des Prozesses?
  - Wird der Output überprüft, von wem, mit welchen Methoden?
  - Wie ist das Vorgehen bei Störungen geregelt? Gibt es die?
  - Gibt es eine Messung der Prozessleistungsfähigkeit?
  - Wie könnte diese aussehen?
  - Gibt es Verbesserungsvorschläge?
- **Hinweise:**
  - Je offener die Atmosphäre, desto eher kommen Wahrheiten ans Licht. Vermeiden Sie auf jeden Fall den Eindruck eines „Verhörs“.
  - Brechen Sie die detaillierte Schilderung von Sonderfällen ab. Machen Sie darauf aufmerksam, dass zunächst der allgemeine Ablauf erfasst wird und Sonderfälle separat untersucht werden. Aber die Mitarbeiter, die Sonderfälle schildern, sollten Sie sich merken und später zu den Sonderfällen befragen, besser im Einzelinterview. Erfassen Sie im Workshop auf jeden Fall zunächst nur die Standardabläufe, die normalerweise 80 % und mehr der Fälle abdecken.
  - Vermeiden Sie einen zu hohen Detaillierungsgrad. Einzelheiten, die eine Person in Folge ausführt, sind nicht Gegenstand der Prozesserfassung. Also z. B. „Eingangskontrolle vornehmen“ oder „Lagerbestand kontrollieren“ oder „Werkstück schleifen“, aber nicht, wie das im Einzelnen ausgeführt wird.
  - Punkte bzw. Prozesse bzw. Schnittstellen, die lange Diskussionen hervorrufen, sind wahrscheinlich die problematischsten Schritte im Ablauf. Notieren Sie diese in einem offenen „Problemspeicher“. Man kann (oder muss) sich diese Punkte auch für die Einzelinterviews vormerken, um hier noch nachzufragen.
  - Die allgemeine Diskussion im Workshop zu einzelnen Punkten abbrechen, wenn sich keine neuen Gesichtspunkte ergeben. Dieses Problem in den „Problemspeicher“ aufnehmen und darauf verweisen, dass man es in den Einzelgesprächen weiter behandeln wird.
- **Technik:**
  - Flipchart oder besser Metaplan-Technik
  - Am PC und mittels Beamer darstellen
  - Beides parallel oder nacheinander
- **Ergebnisse:**
  - Darstellung der erfassten Prozesse soll von den Beteiligten als richtig anerkannt werden (also so lange erfassen, bis alle Beteiligten dieser Darstellung zustimmen)
  - falls nicht vorhanden, einen Prozessverantwortlichen benennen und die Prozessdarstellung von diesem später abzeichnen lassen
  - Probleme in einem „Problemspeicher“ erfassen (schriftlich)
  - Verbesserungspotentiale aufnehmen (schriftlich)
  - Weiteres Vorgehen vereinbaren

Allein die Visualisierung eines Prozesses wird das Prozessbewusstsein – das Denken in Prozessen – voranbringen.

Wenn man sich klarmacht, dass der inhaltlich zusammenhängende Prozess durch die funktionale Aufbauorganisation fragmentiert, die Ausführenden in einzelne Abteilungen aufgespalten wurden, muss man sich die Frage stellen, warum der Prozess überhaupt noch – und manchmal vielleicht gar nicht so schlecht – funktioniert. Zu vermuten ist, dass der „eigentliche" Prozessablauf, oder jedenfalls ein nicht offen zu erkennender Anteil desselben, in den Köpfen der Akteure vorhanden ist. Ziel der Prozessaufnahme könnte sein, das „verborgene" Wissen der Prozessbeteiligten zu Tage zu fördern, das diesen Prozess – ohne schriftlich fixiert oder durch Anweisungen gestützt zu sein – in Wirklichkeit aufrechterhält oder seinen einigermaßen guten Ablauf stützt. Es gibt einfach die Routine „das geht so", die nirgendwo fixiert ist, es gibt verborgene Zeichen (warum ist das Begleitdokument heute an dieser Stelle, ein andermal an einer anderen Stelle angebracht?), es gibt Rituale der Übergabe vom Augenzwinkern bis zu nicht zitierfähigen Äußerungen, die etwas über die Qualität des Übergebenen sagen ... All dies gehört zum Prozess und mag für seine Reorganisation sehr wichtig sein. Wie kann man das verborgene Signal öffnen, d. h. so organisieren, dass es produktiv wird und alle Beteiligten es erkennen – und vielleicht sogar die richtigen Konsequenzen daraus ziehen können?

Als Beispiel mag dienen, dass ein Mitarbeiter, wenn er „Nachschub" für seine Arbeit bekommt, oft einfach nicht aufzufinden ist, trotz Anwesenheit. Das verärgert die Mitarbeiter, die, sagen wir, einen gescheiterten Versuch unternommen haben, ihre Arbeitsergebnisse weiterzugeben. Eine Analyse ergibt, dass dies ein ja gar nicht so geheimes Zeichen dafür ist, dass er überlastet ist. Warum richtet man nicht eine Steuerung ein, z. B. ein rotgrünes Ampelsystem, das den Mitarbeitern rechtzeitig anzeigt, dass hier auf Rot geschaltet ist (dieser Kanal ist zu!) und sie so lange ihre Ergebnisse in einen anderen, parallelen Verarbeitungskanal weitergeben müssen? Das würde zunächst mal den Unmut über Zeitverlust durch gescheiterte Versuche der Weitergabe abbauen. Und dann sollte man vielleicht überlegen, den Prozess anders zu organisieren, so dass dieser Mitarbeiter besser zurechtkommt. Aber da sind wir schon bei der Prozessverbesserung, dem Soll-Konzept.

3.5.3 Einzelinterviews

Befragungen einzelner Mitarbeiter an dem Prozess kann man alternativ oder ergänzend zu den Workshops durchführen.

Bei einem Prozess mit nur wenigen Beteiligten wäre vielleicht ein Workshop überdimensioniert, Einzelaufnahmen im größeren Rahmen sind sehr zeitraubend. Ich neige mehr dazu, das Einzelgespräch als Ergänzung zum Workshop zu betrachten. Was im Workshop ungeklärt oder unausgesprochen blieb, kann man vielleicht im Einzelinterview erkennen. Wenn jemand seine Tätigkeit an einer wichtigen Stelle im Prozess hat, aber im Workshop nichts sagt oder erkennbar zurückhaltend ist, sollte man ein Einzelgespräch mit diesem Mitarbeiter führen. Man kann ja ankündigen und deklarieren, dass man hier Sonderfälle aufnehmen muss, doch das kann ein Vorwand sein. Vielleicht hat der Mitarbeiter viel Kritik am gegenwärtigen Ablauf und das können durchaus verwertbare Ideen für Verbesserungspotentiale sein.

Falls Sonderfälle genannt werden, kann man eine oder zwei Prozessalternativen für diese Sonderfälle aufnehmen, falls diese nicht nur wirkliche Ausnahmefälle sind. Ab 10 % aufkommender Fälle gibt es eine Prozessalternative. Diese ist ja am PC aus der Prozessdarstellung des Standardfalls leicht zu entwickeln.

Im Folgenden sehen Sie den Projektplan für die Ist-Analyse. Der Einfachheit halber wurden nur zwei Workshops geplant, aber auch zwei Tage für Einzelgespräche vorgesehen. Der Vorgang „Überprüfung P.-Dokumentation“ enthält die Gespräche mit den Prozessverantwortlichen und die Abstimmung mit den Abteilungsleitern. Dies könnte man sicher noch detaillierter planen.

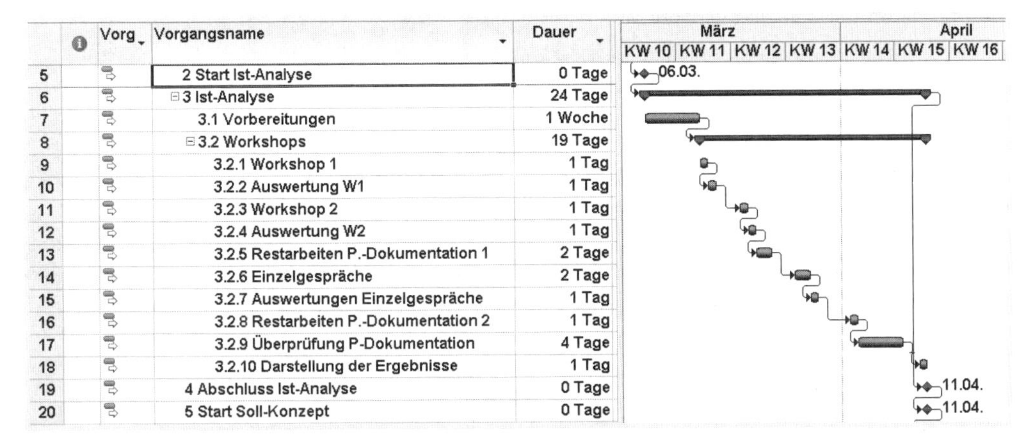

	Vorg	Vorgangsname	Dauer
5		2 Start Ist-Analyse	0 Tage
6		3 Ist-Analyse	24 Tage
7		3.1 Vorbereitungen	1 Woche
8		3.2 Workshops	19 Tage
9		3.2.1 Workshop 1	1 Tag
10		3.2.2 Auswertung W1	1 Tag
11		3.2.3 Workshop 2	1 Tag
12		3.2.4 Auswertung W2	1 Tag
13		3.2.5 Restarbeiten P.-Dokumentation 1	2 Tage
14		3.2.6 Einzelgespräche	2 Tage
15		3.2.7 Auswertungen Einzelgespräche	1 Tag
16		3.2.8 Restarbeiten P.-Dokumentation 2	1 Tag
17		3.2.9 Überprüfung P-Dokumentation	4 Tage
18		3.2.10 Darstellung der Ergebnisse	1 Tag
19		4 Abschluss Ist-Analyse	0 Tage
20		5 Start Soll-Konzept	0 Tage

BILD 3.5 Projektplan Ist-Analyse

3.6 Soll-Konzept

Die Erarbeitung des Soll-Konzepts, d. h. des Konzepts, wie der Prozess optimal ablaufen könnte, stellt sicherlich den am schwersten allgemein zu beschreibenden Teil des Geschäftsprozessmanagements dar.

- **Ziel der Prozessreorganisation:**
  - den Fluss des Prozesses so harmonisch ablaufen zu lassen, dass keine unnötigen Schleifen, keine Staus und keine Wartezeiten entstehen, Schnittstellen so definiert sind, dass problemlose Übergänge stattfinden und alle Beteiligten - interne und externe Kunden - zufrieden sind.
  - das Band, das die Prozesse verbindet, zu finden, zu installieren und seinen Ablauf zu optimieren.

Nachdem man den Ist-Zustand der Prozesse erarbeitet und diese in anschaulicher Form veröffentlicht hat, kann man ein Prozess-Brainstorming veranstalten, ähnlich einem Workshop zur Ist-Aufnahme, wobei sich die Frage nach den Teilnehmern unter Umständen neu stellt. Hier sollte man eher noch kleinere Gruppen bilden, da es hier auf die Möglichkeit ankommt, dass alle Teilnehmer frei und spontan ihre Gedanken, auch wenn sie zunächst noch so abwegig erscheinen, äußern können.

Bei der Analyse des Prozesses sollte man immer die einzelnen Schritte analysieren und dann den Prozessverlauf insgesamt.

- **Die Fragen zu jedem einzelnen Prozessschritt müssen sein:**
  - Was wird gemacht?
  - Warum wird das überhaupt gemacht?
  - Worin besteht der Nutzen dieses Schritts?
  - Wer ist der Ausführende, gibt es andere Beteiligte?
  - Was ist das Ergebnis?
  - Wohin wird das Ergebnis geliefert?
  - Wer nimmt das Ergebnis an?
  - Wird dies bezüglich seiner Qualität überprüft?
- **Die Fragen zu dem Prozessablauf müssen sein:**
  - Gibt es Tätigkeiten, die keinen messbaren Nutzen haben?
  - Gibt es überflüssige Prozesse?
  - Gibt es Doppelarbeiten?
  - Warum entstehen Schleifen?
  - Wo liegen die Punkte der Qualitätskontrolle?
  - Wie viele Prozesse müssen wiederholt werden, wenn die Qualitätsprüfung negativ ausfällt?
  - Können Korrekturschleifen zur Einhaltung der Qualitätsnormen verkürzt werden durch kürzere Prozesse bis zur nächsten Qualitätskontrolle?
  - Gibt es Wartezeiten?
  - Gibt es geplante Lager?
  - Gibt es ungeplante Lager?
  - Gibt es Material-/Arbeitsstaus?
  - Gibt es Zeiten von Unterauslastung/Überauslastung?
- **Maßnahmen:**
  - Unnötige Prozesse abschaffen (ohne Rücksicht auf die Interessen der Abteilungen)
  - Prozesse, die nichts zur Wertschöpfung beitragen, abschaffen (ebenfalls ohne Rücksicht auf Einflussinteressen)
  - Unnötige bürokratische Formalien abschaffen
  - Wege bis zur nächsten Qualitätskontrolle verkürzen, Maßnahmen der Qualitätskontrolle standardisieren
  - Die Punkte der Qualitätskontrolle so legen, dass bei mangelnder Qualität so wenig Prozessschritte wie möglich wiederholt werden müssen
  - Wartezeiten eliminieren, indem Signale das Material oder die Arbeit in Wege mit freier Kapazität lenken
  - Zu dem vorherigen Schritt gehört eventuell, neue, parallele Prozesse zu schaffen, die über ein Lenkungssystem verbunden sind.
  - Lager und Staus deuten auf unterschiedliche Geschwindigkeiten der Prozesse hin. Dies kann im Prinzip immer auf zwei Wegen harmonisiert werden:

- Die Geschwindigkeit bzw. die Kapazität der langsameren Schritte wird erhöht bzw. die der schnelleren Schritte vermindert.
- Die Aufgabenverteilung wird verändert. Der langsamere Prozess hat zu viele Aufgaben, man muss seinen Aufgabenzuschnitt verändern. Oder umgekehrt, der schnellere Prozess hat zu wenig zu tun und man muss seinen Aufgabenzuschnitt ändern.
- Das Gleiche gilt, wenn sich Mitarbeiter oder Bereiche unter- bzw. überfordert fühlen. Auch hier sollte man über eine Änderung des Zuschnitts der Aufgaben nachdenken.

- **Zeithorizont/Verantwortlicher**

  Bei allen beschlossenen Maßnahmen immer angeben,

  - bis wann sie umgesetzt werden und
  - wer dafür verantwortlich ist.

3.6.1 Schnelle, einfache Veränderungen

Es werden sich dabei immer Maßnahmen zur Veränderung anbieten, die relativ leicht und schnell umsetzbar sind. Die grundlegende Frage ist immer: Muss das denn überhaupt getan werden? Vielleicht sind einige Schritte oder Prozesse einfach noch da, weil sie in früheren Prozessen mal notwendig waren (z. B. schriftliche Begleitpapiere), aber heute nicht mehr notwendig sind (eine Nummer zur Kennzeichnung, alle anderen Informationen sind im EDV-System gespeichert).

Medienbrüche: Warum müssen die Ist-Zeiten manuell übertragen werden, wenn man über eine Datenbank die Daten automatisch übernehmen kann?

Warum muss der Mitarbeiter sich immer das Material oder die Informationen holen, warum werden sie ihm nicht automatisch an seinen Platz gebracht?

Das werden vielleicht Signal- oder Ampelsysteme sein, die den Fluss des Prozesses in offene Kanäle steuern (und gerade überlastete oder dichte Kanäle umgehen) oder die weiterzuverarbeitenden Materialien oder Informationen automatisch immer an den richtigen Folgeprozess weitergeben (denken Sie an Henry Ford und seine Montagebahnen!).

3.6.2 Prozessverantwortliche

Die Ernennung von **Prozessverantwortlichen** oder **Prozesseignern** ist – sofern nicht schon vorhanden oder früher geschehen – ein wichtiger organisatorischer Schritt. Soweit der Prozess nur in einer Abteilung oder einem Bereich abläuft, stellt das kein Problem dar, da dann in der Regel der jeweilige Abteilungsleiter (oder ein von ihm benannter Mitarbeiter) auch der Prozessverantwortliche ist. Bei bereichsübergreifenden Prozessen ist das schwieriger: Hier sollte ein erfahrener Mitarbeiter, der eben schon länger an diesem Prozess beteiligt ist, mit der Verantwortung betraut werden. Erinnern Sie sich an den Verdacht, dass verborgenes, d. h. nicht dokumentiertes Wissen, das eigentliche „Schmieröl" des Prozesses ist? Wenn der Prozessverantwortliche ein Träger solchen Wissens ist, hat man einen Griff getan, der Gold wert sein kann.

Bei der Einrichtung von Prozessverantwortlichen gerät man natürlich in das tiefe Wasser der Organisation als solcher und dem natürlich gegebenen Interessenkonflikt zwischen den Prozess- und den Bereichsverantwortlichen.

Leider können sich wenige Unternehmen zu einer horizontalen, am Prozess orientierten, Organisationsform entschließen (s. Kapitel 1, Abschnitt 1.3.1 „Prozessorganisation") und benennen – oft bei unveränderter Beibehaltung der funktionalen Organisationsform – zwar einen Prozessverantwortlichen, dem jedoch keine Personalverantwortung übertragen wird. Dieser ist dann zwar ein Fachmann für den Prozess, kann jedoch seiner fachlichen Verantwortung nur durch Kommunikation mit allen Beteiligten, auch den Leitern der funktionalen Organisationseinheiten, gerecht werden.

Falls hier wirkliche Konflikte entstehen – was wahrscheinlich ist –, müssen diese Konflikte eskaliert werden und es muss ein Gremium geben, das diese Konflikte diskutiert und letztlich entscheidet. Hier zeigt sich dann, wie weit die „oberste Leitung", um ein Wort aus der DIN-Norm zu nehmen, ihre Prozessorientierung wirklich ernst meint. Aber ich kann mir auch vorstellen, dass man ein Gremium einrichtet oder ein Treffen mit den Prozessverantwortlichen und den Bereichsleitern (oder einer Auswahl derselben) arrangiert. Und dass dieses Gremium die Entwürfe zur Neugestaltung diskutiert und im Interesse des gesamten Unternehmens zielgerichtet entscheidet.

3.6.3 Reorganisation der Arbeit

Ich halte die Analyse von Wartezeiten und Staus für den Kern der Geschäftsprozessanalyse und folglich die Reorganisation des Zuschnitts der internen Arbeitsteilung für die eigentliche, aber auch schwierigste Aufgabe des Prozessmanagements. Staus, ungeplante Lager, Überforderungen und Überlastungen oder umgekehrt Wartezeiten und Leerlaufzeiten und Unterforderungen sind die eigentlichen Signale, dass der Fluss des Prozesses nicht im Gleichgewicht ist (siehe dazu im Kapitel 6 die Abschnitte 6.3 bis 6.6). Hier muss das Soll-Konzept ansetzen, die Arbeitsschritte und den Ablauf so neuzugestalten, dass es in der Schlange des Ablaufs keine Elefantenwülste gibt. Die Einführung paralleler Prozesse oder die Entlastung von Teilprozessen durch Aufgabenübertragung an andere, eventuell neu einzurichtende Instanzen (dies im weitesten Sinne als Ausdifferenzierung des Prozesses: z. B. Mitarbeiter, die neue Aufgaben übernehmen, eine Unterabteilung für diese Aufgabe, eine Planstelle etc.) führt zu stetigerem Arbeitsfluss und entlastet Mitarbeiter oder Prozesse. Spezialisierung auf bestimmte Aufgaben erhöht nicht nur die Ressourcenproduktivität, sondern auch die Qualität. Hier liegt das eigentliche Potential der Prozessoptimierung.

Ich versuche, dieses Thema im 6. Kapitel, wo die Durchlaufzeiten der Prozesse mit MS Project berechnet werden, zu vertiefen und Ihnen Beispiele zu zeigen, wie durch die Entlastung eines Bereichs und Reorganisation anderer Bereiche eine entscheidende Verkürzung der Durchlaufzeit und auch vermutlich eine Verbesserung der Qualität erreicht werden kann.

Hier noch der Projektplan zur Erstellung des Soll-Konzepts mit den gleichen Annahmen. Drei Brainstorming-Workshops werden geplant und ausgewertet, die Ergebnisse werden diskutiert. Dies führt vielleicht zu einer nochmaligen Überarbeitung, schließlich muss die Neuorganisation des Prozesses auch genehmigt werden. Natürlich sind hier die Annahmen nur als Beispiel zu verstehen.

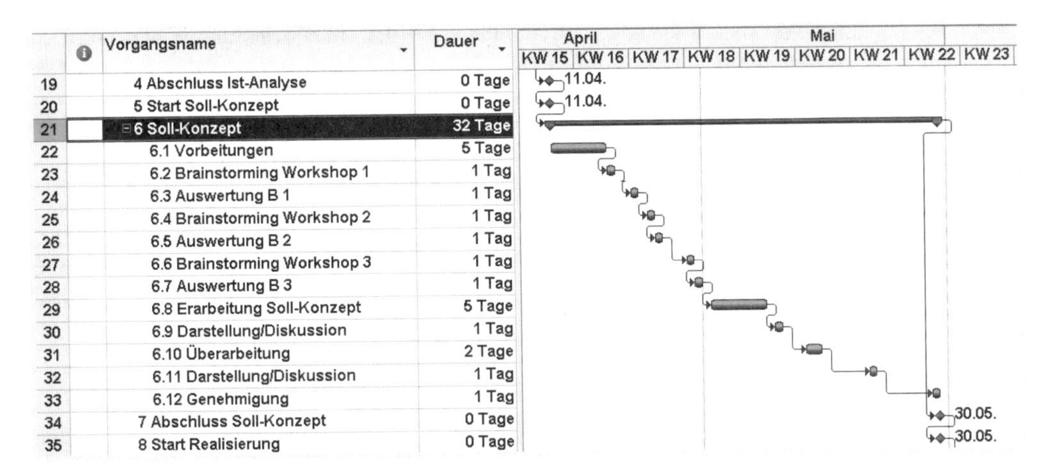

BILD 3.6 Projektplan Soll-Konzept

3.7 Realisierung

3.7.1 Testlauf

Wenn möglich, sollte man den neu gestalteten Prozess einem Testlauf unterziehen. Dies kann lokal sein, indem man ein Band oder eine Fertigungsstraße nach diesem neuen Prozess einrichtet und ablaufen lässt. Bei Dienstleistungen wird dies eher der Probelauf zu einem neuen Angebot sein. Bei einer Software-Erstellung oder bei einem Konstruktionsauftrag geht man nach dem neuen Vorgehensmodell, sprich Prozess, vor. Dies kann auch zeitlich sein: In einer Sonderschicht fährt man den Prozess probeweise.

Es mag in der Praxis möglich sein, dass man eine Zeitlang parallel arbeiten kann: Einige Prozesse laufen noch nach dem gewohnten, bisherigen Verfahren ab, andere schon nach dem neuen Prozessmodell. So ist z. B. in der Software-Erstellung ein paralleler Versuch, nach den agilen Methode vorzugehen, möglich, oder wenn man mehrere parallele Produktionsstraßen hat. Das ist dann eine Testphase für das neue Prozessmodell. Auch für einen Testlauf ist die wichtigste Vorbereitung, alle Beteiligten genau zu informieren, was sich ändert und wie ihr Prozesselement im neuen Ablauf aussieht: Woher kommt ihr Input, welche Signale müssen sie beachten oder was müssen sie prüfen, was verändert sich an ihren Tätigkeiten und was ist das Ziel ihres Outputs?

Beim Testlauf können eventuell noch vorhandene Unklarheiten erkannt und anschließend korrigiert werden. Hier können auch schon Messungen der Leistungsfähigkeit vorgenommen werden, so etwa die Messung der Durchlaufzeit. Allerdings müssen die Ergebnisse der Messungen beim Probelauf noch als vorläufig betrachtet werden. Erst nach der „richtigen“ Einführung lassen sich die Prozesse messen und bewerten.

Die Ergebnisse des Tests müssen gut kommuniziert werden, alle Prozesseigner, alle Bereichsleiter, die Geschäftsführung und – fast das Wichtigste – die internen und/oder externen Kunden sind zu informieren. Bei positivem Ergebnis ist das ein wichtiges Projektmarketing – aber auch bei Problemen müssen mindestens die Beteiligten informiert werden, um durch einen Lernprozess die Probleme in Zukunft zu vermindern. Aus Fehlern soll man nämlich lernen können.

Der Testlauf hat ein beschlossenes Startdatum, da geht es los. Ein Ende muss man nicht definieren. Wenn es gut läuft, kann er so lange laufen, wie dieser Prozess benötigt wird. Dann wird der Testlauf, bei gutem Ergebnis, sozusagen einfach zum „normalen" Prozessablauf.

3.7.2 Einführung

Am einfachsten und folgerichtigsten wäre natürlich, wenn ein erfolgreicher Testlauf einfach zur Umdefinition führt: So, wie wir es jetzt geübt haben, kann es bleiben. Dies ist jetzt der neue Prozess. Oder – wenn man parallele Fertigungsstraßen oder Abläufe hat, übernimmt man den Prozess des Tests für die parallelen Abläufe.

Nun wird man nicht immer einen Testlauf machen können. Dann muss man einen (Zeit-) Punkt beschließen, wo man den „Schalter" umlegen muss und den neuen Prozess durchführen und leben muss.

Auch hier ist die wichtigste Vorbereitung, alle Beteiligten genau zu informieren, was sich ändert und wie ihr Prozesselement im neuen Ablauf aussieht: Woher kommt ihr Input, welche Signale müssen sie beachten oder was müssen sie prüfen, was verändert sich an ihren Tätigkeiten und was ist das Ziel ihres Outputs? Das Projektteam muss bei der Einführung anwesend sein und auf Fragen und Unklarheiten sofort reagieren können.

Es versteht sich von selbst, dass dieser Zeitpunkt – sofern man keine ausführlichen Probeläufe hat machen können – die Zeit der höchsten Anspannung ist und alle entscheidenden Mitarbeiter „an Bord" sein müssen. Jetzt brauche ich alle Prozessverantwortlichen, alle Bereichsverantwortlichen, alle Mitglieder der Projektgruppe und die zuständigen Mitglie-

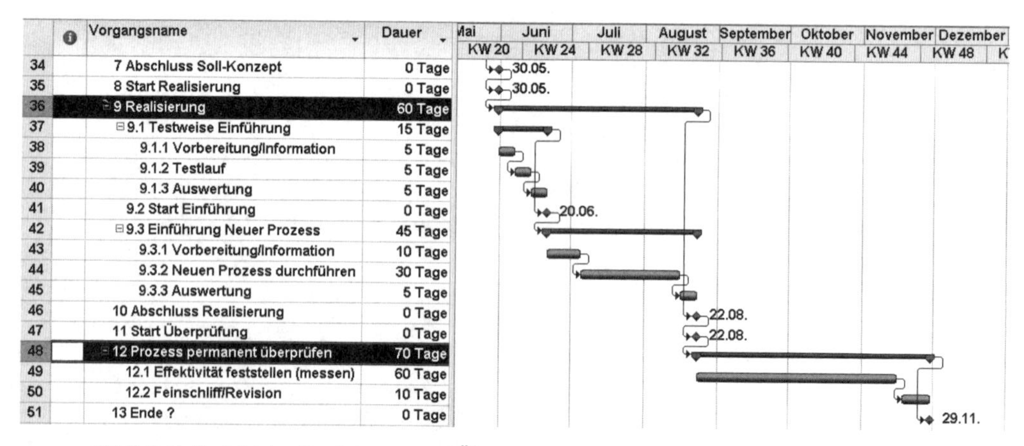

BILD 3.7 Projektplan Realisierung und Überprüfung

der der Geschäftsführung, um notfalls schnell reagieren zu können. Gut wäre natürlich, wenn man sich die Möglichkeit, bei größeren Problemen wieder auf das alte Prozessmodell „zurückschalten“ zu können, eingebaut hat. Aber bei guter Vorbereitung kann doch nichts Entscheidendes mehr schief gehen. Schließlich hatten wir ja gute Gründe, das alte Prozessmodell zu analysieren, Schwachstellen und Fehler zu erkennen und ein neues Prozessmodell zu entwickeln.

3.8 Prozess permanent überprüfen

Wenn der neue Prozess installiert ist, muss er bewertet werden. Auf jeden Fall ist es nützlich, sich den realen Ablauf des neuen Prozesses anzuschauen und mit den Mitwirkenden zu reden. Man kann dann vielleicht schon dem Augenschein nach beurteilen, ob die Mitarbeiter zufrieden sind oder nicht.

Bei größeren und komplexeren Prozessen kann und muss vielleicht die Prozessleistung gemessen werden: z. B. wie hoch ist jetzt die Fehlerquote, wie ist die Durchlaufzeit? Dies wären immerhin zwei quantitativ, d. h. in harten Zahlen zu bewertende Messgrößen. Heute legt man Wert auf die Soft-Facts. Eigenartigerweise sollen auch diese gemessen werden. Kundenzufriedenheit ist natürlich entscheidend wichtig, so wichtig, dass die Existenz des ganzen Unternehmens davon abhängt. Nun zeigen Kunden ja ihre Zufriedenheit, indem sie ordern. Aber – ich führte das ja schon in diesem Kapitel im Abschnitt über messbare (Projekt-)Ziele aus (siehe Abschnitt 2.2.3): Es kann zu spät sein, wenn man bemerkt, dass die Aufträge ausbleiben. Deshalb sollte man bei wichtigen, direkt die Kunden betreffenden Prozessen eben begleitend zur Einführung neuer Prozesse die Kundenzufriedenheit messen. Dies kann ja in einer einfachen Form so geschehen, dass man persönlich – und sei es am Telefon – mit den wichtigsten Kunden spricht, zu denen man ja ohnehin ein gutes Verhältnis pflegen sollte. Aber z. B. dreißigtausend Konsumenten kann man nicht mehr selbst persönlich befragen – da braucht man schon ein Marktforschungsinstitut.

Die eigenen Mitarbeiter kann man (vielleicht) persönlich befragen und die Messung der Mitarbeiterzufriedenheit ist auch nicht unwichtig.

Aber ich ertappe mich dabei, dass ich wiederhole, was ich unter Ziele der Prozessanalyse und den Instrumenten zur Aufnahme des Ist-Zustands der Prozesse schon einmal ausgeführt habe. Der Kreis hat sich nämlich geschlossen. All das, was wir zur Analyse des (alten) Prozesses unternommen haben, kann man natürlich auch zur Analyse des neuen, jetzt eingeführten Prozesses sagen. Es kann wieder von vorne losgehen.

Aber wenn der neue Prozess wirklich erfolgreich ist in dem Sinne, dass die Beteiligten sowie die Kunden zufrieden sind und sich dies in einem steigenden Auftragseingang niederschlägt, sollten Sie diesen Prozess erst mal so laufen lassen, wie Sie ihn erfolgreich eingeführt haben.

Zwar kann Stillstand Rückschritt bedeuten, aber aus der Welt der elektronischen Datenverarbeitung wissen wir auch: niemals in ein gut laufendes System eingreifen („never change a running system“).

Suchen Sie sich einen weiteren, anderen Prozess, den Sie einer Prozessanalyse unterziehen. Kommen Sie zu dem eben behandelten Prozess zurück, wenn sich bemerkbare Änderungen ergeben haben: z. B. neue Techniken ins Blickfeld geraten, die Konkurrenz billiger und gleich gut oder gar besser anbietet, Kunden unzufrieden werden etc., kurz, wenn Sie Alarmsignale bemerken, wie wir sie ganz zu Anfang genannt haben. Wahrscheinlich sind doch meistens Probleme der Auslöser von Veränderungen, hier der Prozesse. Oder wenn Sie eine neue Zertifizierung nach der DIN-ISO-Norm benötigen.

3.9 Den Plan optimieren

Dieses Kapitel hat zum Thema, wie Sie das Geschäftsprozessmanagement bzw. die Optimierung Ihrer Prozesse als Projekt angehen. Projekt bedeutet, dass es geplant werden muss. Deshalb habe ich meine Bemerkungen hier um einen Projektplan zentriert aufgebaut. Ein Projekt hat einen Planungsbedarf, d. h., es muss geplant werden. Dann soll das Projekt nach Plan durchgeführt werden, das ist die Projektdurchführung. Da in einem Projekt viele Aktivitäten voneinander abhängen, haben Abweichungen vom Plan unter Umständen schlimme Folgen. Wenn sich die Ausführung eines Teils verlängert oder verzögert, haben die Menschen, die die nachfolgenden Aktivitäten ausführen, zu den dann veränderten Terminen vielleicht keine Zeit: Es entsteht leicht ein Schneeballsystem an Verschiebungen, Verzögerungen etc. und alles gerät durcheinander. Ein gutes Projektmanagement arbeitet dem entgegen und eine gute Projektplanung weiß, dass ein Projekt nie so läuft, wie man denkt. Es gibt immer einen nicht planbaren Rest. Deshalb baut der kluge Projektplaner schon in seinen Plan Zeitreserven ein, um Risiken und nicht planbare Störungen abfangen zu können.

Zwar haben wir in unserem Projektplan vielleicht mittels einiger Vorgänge, deren Dauer variabel ist, hier ganz besonders die Überprüfungsvorgänge, eine gewisse Zeitreserve eingebaut. Aber ich rate Ihnen, Ihrem Plan aus vielen Gründen ein stabiles Gerüst zu geben, indem Sie an wichtigen Punkten feste Termine einsetzen. Auf diese Weise kann man den Plan so aufbauen, dass man die entscheidenden Terminverschiebungen selbst in der Hand hat: Sie entscheiden, ob der Starttermin einer Phase geändert wird oder nicht. Zusätzlich kann man das so machen, dass man sich zwischen den Phasen eine Zeitreserve, d. h. einen Puffer für die ganze Phase, einbaut.

Hier sehen Sie den Projektplan, wie wir ihn bisher aufgebaut haben, in der Gliederungsansicht „Gliederungsebene 1“, also nur die oberste Gliederungsebene. Ich habe die Phasen jeweils mit Start- und Ende-Meilensteinen eingeschlossen.

Sie finden diese Datei auf meiner GPM-Homepage, sie heißt „GPO Auftragsbearbeitung Berechnete Termine“. ■

Die Systematik, die Projektphasen (Sammelvorgänge) jeweils mit einem Start- und einem Ende-Meilenstein einzuschließen, erhöht nicht nur die Übersichtlichkeit (man sieht auf einen Blick Anfang und Ende einer Phase), sondern ermöglicht auch die „Kapselung“ mit festen

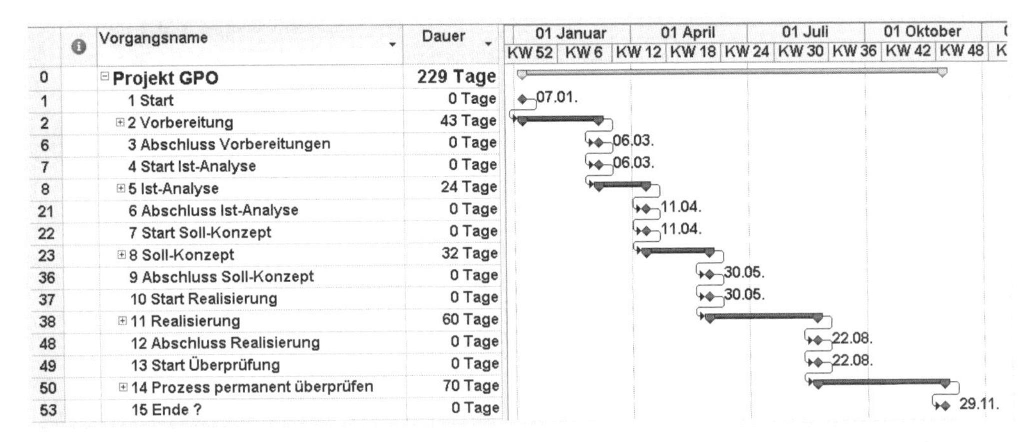

BILD 3.8 Übersicht berechnete Termine

Terminen[12]. Wenn man jetzt die Start-Meilensteine der jeweiligen Phasen später legt als die berechneten Termine, baut man sich Zeitreserven zwischen den Phasen ein.

Hier im Beispiel (Datei „GPO Auftragsbearbeitung gekapselt") lege ich die drei Startmeilensteine der Phasen jeweils mit einer „Muss anfangen am"-Einschränkung fest:

„Start Ist-Analyse" auf den 11.03. (Endtermin der Vorphase 06.03.)
„Start Soll-Konzept" auf den 29.04. (Endtermin der Vorphase 15.04.)
„Start Realisierung" auf den 01.07. (Endtermin der Vorphase 14.06.)

Erstens habe ich damit einen zeitlichen Spielraum zwischen dem jeweiligen Endtermin der Vor-Phase und dem Anfangstermin der nächsten Phase. Zweitens werde ich gewarnt, wenn ich einen festgelegten Termin nicht halten kann. Drittens werden die Termine der nächsten Phasen bei Änderungen in der Phase davor nicht vom Programm geändert. Wenn sich Terminverschiebungen des Anfangstermins einer Phase nicht mehr verhindern lassen, entscheide ich, der Projektleiter, über diese, nicht das Programm. So behalten Sie das Konzept in der Hand.

	Vorgangsname	Dauer	Termin
0	Projekt GPO	250 Tage	
1	1 Start	0 Tage	07.01.
2	2 Vorbereitung	43 Tage	
6	3 Abschluss Vorbereitungen	0 Tage	06.03.
7	4 Start Ist-Analyse	0 Tage	11.03.
8	5 Ist-Analyse	24 Tage	
21	6 Abschluss Ist-Analyse	0 Tage	15.04.
22	7 Start Soll-Konzept	0 Tage	29.04.
23	8 Soll-Konzept	32 Tage	
36	9 Abschluss Soll-Konzept	0 Tage	14.06.
37	10 Start Realisierung	0 Tage	01.07.
38	11 Realisierung	60 Tage	
48	12 Abschluss Realisierung	0 Tage	20.09.
49	13 Start Überprüfung	0 Tage	20.09.
50	14 Prozess permanent überprüfen	70 Tage	
53	15 Ende ?	0 Tage	02.01.

BILD 3.9 Die Projektübersicht mit festen Anfangsterminen

[12] Siehe ausführlich zur Kapselung von Projektplänen mein Buch „Projektplanung mit Project 2010", Abschnitt 4.2.1 „Projekte kapseln", S. 145 ff.

4 Prozessdarstellung mit MS Visio

Visio® ist ein Programm des nicht ganz unbekannten Herstellers Microsoft. Es stellt vorgefertigte Zeichnungselemente, Shapes, zur Verfügung. Diese Shapes können durch einfaches „Drag and Drop", also Ziehen und Fallenlassen, auf ein elektronisches Zeichenblatt gezogen und verbunden werden. Diese Elemente lassen sich ausrichten, vergrößern oder verkleinern. Man kann sowohl die Shapes als auch die Verbindungen zwischen diesen Formen beschriften und dadurch mit bestimmten Informationen versehen etc. Damit können sehr einfach Geschäftsgrafiken erstellt werden. Visio damit ist ein Tool für die standardisierte Kommunikation im Unternehmen.

Die Zeichnungselemente kommen aus ganz verschiedenen Bereichen und können für viele Zwecke verwendet werden, z. B. für Baupläne, Landkarten, Netzwerkdarstellungen, Organigramme etc. Da man online weltweit nach weiteren Zeichenelementen suchen kann, gibt es (fast) kein Gebiet aus der Arbeits- und Lebenswelt, für das man keine Symbole für Visio findet.

Da Visio auch Vorlagen für Flussdiagramme und Geschäftsprozesse bereitstellt, eignet es sich für die standardisierte Darstellung von Prozessen. Vielleicht ist dies die bevorzugte Verwendung dieses Programms.

Zu den Versionen/Editionen

Für Visio 2010 gibt es die Editionen Visio Standard, Visio Professional und Visio Premium, die sich im Wesentlichen im Umfang der zur Verfügung gestellten Diagrammtypen unterscheiden.[1] Es empfiehlt sich hier, mit Visio Premium zu arbeiten, das Sie für die vertiefte Arbeit mit Prozessen wie die Arbeit mit **Teilprozessen**, **Überprüfung** der Diagramme und Modellierung nach dem **BPMN-Standard** benötigen. Über diese Features verfügt nur die Visio 2010 Premium Edition.

In Visio 2013 gibt es nur noch die Standard- und die Professional-Edition, wobei Letztere über alle Features der früheren Premium-Edition verfügt, die, wie Microsoft es nennt, „abgekündigt" ist, die es also in 2013 nicht mehr gibt. Mit Visio 2013 gibt es eine Visio Pro for 365 Edition, aber wir behandeln hier keine Arbeit in der Cloud. Wir arbeiten hier mit Visio 2013 Professional, aber Sie können auch Visio 2010 Premium verwenden, da die Unterschiede minimal sind und wir wesentliche Differenzen in der Bedienung dann erklären werden.

[1] Mehr Informationen zu den verschiedenen Visio-Editionen
Visio 2013: http://www.comparex-group.com/web/de/MSLAR/Produkte/loesungen/visio/visio-2013.htm
Visio 2010: http://www.microsoftstore.com/store?SiteID=mseea&Locale=de_DE&Action=DisplayProductSearchResultsPage&result=&keywords=Visio

4.1 Arbeiten mit Visio

4.1.1 Startbildschirm

4.1.1.1 Starten mit Visio 2013

Wenn Sie das Programm Visio 2013 starten, erscheint dieser Bildschirm mit **Vorlagen** für bestimmte Diagramme:

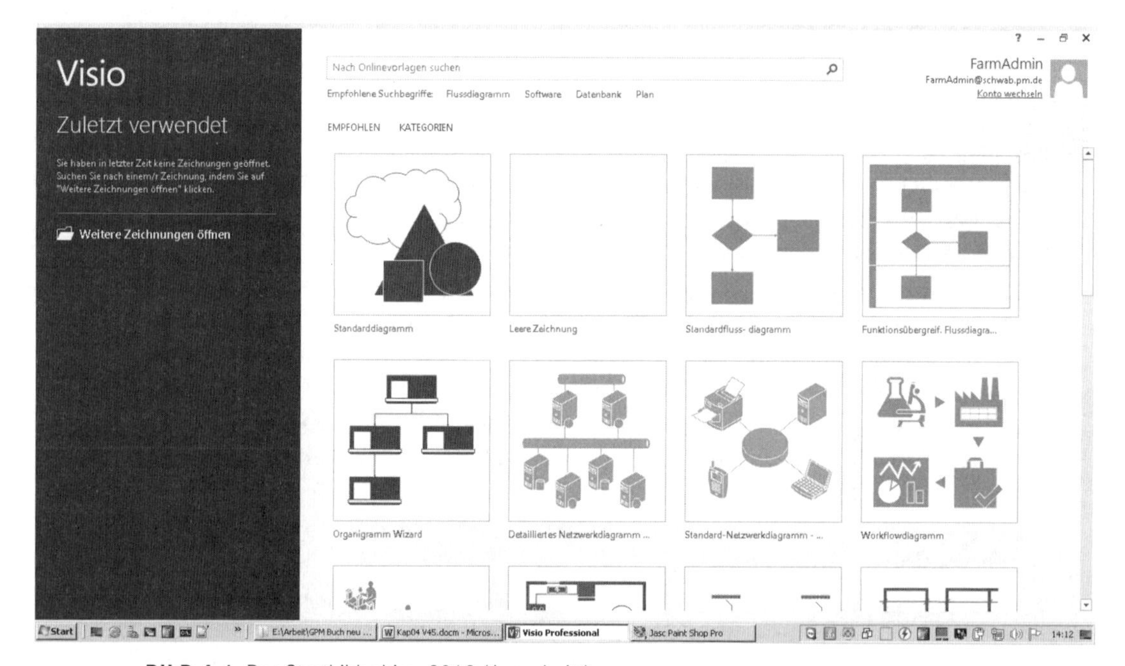

BILD 4.1 Der Startbildschirm 2013 (Ausschnitt)

In Visio 2013 wählen Sie eine Vorlage aus, indem Sie reinklicken. Über Weitere Zeichnungen öffnen erhalten Sie die oft sehr nützliche Option, eine der Zuletzt verwendeten Zeichnungen zu öffnen. Über Computer erhalten Sie den Windows Explorer, um in Ihren Verzeichnissen oder auf dem Desktop nach Dateien suchen zu können. Mit Skydrive können Sie sich auf einem eingerichteten Skydrive-Laufwerk anmelden und mit dort abgelegten Dateien arbeiten, mit Office 365 Share Point melden Sie sich in Ihrer Cloud an.

Mit NEU oder mit dem **Pfeil zurück**-Symbol kommen Sie wieder zurück in die Auswahl der **Vorlagen** (s. Bild 4.1), wobei Sie dort über den Befehl KATEGORIEN eine nach Themen geordnete Zusammenfassung von Vorlagen angeboten bekommen und sich über die Auswahl einer Kategorie die entsprechenden Diagrammvorlagen auswählen können.

BILD 4.2 Optionen zum Öffnen von Dateien

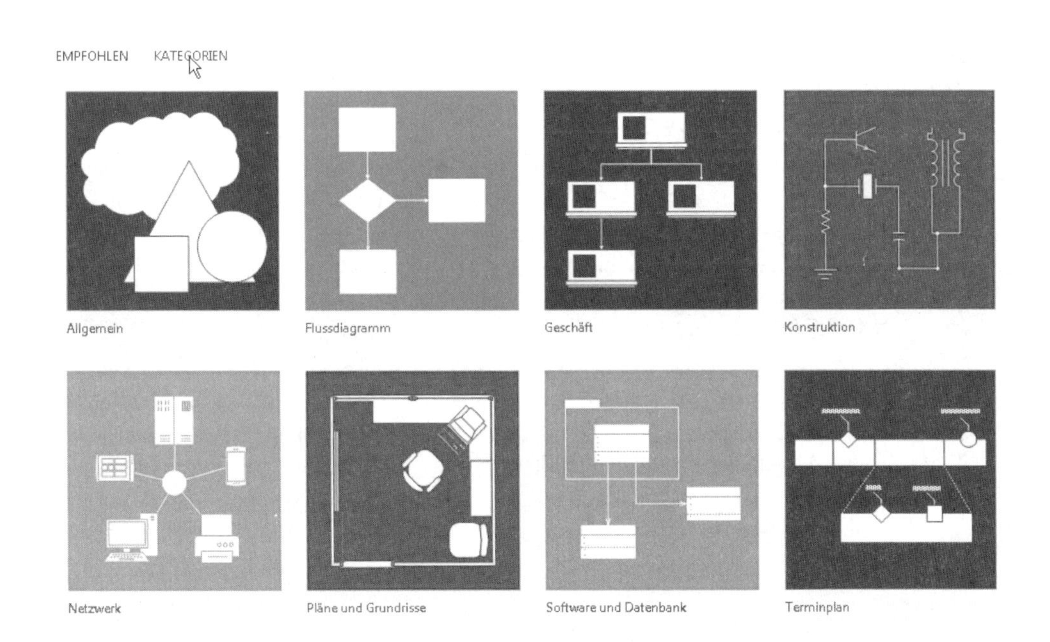

BILD 4.3 Auswahl nach Kategorien

Letztendlich wollen wir mit der Auswahl des Standardflussdiagramms beginnen (unter der Kategorie **Flussdiagramm**) und über einen letzten Zwischenschritt (die Daten werden geladen, Bild 4.4) kommen wir zum Zeichenblatt mit den Shapes, die im Standard zu diesem Diagramm gehören.

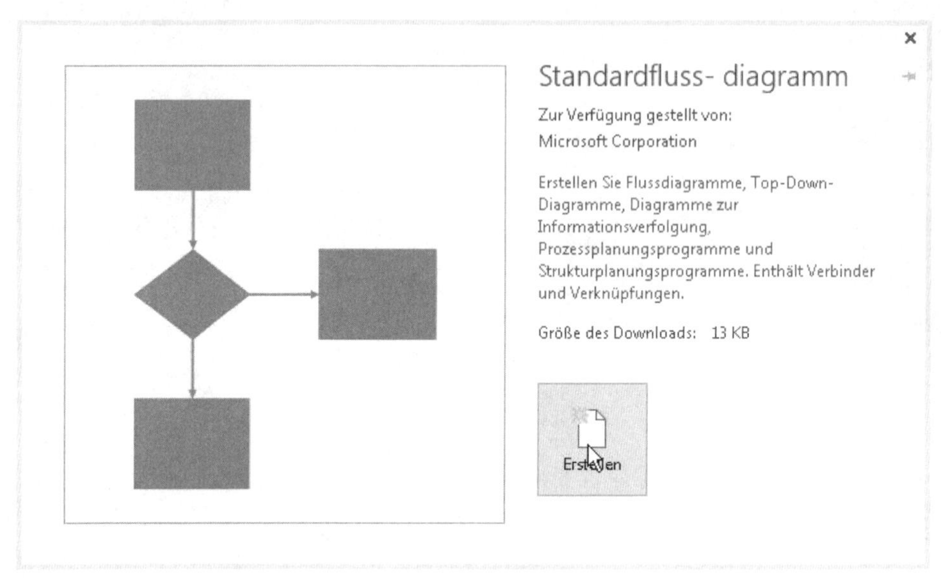

BILD 4.4 Der letzte Schritt zur Erstellung des Zeichenblatts

4.1.1.2 Starten mit Visio 2010

Wenn Sie Visio 2010 starten, öffnet das Programm mit Datei Neu. Das Menü ist oben horizontal mit seinen Hauptregisterkarten angeordnet. In allen Office-2010-Programmen ist die Registerkarte Menü der sogenannte Backstage-Bereich, d. h., hier sind die Befehle, die - im Gegensatz zu den anderen Menüpunkten - nicht die Möglichkeiten der Arbeit in dem Programm, sondern die Arbeit mit den Zeichenblättern insgesamt organisieren, also z. B. Speichern, Drucken oder eben Neu.

In der ersten Reihe werden die **Zuletzt verwendeten Vorlagen** angezeigt, darunter kann der Benutzer aus den zur Verfügung stehenden **Vorlagenkategorien** auswählen. Eine Vorlagenkategorie ist eine thematische Zusammenfassung mehrerer **Vorlagen**, die dann angezeigt werden, wenn Sie eine der Kategorien anklicken.

In der Anzahl der Vorlagen unterscheiden sich u. a. die Visio-2010-Editionen Standard, Professional und Premium.

In welcher Vorlagenkategorie Sie sich befinden, sehen Sie unter **Vorlage auswählen** in dem grau hinterlegten schmalen Band hinter dem **Home** (= Haus)-Symbol **Start**. Dort finden Sie die Symbole **Pfeil-zurück** bzw. **Pfeil-vorwärts**, mit denen Sie mit der aktiven Bildschirmauswahl eben zurück oder in die vorherige Auswahl wieder reinspringen können. Das **Haus** (= Home)-Symbol springt immer in den Startbildschirm (s. Bild 4.6).

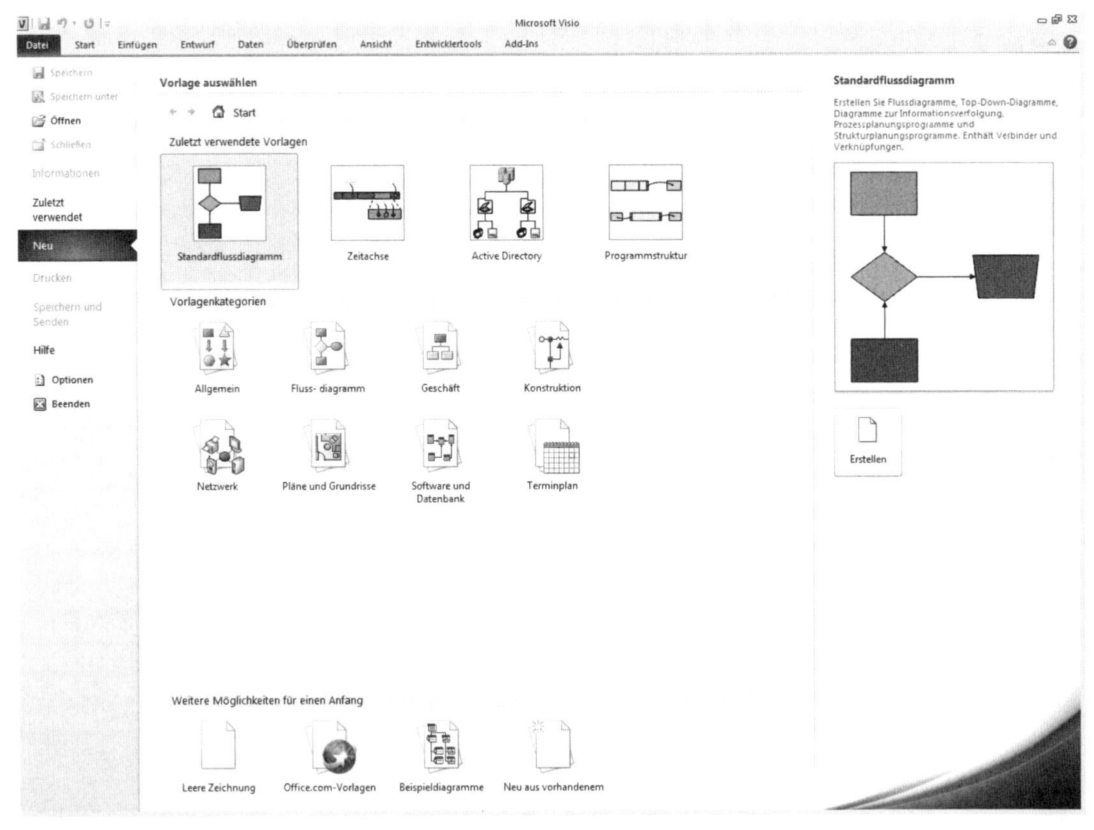

BILD 4.5 Der Startbildschirm Visio 2010

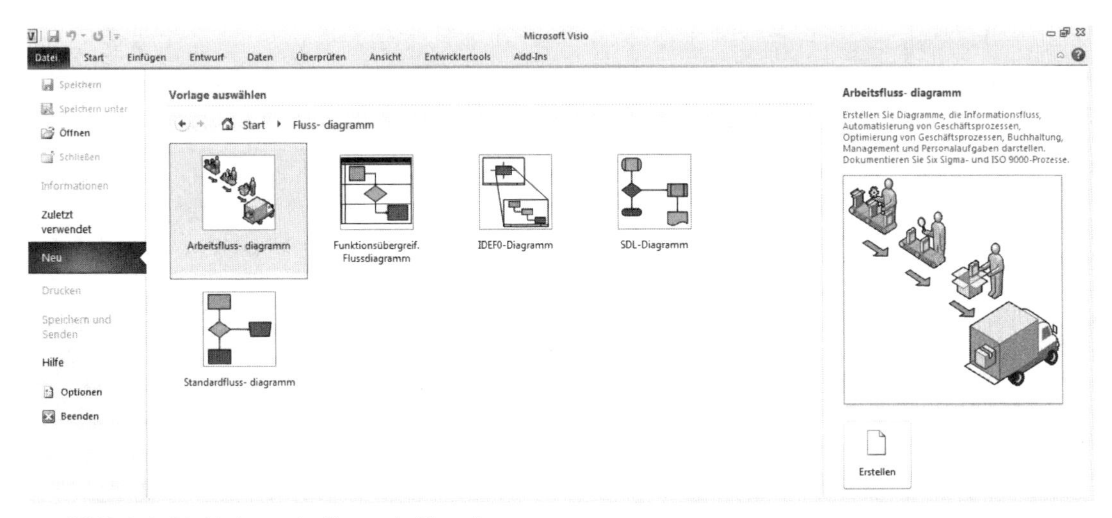

BILD 4.6 Die Vorlagen der Kategorie Flussdiagramm

4.1.2 Arbeiten mit Shapes

Wenn Sie eine Vorlage ausgewählt haben, wird ein neues Zeichenblatt geöffnet:

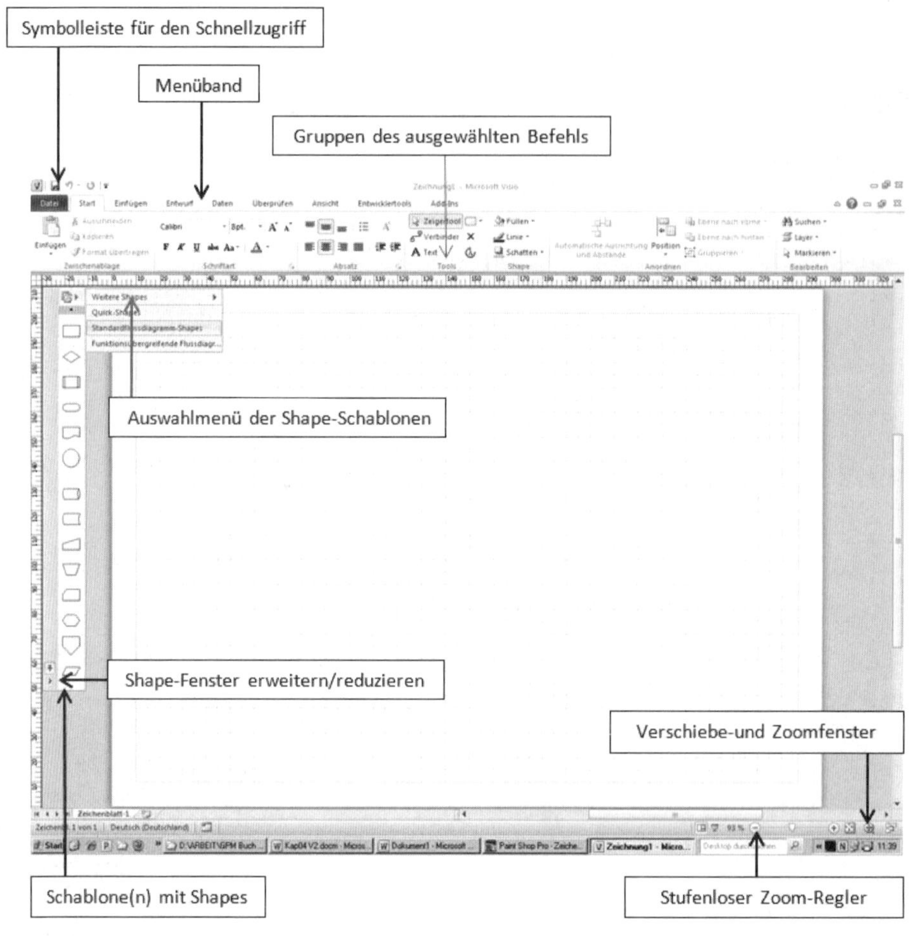

BILD 4.7 Das Zeichenblatt

Ganz oben: Symbolleiste für den Schnellzugriff

Diese können Sie – wie auch das Menüband – anpassen unter Datei Optionen SYMBOLLEISTE FÜR DEN SCHNELLZUGRIFF (bzw. MENÜBAND ANPASSEN) oder durch Aufklappen des kleinen Pfeils nach unten in der Schnellzugriffsleiste. Im Standard enthält sie die Symbole für FENSTER MINIMIEREN, SPEICHERN, RÜCKGÄNGIG MACHEN und WIEDERHERSTELLEN.

Darunter: das Menüband

Die Register des Menübandes stellen die Haupt-Befehlsgruppen dar. Wenn Sie ein Register eines Menüs anklicken (im Standard geöffnet Datei) werden darunter die Gruppen dieses Befehls angezeigt. In den Gruppen sind die jeweiligen Befehle thematisch zusammengefasst.

Dieses Menüband (der „Ribbon") wird je nach Bildschirmgröße anders angezeigt. Bei einem Laptop mit kleinem Bildschirm z. B. werden die Symbole zu einigen Befehlen ausgeblendet und man bekommt den Zugriff durch Klicken auf den Befehlstext oder durch Aufklappen, wenn ein Drop-Down-Pfeil anzeigt. Über das Kontextmenü (im Standard rechte Maustaste) kann man das Menüband **Minimieren**, dann sieht man nur die Register des Hauptmenüs, oder durch Deaktivieren der gleichen Option, wieder **Maximieren**.

Tipp

Gewöhnen Sie sich in Visio das Arbeiten über das Kontextmenü mit der sekundären Maustaste an (rechte bei rechtshändiger Einstellung des Maustreibers, linke bei linkshändiger Einstellung). Hier wird kontextabhängig - in welchem Bereich der Mauszeiger sich befindet oder bei welcher Aktion man gerade ist - eine Auswahl der Menüoptionen angezeigt. Dies erleichtert viele Aktionen bzw. beschleunigt die Bedienung. Manche Befehlsoptionen bei einigen Aktionen gibt es nur über das Kontextmenü.

Hier im Buch werden wir die folgenden Schreibweisen verwenden:

Register (Hauptbefehl),	z. B. Start
Gruppe	z. B. Tools
BEFEHL	z. B. VERBINDER

Unterschiede im Menüband von 2013 zu 2010

Prozess

In der Visio-2010-Standard- und Professional-Edition fehlt der Menüpunkt Prozess. Diese Features bekommt man erst mit der Premium Edition in Visio 2010. Wir behandeln einige der Prozess-Features z. B. im Abschnitt **4.5.5** und **4.6** und im Abschnitt 4.9. Wenn Sie also mit diesen Features mit der Version 2010 arbeiten möchten, benötigen Sie die Premium-Edition. Schön, dass für die Version 2013 Professional das mitgeliefert wird.

Entwicklertools

Dieses Register ist in der Version 2013 im Standard nicht mehr eingeblendet. Es umfasst im Wesentlichen die Features der Makroerstellung und -bearbeitung, die wir hier nicht behandeln.

Menüband anpassen

Sie können das Menüband über Datei/OPTIONEN/MENÜBAND ANPASSEN nach Ihren Wünschen gestalten. Dort könnten Sie z. B. die Register Entwicklertools oder Add-Ins ein- bzw. ausblenden.

Darunter: das Zeichenblatt

Unterhalb des (in der deutschen Version metrischen, d. h. Millimetereinteilung des Lineals) ist das Zeichenblatt. Dies wird im Standard in Visio 2013 ohne Gitter, in Visio 2010 mit einem dynamischen Gitter angezeigt. Das Gitter hilft, die Shapes mit gleichen bzw. gewünschten Abstand auszurichten. Im Register Ansicht in der Gruppe Anzeigen findet man die Optionen, um die Anzeige von Lineal und Gitter aus- oder einzuschalten bzw. in der Gruppe Visuelle Unterstützung die Option, die Eigenschaft „dynamisch" auszuschalten. Dann bleibt zwar die Anzeige des Gitters, aber das System von Führungslinien, das parallele oder Abstandshilfslinien beim Verschieben von Shapes anzeigt, wird ausgeschaltet. Da es aber für die Anwendungen hier eine Hilfe ist, sollte das Gitter „dynamisch" sein.

Der Aufgabenbereich

Links vom eigentlichen Zeichenblatt befindet sich der **Aufgabenbereich**, in dem die Schablonen mit den (Master-) Shapes angezeigt werden. Als Mastershapes werden die Symbole bezeichnet, die sich in den Schablonen befinden und die man auf die Zeichenblätter ziehen kann. Aber oft werden alle Symbole nur als Shapes bezeichnet. Die Darstellung der SHAPES, eigentlich Schablonen, kann im Register Ansicht in der Gruppe Aufgabenbereiche aus- bzw. eingeschaltet werden.

Wenn eine Schablone im Aufgabenbereich eingeblendet ist (welche das ist, hängt zunächst von der geöffneten Vorlage ab), können Sie diese durch das Klicken auf das < Minimieren-Symbol rechts oben hinter **Shapes** (s. Bild 4.7) eben minimieren oder > Erweitern.

Aus dem Kontextmenü im Bereich der Schablonen kann man auswählen, wie diese dargestellt werden:

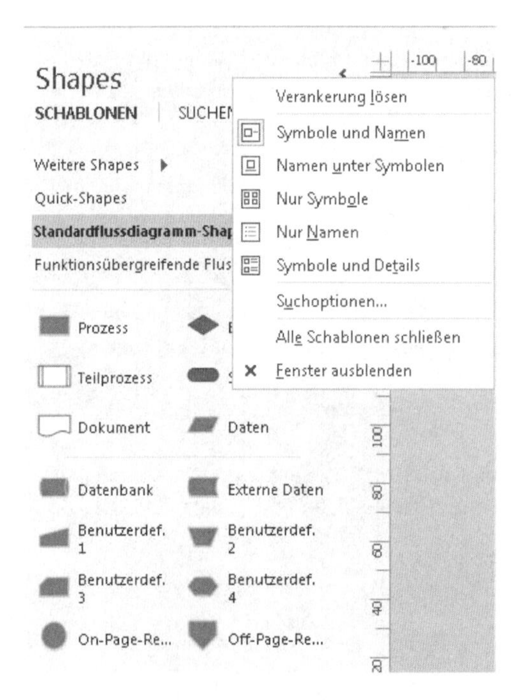

BILD 4.8
Darstellung der Shapes im Arbeitsbereich

SYMBOLE UND NAMEN ist die Voreinstellung (Bild 4.8). Mit VERANKERUNG LÖSEN kann man die Verankerung des Arbeitsbereichs an dieser Stelle lösen und dieses Fenster an jeder gewünschten Stelle des Bildschirms positionieren (wieder an die alte Stelle zurücksetzen: Kontextmenü FENSTER ANDOCKEN).

Wenn Sie die Vorlage STANDARDFLUSSDIAGRAMM öffnen, werden im Arbeitsbereich zwei Schablonen angezeigt, **Standardflussdiagramm-Shapes** und **Funktionsübergreifende Flussdiagramm-Shapes**. Durch Klicken auf das entsprechende Register werden die dazugehörigen Shapes angezeigt. Aber es stehen natürlich viel mehr Shapes in vielen weiteren Schablonen zur Verfügung, die Sie über WEITERE SHAPES > erreichen.

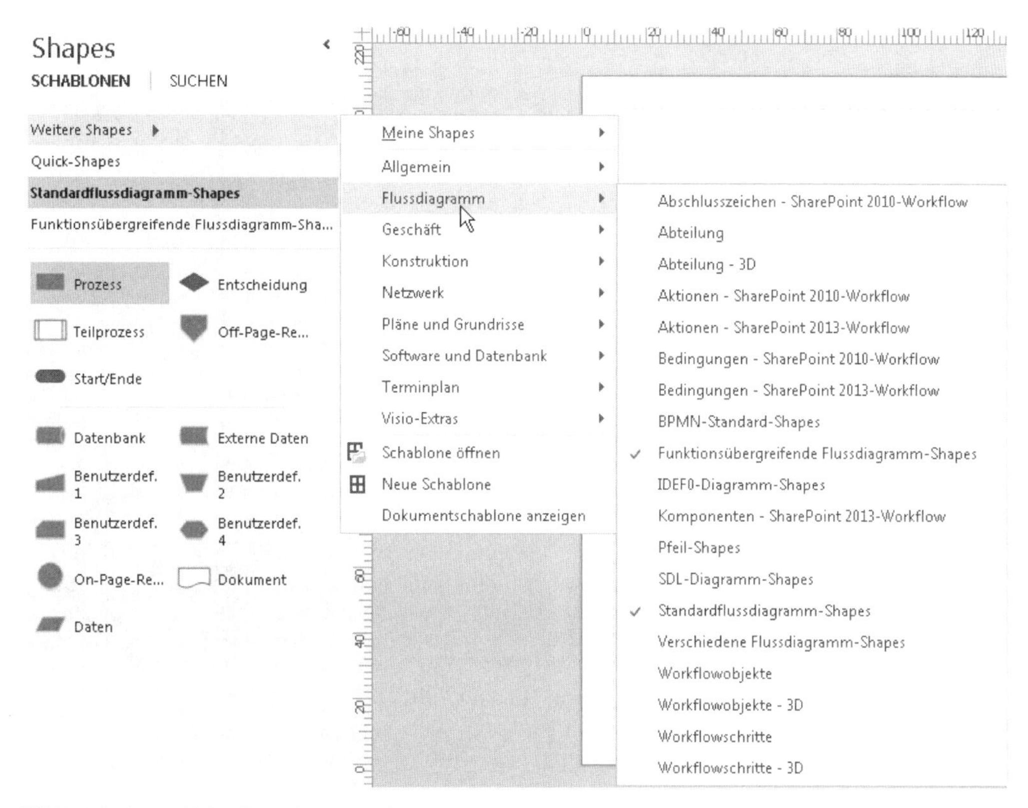

BILD 4.9 Auswahl der Flussdiagramm-Shapes

Nun kann man den halben Arbeitsbereich oder mehr mit den Schablonen füllen, wenn man meint, diese zu benötigen. Eine Schablone kann man wieder entfernen mit X SCHLIESSEN (Bild 4.10) aus dem Kontextmenü.

Wenn mehrere Schablonen eingeblendet sind, was der Normalfall ist, können Sie einfach durch Klicken in die Kopfleiste mit dem Namen der Schablone diese aktivieren.

Wenn Sie das ganze Shape-Fenster aus dem Kontextmenü mittels des Befehls X FENSTER AUSBLENDEN oder ALLE SCHABLONEN SCHLIESSEN (Bild 4.8) unbeabsichtigt oder beabsichtigt – ausgeblendet haben, können Sie dies über den Befehl Ansicht/AUFGABENBEREICHE/SHAPES wieder einblenden. Das ist – wie viele andere Menübefehle auch – ein Ein-/Aus-Schalter.

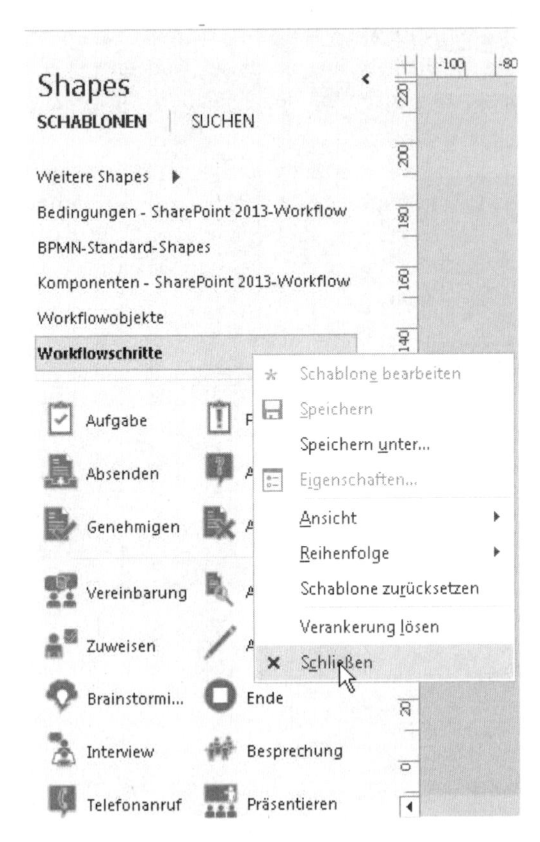

BILD 4.10 Schablone schließen

Dann wird das Fenster wieder eingeblendet mit den Schablonen, die es vor dem Schließen enthielt. Oder Sie holen sich die gewünschte(n) Schablone(n) wieder über Weitere Shapes.

Unter dem Zeichenblatt

Das **Register** mit den Zeichenblättern: Mit dem **+Plus**-Zeichen legen Sie ein neues Zeichenblatt an, über das Kontextmenü können Sie es umbenennen, die Reihenfolge ändern oder wieder löschen.

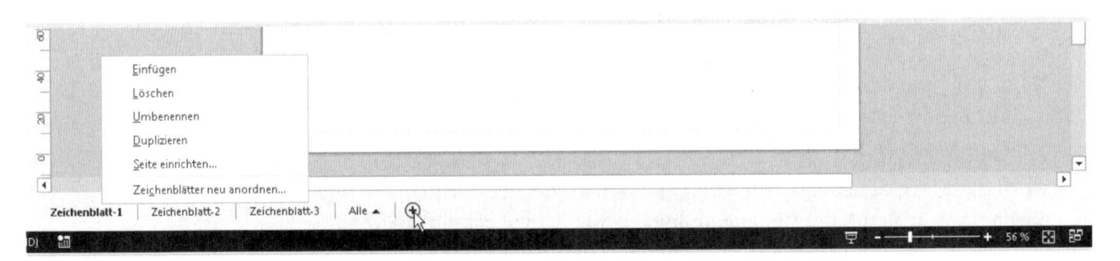

BILD 4.11 Zeichenblätter anlegen oder löschen

Die Statusleiste

Darunter befindet sich die **Statusleiste** (blau hervorgehoben), in der sich im Standard rechts ein Symbol für den **Repräsentationsmodus** befindet (heißt in Visio 2010 **Ganzer Bildschirm**), dahinter sind hintereinander der **stufenlose Zoomregler** mit der Anzeige der prozentualen Vergrößerung bzw. Verkleinerung, das Symbol für **An Fenstergröße anpassen** und das Symbol für **Fenster wechseln** angeordnet.

In der Version 2010 befindet sich im Standard dort auch ein Symbol für das **Verschiebe- und Zoomfenster**, das Sie sich in der Version 2013 über das Kontextmenü in der Statusleiste einblenden können (s. Bild 4.12). Aufrufen können Sie das **Verschiebe- und Zoomfenster** - das es ermöglicht, bei großen Zeichenblättern einen Ausschnitt frei auszuwählen und zu vergrößern - in beiden Versionen über Menü Ansicht/Aufgabenbereiche/Verschieben und Zoom.

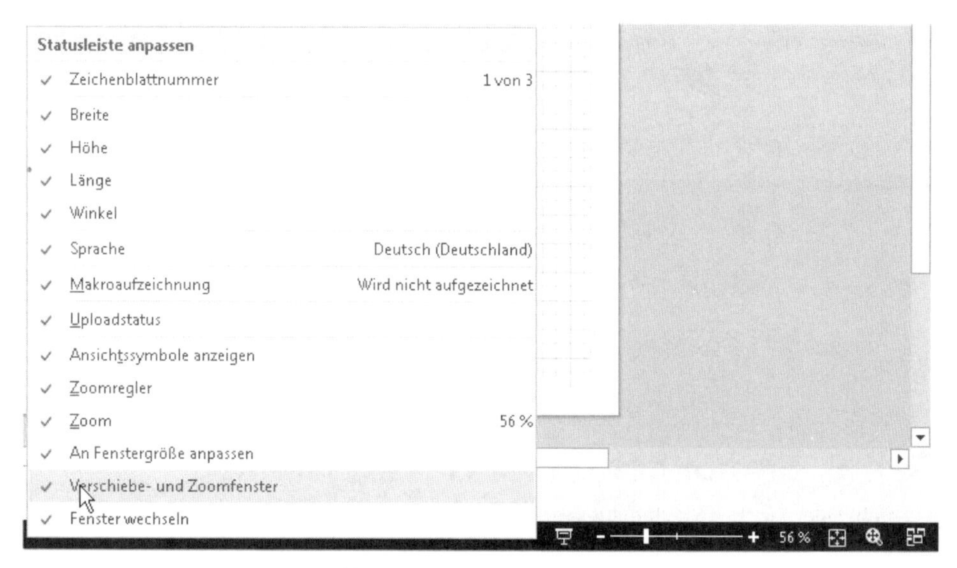

BILD 4.12 Anpassungen der Statusleiste

4.1.3 Arbeiten mit Quick-Shapes

Obwohl es relativ einfach ist, zwischen den Schablonen zu wechseln, kann man es sich noch komfortabler einrichten, wenn man bevorzugt einige wenige Shapes aus verschiedenen Schablonen benutzt. Wenn Sie genau hinschauen, sehen Sie, dass die Schablonen durch einen (dünnen) horizontalen Strich geteilt werden. Dieser markiert die Trennung von der ersten Abteilung, die als Quick-Shapes bezeichnet werden (von denen man annimmt, dass sie am häufigsten verwendet werden), von allen weiteren Shapes dieser Schablone. Man kann einfach Shapes aus einem Bereich in den anderen ziehen. Die Shapes im oberen Bereich gehören zu den Quick-Shapes. Diese Quick-Shapes aus allen eingeblendeten Schablonen werden in der Schablone „QUICK-SHAPES" angezeigt (Bild 4.13).

Anmerkung: Visio-2010-Anwender benötigen für die BPMN (Business Process Model and Notation)-Schablonen die Version Visio Premium 2010.

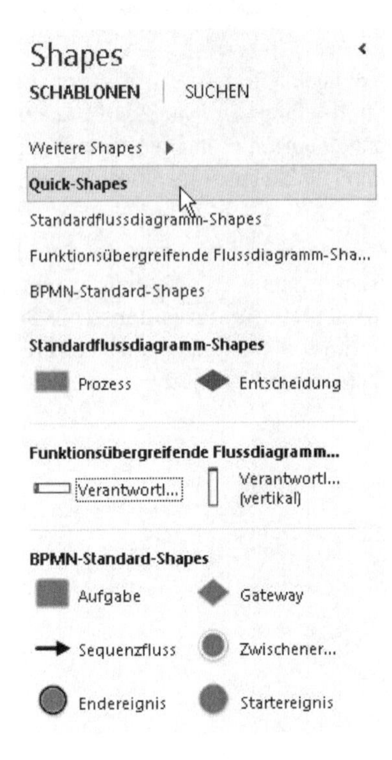

BILD 4.13
Quick-Shapes aus drei Schablonen zusammengestellt

4.2 Sinnbilder und ihre Anwendung

Zunächst ein paar kurze einführende Bemerkungen über die Konventionen bei der grafischen Darstellung von Prozessen. Die Darstellung eines Prozesses mittels grafischer Symbole ist eine Modellbildung. Es wird von den Eigenheiten und Einzelheiten der individuellen Objekte abstrahiert und es sollen nur Elemente dargestellt werden, die notwendig sind und die es ermöglichen, die für diesen Ablauf wesentlichen Dinge zu erkennen. Die Art der Modellbildung wird durch das Erkenntnisinteresse geleitet: Was will ich sehen bzw. was will ich den Betrachtern zeigen? Grundsätzlich gilt, dass ein Modell so einfach wie möglich sein soll, um gerade das Entscheidende, das durch das Erkenntnisziel bestimmt wird, erkennen zu können. Hier gilt der Satz von Antoine de Saint-Exupéry: „Vollkommenheit entsteht offensichtlich nicht dann, wenn man nichts mehr hinzuzufügen hat, sondern wenn man nichts mehr wegnehmen kann.“[2]

Wie bei jeder modellhaften Abbildung muss man sich über die Elemente des Modells verständigen. Der Konstrukteur des Modells und der Betrachter müssen das gleiche Verständnis über die jeweiligen Elemente haben. Ein Bild sagt mehr als tausend Worte, aber sagt es auch für jeden Betrachter das Gleiche?

[2] Zitiert in Christian Helfrich: „Praktisches Prozess-Management“, München 2001

Mögen andere über die Arten der Modellbildung diskutieren (z. B. kennt man in der Prozesserfassung zur Software-Modellierung folgende Entwicklungen: SADT = Structured Analysis and Design Technique; IDEF = Integration Definition for Function Modeling; EPC = Event-Driven Process Chain; ERM = Entity Relationship Models; UML = Unified Modeling Language; BOE = Business-Oriented Software Engineering Process; all das behandeln wir hier nicht), wir Deutsche haben dafür – wie könnte es anders sein – eine DIN-Norm, und zwar DIN 66001 in ihrer letzten Fassung aus dem Jahr 1983. Sie hat den schönen Titel dieses Abschnitts, also unter der Angabe, dass es sich hier um eine Norm aus dem Gebiet der „Informationsverarbeitung" handelt, heißt diese Norm „Sinnbilder und ihre Anwendung".[3] Diese DIN-Norm bezieht sich (auch) auf internationale, also ISO-Normen.

Hier die drei wichtigsten dieser Symbole, die auch in *Visio* verwendet werden:

TABELLE 4.1 Grafische Symbole 1

Symbol	Bedeutung
(Rechteck)	Verarbeitung allgemein, Verarbeitungseinheit
(Raute)	Verzweigung, Entscheidung
(abgerundetes Rechteck)	Grenzstelle; Schnittstelle; Beginn oder Ende einer Folge

Die in dieser Tabelle genannten sind sicherlich die wichtigsten, aber wenn Sie möchten, noch:

TABELLE 4.2 Grafische Symbole 2

Symbol	Bedeutung
(Parallelogramm)	Daten, allgemein; Datenträgereinheit
(Dokument)	Dokument; Daten auf Schriftstück
(Manuelle Eingabe)	Eingabe (manuell, optisch, akustisch); Eingabeeinheit
(Trapez)	Manuelle Verarbeitung; manuelle Verarbeitungsstelle
(Kreis)	Verbindungsstelle; in *Visio*: On-Page-Referenz, Verbindungsstelle zu einem anderen Prozess auf der gleichen Seite
(Fünfeck)	Nur in *Visio* vorhanden: Off-Page-Referenz, Verbindungsstelle zu einem Prozess auf einem anderen Zeichenblatt (fügt einen Hyperlink auf die andere Seite ein)

[3] DIN 66001, Normenausschuss Informationsverarbeitungssysteme (NI) im DIN Deutsches Institut für Normung e. V., Dezember 1983. Englisch im Untertitel: „Information processing; graphical symbols and their application". Die Übersetzung von „graphical symbols" zu „Sinnbildern" ist einfach nur großartig.

Wenn Sie in *Visio* eine ausführliche Erklärung der einzelnen Shapes sehen möchten, erhalten Sie eine ausführlichere QuickInfo, wenn Sie den Mauszeiger ruhig auf dieses Symbol stellen:

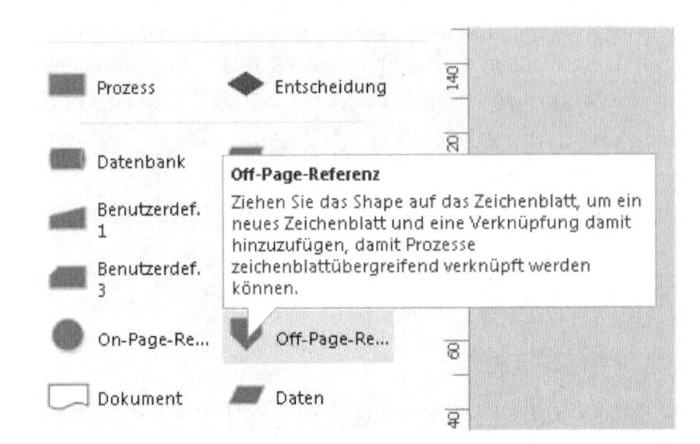

BILD 4.14 QuickInfo zum Shape

Wie in der Aufgliederung eines Projektplans in einzelne Vorgänge ist auch in der Prozessdarstellung eine entscheidende Frage, welchen Detaillierungsgrad – die Insider sagen Granularität – Sie benötigen oder wünschen, und das heißt auch, welchen Aufwand Sie dabei betreiben müssen oder möchten.

Eine grafische Darstellung wird schwerer verständlich, wenn zu viele unterschiedliche Symbole verwendet werden. Grundsätzlich gilt, dass ein Modell so einfach wie möglich sein muss, um gerade das Entscheidende, das durch das Erkenntnisziel bestimmt wird, so einfach und klar wie möglich sehen zu können!

Deshalb reichen meines Erachtens für eine Prozessdarstellung in der Regel wenige Symbole aus (die oben in Tabelle 1 genannten ersten drei Symbole reichen im Regelfall, allerdings benötige ich für bestimmte Sachverhalte Varianten dieser Symbole), da man zusätzlich durch Beschriftung diese Aktivität konkret benennen kann. Sie sehen ja z. B., dass das Symbol für manuelle Verarbeitung nur ein Unterfall der allgemeinen Verarbeitung ist.

Wichtiger sind dann die Verbindungen zwischen den Symbolen, in den Programmen heißen diese Pfeile „Verbinder". Hier gibt uns die DIN-Norm die ausdrückliche Erlaubnis, dass „von einem Sinnbild mehrere Verbindungen ausgehen (dürfen), und zwar direkt, z. B.

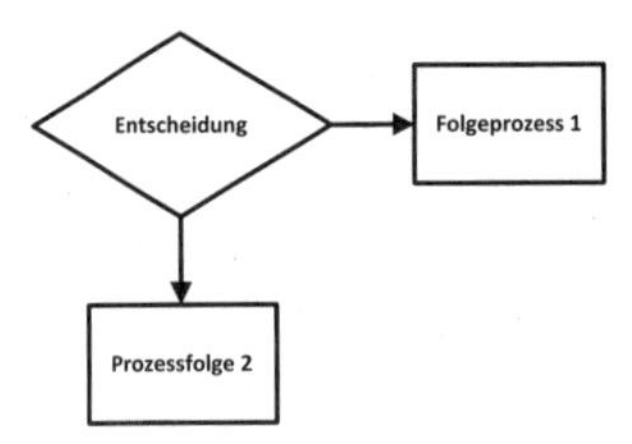

BILD 4.15 Verzweigungen

oder durch Auffächerung einer ausgehenden Linie, z. B."[4]

[4] DIN 66001, Normenausschuss Informationsverarbeitungssysteme (NI) im DIN Deutsches Institut für Normung e. V., Dezember 1983, S. 7

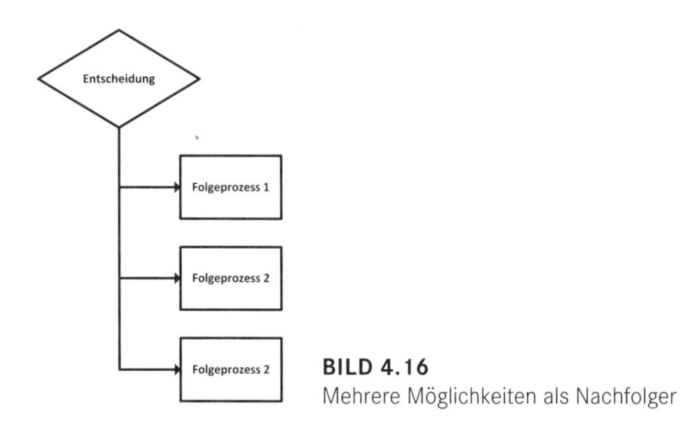

BILD 4.16
Mehrere Möglichkeiten als Nachfolger

Wichtig ist, dass von einem Entscheidungssymbol mindestens zwei Verbinder ausgehen müssen, sonst hätte man ja keine Entscheidungsmöglichkeit.

Man kann sowohl die Prozessschritte als auch die Verbindungen mit erläuternden Texten versehen:

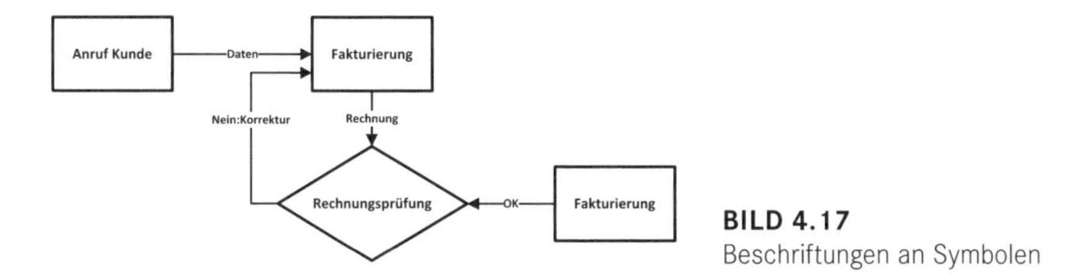

BILD 4.17
Beschriftungen an Symbolen

Alle diese Zeichnungen wurden mit *Visio* erstellt. Damit sind wir beim nächsten Abschnitt, dies ist die Erstellung eines Geschäftsprozessdiagramms mit *Visio*.

4.3 Standardflussdiagramm

Geschäftsprozesse sind eine zielgerichtete Abfolge von Handlungen. Dazwischen liegen auch Zeiten von Nichthandlungen. Sie sind als ein Fluss von Material und/oder Informationen zu sehen, der zu einem (hoffentlich zufriedenstellenden) Ergebnis für einen externen oder internen Kunden führt. Das Material und/oder die Informationen fließen von einem Ausgangspunkt über mehrere Prozessschritte (Menschen, Maschinen, Abteilungen, Firmen oder Institutionen können beteiligt sein) und werden weiterverarbeitet, bis sie den Zustand erreicht haben, der als Ergebnis erwünscht ist. Die letzte Station ist dann der Kunde, der das Produkt verbraucht. Es bietet sich an, dies als ein Flussdiagramm darzustellen.

Wählen Sie nach dem Starten von *Visio* aus der Kategorie FLUSSDIAGRAMM das STANDARDFLUSSDIAGRAMM.

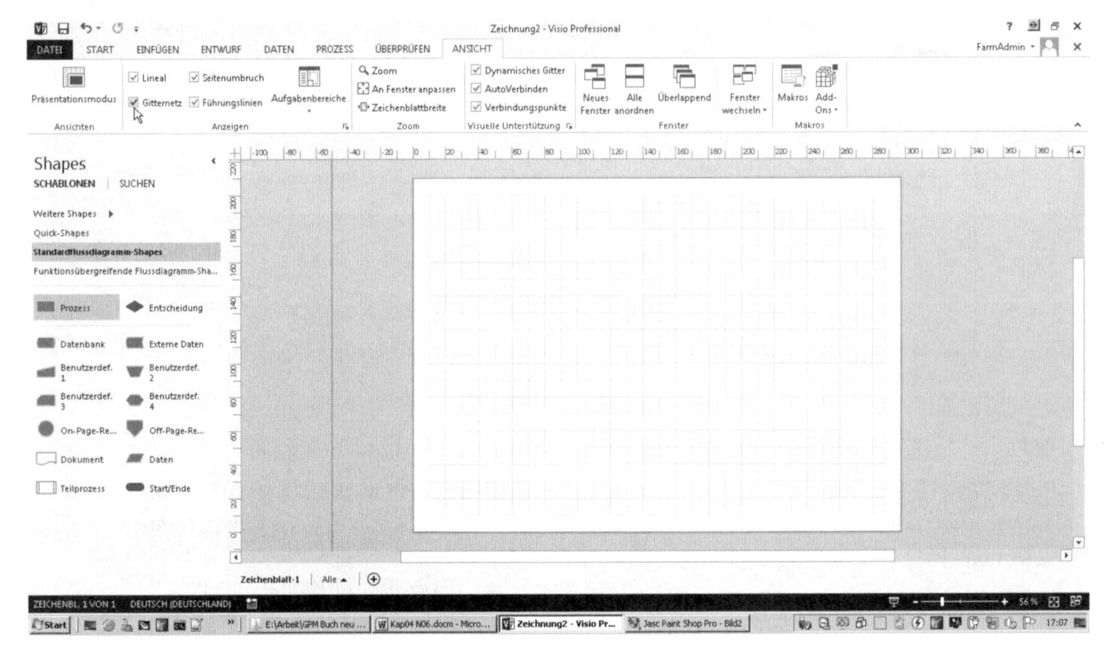

BILD 4.18 Zeichenblatt mit Standardflussdiagramm-Shapes

Links ist das Fenster mit den Shapes eingeblendet, in denen jetzt eigentlich zwei Schablonen angezeigt werden, die Schablonen **Standardflussdiagramm-Shapes** und **Funktionsübergreifende Flussdiagramm-Shapes**. Die Schablone **Quick-Shapes** wird automatisch generiert und angezeigt und enthält die Quick-Shapes (siehe Kapitel 4.1.3) aus den beiden geöffneten Schablonen. Für das Zeichenblatt ist hier im Register Ansicht in der Gruppe Anzeigen die Option für GITTERNETZ ANZEIGEN aktiviert.

Die Schablone **Standardflussdiagramm-Shapes** ist aktiv. Sie können nun einfach die gewünschten Shapes mit dem Mauszeiger „anfassen“ und auf eine beliebige Stelle im Zeichenblatt ziehen und „fallen lassen“ („Drag and Drop“).

4.3.1 Erste Arbeitstechniken

4.3.1.1 Einfügen und ausrichten

Wenn Sie das Shape auf das Zeichenblatt ziehen, ist es markiert (zur Bearbeitung). Sie markieren ein Shape, indem Sie es (einmal) anklicken. Es erscheinen dann helle Punkte an den Ecken und in den Mitten der Begrenzungslinien des Symbols.

Wenn Sie einen der blauen Punkte auf der Begrenzungslinie mit dem Mauszeiger „anfassen“, erhält der Zeiger zwei Pfeile, nach links und rechts oder nach oben und unten oder an den Eckpunkten schräg nach links oben und rechts unten oder umgekehrt. Wenn Sie nicht die Eckpunkte anfassen, sondern die Mittelpunkte der Linien, verschieben Sie diese Linie, d. h., das Shape wird breiter oder höher, ändert also seine Proportion.

Wenn Sie das Shape nur vergrößern oder verkleinern wollen, dürfen Sie nur die Eckpunkte nach außen oder innen verschieben. Damit bleiben die Proportionen des Symbols erhalten.

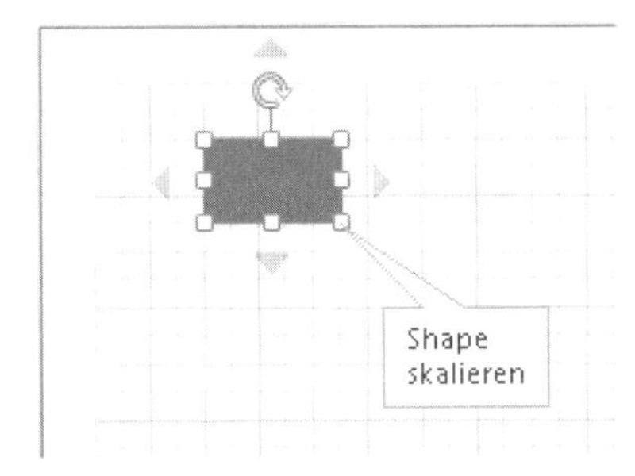

BILD 4.19
Ändern der Größe oder der Proportionen

Am schnellsten entwirft man einen Prozess, wenn man mit dem blauen Autoverbinden-Pfeil arbeitet. Wenn Sie auf einen der kleinen blauen Pfeile außerhalb eines Shape klicken, öffnet sich eine Mini-Symbolleiste mit (bis zu vier) Quick-Shapes der aktiven Schablone. Wenn Sie ein Shape anklicken, wird dieses mit einem Verbinder an das bisherige Shape angefügt.

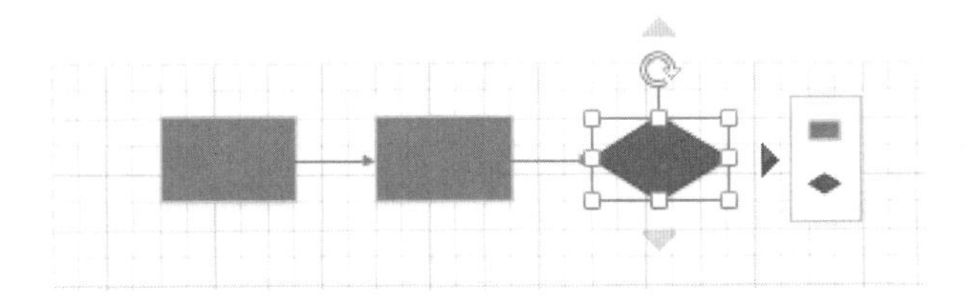

BILD 4.20
Auto-Verbinden

Falls Sie andere Shapes benötigen oder ein Shape an einer anderen Stelle positionieren möchten, ziehen Sie das Shape an die gewünschte Stelle. Die rosa Führungslinien des dynamischen Gitters zeigen Ihnen den gleichen Abstand und die horizontale oder vertikale Ausrichtung zu den Shapes in diesem Bereich.

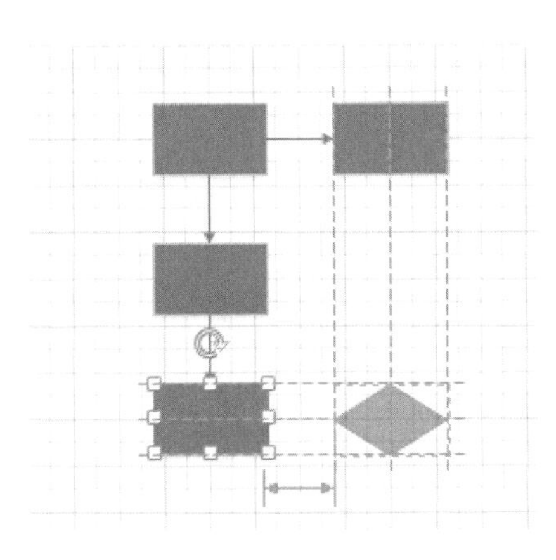

BILD 4.21
Führungslinien des dynamischen Gitters

4.3.1.2 Verbinder

Verbinder, d. h. die Pfeile von einem Shape zu einem anderen, zeigen die Abfolge der Prozessschritte. Beim Einfügen mittels Autoverbinden werden automatisch die Verbindungspfeile eingefügt, man kann aber auch immer die Autoverbinder-Funktion sozusagen nachträglich aktivieren und damit einen Verbinder zwischen zwei Shapes einrichten.

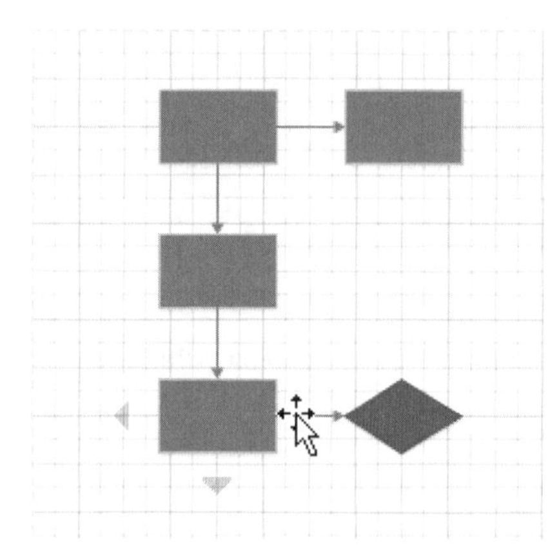

BILD 4.22
Verbinder automatisch erstellen

Manuell kann man Verbinder mit dem Verbinder-Befehl ziehen. Im Register Start in der Gruppe Tools befinden sich die Befehle für VERBINDER und ZEIGERTOOL. Im Standard arbeitet man im Modus ZEIGERTOOL, mit dem man die Symbole markieren, verschieben, vergrößern oder verkleinern kann. Wenn Sie das Zeigertool auf eine Linie oder ein Symbol stellen, bekommt der Mauszeiger vier kleine Richtungspfeile und wartet, dass Sie mit gedrückter Maustaste das markierte Objekt bewegen.

Durch Klicken auf den VERBINDER wechseln Sie sozusagen in den Modus des Einrichtens der Verbinder. Der Mauszeiger hat jetzt normalerweise (Ausnahme: die Ränder der Symbole zum Skalieren) das kleine Verbinder-Symbol (ein abgeknickter Pfeil) und wenn Sie jetzt an einer Stelle den Mauszeiger aktivieren und ziehen, wird ein Verbinder eingerichtet. An den jeweils mittleren Punkten an den Prozesssymbolen bzw. an den Eckpunkten der Entscheidungssymbole befinden sich die sogenannten Einrastpunkte, die grün (Visio 2010 rot) aufleuchten, wenn man mit der Verbinder-Maus in die Nähe kommt. Wenn man von einem Einrastpunkt den Verbinder an den Verbindungspunkt des nächsten Symbols „klebt“, wird das ein „dynamischer“ Verbinder. Auch wenn die Symbole verschoben werden, bleibt der Verbinder zwischen den beiden Symbolen.

Achtung: Sie müssen den Modus des VERBINDERS deaktivieren, indem Sie wieder den Befehl ZEIGERTOOL aktivieren oder mit einem Klick auf das x-Symbol hinter dem Verbinder diesen Modus wieder ausschalten. Damit setzen Sie die Funktion des Mauszeigers wieder zurück und Sie können „normal“ weiterarbeiten.

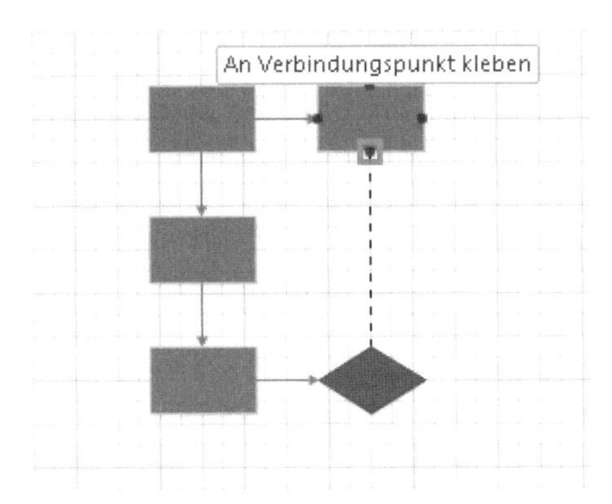

BILD 4.23
Dynamischen Verbinder manuell einziehen

4.3.1.3 Beschriften

Markieren Sie das Shape und geben Sie den Text ein. Beim Tippen des ersten Buchstabens wechselt das Programm in den Editiermodus. Auch mit einem DOPPELKLICK auf ein Symbol wird der Beschriftungsmodus geöffnet (oder nur in Visio 2013 Kontextmenü TEXT BEARBEITEN) und man kann den gewünschten Text eingeben oder bearbeiten. Mit dem gleichen Vorgehen können Sie auch Verbinder beschriften.

Schließen Sie die Eingabe eines Textes nicht (!) mit der Taste <Return> bzw. <Eingabe> ab, das erzeugt eine weitere (Leer-)Zeile des Textes. Sie beenden die Texteingabe einfach, indem Sie frei in die Fläche klicken. ■

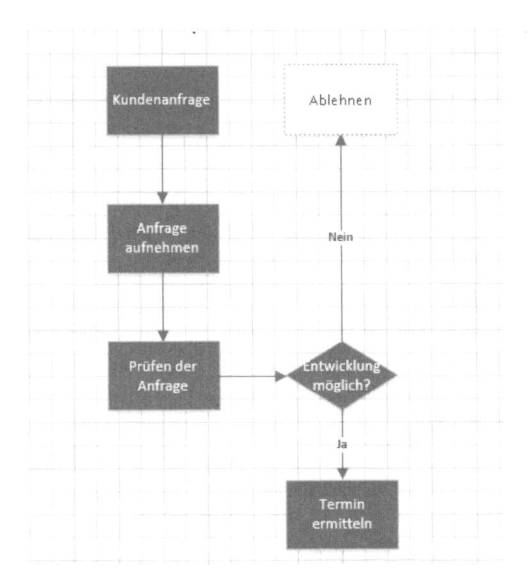

BILD 4.24
Shapes beschriften

Die Schriftart und Schriftgröße stellt man über die Features im Register Start in der Gruppe Schriftart ein, hier auch fett oder kursiv und die Farbe der Schrift. Wenn Sie ein Symbol nach Ihren Wünschen gestaltet haben, benutzen Sie am einfachsten den Befehl FORMAT ÜBERTRAGEN (Pinsel-Symbol) aus der Gruppe Zwischenablage im Register Start. Mit einem einmaligen Klick auf das Pinsel-Symbol übertragen Sie das Format nur einmalig auf das nächste ausgewählte Symbol, mit einem Doppelklick können Sie in der Folge danach viele Objekte markieren und es wird jeweils das Format übertragen. Durch einen wiederholten Klick auf das Pinsel-Symbol beenden Sie den Modus des Formatierens, das Pinsel-Symbol verschwindet von dem Mauszeiger.

Wenn man einen beschrifteten Verbinder markiert, wird ein gelber Punkt angezeigt, mit dem man den Text „repositionieren“ kann. Wenn man diesen gelben Punkt erwischt, kann man den Text an eine gewünschte Stelle auf dem Verbinder ziehen.

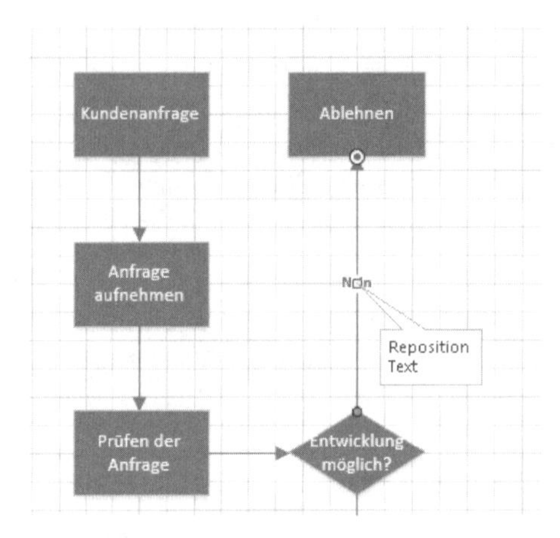

BILD 4.25
Text am Verbinder neu positionieren

4.3.1.4 Löschen

Wie gewohnt markieren Sie einen oder mehrere Shapes (mit gedrückter <Strg>- oder <Umschalt>-Taste) und drücken die **<Entfernen>**-Taste. Falls Sie sich geirrt haben, **<Rückgängig machen>** kann man alle Aktionen nach dem letzten Speichern.

4.3.1.5 Shape ersetzen

Wenn man ein Shape durch ein anderes ersetzen möchte (etwa ein Prozess- durch ein Entscheidungs- oder ein Start/Ende-Shape), muss man in Visio 2010 das bisherige Shape löschen und das neue, gewünschte Shape an dessen Stelle ziehen. Das Ärgerliche ist, dass dabei sowohl der Text als auch die Formatierungen verloren gehen. In Visio 2013 gibt es deshalb die Funktion SHAPE ÄNDERN im Menü Start in der Gruppe Bearbeiten. Damit kann man ein markiertes Shape durch ein anderes ersetzen und dabei werden alle Informationen, die mit dem bisherigen Shape verbunden waren (Text, Formatierungen, aber auch die Shape-Daten) auf das neue Shape übernommen. Obwohl man dann vielleicht den Text wieder ändern will, erspart das viel Arbeit. Leider wird ein mit einer Off-Page-Referenz verbundener Hyperlink nicht mit übernommen (siehe zu den Hyperlink-Verbindungen zwischen Zeichenblättern ab Abschnitt 4.4.3 Sprungreferenzen auf weitere Prozesse).

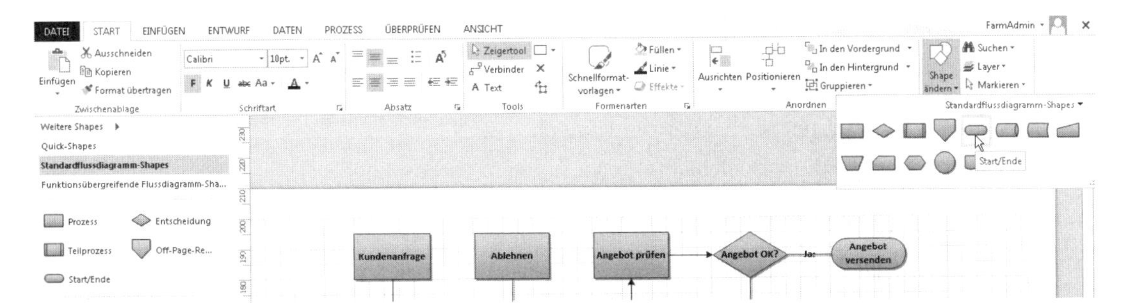

BILD 4.26 Shape ersetzen

4.3.2 Der erste Geschäftsprozess

Mit den bisherigen Techniken können wir unseren ersten Geschäftsprozess darstellen:

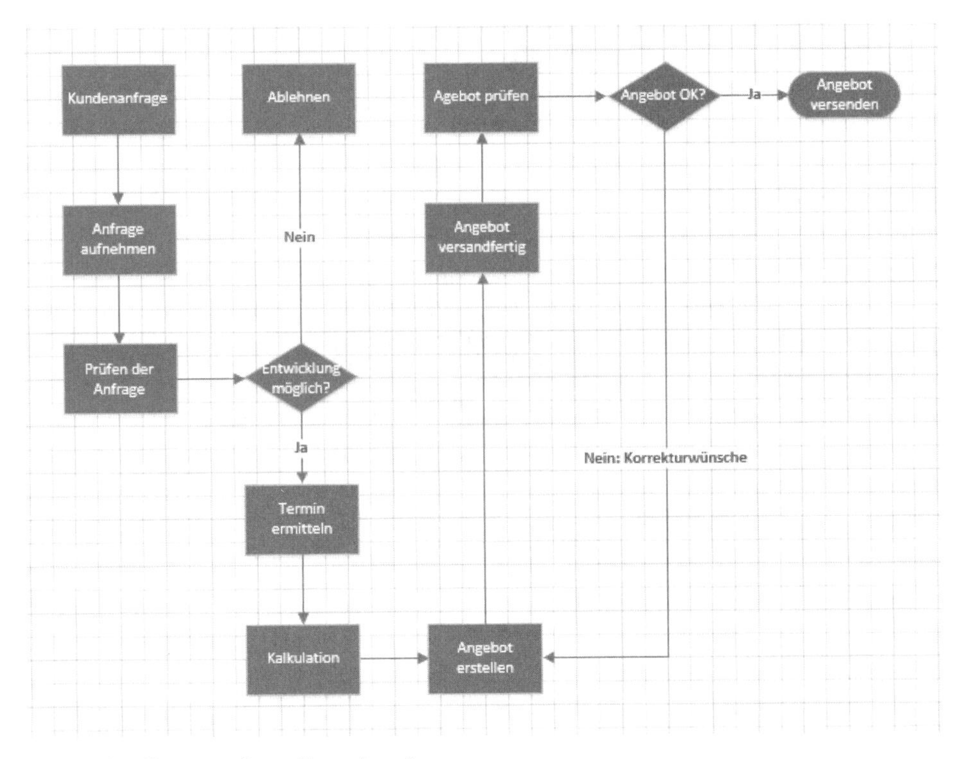

BILD 4.27 Eine erste Darstellung eines Prozesses

Diese steht als Übung 1.vsd zum Download bereit.

Einige Anmerkungen zu unserem Prozess:

1. Die Verbinder zeigen den Ablauf des Prozesses. Durch Beschriftungen der Verbinder kann angezeigt werden, was zwischen den einzelnen Prozessschritten bewegt wird, z. B. Formulare, Daten oder Änderungswünsche.
2. Aus Entscheidungssymbolen müssen mindestens zwei mögliche Folgen kommen. Bei Prüfungen sind das **Ja**- oder **Nein**-Entscheidungen, die man auch so beschriften sollte, um es leicht verständlich zu machen.
3. Nach einer Entscheidung kann der Prozess wieder zurückverwiesen werden, um die Fehler, die zur Nein-Entscheidung geführt haben, zu korrigieren. Mit Prüfung und Rückverweis bei negativem Ausgang der Prüfung bildet man eine Schleife.
4. Zum Abschluss des Prozesses habe ich ein Start/Ende-Shape, hier eine Ellipse (in anderen Notationen ist das oft ein Kreis-Symbol), gesetzt. *Es trägt zur übersichtlichen Strukturierung bei, wenn jeder Prozess mit einem klaren Start- bzw. Ende-Symbol begrenzt wird.* In Bild 4.27 ist das asymmetrisch (ein Ende, aber kein Start-Symbol), aber erstens sind wir noch nicht fertig und zweitens ergibt sich der Start des Prozesses doch inhaltlich eindeutig mit dem Prozessschritt „Kundenanfrage“, den ich natürlich noch umarbeiten könnte in ein Start-Shape (als BPMN-Symbol sogar mit einem kleinen Brief-Zeichen im Kreis für Nachricht). Es darf eigentlich keinen Prozess ohne einen Anfang (Input) und ohne ein Ergebnis (Output) geben (siehe Kapitel 5, Abschnitt 5.8.5 „Input – Output) – das sollte auch mit entsprechenden Symbolen dargestellt werden!

4.3.3 Gestaltungen

4.3.3.1 Shapes formatieren

Bis jetzt haben wir ja die Shapes so genommen, wie sie uns standardmäßig in den Schablonen angeboten wurden. Beim Beschriften haben wir gezeigt, wie die Schriftgröße und Schriftart verändert werden können (Abschnitt 4.3.1.3).

Nun kann man die Darstellung der Shapes ganz nach eigenen Wünschen gestalten.

In Visio 2010

Die entsprechenden Befehle finden Sie in Visio 2010 in der Gruppe Shapes im Register Start. Am einfachsten geht es – bei markiertem Shape –mit FORMAT über das Kontextmenü:

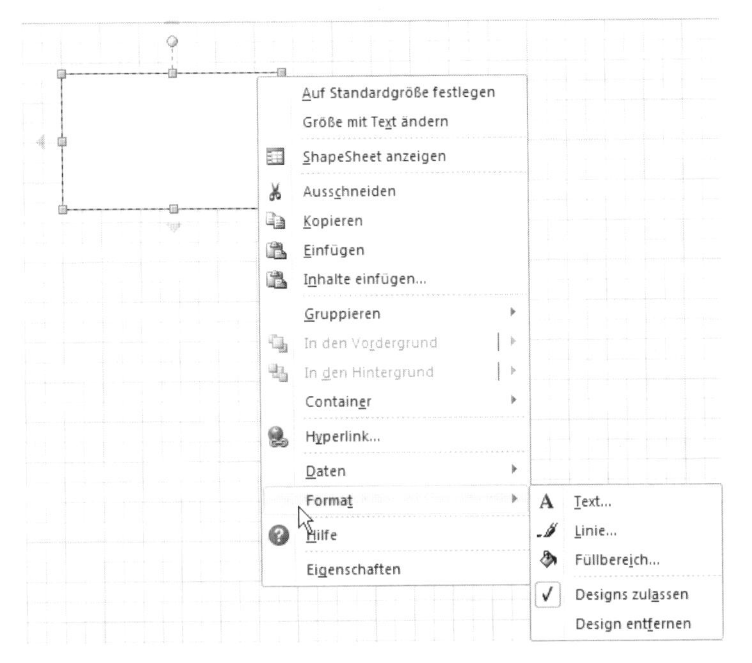

BILD 4.28 Formatierungen im Kontextmenü

Format Text...

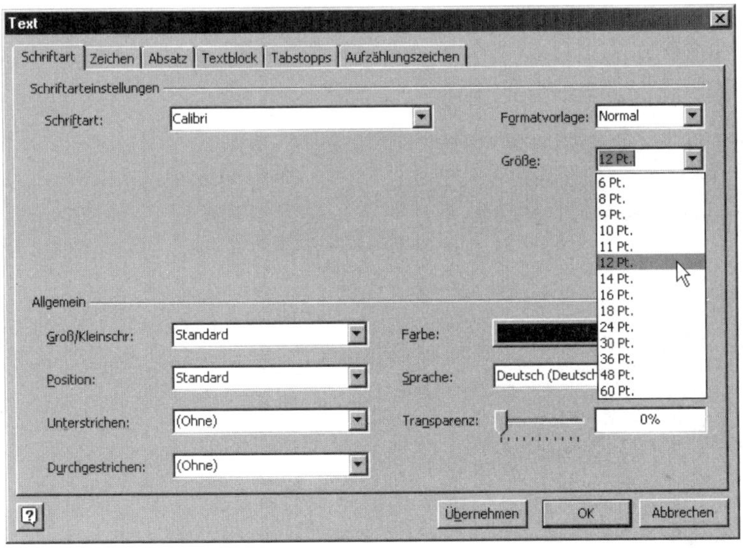

BILD 4.29 Text gestalten

Unter Formatvorlage steht **normal**, **fett** oder **kursiv** und unter Transparenz versteht man die Intensität der Farbe; je höher die Transparenz, desto durchsichtiger die Farbe.

Format Linie...

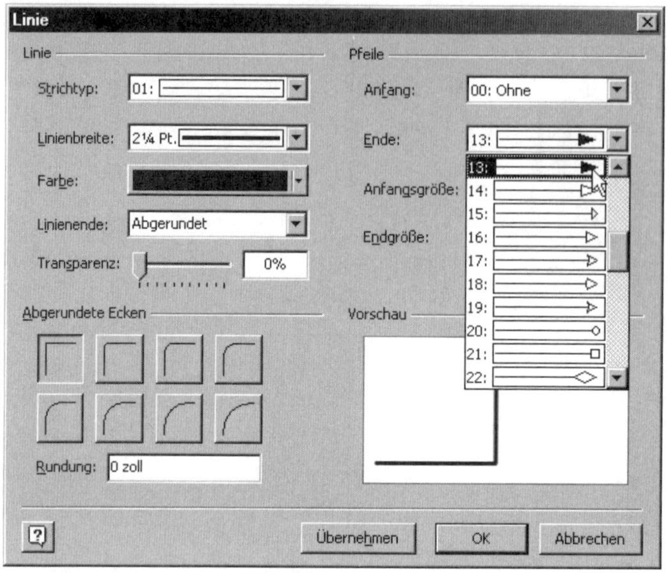

BILD 4.30
Format Linie

Hier ist sicher die **Linienbreite** die wichtigste Einstellung, aber wenn Sie runde Ecken haben wollen, bitte schön! Für die Formatierung eines Verbinders spielt nicht nur die Linienbreite, sondern auch die Art und Größe der Pfeile, normalerweise am Ende, eine Rolle.

Format Füllbereich...

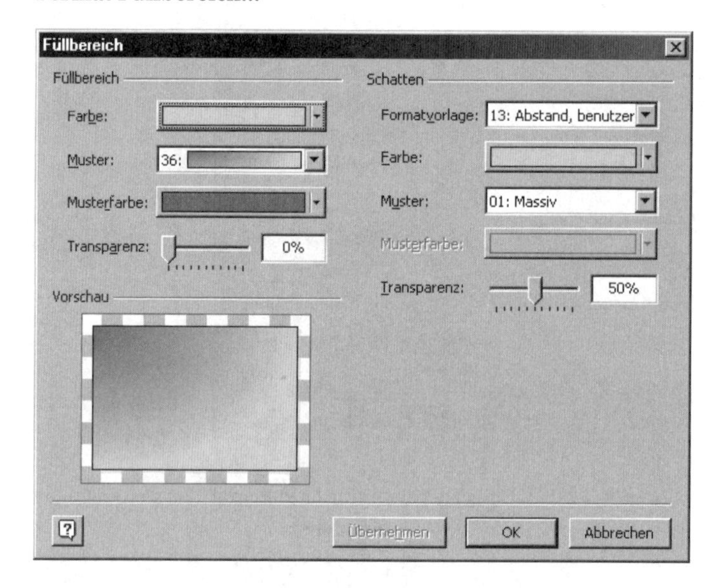

BILD 4.31
Farben und Muster

Hier können die Shapes mit Farben und Mustern gefüllt werden. Die Farbe ist dann am intensivsten, wenn die Transparenz 0 % ist.

In Visio 2013

Hier öffnet sich bei markiertem Shape mit Befehl SHAPE FORMATIEREN aus dem Kontextmenü am rechten Bildschirmrand das Fenster **Shape formatieren**. In dem zunächst geöffneten Fenster befinden sich die Formatierungsmöglichkeiten für **Füllung** und **Linie**.

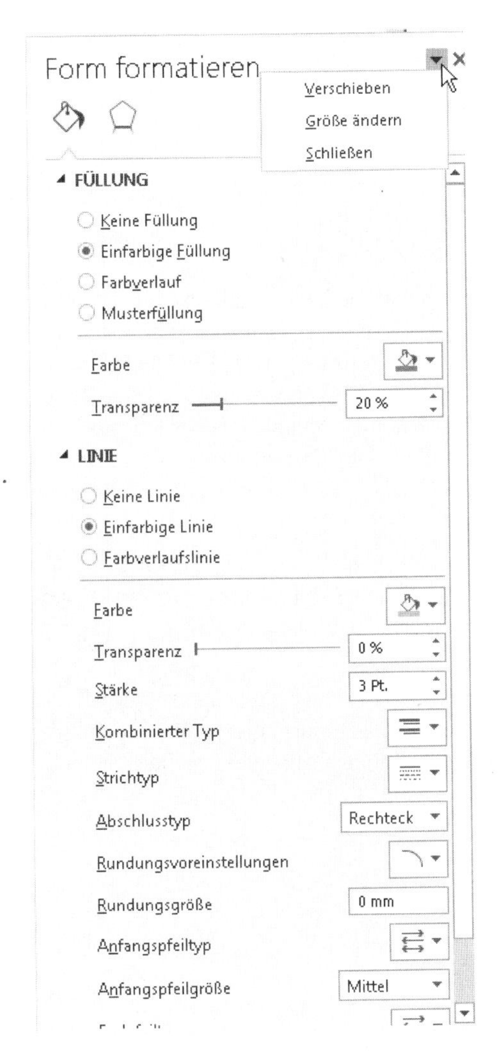

BILD 4.32
Shape formatieren: Füllung und Linie

Für die Füllung kann man die Farbe angeben und die Transparenz, für die gilt, je höher die Transparenz desto verwaschener die Farbe.

Das Symbol oben rechts vom Eimer (bedeutet Füllung und Linie) ist das Symbol für Effekte und Sie könnten damit Schatten, Spiegelungen, Leuchteffekte, Weiche Kanten, 3D-Format und 3D-Drehungen herstellen. Probieren Sie die Features aus, wenn Sie sich künstlerisch verwirklichen wollen. Mit einem Klick auf das x schließen Sie dieses Fenster.

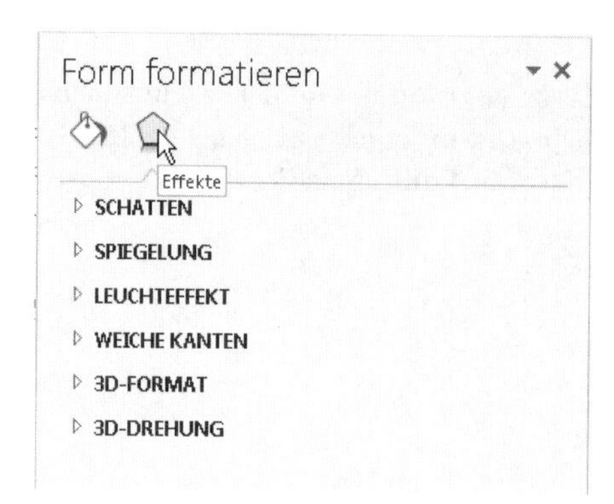

BILD 4.33
Shape formatieren mit Effekten

4.3.3.2 Gruppieren

Oft wird man nicht nur ein individuelles Shape bearbeiten wollen, sondern mehrere, die man in einer Gruppe zusammenfassen kann. Letzteres macht man ganz einfach, indem man von einem Punkt außerhalb der Gruppe (links oben oder rechts unten) mit gedrückter Maustaste über die Shapes zieht, die man als Gruppe gemeinsam bearbeiten will. Alternativ kann man auch mehrere Shapes mit gedrückter Steuerungstaste markieren und über das Kontextmenü GRUPPIEREN, dann darf man allerdings nicht vergessen, wieder die GRUPPIERUNG AUFZUHEBEN. Alle Shapes auf dem Zeichenblatt können Sie mit <STGR> A zu einer Gruppe zusammenfassen. Um die Gruppe wird ein temporärer Rahmen angezeigt.

Alle Shapes in dieser Gruppe werden wie ein Objekt behandelt, das man z. B. durch Ziehen an den Eckpunkten gleichmäßig vergrößern oder verkleinern kann. Man kann diese Gruppe insgesamt verschieben (ein Shape zu verschieben, verschiebt die ganze Gruppe), löschen oder eben formatieren.

Wenn man eine Gruppe gebildet hat, kann man aus dieser Gruppe ein Shape markieren und auf dem beschriebenen Weg (je nach Version 2013 oder 2010) formatieren. Diese Formatierung wird dann von alles Shapes dieser Gruppe übernommen. Auch über das Kontextmenü erhält man die Formatierungsfeatures.

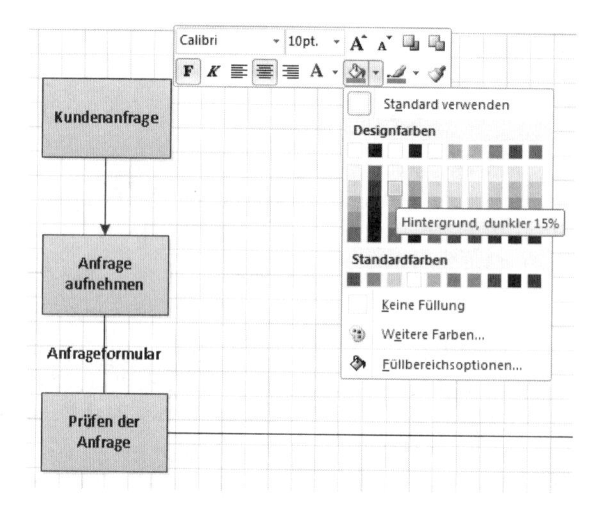

BILD 4.34
Gruppe formatieren in Visio 2010

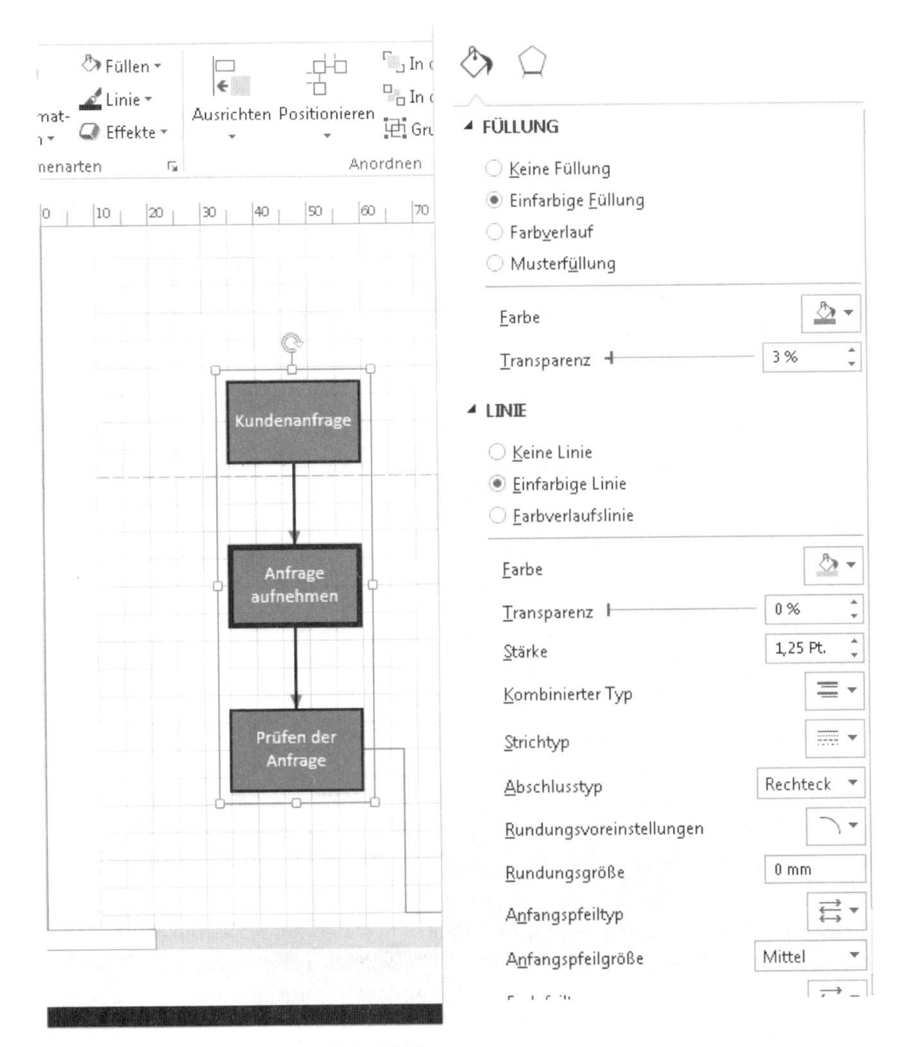

BILD 4.35 Gruppe formatieren in Visio 2013

In Visio 2013 kann man auch erst das **Shape formatieren** – Fenster öffnen und dann die Gruppe bilden.

4.3.3.3 Designvorlagen

Man kann natürlich alle Shapes auf dem ganzen Zeichenblatt zur Gruppe erklären (mit <STRG> A) und diese dann so formatieren wie beschrieben. Der Hersteller will es dem Benutzer noch einfacher machen und hat Designvorlagen entworfen, die man mit einem Klick auf das Zeichenblatt anwenden kann. Diese befinden sich im Register Entwurf in der Gruppe der Designs. Unter FARBEN können Sie auch eigene Designfarben schöpfen und unter EFFEKTE Schatteneffekte, aber auch Designs mit dickeren Linien oder anderen Symbolen für Verbinder auswählen (in Visio 2013 durch den Auswahlpfeil hinter **Varianten**, s. Bild 4.36). Ihrer Kreativität sind fast keine Grenzen gesetzt.

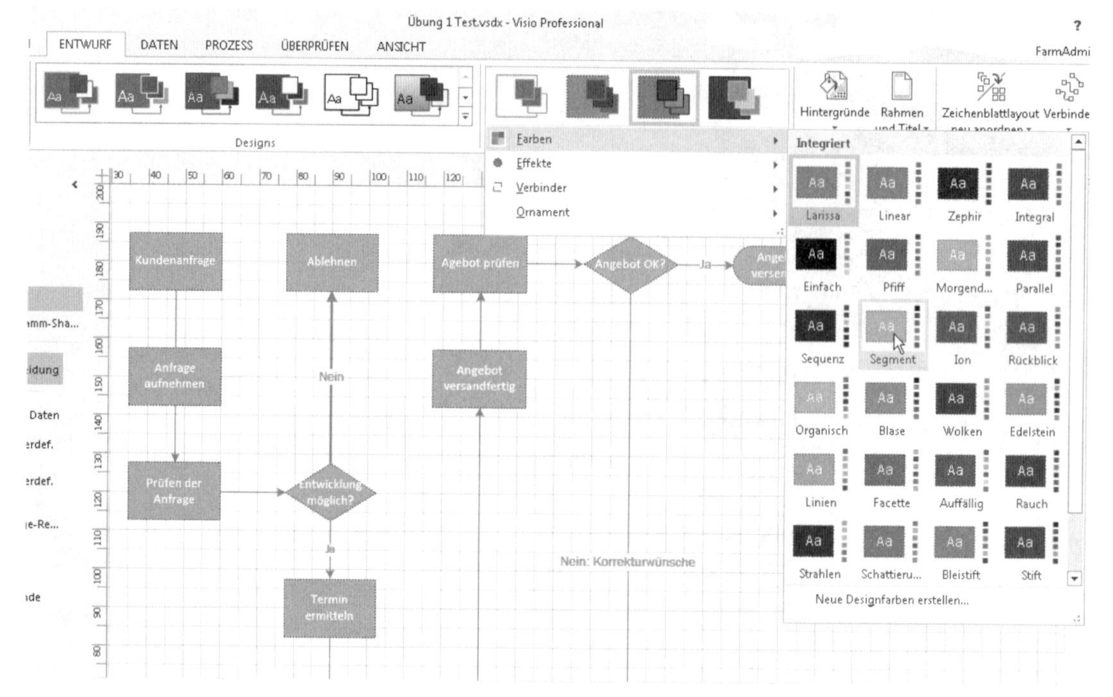

BILD 4.36 Auswahl der Designs und der Farben

Leider gibt es keine Funktion des „Zurücksetzens“, wenn man z. B. eine Gruppe von Shapes speziell formatiert hat und diese wieder auf die generelle Formatierung der ausgewählten Designvorlage zurücksetzen will. Man muss dann mit der FORMAT ÜBERTRAGEN-Funktion arbeiten, was zwar zum gewünschten Ergebnis führt, aber recht mühselig sein kann.

Man kann auch nicht über die Designs die Größe der Shapes generell ändern. Es sind reine Formatierungen der Shapes. Damit weiß ich nicht, wie ich generell auch in der Größe angepasste Shapes verwenden kann, außer der ja immer nachträglichen Änderung mit der Gruppierungsfunktion.

4.3.3.4 Angepasste Shapes verwenden

Im ersten Abschnitt zur Formatierung von Shapes, im Abschnitt 4.3.3.1, haben wir die Möglichkeiten gezeigt, ein individuelles Shape zu gestalten. Dann konnten wir das Gleiche mit einer Gruppe von Shapes machen und man kann vorgefertigte oder angepasste Designvorlagen verwenden.

Man wird ja ein speziell gestaltetes Shape selten nur einmal verwenden. Normalerweise will ich meine eigenen Prozesssymbole immer wieder verwenden, denn eine Prozessdarstellung soll so einheitlich (standardisiert) wie möglich sein und nur das, was wirklich von den anderen Elementen unterschiedlich ist, soll auch unterschiedlich dargestellt werden.

Shape kopieren

Man kann ein angepasstes Shape wie jedes Shape mit den bekannten Techniken kopieren. Shape markieren und KOPIEREN (Kontextmenü oder <STRG> <C>) und den Cursor an die Stelle stellen, wo das Shape eingefügt werden soll. EINFÜGEN aus dem Kontextmenü oder <STRG> <C>. Das geht schnell und mit etwas Übung stellt man es auch an die gewünschte Stelle, hat aber den Nachteil, dass man nicht mit der Funktion **Autoverbinden** (siehe Abschnitt 4.3.1.1, Bild 4.20) arbeiten kann, sondern die Verbinder manuell setzen muss. Wenn das Quell-Shape mit einem Text versehen ist, wird man diesen auch meist ändern müssen.

Format übertragen

Im Register Start befindet sich in der Gruppe Zwischenablage das Pinsel-Symbol für FORMAT ÜBERTRAGEN. Damit können Sie die Formatierung eines angepassten Shape auf ein oder mehrere andere Shapes übertragen.

Einmaliges Übertragen: das Quell-Shape markieren, FORMAT ÜBERTRAGEN klicken, auf das Ziel-Shape klicken

Mehrmaliges Übertragen: Das Quell-Shape markieren, mit zweimal klicken auf FORMAT ÜBERTRAGEN wird dieser Modus gestartet, auf alle gewünschten Ziel-Shapes klicken. Mit einem Klick auf FORMAT ÜBERTRAGEN wird dieser Modus beendet und man kann normal weiterarbeiten.

Man kann auch eine Zielgruppe definieren, auf die man eine Formatierung übertragen möchte. Quell-Shape mit der gewünschten Formatierung markieren, FORMAT ÜBERTRAGEN klicken, Ziel-Shapes als Gruppe markieren. Die Formatierung des Quell-Shapes wird für alle Objekte der Zielgruppe übernommen.

Zwar kann ich Gruppen von Shapes anpassen oder alle Shapes über die Designvorlagen anders formatieren, aber das sind nachträgliche Änderungen. Und sowohl das KOPIEREN angepasster Shapes als auch das FORMAT ÜBERTRAGEN machen unnötig Arbeit, da man nicht mit der einfachen Technik des Autoverbindens arbeiten kann oder viele angelegte Shapes nachträglich neu formatieren muss.

4.3.3.5 Titel einfügen

Bleibt noch eine Kleinigkeit, nämlich der Titel oder die Überschrift über das Ganze. Shapes würden Sie in der Schablone TITELBLÖCKE finden, die Sie über SHAPES/WEITERE SHAPES/VISIO EXTRAS/TITELBLÖCKE öffnen können.

Mir sind diese Blöcke zu mächtig und für komplexere Aufgaben geschaffen, deshalb ziehe ich – nachdem ich alle Shapes gruppiert habe und ein Stück nach unten ziehe, um Platz für einen Titel zu schaffen – einfach ein Rechteck ein. Im Register Start unter den Tools finden Sie das Rechteck-Symbol, mit dem Sie einfach ein Rechteck an einer gewünschten Stelle aufziehen und in der gewohnten Art beschriften können.

Bearbeitung Kundenanfrage
Kundenanfrage
Ablehnen
Angebot prüfen
Angebot OK?
Ja
Angebot versenden
Anfrage aufnehmen
Nein
Angebot versandfertig
Prüfen der Anfrage
Entwicklung möglich?
Ja
Nein: Korrekturwünsche
Termin ermitteln
Kalkulation
Angebot erstellen

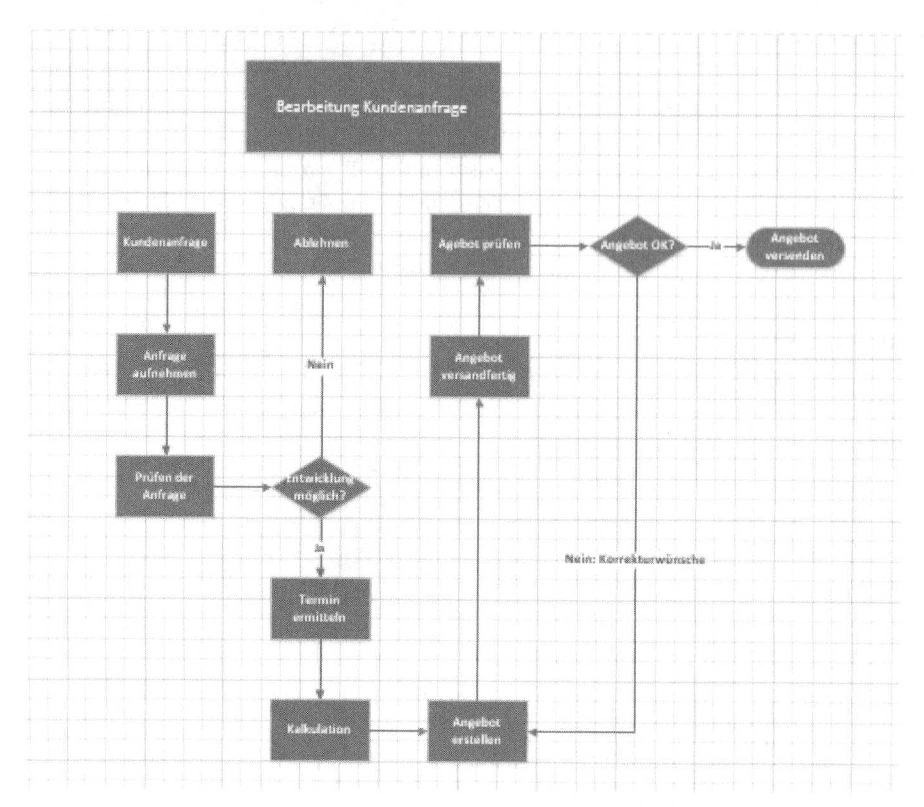

BILD 4.37 Titel einfügen

4.3.3.6 Prozesse nummerieren

Für bestimmte Zwecke ist es sinnvoll und nützlich, die Prozesse zu nummerieren. Diese Funktion ist ein Makro und deshalb finden Sie es im Register Ansicht in der Gruppe Makros. Wählen Sie unter ADD-ONS VISIO EXTRAS aus und dort finden Sie SHAPES NUMMERIEREN...

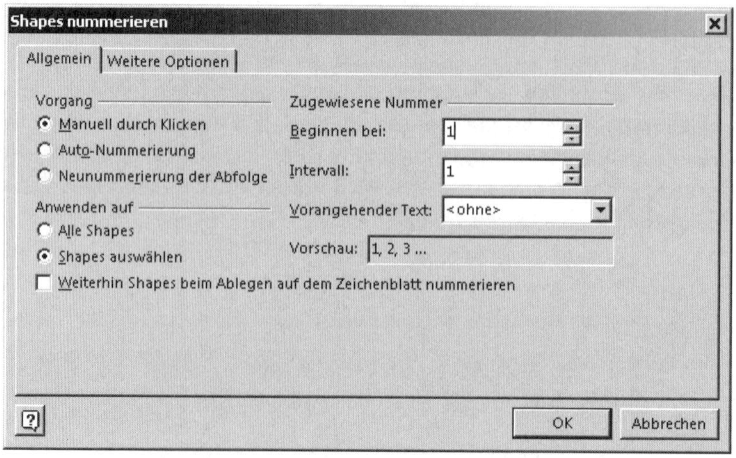

Shapes nummerieren
Allgemein
Weitere Optionen
Vorgang
Manuell durch Klicken
Auto-Nummerierung
Neunummerierung der Abfolge
Zugewiesene Nummer
Beginnen bei:
1
Intervall:
1
Vorangehender Text:
<ohne>
Vorschau:
1, 2, 3 ...
Anwenden auf
Alle Shapes
Shapes auswählen
Weiterhin Shapes beim Ablegen auf dem Zeichenblatt nummerieren
OK
Abbrechen

BILD 4.38 Einstellungen Shapes nummerieren

Sowohl die Optionen AUTO-NUMMERIERUNG als auch NEUNUMMERIERUNG DER ABFOLGE ergeben bei mir kein akzeptables Ergebnis. Dann bleibt nichts weiter übrig, als eben MANUELL DURCH KLICKEN die Prozesselemente nach der Logik des Modellierers, d. h. hier nach meiner, durchzunummerieren. Aber die Option **Weiterhin Shapes beim Ablegen auf dem Zeichenblatt nummerieren** sorgt immerhin dafür, dass die Nummerierung bei weiteren Shapes automatisch vorgenommen wird.

Unter WEITERE OPTIONEN können Sie noch auswählen, ob Sie die Nummer über oder unter dem Text stehen haben möchten und dass die Verbinder bei der Nummerierung ausgeschlossen sind. Dort kann man auch die SHAPE-NUMMER AUSBLENDEN. Mit OK bekommen Sie das Tool zum manuellen Nummerieren der Prozessschritte.

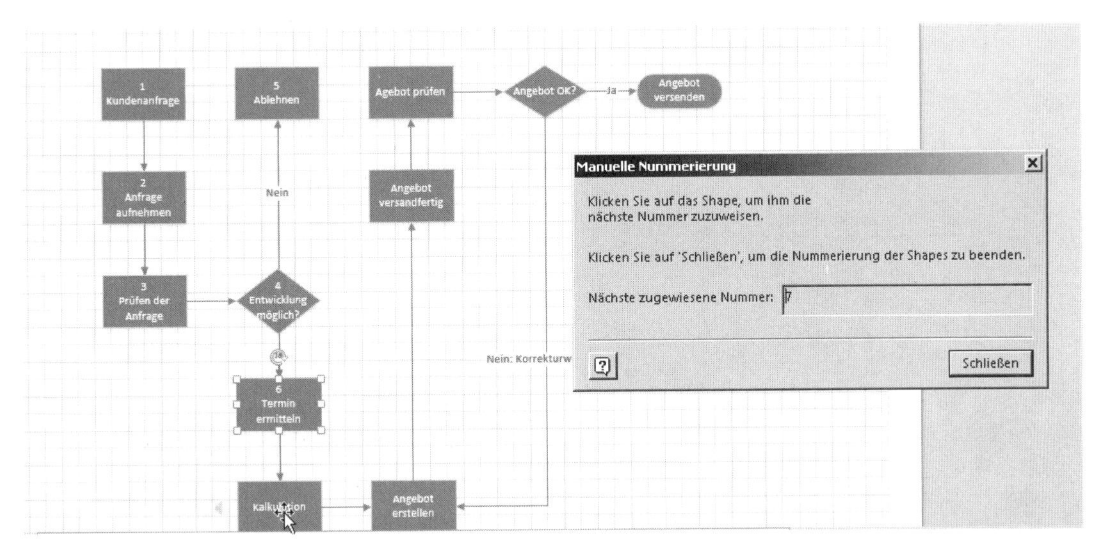

BILD 4.39 Prozess manuell nummerieren

Stellen Sie dieses Fenster (indem Sie es im blauen Überschriftbalken anfassen und verschieben) auf die Seite, so dass Sie den Überblick über der Prozess behalten, und klicken Sie nun ein Symbol nach dem anderen in der Reihenfolge an, wie der Prozess abläuft. Wenn Sie sich dabei vertun, müssen Sie es ab dem Prozesselement neu nummerieren, an dem Ihnen der erste Fehler unterlaufen ist.

Hinweis

Die Nummer, die durch das Makro eingetragen wird, ist schlichtweg ein weiteres Textelement. Wenn Sie es wieder entfernen möchten, müssen Sie den Text des Shape editieren (Doppelklick!) und Sie können die Nummer wie jeden Text bearbeiten, d. h. auch löschen.

Das Ergebnis der bisherigen Übung ist als Übung 2.vsd gespeichert.

4.3.4 Eigene Mastershapes definieren

Das Ziel muss doch sein, dass ich ein eigenes (Master-)Shape mit Größe, Textgröße, Linienstärke und Füllung definieren können muss, das ich wie andere Shapes verwenden kann. Wenn man mit selbst definierten Datensätzen arbeiten will (s. Abschnitt 4.7.2 und Abschnitt 4.7.5) ist es auch sinnvoll, sich eigene Mastershapes anzulegen, die man eben mit diesen Datensätzen versehen kann.

Wir wollen hier den Weg über die Definition eigener Shapes gehen.

1. Schritt

Gestalten Sie in einem Zeichenblatt ein oder mehrere Shapes, die Sie oft und in vielen Prozessen verwenden möchten.

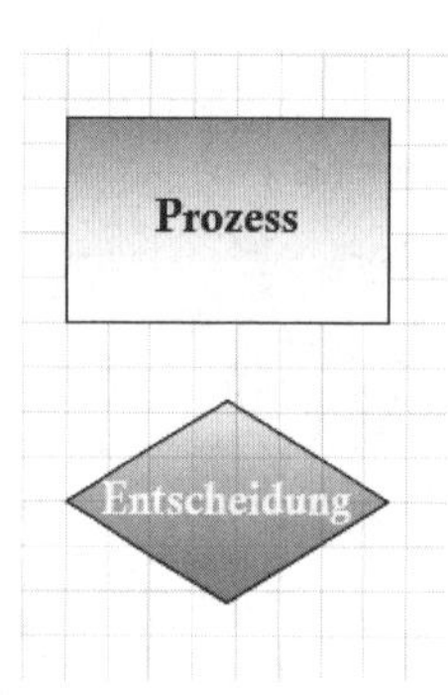

BILD 4.40 Eigene Shapes

Wichtig ist mir dabei, dass ich größere Shapes und den Text auch entsprechend größer und auch fett haben möchte.

2. Schritt

Beim Versuch, diese angepassten Shapes in eine der beiden Standardschablonen zu ziehen, z. B. in die Schablone **Standardflussdiagramm**, zeigt mir das Programm den richtigen Weg:

BILD 4.41 Hinweis: Benutzerdefinierte Schablone ist notwendig

3. Schritt

WEITERE SHAPES/MEINE SHAPES/MEINE SHAPES

In der Vorgabe ist eine benutzerdefinierte Schablone mit dem Namen **Favoriten** vorhanden, die man öffnen kann. Über das Kontextmenü kann man ein- bzw. ausschalten, dass diese bearbeitet werden kann. Ein roter Stern hinter dem Namen bedeutet, dass die Schablone zur Bearbeitung freigegeben ist.

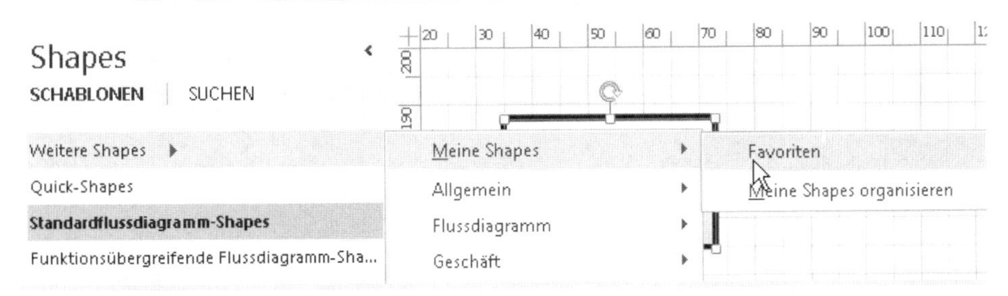

BILD 4.42 Benutzerdefinierte Schablone öffnen

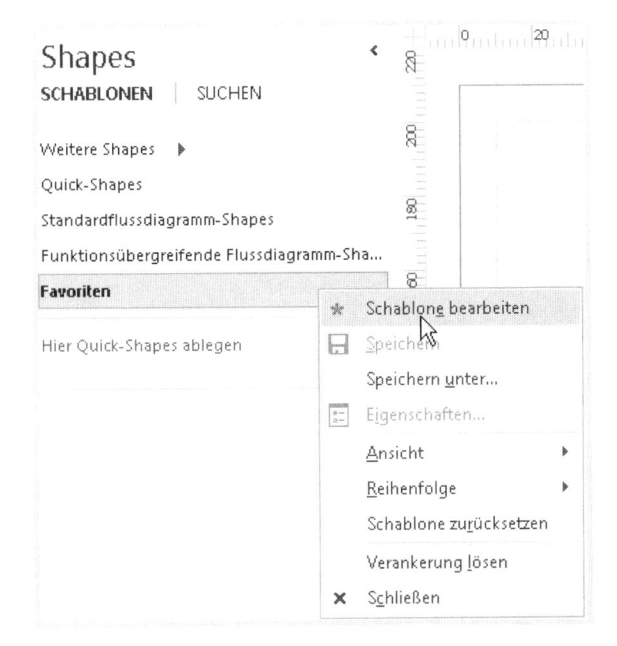

BILD 4.43 Schablone zur Bearbeitung freigeben

Nun kann man die angepassten Symbole aus dem Zeichenblatt in diese Schablone ziehen. Den automatisch vergebenen Namen (Master.Nummer) kann man über das Kontextmenü ändern.

Wenn die eigene (= benutzerdefinierte) Schablone die selbst geschaffenen Mastershapes enthält, sollte man den Bearbeitungsmodus beenden und die Schablone speichern (über Diskettensymbol bzw. Kontextmenü), entweder unter diesem oder einem selbst gewählten Namen.

4. Schritt

Jetzt kann man mit diesen (Master-)Shapes arbeiten wie mit den anderen (Master-)Shapes. Wenn man die eigene Schablone aktiviert, werden diese Shapes bei der Autoverbinden-Funktion vorgeschlagen.

Auch über die **Quick-Shapes** funktioniert diese Lösung. Hier in Bild 4.44 ist die eigene Schablone über das Kontextmenü REIHENFOLGE NACH OBEN an die erste Stelle verschoben worden, so dass diese Schablone oben steht und beim **Autoverbinden** diese Shapes vorgeschlagen werden.

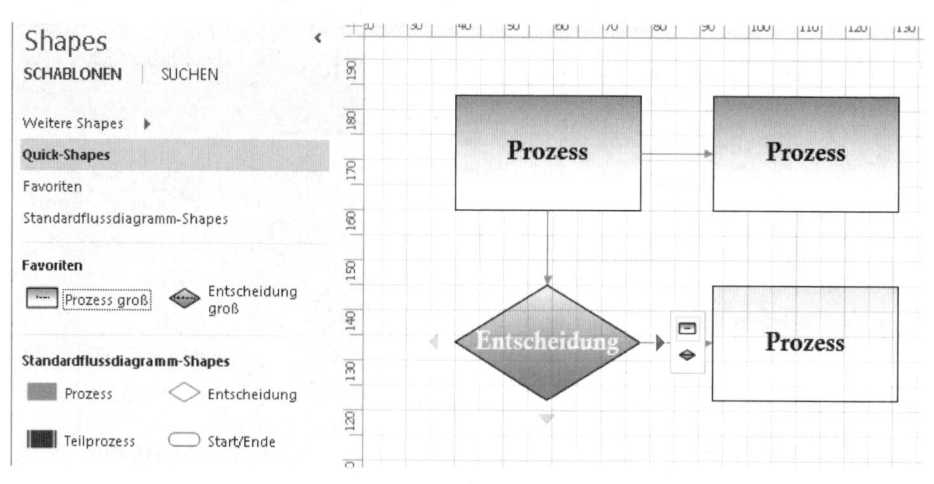

BILD 4.44 Autoverbinden mit den eigenen Shapes

Wenn Sie Bedarf nach anderen bzw. weiteren Symbolen für Verbinder haben, schauen Sie sich mal die Schablone **Verbinder** an, über SHAPES/WEITERE SHAPES/VISIO EXTRAS/VERBINDER.

Das Ergebnis dieser Übung ist in der Datei „Übung 2 A mit eigenen Shapes.vsd" dokumentiert. ■

4.4 Arbeiten mit großen Prozessen

Wir haben einen ersten Prozess aufgenommen. Schauen Sie sich mal die Druckvorschau unter Datei DRUCKEN SEITENANSICHT an. Nun werden in der Praxis die Prozesse meist umfangreicher sein und nicht auf eine Seite DIN A4 quer gehen. Man kann dann entweder die Seiten vergrößern oder mit mehreren Seiten - hier Zeichenblätter genannt - arbeiten.

4.4.1 Zeichenblatt vergrößern

Unter Menü Datei Drucken SEITENANSICHT SEITE EINRICHTEN bekommt man z. B. die Möglichkeit, das Papierformat einzustellen und **Hoch**- oder **Querformat** auszuwählen.

Bei der Erstellung einer Grafik kann man das Zeichenblatt je nach Bedarf vergrößern, indem man bei gedrückter <STRG>-Taste einen Rand des Zeichenblatts mit dem Mauszeiger „anfasst" und horizontal oder vertikal damit den Rand des Zeichenblatts verschiebt.

Man kann auch einstellen, dass die Größe des Zeichenblatts automatisch angepasst wird, wenn man Shapes über den Zeichenrand verschiebt. Im Menü Entwurf in der Gruppe Seite einrichten öffnen Sie durch Klicken des kleinen Pfeils in der unteren rechten Ecke die Dialogbox **Seite einrichten** (alternativ Datei Drucken und aus der Seitenansicht **Seite einrichten**) und dort im Register **Zeichenblattgröße** die Option aktivieren für **Zeichenblatt von Visio nach Bedarf erweitern lassen**.

Im Menü Entwurf kann man über Größe die GRÖSSE AN ZEICHNUNG ANPASSEN, dies deaktiviert jedoch die Funktion, dass Visio nach Bedarf das Zeichenblatt erweitern kann. Mit AUTOMATISCH ANPASSEN wird die Größe des Zeichenblatts dann wieder an die Größe der Zeichnung angepasst, bei Bedarf auch verkleinert.

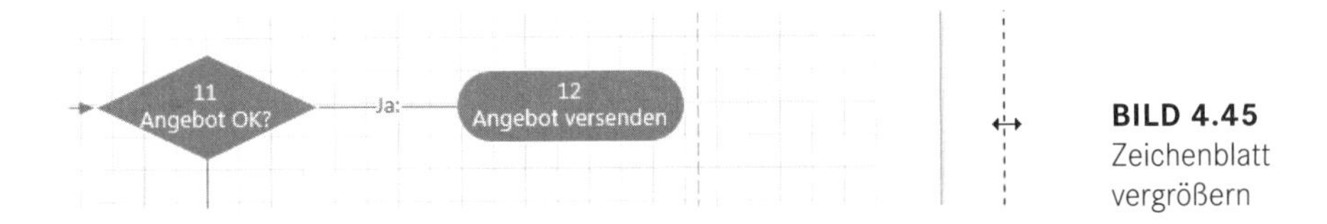

BILD 4.45 Zeichenblatt vergrößern

Im Zeichenblatt direkt erkennt man den Seitenumbruch durch eine dünne gestrichelte Linie. In der Seitenvorschau sieht man die Seitenbegrenzungen für den Druck ebenfalls durch eine dünne gestrichelte Linie, kann aber gewünschte Seiten markieren und diese sich einzeln anzeigen lassen.

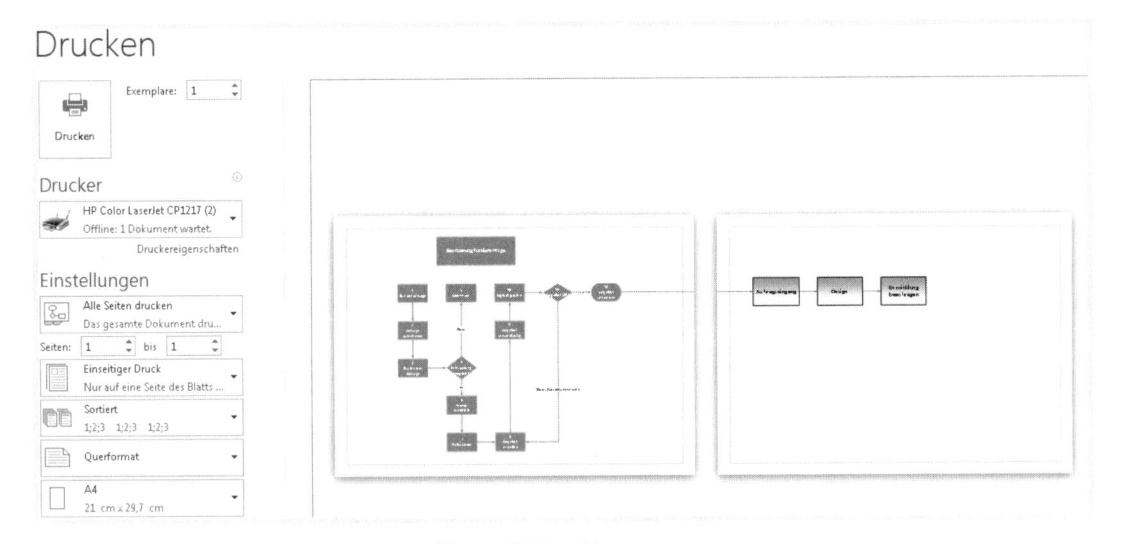

BILD 4.46 Seitenvorschau eines vergrößerten Zeichenblatts

4.4.1.1 Verschieben und Zoom

Wenn man ein umfangreiches Zeichenblatt mit vielen Prozessen angelegt hat, hat man die Qual der Auswahl. Entweder man arbeitet mit einem Zoomfaktor – im Menü Ansicht ZOOM oder mit dem Zoomschieberegler in der Statusleiste rechts unten – der einem die Übersicht verschafft (z. B. 50 %), dann sieht man naturgemäß aber nicht mehr so gut die Einzelheiten. Alternativ stellt man einen Zoomfaktor ein, der augenfreundlich die Einzelheiten darstellt, muss dann aber mit den Bildlaufleisten in alle Himmelsrichtungen wild navigieren.

Hilfe bietet das VERSCHIEBEN- UND ZOOMFENSTER, das Sie über das Menü Ansicht, Gruppe Anzeigen, unter AUFGABENBEREICHE, dann VERSCHIEBEN UND ZOOM öffnen können. Oder – in Visio 2010 ist das im Standard eingeblendet – Sie lassen sich das entsprechende Symbol (eine Lupe) in der Statusleiste anzeigen. Rechtsklick in die Statusleiste (ganz unten, blau, mit dem stufenlosen Zoomregler):

Statusleiste anpassen

✓	Zeichenblattnummer	1 von 1
✓	Breite	
✓	Höhe	
✓	Länge	
✓	Winkel	
✓	Sprache	Deutsch (Deutschland)
✓	Makroaufzeichnung	Wird nicht aufgezeichnet
✓	Uploadstatus	
✓	Ansichtssymbole anzeigen	
✓	Zoomregler	
✓	Zoom	212 %
✓	An Fenstergröße anpassen	
✓	Verschiebe- und Zoomfenster	
✓	Fenster wechseln	

BILD 4.47 Kontextmenü der Statusleiste

Das Verschieben- und Zoomfenster zeigt in der Übersicht über die ganze Zeichnung den Ausschnitt an, der entsprechend gezoomt dargestellt wird. Man kann durch Verschieben des blauen Rahmens (Visio 2010: roter Rahmen) einfach den Ausschnitt verschieben, den man entsprechend der Auswahl des Zoomfaktors vergrößert dargestellt bekommt.

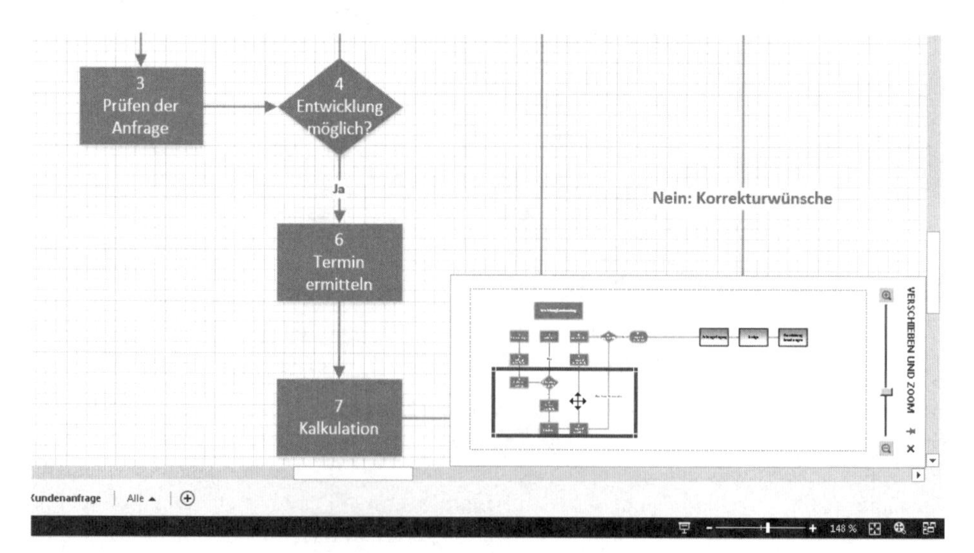

BILD 4.48 Verschieben und Zoom

Die Befehle zur Anzeige des Verschiebe- und Zoomfensters sind Ein-/Ausschalter, aber man kann auch einfach mit dem **x** das Fenster schließen.

4.4.2 Weitere Zeichenblätter

Nun muss man sich ja nicht mit einem Zeichenblatt bescheiden. Man kann den Prozess, den man darstellen will, in größere Abschnitte aufteilen, bei der Projektplanung würde man das Phasen nennen. Das ist inhaltlich sinnvoll, weil in den Teilprozessen meist verschiedene Menschen arbeiten, die jeweils nur ihren Prozessausschnitt dokumentiert haben möchten. Es erhöht auf jeden Fall die Übersichtlichkeit, wenn nicht zu viele Prozesselemente auf einem Blatt dargestellt werden.

In dieser Übung gehen wir von der Datei „Übung 2.vsd“ aus. Es sollen keine weiteren Prozesse auf dem gleichen Zeichenblatt sein. Sie können diese drei Prozesse, die in Bild 4.46 dargestellt sind, wieder löschen. Wir lösen dieses Problem, indem wir ein weiteres Zeichenblatt anlegen. ■

Ein neues Zeichenblatt können Sie anlegen, indem Sie ganz einfach auf das PLUS-Zeichen (in Visio 2010: ein Zeichenblattsymbol **Zeichenblatt einfügen**) links unten in der Statusleiste klicken (s. Bild 4.48 und Bild 4.49). Das Gleiche erreichen Sie über das Menü Einfügen LEERES ZEICHENBLATT **Leeres Zeichenblatt**.

Ein Zeichenblatt kann man über das Kontextmenü entfernen, wo man auch die Reihenfolge ändern oder es umbenennen kann. Dies ist nützlich, wenn man mit mehreren (Teil-)Prozessen auf mehreren Zeichenblättern arbeitet. Man erkennt dann schon am Namen, welcher (Teil-)Prozess das ist.

Den Teil des Prozesses, den ich aufnehmen möchte, nenne ich „Entwicklung“, den bisher erfassten Prozess „Bearbeitung Kundenanfrage“.

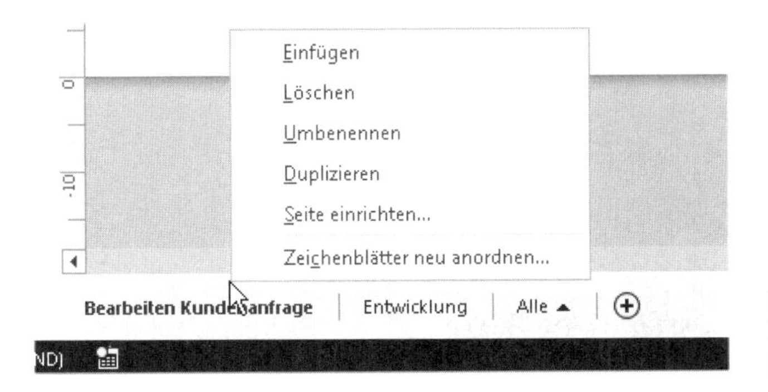

BILD 4.49
Zeichenblätter einfügen/löschen/umbenennen

Übung

- Legen Sie ein neues Zeichenblatt an und nennen Sie es „Entwicklung“.
- Benennen Sie das bisherige in „Bearbeitung Kundenanfrage“ um.
- Erweitern Sie nach Bedarf das Zeichenblatt (nach rechts), um alle Prozesse mit ihren Verbindungen auf das Blatt zu bekommen.
- Legen Sie für den Prozess „Entwicklung“ folgende Prozesse an:
  - „Auftragseingang“, „Design“, „Aufträge vergeben“
  - „Entwicklung Programme“, „Entwicklung Datenbank“, Entwicklung Schnittstellen“, dem folgt die „Integration“.
  - Dann eine Entscheidung: „Integration OK?“
  - Wenn „Nein“, dann muss das überarbeitet werden: „Überarbeitung Schnittstellen“, „Überarbeitung Datenbank“, „Überarbeitung Programmierung“.
  - Nach der Überarbeitung folgen die „Tests“, denen wieder die Entscheidung „Tests OK?“ folgt.
  - Wenn „Nein“, wird wieder in die Überarbeitung zurückgegeben, wenn „Ja“, werden die Programme ausgeliefert „Auslieferung Programme“.

Hier jetzt der Prozess der Entwicklung:

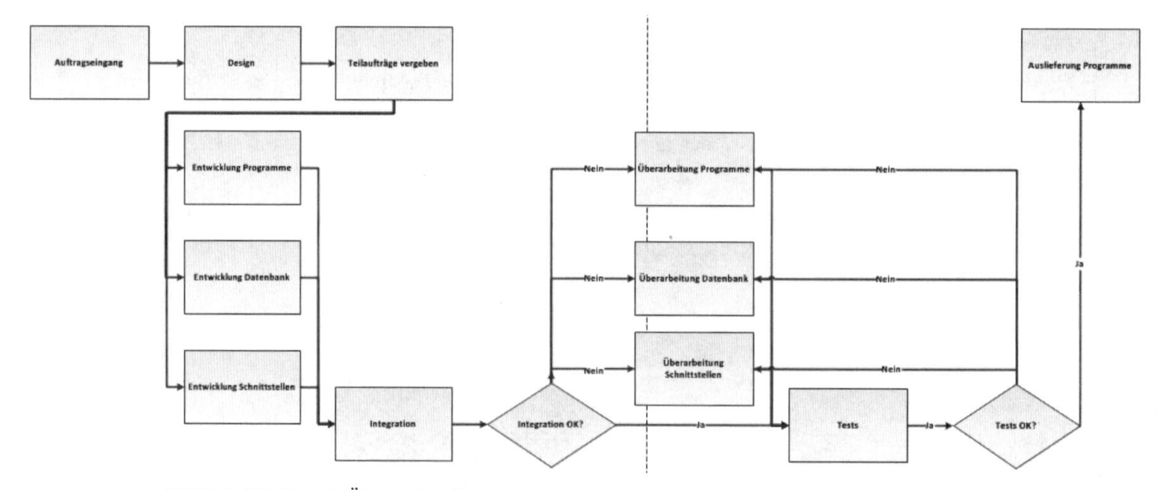

BILD 4.50 Stand „Übung 3.vsd“

Anmerkung: Wenn ich diesen Prozess vornehmlich als Druckausgabe auf Papier verwenden wollte, würde ich den rechten Teil, der im Seitenumbruch als zweite Seite angezeigt wird, als Gruppe etwas nach rechts verschieben, um die Seiten schöner zu trennen. Wenn ich ihn vornehmlich im Intra-/Internet als HTML-Datei verwenden möchte (siehe Abschnitt 4.8 „Der Prozess als Webseite“) ist das nicht notwendig.

4.4.3 Sprungreferenzen auf weitere Prozesse

Wir haben ein zweites Zeichenblatt mit möglicherweise der Fortsetzung des Prozesses auf dem ersten Zeichenblatt erstellt. Beide sind bisher unverbunden, obwohl es eventuell gute Gründe für uns gab, den Prozess auf dem weiteren Zeichenblatt in dieser Visio-Datei zu erfassen und diesen nicht in einer anderen Visio-Datei darzustellen.

Inhaltlich gibt es ja - oder sollte es geben - eine Verbindung zwischen dem Prozess auf einem Zeichenblatt und dem auf dem anderen. Es mag sich, wie in unserem ersten Beispiel, um eine Fortsetzung des Prozesses auf gleicher logischer Ebene handeln oder, was wir danach behandeln, um einen Unterprozess des ersten Prozesses.

4.4.3.1 Fortsetzung des Prozesses

Der erste Prozess, die Bearbeitung der Kundenanfrage, hat zu einem Angebot an den Kunden geführt. Wenn dieses Angebot angenommen wird, gibt es einen Auftrag, das eigentliche Ziel des Prozesses. Dieser Output des ersten Prozesses, der Auftrag, ist der Input des zweiten Prozesses, der Entwicklung. Was der Kunde in Auftrag gegeben hat, muss ja entwickelt (oder erstellt oder im Lager gefunden) und ausgeliefert werden. Das Ereignis, der Auftrag des Kunden, ist der Auslöser des weiteren Prozesses, der Entwicklung.

Diese Verbindung von einem Prozess zu einem anderen auf verschiedenen Zeichenblättern kann man mit dem Symbol und der Funktionalität der Off-Page-Referenz darstellen bzw. einrichten.

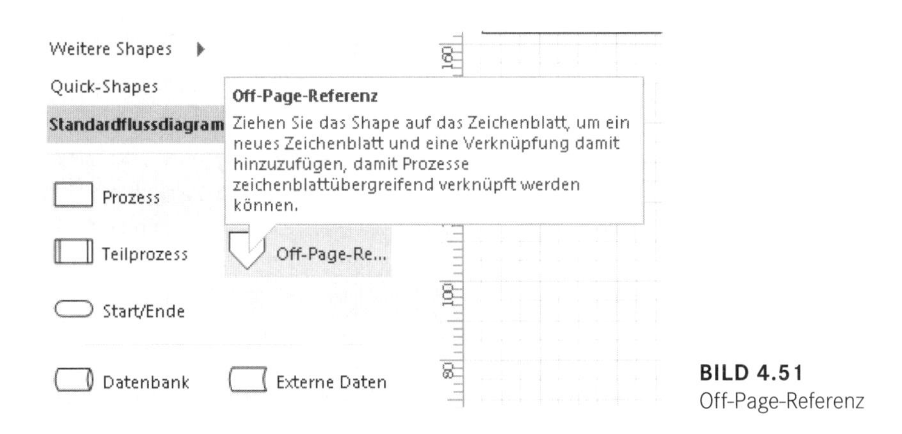

BILD 4.51 Off-Page-Referenz

Das Mastershape für die Off-Page-Referenz befindet sich in den **Standardflussdiagramm-Shapes**, hier in Bild 4.51 habe ich es nach oben verschoben, um es im Bereich der Quick-Shapes zur Verfügung zu haben.

Dieses Shape stellt die Verbindung von einer Seite zur anderen her, indem es einen Hyperlink auf das jeweils korrespondierende Symbol auf der anderen Seite einrichtet. Man kann dann einfach mit einem Doppelklick auf das Symbol zum anderen Prozess springen, in jede Richtung. Dies funktioniert nicht nur in der Visio-Darstellung, sondern auch, wenn man den Visio-Prozess als Webseite speichert und mit dem Browser darauf zugreift. Dort genügt dann sogar nur ein Klick (siehe Abschnitt 4.8 „Der Prozess als Webseite“).

Übung

Ziehen Sie ein Off-Page-Referenz-Shape auf den bisherigen Prozess „Auftragseingang" im Zeichenblatt „Entwicklung". Es soll ein korrespondierendes Off-Page-Referenz-Shape auf dem Zeichenblatt „Bearbeitung Kundenanfrage" angelegt werden.

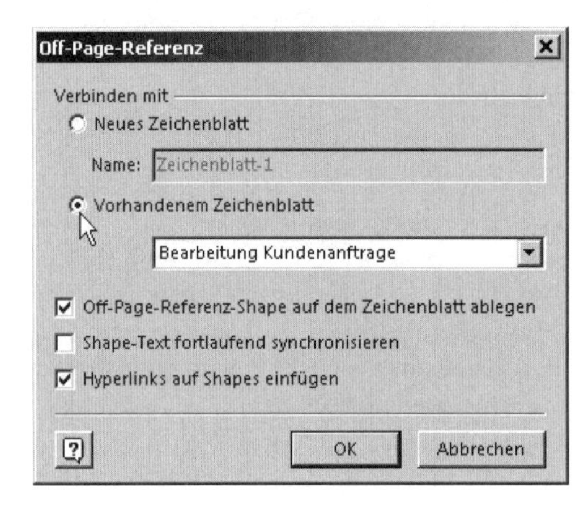

BILD 4.52
Einfügen der Off-Page-Referenz

Man kann ein Off-Page-Referenz-Shape auf ein **Neues Zeichenblatt** verbinden, das dann automatisch neu angelegt wird. Dies ist die Wahl, wenn man einen Prozess aufnimmt und einfach die Fortsetzung auf einem weiteren, noch nicht angelegten Zeichenblatt benötigt. Hier wollen wir es mit dem schon **Vorhandenen Zeichenblatt** „Bearbeitung Kundenanfrage" verbinden.

Lassen Sie die anderen voreingestellten Optionen unverändert:

Off-Page-Referenz-Shape auf dem Zeichenblatt ablegen bedeutet, dass ein korrespondierendes Symbol auf dem anderen Zeichenblatt abgelegt wird. Wenn man diese Option deaktiviert, springt man zwar auf das ausgewählte Blatt, dort wird jedoch kein korrespondierendes Shape angelegt. Dies eignet sich für Rückverweise, wenn auf dem ersten Prozess schon ein Off-Page-Shape angelegt ist (siehe den nächsten Abschnitt „Unterprozesse").

Hyperlinks auf Shapes einfügen hat das Ergebnis, dass auch im HTML-Format eben die Hyperlinks eingerichtet werden.

Shape-Text fortlaufend synchronisieren hätte die Folge, dass bei einer Änderung des Textes in einem Off-Page-Referenz-Shape automatisch der Text im korrespondierenden Shape angepasst würde (d. h., Text des Output-Shape ist immer Text des Input-Shape und umgekehrt).

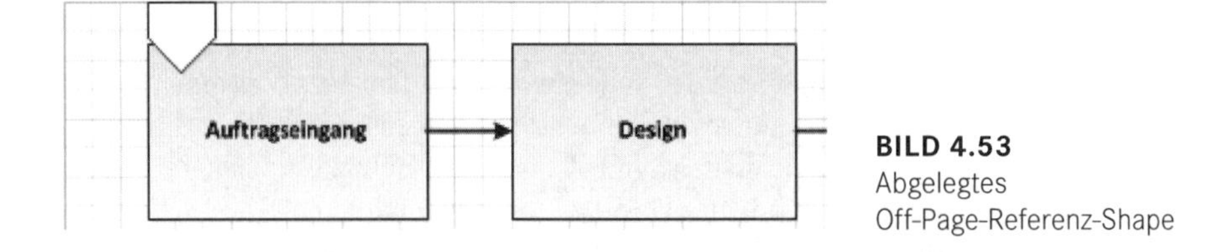

BILD 4.53
Abgelegtes Off-Page-Referenz-Shape

Unmittelbar nach der Aktion des Ablegens des Off-Page-Referenz-Shape liegt das korrespondierende Shape am linken oberen Rand des korrespondierenden Zeichenblatts, ohne Rücksicht darauf, ob sich hier schon ein anderes Symbol befindet. Man kann beide abgelegten Off-Page-Referenz-Shapes jedoch bearbeiten wie jedes Shape, d. h. verschieben, vergrößern oder verkleinern und beschriften etc.

Übung

- Löschen Sie die bisherigen Symbole für „Auftrag erteilen" im Prozess „Angebotserstellung" und „Auftragseingang" im Prozess „Entwicklung".
- Positionieren Sie an deren Stelle die beiden Off-Page-Referenz-Shapes, die Sie jeweils so benennen wie das bisherige Symbol.
- Passen Sie die Größe der Shapes an und bei Bedarf auch die Verbinder (Sie können mit FORMAT UEERTRAGEN arbeiten).
- Nummerieren Sie die Prozesse so, dass alle Prozesse auf beiden Seiten je fortlaufend nummeriert werden.

Testen Sie die Funktionalität des Hyperlinks auf das jeweils andere Zeichenblatt! ■

Tipp

Zum Beschriften des Off-Page-Referenz-Shape muss es nur markiert sein, dann kann man einfach den Text eingeben. Mit einem Doppelklick scheitert man deshalb, weil damit zum anderen Shape gesprungen wird. Also: nur mit einem Klick markieren, so dass die Eckpunkte erscheinen. Dann Text eingeben, das Programm geht automatisch in den Texteingabemodus. ■

Das Ergebnis dieser Übung könnte so aussehen:

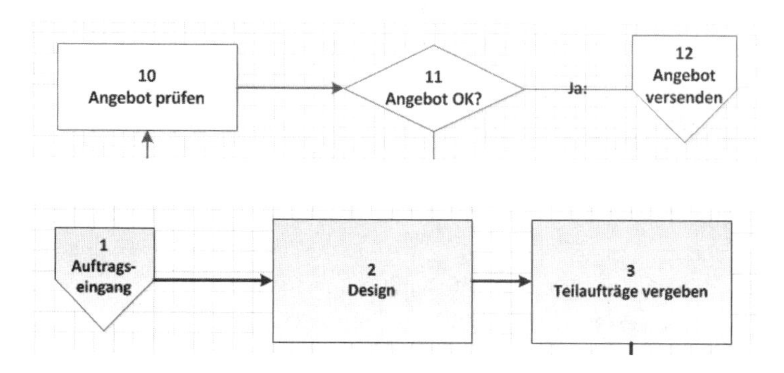

BILD 4.54 Output des Prozesses Bearbeitung Kundenanfrage

BILD 4.55 Input des Prozesses Entwicklung

Stand Datei „Übung 4.vsd" ■

4.4.3.2 Unterprozess anlegen

Prozesse bewegen Informationen oder Material vom Ausgangspunkt des Prozesses bis zu seinem Endpunkt, insofern sind sie eine Abfolge, d. h. eine Reihenfolge, von Handlungen.

Für uns, den Betrachter, mag es zur besseren Übersichtlichkeit beitragen, einen Prozess in einer gegliederten Art und Weise zu erfassen, also als Hauptprozesse, das sind größere Einheiten, und Unterprozesse mit einer Vertiefung des Detailierungsgrads (mit einer höheren Granularität, wie die Projektleute sagen). Man will einen Prozess, den man bisher als ein Element erfasst bzw. dargestellt hat, in mehrere, genauer spezifizierte Handlungen aufschlüsseln. Es ist eine entscheidende Frage, wie detailliert Sie Ihre Prozesse erfassen. Von der Projektplanung kennen wir die „Top-down"-Methode, d. h. erst die groben Phasen oder größeren Abschnitte des Projekts planen, dann kann man die einzelnen Phasen genauer planen, indem man ihnen Untervorgänge, d. h. Details, zuordnet. Im Prinzip rate ich Ihnen, bei der Prozesserfassung genauso vorzugehen: bei der Aufnahme erst den Ablauf grundsätzlich, d. h. ohne Einzelheiten bzw. die Einzelschritte, zu Sammelbegriffen zusammengefasst, darzustellen. Man kann später - je nach Bedarf - einzelne Prozessschritte immer noch detaillierter erfassen. Diese logische Gliederung wäre auf einem Blatt nur sehr komplex und wahrscheinlich unübersichtlich darzustellen. Hier gewinnt man an Klarheit und Übersichtlichkeit, dies auf verschiedenen Zeichenblättern zu erfassen und dadurch zu strukturieren.

Mit dem Shape „Teilprozess" in der Schablone **Standardflussdiagramm-Shapes** weist man darauf hin, dass darunter ein eigener (Unter-)Prozess dargestellt ist. In Visio 2013 kann dann in dieses Shape ein Hyperlink auf das Zeichenblatt des Unterprozesses eingefügt werden, so dass man unmittelbar mit einem Klick in den Unterprozess gelangt. In Visio 2010 gibt es das leider nicht, man muss dann unmittelbar neben oder unter dem Teilprozess-Shape eine Offline-Referenz auf das Zeichenblatt des Unterprozesses setzen (wie oben beschrieben).

Übung

Wir wollen den Prozess „Termin ermitteln", die Nr. 6 im Prozess „Bearbeitung Kundenanfrage", detaillierter darstellen, d. h., als einen Unterprozess erfassen.

Wir legen eine neue Seite an, nennen diese „Terminermittlung" und legen darin folgende Prozesse an:

„Pflichtenheft überarbeiten", „Projektplan erstellen", „Aufwandsschätzung Programmierung", „Aufwandsschätzung Datenbank", „Aufwandsschätzung Schnittstellen", „Planung fertigstellen", „Abgabe Terminplanung".

Verbinder wie in Bild 4.59 dargestellt. ■

Visio 2013: Löschen Sie das bisherige Prozesssymbol und ziehen Sie das Shape **Teilprozess** an diese Stelle. Nennen Sie es wieder „Termin ermitteln". Im Menü Prozess in der Gruppe Teilprozess befindet sich das Shape **Mit vorhandenem verknüpfen**.

Wenn Sie jetzt mit gedrückter <STRG>-Taste auf das Teilprozess-Shape klicken, springen Sie in das Zeichenblatt des Teilprozesses.

Visio 2010: Löschen Sie das bisherige Prozesselement „Termin ermitteln" und ersetzen Sie es durch das Symbol **Teilprozess** aus der Schablone der Standardflussdiagramm-Shapes. Ich nenne es wieder „Terminermittlung". Direkt darunter setze ich das Off-Page-Referenz-Shape,

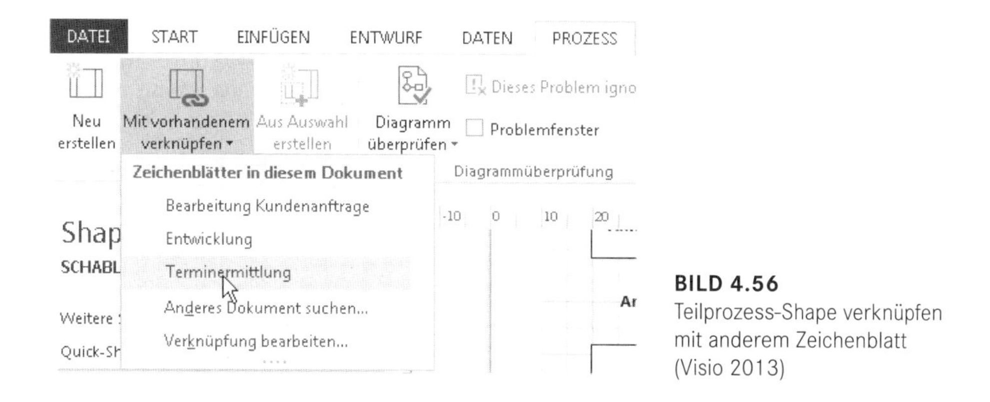

BILD 4.56 Teilprozess-Shape verknüpfen mit anderem Zeichenblatt (Visio 2013)

dem ich als erklärenden Text eben „Zum Unterprozess“ gebe. In Visio 2010 kann man nicht direkt aus dem Shape **Teilprozess** eine Off-Page-Referenz, also einen Link auf ein anderes Zeichenblatt, setzen. Man benötigt eine separate Off-Page-Referenz.

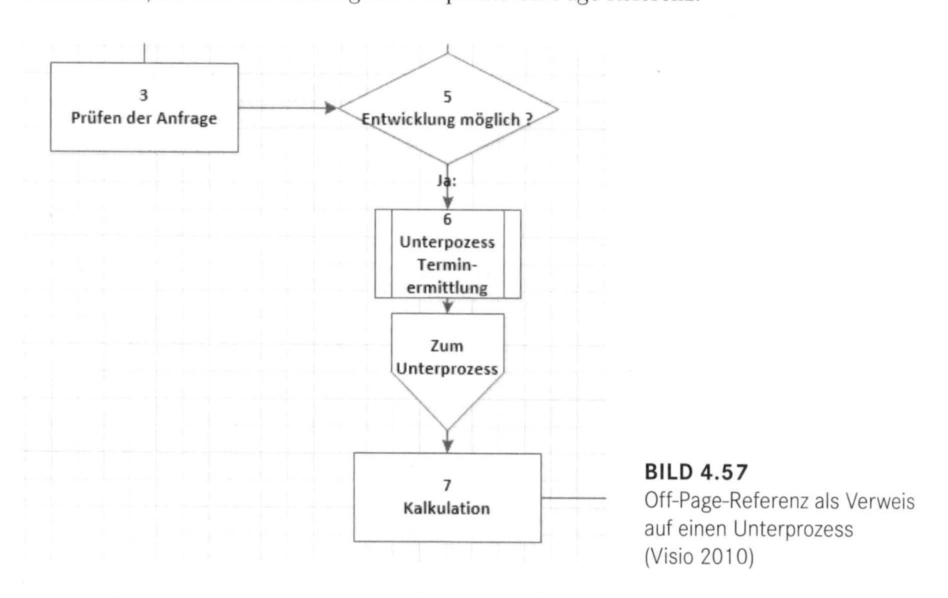

BILD 4.57 Off-Page-Referenz als Verweis auf einen Unterprozess (Visio 2010)

Ich benenne das Gegenstück, das Off-Page-Shape, im Unterprozess einfach „Teilprozess Terminentwicklung“, um für mich und den Leser das zu erklären. (Beide Off-Page-Referenz-Shapes sind in Visio 2013 nicht notwendig.) Letzteres vergrößere ich so, dass es wie ein Titel für die Seite wirkt.

4.4.3.3 Rückverweis

Um es dem Leser, dem Benutzer und uns einfacher zu machen, kann man aus diesem Unterprozess mit einem Ausgang wieder auf den Hauptprozess zurückverweisen. Man kann auch ohne diesen expliziten Rückverweis immer auf das Off-Page-Referenz-Shape „Teilprozess Terminentwicklung“ klicken, um zurückzuspringen, aber das muss man wissen, intuitiv ist das nicht.

Ich lege ein weiteres Off-Page-Referenz-Shape im Teilprozess „Termin ermitteln“ an, das auf den Ursprungsprozess zurückverweist, ohne ein weiteres Shape dort, im Prozess „Angebotserstellung“, abzulegen. Dazu muss man die Option **Off-Page-Referenz-Shape auf dem Zeichenblatt ablegen** deaktivieren.

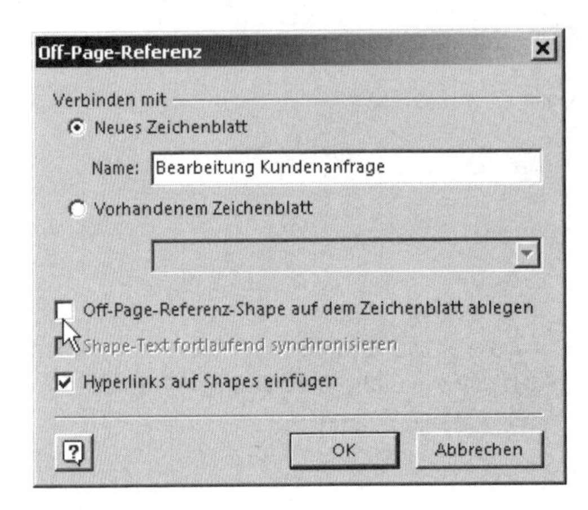

BILD 4.58
Kein Referenz-Symbol auf dem anderen Zeichenblatt

Ich nenne dieses Shape einfach „Abgabe Terminplanung“ und man springt damit zurück in den Hauptprozess.

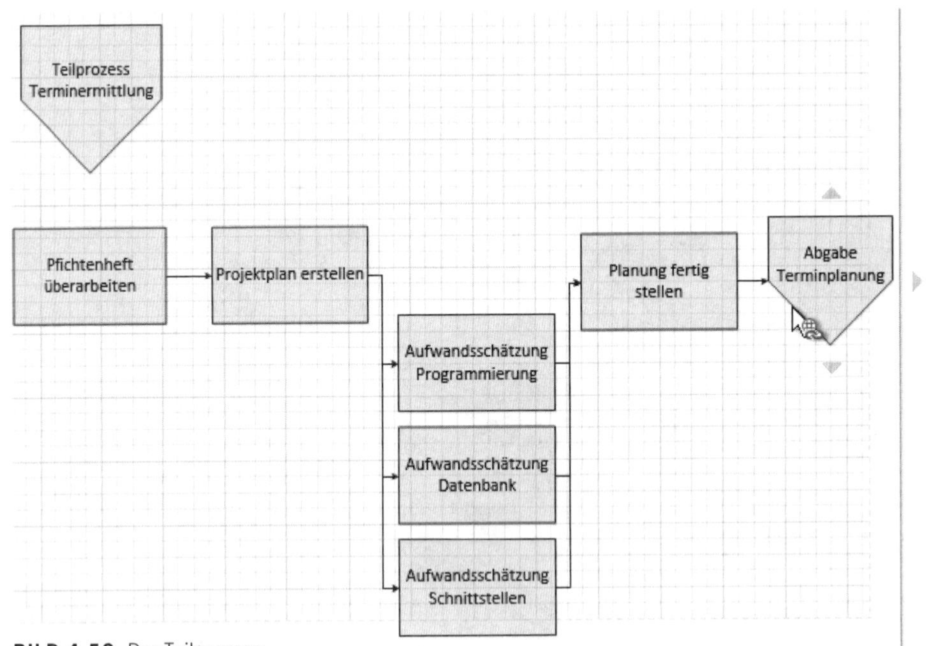

BILD 4.59 Der Teilprozess

Alle bisher entwickelten Prozesse sind in der Datei „Übung_5.vsd“ (auch für Visio 2010) bzw. in der Datei „Übung 5.vsdx“ (Visio 2013) dokumentiert.

4.5 Funktionsübergreifendes Flussdiagramm

Dem bisher behandelten Flussdiagramm fehlt systematisch eine Information, die man in der Analyse der Geschäftsprozesse unbedingt benötigt: *Wer führt diesen Prozess aus?* Zwar könnte man das irgendwo hinzuschreiben, aber „irgendwo" sagt eigentlich schon alles: Es wäre beliebig. Auch folgt die Anordnung der Prozesselemente keiner Logik: Man könnte den Prozessablauf und damit die Elemente von links nach rechts oder von rechts nach links, von oben nach unten oder von unten nach oben oder auch im Kreis anordnen. Um diese Beliebigkeit einzuschränken und dem Betrachter die systematische Information darüber zu geben, welche funktionale Einheit, d. h. welche Abteilung, welcher Mitarbeiter oder welcher Funktionsträger, diesen Prozess ausführt, hat sich die Darstellung durchgesetzt, die in Visio „Funktionsübergreifendes Flussdiagramm" genannt wird. Auch das im nächsten Kapitel behandelte ViFlow bedient sich dieser Technik, da sie für die Darstellung von Geschäftsprozessen fachlich am besten geeignet ist.

Es werden horizontale oder vertikale Bahnen, aus dem Englischen kommend auch „swimlanes" genannt, in das Zeichenblatt eingezeichnet. Jede dieser Bahnen repräsentiert eine funktionale Einheit, die einen oder mehrere Prozesse ausführt. Der Prozessverlauf bekommt so vordefinierte Bahnen (die Ausführenden) und gewinnt an Struktur. So erkennt man nicht nur, in welchem Bereich ein Prozess ausgeführt wird, sondern auch die Wechsel des Prozessablaufs zwischen den Bereichen. Diese sind als Schnittstellen der Übergabe von Material und/oder Informationen immer besonders kritisch.

Wenn Sie die Vorlage STANDARDFLUSSDIAGRAMM auswählen (Bild 4.6), wird automatisch die Schablone mit den **Funktionsübergreifenden Flussdiagramm-Shapes** geöffnet. Wenn Sie aus dem Startbildschirm gleich FUNKTIONSÜBERGREIFENDES FLUSSDIAGRAMM wählen, zeichnet das Programm schon zwei Funktionsbahnen (swimlanes) ein und öffnet ein weiteres Register **Funktionsübergreifendes Flussdiagramm** im Menü (s. Bild 4.61).

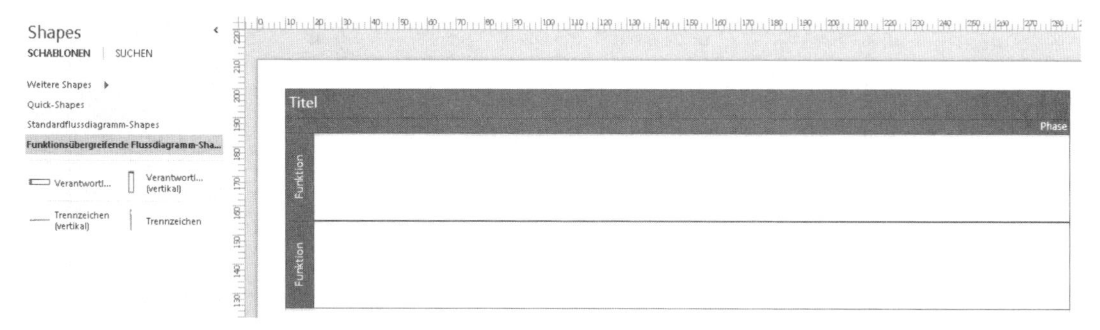

BILD 4.60 Vorlage Funktionsübergreifendes Flussdiagramm

Wenn Sie sich in einem anderen Zeichnungstyp befinden, können Sie über WEITERE SHAPES/ **Flussdiagramm** die Shapes des **Funktionsübergreifenden Flussdiagramms** zusätzlich einblenden.

In den Mastershapes befinden sich zwei Symbole für Verantwortlichkeitsbereiche, ein vertikaler und ein horizontaler, und ebenso ein vertikales und ein horizontales Trennzeichen. Man kann die Funktionsbereiche auch von oben nach unten, vertikal, anlegen. Am zweckmäßigsten legt man die Richtung der Funktionsbänder schon beim Start fest, bevor man Prozesse aufgenommen hat. Beim Öffnen der Vorlage **Funktionsübergreifendes Flussdiagramm** wird ein zusätzliches Register im Menü mit gleichem Namen geöffnet, in dem man u. a. die Richtung der Menübänder bestimmen kann:

Funktionsübergreifendes Flussdiagramm AUSRICHTEN in der Gruppe Anordnen

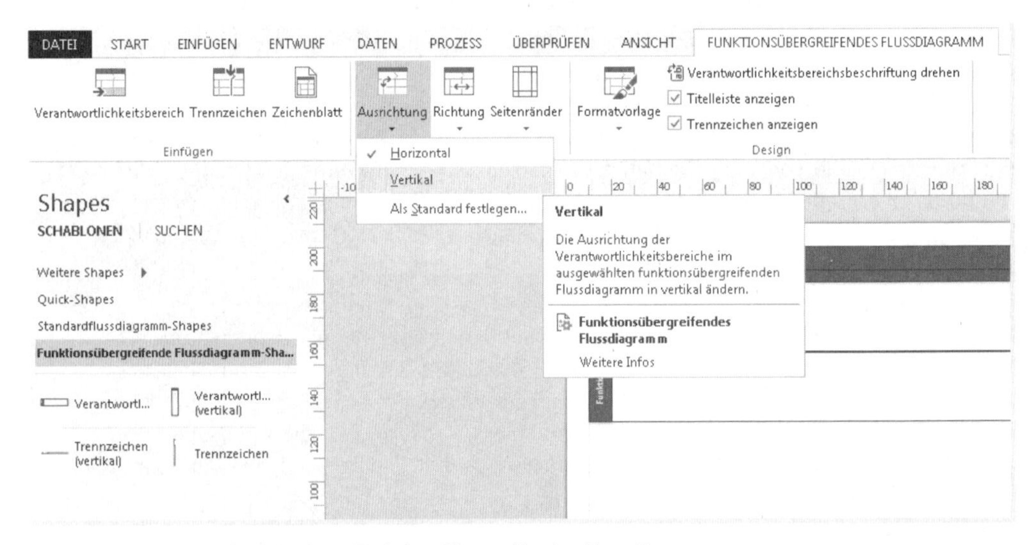

BILD 4.61 Menü Register Funktionsübergreifendes Flussdiagramm

Wir wollen die horizontale Ausrichtung in der Vorlage beibehalten und noch zwei weitere Bereiche einfügen:

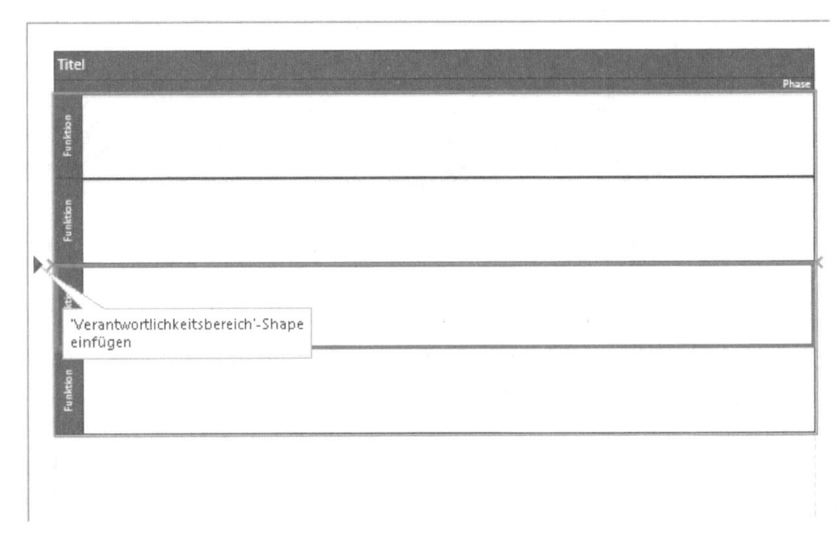

BILD 4.62 Verantwortlichkeitsbereich hinzufügen

Sie können diese Shapes wie die anderen Shapes bearbeiten, also auf das Zeichenblatt ziehen. Ein Klick auf die Begrenzungslinie markiert das ganze Shape, dann kann man es löschen. Mit einem Klick auf den blauen Pfeil legt die Autoverbinden-Funktion einen neuen Bereich an. Sie beschriften einen Funktionsbereich, indem Sie mit einem Doppelklick das grau hinterlegte Feld mit dem Funktionsnamen editieren.

Übung

Geben Sie dem Prozess den Titel „Angebotserstellung". Benennen Sie die vier Funktionsbänder von oben nach unten mit „Kunde", „Sekretariat", „Leitung Software" und „Softwareentwicklung".

Legen Sie den Prozess „Angebotserstellung" so an, wie wir das in der Übung mit dem Standardflussdiagramm (Ergebnis in der Datei Übung 2) schon getan haben. Hinzu kommt jetzt die Anlage der Prozesselemente in den jeweiligen Bereichen, sprich Funktionen. ■

PROZESSE	IN BEREICH
Kundenanfrage	Kunde
Anfrage erfassen	Sekretariat
Prüfen der Anfrage	Leitung Software

ENTSCHEIDUNG	IN BEREICH
Entwicklung möglich?	Leitung Software

PROZESSE	IN BEREICH
Absage an Kunden	Kunde
Termin ermitteln	Softwareentwicklung
Angebot vorbereiten	Leitung Software
Angebot versandfertig	Sekretariat
Angebot prüfen	Leitung Software

ENTSCHEIDUNG	IN BEREICH
Angebot o.k.?	Leitung Software

PROZESS	IN BEREICH
Angebot versenden	Sekretariat

Verbinder:		
Von	**Nach**	**Text**
Kundenanfrage	Anfrage erfassen	
Anfrage erfassen	Prüfen der Anfrage	
Prüfen der Anfrage	Entwicklung möglich?	
Entwicklung möglich?	Absage an Kunden	Nein:
Entwicklung möglich?	Termin ermitteln	Ja:
Termin ermitteln	Angebot vorbereiten	
Angebot vorbereiten	Angebot versandfertig	
Angebot versandfertig	Angebot prüfen	Angebot an Kunden
Angebot prüfen	Angebot o.k.?	
Angebot o.k.?	Angebot erstellen	Nein: Korrekturwünsche
Angebot o.k.?	Auftrag erteilen	Ja:

 Stand Datei „Übung_6.vsd

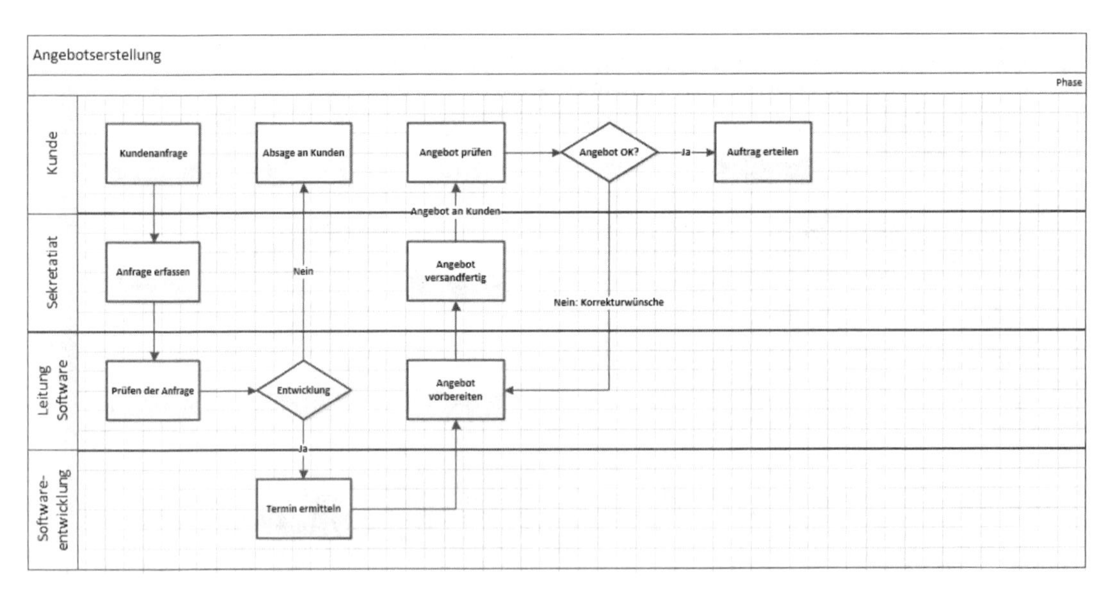

BILD 4.63 Funktionsübergreifendes Flussdiagramm

4.5.1 Arbeitstechniken mit Funktionsdiagrammen

Alle Arbeitstechniken, die wir in den Abschnitten über das Standardflussdiagramm dargestellt haben, können Sie auch hier verwenden. Für die Prozessmodellierung ist ja auch die Schablone des Standardflussdiagramms eingeblendet.

1. Sie können weitere Bänder zu einer Zeichnung hinzufügen oder ein bisheriges Flussdiagramm mit Bändern versehen, so dass es sich zum funktionsübergreifenden Flussdiagramm weiterentwickelt. Ziehen Sie einfach ein Verantwortlichkeitsbereich-Shape aus der Schablone an die Stelle oder (bei schon eingerichteten Bändern) an die Linie, an der das neue Band eingerichtet werden soll.
2. Die Höhe eines Funktionsbands kann man ändern, indem man mit dem Mauszeiger eine Begrenzungslinie anfasst und nach oben oder unten zieht.
3. Die Breite des Felds mit der Beschriftung des Funktionsbands können Sie ändern, indem Sie auf die Linie klicken, die das Beschriftungsfeld begrenzt. Dadurch haben Sie dieses markiert und können die Begrenzungslinie an dem blauen Markierungspunkt anfassen und verschieben. Es werden dann alle Beschriftungsfelder gleichmäßig geändert (im Gegensatz zur Höhe des Funktionsbands, das individuell geändert werden kann).
4. Wenn Sie die Anordnung bzw. die Reihenfolge der Bänder ändern möchten, klicken Sie in das Beschriftungsfeld des entsprechenden Bands und halten die Maustaste gedrückt. Ziehen Sie es dann per „Drag and Drop“ an die Stelle, an der es eingereiht werden soll, und lassen Sie es fallen. Die obere Linie des zu verschiebenden Bands muss über dem Band liegen, über dem es angeordnet werden soll. (Sie dürfen es auch mehrmals versuchen!)
5. Sie löschen ein Funktionsband, indem Sie es durch Klicken in das Beschriftungsfeld markieren. Die Umrandungslinien des ganzen (!) Funktionsbands werden grau hervorgehoben (in Visio 2010 dünn gestrichelt rot). Dann müssen Sie die <ENTFERNEN>-Taste drücken oder AUSSCHNEIDEN über das Kontextmenü. (Wenn eine Fehlermeldung kommt, ist nicht das ganze Funktionsband, sondern nur ein Teil markiert.)

Hinweis

Beim Löschen eines Bands werden alle in diesem Band angeordneten Symbole gelöscht! ■

6. Beim Anlegen eines neuen Zeichenblatts in einem funktionsübergreifenden Flussdiagramm haben Sie die Möglichkeit, die angelegten Funktionsbänder einfach auf das neue Zeichenblatt mit zu übernehmen. Das machen wir in der nächsten Übung.

4.5.2 Ein weiteres Zeichenblatt

Im funktionsübergreifenden Flussdiagramm können Sie für umfangreichere Prozesse alle Techniken verwenden, die wir für das Standardflussdiagramm beschrieben und in den dortigen Übungen durchgeführt haben. Ich wiederhole jetzt im Folgenden die Anlage des gesamten Prozesses als funktionsübergreifendes Flussdiagramm.

Wenn Sie eine Zeichnung mit einem funktionsübergreifenden Flussdiagramm entworfen haben, erscheint rechts oben in der Menüzeile ein neues Register funktionsübergreifendes Flussdiagramm (Bild 4.61). Mit den darunter angezeigten Befehlen kann man einiges komfortabler einrichten, so z. B. mit dem Befehl Verantwortlichkeitsbereich einen neuen Bereich einfügen. Der Befehl Trennzeichen fügt jeweils in der Hälfte des Bereichs einen vertikalen Trennstrich ein, der mit **Phase** überschrieben wird. Hiermit könnte man analog zur Projektplanung die (Prozess-)Bahnen in Phasen einteilen. Ein Trennzeichen - sprich eine Phaseneinteilung - löschen Sie, indem Sie in die Titelzeile der Phase klicken - damit wird diese Phase markiert - und dann die <Entfernen>-Taste drücken oder <Ausschneiden> aus dem Kontextmenü wählen. Mit dem Deaktivieren der Option Trennzeichen anzeigen werden - entgegen dem Befehlstext - alle Trennzeichen gelöscht, freundlicherweise mit vorheriger Warnung. Mit der Option Titelleiste anzeigen kann der Titel über den Funktionsbereichen ein- oder ausgeblendet werden, mit der Option Verantwortlichkeitsbereichsbeschriftung drehen werden die Beschriftungen horizontal oder vertikal ausgerichtet.

In der Gruppe Einfügen befindet sich der Befehl Zeichenblatt. Damit wird ein neues Zeichenblatt erstellt, das jedoch die Funktionsbereiche des bisherigen übernimmt. Es wird quasi eine Kopie des bisherigen angelegt, jedoch ohne die Inhalte der Funktionsbänder, d. h. ohne die Prozesse.

Übung

Geben Sie dem bisherigen Zeichenblatt den Namen „Angebotserstellung". Legen Sie ein neues Zeichenblatt an, das den Prozess „Entwicklung" aufnehmen soll. Dieses Zeichenblatt soll die Funktionsbänder des bisherigen Prozesses zunächst übernehmen.

Entwicklung	
LeitungSoftare	
Prog	
DB	
Schnittstellen	
QS	

BILD 4.64
Die Funktionsbereiche der Entwicklung

Übung

Legen Sie im Zeichenblatt „Entwicklung“ folgende Funktionsbänder in dieser Reihenfolge an. Sie können dazu die bisherigen löschen und jeweils neue Funktionsbänder auf das Blatt ziehen und entsprechend benennen. Sie können aber auch mit einem Klick in das Textfeld die bestehenden Bänder umbenennen, so auch den Titel. Ein weiteres Funktionsband benötigen wir auf jeden Fall, auch wenn Sie die bisherigen umbenennen.

Titel „Entwicklung“, Funktionsbänder „Leitung Software“, „Prog“ (für Programmierung), „DB“ (für Datenbankentwicklung), „Schnittstellen“ (für Schnittstellenentwicklung), „QS“ für Qualitätssicherung ■

Legen Sie folgende Prozesse in den genannten Bereichen an:

Prozesse	in Bereich
Auftragseingang	Leitung Software
Design	Leitung Software
Entwicklungsaufträge vergeben	Leitung Software
Entwicklung Programme	Prog
Entwicklung Datenbank	DB
Entwicklung Schnittstellen	Schnittst.
Integration	QS

Entscheidung	in Bereich
Integration o.k.?	QS

Prozesse	in Bereich
Überarbeitung Programme	Prog
Überarbeitung Datenbank	DB
Überarbeitung Schnittstellen	Schnittst.
Tests	QS

Entscheidung	in Bereich
Tests o.k.?	QS

Prozess	in Bereich
Prüfung	Leitung Software

Entscheidung	in Bereich
Prüfung o.k.?	Leitung Software

PROZESS	IN BEREICH
Freigabe	Leitung Software

VERBINDER:		
VON	NACH	TEXT
Auftragseingang	Design	
Design	Entwicklungsaufträge vergeben	
Entwicklungsaufträge vergeben	Entwicklung Programme	
Entwicklungsaufträge vergeben	Entwicklung Datenbank	
Entwicklungsaufträge vergeben	Entwicklung Schnittstellen	
Entwicklung Programme	Integration	
Entwicklung Datenbank	Integration	
Entwicklung Schnittstellen	Integration	
Integration	Integration o.k.?	
Integration o.k.?	Überarbeitung Prog	Nein
Integration o.k.?	Überarbeitung Datenbank	Nein
Integration o.k.?	Überarbeitung Schnittstellen	Nein
Die drei Verbinder von den Überarbeitungsschritten zur Entscheidung Integration o.k.?	müssen eine Rückpfeil enthalten, da nach der Überarbeitung ja noch einmal geprüft werden muss, ob die Integration OK ist	(Format Linie Anfangspfeil und Endpfeil)
Oder Überarbeitung Prog Überarbeitung Datenbank Überarbeitung Datenbank	Alternativ könnte man die Überarbeitung an den Prozess „Tests" weitergeben, wenn sachlich richtig. Test	
Tests	Tests o.k.?	
Tests o.k.?	Überarbeitung Prog	Nein
Tests o.k.?	Überarbeitung Datenbank	Nein
Tests o.k.?	Überarbeitung Schnittstellen	Nein
Tests o.k.?	Prüfung	Ja
Prüfung o.k.?	Integration	Nein
Prüfung o.k.?	Freigabe	Ja

Das Ergebnis ist in Übung 7 dokumentiert.

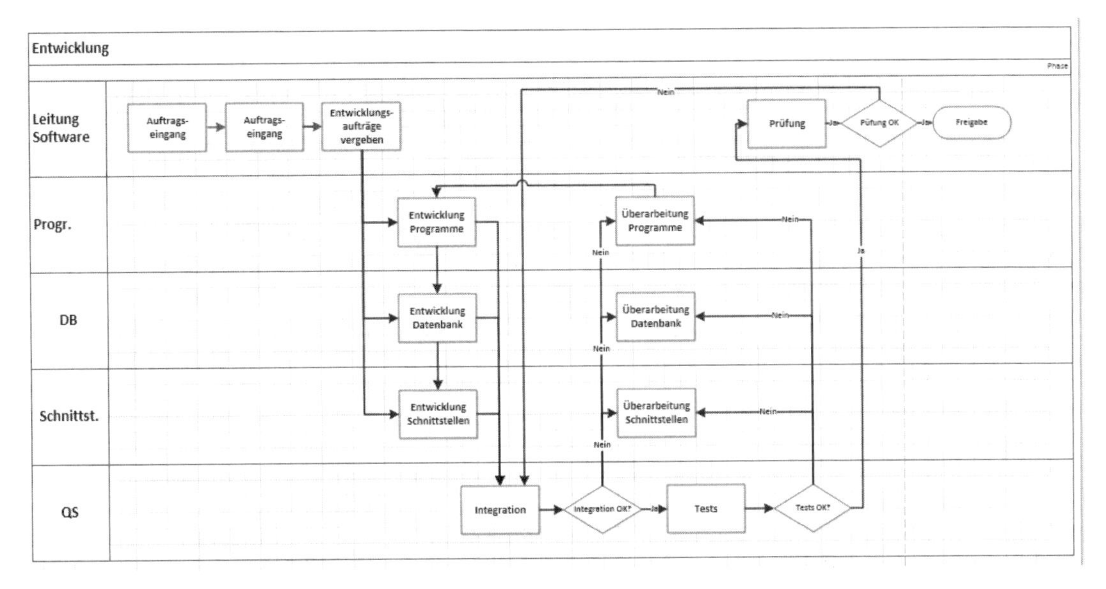

BILD 4.65 Der Prozess Entwicklung

4.5.3 Sprungreferenz einrichten

Wir haben die Funktionalität der OFF-PAGE-REFERENZ beim Einrichten eines weiteren Zeichenblatts im Abschnitt zum Standardflussdiagramm ausführlich beschrieben und dort eine Übung dazu durchgeführt. Hier zur Wiederholung die Übung, eine Sprungreferenz im funktionsübergreifenden Flussdiagramm einzurichten. Dies ist dasselbe wie im Standardflussdiagramm.

Off-Page-Referenz
Verbinden mit
Neues Zeichenblatt
Name: Zeichenblatt-1
Vorhandenem Zeichenblatt
Entwicklung
Off-Page-Referenz-Shape auf dem Zeichenblatt ablegen
Shape-Text fortlaufend synchronisieren
Hyperlinks auf Shapes einfügen
OK
Abbrechen

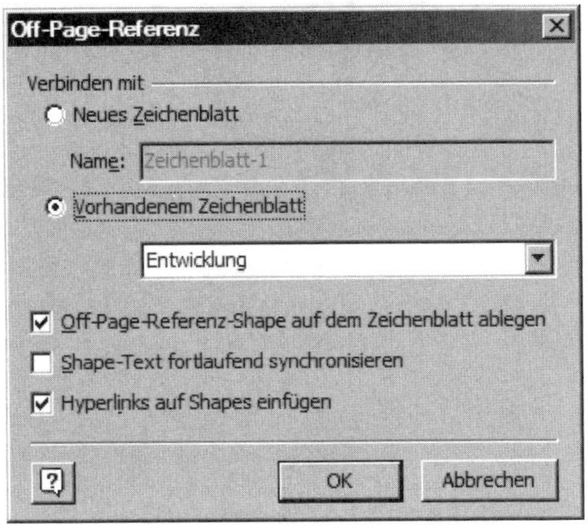

BILD 4.66
Off-Page-Referenz einfügen

Übung

- Ziehen Sie ein OFF-PAGE-REFERENZ-SHAPE auf das Zeichenblatt des Prozesses der Angebotserstellung. Diese Off-Page-Referenz soll auf das vorhandene Zeichenblatt „Entwicklung" referenzieren.
- Löschen Sie die bisherigen Symbole für „Auftrag erteilen" im Prozess „Angebotserstellung" und „Auftragseingang" im Prozess „Entwicklung".
- Positionieren Sie an deren Stelle die beiden Off-Page-Referenz-Shapes, die Sie jeweils so benennen wie das bisherige Symbol.
- Passen Sie die Größe und die Textformatierung der Shapes an und bei Bedarf auch die Verbinder.

Das Ergebnis der bisherigen Prozesserfassung ist in der Übung 8.vsd dokumentiert:

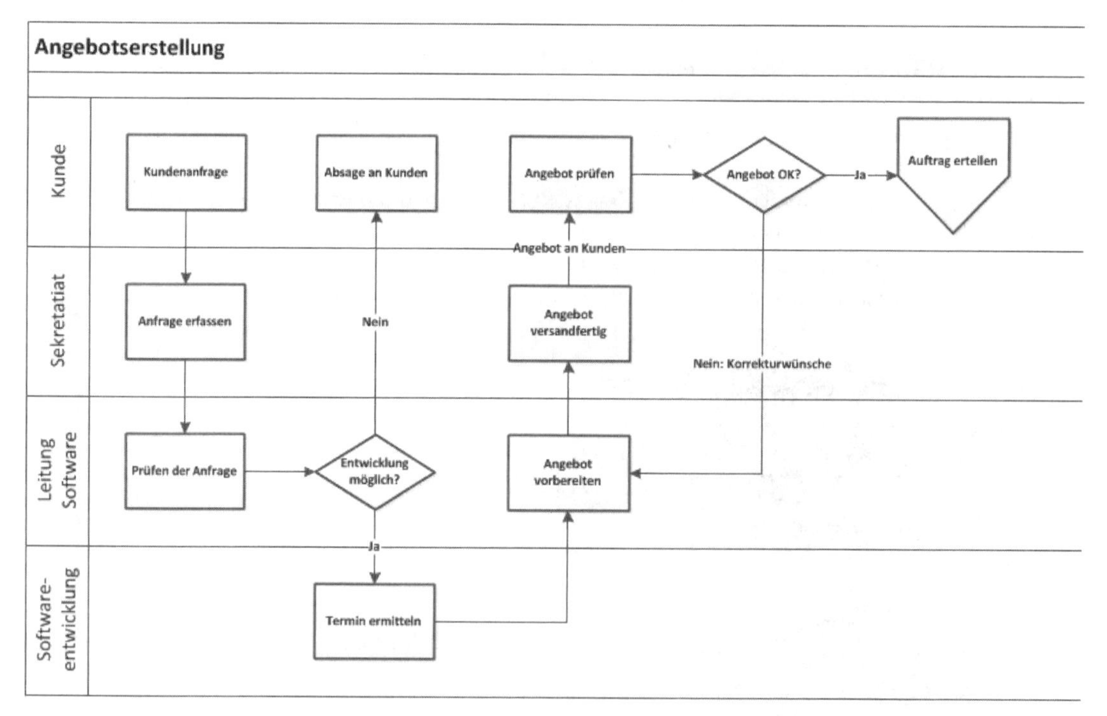

BILD 4.67 Der Prozess Angebotserstellung

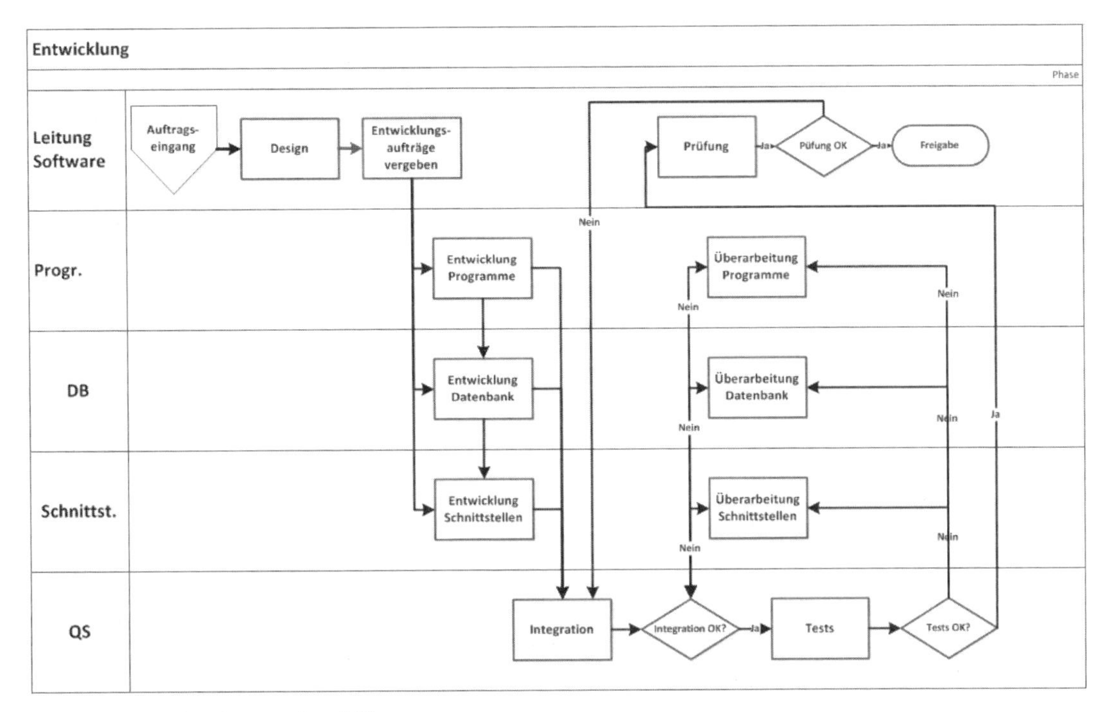

BILD 4.68 Der Prozess Entwicklung

4.5.4 Unterprozesse

Bei der Behandlung der Sprungreferenzen im Standardflussdiagramm haben wir auch einen Unterprozess angelegt (s. Abschnitt 4.4.3.2). Unterprozesse können dazu dienen, eine Prozessdarstellung übersichtlich zu halten, indem man sie nicht mit Einzelheiten überfrachtet. Einzelne Prozesse in einer Prozessübersicht (die größere Abschnitte als Prozesselemente enthält) mag man für bestimmte Zwecke dann noch detaillierter erfassen und darstellen. Unterprozesse enthalten Details eines übergeordneten Prozesses.

Wir haben in der Darstellung des Standardflussdiagramms für den Prozess der Terminermittlung einen Unterprozess angelegt, mit einer Off-Page-Referenz vom Hauptprozess „Angebotserstellung" auf den Unterprozess „Terminermittlung" und einer Sprungreferenz zurück in den Hauptprozess.

Wir wollen hier das Gleiche vornehmen. Da das im Prinzip keine Neuigkeiten bietet, beschränke ich mich auf die kurze Darstellung der Schritte.

Da wir auf dem neuen Zeichenblatt, das den Unterprozess „Terminermittlung" darstellen soll, ähnliche Funktionsbereiche benötigen wir im Prozess „Entwicklung", lassen wir uns aus dem Prozess „Entwicklung" ein neues ZEICHENBLATT erstellen (Menü Funktionsübergreifendes Flussdiagramm, Gruppe Einfügen). Diesem neuen Zeichenblatt geben wir den Titel „Terminermittlung" und ersetzen lediglich den Funktionsbereich „Leitung Software" durch „Planer".

Übung

Visio 2010: Ersetzen Sie im Prozess „Angebotserstellung" das Shape des Prozesses „Termin ermitteln" durch das **Teilprozess-Shape** mit gleichem Text. Fügen Sie dann eine **Off-Page-Referenz** hinzu mit dem Hyperlink auf das eben angelegte Zeichenblatt „Terminermittlung".

Visio 2013: Ersetzen Sie im Prozess „Angebotserstellung" das Shape des Prozesses „Termin ermitteln" durch das Teilprozess-Shape mit gleichem Text. Im Menü Prozess, Gruppe Teilprozess, können Sie mit dem Befehl MIT VORHANDENEM VERKNÜPFEN dieses Teilprozess-Shape mit einem Hyperlink auf das Zeichenblatt der „Terminermittlung" versehen.

(Siehe die gleiche Übung in Abschnitt 4.4.3.2 „Unterprozess anlegen", bes. Bild 4.56)

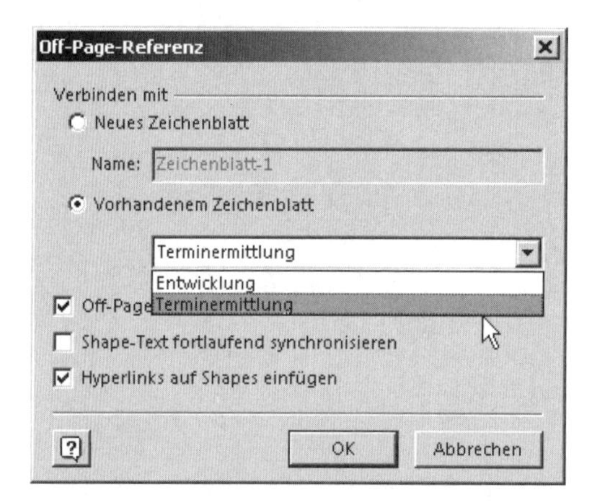

BILD 4.69 Off-Page-Referenz auf den Prozess Terminermittlung

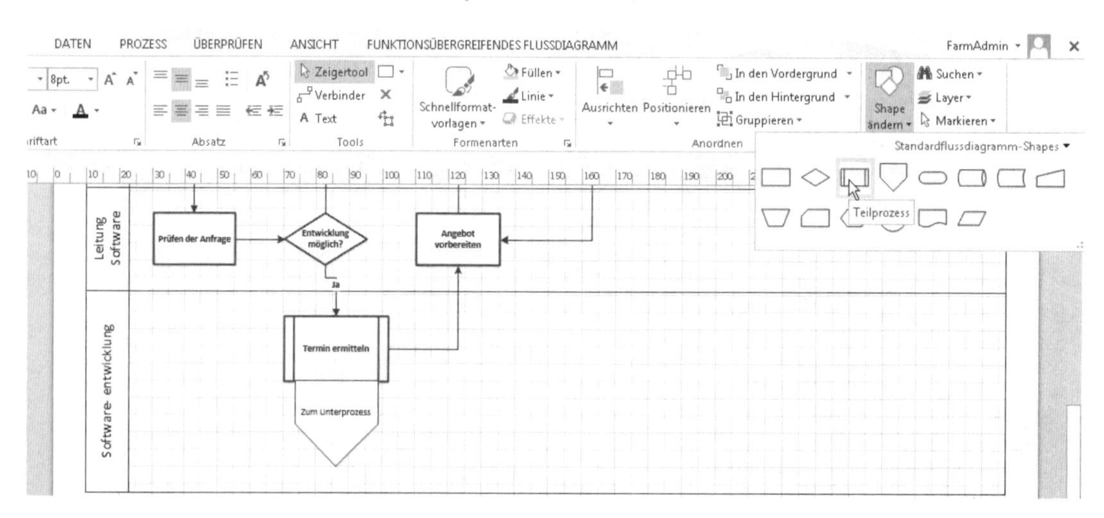

BILD 4.70 Shape ersetzen (Visio 2013)

Nur Visio 2013: Man kann ein existierendes Shape durch ein anderes am einfachsten ersetzen mit dem Befehl SHAPE AEDERN im Start-Menü in der Gruppe Bearbeiten (Bild 4.70).

Achtung: Für das Shape der Off-Page-Referenz kann man dies jedoch nicht verwenden, da es nur das Symbol ersetzt, nicht jedoch die Hyperlink-Funktion auf einem anderen Zeichenblatt einfügt. ■

Legen Sie dann im Unterprozess „Terminermittlung“ folgende Prozesse und Verbinder an:

PROZESSE	IN BEREICH
Pflichtenheft überarbeiten	Planer
Projektplan erstellen	Planer
Aufwand Prog	Prog
Aufwand DB	DB
Aufwand Schnittst.	Schnitt
Aufwand QS	QS
Planung fertigstellen	Planer
Abgabe Terminplanung	Planer

VERBINDER:		
VON	NACH	TEXT
Pflichtenheft überarbeiten	Projektplan erstellen	
Projektplan erstellen	Aufwand Prog	Anfrage Aufwand
Projektplan erstellen	Aufwand DB	(Anfrage Aufwand)
Projektplan erstellen	Aufwand Schnittst.	(Anfrage Aufwand)
Aufwand Prog	Planung fertigstellen	Meldung Aufwand
Aufwand DB	Planung fertigstellen	(Meldung Aufwand)
Aufwand Schnittst.	Planung fertigstellen	(Meldung Aufwand)
Aufwand QS	Planung fertigstellen	(Meldung Aufwand)
Planung fertigstellen	Abgabe Terminplanung	

Die in Klammern aufgeführten Texte an den Verbindern gehören sachlich dahin und so könnten Sie es optional machen.

Fügen Sie zum Schluss noch eine **Off-Page-Referenz** ein, die zwar auf den Hauptprozess zurückverweist, aber kein Shape im Zielzeichenblatt der Sprungreferenz einfügt. Wir haben das im Standardflussdiagramm auch als Rückverweis angelegt (s. Bild 4.58).

Alle Off-Page-Referenz-Shapes, die auf einen Unterprozess oder zurück verweisen („Terminermittlung“ im Prozess „Angebotserstellung“, „Unterprozess Terminermittlung“ als Eingang und „Zurück zum Hauptprozess“ als Ausgang des Unterprozesses „Terminermittlung“), kann man in einer einheitlichen, aber von den anderen unterschiedlichen Farbe füllen (hier Hellblau). Dies hebt optisch die Verzweigung hervor und ist besonders nützlich, wenn man den Prozess als Webseite anschaut (s. Abschnitt 4.8).

Wenn Sie jetzt den Rückverweis-Shape im Unterprozess „Terminermittlung" noch entsprechend beschriften, vergrößern und positionieren, könnten Sie ungefähr folgendes Ergebnis haben:

Stand Datei „Übung_9.vsd"

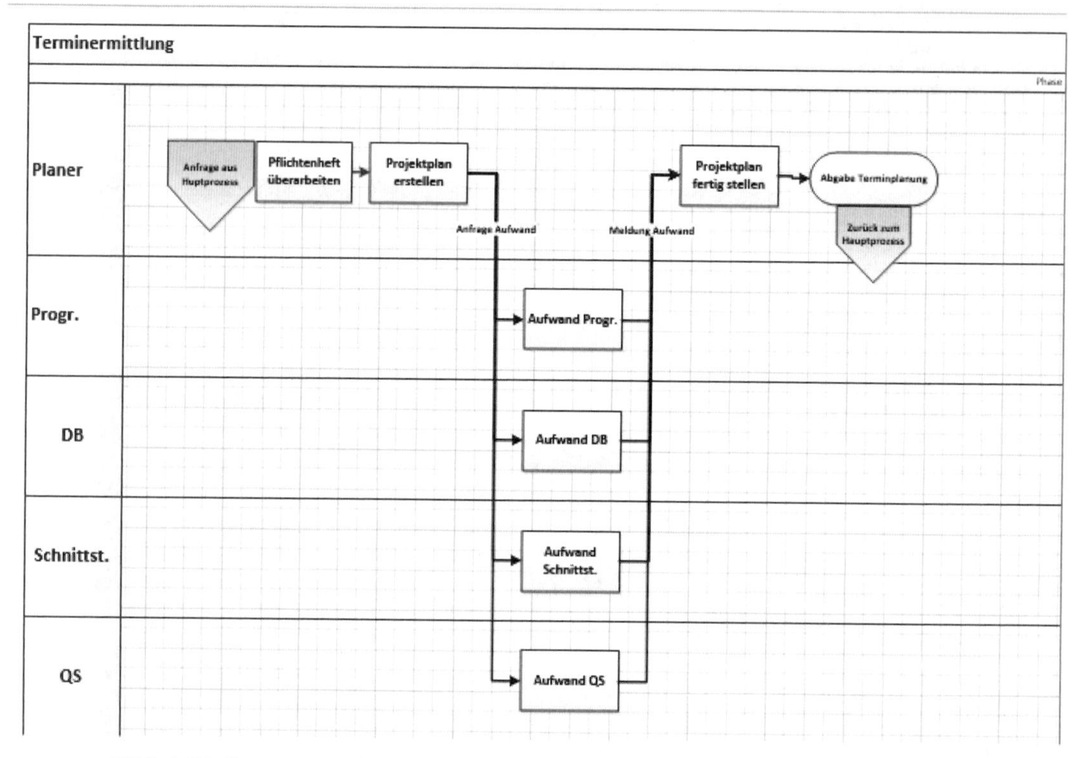

BILD 4.71 Unterprozess Terminermittlung

4.5.5 Teilprozesse

Ich habe zwar oben in den Übungen mit Unterprozessen schon auf die unterschiedliche Handhabung in den Versionen hingewiesen, möchte dies aber auch noch einmal zusammenfassend darstellen. Oben schrieb ich Version Visio 2010, was nicht hundertprozentig korrekt war, aber es war mir zu umständlich, immer Visio 2010 ohne Premium-Edition zu schreiben, was dann ganz richtig gewesen wäre. Sowohl Visio 2010 in der Premium-Edition (!) als auch Visio 2013 Professional verfügen über weitere, komfortablere Möglichkeiten, mit Teilprozessen zu arbeiten. Die genannten Versionen verfügen über einen zusätzlichen Menüpunkt Prozess.

(Sie finden in Visio 2010 die Information, mit welcher Edition Sie arbeiten, unter Datei/Hilfe, in Visio 2013 unter Datei/Konto/Produktinformationen.)

BILD 4.72 Menüleiste Prozess

Teilprozesse sind mit Unterprozessen, wie sie im vorhergehenden Abschnitt behandelt wurden, funktional identisch. Ziel ist immer, Details eines Prozesses in einem anderen Zeichenblatt darzustellen, sei es aus Gründen der Übersichtlichkeit oder um Details noch einmal besonders vertieft darstellen zu können, vielleicht auch für eine andere Zielgruppe. Wenn man nicht mit Visio 2013 Professional oder der Premium-Edition von 2010 arbeitet, muss man dazu die OFF-PAGE-REFERENZ benutzen, wie wir es im Abschnitt 4.5.5 demonstriert haben. Dort habe ich das **Unterprozesse** genannt und dieser Begriff ist von mir, da ich dadurch andeuten will, dass das eine Hierarchie darstellen will. Hier in Visio nennt Microsoft das **Teilprozesse** und die unterschiedlichen Begriffe können wir ja benutzen, um das unterschiedliche Vorgehen und die unterschiedliche Darstellung kenntlich zu machen.

Wenn Sie ein Shape in einem bestehenden Prozess markieren, wird mit dem Befehl NEU ERSTELLEN ein neues Zeichenblatt erstellt, das den gleichen Namen bekommt wie der markierte Prozess. In Letzterem wird ein Hyperlink angelegt, so dass Sie mit einem <STRG>-KLICK auf das neu angelegte Zeichenblatt springen und dort die Details des Teilprozesses neu anlegen können. Allerdings wird kein Shape auf dem neuen Zeichenblatt erzeugt und es gibt auch keinen automatischen Rücksprung (nur über die Registerkarten unterhalb der Zeichenblätter).

4.5.5.1 Auswahl als Teilprozess erstellen

Das Arbeiten mit der OFF-PAGE-REFERENZ hatte u. a. den Nachteil, dass man nicht einfach einen bestehenden Teil eines Prozesses zum Teilprozess erklären konnte, sondern das nur umständlich zu erreichen gewesen wäre über GRUPPE BILDEN, KOPIEREN, ZEICHENBLATT, EINFÜGEN, OFF-PAGE-REFERENZ ANLEGEN. Das geht hier im Menü Prozess mit Zur Auswahl erstellen sehr viel komfortabler.

Nehmen wir an, ich hätte den Teil des Prozesses, den wir Terminermittlung genannt haben, einfach und ohne es von vornherein zu bedenken, in dem Prozess „Angebotserstellung" aufgenommen.

Ausgangspunkt ist die Datei „Übung 10", das Ergebnis ist in „Übung 10 Test" dokumentiert. ■

Dann müssen Sie den Befehl Zur Auswahl erstellen ausführen. Es wird ein neues Zeichenblatt angelegt, das nicht nur die Gruppe der vorher ausgewählten Prozesse enthält, sondern auch die im ursprünglichen Prozess angelegten Funktionsbereiche. Dieses neue Zeichenblatt wird zunächst einfach nummeriert, den Namen müssen wir leider noch anpassen.

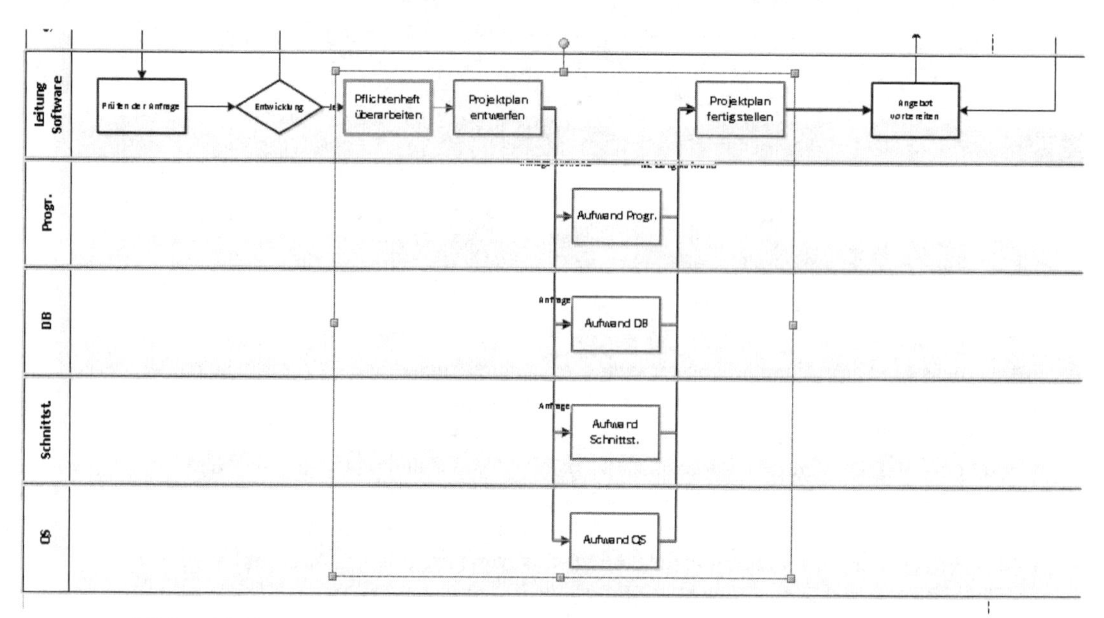

BILD 4.73 Teile des Prozesses als Gruppe definieren

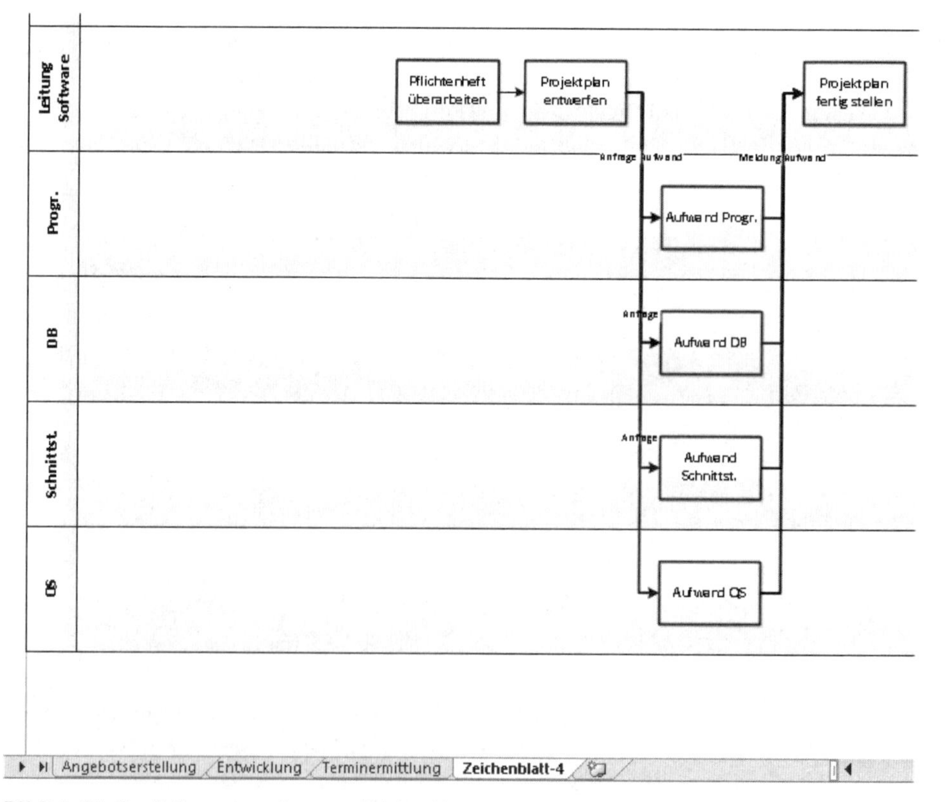

BILD 4.74 Der Teilprozess auf neuem Zeichenblatt

Der ursprüngliche Prozess, aus dem ich diesen Teilprozess ausgeschnitten habe, sieht dann so aus:

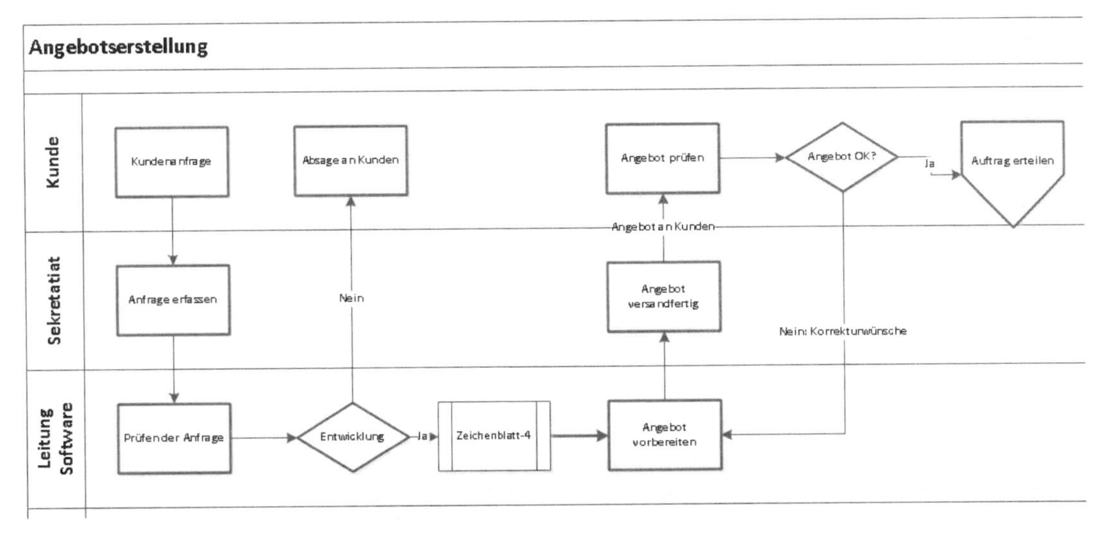

BILD 4.75 Automatisch erstelltes Shape für den Teilprozess

Nicht so schön ist, dass ich das vom Programm erstellte Symbol für den Teilprozess noch umbenennen muss. Zwar kann ich mit einem <Strg>-Klick auf das Symbol des Teilprozesses eben auf das Zeichenblatt des Teilprozesses wechseln, aber einen automatischen Rücksprung in den Ursprungsprozess gibt es nicht. Man kann natürlich immer über die Register der Zeichenblätter zurückwechseln oder wir könnten am Ende eine Off-Page-Referenz auf den Hauptprozess anlegen (s. Abschnitt 4.4.3).

4.5.5.2 Teilprozess mehrmals in anderen Dateien verwenden

Sowohl die Off-Page-Referenz als auch die Befehle Neu erstellen als auch Aus Auswahl erstellen können ja nur einen Hyperlink auf ein weiteres Zeichenblatt in der gleichen Datei erzeugen, d. h., der Teil- oder Unterprozess muss sich in der gleichen Visio-Datei befinden. Nun wäre es komfortabel und würde die Arbeit der Prozessmodellierung erleichtern, wenn man einen Teilprozess in mehreren Prozessen einbinden könnte. Einen Routineablauf kann man als Teilprozess modellieren und diesen in mehrere (Haupt-)Prozesse einbinden.

In unserem Beispiel habe ich den bisherige Teilprozess „Terminermittlung“ als eigenen Prozess gestaltet und gespeichert. In dem neuen Prozess „Produktion 1“ möchte ich auch auf diesen Teilprozess zugreifen.

Dateien Terminermittlung.vsd, Produktion 1.vsd und Produktion 2.vsd ■

MIT VORHANDENEM VERKNÜPFEN

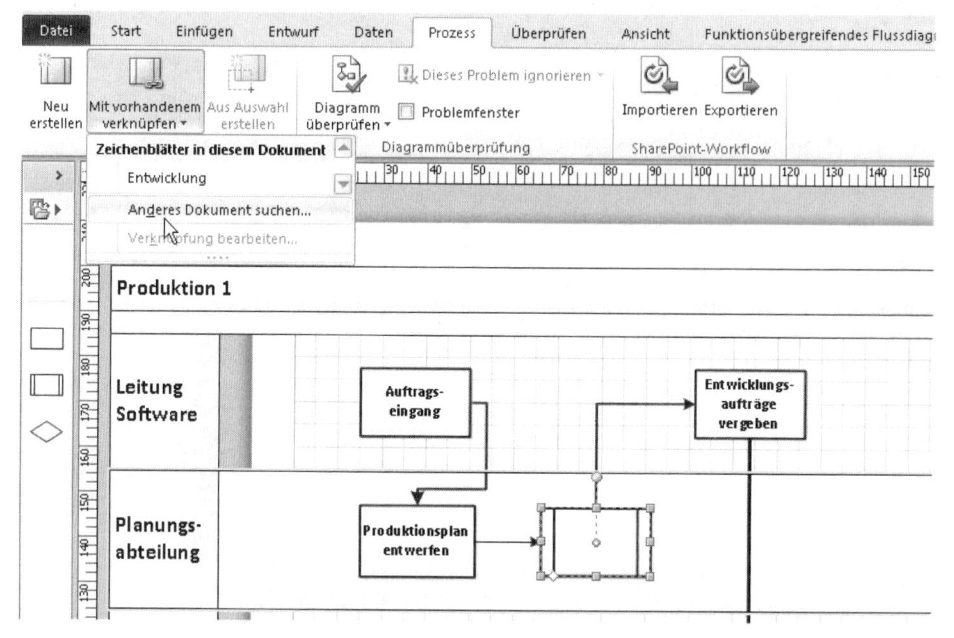

BILD 4.76 Anderes Dokument auswählen

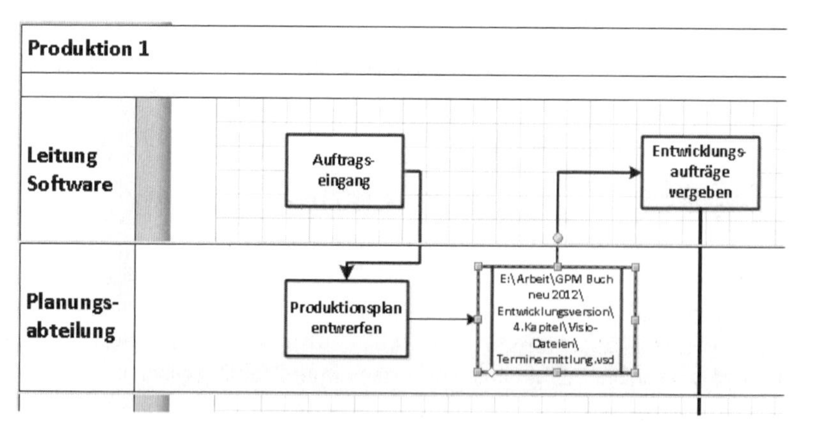

BILD 4.77 Hyperlink zeigt Teilprozesse an.

Nachdem die Datei ausgewählt wurde, stehen der ganze Pfad und Name als Hyperlink-Adresse im Symbol, hier das Symbol für Teilprozess. Aber man kann natürlich den Prozessnamen anpassen. Wenn man ein bestehendes, schon mit einem Namen bezeichnetes Symbol nimmt, bleibt der bisherige Name bestehen.

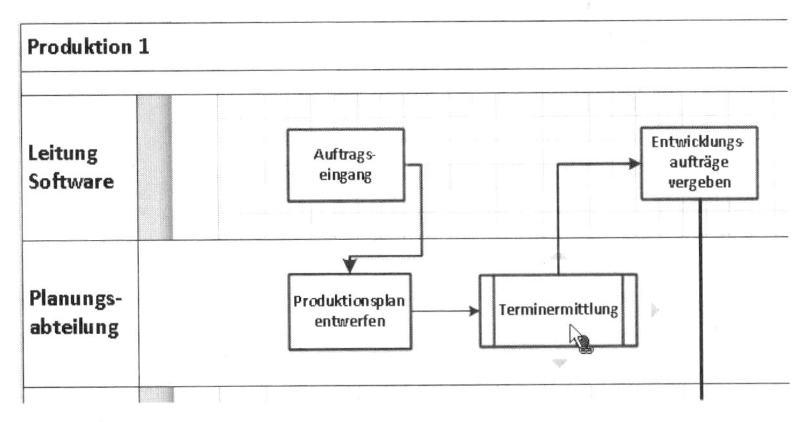

BILD 4.78 Namen für Teilprozess

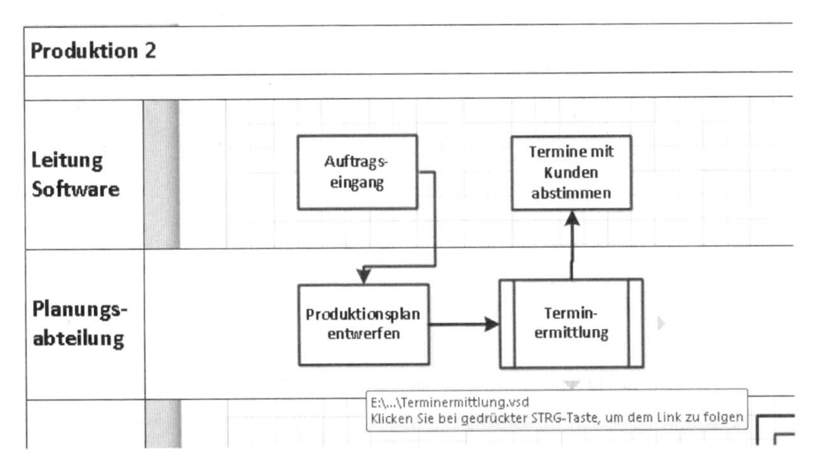

BILD 4.79 Gleicher Teilprozess in einem anderen Hauptprozess

Hier habe ich den Hyperlink auf die gleiche Teilprozessdatei in einem anderen Prozess, „Produktion 2“, eingerichtet. Mit einem <STRG>-KLICK springe ich jeweils in den gleichen Teilprozess.

Nicht so schön ist, dass es keinen Rücksprung vom Teilprozess in den Hauptprozess gibt, jedenfalls keinen automatisch angelegten. Aber wenn wir das wünschen, können wir ja eine Off-Page-Referenz (siehe Abschnitt 4.4.3.3) vom Teilprozess zurück zum Hauptprozess einrichten.

4.5.5.3 Hinweise zum Aufbau großer Prozesse

1. Wenn man große Prozesse auf einem Blatt anlegt, kann man mit dem Verschieben und Zoom-Fenster leicht in der Zeichnung navigieren und sich gewünschte Ausschnitte vergrößern.
2. Legen Sie On-Page-Referenzen an, wenn Sie mit einem Klick von einer Stelle des Prozesses an eine andere springen möchten.
3. Legen Sie mehrere (Teil-)Darstellungen auf mehreren Blättern an, wenn der Prozess größer ist und sich thematisch in Teilprozesse trennen lässt. Für die Übergänge zwischen den Teilprozessen legen Sie jeweils Ausgangs- und Eingangs-Off-Page-Referenz-Shapes an, so dass die Übergänge optisch gut sichtbar sind und man mit einem Klick hin- und herspringen kann.
4. Zur besseren Übersicht können Sie Unterprozesse erfassen als Teile eines Hauptprozesses. Ein Unterprozess enthält Details eines Hauptprozesses. Nehmen Sie dazu das Shape **Teilprozess** und verknüpfen Sie es mit dem Blatt, auf dem der Teilprozess dargestellt ist. Ein Rücksprung-Shape aus dem Teilprozess in den Hauptprozess ist optional.

4.6 Prozess Prüfen

Ebenfalls im Menüpunkt Prozess, der nur in Visio 2013 Professional und in der Premium-Edition von Visio 2010 verfügbar ist, gibt es den Befehl DIAGRAMM ÜBERPRÜFEN. Damit wird ein Tool zum Auffinden von Fehlern in der Diagrammerstellung gestartet. Da wir uns in einem Flussdiagramm befinden, bietet uns das Programm die Überprüfung nach den **Flussdiagrammregeln** an. Wenn wir ein **BPMN-Diagramm** (Business Process Model and Notation, siehe Abschnitt 4.9) erstellen, wird uns auch eine Überprüfung nach diesen Regeln angeboten.

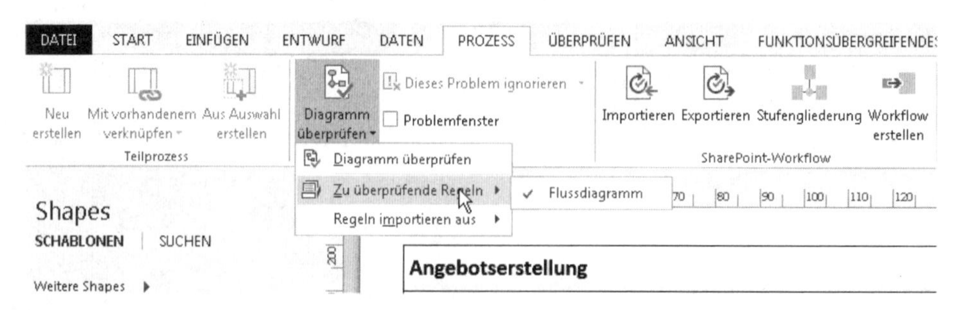

BILD 4.80 Regel auswählen

Die Regeln für das **Flussdiagramm** stehen immer zur Verfügung. Mit REGELN IMPORTIEREN AUS > kann man Regeln aus anderen Diagrammen importieren, wenn diese geöffnet sind.

Man könnte auch eigene Regeln hinterlegen, was jedoch eine eigene Entwicklung erfordert, die zu komplex ist, um sie hier beschreiben zu können.

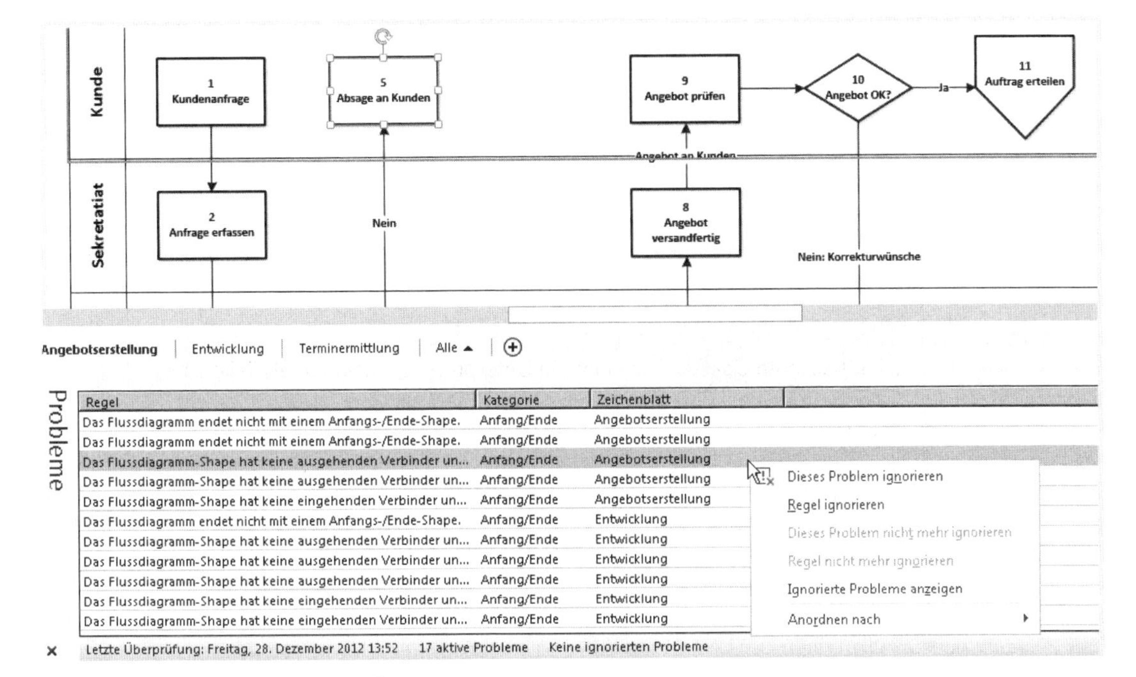

BILD 4.81 Die Ergebnisse der Überprüfung

Die Überprüfung öffnet das Problemfenster, das die von der ausgewählten Überprüfungslogik erkannten Probleme anzeigt. Wenn man eine Zeile im Problemfenster markiert, wird oben im Diagramm das Shape markiert, das dieses Problem verursacht. Sie können DIESES PROBLEM IGNORIEREN für das individuelle Shape, die REGEL IGNORIEREN und, wenn Sie schon Probleme ignoriert haben, sich diese anzeigen lassen (im Kontextmenü, Bild 4.81). Oder Sie können natürlich das Diagramm verbessern, so dass dieses Problem nicht mehr gemeldet wird.

Wenn Sie ein Problem bearbeitet haben, d. h. die Zeichnung geändert haben, können Sie einfach die Überprüfung erneut ausführen. Man sieht dann, ob man jetzt richtig gearbeitet hat (z. B. „Kleben an Verbindungspunkt") oder ob man sich noch einmal versuchen darf. ■

Wir gehen von der Datei Übung 10 aus (ich habe Übung 9 als Übung 10 gespeichert und die Shapes nummeriert) und wollen die gemeldeten Probleme durchgehen. Die Ergebnisse der Überarbeitung sind in der Datei Übung 11 dokumentiert. ■

Wenn man in der Liste der Probleme auf eine Zeile klickt, wird im Diagramm das dazugehörige Shape markiert. Daran erkennt man, für welches Shape dieses Problem gemeldet wird.

Wird kein Shape hervorgehoben, betrifft diese Meldung das Zeichenblatt überhaupt, z. B. die Meldung **Das Flussdiagramm endet nicht mit einem Anfangs-/Ende-Shape**.

Fehlermeldungen im Zeichenblatt Angebotserstellung:

1. Zeile:
Das Flussdiagramm endet nicht mit einem Anfangs-/Ende-Shape
heißt hier, dass ich kein Anfangs-Shape eingefügt habe. Das korrigiere ich und ersetze das **Prozess**-Shape „Kundenanfrage“ durch ein gleichnamiges **Start/Ende** Shape (Ellipse). Nur Visio 2013 Professional und Visio 2010 Premium: Wenn man ein bestehendes Shape aus dem Startmenü, Gruppe Bearbeiten, mit SHAPES ÄNDERN ersetzt (s. Bild 4.70), bleiben die Beschriftung und die Formatierungen des bisherigen Shape erhalten.

2. Meldung:
Das Flussdiagramm endet nicht mit einem Anfangs-/Ende-Shape
heißt hier, dass ich kein Ende-Shape eingefügt habe. Dieser Prozess auf diesem Zeichenblatt endet mit einer Off-Page-Referenz auf ein anders Zeichenblatt, das ist ein logisch sauberer Übergang. Man muss allerdings wissen, dass der Prozess auf dem anderen Zeichenblatt weitergeht. Es ist schade, dass die Überprüfungslogik dies nicht als legitimen Ausgang eines Prozesses anerkennt. Ich ignoriere das Problem.

3. Meldung:
Das Flussdiagramm hat keine ausgehenden Verbinder und ist kein Anfangs-/Ende-Shape
Bezieht sich auf das Shape Nr. 5 „Absage an Kunden“ (Bild 4.81). In meinem Prozess folgt hier nichts, deshalb ist das richtig. Es wäre eine Geschmacksfrage, dies als Anfangs-/Ende-Shape darzustellen. Ich behalte mir Anfangs-/Ende-Shapes für den Anfang oder das Ende des ganzen Prozesses (auf einem Zeichenblatt) vor. Ich ignoriere das Problem.

4. Meldung:
Das Flussdiagramm hat keine ausgehenden Verbinder und ist kein Anfangs-/Ende-Shape
Bezieht sich auf das Shape Nr. 11 „Auftrag erteilen“. Dies ist die Off-Page-Referenz auf ein anderes Zeichenblatt. Ich ignoriere das Problem. Schade, dass die Überprüfungslogik diese Referenzen nicht erkennt.

5. Meldung
Das Flussdiagramm hat keine ausgehenden Verbinder und ist kein Anfangs-/Ende-Shape
Bezieht sich auf das inzwischen geänderte Shape Nr. 1 „Kundenanfrage“. Bei einer erneuten Überprüfung wird dies nicht mehr gemeldet, da ich es inzwischen geändert habe.

Wenn man jetzt den Befehl DIAGRAMM ÜBERPRÜFEN erneut durchführt, wird für das Zeichenblatt „Angebotserstellung“ kein Fehler mehr gemeldet.

Auch hier ist die Fehlermeldung in der ersten Zeile wieder darauf zurückzuführen, dass die Überprüfung leider nicht die Off-Page-Referenz als Start dieses Teilprozesses anerkennen will. Ich ignoriere das Problem.

Fehlermeldungen im Zeichenblatt Entwicklung:

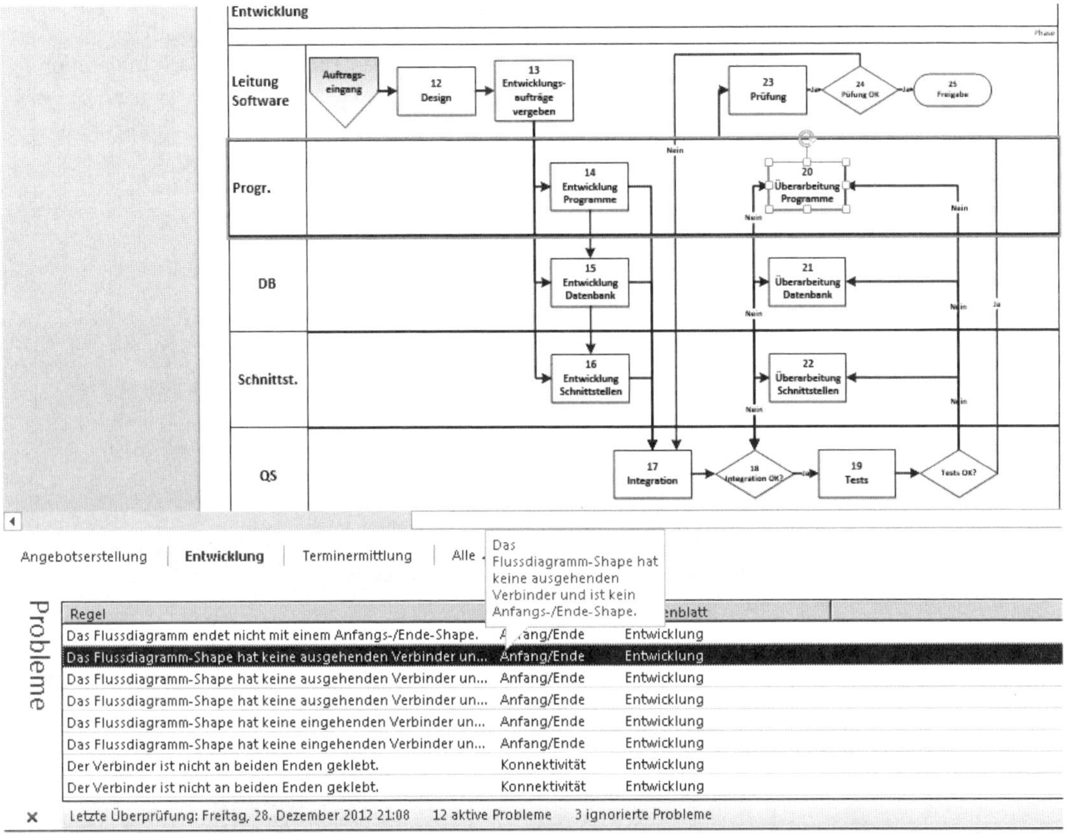

BILD 4.82 Probleme im Prozess Entwicklung

Logische Fehler:

Aber die nächsten drei Meldungen (für das Zeichenblatt **Entwicklung**) machen mich auf einen wirklichen inhaltlichen Fehler aufmerksam: die Prozesse 20 „Überarbeitung Programme“, 21 „Überarbeitung Datenbank“ und 22 „Überarbeitung Schnittstellen“ haben keine ausgehenden Verbinder. Zwar haben sie von zwei Seiten eingehende Verbinder. Um die Sache einfach darzustellen, habe ich die eingehenden Verbinder von „Integration OK?“ optisch mit zwei Pfeilen, also auch ein Pfeilspitze rückwärts, gezeichnet. Das ist aber reine Optik. Wenn man sich den Fluss des Prozesses in der Wirklichkeit vergegenwärtigt und die Richtung der Verbinder ernstnimmt, würden die Programme in den Überarbeitungsschritten hängenbleiben und nicht mehr weitergegeben werden. Das wäre der sogenannte „gridlock“, der Stillstand oder blockierte Verkehr.

Um es richtig zu machen, muss ich die Verbinder richtig von den Überarbeitungsvorgängen zum Prüfvorgang ziehen und dort „Kleben an Verbindungspunkt“ wählen. Nachdem ich die Verbinder richtig rückwärts zu dem Prüfvorgang 18 „Integration OK“ eingerichtet habe, werden diese Fehler nicht mehr gemeldet.

Technische Fehler:

Die beiden nächsten Fehler mit der Meldung **Der Verbinder ist nicht an beiden Enden geklebt**, die mit der Kategorie **Konnektivität** gemeldet werden, machen mich auf ein unkorrektes Arbeiten aufmerksam. Sowohl von Prozess 17 „Integration“ zu Prozess 18 „Integration OK?“ als auch der Verbinder von Prozess 24 „Prüfung OK?“ wiederum zum Prozess 17 „Integration“ sind nicht richtig an den Verbindungspunkt „geklebt“. Man muss die Verbinder wirklich an die Verbindungspunkte anhängen bis „Kleben an Verbindungspunkt“ als Mini-Hilfe am Mauszeiger erscheint.

Hinweis

Wenn Sie rein grafisch den Prozess darstellen wollen, sagen wir zur Veranschaulichung, sind solche technischen Fehler nicht schlimm. Man sieht ja, was gemeint ist.

Wenn Sie jedoch den Prozessfluss wirklich technisch erfassen wollen, weil sie ihn woanders, sei es in einer Prozess-Engine umsetzen oder in MS Project z. B. auf Laufzeiten durchrechnen wollen, müssen die Verbinder wirklich an den Prozesselementen „kleben“.

Fehlermeldungen im Zeichenblatt Terminermittlung:

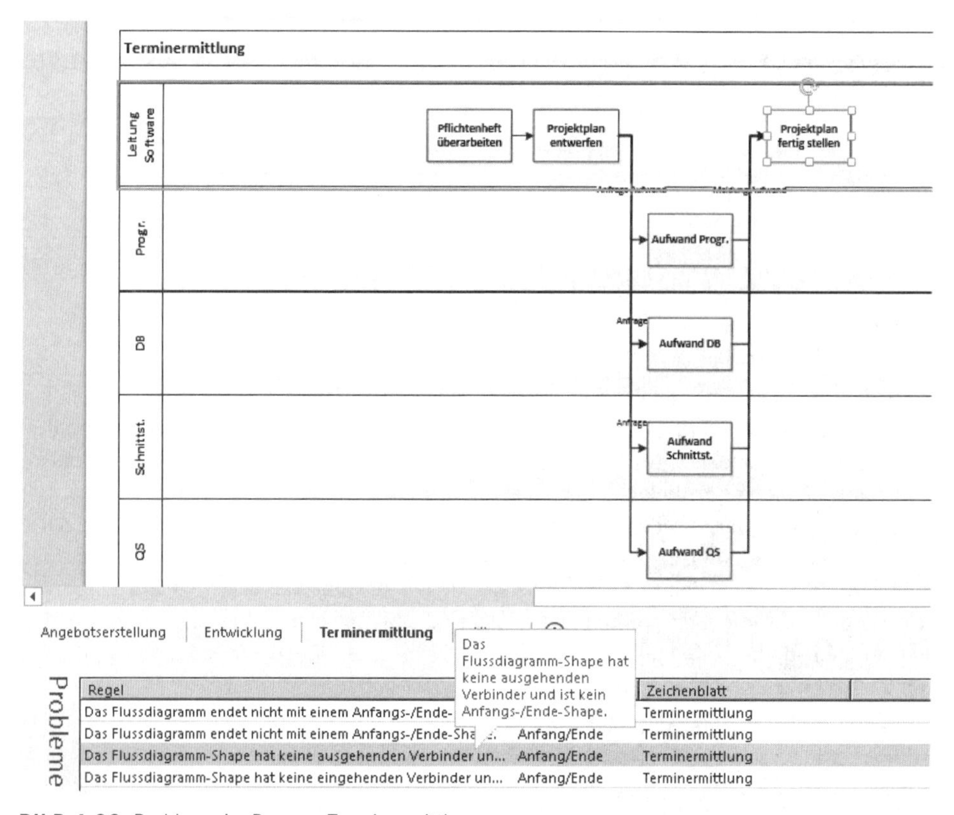

BILD 4.83 Probleme im Prozess Terminermittlung

Alle gemeldeten Probleme im Prozess „Terminermittlung“ beziehen sich darauf, dass in diesem Teilprozess keine Start- bzw. Endpunkte des Prozesses vorhanden sind. Dies ist unabhängig davon, ob wir diesen Teilprozess quasi automatisch aus einer bestehenden Gruppe haben erstellen lassen (Abschnitt 4.5.5.1, Bild 4.74 Der Teilprozess auf neuem Zeichenblatt, hier in Übung 11 dokumentiert und in Bild 4.83 verwendet) oder diesen Teilprozess selbst angelegt haben (Abschnitt 4.5.4, Bild 4.71 Unterprozess Terminermittlung, hier in Übung 9 dokumentiert). Der Unterschied ist ja nur der, dass wir beim selbst angelegten Teilprozess Off-Page-Referenzen als Verweise auf den Hauptprozess angelegt haben. Da die Logik der Diagrammüberprüfung diese jedoch auch nicht als Anfang/Ende-Shapes anerkennt, haben wir dann zwei Fehlermeldungen mehr, die uns im Prinzip das Gleiche sagen. Ich verbessere also den Teilprozess „Terminermittlung“ mit einem Start- und Ende-Shape und habe keine gemeldeten Probleme in der Überprüfung mehr.

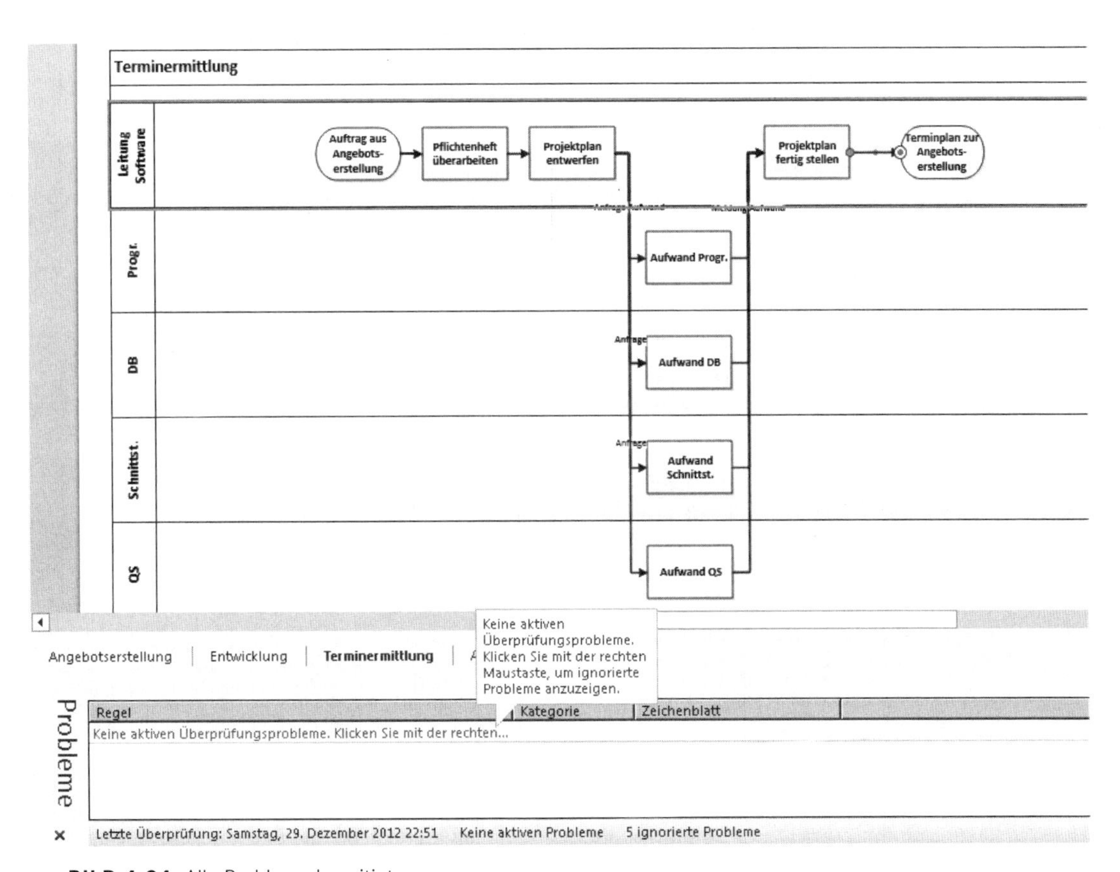

BILD 4.84 Alle Probleme beseitigt

Sehr nützlich sind die Hinweise auf inhaltliche und technische Fehler. Wenn man diese beseitigt und die Überprüfung des Diagramms so oft durchführt, bis man alle gemeldeten Fehler entweder als Schwächen der Logik der Überprüfung ignoriert oder eben wirkliche Fehler beseitigt sind, kann das Überprüfungstool schon eine ganz nützliche Hilfe darstellen.

Alle Ergebnisse der Überprüfung und der Überarbeitung in Datei Übung 11 festgehalten.

Die Funktion IGNORIERTE PROBLEME ANZEIGEN ist ein Ein-/Ausschalter. Wenn man eine Visio-Datei weitergibt, in der man das Diagramm überprüft hat, kann der Empfänger sich anzeigen lassen, welche Probleme ignoriert wurden. Sie können jedoch die gespeicherten Probleme zusammen mit anderen persönlichen Informationen entfernen über Menü Datei/Informationen/Persönliche Informationen entfernen. Allerdings kann man wohl nicht verhindern, dass der Empfänger der Datei die Überprüfung erneut durchführt und sich die ignorierten Probleme anzeigen lässt.

4.7 Daten

4.7.1 Interne Daten

Bisher haben wir die Prozesse nur grafisch erfasst. Ich habe mich hier auf die beiden Zeichnungstypen STANDARDFLUSSDIAGRAMM und FUNKTIONSÜBERGREIFENDES FLUSSDIAGRAMM konzentriert, da meines Erachtens diese beiden Grundzeichnungstypen für die Darstellung von Geschäftsprozessen geeignet und ausreichend sind. Die Darstellung mit den Symbolen nach der BPMN-Notation behandeln wir im übernächsten Abschnitt, da diese meines Erachtens eine andere Zielrichtung hat.

Bisher haben wir alle wichtigen Features zur Prozessdarstellung, die *Visio* bietet, dargestellt und benutzt. Natürlich bietet *Visio* mehr Shapes und wenn Sie möchten, schauen Sie sich die anderen Shapes mal an und probieren Sie, ob die Darstellung Ihrer Prozesse damit an Klarheit und Transparenz gewinnt. Bedenken Sie dabei immer, dass jedes zusätzlich eingefügte Symbol einen Erklärungsbedarf beim Betrachter hervorruft: Was meint jetzt dieses Symbol? Grundsätzlich gilt, dass hier weniger mehr ist, und ich erinnere an den Ausdruck von Saint-Exupéry, dass eine Darstellung nicht dann perfekt ist, wenn man nichts mehr hinzufügen kann, sondern dann, wenn man nichts mehr weglassen kann! „Keep it clear and simple!“

Weitere Informationen können als Text, Zahlen oder Termine mit den Shapes verbunden werden. Diese werden unter DATEN geführt. Man kann das Zeichenblatt mit externen Daten verknüpfen oder intern Daten aufnehmen. Die Daten werden im Fenster **Shape-Daten** angezeigt, dort kann man sie auch intern aufnehmen. Dieses Fenster können Sie über das Kontextmenü über DATEN/SHAPE-DATEN... aufrufen oder über das Menü Daten und die Option FENSTER ‚SHAPE-DATEN‘ in der Gruppe Einblenden/Ausblenden aktivieren. Ist das Fenster einmal eingeblendet, kann man jeweils ein Shape markieren und das Fenster zeigt die Daten zu diesem Prozessschritt an. (Wenn Sie auf das kleine Pinnnadel-Symbol klicken, können Sie das Fenster vergrößern und an jede gewünschte Stelle ziehen, z. B. ganz nach oben.)

SHAPE-DATEN - PROZESS.25 ×

Kosten	2.000,00 €
Prozessnummer	
Besitzer	
Funktionsname	Leitung Software
Startdatum	
Enddatum	
Status	
Shape-Nummer	12
Shape-Nummerntext	
Shape-Nummer verbergen	FALSE

BILD 4.85 Fenster Shape-Daten

Bild 4.85 zeigt das Shape-Fenster, wie es als Beispiel in der Voreinstellung angelegt ist. In dem grau hinterlegten Bezeichner oben stehen der Name des Mastershape und wohl die vom System vergebene einmalige Nummer, die wir weder kennen noch brauchen. Darunter stehen die Felder mit den Daten, die entweder übernommen werden (im Beispiel der Funktionsname „Leitung Software"), oder Datenfelder, in die man eine Eingabe vornehmen kann. Es wird die von mir vergebene Shape-Nummer (Nummerierung von Shapes s. Abschnitt 4.3.3.6) angezeigt, da die Anzeige der Shape-Nummer nicht unterdrückt wird.

4.7.2 Shape-Daten definieren

Die mit den Shapes zu verbindenden Daten werden immer unterschiedlich sein. Deshalb wird man die Daten, die man mit den Shapes verknüpfen will, anpassen müssen. Man kann natürlich einfach diesen Datensatz umarbeiten, indem man gewünschte Felder hinzufügt und unnötige löscht. Es ist aber vielleicht gewünscht oder notwendig, mehrere Datensätze zu definieren, die man dann auf verschiedene Shapes anwenden kann. Sie rufen im geöffneten Fenster der Shape-Daten mit dem Kontextmenü Folgendes auf:

SHAPE-DATENSÄTZE...

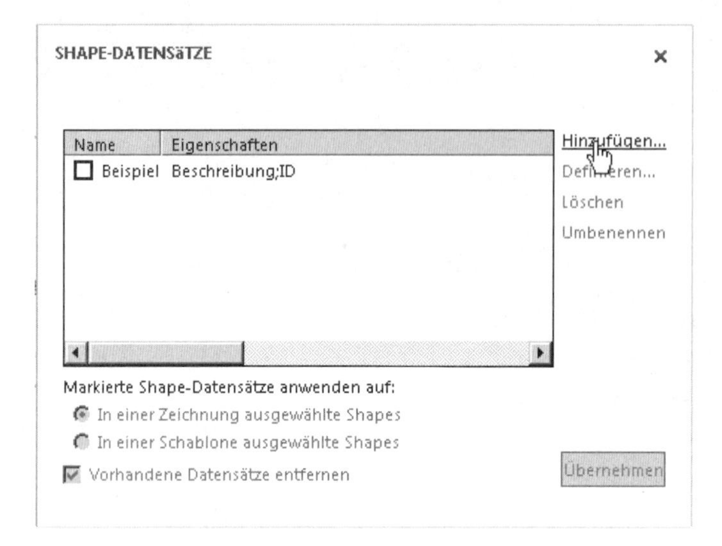

BILD 4.86
Hinzufügen eines neuen Datensatzes ...

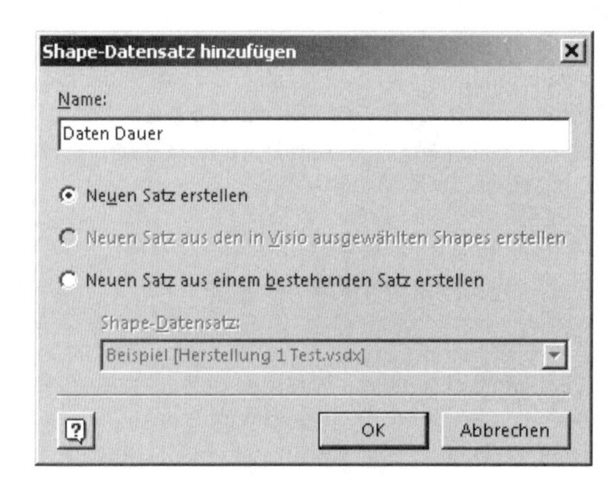

BILD 4.87
... neuen Datensatz benennen

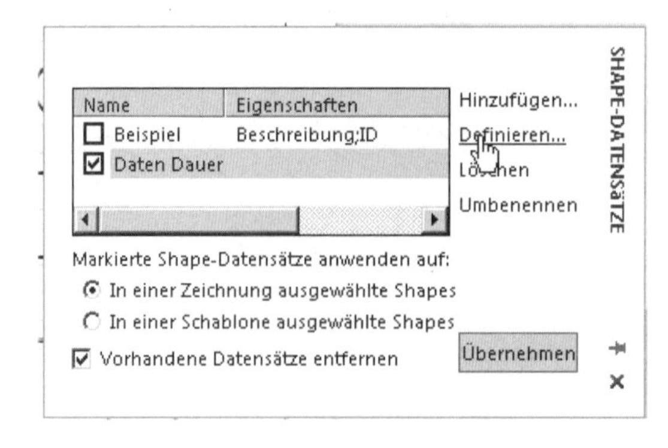

BILD 4.88
... neuen Datensatz definieren ...

Bevor dieser neue Datensatz für die Shapes übernommen werden kann, müssen die Daten definiert werden, die er enthalten soll. Also wählen Sie DEFINIEREN... (Bild 4.86) oder aus dem Kontextmenü SHAPE-DATEN DEFINIEREN.

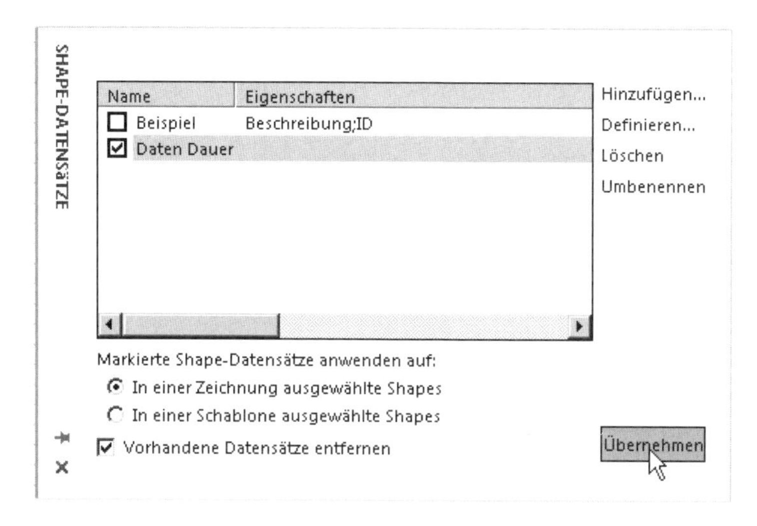

BILD 4.89 Felder des neuen Datensatzes

Name	Typ: Zeichenkette, Format: Normal
Durchschnittsdauer in Tagen	Typ: Dauer, Format: Tage
aktuelle Dauer	Typ: Dauer, Format: Tage
% Abweichung	Typ: Zeichenkette, Format: Normal

Nachdem man den neuen Datensatz definiert hat, muss man ihn noch ÜBERNEHMEN (Bild 4.89). Wenn man alle Shapes als Gruppe markiert, übernimmt man diesen Datensatz (natürlich ohne Daten) auf alle **In der Zeichnung ausgewählten Shapes**. In den anderen Shapes der Gruppe werden auch die vorgegebenen Datensätze angezeigt, da Visio diese intern benötigt. Wenn man diese Felddefinitionen an einem Mastershape vornimmt (oder dieses Shape zum Mastershape macht), verwenden alle neuen Shapes, die mithilfe dieses Mastershape erstellt werden, diese Datenfelder. Wenn man also schon vor der Erstellung einer Zeichnung weiß, welche Daten man mit den Shapes anlegen und auswerten möchte, sollte man sich seine eigenen Mastershapes (siehe Abschnitt 4.3.4) mit den gewünschten Datenfeldern kreieren.

4.7.3 Zugriff auf externe Daten

In der Praxis wird es meist zu aufwendig sein, die Daten intern in Visio zu den Shapes einzugeben. Normalerweise hat man die Daten extern elektronisch gespeichert vorliegen, z. B. als Excel-Arbeitsmappe, in einer Datenbank oder als Sharepoint-Liste. Diese Daten aus einer externen Datenquelle will ich hier in Visio einlesen. Dazu muss ich die gewünschten Felder der externen Datenquelle in einem Datensatz in Visio anlegen (Bild 4.89) und den Shapes zuweisen.

Wir wollen annehmen, dass Sie für einen einfachen Prozess eine Messung des Zeitbedarfs vornehmen. Sie haben die durchschnittlichen Dauern aus Vorperioden, diese betrachten Sie als Ihre Soll-Werte. In einer aktuellen Erhebung haben Sie jetzt aktuelle Dauern ermittelt. In der Excel-Tabelle, in der Sie diese Werte aufgenommen haben, haben Sie auch eine Formel für die prozentuale Abweichung der aktuellen Werte von den Soll-Werten eingegeben.

Name	Durchschnittsdauer (in Tagen)	Aktuelle Dauer	Abweichung inProzent
Auftragsannahme	1	2	200
Spezifikationen erstellen	3	5	167
Entwicklung	5	10	200
Gate 1 Prüfung	1	1	100
Vorbereitung Produktion	2	4	200
Produktion	20	15	75
Gate 2 Qualitätssicherung	1	15	1500
Versand	1	1	100

BILD 4.90 Die externen Daten (Datei „Prozess Entwicklung.xls“)

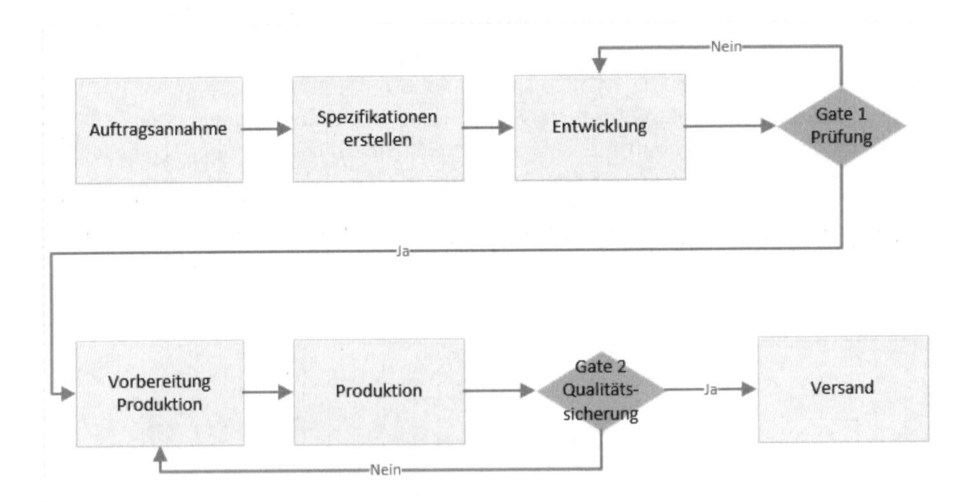

BILD 4.91 Der dazugehörige Prozess (Datei „Herstellung 1.vsd“)

Aus der Prozessdarstellung in Visio starten Sie einen Assistenten, der Ihnen hilft, Daten aus einer externen Quelle zu importieren. Menü Daten, Gruppe Externe Daten, DATEN MIT SHAPES VERKNÜPFEN:

Datenauswahl
Welche Daten möchten Sie verwenden?
Microsoft Excel-Arbeitsmappe
Microsoft Access-Datenbank
Microsoft SharePoint Foundation-Liste
Microsoft SQL Server-Datenbank
Andere OLEDB- oder ODBC-Datenquelle
Zuvor erstellte Verbindung
Abbrechen
< Zurück
Weiter >
Fertig stellen

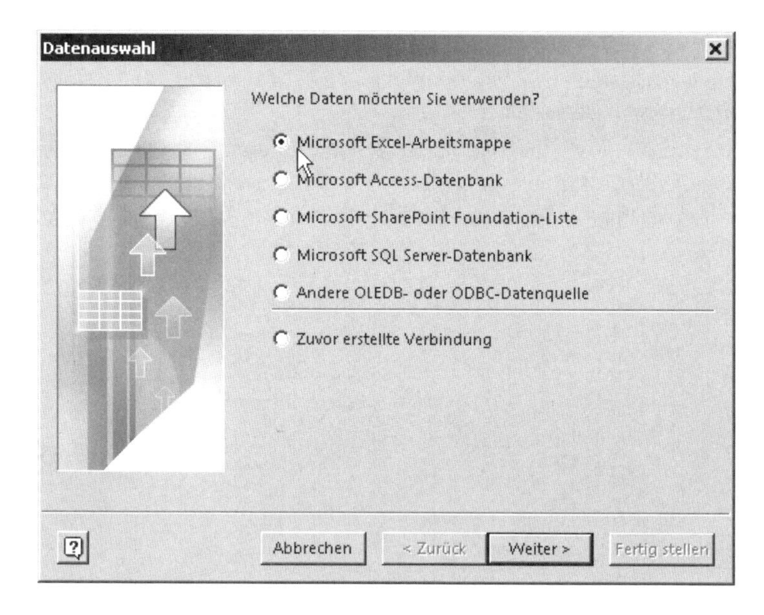

BILD 4.92 Datenimport – Assistent

Mit WEITER kommen Sie in die Maske, in der Sie die Datei aussuchen können, die als Datenquelle dienen soll. In den folgenden Masken können Sie noch näher bestimmen, welche Teile der Datenquelle importiert werden sollen. Hier im Beispiel nehme ich keine weitere Auswahl vor.

Allerdings müssen Sie in dieser unglücklich benannten Maske die Felder auswählen, die als Daten aus der externen Quelle in das Visio-Diagramm importiert werden sollen. Hier also alle benannten Felder:

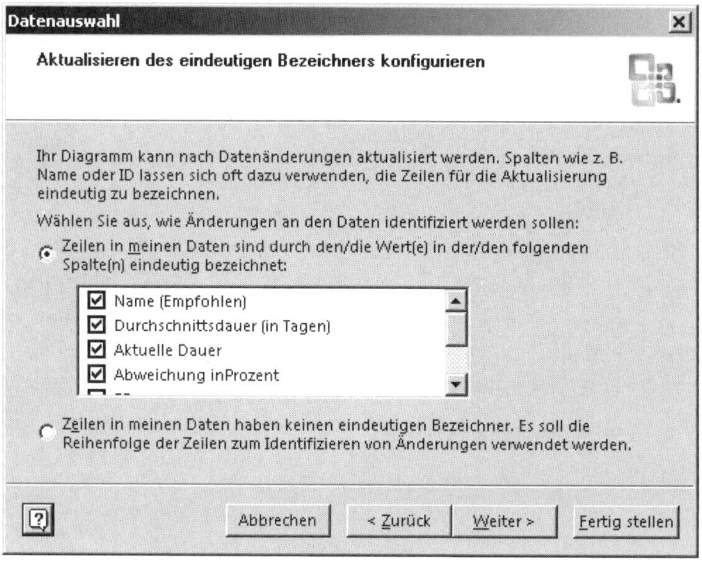

Datenauswahl
Aktualisieren des eindeutigen Bezeichners konfigurieren
Ihr Diagramm kann nach Datenänderungen aktualisiert werden. Spalten wie z. B. Name oder ID lassen sich oft dazu verwenden, die Zeilen für die Aktualisierung eindeutig zu bezeichnen.
Wählen Sie aus, wie Änderungen an den Daten identifiziert werden sollen:
Zeilen in meinen Daten sind durch den/die Wert(e) in der/den folgenden Spalte(n) eindeutig bezeichnet:
Name (Empfohlen)
Durchschnittsdauer (in Tagen)
Aktuelle Dauer
Abweichung inProzent
Zeilen in meinen Daten haben keinen eindeutigen Bezeichner. Es soll die Reihenfolge der Zeilen zum Identifizieren von Änderungen verwendet werden.
Abbrechen
< Zurück
Weiter >
Fertig stellen

BILD 4.93 Alle Daten sollen aktualisiert, d. h. importiert werden.

Schließen Sie dann mit FERTIG STELLEN ab.

(Einen speziellen Datenbank-Assistenten finden Sie unter Menü Ansicht in der Gruppe Makros ADD-ONS/VISIO EXTRAS/DATENBANK-ASSISTENT.)

Wenn die Verbindung erfolgreich etabliert ist, öffnet sich im unteren Bildschirmbereich automatisch das Fenster **‚Externe Daten'**. Einblenden bzw. ausblenden kann man dieses Fenster über Menü Daten, Gruppe Einblenden/Ausblenden, Option für Fenster **Externe Daten**.

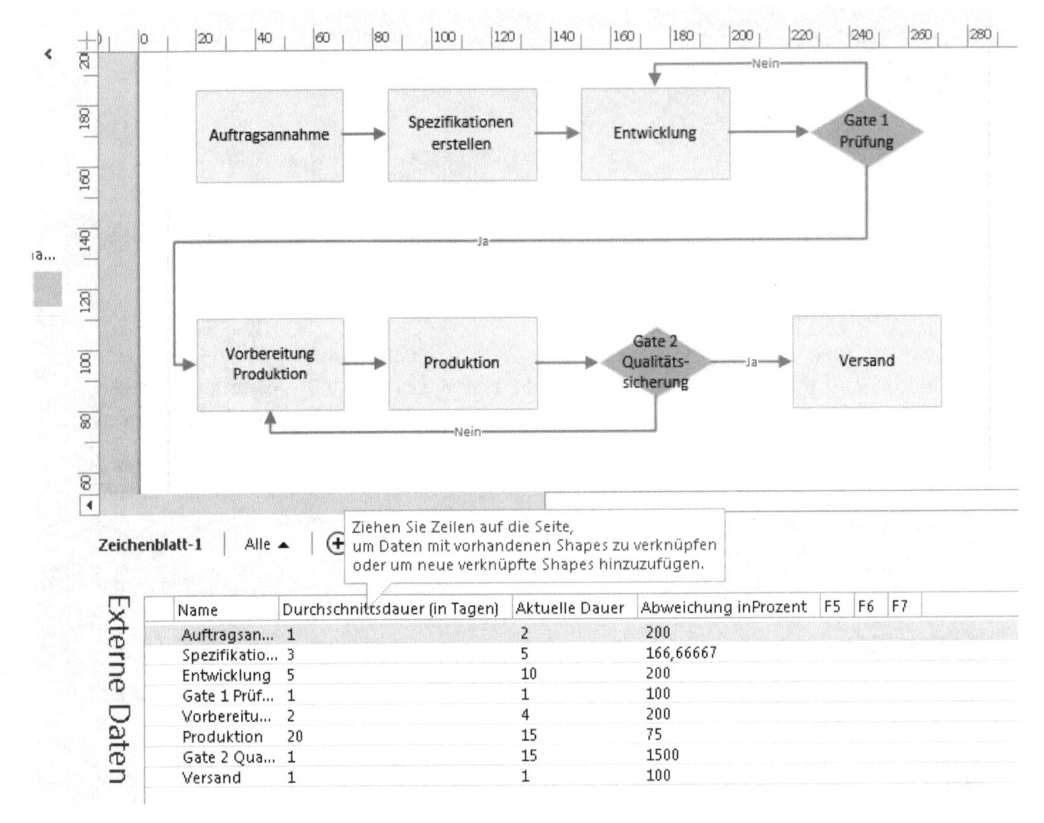

BILD 4.94 Fenster **Externe Daten**

Nun kann man die Daten Zeile für Zeile aus dem Fenster der externen Daten auf das Shape ziehen, zu dem diese Daten gehören. Man kann versuchen, dies zu vereinfachen mit AUTOMATISCH VERKNÜPFEN (im Menü Daten). Hier muss dann ein Feld bestimmt werden, das einen externen Datensatz einem Shape über das auszuwählende Feld eindeutig zuordnet.

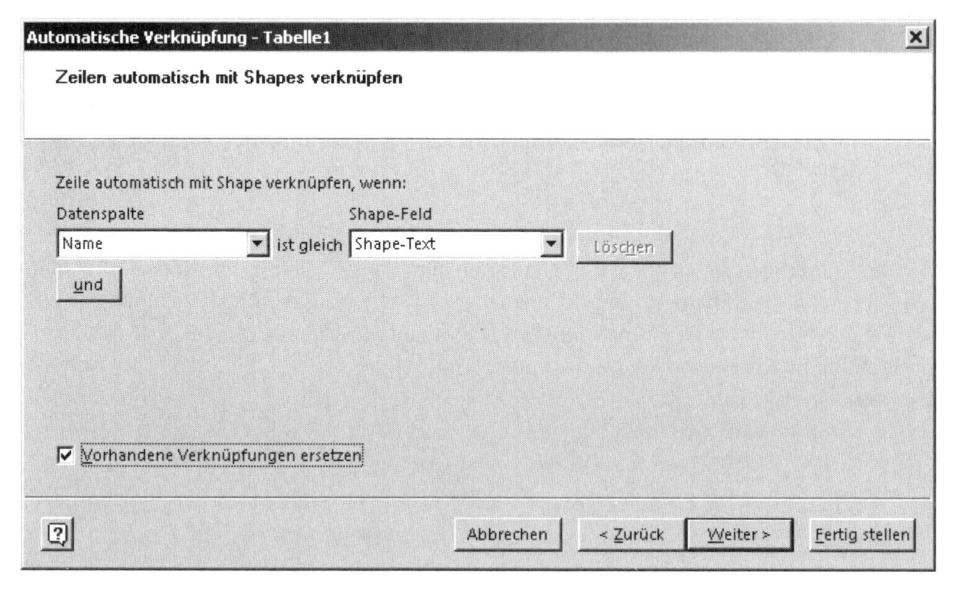

BILD 4.95 Zuordnung von Datenfeld zu Shape-Feld

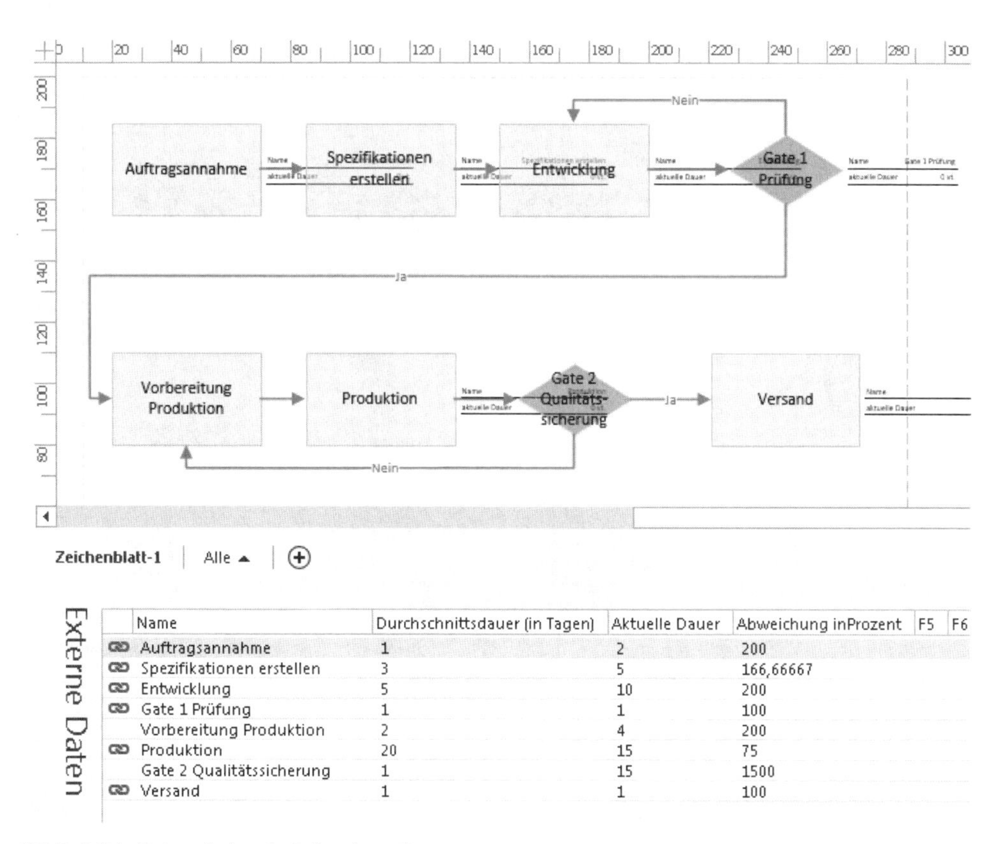

Name	Durchschnittsdauer (in Tagen)	Aktuelle Dauer	Abweichung inProzent	F5	F6
Auftragsannahme	1	2	200		
Spezifikationen erstellen	3	5	166,66667		
Entwicklung	5	10	200		
Gate 1 Prüfung	1	1	100		
Vorbereitung Produktion	2	4	200		
Produktion	20	15	75		
Gate 2 Qualitätssicherung	1	15	1500		
Versand	1	1	100		

BILD 4.96 Daten sind verknüpft – fast alle

Die automatische Verknüpfung funktioniert nur, wenn das Feld, das als Bezeichner definiert wurde, auch wirklich vollkommen gleich geschrieben ist. Schon minimale Unterschiede wie Leerzeichen oder Bindestriche führen dazu, dass der Datensatz nicht dem Shape zugeordnet werden kann. ■

In Bild 4.96 wurden zwei Shapes keine Daten zugeordnet. Man erkennt das an dem fehlenden Verknüpfungssymbol (dem Kettensymbol) im Indikator vor dem Namen. Außerdem wird rechts an den Shapes kein Text angezeigt, was die Vorgabe für das Datenfenster ist (konfigurieren wir gleich). Man könnte jetzt die Schreibweise überprüfen und das Ganze noch einmal machen oder man zieht manuell die Datensätze auf die Shapes, wo das ausnahmsweise nicht geklappt hat.

4.7.4 Datengrafik bearbeiten

Nun kann man die Darstellung der Daten in der Zeichnung gestalten – ein Shape markieren und im Menü Daten, entweder eine neue DATENGRAFIK ERSTELLEN oder eine bestehende DATENGRAFIK BEARBEITEN.

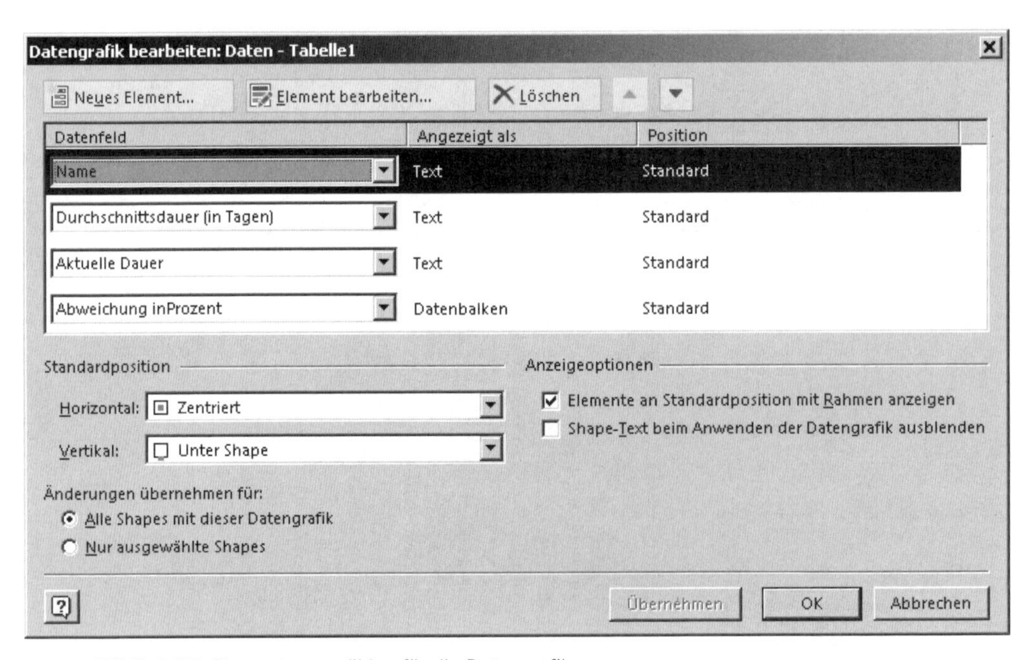

BILD 4.97 Elemente auswählen für die Datengrafik

Hier habe ich die drei Felder, die ich in der Datengrafik anzeigen will, ausgewählt. Über ELEMENT BEARBEITEN oder Doppelklick auf die Zeile des Datenfelds kann man jetzt noch einstellen, wie dieses Datenfeld dargestellt werden soll:

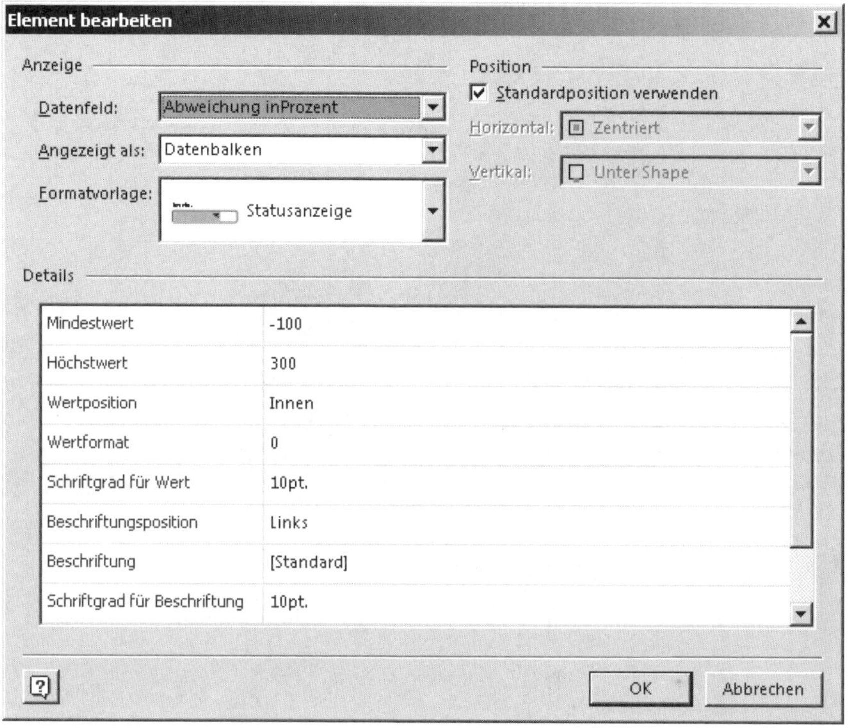

BILD 4.98 Darstellung auswählen

Das Feld „Abweichung in Prozent" soll jedoch nicht als Text, sondern als Datenbalken angezeigt werden und mir reicht die „Statusanzeige". Die Bereiche für die Darstellung der prozentualen Abweichung nehme ich zwischen -100 und plus 300 (zwar liegt die Abweichung beim „Ausreißer" im Spitzenwert bei 1500, aber dann würden die durchschnittlichen Abweichungen von 100 bis 200 % sehr klein dargestellt.) Außerdem habe ich schon die Standardposition (in Bild 4.97) geändert in **Zentriert** und **Unter Shape** und der Darstellung einen Rahmen gegeben.

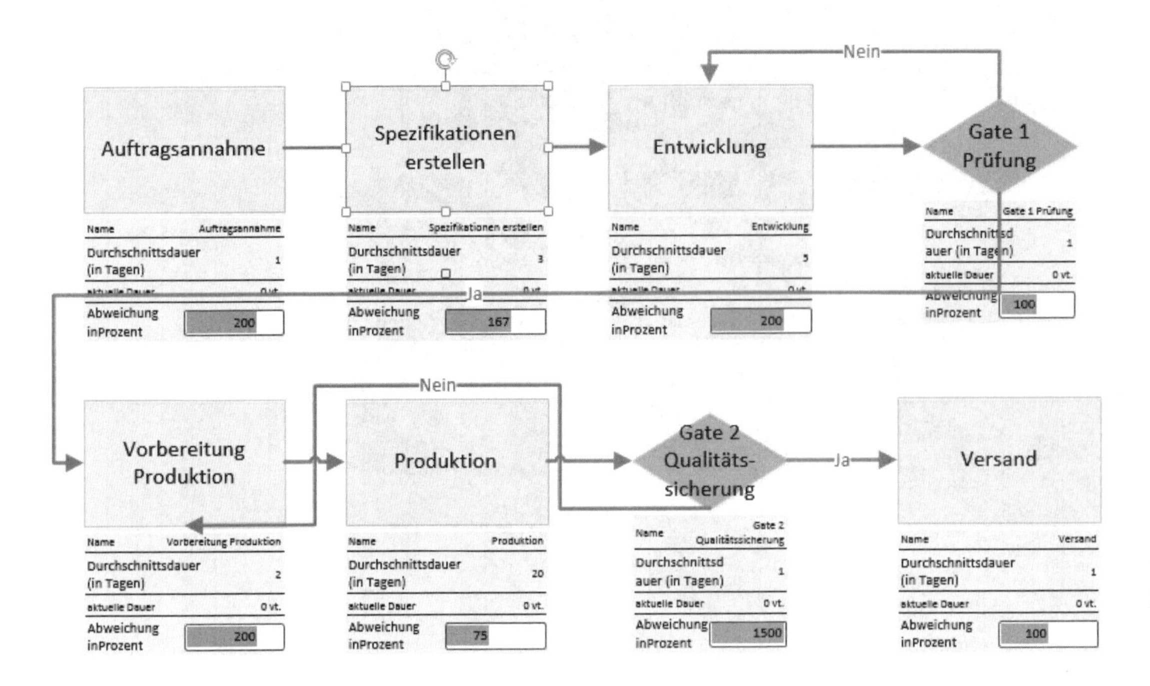

BILD 4.99 Datengrafiken

(Das Ergebnis ist in der Datei „Herstellung 2.vsd“ gespeichert.)

4.7.5 Daten auslesen

Die Informationen zu den Prozessen kann man in Berichten auswerten. Nun macht es keinen Sinn, Daten, die man aus externen Quellen eingelesen hat, wieder auszulesen und in einer externen Datei zu speichern. Wenn, dann könnte man diese Daten im Zeichenblatt selbst darstellen.

(Ich speichere die Datei Übung 11.vsd vom Ende des Abschnitts 4.6 „Prozess Prüfen“ als Datei Übung 12.vsd und arbeite damit hier weiter.)

Zunächst muss man die Möglichkeit schaffen, die gewünschten Daten aufzunehmen. Sie müssen also ein Shape markieren, SHAPE DATEN und aus dem geöffneten Datenfenster über das Kontextmenü DATEN/SHAPE DATENSÄTZE aufrufen und einen neuen Datensatz definieren (analog des Vorgehens, wie wir es oben mit den Bildern 4.86 bis 4.89 beschrieben haben.)

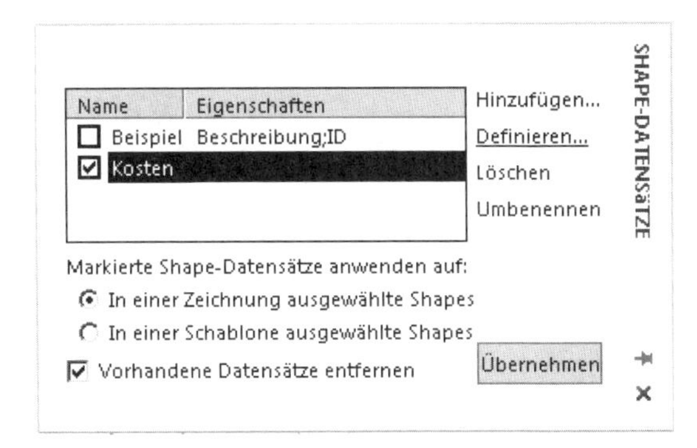

BILD 4.100
Neuen Datensatz anlegen ...

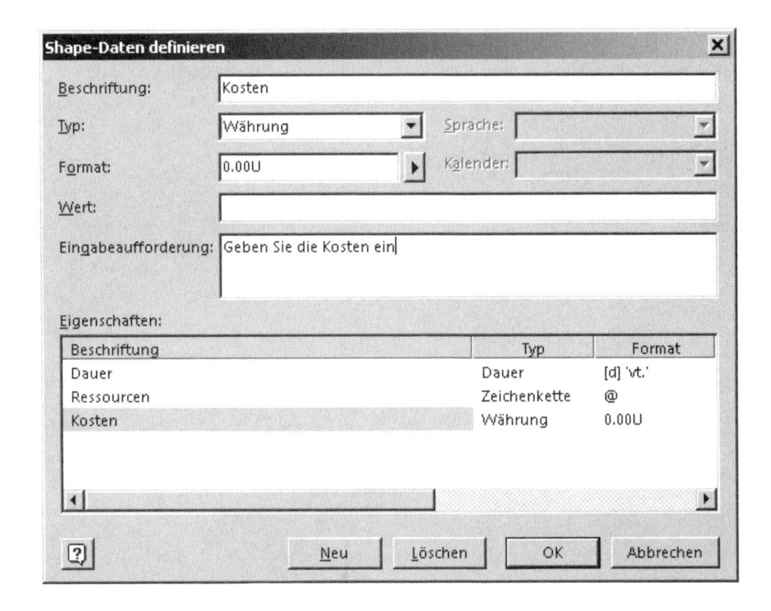

BILD 4.101
... und den Datensatz definieren

Dann müssen Sie alle Shapes auf der Zeichnung als Gruppe zusammenfassen und diesen Datensatz ÜBERNEHMEN.

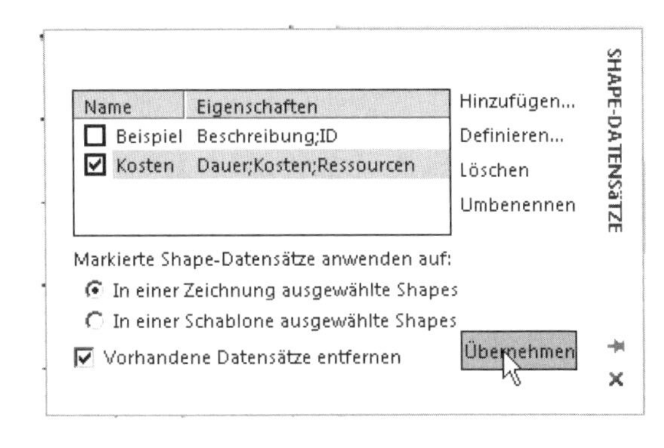

BILD 4.102
Datensatz auf die ausgewählten Shapes übernehmen

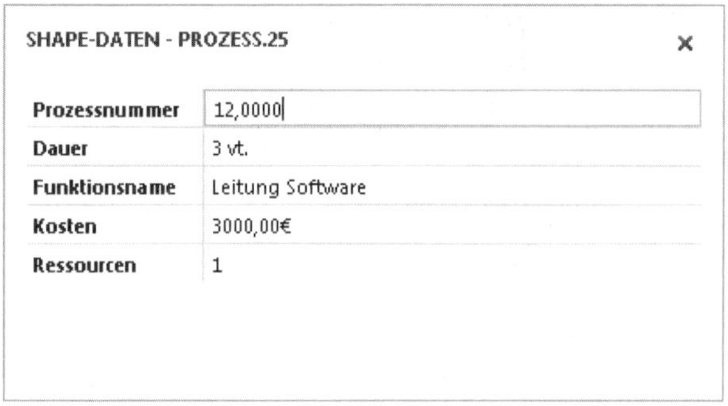

SHAPE-DATEN - PROZESS.25

Prozessnummer	12,0000
Dauer	3 vt.
Funktionsname	Leitung Software
Kosten	3000,00€
Ressourcen	1

BILD 4.103
Der neu definierte Datensatz

Zwar wird dieser Datensatz für den ausgewählten Shape richtig übernommen (Bild 4.103), aber bei den anderen Shapes bleiben die gelöschten (in Wirklichkeit nur ausgeblendeten) Felder in dem Shape-Datenfenster, da Visio intern diese Datenfelder braucht (Bild 4.104).

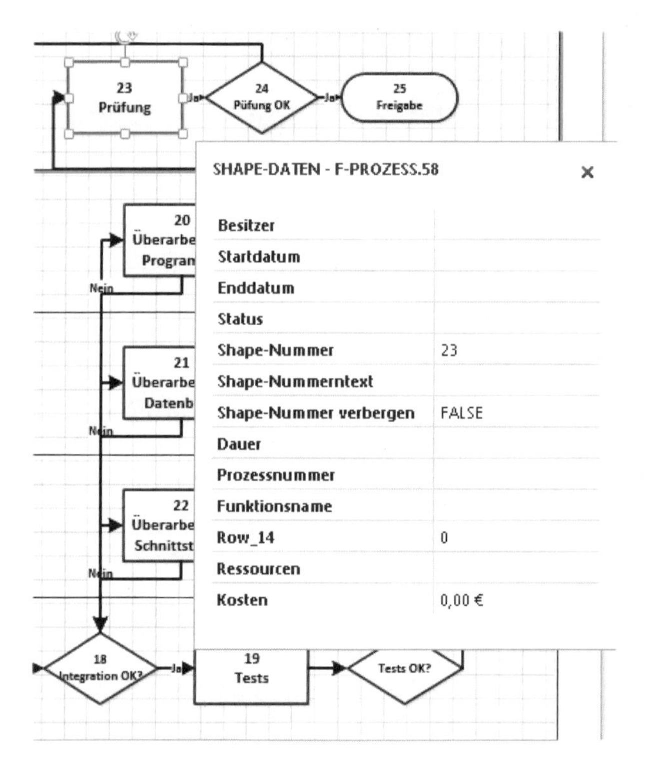

BILD 4.104
Datenfenster mit allen Feldern

Das ist aber nicht schlimm, denn die selbst definierten Felder Dauer, Ressourcen und Kosten stehen ja zur Eingabe bereit. Wenn man diese Felddefinitionen an einem Mastershape vornimmt (oder dieses Shape zum Mastershape macht), verwenden alle neuen Shapes, die mithilfe dieses Mastershape erstellt werden, diese Datenfelder. Wenn man also schon vor der Erstellung einer Zeichnung weiß, welche Daten man mit den Shapes anlegen und auswerten möchte, soll man sich seine eigenen Mastershapes (siehe Abschnitt 4.3.4) mit den gewünschten Datenfeldern kreieren.

Übung

Ich nehme als Beispiel den Prozess „Entwicklung", da dieser am weitesten entwickelt ist. Die Eingaben:

PROZESS	DAUER	RESSOURCEN	KOSTEN
Design	5	1	5000
Entwicklungsaufträge vergeben	2	1	2000
Entwicklung Programme	25	3	75000
Entwicklung Datenbank	15	5	75000
Entwicklung Schnittstellen	10	2	20000
Integration	10	3	30000
Integration o.k.?	1	1	1000
Überarbeitung Programme	5	3	15000
Überarbeitung Datenbank	5	3	15000
Überarbeitung Schnittstellen	5	2	10000
Tests	20	2	40000
Tests o.k.?	1	1	1000
Prüfung	3	0	0
Prüfung o.k.?		0	0
Freigabe	0	0	0

■

4.7.6 Berichte erstellen

Nun muss man diese Informationen ja in irgendeiner Art und Weise auswerten können. Man kann daraus Berichte erstellen - das machen wir jetzt - und man kann diese Informationen sehen, wenn man den in *Visio* aufgenommenen Prozess als HTML-Datei speichert und sich über den Browser anschaut - das machen wir im nächsten Kapitel.

Über das Menü EXTRAS/BERICHTE... bekommen Sie die Auswahl der Berichte, wobei es für die Flussdiagramme zwei Berichtsarten gibt. Der Bericht **Inventar** zählt Ihnen jedoch nur die Elemente Ihrer Prozessdarstellung auf und ist meines Erachtens irrelevant. Hier ein neuer Bericht:

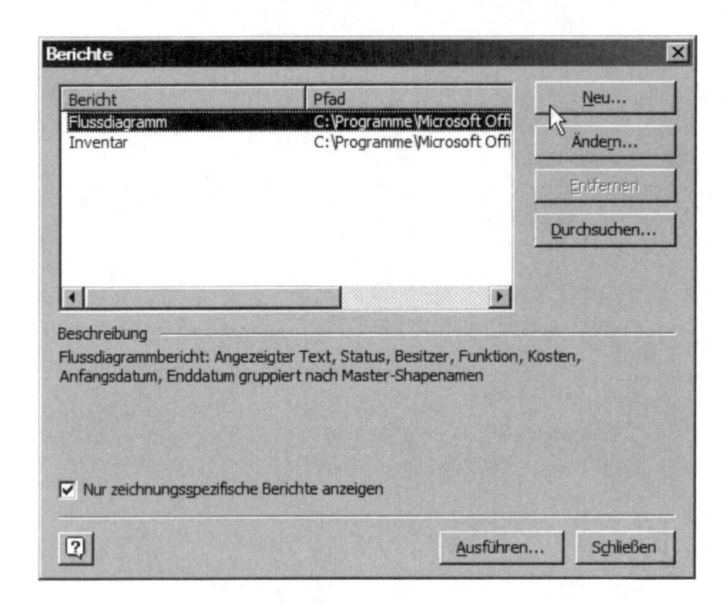

BILD 4.105 Auswahl der Berichte

Mit der Schaltfläche AUSFÜHREN... starten Sie eben die Erstellung des Berichts. Dann kann man die Shapes auswählen, die man in dem Bericht auswerten will:

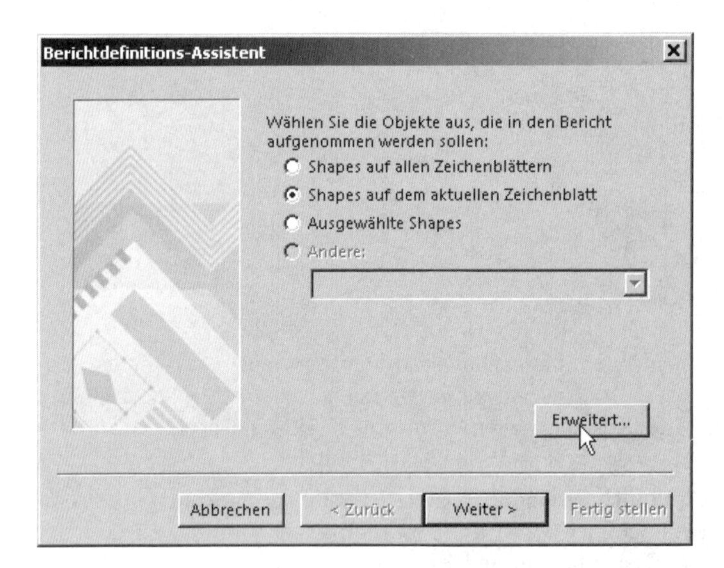

BILD 4.106 Shapes auswählen

Mit **Erweitert** kann man noch Shapes ausschließen, die für diesen Bericht sinnlos sind. Am einfachsten geht das vielleicht über den **Mastershape-Name**, wobei man mehrere Kriterien hinzufügen kann, die mit einer logischen UND-Verbindung in die Ausschlussliste aufgenommen werden.

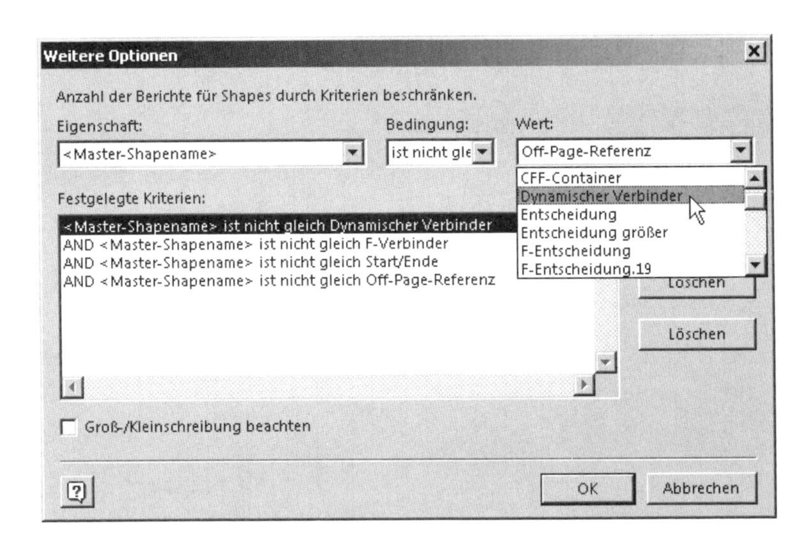

BILD 4.107 Shapes aus dem Bericht ausschließen

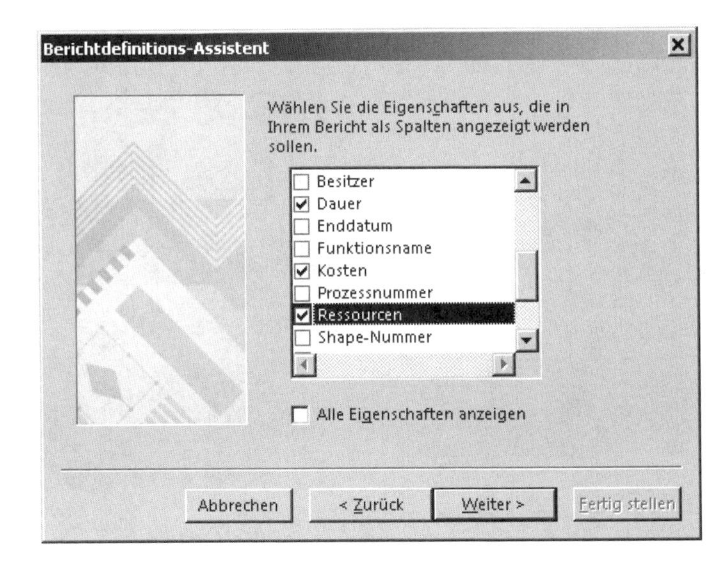

BILD 4.108 Auswahl der Daten (Eigenschaften) für den Bericht

Außer **Angezeigter Text** (ganz oben in der Liste), der den Namen des Shape, in unserem Fall den Prozessschritt anzeigt, will ich natürlich die von mir angelegten und mit Daten versehenen **Eigenschaften**, d. h. Felder, sehen.

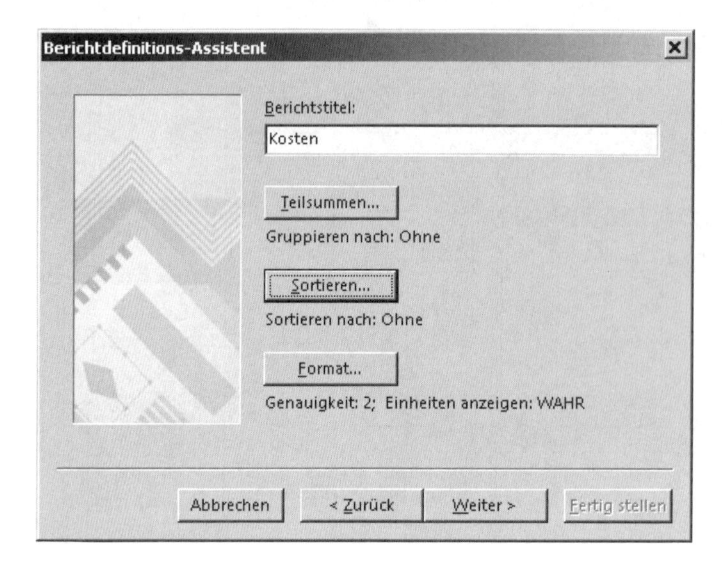

BILD 4.109 Überschrift des Berichts bestimmen

Und mit den **Teilsummen...** bestimmen Sie, welche Felder wie berechnet und ausgewertet werden:

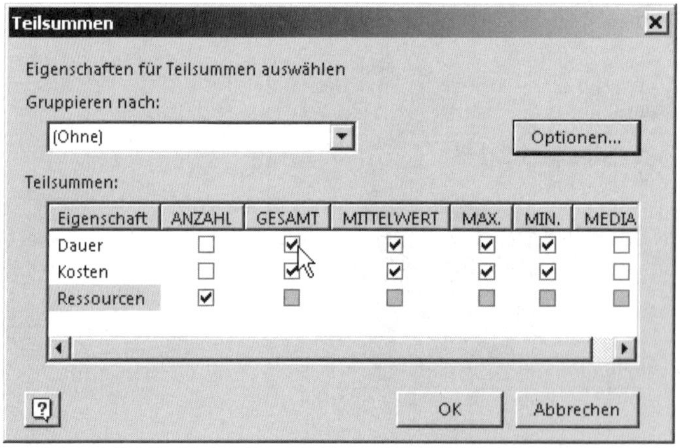

Teilsummen

Eigenschaften für Teilsummen auswählen

Gruppieren nach:

(Ohne) Optionen...

Teilsummen:

Eigenschaft	ANZAHL	GESAMT	MITTELWERT	MAX.	MIN.	MEDIA
Dauer	☐	☑	☑	☑	☑	☐
Kosten	☐	☑	☑	☑	☑	☐
Ressourcen	☑	☐	☐	☐	☐	☐

OK Abbrechen

BILD 4.110 Welche Summen sollen dargestellt werden ...

Sortieren... spare ich mir und unter **Format...** stelle ich eine Genauigkeit von 0 (null) Dezimalstellen ein.

Dann muss man noch einen Namen für den Bericht wählen:

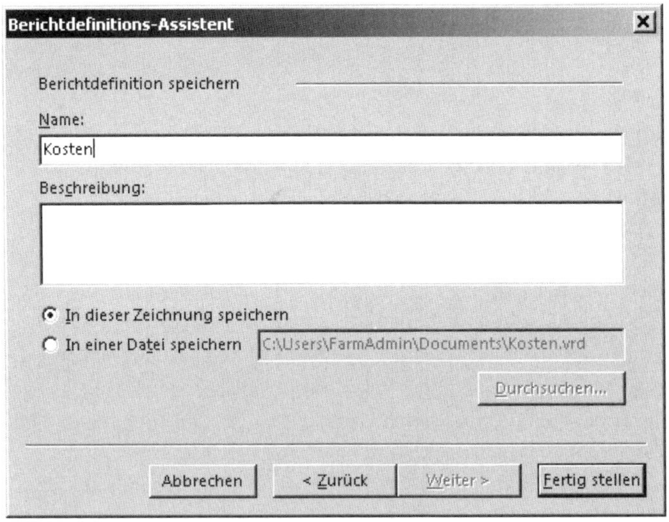

Berichtdefinitions-Assistent
Berichtdefinition speichern
Name:
Kosten
Beschreibung:
In dieser Zeichnung speichern
In einer Datei speichern C:\Users\FarmAdmin\Documents\Kosten.vrd
Durchsuchen...
Abbrechen < Zurück Weiter > Fertig stellen

BILD 4.111
Name des Berichts

In Excel sieht dieser Bericht so aus:

	A	B	C	D	E
2		***Angezeigter Text***	***Dauer***	***Kosten***	***Ressourcen***
3		Entwicklung			
10					
11		Phase			
20		20 Überarbeitung Programme	5,00 vt.	15.000,00 €	3
21		21 Überarbeitung Datenbank	5,00 vt.	15.000,00 €	3
22		22 Überarbeitung Schnittstellen	5,00 vt.	10.000,00 €	2
23		19 Tests	20,00 vt.	40.000,00 €	2
24		23 Tests OK?	1,00 vt.	1.000,00 €	1
25		24 Prüfung	3,00 vt.	0,00 €	1
26		25 Püfung OK	1,00 vt.	0,00 €	1
27	**Anzahl**				13
28	**Gesamt**		106,00 vt.	287.000,00 €	
29	**Mittelwert**		8,15 vt.		
30	**Minimum**		1,00 vt.		
31	**Maximum**		25,00 vt.		

BILD 4.112
Der Kostenbericht

Der Bericht sagt mir, dass dieser Prozess insgesamt 106 Tage dauert, die einzelnen Prozessschritte minimal einen Tag und maximal 25 Tage dauern, mit einem Mittelwert von 8,15 Tagen. Die Gesamtkosten sind 287.000 € und es werden 13 Ressourcen eingesetzt.

Kritische Würdigung:

Mir erscheint der Nutzen dieser Berichtsfunktion für die Prozessanalyse doch sehr beschränkt. Es mag ja sein, dass in anderen thematischen Anwendungen von Visio dies mehr Sinn macht, z. B. wenn aus einer Darstellung der regionalen Vertriebsgebiete die Verkaufszahlen, die in den Shape-Daten aufgenommen wurden, extrahiert werden sollen (wobei dann die Frage ist, ob man diese Werte nicht einfacher von vorherein in einer externen Datenquelle, z. B. einem Excel-Sheet, führt). Was hier bei unserer Prozessanalyse möglich ist, ist ja nur, dass man geschätzte KOSTEN, DAUER und die RESSOURCEN dazuschreiben und berichten kann. Wenn es länger dauert, kostet es dann mehr? Wenn mehr Ressourcen eingesetzt werden, geht es dann schneller? Wird es dann teurer? *Visio* gibt hier noch nicht einmal die einfache Rechenhilfe, dass die Kosten etwas mit der Dauer zu tun haben, vielleicht sogar aus deren Multiplikation mit der Anzahl der Ressourcen und deren Kostensätzen.

Die Datenfelder, die *Visio* anbietet, sind einfach weitere Informationen als Text- oder Zahlenfelder, die weder untereinander rechnerisch verbunden sind, noch mit dem Rest der Prozessanalyse etwas zu tun haben.

Das Problem ist die Datenbasis, nicht die Ausgabe!

Hier geht die Datenbanklösung von *ViFlow* entscheidende Schritte weiter. Einmal können wesentlich mehr Informationen strukturiert zu den Prozessen eingegeben werden, zum anderen können diese Daten über den REPORTER ganz anders bearbeitet und ausgegeben werden. Die verbesserte Informationsbasis führt dann natürlich auch in der HTML-Ausgabe zu wesentlich tieferen und strukturierteren Ansichten.

Meines Erachtens bringt aber erst die durch die Datenbank geschaffene Möglichkeit, Prozesse mit ihren Informationen, also Dauern und Ressourcen, nach *MS Project* exportieren zu können, ein Tool zur Prozessanalyse über das reine Grafikprogramm hinaus. Dort können dann Durchlaufzeiten errechnet und Engpässe analysiert werden. Die Ressourcen können mit Kostensätzen belegt werden und damit kann man eine mit der Zeitberechnung verknüpfte Kostenberechnung vornehmen. ■

4.8 Der Prozess als Webseite

4.8.1 Exportieren

Man kann seine Visio-Darstellungen in vielen Formen zur Verfügung stellen. Visio 2013 kann man in der Cloud speichern, so man eine hat, um dann die Berechtigungen des Zugriffs festzulegen. Sowohl Visio 2010 als auch Visio 2013 kann man in Sharepoint hinterlegen. Außerdem kann man es im PDF-Format versenden.

Schon bei den Berichten gab es die Möglichkeit, diese im HTML-Format zu speichern, so dass man diese Daten auch Interessenten zugänglich machen kann, die nicht mit Visio, aber mit einem Browser ausgestattet sind. Nun kann man nicht nur die Daten der Shapes im HTML-Format speichern, sondern, hier viel wichtiger, die ganze Prozessgrafik mit allen darin enthaltenen Informationen. Als Webseite zur Verfügung gestellt, kann eine Prozessdarstellung viele Dokumentationsfunktionen wahrnehmen, die Zertifizierungsanforderungen, z. B. nach der DIN-ISO 9000 f., erfordern.[5]

Man kann beim SPEICHERN UNTER einfach unten in der Maske den **Dateityp:** ändern und dort **Webseite (*.htm;*html)** auswählen. Die meisten Informationen über die Exportmöglichkeiten erhält man über

Visio 2013: Datei/EXPORTIEREN/DATEITYP ÄNDERN:
Visio 2010: Datei/SPEICHERN UND SENDEN/DATEITYP ÄNDERN:

BILD 4.113 Zeichnung exportieren

5 Siehe den Anhang von Becker/Heidkamp: „Erstellung eines prozessorientierten QM-Dokumentation ...“

Hinweis

Bevor Sie den Prozess im HTML-Format speichern, sollten Sie sich ein Verzeichnis dafür anlegen. Ich lege ein Unterverzeichnis an mit dem Namen „HTML-Ausgabe".

In der SPEICHERN UNTER...-Suchmaske finden Sie unten links den SEITENTITEL, den Sie ändern können.

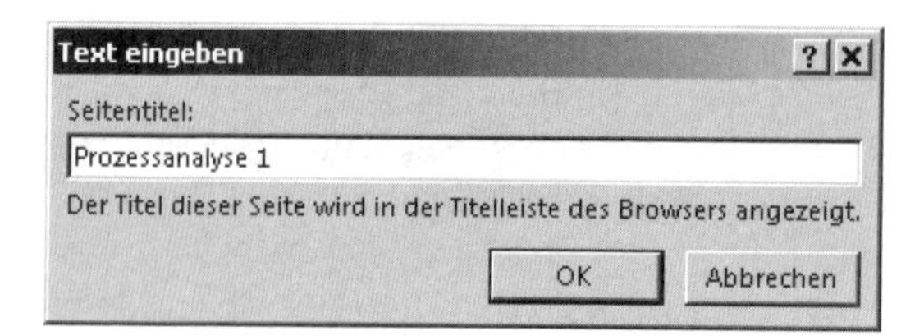

BILD 4.114 Seitentitel der Webseite eingeben

Über VERÖFFENTLICHEN können Sie noch u. a. auswählen, ob Sie alle Seiten oder nur ausgewählte Seiten veröffentlichen wollen, oder auch, ob die Shape-Daten mitgenommen werden sollen und/oder auch die Berichte mitveröffentlicht werden.

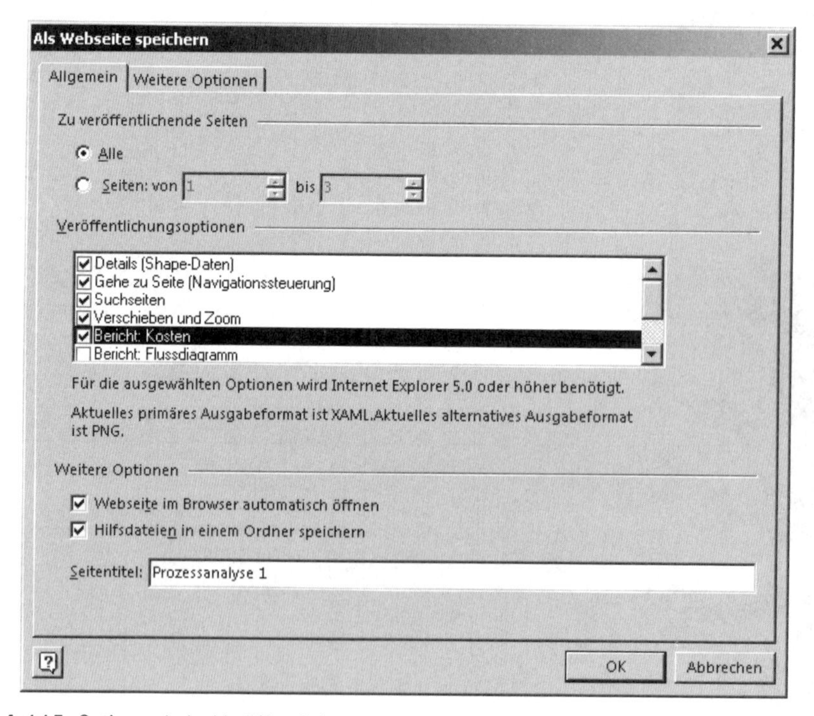

BILD 4.115 Optionen beim Veröffentlichen

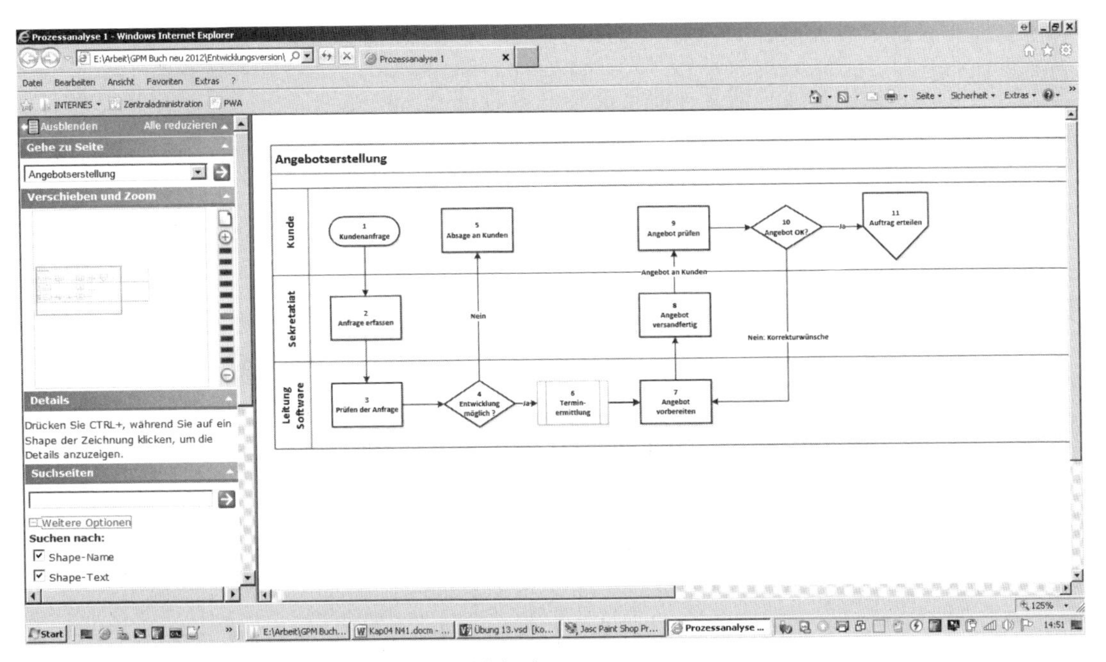

BILD 4.116 Die Prozessdarstellung als Webseite

4.8.2 Suchen und Daten analysieren

Man kann die vier Fenster im linken Bildbereich – **Gehe zu Seite**, **Verschieben und Zoom**, **Details** und **Suchseiten** – jeweils mit dem Pfeilsymbol nach unten aufklappen bzw. mit dem Pfeil nach oben zuklappen.

Mit GEHE ZU SEITE können Sie die Seite auswählen, die dargestellt werden soll, und darunter können Sie im Fenster VERSCHIEBE UND ZOOM (s. Abschnitt 4.4.1.1) die Größe der Darstellung bestimmen und – wenn nicht die ganze Seite dargestellt wird – in den gewünschten Ausschnitt zoomen und diesen Ausschnitt verschieben.

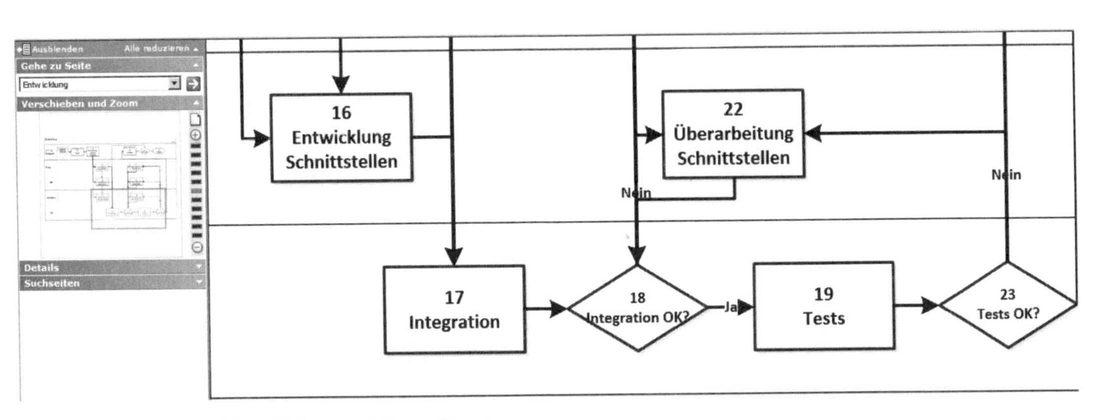

BILD 4.117 Verschieben und Zoom-Fenster

Wenn man mit gedrückter <STRG>-Taste ein Shape auswählt, sieht man unter **Details** die Shape-Daten. Hier scheint mir die Verwendung von Shape-Daten sehr viel produktiver zu sein als in den Berichten, denn wenn man die Daten richtig anlegt, z. B. nach Besitzern, Prozessart, Mitarbeiter, hätte man schon sehr viel Informationen für eine Qualitätsmanagement-Zertifizierung, die sich jeder Mitarbeiter auf seinen Bildschirm holen kann.

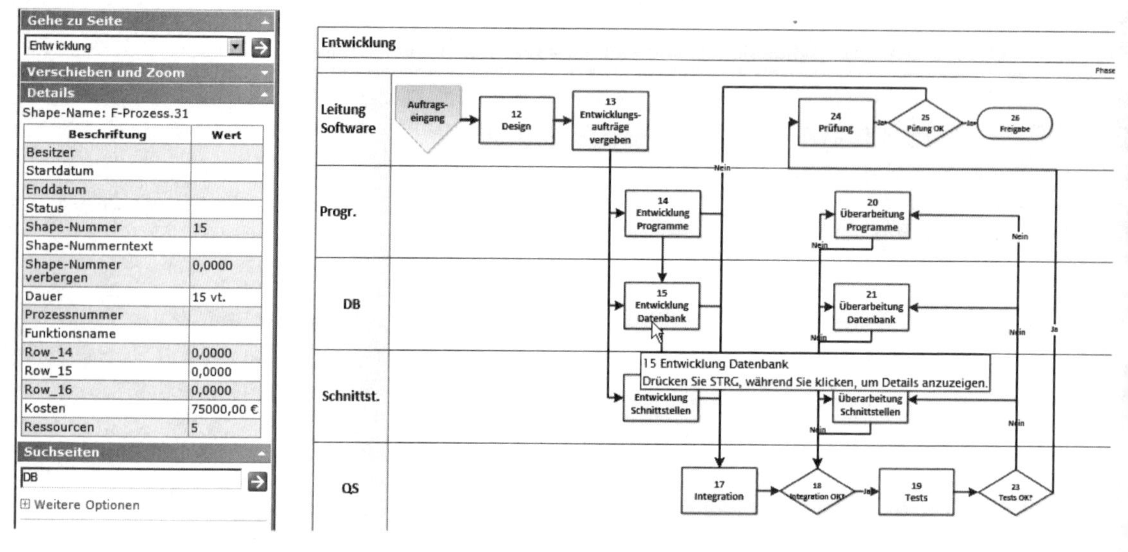

BILD 4.118 Shape-Daten in der Webansicht

Den linken Bereich sehen Sie nur, wenn Sie die unter Umständen von den Sicherheitseinstellungen „geblockten Inhalte“ zulassen. Unter den DETAILS kann man zunächst nach Begriffen suchen, wobei der Suchalgorithmus mit der Bedingung „enthält“ arbeitet und in allen Zeichnungen sucht, nicht nur in der aktiv angezeigten. Wenn man z. B. nach „DB“ sucht, erhält man alle Ergebnisse angezeigt, die „DB“ enthalten, und durch einen Klick auf ein Suchergebnis in der Liste wird die zutreffende Zeichnung eingeblendet und ein Pfeil zeigt auf das zutreffende Shape (Bild 4.119).

Durch Klicken auf das +-Zeichen vor dem Suchergebnis kann man sich die **Details** anzeigen lassen und das sind ja hier die **Shape-Daten**. Das geht auch für mehrere Suchergebnisse gleichzeitig (Bild 4.120).

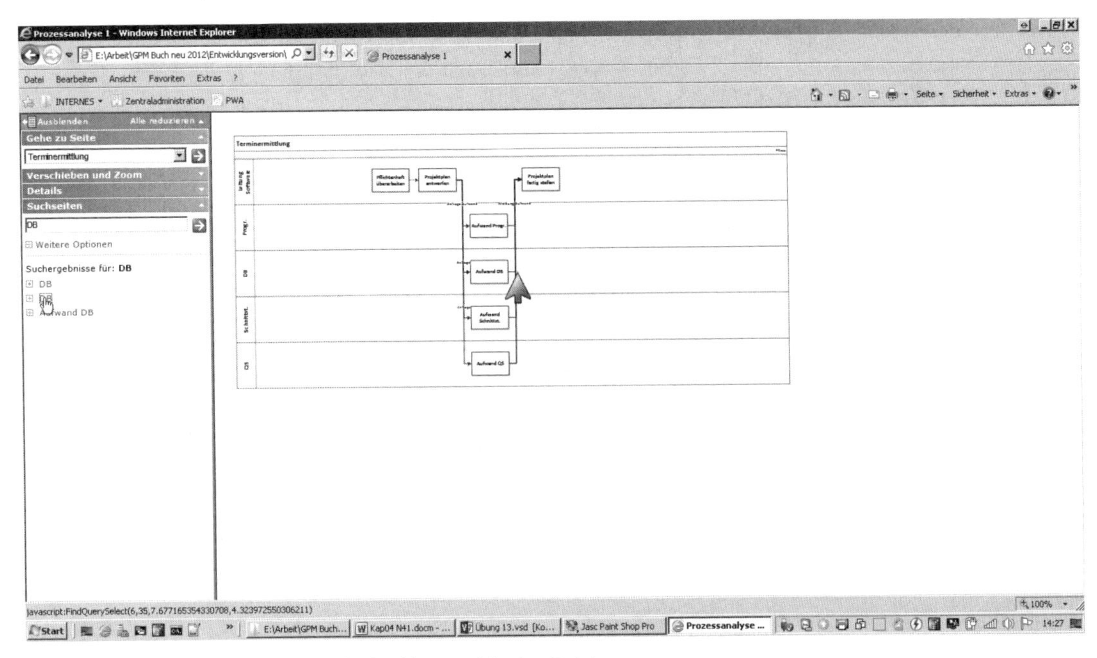

BILD 4.119 Suchergebnisse in der Liste und in den Zeichnungen

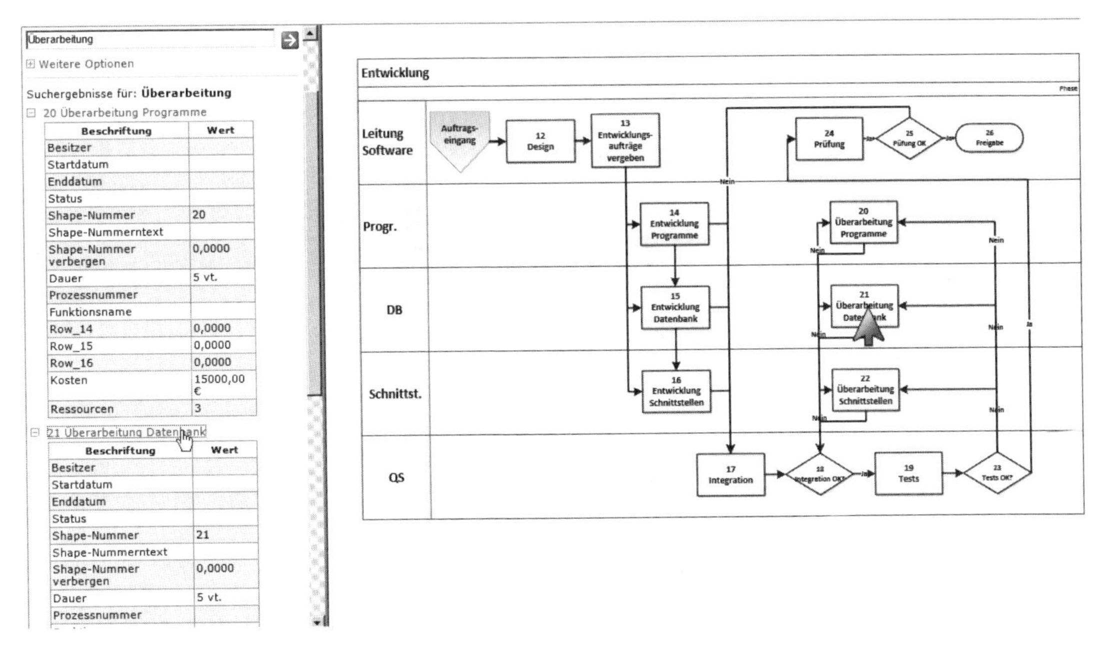

BILD 4.120 Daten und Grafik in einem Blick

Öffnet man die **Weiteren Optionen**, bekommt man eine Liste der Informationen, nach denen man suchen kann, wobei die Suche über alle Seiten der veröffentlichten Datei geht, nicht nur über die eingeblendete Seite.

Hier suche ich nach allen Shapes im Funktionsbereich des „Kunden“:

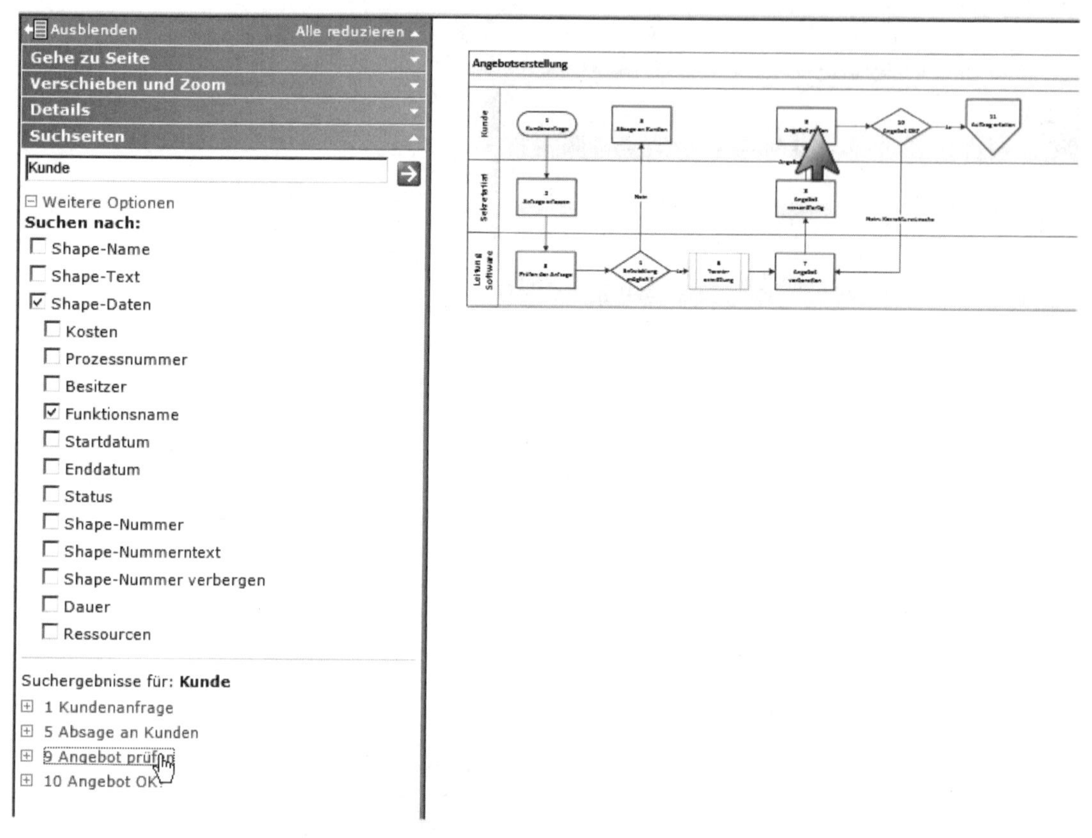

BILD 4.121 Suche nach Funktionen

4.8.3 Navigieren

Nun kann man aber auch in der Zeichnung navigieren. Wir haben ja **Off-Page-Referenz**-Shapes angelegt (im Abschnitt 4.4.3 „Sprungreferenzen auf weitere Prozesse“), mit denen man per Klick auf das referenzierte Shape in einer anderen Zeichnung springen kann. Bei größeren Zeichnungen macht es vielleicht auch Sinn, mit einem **On-Page-Referenz**-Symbol zu arbeiten, das mit einem Klick auf das referenzierte Symbol in der gleichen Zeichnung springt.

Mit einem Klick auf das Symbol folgen Sie dem Hyperlink auf die andere Zeichnung:

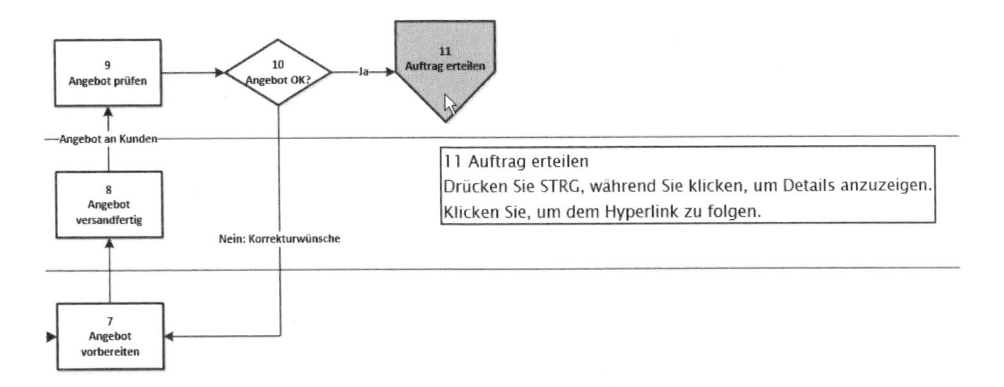

BILD 4.122 Hyperlink in der Off-Page-Referenz

Und wieder zurück:

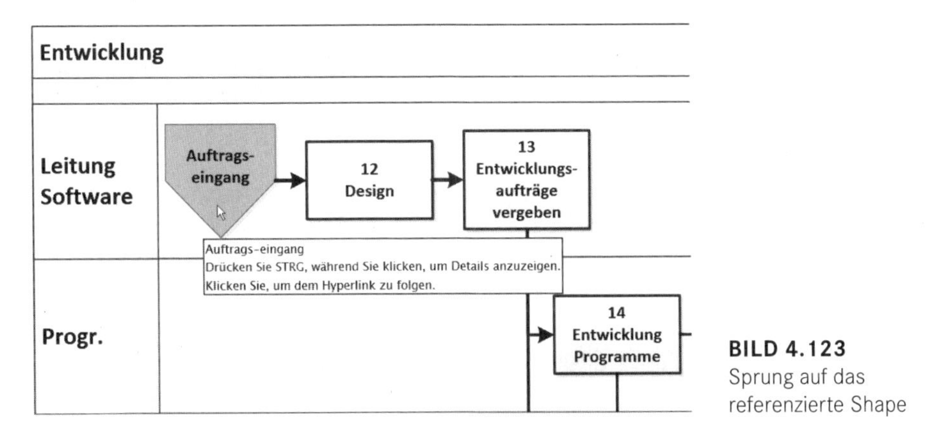

BILD 4.123 Sprung auf das referenzierte Shape

Auch in Teilprozesse kann man per Hyperlink springen:

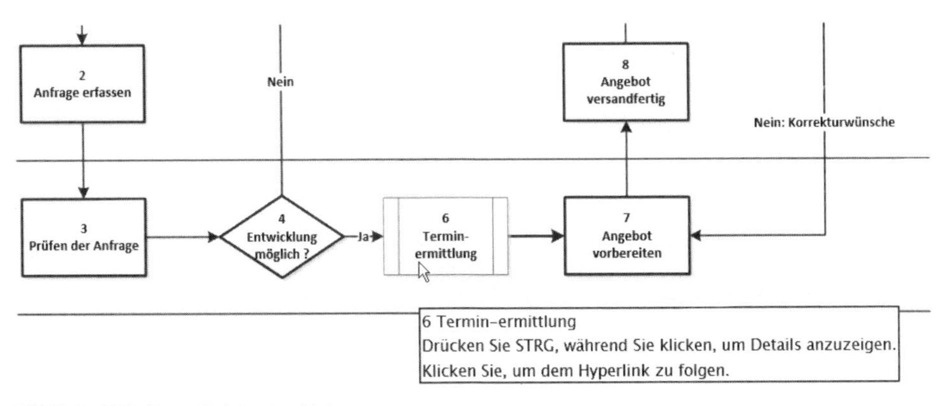

BILD 4.124 Hyperlink in den Unterprozess

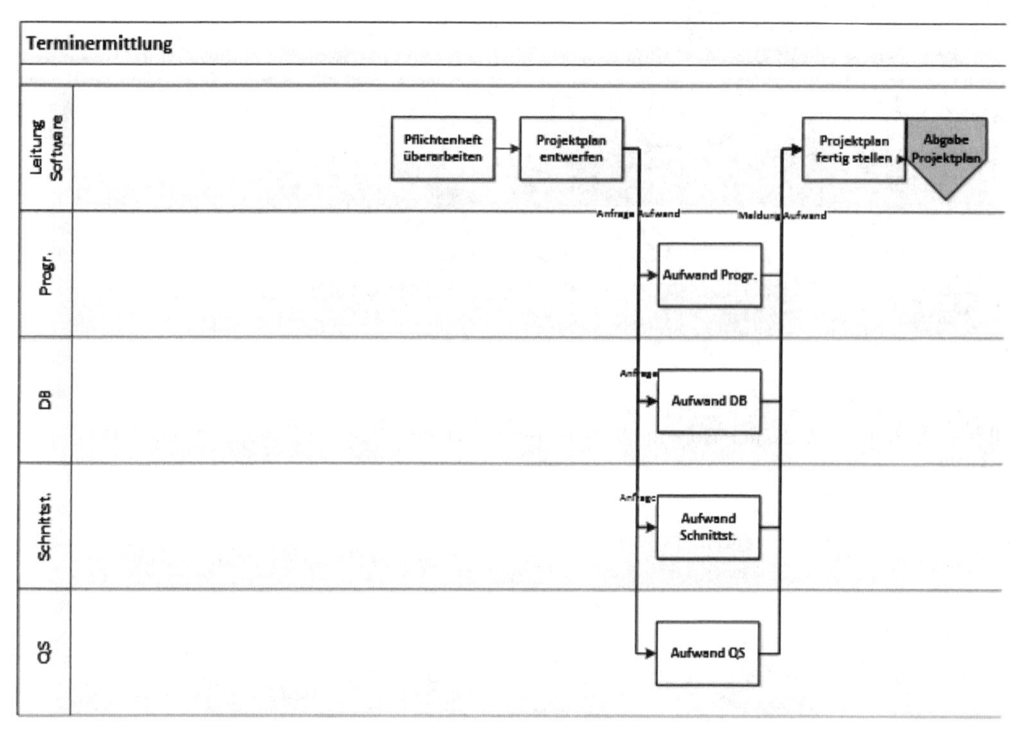

BILD 4.125 Springt in den Unterprozess

Wenn man auch einen Bericht nach HTML exportiert hat (s. Bild 4.115), sieht dieser im Browser so aus:

Phase	-	-	-
12 Design	5,00 vt.	5.000,00 €	1
13 Entwicklungs-aufträge vergeben	-	0,00 €	-
14 Entwicklung Programme	25,00 vt.	75.000,00 €	3
15 Entwicklung Datenbank	15,00 vt.	75.000,00 €	5
16 Entwicklung Schnittstellen	10,00 vt.	20.000,00 €	2

BILD 4.126 Der Bericht als Webseite (Ausschnitt)

Man sieht ja am Ende, also wenn man sich seine Prozessdarstellung als Webseite anschaut und darin navigiert, was man vielleicht hätte besser machen können. Deshalb möchte ich zum Schluss einfach noch einmal auf meine *Hinweise zum Aufbau großer Prozesse* hinweisen: Abschnitt 4.5.5.3 „Hinweise zum Aufbau großer Prozesse". Vielleicht hilft ja der eine oder andere Tipp.

4.9 BPMN

Business Process Model and Notation (BPMN, deutsch vielleicht Geschäftsprozessmodell und -notation) ist der Versuch, eine grafische Sprache zur Erfassung von Geschäftsprozessen zu schöpfen mit dem Zweck, diesen Ablauf mittels einer Business Process Engine automatisch ausführen zu können. Ziel ist eine weitgehende Automatisierung von Prozessabläufen, wobei man typischerweise Humanaktivitäten und Maschinenaktivitäten unterscheidet. Da die mit BPMN erfassten Prozesse die Grundlage, quasi die Software, für eine Process Engine sind, muss diese Darstellung alle Aktivitäten des ganzen Prozesses erfassen. Nicht zufälligerweise wurde sie zunächst aus dem Kreise von IBM-Mitarbeitern entwickelt[6] und wird von der Object Management Group (OMG) verwaltet. Nicht zufälligerweise sind dort alle Unternehmen, die in der IT Rang und Namen haben, versammelt.[7]

Um einen Prozess so genau erfassen zu können, dass ein Automat, der mit diesem Code gefüttert wird, den Ablauf versteht, muss er in seinen möglichen Varianten sehr detailliert dargestellt werden, Bedingungen müssen formulierbar sein, unter denen Ereignisse eintreten oder auch nicht, und dann müssen logisch eindeutig die daraus folgenden Schritte ableitbar sein. Kurz, das ist nicht ganz einfach, erfordert viele Features und macht damit die Darstellung komplizierter. Ca. 500 Seiten umfasst die Dokumentation des gültigen BPMN-2.0-Standards. Dieser dokumentiert alle Symbole, ihre Bedeutung und Regeln, nach denen sie kombiniert werden dürfen.[8]

Auf der anderen Seite hat BPMN den Anspruch, einen Standard der Darstellung zu entwickeln, der zur Prozessdokumentation und zur Analyse und zur Verbesserungen von Prozessen verwendet wird. Das heißt, diese Darstellung muss von vielen Menschen mit unterschiedlichen Interessen und Vorkenntnissen verstanden werden. Ein Business Analyst, der einen Prozessablauf optimieren will, hat ein anderes Verständnis von einem Prozess (vielleicht eher einen, der unserer bisherigen Flussdiagrammdarstellung folgt) als ein IT-Mensch, der einen Ablauf für ein Computersystem programmieren soll. Die unterschiedliche Sichtweise zwischen fachlicher Beschreibung und dem technischen Prozessmodell kann auch BPMN

[6] Für eine erste Information ist immer Wikipedia gut: BPMN http://de.wikipedia.org/wiki/Business_Process_Modeling_Notationund Business Process Engine, http://de.wikipedia.org/wiki/Business_Process_Engine

[7] Natürlich wollen die Schöpfer damit einen „Standard" kreieren. Wer den Standard definiert, hat das Sagen. Man verspricht sich lukrative Perspektiven, sei es mit Software, Beratungen und Schulungen. Es gibt keinen von Unternehmen geschaffenen Standard, der nicht kommerzielle Interessen verfolgt.

[8] Kostenloser Download http://www.omg.org/spec/BPMN/2.0/PDF/

nicht schließen, wie selbst die Protagonisten der BPMN einräumen. Die Aufspaltung in Ebenen, die fachlich-organisatorische Sichtweisen benötigen, und deren Vertiefung dann in die IT-Tiefen-Ebenen als Futter für eine Engine unter der Herrschaft einer Notation (natürlich der BPMN) ist eine Zwangsheirat, deren Gewinn fragwürdig bleibt.[9] In der Praxis unterscheiden die Akteure dann auch zwischen einem strategischen Prozessmodell, das einem schnellen Verständnis dient, einem fachlichen Prozessmodell, das die operativen Abläufe darstellen soll, und einem technischen Modell als Grundlage der Umsetzung in die IT. Aber es ist nicht so, dass sich die unteren Ebenen aus dem Modell der oberen Ebene ergeben oder ein Modell der höheren Ebene nur verfeinert werden muss, um zu einem technischen Model zu kommen.[10] Da man das gewünschte oder benötigte für jede Ebene jeweils neu erstellen muss[11], ist doch die Frage erlaubt, warum man das alles einheitlich in der BPMN-Darstellung machen muss oder soll. Ich denke, dass man das falsche Instrument einsetzt, wenn man BPMN für die strategische Ebene oder auch auf der operativen Ebene zur Prozessanalyse und Optimierung einsetzen will.

Die organisatorische Beschreibung und Analyse von Prozessen, wie wir sie bisher mit den Standardflussdiagrammen vorgenommen haben (und die wir im nächsten Kapitel mit ViFlow hinsichtlich der Analyse weiter vertiefen) ist die Sprache, die allgemeinverständlich ist, als Standard in der Anlehnung an die DIN-ISO-Normierungen gilt und z. B. für die Zertifizierung von Prozessabläufen für ein Qualitätsmanagementsystem anerkannt wird. Durch die mit den Prozesselementen verbundenen Daten (Kennziffern) können auch quantitative Auswertungen z. B. über Prozesslaufzeiten oder Flaschenhälse im Prozessablauf vorgenommen werden (siehe Kapitel 6).

Wer eine automatische Steuerung von Abläufen durch einen Automaten zum Ziel hat, wird sich der BPM-Notation bedienen. Wenn man beides zwangsweise vereinen will, läuft man Gefahr, auf beiden Seiten zu verlieren: Das fachliche Prozessmodell verliert an Erklärungskraft und Akzeptanz, das IT-Modell an der Fähigkeit, eine Maschine mit den Informationen zu füttern, die einen ablauffähigen Code erzeugen.

Verstehen Sie also die folgenden Ausführungen nur als eine kurze Ergänzung, die zeigen soll, dass man ein Diagramm nach BPM-Notation auch mit Visio (und im nächsten Kapitel auch mit ViFlow) erzeugen kann. Ab Visio 2010 kann man die Visio-Diagramme auch im XML-Format speichern. Ob dieses Format kompatibel mit den Process-Engines ist, kann ich nicht wissen. Das können nur die Hersteller von BPMN-basierten Process-Engines wissen.

4.9.1 Die BPMN-Shapes in Visio

4.9.1.1 In Visio 2010 Premium Edition

Visio 2010 kennt nur in seiner Premium Edition BPMN-Schablonen. Man kann einfach die BPMN-Vorlage öffnen. Darin befinden sich fünf BPMN-Schablonen.

[9] Jakob Freund/Bernd Rücker: Praxishandbuch BPMN 2.0. Hanser Verlag, München 2012

[10] Als Beispiel für ein nicht funktionierendes Paradigma: „Die ‚Verfeinerung‘ modellierter Prozesse über Teil- bzw. Unterprozesse, von der Landkarte bis zum ausführbaren technischen Workflow, ist Mist. Das funktioniert nicht - leider wird es immer wieder versucht.“ Aus einer Rundbrief-E-Mail von Jakob Freund an die communda BPMN-Community vom 9.4.2013

[11] Aus dem Buch genannt in Fußnote 9, S.11

Weitere Shapes/Flussdiagramm

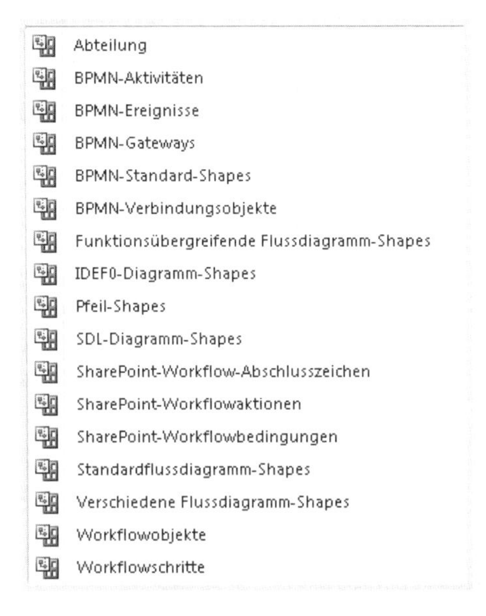

BILD 4.127 Die Auswahl der BPMN-Schablonen in Visio 2010 Premium Edition

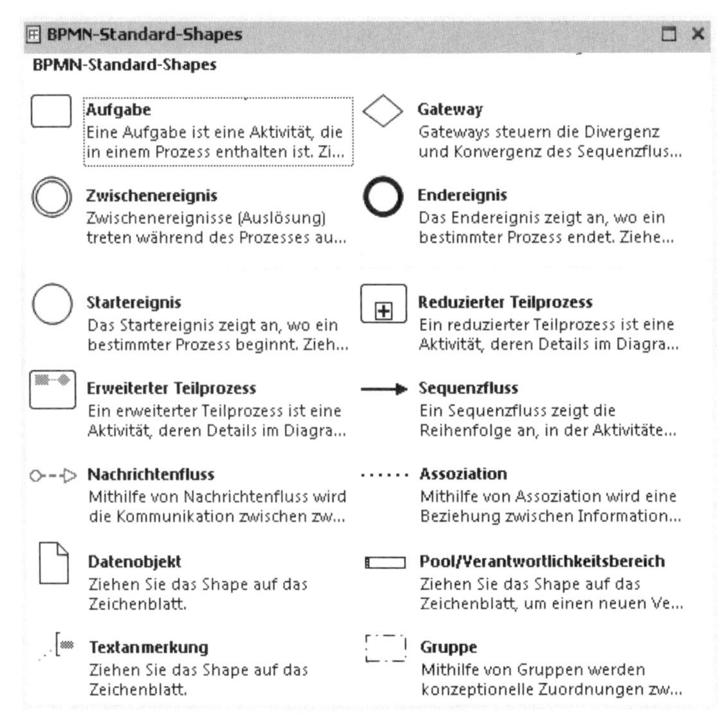

BILD 4.128 BPMN-Standard-Shapes

Die Standard-Shapes sind eine Zusammenstellung, von der der Hersteller glaubt, dass sie am meisten benötigt wird. Sie können diese Schablone natürlich mit den bekannten Techniken an Ihre Bedürfnisse anpassen.

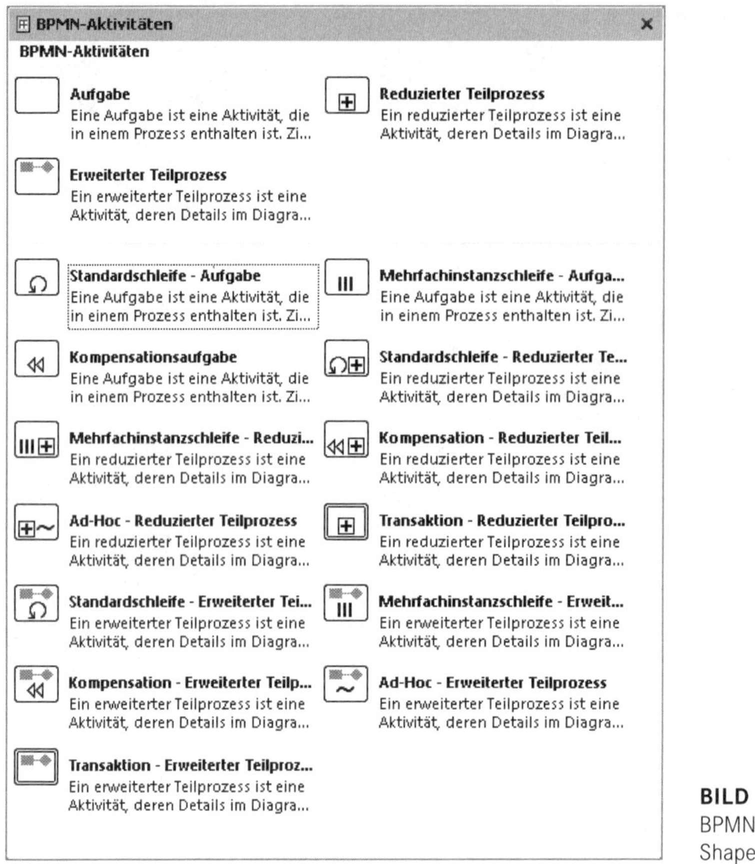

BILD 4.129 BPMN-Aktivitäten-Shapes

Aktivitäten sind Vorgänge, in denen im Prozess etwas geschieht. Der Ablauf wird dargestellt mit Verbindungsobjekten. Einen Sequenzfluss darf es nur innerhalb eines Prozesses geben, zwischen Prozessen können Nachrichten durch Nachrichtenflüsse ausgetauscht werden.

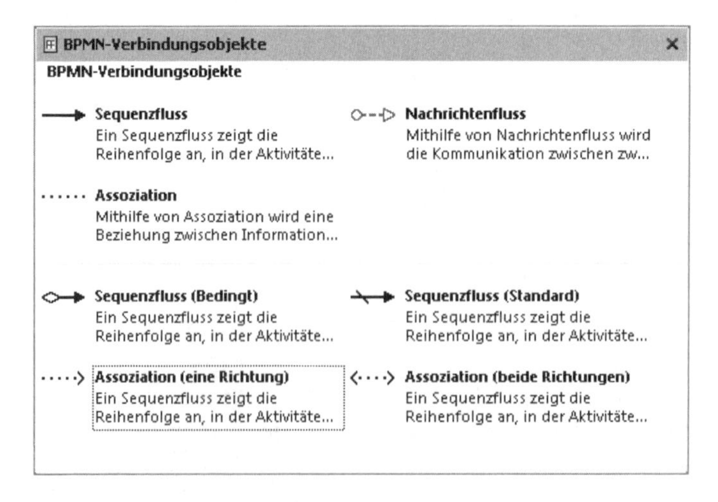

BILD 4.130 BPMN-Verbindungsobjekte

BPMN-Ereignisse

BPMN-Ereignisse

Startereignis
Ein Startereignis zeigt an, wo ein bestimmter Prozess beginnt. Zieh...

Zwischenereignis
Zwischenereignisse (Auslösung) treten während des Prozesses au...

Zwischenereignis (auslösend)
Zwischenereignisse (Auslösung) treten während des Prozesses au...

Endereignis
Ein Endereignis zeigt an, wo ein bestimmter Prozess endet. Ziehe...

Nachrichtenstartereignis
Ein Startereignis zeigt an, wo ein bestimmter Prozess beginnt. Zieh...

Nachrichtenzwischenereignis
Zwischenereignisse (Auslösung) treten während des Prozesses au...

Nachrichtenzwischenereignis (au...
Zwischenereignisse (Auslösung) treten während des Prozesses au...

Nachrichtenendereignis
Ein Endereignis zeigt an, wo ein bestimmter Prozess endet. Ziehe...

Zeitgeberstartereignis
Ein Startereignis zeigt an, wo ein bestimmter Prozess beginnt. Zieh...

Zeitgeberzwischenereignis
Zwischenereignisse (Auslösung) treten während des Prozesses au...

Fehlerzwischenereignis
Zwischenereignisse (Auslösung) treten während des Prozesses au...

Fehlerendereignis
Ein Endereignis zeigt an, wo ein bestimmter Prozess endet. Ziehe...

Abbruchzwischenereignis
Zwischenereignisse (Auslösung) treten während des Prozesses au...

Abbruchendereignis
Ein Endereignis zeigt an, wo ein bestimmter Prozess endet. Ziehe...

Terminierungsendereignis
Ein Endereignis zeigt an, wo ein bestimmter Prozess endet. Ziehe...

Kompensationszwischenereignis
Zwischenereignisse (Auslösung) treten während des Prozesses au...

Kompensationszwischenereignis...
Zwischenereignisse (Auslösung) treten während des Prozesses au...

Kompensationsendereignis
Ein Endereignis zeigt an, wo ein bestimmter Prozess endet. Ziehe...

Bedingtes Startereignis
Ein Startereignis zeigt an, wo ein bestimmter Prozess beginnt. Zieh...

Bedingtes Zwischenereignis
Zwischenereignisse (Auslösung) treten während des Prozesses au...

Verknüpfungszwischenereignis
Zwischenereignisse treten während des Prozesses auf. Zieh...

Verknüpfungszwischenereignis (...
Zwischenereignisse (Auslösung) treten während des Prozesses au...

Signalstartereignis
Ein Startereignis zeigt an, wo ein bestimmter Prozess beginnt. Zieh...

Signalzwischenereignis
Zwischenereignisse (Auslösung) treten während des Prozesses au...

Signalzwischenereignis (auslöse...
Zwischenereignisse (Auslösung) treten während des Prozesses au...

Signalendereignis
Ein Endereignis zeigt an, wo ein bestimmter Prozess endet. Ziehe...

Mehrfachstartereignis
Ein Startereignis zeigt an, wo ein bestimmter Prozess beginnt. Zieh...

Mehrfachzwischenereignis
Zwischenereignisse (Auslösung) treten während des Prozesses au...

Mehrfachzwischenereignis (ausl...
Zwischenereignisse (Auslösung) treten während des Prozesses au...

Mehrfachendereignis
Ein Endereignis zeigt an, wo ein bestimmter Prozess endet. Ziehe...

BILD 4.131 BPMN-Ereignisse

Ereignisse sind natürlich der Start und das Prozessende, aber es mag auch sinnvoll sein, Zwischenergebnisse abzubilden. Ein Signalereignis kann einen Prozess auslösen (Beispiel: Feueralarm führt zur Flucht oder zum Löschen des Feuers).

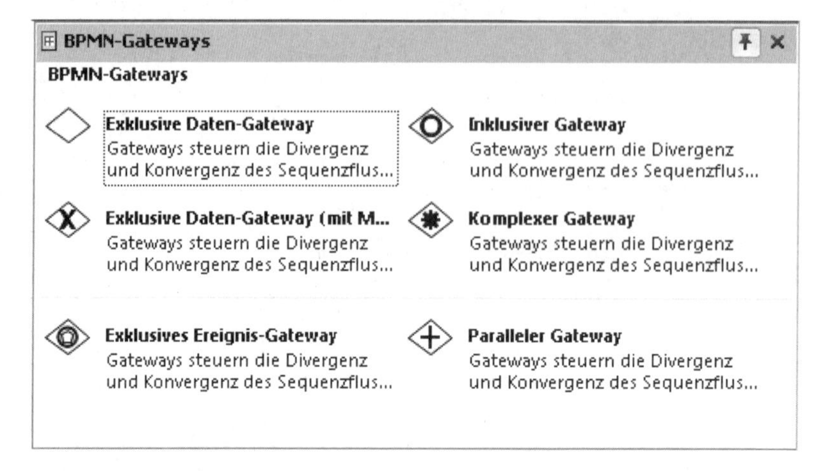

BILD 4.132 BPMN-Gateways

Gateways sind im Prinzip Entscheidungen. Aus Entscheidungen müssen mindestens zwei Pfade folgen, bei parallelen Gateways können auch mehrere Pfade parallel abgearbeitet werden.

Jedes BPMN-Shape verfügt über zugrunde liegende Daten und Eigenschaften. Diese Eigenschaften legen das Erscheinungsbild des Shape fest. Über das Kontextmenü lassen sich die Eigenschaften anzeigen und verändern. Deshalb täuscht die Vielfalt der angebotenen Shapes, denn viele dieser Symbole sind nur Varianten, bei denen lediglich bestimmte Shape-Daten anders voreingestellt sind. So ist das Shape **Aufgabe** in der Schablone der **Standard-Shapes**, aber viele Varianten sind in den **BPMN-Aktivitäten** angeordnet - sie haben nur ein anderes Erscheinungsbild, da bestimmte Shape-Daten anders voreingestellt sind.

4.9.1.2 In Visio 2013

In Visio 2013 kann man die Vorlage BPMN-DIAGRAMM öffnen (notfalls im Suchfeld BPMN eingeben).

Diese enthält nur die BPMN-Standard-Shapes:

BILD 4.133
BPMN-Standard-Shapes in Visio 2013

Hier wollte man den Anwender offensichtlich nicht durch zu viele Shapes verwirren. Und für „normale" BPMN-Diagramme sind diese auch ausreichend. Wenn man nun doch die speziellen Ausprägungen der weiteren BPMN-Shapes haben will, kann man sich diese selbst machen (machen wir sofort) oder, wenn man Visio 2010 installiert hat, man importiert sich die oben gezeigten Schablonen daraus nach Visio 2013 (machen wir anschließend).

Eigene BPMN-Schablone schöpfen

Entspricht im Prinzip dem Vorgehen, das wir oben im Abschnitt 4.3.3.4 „Angepasste Shapes verwenden" gezeigt haben.

1. Schritt:

Man muss erst die Shapes kreieren, die man dann in der eigenen BPMN-Schablone als Mastershapes ablegen will. Die große Anzahl weiterer Shapes in Visio 2010 kommt ja nur durch die anderen Voreinstellungen bei den Eigenschaften der Shapes. Das kann man natürlich auch selbst machen.

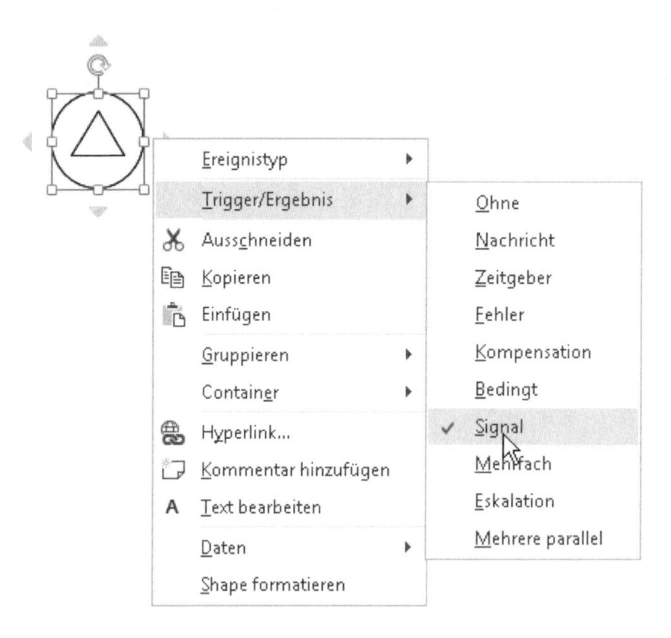

BILD 4.134 Das Shape Startereignis wird zum Signal.

Man zieht ein gewünschtes Shape auf ein Zeichenblatt und ändert im Kontextmenü die Einstellungen. Hier als Beispiel die Optionen im Kontextmenü für das Shape **Startereignis** (Bild 4.134) für TRIGGER/ERGEBNIS.

Als weiteres Beispiel für das Shape **Aufgabe** AUFGABENTYP und AUFRUF

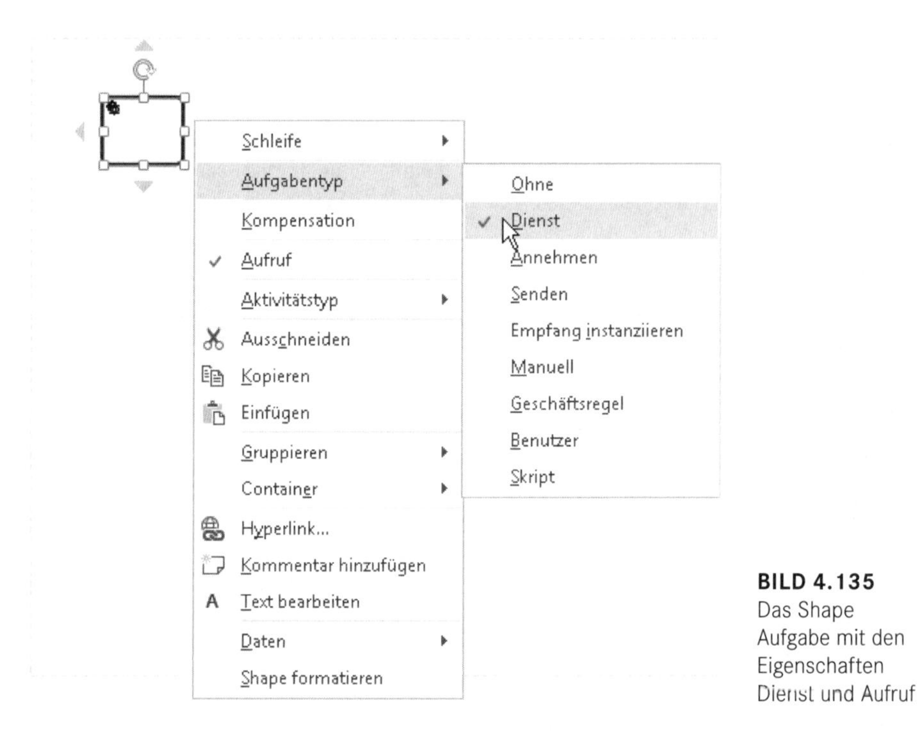

BILD 4.135 Das Shape Aufgabe mit den Eigenschaften Dienst und Aufruf

Hier sehen Sie ein paar Beispiele von angepassten BPMN-Shapes. Ich habe diese jeweils über das Kontextmenü geändert und die geänderten Eigenschaften dazugeschrieben:

Zeitgeber
Exclusives Gateway
Sequenzfluss
Nachricht
Paralles Gateway
Nachrichtenfluss
Bedingt
Inclusives Gateway
Zuordnung beidseitig
Signal
Komplexes Gateway
Dienst
Mehrfach
Benutzer
Manuell, Aufruf

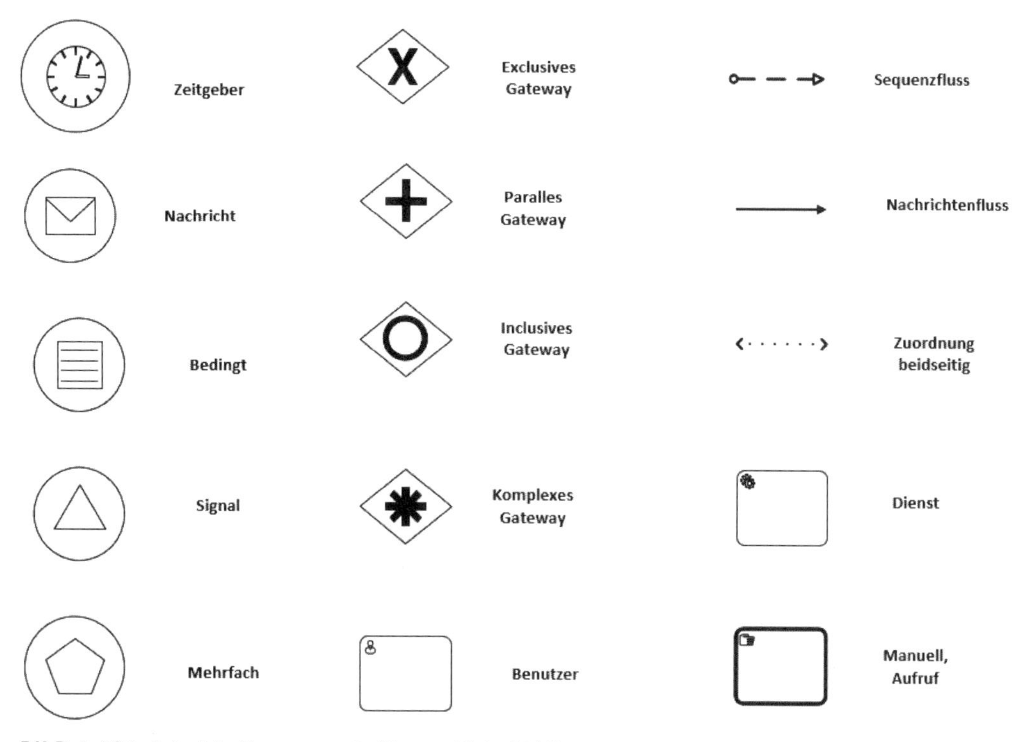

BILD 4.136 Beispiele für angepasste Shapes (Visio 2013)

2. Schritt:

Dann muss man eine eigene Schablone definieren und diese selbst geschaffenen Shapes als Mastershapes einfügen und umbenennen. Über WEITERE SHAPES/NEUE SCHABLONE erhalten Sie eine neue Schablone, die mit einem roten Stern anzeigt, dass sie zur Bearbeitung offen ist. Mit SPEICHERN UNTER geben Sie ihr einen eigenen Namen. Jetzt kann man die vorher angelegten angepassten Shapes aus dem Zeichenblatt als Mastershapes in die eigene Schablone ziehen und dann über das Kontextmenü MASTER SHAPE UMBENENNEN.

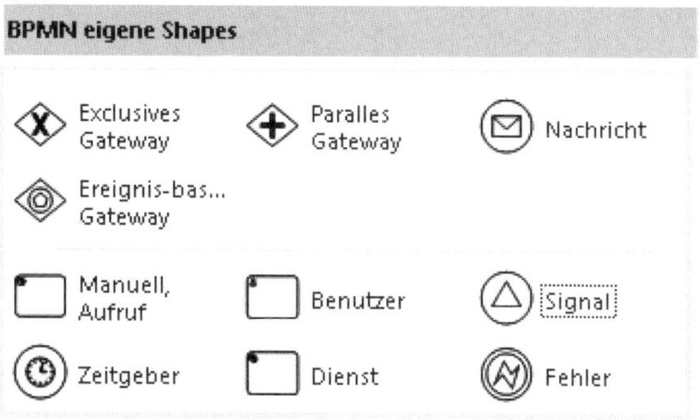

BPMN eigene Shapes
Exclusives Gateway
Paralles Gateway
Nachricht
Ereignis-bas... Gateway
Manuell, Aufruf
Benutzer
Signal
Zeitgeber
Dienst
Fehler

BILD 4.137
Meine eigene BPMN-Schablone

Wenn man alles getan hat, sollten Sie zur Sicherheit die Schablone noch einmal speichern (oder spätestens jetzt speichern) und wieder über das Kontextmenü SCHABLONE BEARBEITEN (ist ein Ein-/Ausschalter) ausschalten, so dass kein roter Stern mehr angezeigt wird (Datei „BPMN-Symbole mit Attributen“).

Import aus Visio 2010

Aus dem geöffneten Visio 2010 markieren Sie eine gewünschte BPMN-Schablone und speichern sie über das Kontextmenü SPEICHERN UNTER... Im Standard werden die Schablonen dann gespeichert unter

<Benutzername>/Eigene Dateien/Meine Shapes

In Visio 2013 WEITERE SHAPES> SCHABLONE ÖFFNEN

Bei mir springt das Programm gleich in das richtige Verzeichnis:

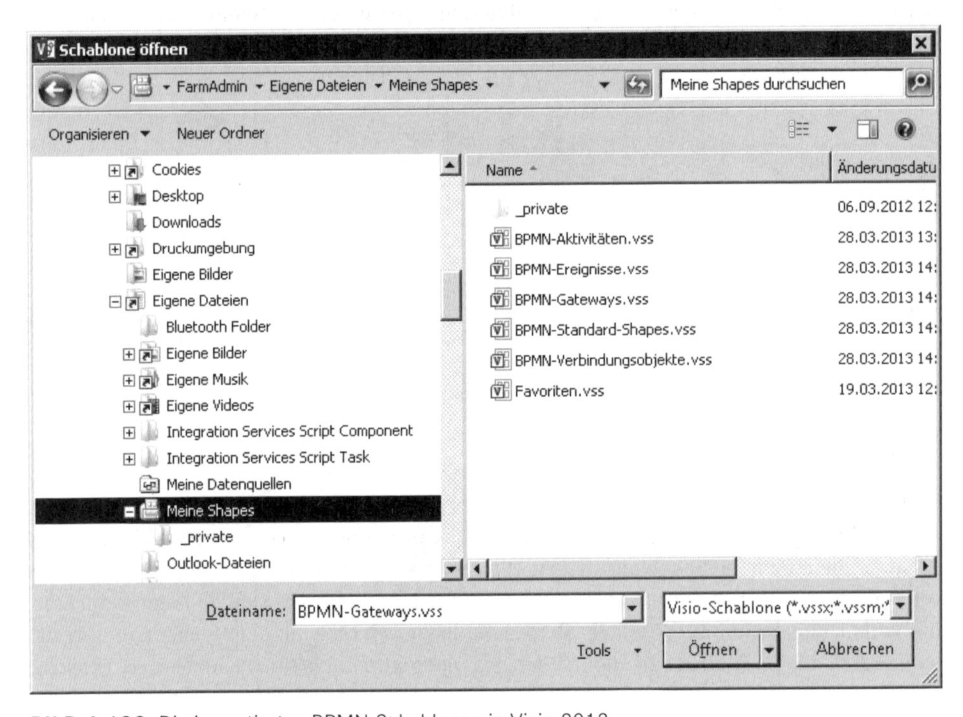

BILD 4.138 Die importierten BPMN-Schablonen in Visio 2013

Achtung Visio-2013-Anwender

Verwenden Sie ausschließlich das **Aufgaben**-Shape aus den BPMN-Standard-Shapes aus Visio 2013. Wenn Sie dieses Shape aus Visio-2010 in Visio 2013 verwenden, kommt bei der Prozessüberprüfung der Hinweis, dass dieses nicht mehr gültig ist und durch ein PPMN-2.0-Aufgaben-Shape ersetzt werden sollte. Einmal ist dieser Hinweis bei der Prozessüberprüfung natürlich unschön, aber ernsthafte Probleme könnte es beim XML-Export bereiten. ■

4.9.2 Die Logik

Erinnern Sie sich noch an Henry Ford und sein Fließband? Wenn nicht, nachlesen im zweiten Kapitel! Und daran, was dort über die Suche der Prozessgurus nach dem verloren gegangenen Band des Prozesses für die Produktion von Dienstleistungen steht? Hammer/Champy und E. Goldratt waren bzw. sind auf der Suche nach diesem Band. Die Vision der BPMN-Schöpfer und ihrer offensiven Nachfolger ist es, das Band des Prozesses durch eine Maschine - die Process Engine - ausführen zu lassen. Die entscheidende Perspektive von BPMN ist das Band.

Für BPMN existiert immer nur ein einziger „Teilnehmer", vielleicht besser „Akteur" genannt, für einen Prozess. Dieser übt die totale Kontrolle über den Prozessfluss aus und ist allein verantwortlich für diesen Prozess. Der Akteur muss kein Mensch sein, er kann jedes Subjekt sein, das Prozesse ausführt: eine Rolle, eine Organisation oder ein System. Im Prinzip ist der Akteur die Process-Engine. Der Akteur schaut auf seinen Prozess und gestaltet ihn. Der Prozess ist das Band, auf dem die Aktivitäten stattfinden. Das Symbol für das Band ist die Lane, die, wenn mehrere Akteure zusammenarbeiten, zu einem Pool zusammengefasst werden kann. Der Akteur für den Pool ist der Prozessdirigent, der die Aktionen der in ihm zusammengefassten Lanes steuert. Die Aktivitäten werden in einem Sequenzfluss dargestellt, der Kontrollfluss ordnet diese in der zeitlichen (technischen) Reihenfolge (Datei „Auto Montage Stand 1").

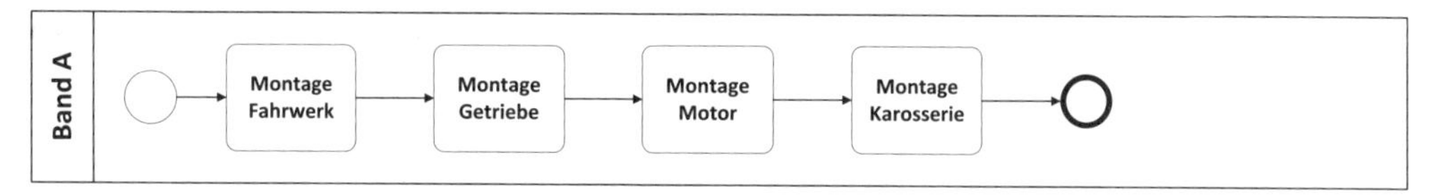

BILD 4.139 Eine Lane mit Aufgaben in einfacher Reihenfolge

Wie beim Fließband wird bei jedem Prozessschritt, bei jeder Aufgabe, ein Stück zum Erreichen des Ziels des Prozesses hinzugefügt (hoffentlich). Beim Fließband von Henry Ford war es das Auto bzw. seine Teile, die den Prozess bis zum Erreichen des Ergebnisses durchliefen. Das gedankliche Konstrukt der BPMN ist der „Token", der die Prozessschritte in der Reihenfolge des Kontrollflusses durchläuft. In der Prozessdarstellung „entspringt" der Token beim Starterereignis, durchläuft gegebenenfalls mehrere alternative Pfade und muss beim Endereignis, dem Ende des Prozesses, ankommen. Wenn der Token steckenbleibt, entsteht ein „Grid Lock", eine Blockade des Prozesses.

Der Ablauf kann verschiedene Wege nehmen, je nach Sachlage. Deshalb muss man Verzeigungen einbauen können, solche, die sich ausschließen (exklusiver Gateway: z. B. rote oder grüne Lackierung[12]), oder solche, die zwei oder mehrere Wege parallel ermöglichen (paralleler Gateway; Datei „Auto Montage Stand 2").

[12] Henry Ford hatte dieses Problem noch nicht, denn bei seinem T-Modell, das die Geburtsstunde der Fließbandproduktion war, konnte sich „der Kunde für jede Farbe entscheiden, wenn sie nur schwarz war".

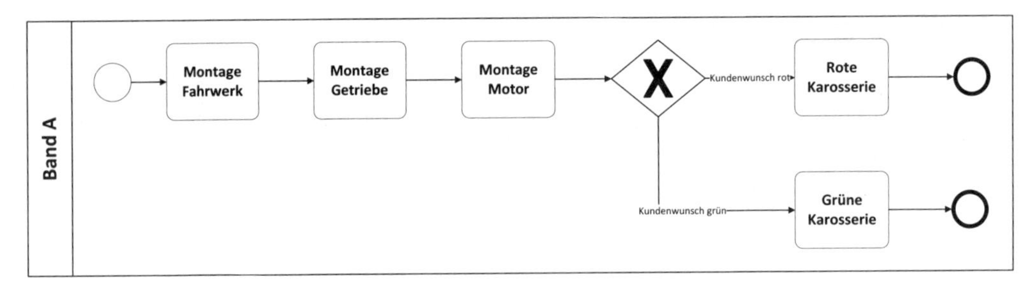

BILD 4.140 Verzweigung (exklusives Gateway)

Jeder Akteur hat seinen eigenen Prozess und es gibt nur Sequenzflüsse innerhalb eines Prozesses. Allerdings können oder müssen verschiedene Prozesse durch Nachrichtenflüsse interagieren, wobei die aus- und eingehenden Nachrichten günstigerweise an Ereignisse gebunden werden (Bild 4.141, Datei „Auto Montage Stand 3").

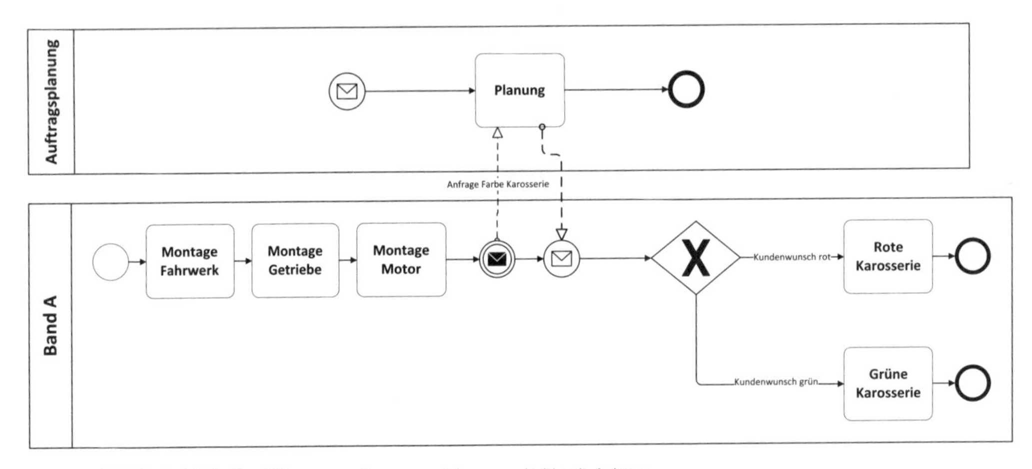

BILD 4.141 Zwei Prozesse kommunizieren mit Nachrichten.

Es können natürlich mehrere Verzweigungen hintereinandergeschaltet werden, wobei man das Ergebnis wieder mit einem Gateway zusammenführen kann, aber nicht muss (Bild 4.142). Das Gateway, das zusammenführt, macht jedoch den Prozess verständlicher.

Mehrere Lanes können zu einem Pool zusammengefasst werden. Der Pool ist eine den Lanes übergeordnete Instanz, der die Steuerung des Prozesses übernimmt. Der Pool ist die Gesamtheit des Prozesses, dessen Steuerung die Instanz des Pools übernimmt (Datei „Auto Montage Stand 4").

Die Abtrennung der Bezeichnung der Lane mit dem vertikalen Strich dahinter ist nur bis zur Version BPMN 1.2 erlaubt, in der Version BPMN 2.0 nicht mehr. BPMN 2.0 ist seit dem März 2011 freigegeben. Leider ist Visio, auch in der Version 2013, hier nicht ganz up to date. ■

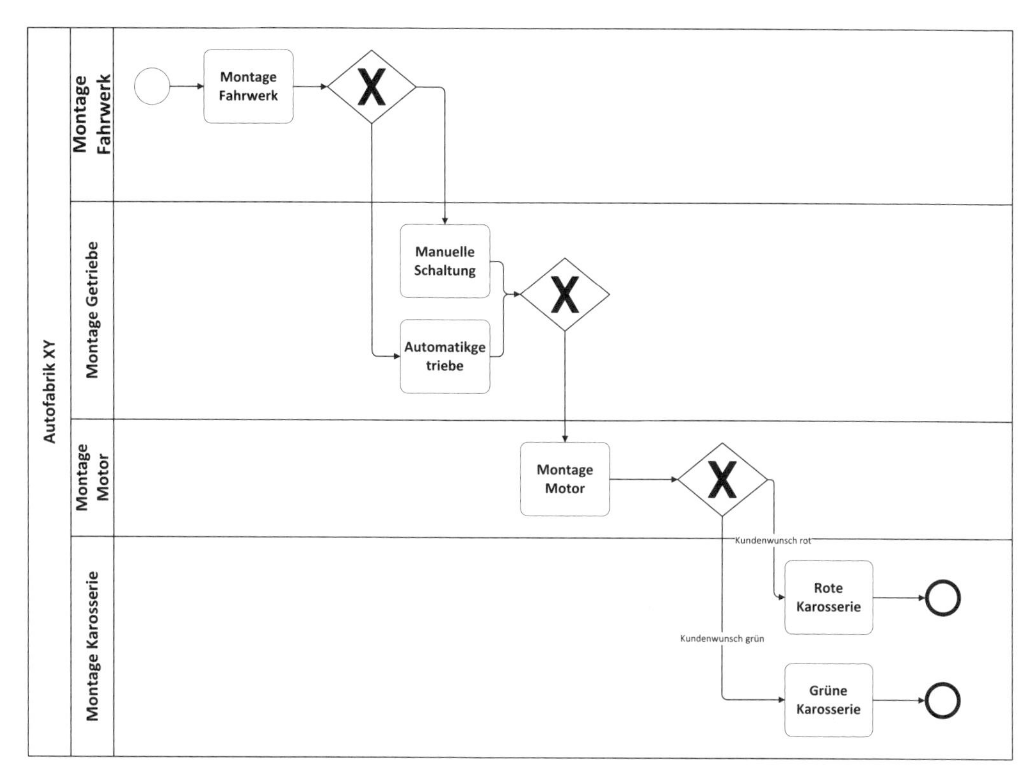

BILD 4.142 Pool mit mehreren Lanes

Nun ist ja heute nicht mehr die industrielle Produktion, sondern die Produktion von Dienstleistungen bevorzugtes Anwendungsgebiet der Prozessanalyse. In unserem Beispiel im nächsten Kapitel werden wir versuchen, einen komplexen Dienstleistungsprozess darzustellen. Hier noch ein Beispiel, das Zeitgeberereignisse und ein paralleles Gateway enthält (Datei „Support"):

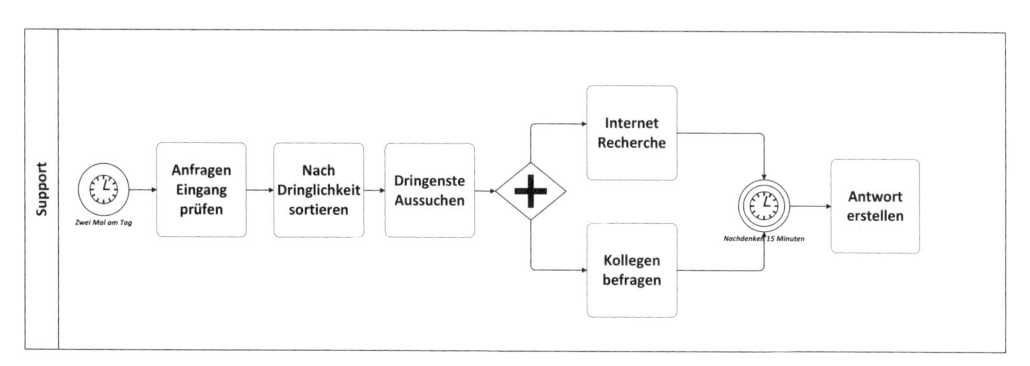

BILD 4.143 Paralleles Gateway und Zeitgeberereignisse

Hinweise zur Erstellung von BPMN-Diagrammen mit Visio:

1. Stellen Sie sich mit den BPMN-Shapes, die Sie benötigen (siehe Beispiel in Bild 4.137), eine Schablone zusammen. Ein Faltblatt mit einer Übersicht über die wichtigsten Shapes können Sie sich von der Berliner BPMN-Offensive herunterladen.[1]
2. Wenn Sie mit dem Verbinder-Befehl in Visio arbeiten, wird immer der Standardsequenzfluss verwendet. Über das Kontextmenü können Sie diesen in einen Nachrichtenfluss oder eine Assoziation ändern. Sie können natürlich alle anderen Shapes auch bearbeiten.
3. Auch wenn Sie erst einen Teil eines Diagramms erstellt haben, verwenden Sie die Diagramm-überprüfen-Funktion (wird im nachfolgenden Abschnitt im Beispiel erläutert). Dieses Feature ist meines Erachtens recht stark für die Überprüfung der Regeln der BPMN. Man wird dann frühzeitig auf logische Fehler oder Fehler in der Anwendung der Symbole hingewiesen.

[1] http://bpmb.de/poster

4.9.3 Ein Beispiel

Wir wollen das Beispiel des Prozesses, den wir oben mit der Technik des funktionsübergreifenden Flussdiagramms bearbeitet haben, nun mit der BPM-Notation darstellen. Wir haben diesen Prozess in der Datei „Übung 10.vsd“ dokumentiert.

4.9.3.1 Teil 1

Wir beginnen mit einer neuen Datei, in der wir eine Lane separat für den Kunden und zwei Lanes als Pool für die Software-Firma anlegen. Der Kunde muss seinen eigenen Prozess haben, da er ja nicht den Prozess der Software-Firma steuert und umgekehrt.

Die BPMN-Dateien liegen in einem eigenen Verzeichnis, „BPMN-Diagramme“, hier beginnen wir mit der Datei „Beispiel 1_1“.

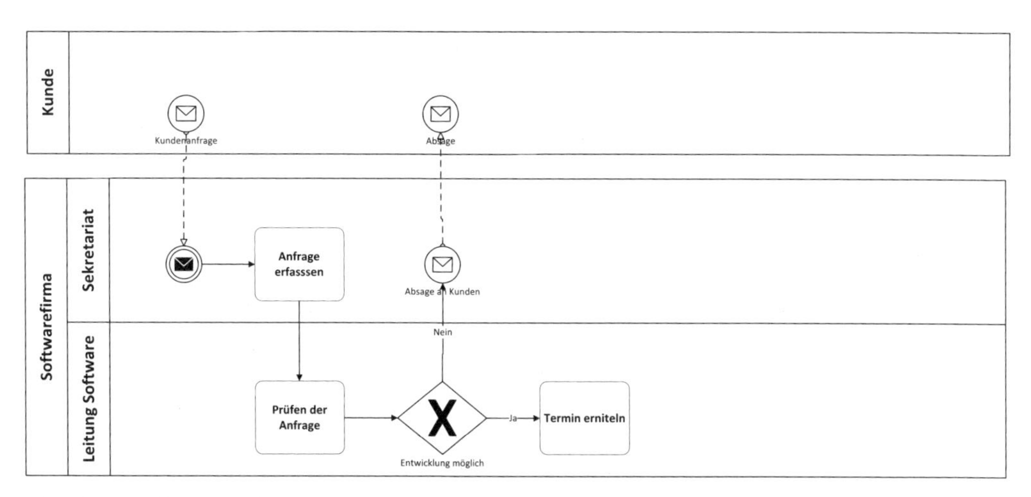

BILD 4.144 Ein erster Versuch

4.9.3.2 Diagramm überprüfen

Da ich meinen BPMN-Kenntnissen noch nicht so ganz vertraue, lasse ich dieses Diagramm überprüfen. (Wir haben die Überprüfungsfunktion im Abschnitt 4.6 „Prozess Prüfen“ behandelt). Zunächst sollte man sicherstellen, dass auch nach den BPMN-Regeln überprüft wird:

Prozess DIAGRAMM ÜBERPRÜFEN **Zu überprüfende Regel > BPMN 2.0**

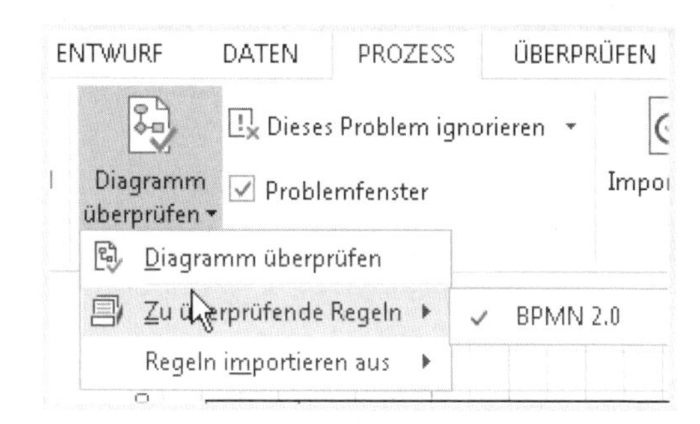

BILD 4.145 Regel der Überprüfung

DIAGRAMM ÜBERPRÜFEN öffnet automatisch das Problemfenster, das man auch per Option aus dem Menü Prozess in der Gruppe der Diagrammüberprüfung findet.

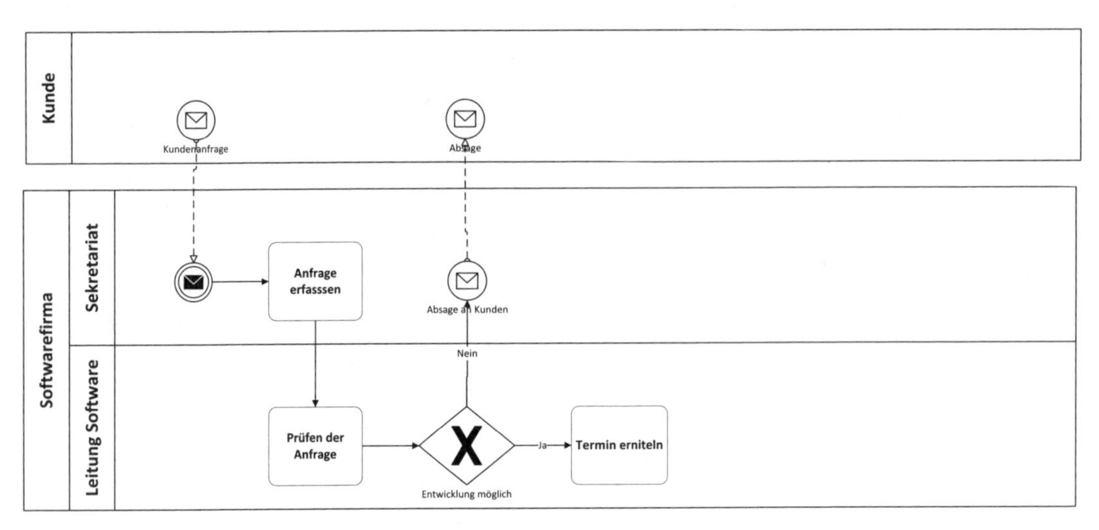

BILD 4.146 Nur ein gemeldetes Problem!

Wenn ich das Zwischenergebnis-Nachrichtensymbol, das ich hier irrtümlich einfügte (zwar ist der Eingang der Nachricht etwas „zwischen“ dem Absenden einer Nachricht und der folgenden Aktivität, aber für diesen Prozess ist es ein Startereignis), durch das (helle) Nachrichten-Startereignis ersetze, habe ich mein Erfolgserlebnis:

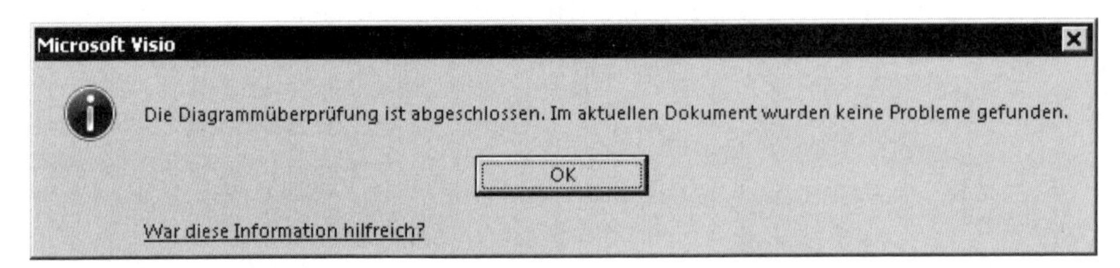

BILD 4.147 Keine Probleme mehr, alles richtig?

4.9.3.3 Teilprozesse

Vollständig erfasst sieht der Angebotsprozess dann so aus:

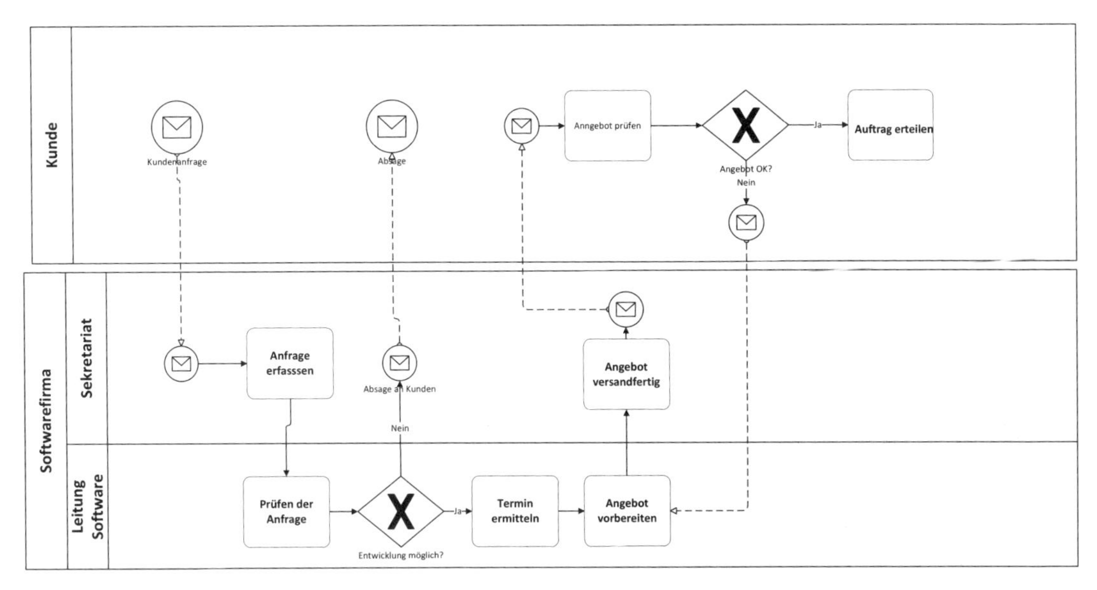

BILD 4.148 Der Angebotsprozess in der Firma und beim Kunden

Entscheidend ist, dass dies in BPMN zwei Prozesse sind, einmal beim Kunden (den ich als Prozessverantwortlicher bei der Firma nicht unbedingt erfassen muss, eigentlich geht er mich ja nichts an) und der Prozess in der Firma. Beide werden jeweils von einem anderen Akteur gesteuert, können sich also durch Sequenzflüsse nicht beeinträchtigen. Deshalb muss man die Interaktion zwischen Prozessen als Nachrichtenflüsse zeichnen – was sie ja in der Wirklichkeit hier auch sind. Schwierig wird es nur, wenn ein Prozess an den anderen ein Ergebnis liefert, einen Liefergegenstand („deliverable"). Wie erfasst man das, ist das auch eine Nachricht?

Beim Darstellen großer Prozesse ist es für die Übersichtlichkeit ein großer Gewinn, wenn man mit Teil- bzw. Unterprozessen arbeitet (4.4.3.2 „Unterprozess anlegen", 4.5.4 „Unterprozesse", 4.5.5 „Teilprozesse"). Dadurch wird das (Haupt-)Diagramm von zu vielen Details entlastet, die man in einen Teilprozess entsorgt. Das Diagramm des Teilprozesses enthält die Details des Prozesses, der mit dem Symbol des Teilprozesses im Hauptprozess repräsentiert wird. Schön wäre es natürlich, wenn man vom Hauptprozess in den Teilprozess einfach mit einem Mausklick springen könnte.

Der Prozess „Termin ermitteln" soll detaillierter in einem Teilprozess dargestellt werden. Es gibt ja das Shape „Teilprozess" und ich ersetze das bisherige Aufgaben-Shape durch dieses (oder arbeite einfach das bisherige Shape um und versehe es im Kontextmenü mit dem Aktivitätstyp „Reduzierter Teilprozess"). Nun habe ich zwar das Symbol für den Teilprozess, aber noch nichts Entscheidendes gewonnen.

Im Hauptmenü Prozess findet man ganz links in der Gruppe Teilprozess den Befehl NEU ERSTELLEN. Wenn man nun das Shape, das den Teilprozess darstellt, in unserem Fall „Termin ermitteln", markiert und den Befehl NEU ERSTELLEN ausführt, legt Visio automatisch ein neues Zeichenblatt „Termin ermitteln" an und verknüpft mit einem Hyperlink das Shape im Hauptprozess mit dem Zeichenblatt des Teilprozesses.

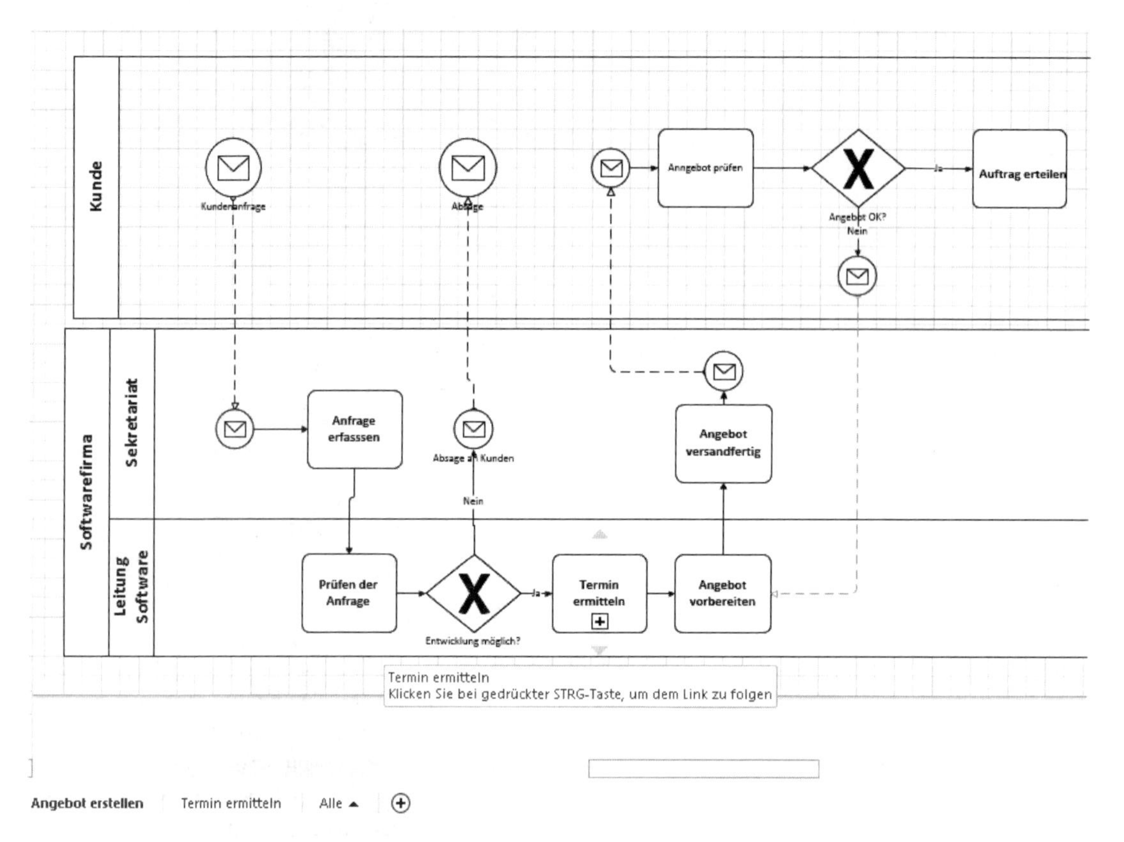

BILD 4.149 Anlage eines Teilprozesses

Wenn man jetzt mit der Maus auf das Shape des **Reduzierten Teilprozesses** zeigt, erscheint ein kleines rotes Hyperlink-Symbol und das in Bild 4.149 gezeigte Hilfe-Fenster. Mit einem Klick auf das Shape gelangt man auf das zunächst leere Zeichenblatt, dem das Programm aber schon den Namen des Repräsentations-Shape gegeben hat. Hier kann man jetzt den Unterprozess anlegen. Natürlich ginge es auch in umgekehrter Reihenfolge: wenn man ein Diagramm mit dem Teilprozess schon erstellt hat MIT VORHANDENEM VERKNÜPFEN.

Datei „Beispiel 1_4“

Wenn man auf den Komfort des Zurückspringens zum Hauptprozess per Mausklick wert legt, könnte man hinter dem Nachrichten-Shape eine Offline-Referenz (siehe Abschnitt 4.5.3 und Bild 4.51 Off-Page-Referenz) zurück zum Zeichenblatt des Hauptprozesses einrichten. Aber das hat dann mit BPMN nichts mehr zu tun.

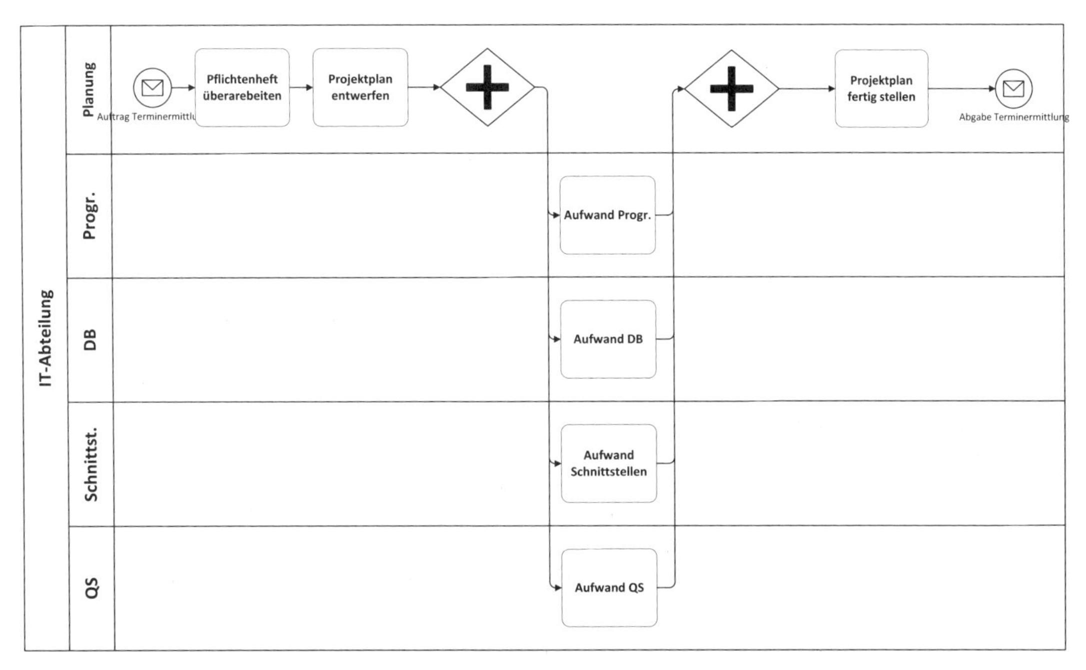

BILD 4.150 Der Unterprozess Terminermittlung

4.9.4 Meine Einschätzung der BPMN

1. Die BPMN kommt von und hat ihre Stärke in der Erfassung des Ablaufs eines Prozesses. Hier kennt sie viele Möglichkeiten, die die anderen Prozessnotationen so nicht kennen und zwingt – so man es wirklich bis zum technischen Modell vertiefen will, das eine Process Engine füttern kann – zu einem hohen Grad an Genauigkeit. Außerdem hat man in dieser Welt – der Erstellung von Code für eine Process Engine – einen Standard. Wie weit dieser wirklich trägt, sei dahingestellt.
2. Andererseits kann die BPMN ihre strategische Herkunft, eben mittels einer Engine einen Prozess zu steuern, nicht verleugnen. Immer dann, wenn es mehr als einen Prozess gibt, wird ihre Anwendung schwierig (siehe Bild 4.148). Da es zwischen Prozessen – im Gegensatz zur „normalen“ Flussdiagrammdarstellung (siehe z. B. Bild 4.67) keinen Kontrollfluss geben darf, müssen die Abhängigkeiten als Nachrichtenflüsse gestaltet werden. Das ist höchst unrealistisch und kann auch nicht durch reine Definitionskunst verbessert werden, da sich Prozesse mit mehr als Informationen gegenseitig beeinflussen – es gibt auch ganz einfach Lieferungen zwischen Prozessen. Warum soll der Token nicht von einem Prozess an einen anderen übergeben werden? Alle Lieferungen als Nachrichten aufzufassen, erfordert schon ziemliches Abstraktionsvermögen von der Realität und führt zu komplizierten Konstruktionen.[13]

[13] Z. B.in den Abbildungen 2.101 und 2.102 in Freund/Rücke, dem in Fußnote 9 genannten Buch.

3. Schon die Bezeichnung „Kollaborationsdiagramm“ drückt eine Verharmlosung des Sachverhalts aus. Wirtschaftliche Prozesse sind zahnradgleich miteinander verwoben und jedes Rad hat seine eigene Kontrollinstanz, ist also ein unabhängiger Prozess. Ich habe noch kein nach den Regeln der BPMN designtes Diagramm gesehen, bei dem über Nachrichtentausch die Kollaboration von mehr als zwei Prozessen dargestellt wurde und das noch einen Hauch von Verständlichkeit hatte (vielleicht als Kunst?).
4. Auf dieses Problem reagierend – das besonders bei der Modellierung von Business-to-Business-Szenarien virulent wird – kann man „Choreografiediagramme“ verwenden. „In diesen werden die Nachrichtenaustauschvorgänge selbst in den Mittelpunkt gestellt und in Form von Choreografieaktivitäten modelliert.“[14] Reine Choreografiediagramme verlassen allerdings die Pool-(Lane-)Logik, der ausführende Akteur wird als weitere Information an die Aktivität des Nachrichtenaustauschs geschrieben.[15] Die Lösung für komplexe Kommunikationsprozesse zwischen mehreren Pools, die Allweyer entwirft (dem das Problem immerhin mehr bewusst ist als anderen), ist „Kollaboration mit eingebetteter Choreografie“, indem die Kommunikationsaktivitäten als eigenständige Aktivitäten *zwischen* den Pools modelliert werden[16]. Diese finden im luftleeren Raum statt! Das ist sicher eine Herausforderung für jede Process Engine und zeigt die ungeklärte Aufgabenstellung der BPMN: Ist sie eine Notation zur Erklärung des Prozessablaufs, zum Einsatz auf geschäftlich-analytischer oder strategischer Ebene – dann kann man das machen – oder soll die Darstellung den Prozessablauf mittels einer Process-Engine automatisieren – dann versteht dies sicher kein Automat. Ich wäre gespannt, wie ein „Kollaborationsdiagramm mit eingebetteter Choreografie“ aussieht, das die Prozesse z. B. bei einem Automobilhersteller, der mit ca. 100 Zulieferern zusammenarbeiten muss, darstellt?
5. Nicht zufälligerweise zeigen fast alle Beispiele in der Literatur BPMN-Prozesse mit einem Akteur. Eine Wohngemeinschaft ist ein Akteur (Pool), auch wenn für jedes Mitglied (Unter-) Bahnen (Lanes) angelegt werden. Eine entscheidende Frage – die nie diskutiert wird in den ansonsten sehr übergenauen Anleitungen in der Literatur – ist doch die, wann ich Pools in mehreren Lanes gliedern kann, also einen Akteur in mehrere Unter-Akteure quasi aufspalten kann. Wann muss ich das als eigenen Pool, als selbstständigen Akteur anlegen? Die Erklärung liegt wahrscheinlich in dem Wort „selbstständig“, d. h. wenn dieser Akteur selbstständig seinen eigenen Prozess steuert. Aber das ist ein weißer Fleck in der Landkarte der Erklärungen zu BPMN.
6. Typischerweise sind die mit den BPMN-Symbolen und der BPMN-Logik dargestellten Prozesse – soweit keine Trivialbeispiele (Pizzabestellung) – Prozesse mit einer hohen Wiederholungsrate und einem hohen Maschinenanteil, wie die Bearbeitung einer Anfrage durch die Schufa oder die automatische Postsortierung. Hier gibt es jeweils einen Akteur in einer unspezifizierten Umwelt und die Ein- und Ausgänge sind im Prinzip Nachrichten. Insider schätzen, dass der Einsatz einer Process Engine ab einer Wiederholungsrate von ca. 100.000 (hunderttausend) Durchläufen im Jahr wirtschaftlich wird.[17]

---

[14] Thomas Allweyer: „BPMN 2.0 Einführung in den Standard für die Geschäftsprozessmodellierung“. 2. Auflage, Books on Demand GmbH, Norderstedt 2009

[15] ebenda, Bild 162 auf S. 140, Bild 164 auf S. 142

[16] ebenda, Bild 165 auf S. 143

[17] So der Hersteller einer BPMN-nahen Software

7. Zusammenfassend muss ich meine Einschätzung, dass BPMN zu kompliziert sei, um Prozesse so darzustellen, dass darauf basierend strategische und operationale Entscheidungen zu treffen wären (siehe die Einleitung zum Abschnitt 4.9 „BPMN“), hier noch verstärken und systematischer formulieren. Es ist nicht nur die Komplexität der Notation, sondern BPMN ist „by design“ dazu nicht fähig, da sie zur Erfassung und Rationalisierung jeweils eines Prozesses „designt“ wurde. Sie analysiert und automatisiert immer **ein** „Fließband“ und findet darin ihre Aufgabe und ihre Stärken. Für eine strategische und operative Prozessanalyse, die das Zusammenwirken mehrerer Prozesse mit unterschiedlichen Kontrollinstanzen betrachten muss, ist sie nicht gemacht und bringt hier nicht weiter, sondern verwirrt eher.

5 Prozessdarstellung mit ViFlow

ViFlow® wird von der Vicon GmbH mit Sitz in Hannover hergestellt. Es benutzt MS Visio® als grafisches Modellierungstool, ist also nur zusammen mit Visio einzusetzen. Für die Verwendung mit ViFlow genügt die Standardedition von Visio in den Versionen 2007, 2010 oder 2013. Der Hersteller, Vicon, empfiehlt, zurzeit noch mit Visio 2010 zu arbeiten, da ein Bug in Visio 2013 dazu führen würde, dass die Zeichnungen im Webmodell, also in der HTML-Darstellung, unscharf dargestellt werden.

Die aktuelle Version ist ViFlow 5.0, mit der wir hier arbeiten. Es gibt ViFlow 5.0 in einer Standard-, einer Professional- und einer Enterprise-Edition.[1] Die Unterschiede betreffen im Wesentlichen die Im- und Exportfunktionen (so ist z. B. kein Export nach XML aus der Standardversion möglich), ebenso unterstützt die Standardedition nicht den Workflow, also die Prüfung und Freigabe von Prozessen, und für das Shared-Process-Modeling (für das verteilte Modellieren mit mehreren Anwendern) benötigen Sie die Enterprise-Edition. In der Standardedition ist nur die Änderung der Oberflächensprache möglich, in den anderen Editionen kann auch der Inhalt, also die eigenen Texte, in bis zu neun verschiedenen Sprachen gepflegt werden.

Selbstverständlich kann man Visio, auch wenn man ViFlow installiert hat, als selbstständiges Programm mit all seinen Möglichkeiten benutzen, wie wir das im vorigen Kapitel entwickelt haben. Oder man startet ViFlow und arbeitet damit, Visio ist dann als Grafikausgabe integriert.

Während Visio grafische Darstellungen aus ganz anderen Gebieten ermöglicht, z. B. Baupläne oder Landkarten, beschränkt und konzentriert sich ViFlow auf die Darstellung von Geschäftsprozessen, besonders in der Art des funktionsübergreifenden Flussdiagramms. Sie werden am Ende dieses Kapitels oder dieses Buchs selbst entscheiden können, ob Sie zur Darstellung und Optimierung Ihrer Prozesse ViFlow einsetzen oder ob Visio ausreicht.

So viel jedoch vorab: Der entscheidende Unterschied von ViFlow gegenüber Visio ist die Spezialisierung des Programms auf die Erfassung von Prozessen und dabei die automatische Interaktion mit einer Datenbank. Beim Anlegen der Prozesselemente werden Sie aufgefordert, alle relevanten Informationen für dieses Element einzugeben. Diese Daten werden zusammen mit der Grafik in einer Datenbank gespeichert. Damit ist es weit mehr als ein „Malprogramm“, denn durch die (automatische) Hinterlegung aller gespeicherten Informationen in der Datenbank ergeben sich für das Prozessmanagement inhaltlich weiterreichende und vereinfachte Anwendungen und – besonders wichtig – ganz andere Auswertungsmöglichkeiten:

[1] Den aktuellen Stand und eine Übersicht über die Unterschiede in den Funktionen finden Sie unter http://www.viflow.biz/funktionen.html.

1. In einer Datenbank können viele Prozesse angelegt werden. Man hat den Überblick nicht nur über alle Prozesse (wenn man diese selbst thematisch angeordnet hat, auch über die thematische Zuordnung), sondern auch über die verwendeten Daten und Bereiche. Das erspart auch Doppelarbeiten.
2. Informationen müssen nur einmal erfasst und gepflegt werden. Beispielsweise können (Unter-)Prozesse in mehrere Hauptprozesse eingebunden werden. Eine einmalige Änderung eines Objekts (Prozess, Daten, Bereich, Hyperlink) gilt dann immer für dieses Objekt in allen Prozessen, in denen dieses Objekt eingebunden ist. Man arbeitet immer mit den identischen Informationen in einer Datei.
3. Die in der Datenbank gespeicherten Prozessinformationen erlauben ganz andere Auswertungsmöglichkeiten. Der als Zusatzprodukt erhältliche ViFlow-Reporter ermöglicht viele vorbereitete Auswertungen dieser Daten als Standardberichte und deren Weiterverarbeitung z. B. in Excel. Mit der Professional Edition des ViFlow-Reporters können Sie auch eigene Berichte erstellen bzw. vorhandene Berichte modifizieren, wobei Kenntnisse von Datenbankabfragen, insbesondere für MS Access, vorausgesetzt werden.
4. Die Prozessdaten können einfach über das Menü nach MS Project exportiert werden. Da zu diesen Daten auch die Dauer der Aktivitäten und der Ablauf, d. h. die Struktur und die Reihenfolge, gehören, können – wenn die Prozesselemente dafür richtig angelegt werden – die Durchlaufzeiten bzw. alternative Durchlaufzeiten berechnet werden. Dies stellt meines Erachtens einen entscheidenden Fortschritt bei der Optimierung alternativer Prozessabläufe dar und ist (jedenfalls bis zu den gegenwärtigen Versionen und auf so einfache Weise) nur mit ViFlow möglich.

5.1 ViFlow starten

Starten Sie ViFlow wie jedes andere Programm; hier über START/PROGRAMME/VIFLOW 5. Wenn Sie schon angelegte Dateien haben, können Sie diese mit einem Doppelklick auf die Datei starten. ViFlow-Dateien erhalten die Endung *.vdb (= ViFlow-Datenbank) und sind eine Datenbank.

Auch hier werden Sie nicht unmittelbar in die Arbeitsoberfläche geführt, sondern Sie erhalten zunächst ein Auswahlfenster, aus dem Sie eine bestehende Prozessdatenbank (so werden in ViFlow die Dateien genannt) öffnen oder eine neue Prozessdatenbank anlegen können. Weitere Optionen sind, sich zunächst einmal ein Lernvideo anzuschauen, das die ersten Schritte in ca. zehn Minuten erklärt, das Benutzerhandbuch im PDF-Format zu öffnen oder über das Internet zum Support zu kommen, über den man z. B. die neuesten Updates herunterladen kann.

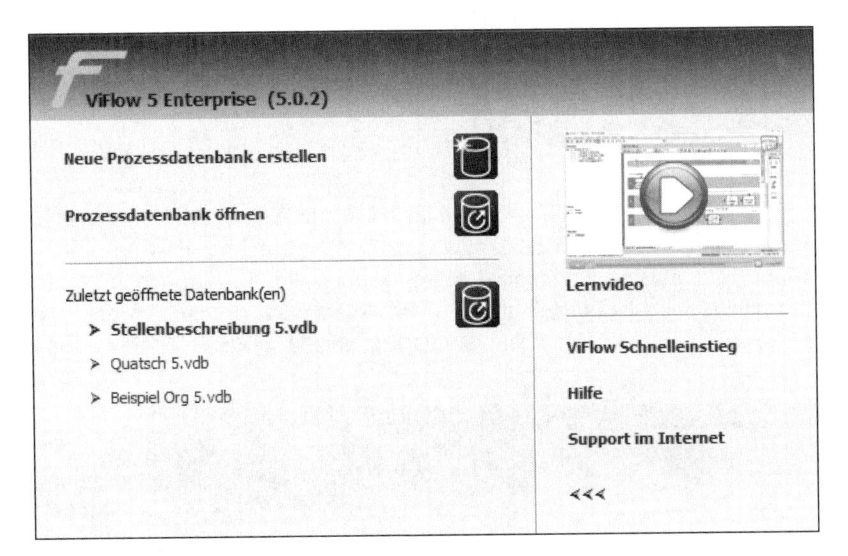

BILD 5.1 Start-Auswahlfenster

Wenn Sie sich für NEUE PROZESSDATENBANK ERSTELLEN entscheiden, müssen Sie der neu zu erstellenden Datenbank einen Namen geben. Sie können aus einer Vorlage eine Datenbank auswählen. Da wir hier keine speziellen Prozesse erstellen wollen, nehmen wir die Vorlage **Standard**. Wenn Sie keine Vorlage auswählen, wird ebenfalls die Vorlage **Standard** benutzt. Die Vorlagen haben jeweils spezifische Voreinstellungen z. B. für die Informationen, die mit den Objekten verbunden sind, also z. B. die Prozess-, die Bereichs- und die Datenarten (wir kommen darauf zurück). Sie können natürlich unabhängig von der verwendeten Vorlage immer alles nach Ihren Wünschen einrichten.

Wenn Sie eine Vorlage auswählen und den Namen nicht ändern, macht das Programm Sie darauf aufmerksam, dass dieser Datenbankname bereits existiert und ob Sie ihn überschreiben möchten. Das sollten Sie nicht tun, geben Sie stattdessen Ihrer neuen Datenbank einen eigenen Namen.

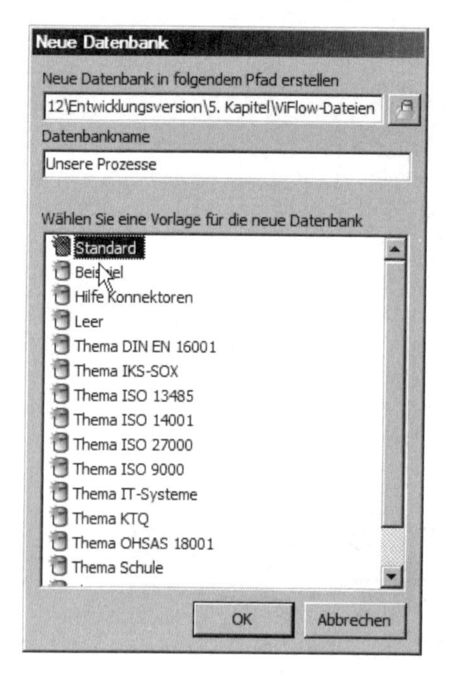

BILD 5.2
Vorlage auswählen und Namen geben

Gleich beim Start kommt die Abfrage, ob man automatisch eine Sicherungsdatei erstellen will, mit der man bei Verlust oder Beschädigung der Originaldatei diese wieder herstellen kann. Wenn Sie genügend Plattenplatz haben, können Sie dies tun. Ich empfehle Ihnen, sich im Abschnitt 5.8.6 die Einstellungen zum Backup anzusehen und z. B. die Einstellung, dass nach jedem Öffnen der Datenbank ein Backup erstellt werden soll, herauszunehmen.

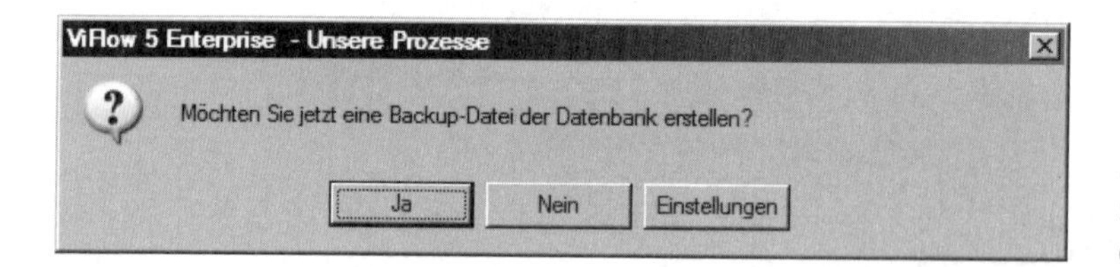

BILD 5.3
Sicherungsdatei erstellen?

Übung

Erstellen Sie eine neue Datenbank mit dem Namen „Unsere Prozesse" und speichern Sie sie in einem selbst gewählten (Schulungs-)Verzeichnis. In ViFlow ist eine neue Datei immer eine Datenbank mit der Endung .vdb.

Ganz oben, hinter dem Programmnamen (ich arbeite hier mit ViFlow Enterprise, werde aber immer darauf hinweisen, wenn ich Features behandle, die nicht in der Standard-Edition enthalten sind) steht der Name der Datenbank, mit der Sie arbeiten. Darunter befindet sich die ViFlow-Menüzeile und darunter die ViFlow-Symbolleiste (Bild 5.5), mit der Sie einige Befehle mit einem Klick ausführen können. Rechts davon ist eine Zeile, mit der Sie nach Begriffen suchen können. Es wird dann ein Fenster mit den Suchergebnissen geöffnet.

Das linke Fenster zeigt die Datenbankstruktur an. Die beim Start sichtbaren Elemente sind in der geöffneten Vorlage enthalten. Man sieht, dass diese Struktur aus drei Elementen besteht: **Prozesse**, die mit **Daten** verknüpft werden, und die **Bereiche**, in denen die Prozesse ablaufen.

Rechts erkennt man den Arbeitsbereich, wie er von Visio bekannt ist. ViFlow benutzt ja Visio als Grafik-Frontend. Allerdings ist das Visio-Menü angepasst an die Möglichkeiten, die Sie in ViFlow benutzen dürfen, also auf jeden Fall die Formatierungen der Shapes und Ähnliches. Aus Platzmangel wurden einige Features unter den grünen Ampelsymbolen angeordnet.

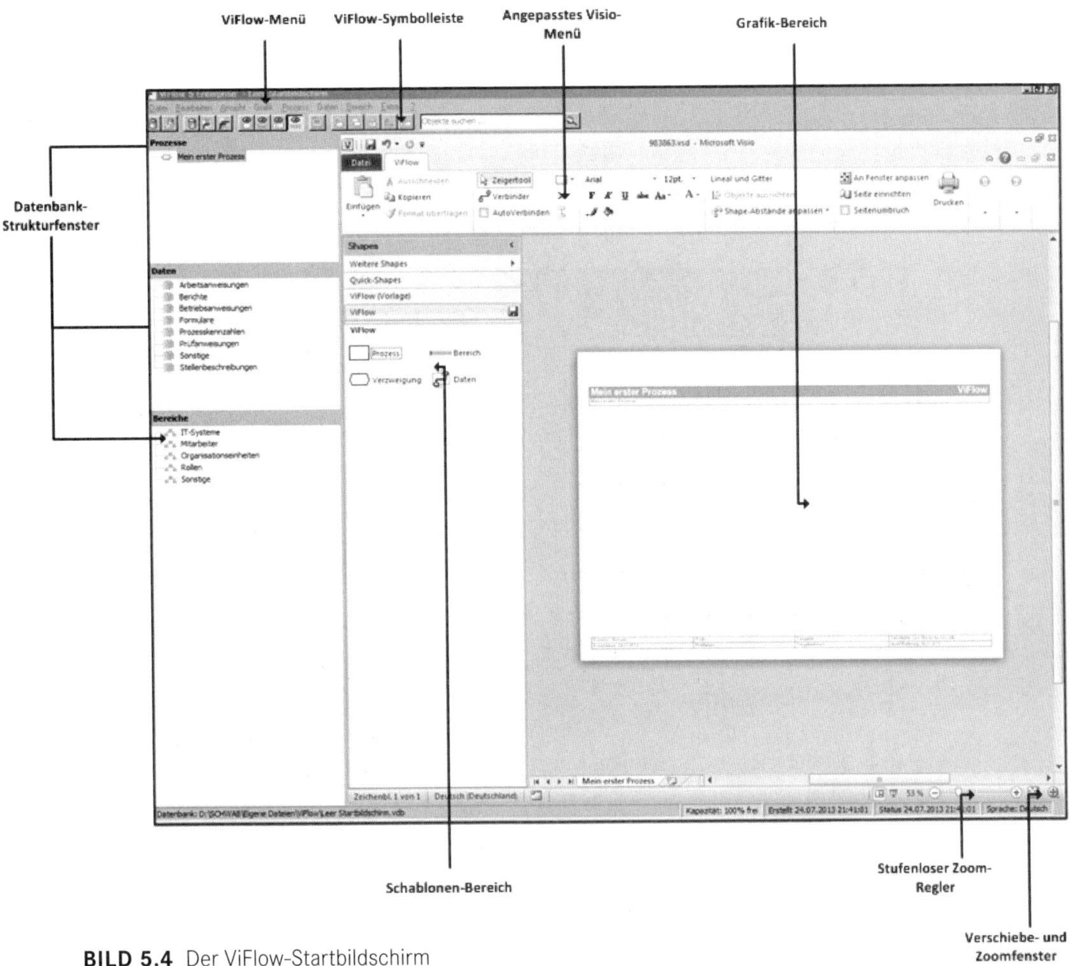

BILD 5.4 Der ViFlow-Startbildschirm

5.2 Neuer Prozess

In dieser Datei wurde durch die Vorlage ein Prozess, „Mein erster Prozess“, angelegt. Wir können diesen Prozess löschen und dann einen neuen Prozess anlegen. Wir können den Prozess natürlich auch einfach umbenennen. Alle Informationen zu einem Prozess stehen in der Maske **Eigenschaften**, die Sie bei markiertem Prozess im Datenbankfenster über das ViFlow-Menü Prozess Eigenschaften *oder* über das Kontextmenü *oder* über das zehnte Symbol der ViFlow-Symbolleiste öffnen.

5.2.1 Prozess anlegen

Sie legen einen neuen Prozess an über Prozess/Neu oder das Symbol Neuer Prozess (das elfte Symbol in der ViFlow-Symbolleiste, siehe Bild 5.5).

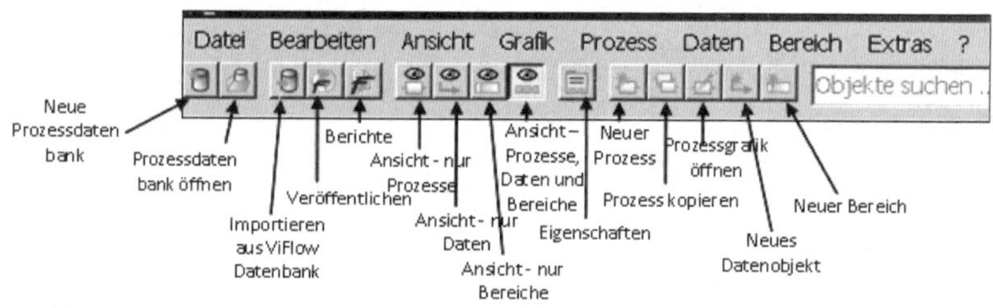

BILD 5.5 Die ViFlow-Symbolleiste

Dann poppt die Maske mit den **Eigenschaften** auf, in der Sie die gewünschten Informationen zu diesem Prozess eingeben können (Bild 5.6).

5.2.2 Prozess löschen

Wenn man den neuen Prozess angelegt hat, benötigt man den von der Vorlage angelegten Prozess nicht mehr. Man kann einen Prozess ganz einfach löschen, indem man ihn im Strukturfenster markiert und über das Kontextmenü LÖSCHEN ausführt. Auch im Menü Prozess findet man Löschen. Der Prozess darf allerdings im Grafikfenster nicht geöffnet sein, also am Einfachsten einen anderen Prozess öffnen und damit diesen Prozess schließen.

Eine Datenbank braucht immer mindestens einen Prozess. Wenn Sie also nur einen Prozess haben, können Sie diesen nicht löschen. Sie können dann aber über das Menü Datei die Prozessdatenbank schließen und dann diese Datei löschen.

5.2.3 Prozess umbenennen

Man kann aber auch den schon in der Vorlage angelegten bzw. jeden Prozess umbenennen. Über das Menü Prozess/Eigenschaften oder über das (zehnte) Symbol EIGENSCHAFTEN in der ViFlow-Symbolleiste (siehe Bild 5.5) oder über das Kontextmenü öffnen Sie die EIGENSCHAFTEN-

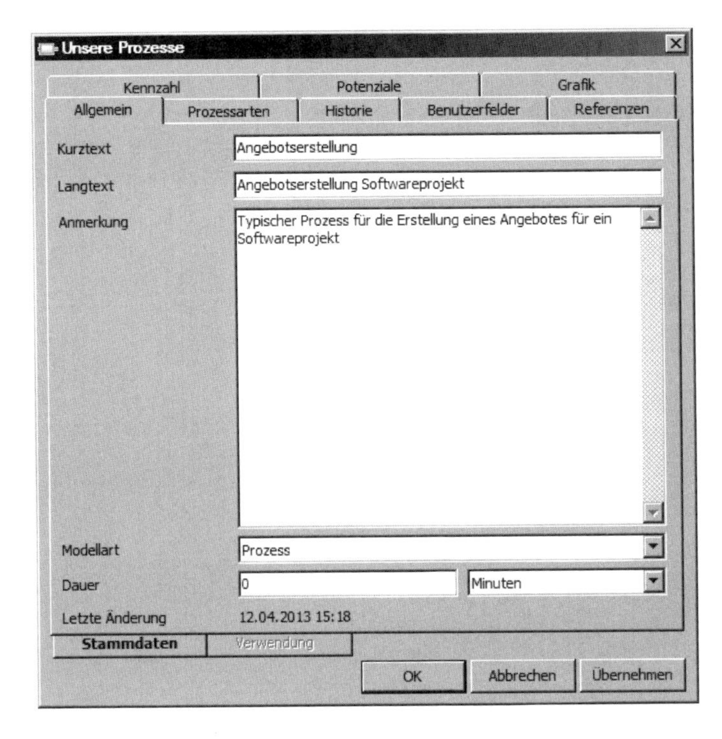

BILD 5.6
Informationen in den Eigenschaften

Maske, in der Sie die Daten zu diesem Prozess in die nun geöffnete Dialogbox eingeben können – hier können Sie ihn auch umbenennen.

Das Feld **Kurztext** muss, die anderen Felder können ausgefüllt werden. Bei Modellart steht als Vorgabe **Prozess**, aber in der Drop-down-Liste sehen Sie die anderen in der Vorlage enthaltenen Modellarten. Über das Menü Bearbeiten/Prozesslisten/Modellarten können Sie eigene Modellarten definieren, die Sie dann anwenden können. Die **Dauer** ist mit **0** (null) Minuten voreingestellt. Dies ist zwar eine wichtige Information für die einzelnen Prozessschritte, aber für einen Prozess insgesamt können wir sie hier noch nicht wissen. Weitere Register sind z. B. **Prozessart** oder **Potentiale**. Diese sind noch leer, aber Sie sehen die Informationen, die Sie hier auch für die einzelnen Prozessschritte aufnehmen können.

Wenn Sie dieses Fenster mit OK abschließen, erscheint der Prozess im Übersichtsfenster. Die Grafikvorschau zeigt die Kopfzeile mit Langtext als Überschrift und Kurztext als Unterzeile.

Merke

Es gibt eine Datenbank (so heißen in *ViFlow* die Dateien), die angelegt und geöffnet wird: Datei/Neue Prozessdatenbank... bzw. Datei/Prozessdatenbank öffnen... (bzw. erstes Symbol in der ViFlow-Symbolleiste, Bild 5.5).

In einer Datenbank – das ist die Datei – gibt es einen oder mehrere Prozesse, die neu angelegt werden über Prozess/Neu. Bestehende Prozesse werden in der Grafikvorschau über Prozess/Öffnen geöffnet oder mit einem DOPPELKLICK auf diesen Prozess oder mit dem Symbol PROZESSGRAFIK ÖFFNEN (13. Symbol in der ViFlow-Symbolleiste, Bild 5.5). ■

5.2.4 Prozess öffnen

Nachdem ein Prozess angelegt ist, kann er bearbeitet werden. Dazu muss man ihn mit PROZESS/ÖFFNEN öffnen, wenn er nicht schon geöffnet ist, oder mit einem DOPPELKLICK auf den Prozess im Strukturfenster oder bei ausgewähltem Prozess mit einem Klick auf das (dreizehnte, das dritte von rechts, s. Bild 5.5) Symbol PROZESSGRAFIK ÖFFNEN.

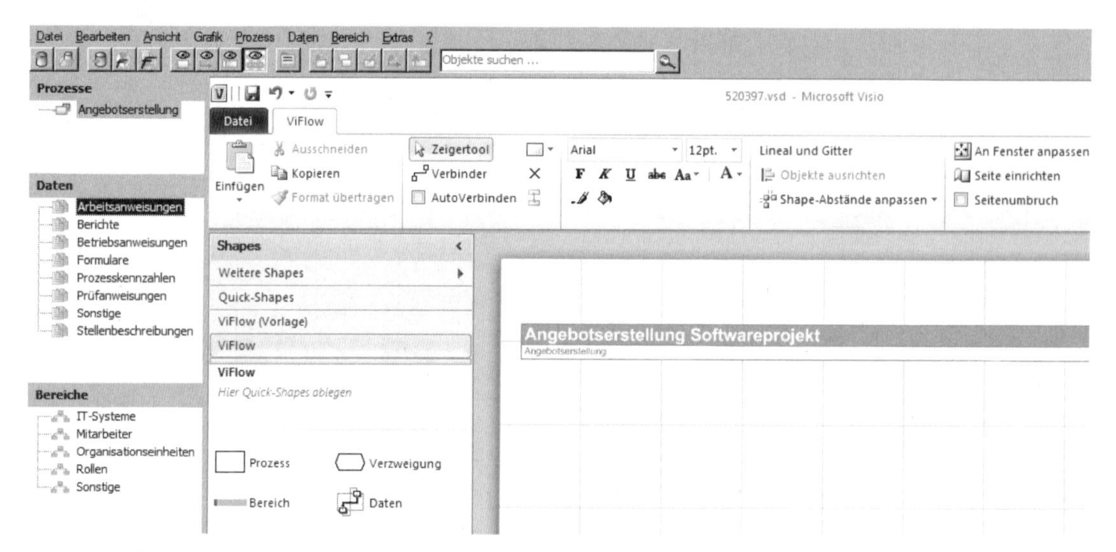

BILD 5.7 Die geöffnete Prozessgrafik

Mit der Prozessgrafik wird automatisch Visio in einer speziellen Anpassung gestartet (kurze Wartezeit mit „Datenbank wird geladen ..."). Sie können nun im Prinzip wie von Visio gewohnt arbeiten und speichern aus dem geöffneten Visio-Menü (siehe Bild 5.8) mit **Datei/Speichern**. Dann werden die Prozessgrafik, das ist die Visio-Zeichnung, und die ViFlow-Datenbank mit allen Informationen wie den angelegten Stammdaten gespeichert. Wenn Sie die Datei mit Prozessdatenbank schließen möchten, ohne vorher zu speichern, werden Sie aufgefordert, die Änderungen zu speichern. Wenn Sie dies tun, werden alle Informationen mitgespeichert.

Sie brauchen sich da um nichts kümmern und deshalb gibt es im ViFlow-Menü auch kein Speichern mehr, sondern nur noch ein **Speichern unter...**, wenn man die Datenbank unter einem anderen Namen speichern will.

Merke

Wenn Sie aus dem Visio-Menü Datei/Speichern (oder das Diskettensymbol) wählen, werden alle Informationen in der Datenbank mit gespeichert. Sie können dann getrost aus dem ViFlow-Menü die DATEI/BEENDEN und alles ist gespeichert.

Sie könnten aus dem ViFlow-Menü die Prozessdatenbank schließen, dann kommt noch die Abfrage, ob man die Änderungen im eben bearbeiteten Prozess speichern will, so man es noch nicht getan hat. Mit Datei/Beenden beenden Sie das Programm.

5.3 Der Arbeitsbereich

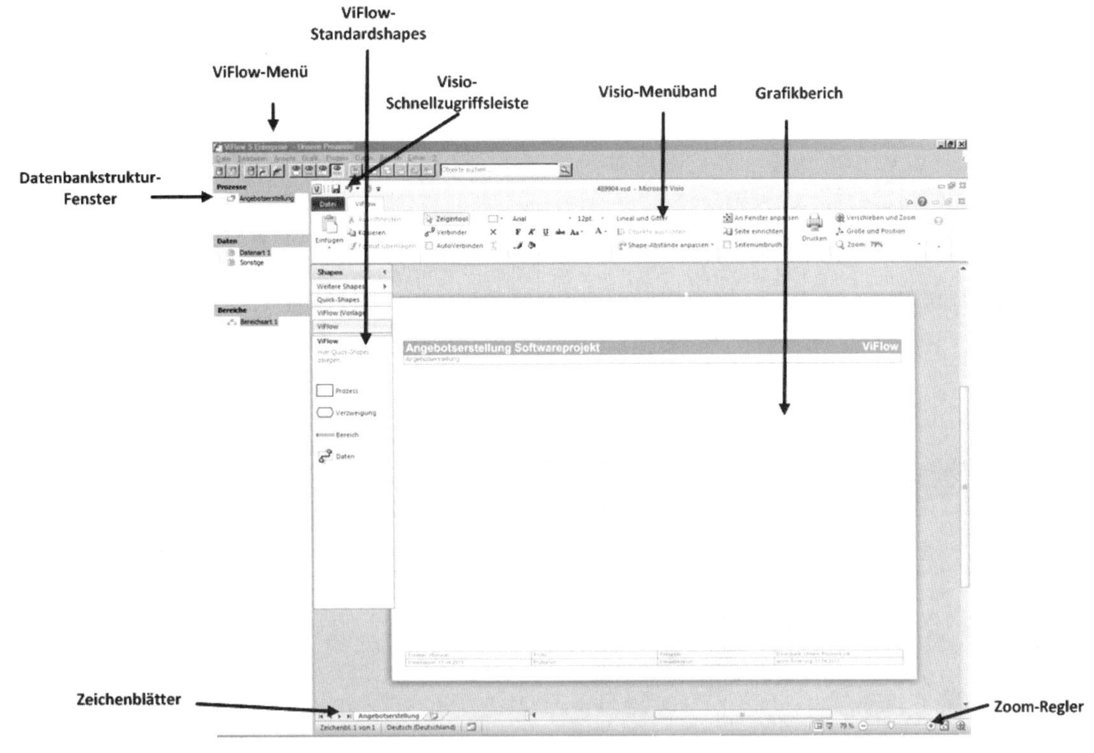

BILD 5.8 Der Arbeitsbereich

Links oben befindet sich das ViFlow-Menü, das Sie bei der Arbeit noch kennenlernen werden, mit den Menüpunkten Datei, Bearbeiten, Ansicht, Grafik, Prozess, Daten, Bereich, Extras. Darunter finden Sie die in Bild 5.5 dargestellte ViFlow-Symbolleiste.

In der voreingestellten Ansicht sehen Sie das **Datenbankfenster**, auch Strukturfenster genannt, mit **Prozessen**, **Daten** und **Bereichen**, da unter dem Menüpunkt Ansicht/Alle, gemeint sind eben **Prozesse, Daten und Bereiche**, eingestellt ist. In der Voreinstellung links des Zeichenblatts finden Sie das Auswahlfenster der Shapes, hier mit der **Standard**-ViFlow-Schablone und der ViFlow-(**Vorlage**), die Titel- und Fußzeilen enthält, die der Benutzer anpassen kann. Selbstverständlich können Sie hier mit den Schablonen und Shapes so arbeiten wie in Visio, also z. B. mit den Quick-Shapes, und Sie können dieses Shape-Fenster an jeder gewünschten Stelle des Bildschirms positionieren.

Über das ViFlow-Menü Grafik/ViFlow-Schablonen öffnen könnten Sie sich auch die **ViFlow-Schablone Erweitert** einblenden. Diese enthält Symbole für die Prozessdarstellung, die sich eher für die freie Gestaltung von Prozessen eignen, so z. B. bei sehr umfangreichen Prozessen für die Darstellung der obersten Ebene des Prozesses (sogenannten Prozesslandschaften) verwendet werden können. Diese erweiterte Schablone interessiert uns hier (noch) nicht, wir wollen mit einer normalen Prozessdarstellung beginnen.

Die **Standard-ViFlow**-Schablone enthält die vier Shapes:

ViFlow
Hier Quick-Shapes ablegen

Prozess Verzweigung Bereich Daten

BILD 5.9 Shapes in der ViFlow-Standardschablone

PROZESS	Ein Prozess ist eben diese Tätigkeit oder der Arbeitsschritt oder die Aktivität, der/die in bzw. von einer Organisationseinheit vorgenommen wird. Eine entscheidende Frage ist, was in der Analyse als Aktivität definiert wird, d. h., wie detailliert Tätigkeiten aufgenommen werden. Hier gleich der Rat: Im ersten Schritt bitte nicht jeden Handgriff, sondern immer eine Abfolge, die zu einem sichtbaren, definierten Ergebnis (einem „deliverable") führt, aufnehmen. Ein Prozess kann jederzeit weiter detailliert werden, d. h. in weitere Einzelschritte aufgegliedert werden, indem man dazu einen Unterprozess anlegt.
VERZWEIGUNG	Hier gibt es Ja-/Nein-Entscheidungen oder Entweder-Oder-Wege für den Fluss des Materials oder der Informationen, für den „Workflow". Beispiel: „Material vorhanden?" Wenn ja, Produktion kann starten, wenn nein, Auslösen einer Bestellung. Dieses Beispiel zeigt auch, dass der Kurztext einer Verzweigung immer mit einem Fragezeichen versehen werden sollte. Eine Verzweigung oder Entscheidung wird grafisch anders dargestellt, aber in ViFlow wie ein Prozess verwaltet, mit den gleichen Informationen und der Möglichkeit, dieser Verzweigung Unterprozesse zuzuordnen. Aus einer Verzweigung sollten aus logischen Gründen mindestens zwei Wege hervorgehen. Es können aber auch mehr als zwei Alternativen aus einer Verzweigung folgen.
BEREICH	Ein Bereich ist im Regelfall eine Organisationseinheit, in der eine Tätigkeit, ein Arbeitsschritt oder auch eine Entscheidung vorgenommen wird. Ein Bereich kann aber auch ein anderes System, eine Person (z. B. Kunde), eine Planstelle oder eine sonstige Gruppierung sein. In einem Bereich wird mindestens eine Aktivität vorgenommen (sonst ist er überflüssig), normalerweise mehrere (z. B. Kunde fragt an - Kunde erhält Antwort).
DATEN	Als Daten werden alle Strömungsgrößen bezeichnet, die sich von einem Prozess (Aktivität) zum nächsten bewegen. Dies können z. B. Daten, Informationen, Material, Dokumente, Telefonate oder E-Mails sein. Daten werden als Pfeile dargestellt, die von einem Prozess zu einem anderen oder von Prozessen zu Entscheidungen und natürlich von Entscheidungen zu Prozessen gehen. Dem Objekt „Daten" lassen sich sowohl eine Beschriftung als auch eine Datei zuordnen, die aus ViFlow heraus geöffnet werden kann.

5.4 Prozesse erfassen

Ein Standard-ViFlow-Prozess besteht eben aus diesen vier Elementen, die wir jetzt nacheinander anlegen. Sie können jedes Shape aus der Schablone einfach per Drag and Drop auf die gewünschte Stelle im Zeichenblatt ziehen und fallen lassen. In dem Moment, in dem Sie ein Element anlegen, werden Sie in einer Maske aufgefordert, die notwendigen bzw. gewünschten Daten zu diesem Objekt anzulegen. Diese Daten werden dann als **Eigenschaften** in der Datenbank gespeichert. In den Erfassungsmasken sind gewisse Vorgaben als Standard eingestellt.

5.4.1 Bereiche

Man beginnt bei einer Darstellung eines Prozesses mit den Bereichen, da diese die Organisationseinheiten oder die sonstigen handelnden Akteure darstellen.

Übung

Ziehen Sie ein Symbol für einen **Bereich** auf das Zeichenblatt und nennen Sie diesen Bereich „Kunde“.

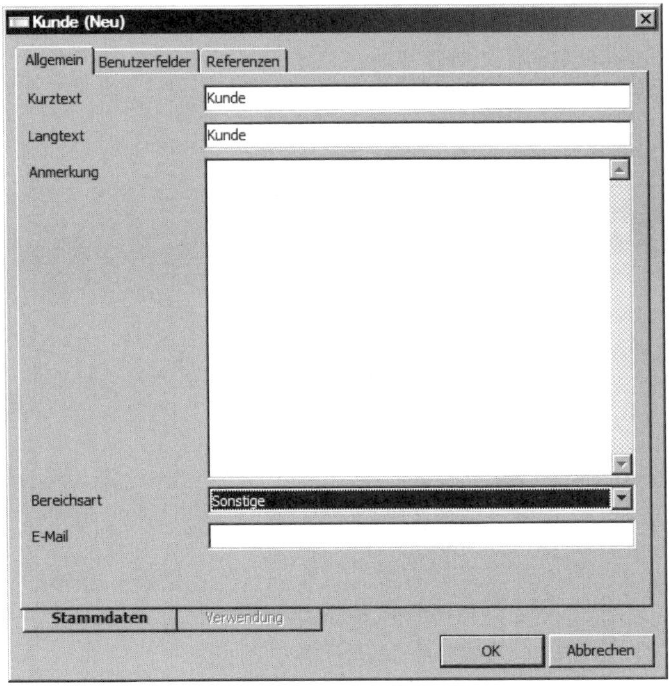

Kunde (Neu)
Allgemein | Benutzerfelder | Referenzen
Kurztext: Kunde
Langtext: Kunde
Anmerkung
Bereichsart: Sonstige
E-Mail
Stammdaten | Verwendung
OK | Abbrechen

BILD 5.10 Maske Eigenschaften Bereiche

Der **Kurztext** muss eingegeben werden, denn das Element muss einen Namen haben. In ViFlow werden alle Elemente durch den **Kurztext** eindeutig identifiziert, dieser ist deshalb sehr wichtig. Wenn Sie keinen **Langtext** eingeben, der das Element noch ausführlicher beschreiben kann, wird hier der Kurztext einfach übernommen. Des Weiteren könnten Sie auch eine **Anmerkung** dazuschreiben. Wie in allen Windows-Programmen, öffnet sich eine Auswahlliste, wenn Sie einen Drop-down-Pfeil anklicken (man könnte ihn mit Listen- oder Eingabepfeil übersetzen). Hier sehen Sie unter **Bereichsart** die weiteren vorgegebenen Arten der näheren Bereichsqualifizierungen. **Sonstige** ist die Voreinstellung.

Unter ViFlow-Menü Bearbeiten/Bereichslisten/Bereichsarten können Sie eigene Bereichsarten anlegen oder bestehende löschen oder umbenennen oder sich auch die Übersetzungen in andere Sprachen anzeigen lassen (siehe Abschnitt ppp Mehrsprachigkeit) oder ergänzen/korrigieren.

Wenn Sie diese Maske mit OK oder der EINGABE-Taste abschließen, haben Sie dieses Element angelegt, sowohl die Daten in der Datenbank als auch das grafische Element. Letzteres wird automatisch über die ganze Breite des Zeichenblatts positioniert (und passt sich automatisch auch einer Vergrößerung des Zeichenblatts an), da der Bereich ja über die ganze Strecke des Prozesses Aktivitäten entfalten kann. Sie könnten die „Swimlane", die einen Bereich darstellt, mit dem Mauszeiger anfassen und nach unten oder oben auf dem Zeichenblatt verschieben, allerdings muss ein Mindestabstand zwischen den Bereichen eingehalten werden. Die Größe ändern geht mit dem Standard-Shape **Bereich** nicht, dazu müsste man das Mastershape aus der erweiterten ViFlow-Schablone nehmen.

Übung

Legen Sie noch folgende Bereiche an:

Kurztext: **SEK**	Langtext: **Sekretariat**
	Bereichsart: **Organisationseinheit**
Kurztext: **L-SW**	Langtext: **Leiter Software-Entwicklung**
	Bereichsart: **Rolle**
Kurztext: **SW**	Langtext: **Software-Entwicklung**
	Bereichsart: **Organisationseinheit**

■

Links in dem dunkelblau dargestellten Kästchen steht der Kurztext, rechts über dem Bereich der Langtext. Es ist deshalb sinnvoll, den Kurztext abzukürzen, so dass er in die Balkenhöhe passt (obwohl ViFlow einen langen Text sogar in Zeilen umbricht).

In dem Überschriftbalken für den Prozess insgesamt steht oben der Langtext (hier „Angebotserstellung Softwareprojekt"), unten der Kurztext und rechts die Firmendaten, die Sie eingeben können über: Extras/Optionen/Allgemeines/Prozessgrafik/Titelzeile.

Wenn Sie all diese Bereiche angelegt haben, dürfte das Bild ungefähr so aussehen. Für das Strukturfenster habe ich die Ansicht NUR BEREICHE ausgewählt (achtes Symbol in der ViFlow-Symbolleiste), da wir bisher ja nur Bereiche haben.

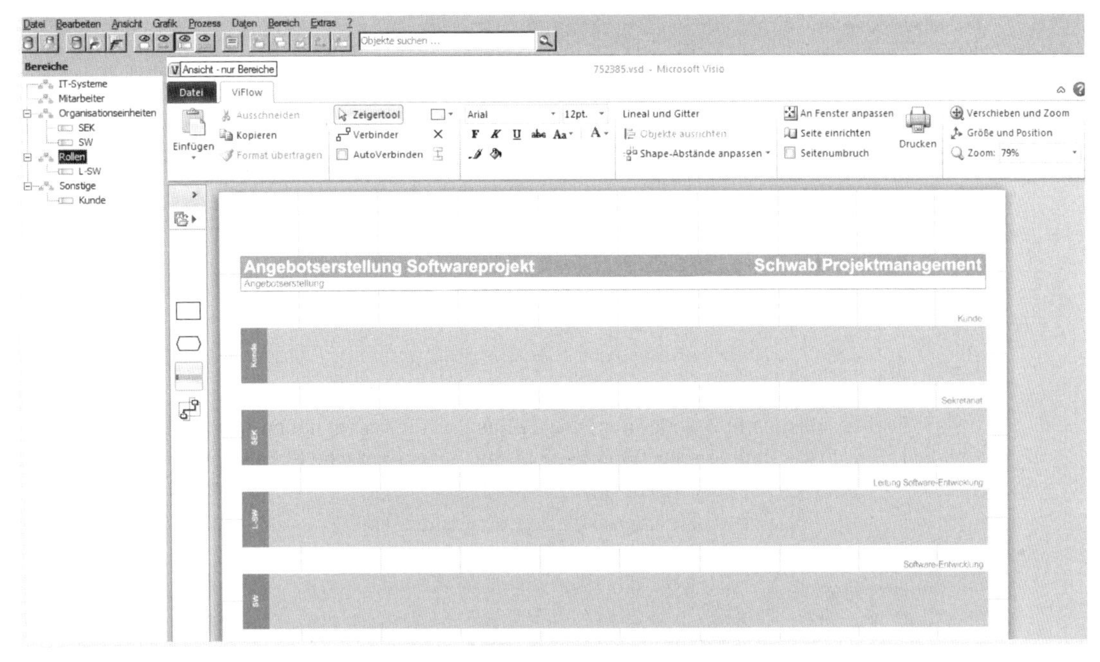

BILD 5.11 Darstellung der Bereiche

Hinweis:

Erst wenn Sie die Datei gespeichert haben (im Visio-Menü Disketten-Symbol oder Datei/Speichern), werden die in der Grafik neu angelegten Elemente (Bereiche, Prozesse und Daten) auch im Strukturfenster (mit + die untergeordneten Elemente einblenden) angezeigt. ■

5.4.2 Prozesse

Als Nächstes wollen wir die einzelnen Aktivitäten oder Tätigkeiten erfassen, hier Prozesse genannt. Lassen Sie sich nicht davon verwirren, dass sowohl die einzelne Tätigkeit als Prozess bezeichnet wird als auch die (gesamte) Abfolge der Aktivitäten einschließlich der Verzweigungen und der Daten- oder Materialströme. Ein Gesamtprozess besteht aus vielen einzelnen Prozesselementen. Jede Aktivität, die erfasst wird, ist ein Prozess und jeder Prozess kann wieder aus mehreren Aktivitäten bestehen, die (in einem Unterprozess) wieder als Prozesse erfasst werden.

Übung

Ziehen Sie ein Prozesselement in den Bereich des Kunden und nennen Sie es „Kunde stellt Anfrage“. ■

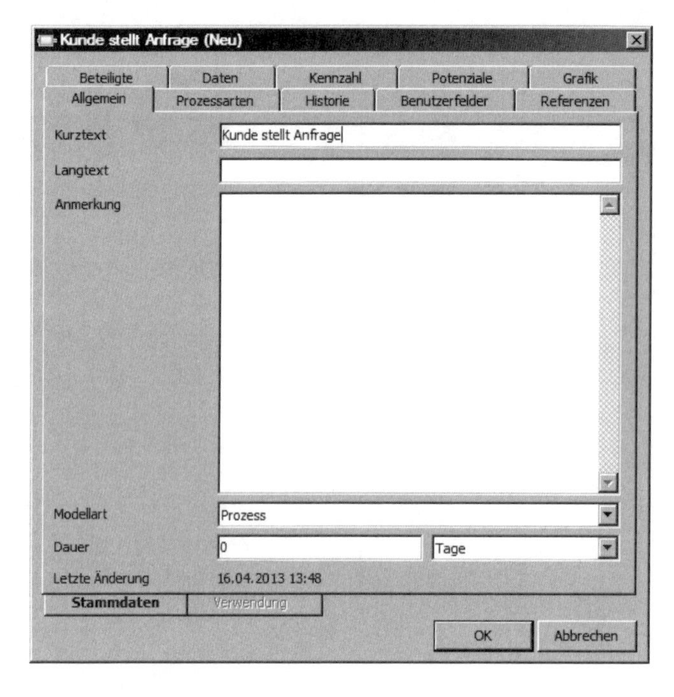

BILD 5.12
Eigenschaften Prozess

Zwar gibt es für das Register **Allgemein** nur die **Stammdaten** und das Register **Verwendungsdaten** ist blind, **aber** z. B. für das Register **Potentiale**, in dem man Verbesserungspotentiale aufnehmen kann, ebenso für das Register **Kennzahlen** gibt es **Stammdaten** und **Verwendungsdaten**.

Unterschied zwischen den **Stammdaten** und den **Verwendungsdaten**:

- **Stammdaten**
  Alle Informationen, die Sie hier eintragen, werden nur einmal gespeichert und gehören immer zu diesem Prozess, gleich wo Sie ihn verwenden. Dazu gehört der **Kurztext**, über den jedes Element eindeutig identifiziert wird, aber auch die **Modellart** und, für mich ganz wichtig, die **Dauer** (diese spielt dann bei der Berechnung der Durchlaufzeiten eine entscheidende Rolle).

  Verändern Sie diese Informationen, werden diese in allen Verwendungen dieses Prozesses verändert. Dies ermöglicht eine einfache Pflege der Daten, denn die Stammdaten müssen immer nur einmal geändert werden.

- **Verwendungsdaten**
  Diese gelten nur für dieses Element in seinem lokalen Zusammenhang, d. h. in dem Prozess, in dem sich das Element befindet. So ist die Eingabe von Beteiligten natürlich nur für diese singuläre Stellung dieses Prozesselements in diesem Zusammenhang sinnvoll, bei Kennzahlen oder (Verbesserungs-)Potentialen können Sie Daten eingeben, die bei jeder Verwendung dieses Prozesses gelten sollen (Stammdaten), oder solche, die nur in dieser speziellen Verwendung gelten sollen (Verwendungsdaten).

Die **Prozesse**, die **Verzweigungen** und die **Daten** haben jeweils Stamm- und Verwendungsdaten. Die **Bereiche** – das sehen Sie in der Erfassungsmaske (siehe Bild 5.10) verfügen nur über Stammdaten.

Hinweis

Wenn Sie ein bestehendes Objekt, z. B. einen Prozess, mehrfach verwenden, ist dies der Originalprozess, der nur einmal in der Datenbank existiert. Änderungen an den Stammdaten dieses Prozesses wirken sich auf jede Verwendung dieses (identischen) Prozesses aus. Zu den Stammdaten eines Prozesses gehören seine Dauer und auch seine Unterprozesse (siehe Abschnitt 5.5.2). Dann können zusätzlich Verwendungsdaten definiert werden, die eben einmalig nur für diese spezifische Verwendung dieses Elements an dieser Stelle gelten.

Wenn Sie einen spezifischen Prozess als singuläres Objekt - aus welchen Gründen auch immer - möchten, müssen Sie ihn mit einem einmaligen Namen anlegen. ■

Übung

Legen Sie noch zwei weitere Prozesse an, jeweils Modellart „Prozess" und mit jeweils einer Dauer von „1 Tag":

PROZESS	DAUER	IN BEREICH
Weiterleiten an L-SW	1 Tag	SEK
Prüfen der Anfrage	1 Tag	L-SW

■

Speichern Sie die Datei mit (*Visio*-Menü) DATEI/SPEICHERN oder mit einem Klick auf das DISKETTENSYMBOL.

Erst nach dem SPEICHERN erscheint die Darstellung im Datenbank-Strukturfenster:

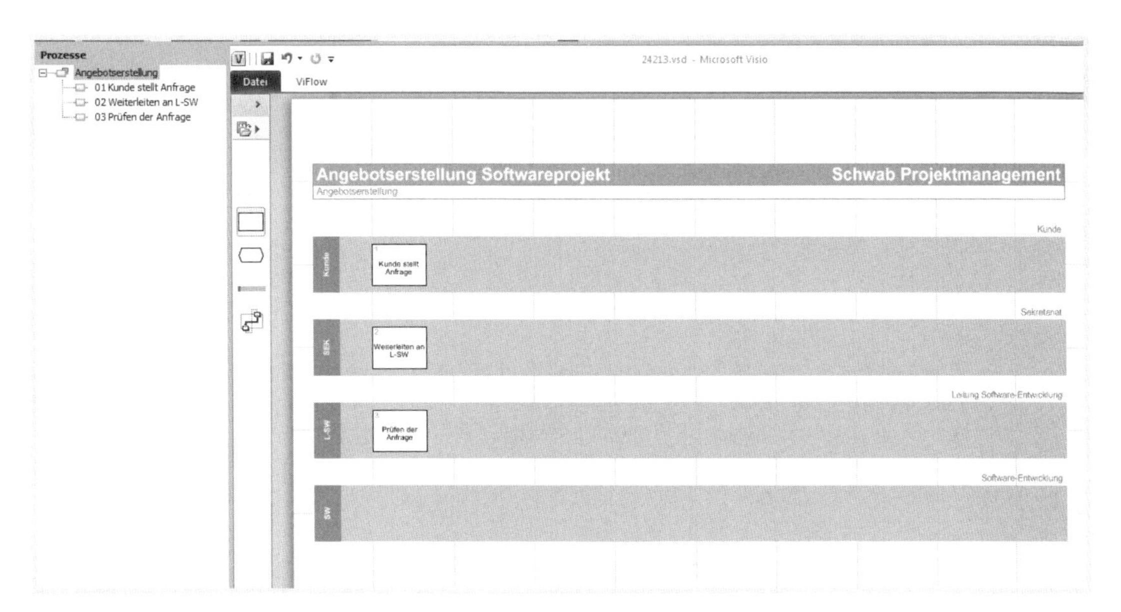

BILD 5.13 Drei Prozessschritte

5.4.3 Verzweigungen

Innerhalb eines Prozesses werden sich immer alternative Wege ergeben, z. B. ob das angeforderte Material aus dem Lager entnommen werden kann oder, wenn es nicht am Lager ist, bestellt werden muss. Aber auch Ja-/Nein-Entscheidungen über die Realisierbarkeit einer Anforderung bedingen schlichtweg eine logische Verzweigung. Aus einer Verzweigung, die auch als Entscheidung gesehen werden kann, sollten sich mindestens zwei alternative Möglichkeiten ergeben.

Übung

Legen Sie eine Verzweigung an im Bereich des Leiters der Software-Entwicklung: „Entwicklung möglich?"

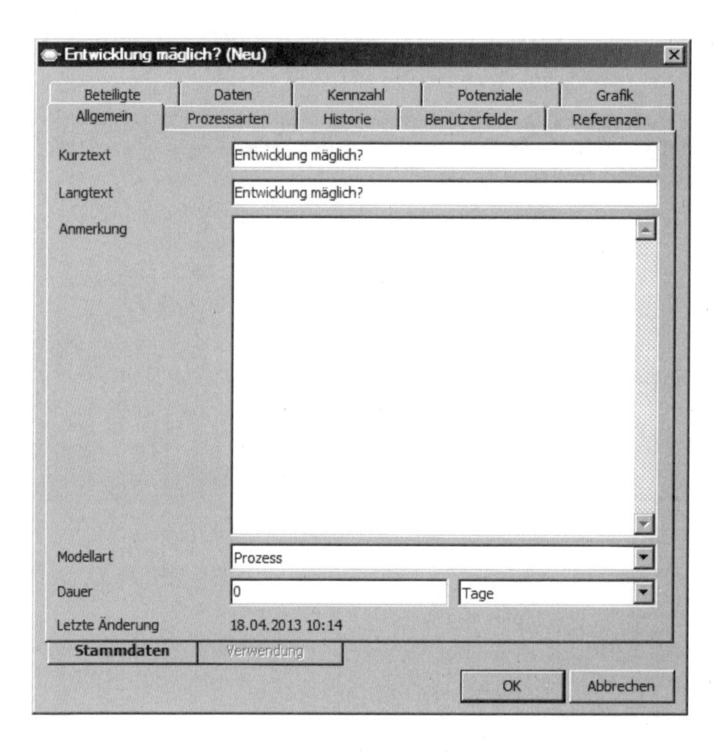

BILD 5.14 Eigenschaften Verzweigung

Die Maske zur Erfassung einer Verzweigung unterscheidet sich nicht von der eines Prozesses, es handelt sich lediglich um ein anderes grafisches Symbol. Beim Text sollte ein Fragezeichen stehen, denn es ist ja die Frage, für welchen Verlauf man sich entscheidet. Aus einem Verzweigungssymbol müssen inhaltlich immer mindestens zwei Pfeile auf unterschiedliche Folgeprozesse entstehen.

Übung

Die Verzweigung bedingt eine Entscheidung: Ja oder Nein. Daraus folgen zwei mögliche Prozessschritte. Legen Sie diese Prozesse noch an:

Prozess	Dauer	in Bereich
Freundliche Absage	1 Tag	SEK
Kenntnisnahme	0 Tage	Kunde
Termin ermitteln	3 Tage	L-SW

■

5.4.4 Verbinder und Datenobjekte

Nun fehlen noch die Verbindungen zwischen den Prozessschritten, zu denen natürlich auch Verbindungen zu und von den Verzweigungen gehören. Mit den Verbindern stellen Sie den Prozessablauf dar.

Zwischen den Prozessen kann Material fließen (von einer Verarbeitungsstufe zur nächsten) oder Daten oder Informationen jeder Art. Diese Daten können physisch greifbar sein, wie Liefergegenstände oder etwa Formulare oder Briefe oder auch Informationen, z. B. ein Code, eine E-Mail oder einfach ein Telefongespräch. Welche Art von Daten zwischen den Prozessen fließen oder auch mit den Prozessen verbunden sind, können Sie als Datenobjekte definieren: Bearbeiten/Datenlisten entweder Datenarten oder Datenübertragungsarten oder Austauscharten oder welche Vernichtungsarten oder noch weitere Kriterien, etwa zum Arbeitssicherheitsmanagement oder zum Umweltmanagement.

Zwar gibt es in den ViFlow-Standard-Shapes Daten, mit denen man die Verbindungslinien zwischen Prozessen einziehen kann, aber die (alternative) Verwendung des Verbinders aus dem Visio-Menü ist zu empfehlen, da einfacher zu handhaben (die Leser des vorigen Kapitels über Visio kennen ja dieses Symbol zur Genüge!).

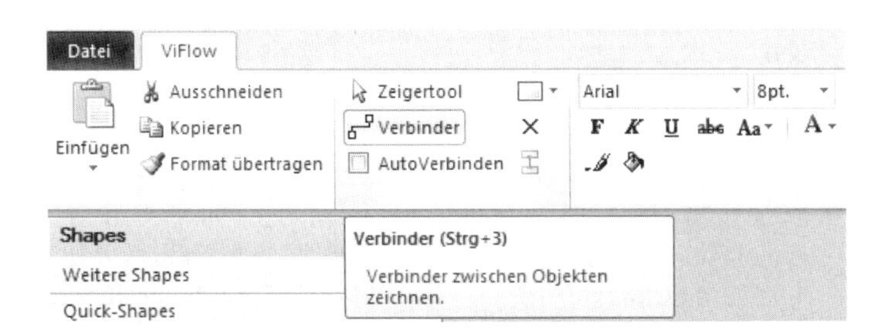

BILD 5.15 Der Verbinder im Visio-Menü

Mit dem Verbinder können Sie von einem Verbindungspunkt an einem Prozess- oder Verzweigungskästchen (ist jeweils in der Mitte der Begrenzungslinien mit einem kleinen dunklen Kästchen markiert) per „Ziehen und Fallenlassen“ zu dem gewünschten zweiten Prozesssymbol eine Verbindung ziehen.

Handlungsfolge:

1. Automatischen Verbinder aktivieren (durch Anklicken)
2. Verbindungspunkt am ersten Symbol suchen (Verbindungspunkt wird durch ein rotes Quadrat hervorgehoben)
3. Primäre Maustaste drücken und halten
4. Linie zum Verbindungspunkt des zweiten Symbols ziehen (Verbindungspunkt wird wieder durch ein rotes Quadrat hervorgehoben): **Kleben an Verbindungspunkt**
5. Mauszeiger loslassen

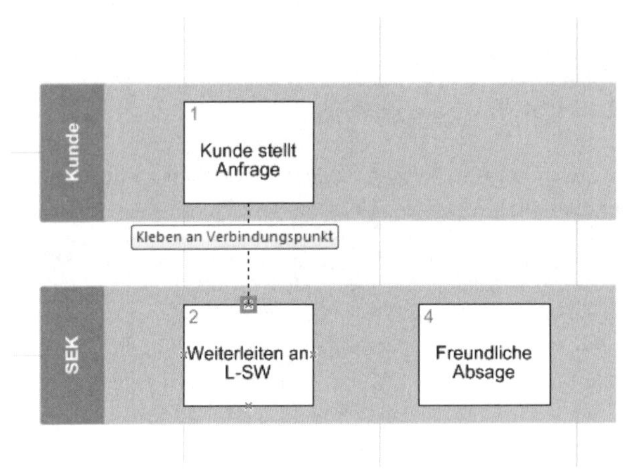

BILD 5.16
Verbinder einrichten

Die Funktion des VERBINDERS bleibt aktiv, d. h., Sie können mehrere Verbinder nacheinander einrichten, bis Sie durch einen Klick in das ZEIGERTOOL (oder auf das dahinter angeordnete Symbol RECHTECK) oder mit einem Klick auf das x hinter dem Verbinder-Symbol die Verbinder-Funktion beenden und damit den Mauszeiger wieder in seine normalen Funktion zurücksetzen.

Mit Autoverbinden arbeiten

Im Visio-Menü unterhalb des Verbinder-Symbols gibt es die Option für AUTOVERBINDEN. Wenn man diese aktiviert (ist in der Voreinstellung nicht aktiv), kann man einfach ein angelegtes Prozesssymbol markieren und erhält blaue Pfeile in alle offenen Richtungen und jeweils eine Mini-Auswahl der Shapes, die man einfügen kann (hier die ViFlow-Standard-Shapes). Durch Klicken auf eines der Mini-Symbole fügt man dieses ein mit der automatischen Einrichtung eines Verbinders zu dem neu eingefügten Shape. (In Kapitel 4, Abschnitt 4.3.1.2 „Verbinder" ist dies etwas ausführlicher beschrieben.)

Mit einem Doppelklick auf den **Verbinder** erhalten Sie die Maske zur Benennung und, wenn Sie den Verbinder mit einem Kurztext benennen – was man kann, aber nicht muss –, über **Zusätzliche Informationen** die Maske zur Aufnahme der weiteren Daten.

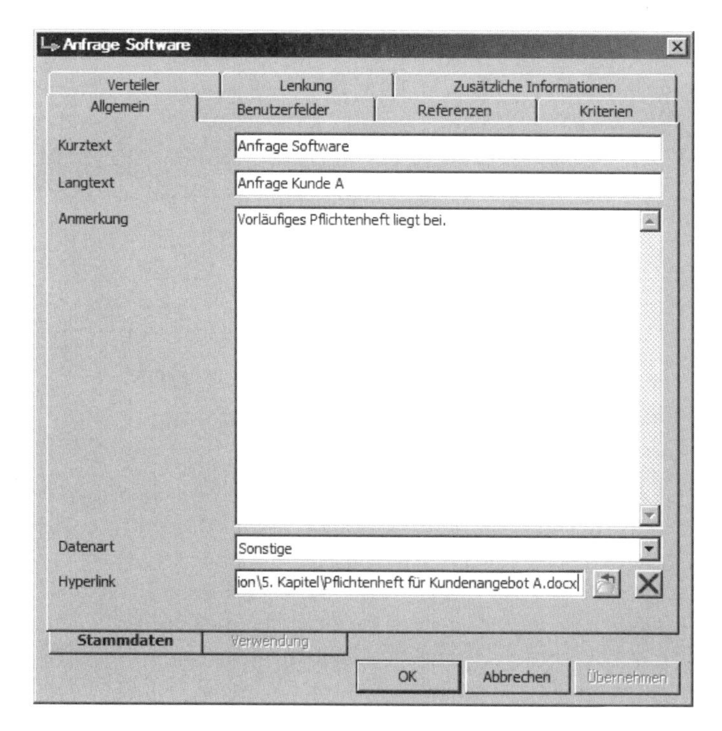

BILD 5.17 Stammdaten zum Verbinder

Hier habe ich einen Hyperlink zu einem verknüpften Dokument eingefügt. Damit springen Sie mit einem Klick auf das Symbol auf die Datei, auf die der Hyperlink verweist.

Übung

Legen Sie einen Datenverbinder an zwischen den Prozessen „Kunde stellt Anfrage“ (Bereich Kunde) und „Weiterleiten an L-SW“ (Bereich Sekretariat). Dieser soll mit „Anfrage SW“ benannt werden und auf ein Dokument verweisen, das als Word-Dokument unter dem Namen „Pflichtenheft“ gespeichert ist.

(Ich lege kurz ein Dokument an, speichere es mit dem Namen „Pflichtenheft“ und verbinde dieses Dokument mit einem Hyperlink mit dem VERBINDER, siehe Bild 5.17.)

Legen Sie den identischen Datenverbinder an zwischen den Prozessen „Weiterleiten an L-SW“ (Bereich Sekretariat) und „Prüfen der Anfrage“ (Bereich L-SW). ■

Ganz unten in der Maske ist es möglich, einen Verweis auf ein Dokument herzustellen, das direkt mit dem Symbol „Öffnen“ bearbeitet werden kann. Dies erweist sich in der Praxis der Prozesserfassung als ziemlich nützlich, da man hier die Dokumente anzeigen kann, die den Daten- oder Materialfluss begleiten.

Sie müssen aber beim Anlegen eines Verbinders keinen Kurztext eingeben, dann wird einfach eine Verbindungslinie zwischen den Prozesselementen eingerichtet, ohne Bezeichnung (dann kann man allerdings auch nicht auf ein Dokument verweisen). Normalerweise benötigen Verbinder zwischen Prozessen im selben Bereich keine Bezeichner.

Übung

Legen Sie einen Verbinder ohne Bezeichnung an zwischen den Prozessen „Prüfen der Anfrage" (Bereich L-SW) und der Verzweigung „Entwicklung möglich?" im gleichen Bereich.

Legen Sie Verbinder mit dem Kurztext „Absage" an zwischen den Prozessen „Entwicklung möglich?" und „Freundliche Absage" (Bereich SEK), mit dem **Alternativen Text** „Nein".

Richten Sie den identischen Verbinder „Absage" an zwischen den Prozessen „Freundliche Absage" (Bereich SEK) und „Kenntnisnahme" (Bereich Kunde).

Legen Sie Verbinder ohne Namen an zwischen den Prozessen „Entwicklung möglich?" und „Termin ermitteln", mit dem **Alternativen Text** „Ja". ■

Mit einem Doppelklick editieren Sie einen bestehenden Verbinder. Wenn Sie keinen Kurztext eingeben, können Sie über **Zusätzliche Informationen** sofort einen **Alternativen Text** eingeben. Dessen vorrangige Funktion ist, bei Verbindern, die aus Verzweigungen kommen, die daraus folgenden Wege mit „Ja" oder „Nein" anzuzeigen. Aber auch wenn Sie dem Verbinder einen Namen geben, können Sie zusätzlich unter **Zusätzliche Informationen** einen **Alternativen Text** eingeben. Wenn man für einen benannten Verbinder einen **Alternativen Text** eingibt, erscheint am Verbinder der alternative Text mit einem Doppelpunkt und dann der Name, also z. B. Nein:Absage.

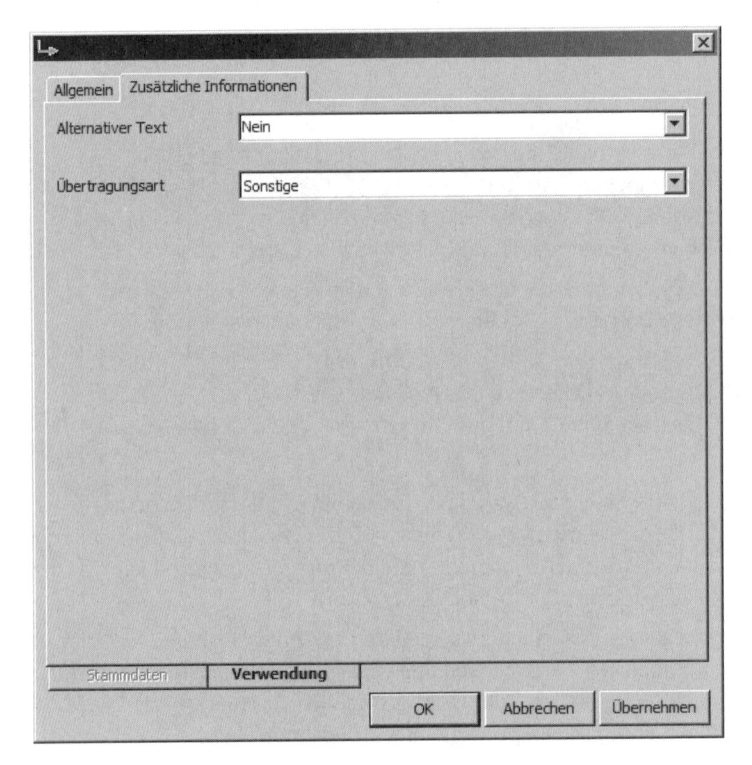

BILD 5.18 Alternativer Text (Verwendungsdaten)

Achtung: Der **Name** eines Verbinders gehört zu den Stammdaten, ist also in jedem Prozess, in dem er verwendet wird, identisch (Bild 5.17). Der **Alternative Text** gehört zu den Verwendungsdaten (Bild 5.18), dieser wird nicht mit übernommen, wenn man dieses Objekt in einem anderen Prozess verwendet. Dort kann bzw. muss man diesen neu bestimmen.

Texte an den VERBINDERN positionieren:

Wenn Sie VERBINDER mit Text zwischen Prozessen in verschiedenen Bereichen anlegen, wird der Text meist an der Knickstelle der Verbindungslinie automatisch positioniert. Man kann den Text an einer gewünschten Stelle positionieren, indem man:

1. Die Verbindungslinie markiert. Wenn Sie dies sofort bei der Einrichtung des Verbinders vornehmen, ist die Linie noch markiert. Unmittelbar nachdem Sie die Verbindungslinie an den zweiten Verbindungspunkt „geklebt" haben, ist der gelbe Rhombus für die Textposition noch aktiv und stellt der Mauszeiger die richtige Funktion dar: vier Pfeile für „Verschieben". Wenn die Verbindungslinie noch oder wieder markiert ist, erscheinen - bzw. sind unmittelbar bei der Einrichtung noch aktiv - die roten Einrastmarkierungen, ferner grüne Markierungspunkte und - hier das Entscheidende - ein gelber Rhombus im Zentrum des Textrechtecks.
2. Klicken Sie mit dem Mauszeiger - er muss vier Pfeile in alle Richtungen aufweisen - auf diesen gelben Zentrumspunkt und schieben Sie ihn an die gewünschte Stelle. Es erscheint eine gepunktete Linie, die Sie über die Veränderung informiert, am besten am Zielpunkt „Ausrichten an Geometrie".
3. Lassen Sie den Mauszeiger an der gewünschten Stelle los.

Tipp

Positionieren Sie den Text an Verbindern in dem Raum zwischen den Bereichen, hier ist er optisch am besten erkennbar und hier gehört er auch inhaltlich hin, an die Schnittstellen zwischen Organisationseinheiten, die einer besonderen Aufmerksamkeit in der Analyse bedürfen.

Verbinder zwischen Prozessen im gleichen Bereich benötigen in der Regel keinen erklärenden Text, hier ist der Fluss selbst erklärend.

■

Wenn Sie die Übung wie beschrieben ausgeführt haben, könnte es etwa so aussehen:

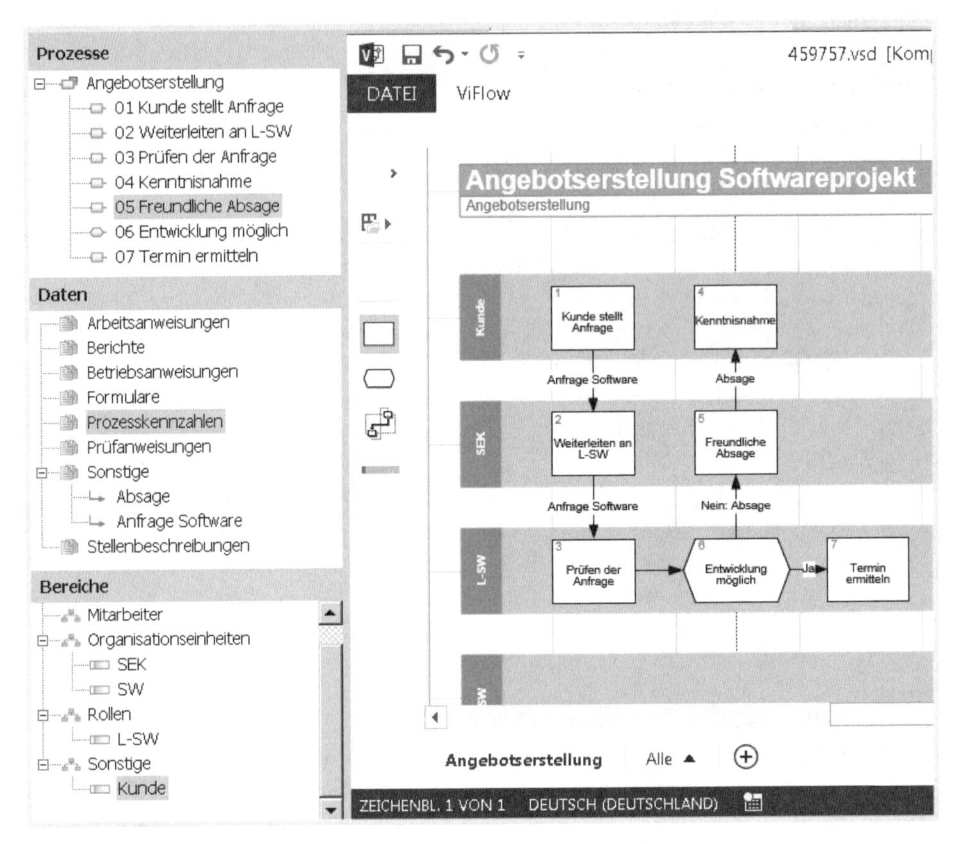

BILD 5.19 Die bisherige Prozessaufnahme

Wenn Sie in Bild 5.19 genau in das Datenbankfenster unter **Daten** schauen, sehen Sie, dass nur die Verbinder mit einem Namen als Daten angezeigt werden, nur diese werden für das Programm zu Datenobjekten. Diese können Sie in allen Prozessen verwenden oder, wenn Sie die Stammdaten der Eigenschaften ändern, wirkt sich diese Änderung auf alle identischen Datenobjekte aus. Die unbenannten Verbinder sind einfach Grafik, die den Ablauf des Prozesses anzeigen und, wenn sie einen alternativen Text beinhalten, eben noch den Ja- bzw. Nein-Weg. Mit einem Doppelklick auf einen Verbindungspfeil können Sie ihm einen Namen geben, dann wird er zu einem Datenobjekt, entweder zu einem neuen Datenobjekt, wenn Sie einen neuen Namen vergeben, oder, wenn das System den Namen kennt, zu diesem.

Übung

Vervollständigen bzw. ändern Sie diesen Prozess mit folgenden Elementen:

(Das Ergebnis ist in Bild 5.20 dargestellt.)

Prozesse	Dauer	in Bereich
Verschieben Sie den Prozess:		In den Bereich:
Termin ermitteln		SW
Anfrage Termine	1	L-SW
Kalkulation	2 Tage	L-SW
Angebot erstellen	2 Tage	L-SW
Angebot versandfertig machen	1 Tag	SEK
Angebot prüfen	1 Tag	Kunde
Auftrag erteilen	0 Tage	Kunde

■

Da der Kunde sich ja auch entscheiden kann, kommt zwischen die beiden letzten Prozesselemente noch eine Verzweigung:

Verzweigung	Dauer	in Bereich
Angebot o.k.?	0 Tage	Kunde

Nachdem das Angebot erstellt ist, wird es in Form von Daten an das Sekretariat („Angebot fertigstellen") und dann an den Kunden („Angebot prüfen") übergeben. Aus der letzten Verzweigung („Angebot o.k.?") folgt ein Ja-Verbinder zu Auftrag erteilen und ein Nein-Verbinder zum Leiter Software, der, wenn er will, das Angebot noch einmal überarbeiten kann.

Verbinder:			
Von	Nach	Bezeichner (Kurztext)	Alternativer Text
Anfrage Termine	Termin ermitteln		
Termin ermitteln	Kalkulation	Termin	
Kalkulation	Angebot erstellen		
Angebot erstellen	Angebot versandfertig machen	Angebot	
Angebot versandfertig machen	Angebot prüfen	Angebot (gleiches Element)	
Angebot prüfen	Angebot o.k.?		
Angebot o.k.?	Auftrag erteilen	Annahme	Ja
Angebot o.k.?	Angebot erstellen	Korrekturwünsche	Nein

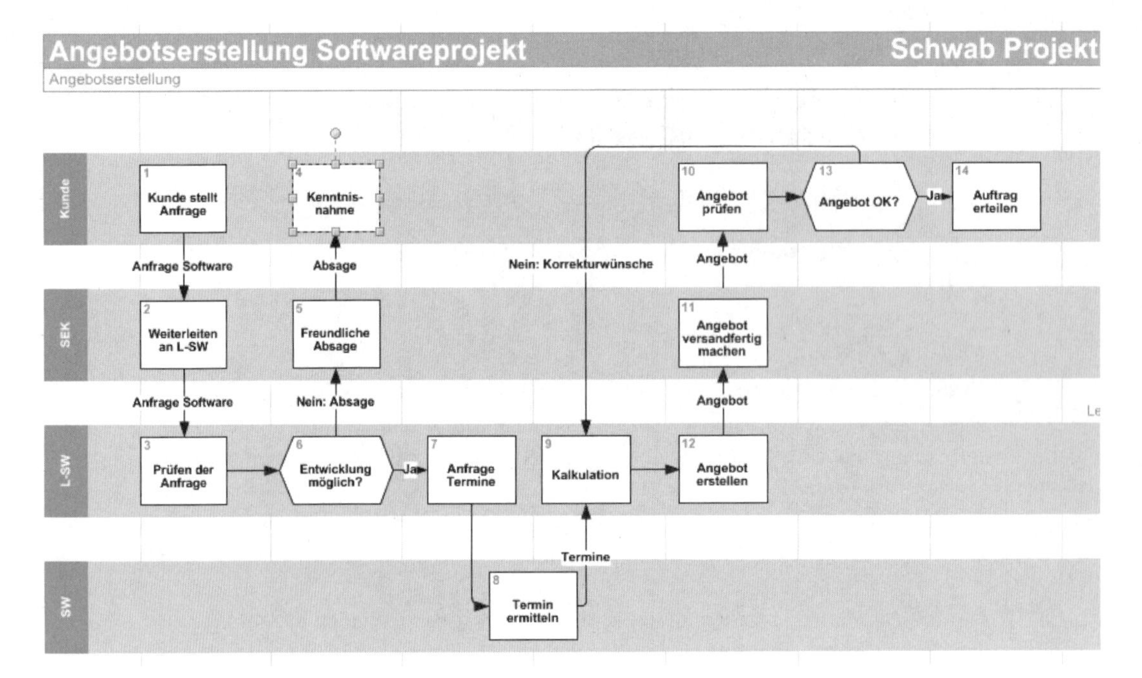

BILD 5.20 Der Prozess Angebotserstellung

Man sieht, dass ViFlow die Prozesse automatisch nummeriert. Wenn man mit dieser Reihenfolge nicht zufrieden ist, kann man auch die Nummerierung selbst einrichten unter Grafik Prozessnummerierung, diese MANUELL vornehmen oder AUSBLENDEN oder ganz ENTFERNEN.

5.4.5 Löschen

Wenn man Prozesse angelegt hat, will man sie manchmal auch wieder löschen. Dabei muss man unterscheiden, ob man das Symbol, im Jargon hier Shape genannt, in der Grafik oder das angelegte Element in der Datenbank löschen will. Wenn man nur die Verwendung dieses Shape an dieser Stelle löschen will, entfernt man das Symbol an dieser Stelle aus der Grafik des Prozesses. Wenn man den Prozess überhaupt aus der Datenbank löschen will, muss man ihn in der Strukturansicht löschen. Allerdings kann man nur Elemente aus der Datenbank löschen, die in keinem Prozess mehr verwendet werden. Man muss also erst die Shapes aus der bzw. den Grafiken löschen, bevor man dieses Element endgültig aus der Datenbank löschen kann.

5.4.5.1 Symbol löschen

Das Symbol für einen Prozess können Sie bei geöffneter Grafik markieren, um dann die <LÖSCHEN>-Taste zu bedienen. Alternativ klicken Sie im Kontextmenü (rechte Maustaste) auf <AUSSCHNEIDEN> mit dem Scherensymbol.

Ein Shape ist dann markiert, wenn die blauen Punkte an der Umrandung dargestellt werden (bei **Prozessen** und **Verzweigungen**), wenn die blauen Punkte an der Linie und die Anfangs- und Endpunkte rot hervorgehoben werden (**Verbinder** bzw. **Daten**) oder wenn die Umrandung um den ganzen **Bereich** mit grauen Punkten hervorgehoben wird.

Hinweis zum Rückgängigmachen

Wenn Sie in ViFlow ein Symbol in der Grafik löschen, kann diese Aktion nicht (!) rückgängig gemacht werden, weder über den Befehl Bearbeiten Rückgängig noch über das entsprechende Rückgängig-Symbol (Pfeil). Entweder Sie ziehen das Symbol wieder in die Grafik und wählen den Bezeichner erneut aus der Liste aus (das Element ist ja noch in der Datenbank vorhanden) oder Sie verlassen die Grafik mit Datei Prozssdatenbank schliessen und dann im Dialog über Speichern eben Nein, nicht Speichern, auswählen. Dann kann man die Datei wieder im zuletzt gespeicherten Zustand öffnen. ■

5.4.5.2 Elemente aus der Datenbank löschen

Sie müssen einen Prozess immer speichern, wenn Sie die Veränderungen in den Strukturfenstern sehen möchten. Wenn Sie einen Prozess in der Grafik löschen, sehen Sie den Prozess in der Prozessübersicht auf der obersten Ebene. Erst dann kann er gelöscht werden.

Nachdem Sie das Symbol aus der Grafik gelöscht haben und wenn dieses Prozesselement in keinem anderen Prozess in der Datenbank verwendet wird, können Sie diesen Prozess endgültig aus der Datenbank löschen, entweder über das Menü Prozess/Löschen oder über den gleichnamigen Befehl, der jetzt im Kontextmenü aktiviert ist.

Hinweis

Nur wenn das gelöschte Prozesselement in keinem anderen Prozess mehr verwendet wird, steht es auf der obersten Ebene der Prozessübersicht zur Verfügung und kann endgültig aus der Datenbank entfernt werden. Soweit der Prozess noch in einem anderen Prozess verwendet wird, steht er sinnvollerweise nicht zum Entfernen aus der Datenbank zur Verfügung. ■

5.4.5.3 Verbinder (Daten) löschen

Einen einfachen Verbinder ohne Namen können Sie mit der <Entfernen>-Taste löschen. Wenn der Verbinder jedoch einen Namen erhält, wird er ja zu einem Datenobjekt und steht in der Datenbank, so dieser Prozess gespeichert wurde.

Sie können das Verbinder-Symbol in der Grafik mit der <Löschen>-Taste oder mit Ausschneiden aus dem Kontextmenü entfernen. In der Datenübersicht existiert es dann noch. Erst wenn das Datenobjekt nicht mehr in einer Grafik, also in keinem Prozess mehr, verwendet wird, kann es aus dem Datenbankfenster gelöscht werden. Dann ist es allerdings unwiderruflich gelöscht.

5.4.5.4 Bereiche löschen

Die als „Swimlanes", als Schwimmbahnen, angelegten Symbole für die Bereiche kann man ebenfalls einfach markieren und löschen. Vielleicht zu einfach, denn mir ist es als ungeübter Benutzer öfter passiert, dass ich ein Prozesssymbol löschen wollte und aus Versehen einen Bereich markiert hatte. Also einfach den Bereich so markieren, dass wirklich die ganze Umrandung - und nicht nur die Lane und nicht nur die Kopfzeile - durch graue Punkte hervorgehoben wird, und **Löschen**.

Erst wenn ein Bereich in keinem Prozess mehr verwendet wird, kann er endgültig aus dem Datenbankfenster gelöscht werden. Wenn er noch verwendet wird, kommt eine entsprechende Meldung und man kann ihn nicht löschen.

5.5 Unterprozesse

Analog dem Vorgehen in der Projektplanung kann man in der Analyse und Darstellung der Geschäftsprozesse diese in einer hierarchischen Struktur gliedern. Man kann „Top down", d. h. vom Groben zum Feinen oder von den größeren Einheiten zu kleineren Einheiten, vorgehen. Was in der Projektplanung Projektphasen und Untervorgänge sind, sind hier Prozesse und Unterprozesse. Dies dient dazu, einen Prozessschritt noch mit mehr Details erfassen zu können, ohne die Darstellung des übergeordneten Prozesses mit zu vielen Details unübersichtlich zu machen.

Sie können in Unterprozessen weitere Unterprozesse anlegen, das Ganze kann eine verzweigte Baumstruktur werden. Ich rate Ihnen jedoch, Ihre Prozesse zunächst nicht zu detailliert zu modellieren: Überlegen Sie Ihren Arbeitsaufwand im Verhältnis zum Ertrag. Wie bei jeder Arbeit sollte eine Kosten-Nutzen-Überlegung am Anfang stehen: Was bringt Ihnen eine detailliertere Erfassung? Aber man kann jederzeit nach Bedarf noch weitere Details planen und diese als einen Unterprozess anlegen.

Umgekehrt kann man, wenn man die einzelnen Prozesse erfasst hat, einen „Überprozess" als Übersicht oder als Gesamtschau auf die gesamte Prozesslandschaft anlegen. Hier kann man dann auf die einzelnen Prozesse als „Unterprozesse" verweisen. Über- und Unterprozess muss man immer relativ in der Stellung der Hierarchie sehen: In einem Prozess kann es eine Stufe tiefer eben „Unterprozesse" geben, umgekehrt kann dieser Prozess als „Unterprozess" in einem hierarchisch über ihm stehenden Prozess stehen.

5.5.1 Unterprozesse anlegen

Man kann und wird oft einen vorher nur als „Block" erfassten Prozess noch einmal in seine einzelnen Bestandteile aufschlüsseln. So legen Sie einen Unterprozess an:

1. Markieren Sie den gewünschten Prozess, der detaillierter erfasst werden soll, d. h. einen Unterprozess erhalten soll, in der *ViFlow*-Prozessübersicht. Wenn dieser Prozess schon einen Unterprozess hätte (erkennt man an dem +-Zeichen vor dem Prozess in der Struktur), würde dieser Unterprozess geöffnet. Oder Sie legen einen neuen Prozess an, indem Sie das Prozesssymbol auf das Zeichenblatt ziehen, ihm einen Namen geben und dann diesen neuen Prozess im Datenbankfenster markieren.
2. Öffnen Sie diesen Prozess mittels ÖFFNEN aus dem Kontextmenü oder aus dem *ViFlow*-Menü PROZESS/ÖFFNEN, oder DOPPELKLICKEN Sie auf den Prozess.
3. Es wird nach vorheriger Abfrage nach der Speicherung des geöffneten Prozesses dieser geschlossen und ein neues Zeichenblatt wird geöffnet. Es enthält den Namen des übergeordneten Prozesses.
4. Ab jetzt können Sie diesen (Unter-)Prozess wie jeden Prozess modellieren.
5. Wenn Sie diesen Prozess speichern, sehen Sie in der Prozessübersicht die Elemente des Unterprozesses aufgelistet. In der Grafik des übergeordneten Prozesses ist das Symbol, das einen Unterprozess repräsentiert, optisch mit einem perspektivischen schwarzen Schatten versehen.

Übung

- Bevor wir einen Unterprozess anlegen, wollen wir die bisherige Datei speichern und eine neue Version der Datenbank zum Weiterarbeiten anlegen. Speichern Sie den bisherigen Prozess: DATEI/SPEICHERN oder Klick auf das DISKETTENSYMBOL.
- Speichern Sie eine Datenbank mit einem neuen Namen über DATEI/SPEICHERN UNTER..., hier „Unsere Prozesse 5.vdb".

■

Jetzt markieren Sie den Prozessschritt „Termin ermitteln" und öffnen Sie die (neue) Prozessgrafik über **Öffnen** aus dem Kontextmenü oder aus dem ViFlow-Menü PROZESS/ÖFFNEN oder **doppelklicken** Sie auf den Prozess.

Die gewohnte Arbeitsoberfläche wird geöffnet und Sie können den (Unter-)Prozess anlegen, wie wir es bisher beschrieben haben.

Wir wollen annehmen, dass die Abteilung „Software-Entwicklung" aus vier Bereichen besteht: einem „Planer" (Termine und Ressourcen), dann „Programmierer", dann „Datenbanker" und „Schnittstellenentwickler". Legen Sie folgende BEREICHE an:

KURZTEXT	LANGTEXT	ART
Planer	Planungsverantwortlicher Abteilung	Rolle
Prog	Programmierer	Organisationseinheit
DB	Datenbanker	Organisationseinheit
Schnitt	Schnittstellenentwickler	Organisationseinheit

Dann folgende PROZESSE (MODELLART lasse ich in der Voreinstellung, also „Prozess"):

PROZESS	DAUER	IN BEREICH
Pflichtenheft überprüfen	1 Tag	Planer
Project-Plan erstellen	2 Tage	Planer
Aufwand Prog (Langtext: Schätzung Aufwand Programmierung)	10 Tage	Prog
Aufwand DB (Langtext: Schätzung Aufwand Datenbankanlage)	5 Tage	DB
Aufwand Schnitt (Langtext: Schätzung Aufwand Schnittstellengestaltung)	8 Tage	Schnitt
Planung fertigstellen	2 Tage	Planer
Abgabe Terminplanung	0 Tage	Planer

Dann stellen wir den Ablauf dieses Prozesses durch folgende Verbinder dar:

Übung

VERBINDER:			
VON	NACH	ÜBERTRAGUNGSART	BEZEICHNER (KURZTEXT)
Pflichtenheft überprüfen	Project-Plan erstellen	Sonstige (Voreinstellung)	(ohne)
Project-Plan erstellen	Aufwand Prog	Formular	Anfrage Aufwand
Project-Plan erstellen	Aufwand DB	Formular	Anfrage Aufwand (dasselbe Element)
Project-Plan erstellen	Aufwand Schnitt	Formular	Anfrage Aufwand (dasselbe Element)
Aufwand Prog	Planung fertigstellen	Formular	Aufwandsmeldung
Aufwand DB	Planung fertigstellen	Formular	Aufwandsmeldung (dasselbe Element)
Aufwand Schnitt	Planung fertigstellen	Formular	Aufwandsmeldung (dasselbe Element)
Planung fertigstellen	Abgabe Terminplanung	Sonstige (Voreinstellung)	(ohne)

■

Tipp

Am einfachsten positionieren Sie die Texte direkt bei der Einrichtung des Verbinders. Unmittelbar nachdem Sie die Verbindungslinie an den zweiten Verbindungspunkt „angeklebt“ haben, ist der gelbe Rhombus für die Textposition aktiv und der Mauszeiger hat die richtige Anzeige, nämlich vier Pfeile für „Verschieben“. Nun können Sie den Text zu einer gewünschten Stelle schieben, am besten „Einrasten an Geometrie“.

■

Wenn Sie die Grafik speichern, sehen Sie in den Übersichtsfenstern links die neu angelegten Prozesse und Daten. Der Prozess, der den Unterprozess enthält, wird mit einen Schatten – sowohl im Datenbankfenster (Bild 5.21) als auch in der Grafik (Bild 5.22) dargestellt. Daran und an dem + plus-Symbol erkennt man, dass dieser Prozess einen Unterprozess enthält. Wenn man einen anderen Prozess, z. B. den übergeordneten Prozess, öffnet, wird nach der Abfrage, ob der Prozess gespeichert werden soll, dieser geschlossen. Mit einem Doppelklick auf den Prozess oder dem Menü Prozess öffnen wird die Grafik des Unterprozesses wieder geöffnet.

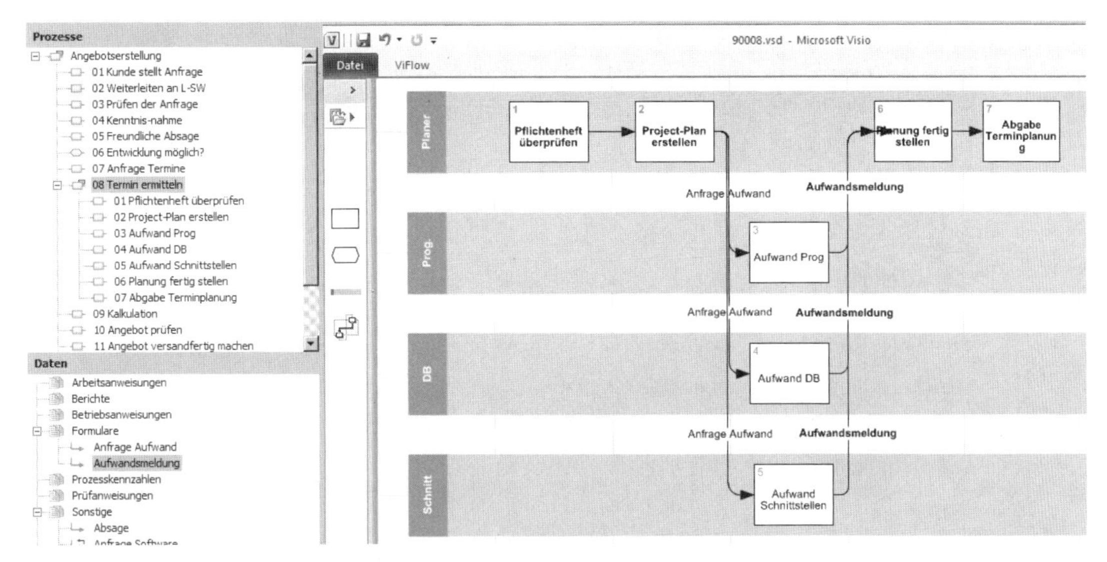

BILD 5.21 Unterprozess Terminermittlung

5.5.2 Unterprozesse mehrmals verwenden

Man kann einen angelegten (Unter-)Prozess natürlich mehrmals verwenden, wie alle Elemente, die sich in der Datenbank befinden. Dazu muss nur in einem übergeordneten Prozess ein Prozess angelegt werden, der diesen Unterprozess repräsentieren soll. Dabei wählt man als Kurztext den Namen des angelegten Unterprozesses aus.

Legen Sie mit PROZESS/NEU einen neuen Prozess „Entwicklung“ an. Öffnen Sie diesen per DOPPELKLICK auf den Prozess im Strukturfenster und legen Sie folgende BEREICHE an, wobei Sie bis auf den letzten alle Bereiche übernehmen können, da sie in der Datenbank schon angelegt sind:

KURZTEXT	LANGTEXT	ART
L-SW	Leiter Software-Entwicklung	(ist schon vorhanden)
Prog	Programmierer	(ist schon vorhanden)
DB	Datenbanker	(ist schon vorhanden)
Schnitt	Schnittstellenentwickler	(ist schon vorhanden)
QS	Qualitätssicherung	Organisationseinheit

Dann folgende PROZESSE:

PROZESS	DAUER	IN BEREICH	PROZESSART
Auftragseingang	ohne	L-SW	Prozess
Design	10 Tage	L-SW	Prozess
Termin ermitteln (bestehender Unterprozess)	ohne	L-SW	Sonstiger Prozess
Entwicklungsaufträge vergeben	1 Tag	L-SW	Kernprozess

VERBINDEN Sie die vier Prozesssymbole einfach ohne Bezeichnung.

Speichern Sie diesen Prozess. Sie sehen den Unterprozess „Termin ermitteln" in dem übergeordneten Prozess angelegt:

BILD 5.22 Neuer Prozess mit Unterprozess

(Diesen Prozess werden wir später noch benötigen. Sie finden ihn in den Dateien zum Download im Verzeichnis *ViFlow*: „Unsere Prozesse 6.vdb".) ■

Vervollständigen Sie diesen Prozess mit folgenden Elementen:

PROZESSE

PROZESS	DAUER	IN BEREICH	PROZESSART
Entwicklung Programme	20 Tage	Prog	Prozess
Entwicklung Datenbank	15 Tage	DB	Prozess
Entwicklung Schnittstellen	10 Tage	Schnitt	Prozess
Integration	20 Tage	QS	Prozess

VERZWEIGUNG	DAUER	IN BEREICH	PROZESSART
Integration o.k.?	Ohne	QS	Prozess

PROZESS	DAUER	IN BEREICH	PROZESSART
Überarbeitung Prog	7 Tage	Prog	Prozess
Überarbeitung DB	5 Tage	DB	Prozess
Überarbeitung Schnitt	3 Tage	Schnitt	Prozess
Tests	30 Tage	QS	Prozess

Verzweigung	Dauer	in Bereich	Prozessart
Tests o.k.?	ohne	QS	Prozess

Prozess	Dauer	in Bereich	Prozessart
Prüfung	3 Tage	L-SW	Prozess

Verzweigung	Dauer	in Bereich	Prozessart
Prüfung o.k.?	ohne	L-SW	Prozess

Prozess	Dauer	in Bereich	Prozessart
Freigabe	ohne	L-SW	Prozess

Verbinder			Verwendungsdaten
Von	Nach	Bezeichner (Kurztext)	Alternativer Text
Entwicklungsaufträge vergeben	Entwicklung Programme	Auftrag Prog	
Entwicklungsaufträge vergeben	Entwicklung Datenbank	Auftrag DB	
Entwicklungsaufträge vergeben	Entwicklung Schnitt	Auftrag Schnitt	
Entwicklung Programme	Integration	Code	
Entwicklung Datenbank	Integration	Code (dasselbe Element)	
Entwicklung Schnitt	Integration	Code (dasselbe Element)	
Integration	Integration o.k.?	ohne	
Integration o.k.?	Überarbeitung Schnitt	ohne	Nein
Integration o.k.?	Überarbeitung DB	ohne	Nein
Integration o.k.?	Überarbeitung Prog	ohne	Nein
Integration o.k.?	Tests	Code (dasselbe Element)	Ja
Überarbeitung Prog	Tests	ohne	
Überarbeitung DB	Tests	ohne	
Überarbeitung Schnitt	Tests	ohne	
Tests	Tests OK?	ohne	

Wenn Sie möchten, kann man eine „Schleife” mit den Verbindern abbilden. Es ist einfach die Frage, wie komplex man so eine Darstellung will und ob ein unvorbelasteter Betrachter dann noch die wesentlichen Zusammenhänge erkennen kann.

Hier die Verbinder der weiteren Schleife von der Verzweigung „Tests o.k.?“ zu den „Überarbeitungen“, hier kann man den alternativen Text („Nein“) auch weglassen, da das intuitiv erkennbar ist.

VERBINDER			VERWENDUNGSDATEN
VON	NACH	BEZEICHNER (KURZTEXT)	ALTERNATIVER TEXT
Tests o.k.?	Überarbeitung Schnitt	ohne	Nein
Tests o.k.?	Überarbeitung DB	ohne	Nein
Tests o.k.?	Überarbeitung Prog	ohne	Nein

Aber auf jeden Fall folgende Verbinder:

VERBINDER			VERWENDUNGSDATEN
VON	NACH	BEZEICHNER (KURZTEXT)	ALTERNATIVER TEXT
Tests o.k.?	Prüfung	ohne	Ja
Prüfung	Prüfung o.k.?	ohne	
Prüfung o.k.?	Freigabe	ohne	Ja

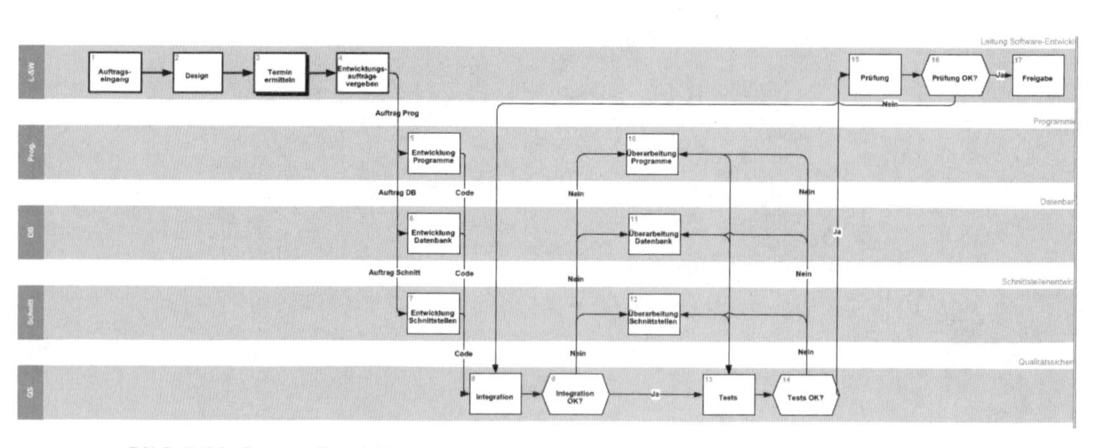

BILD 5.23 Prozess Entwicklung

Tipps zur Bearbeitung

Zeichenblattgröße: Mit gedrückter <Strg>-Taste kann man die Ränder des Zeichenblatts mit dem Mauszeiger verschieben. Hier habe ich den rechten Rand nach außen verschoben, um mehr Platz auf dem Blatt zu bekommen (siehe Abschnitt 4.4.1 „Zeichenblatt vergrößern").

Verbinder positionieren: Es ist wichtig, die Verbinder so an die Shapes zu „kleben", dass eben die Meldung kommt „Kleben an Verbindungspunkt". Wenn Sie den Zoomfaktor (unten rechts in der Statusleiste) vergrößern, fällt dies leichter.

Parallele Prozesse positionieren: Es ist wichtig, besonders wenn man die Exportfunktion nach MS Project verwenden möchte, dass die parallelen Prozesse (hier 5, 6, 7 und 10, 11, 12 exakt parallel untereinander liegen. Hierzu sollten Sie die Funktion „Objekte ausrichten" aus dem ViFlow-Menü verwenden. Die Shapes zunächst gruppieren und Objekte ausrichten und dann übereinander, also eigentlich in vertikaler Ausrichtung (obwohl hier der Übersetzer offensichtlich etwas verwechselt hat).

Zoomfaktor und Ausschnitt: Bei größeren Prozessen ist das Verschieben- und Zoomfenster ganz nützlich. Damit können Sie frei einen Ausschnitt des Diagramms mit einem selbst gewählten Vergrößerungsfaktor ansehen. Das Verschieben- und Zoomfenster können Sie mit dem Symbol der ersten grünen Ampel im (angepassten) Visio-Menü oder mit dem letzten Symbol in der Statusleiste ein- bzw. ausschalten. Wie man mit diesem Fenster arbeitet, habe ich im Visio-Kapitel, siehe Abschnitt 4.4.2 „Verschieben und Zoom" beschrieben. ■

Speichern Sie diese Datenbank, bei mir ist das „Unsere Prozesse 6.vdb". ■

■ 5.6 Die Prozessübersicht

Unser Motiv, einen Unterprozess anzulegen, bestand ja darin, einen Prozess detaillierter, d. h. mit mehr Einzelheiten, darzustellen. Umgekehrt kann man auch, wenn man die einzelnen Prozesse erfasst hat, sozusagen einen Überprozess als Übersicht oder als Gesamtschau auf die gesamte Prozesskette anlegen. Aus dieser Sicht, man nennt das auch Prozesslandschaft, kann man dann auf die einzelnen Prozesse als „Unterprozesse" verweisen. Wie schon bei den Unterprozessen ausgeführt: „Über-" und „Unterprozess" wird hier immer nur relativ gesehen. In einem Prozess kann es eine Stufe tiefer eben „Unterprozesse" geben, umgekehrt kann dieser Prozess als „Unterprozess" in einem hierarchisch über ihm stehenden Prozess stehen.

Zwar wird die Aufgabe der Prozessoptimierung zunächst auf einen konkreten Prozess anzuwenden sein, weil dieser individuelle Prozess seine Doppelarbeit, seine Medienbrüche, seine Durchlaufzeit und sein Verbesserungspotential hat. Aber das Zusammenspiel mehrerer

Prozesse muss natürlich auch Thema der Prozessanalyse sein – sei es, dass Prozesse von Lieferungen anderer Prozesse abhängig sind, sei es, dass bei parallelen Prozessen Knappheiten, z. B. der Ressourcen, entstehen (dies ist dann Thema der Berechnungen in MS Project). Seit E. Goldratt und der „Kritischen Kette" (siehe zweites Kapitel, Abschnitt 2.2.5) wissen wir, dass die Durchlaufzeit eines Prozesses zu reduzieren kontraproduktiv sein kann, wenn es vor- oder nachgelagerte Flaschenhälse gibt oder diese entstehen.

Für eine Gesamtsicht kann es erwünscht sein, eine Ebene mit der Sicht auf sozusagen „alle" Prozesse zu haben, von der aus auf die einzelnen Prozesse verzweigt werden kann. Gerade wenn man die Dokumentation der Unternehmensprozesse für eine Zertifizierung nach der DIN-ISO-Norm 9001:2000 oder die Rezertifizierung anstrebt, ist es sinnvoll, eine solche Übersicht als Prozesslandschaft zu erstellen. Diese Prozesslandschaft kann dann in ein Qualitätshandbuch ins firmeneigene Intranet eingestellt werden.[2]

Zum Abbilden einer übergeordneten Prozesslandschaft stellt *ViFlow* seine VIFLOW-SCHABLONE ERWEITERT zur Verfügung. Diese stellt Shapes, also Symbole, mit voller *ViFlow*-Funktionalität zur Verfügung. Über das Menü Grafik ViFlow Schablone öffnen können Sie die Schablonen **Standard** (mit der arbeiten wir bisher), **Erweitert** oder **Beide** öffnen.

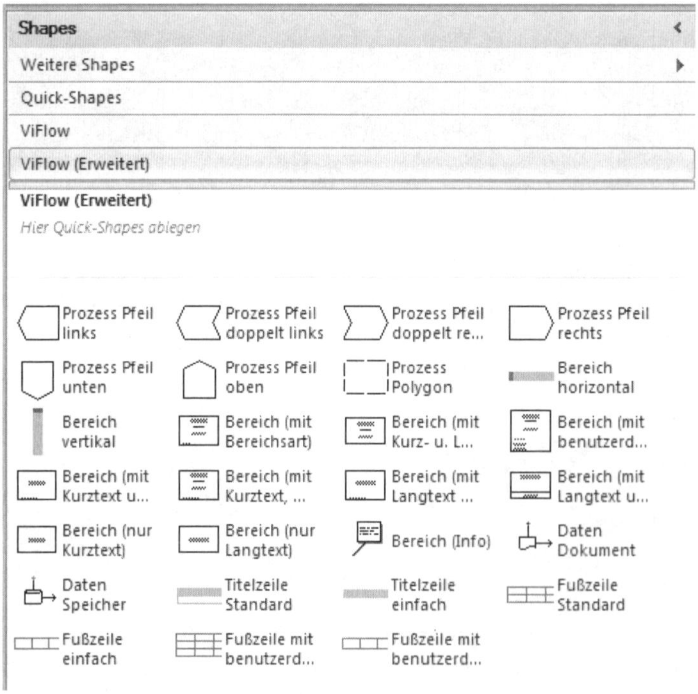

BILD 5.24 Die erweiterte ViFlow-Schablone

[2] Diese Funktionalität – dass man die Übersicht sozusagen als Inhaltsverzeichnis benutzt, wie man es ja im Strukturfenster sieht, und dann mit einem Klick auf die einzelnen „Kapitel" springen kann, die dann Prozessgrafiken (und Weiteres) enthalten – kann man nutzen, um ein ganzes Prozess-Managementhandbuch in elektronischer Form zur Verfügung zu stellen, in dem jeder seine Stelle in den Prozessen sofort findet. Siehe den Anhang von Becker/Heidtkamp: „Erstellung einer prozessorientierten Prozessdokumentation ..." sowie Abschnitt 5.9 „Prozessdarstellung im Intra-/Internet".

Übung

Legen Sie einen neuen Prozess an mit PROZESS/NEU und nennen Sie ihn „Prozessübersicht“, Art „Prozess“, keine weiteren Angaben zu den Eigenschaften. ■

Ziehen Sie aus der erweiterten *ViFlow*-Schablone das Shape „Prozess Pfeil rechts“ auf das Zeichenblatt und ziehen Sie den bestehenden Prozess „Angebotserstellung“ in den Bezeichner für den Kurztext. Es kommt eine kurze Warnung, dass **das vorhandene Objekt durch diese Aktion ausgetauscht wird**. Ja, das wollen wir. Alternativ können Sie auch als Kurztext „Angebotserstellung“ eingeben und das Programm erkennt, dass Sie diesen Prozess meinen. Wiederholen Sie die gleiche Aktion und klicken Sie den bestehenden Prozess „Entwicklung“ in den Kurztext.

Sie können alle erweiterten Shapes nach eigenem Wunsch vergrößern oder verkleinern. Dabei können Sie auch die Gruppierungsfunktion (aus Visio) benutzen, indem Sie mit gedrückter Maustaste über einen Bereich ziehen, so dass die Linie die gewünschten Shapes umfasst. Wenn Sie jetzt an einem Eckpunkt der blauen Linie ziehen, werden alle Shapes dieser Gruppe entsprechend gleichmäßig verkleinert oder vergrößert. Oder Sie können diesen Bereich auch insgesamt an eine gewünschte Stelle ziehen. Oder Sie können für alle Elemente in dieser Gruppe die Schriftart und Schriftgröße ändern.

Nun legen wir den Verbinder zwischen den Prozessen an, von der „Angebotserstellung“ geht der bestehende Verbinder „Auftrag“ an den Übersichtsprozess „Entwicklung“.

Speichern Sie die Datei. In den zur Verfügung gestellten Dateien ist das „Unsere Prozesse V7.vdb“. ■

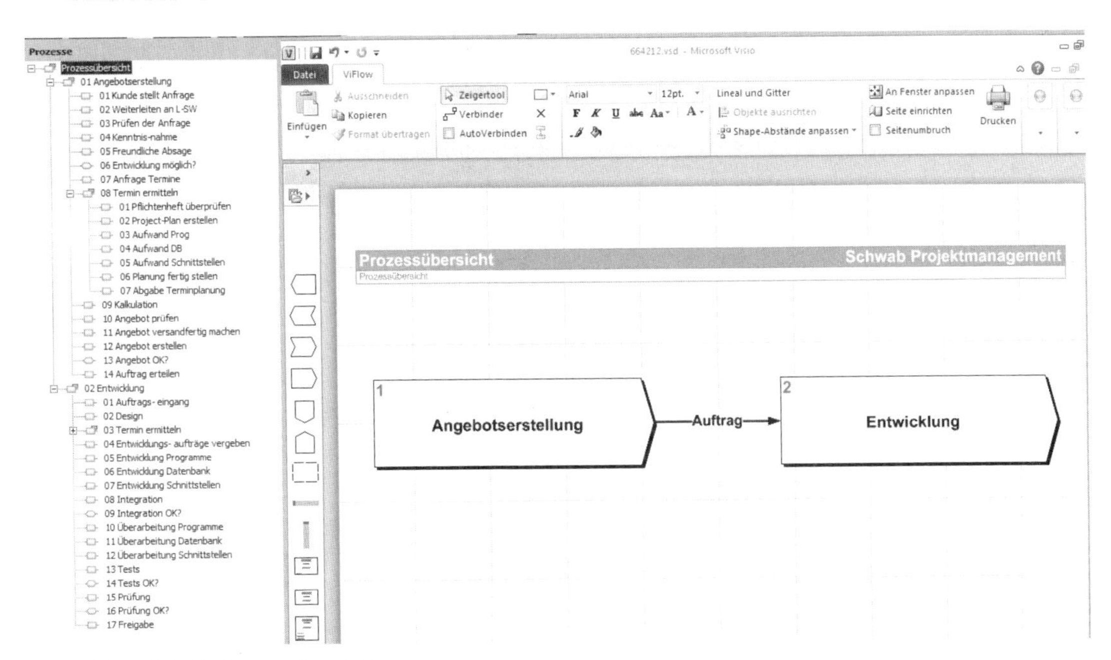

BILD 5.25 Die Prozessübersicht

Die Shapes, die einen Übersichtsprozess anzeigen, werden – wie bei Verwendung der normalen *ViFlow*-Symbole – mit einem Schatten angezeigt, da sie Unterprozesse beinhalten. Mit dem Plus- (+) bzw. Minussymbol (–) blenden Sie im Übersichtsfenster jeweils die Unterprozesse ein oder aus, mit einem DOPPELKLICK auf den Prozess im Strukturfenster oder aus dem Kontextmenü ÖFFNEN Sie den jeweiligen Prozess.

5.6.1 Prozessübergreifende Verbindungen

Nun haben wir ja im Prinzip schon in der Prozessübersicht angelegt, dass hier ein Output eines Prozesses der Input für den folgenden Prozess ist. Dies sind prozessübergreifende Verbindungen und diese sind notwendig, um darzustellen, dass ein Prozess etwas für einen anderen Prozess liefert. Ein Prozess sollte immer ein Ergebnis haben, das ist sein Liefergegenstand („Deliverable“). Das ist entweder einfach ein Ergebnis dieses Prozesses ohne weitere Verwendung in einem erfassten Prozess (etwa eine Auslieferung an den Kunden) oder der Output eines Prozesses ist der Input eines anderen Prozesses, der erfasst wird. Dies ist ein Kernelement der Erfassung der Interaktion zwischen Prozessen, dessen Bedeutung kaum unterschätzt werden kann.[3]

Seinen eigentlichen Nutzen für die Prozessdarstellung erschließt sich in der HTML-Darstellung, wenn Sie Ihre Prozesse veröffentlichen, z. B. um sie im Intranet als Prozesshandbuch zur Verfügung zu stellen. In der Sicht auf die Prozesse mittels des Explorers kann der Benutzer dann die Verbinder zum Navigieren zwischen den Prozessen benutzen: Mit der rechten Maustaste kann man das Ziel der Verbindung sehen und mit einem Klick da hinspringen (siehe *Abschnitt 5.ppp*).

In den Prozessen besteht eine prozessübergreifende Verbindung aus zwei Teilen, einem ausgehenden Verbinder in dem einen Prozess, ohne dass er hier ein Ziel findet, und dem gleichen Verbinder, der ohne sichtbaren Ursprung in den anderen Prozess eingeht und dort sein Ziel findet.

Übung

Ziehen Sie im Prozess „Angebotserstellung“ den existierenden Verbinder „Auftrag“ so ein, dass er das Prozesselement „Auftrag erteilen“ verlässt, ohne hier ein Ziel zu finden.

(Sie können bei markiertem Verbinder über das Visio-Kontextmenü FORMAT/TEXT/SCHRIFTART den Text oder über /TEXTBLOCK/TEXTHINTERGRUND die Beschriftung mit einer besonderen Farbe hinterlegen, so dass er sich von den anderen Verbindern unterscheidet.)

■

[3] Im Gegensatz zu BPMN erfasst die Logik des Flussdiagramms natürlich Lieferungen zwischen Prozessen (auch zwischen Bereichen). Dies ist ein Kernelement des funktionsübergreifenden Flussdiagramms.

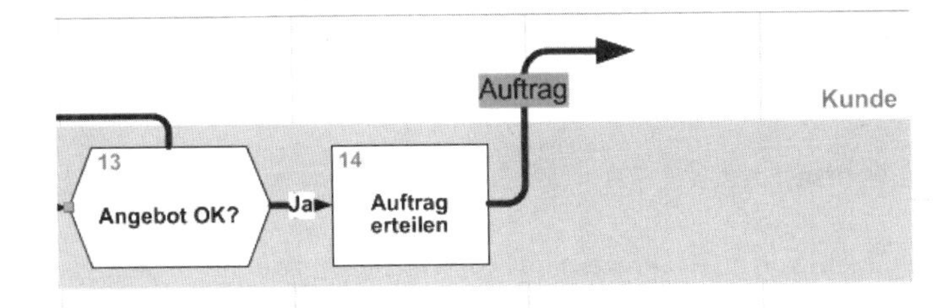

BILD 5.26
Ausgehender Verbinder aus dem Prozess Angebotserstellung

Öffnen Sie dann den Prozess „Entwicklung", natürlich mit Speicherung des Prozesses „Angebotserstellung", und ziehen Sie hier den (existierenden) Verbinder „Auftrag" ein, so dass er das Prozesselement „Auftragseingang" zum Ziel hat. Vergessen Sie nicht, die Grafik immer zu speichern, und schließen Sie die Datei. ■

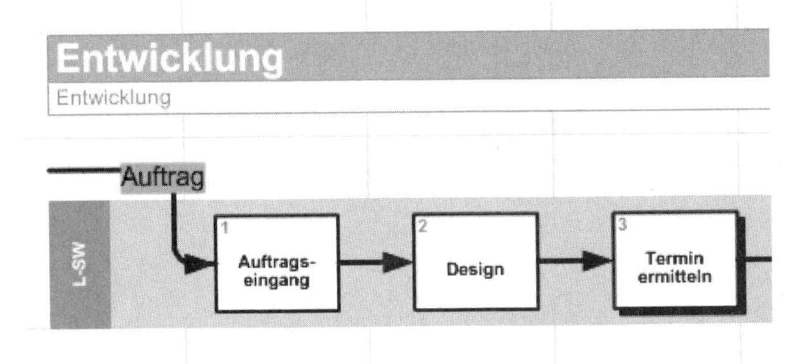

BILD 5.27
Eingang des Verbinders im Prozess Entwicklung

Diese Datei finden Sie im Download als „Unsere Prozesse V7.vdb". ■

5.7 Zusammenarbeit

5.7.1 Shared Process Modelling

Prozesse werden vielleicht nicht nur von einem Prozessanalysten modelliert, sondern mehrere Beteiligte sollen ihr Fachwissen einbringen können. Man kann das mit dem **Shared Process Modelling**-Verfahren von ViFlow tun, das mit verteiltes Prozessmodellieren übersetzt werden kann. Dieses Feature ist nur in der Enterprise-Edition verfügbar.

Die Aufgabe ist, ein geregeltes Verfahren einzurichten, mit dem mehrere Anwender an einer Datenbank arbeiten können und so ihr jeweiliges Fachwissen einbringen können, ohne dass Dateninkonsistenz entstehen kann und die Änderungen von den Beteiligten transparent gesteuert werden können. Die Lösung ist eine Master-Client-Struktur.

Der Master

Der Master legt eine – die zukünftige – Master-Prozessdatenbank – auf einem Laufwerk ab, auf das auch die anderen Beteiligten Zugriff haben. Diese Datei muss im Menü Extras/Optionen/Datenbank SPM zur Master-Datenbank erklärt werden.

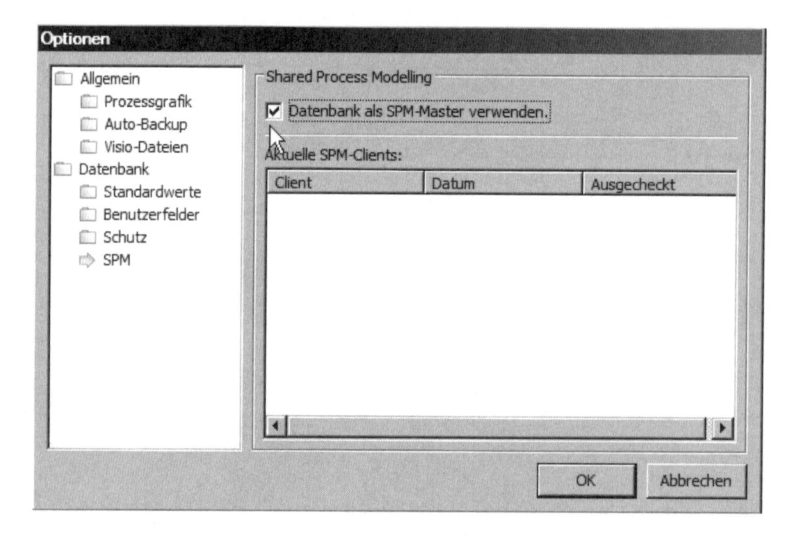

BILD 5.28 Datei zum SPM-Master erklären

Wenn diese Datei zum Master erklärt und gespeichert wurde, erscheint in der Programmkopfzeile (blau hinterlegt, ganz oben) hinter dem Dateinamen in Klammern **(Master)**. Hier ist es die Datei „ViFlow SPM Master" zum Herunterladen.

Wenn ein anderer Benutzer, nennen wir ihn Client, diese Datei öffnet, wird diese Datenbank automatisch auf den Rechner des Clients kopiert und er kann im Prinzip alles ändern, was ihm im Rahmen der Gruppenrichtlinien erlaubt ist. Deshalb kann der Master **Daten** und **Bereiche** gegen Veränderung sperren, indem er deren Verwaltung dem Master vorbehält (Kontextmenü VERWALTUNG DURCH MASTER AKTIVIEREN). In der Voreinstellung ist das deaktiviert.

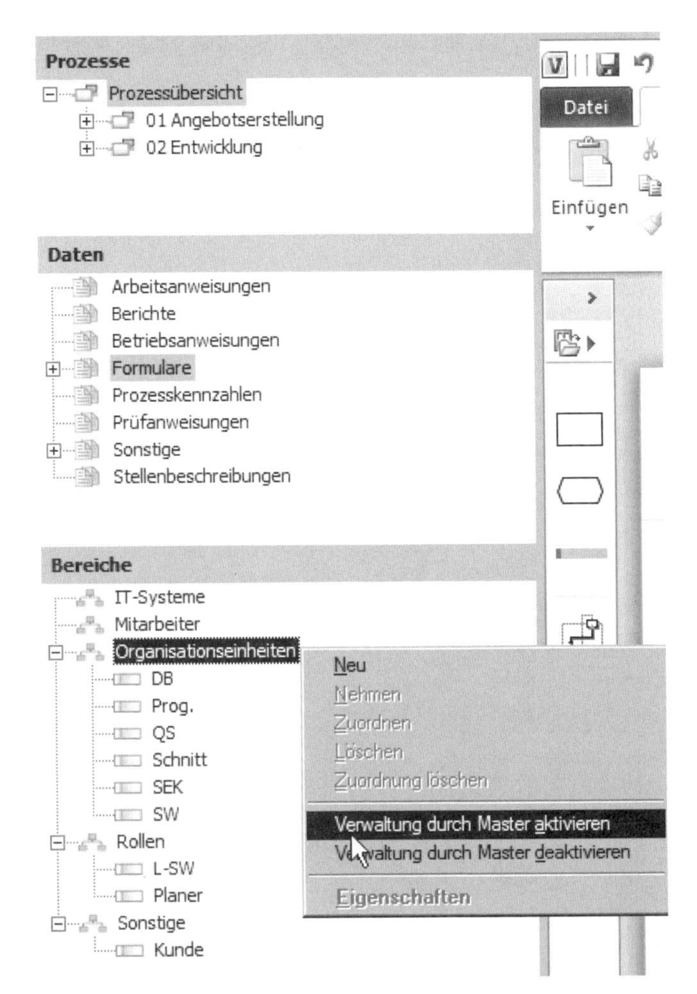

BILD 5.29
Änderungen durch Clients ausschließen

Der Client

Nachdem der Master die Datei an einem Ort gespeichert hat, auf die die Clients zugreifen können, und die Master-Datenbank geschlossen ist (!), können die Clients diese Datenbank öffnen. Auch mehrere Clients, denn wenn ein Client diese Datenbank öffnet, wird diese Datei auf den lokalen Computer des Clients kopiert. Der Client hat jetzt lokal die Datenbank zur Bearbeitung. In der Kopfzeile steht hinter dem Dateinamen **(Client)**.

Der Client legt hier als Beispiel einen neuen Prozess „Fakturierung" an und bearbeitet diesen. Zum Schluss fügt er diesen Prozess auch noch in die Prozessübersicht ein (das könnte er auch dem Master überlassen, aber das ist eine Frage der internen Zuständigkeiten):

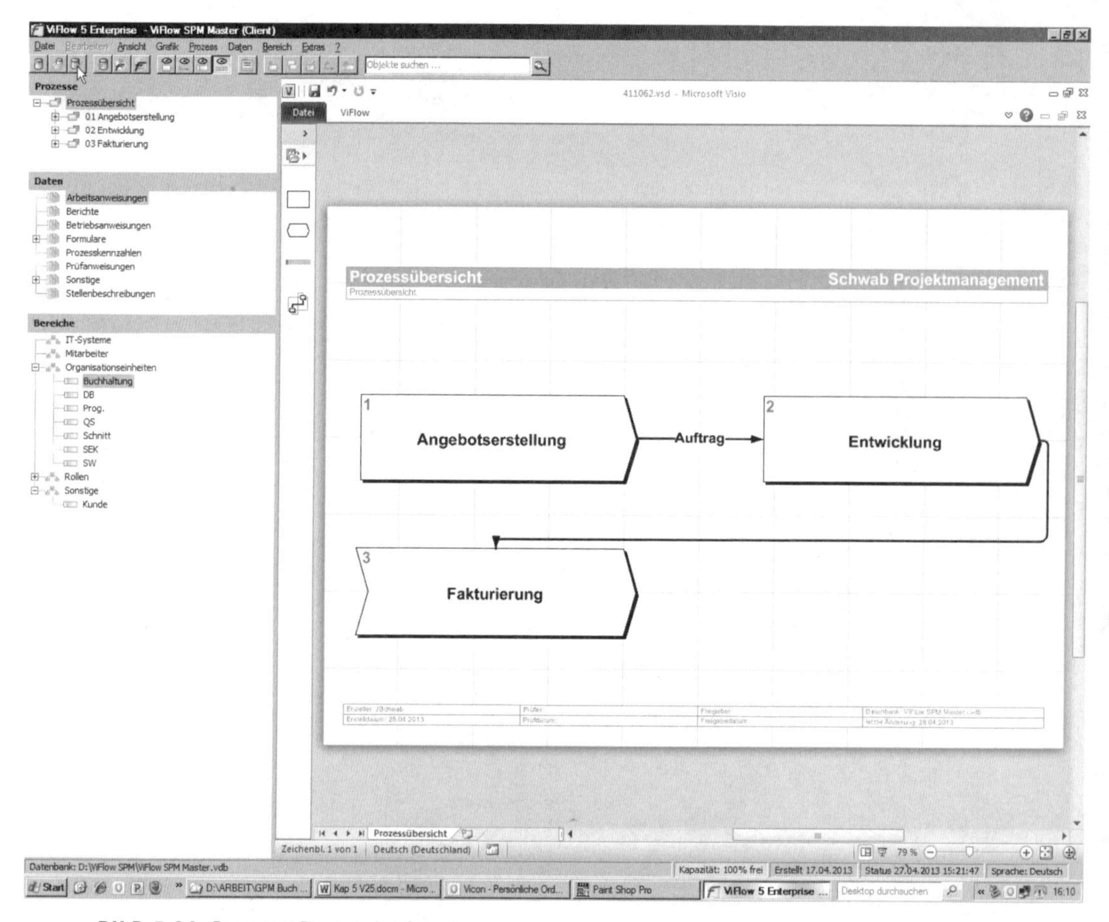

BILD 5.30 Der neue Prozess im Client

Nachdem der Client die Datenbank bearbeitet hat, muss er sie „einchecken“. Speichern geht deshalb nicht, da er ja keinen eigene, vom Master unabhängige Datenbank erstellen soll. Er hat einen Teil der Datenbank bearbeitet und muss jetzt den Bearbeitungsmodus schließen, das meint hier „einchecken“, damit der Master diesen bearbeiteten Client wieder in die Master-Datenbank importieren kann. Das ist das DRITTE SYMBOL in der ViFlow-Symbolleiste bei einem geöffneten Client oder Menü Datei Einchecken.

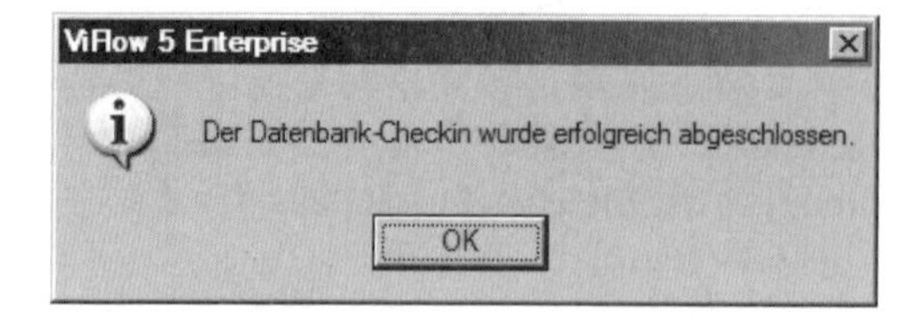

BILD 5.31
Client-Datenbank ist eingecheckt.

Der Master

Der Master öffnet wieder die Datei, als Dateityp muss jedoch nicht als „normale" ViFlow-Datei (dann öffnet er die Datei in der Funktion als Client), sondern **ViFlow SPM-Masterdatenbank** ausgewählt werden.

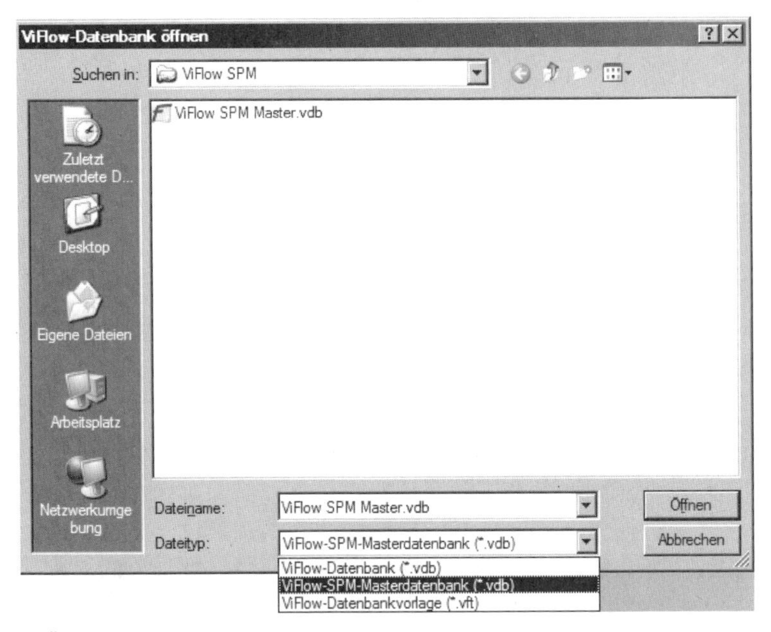

BILD 5.32 Öffnen als Masterdatenbank

Der Master wird schon beim Öffnen darauf aufmerksam gemacht, dass mindestens ein Client Änderungen an der Datenbank vorgenommen hat und seine Änderungen eingecheckt, d. h. freigegeben hat:

BILD 5.33 Hinweis auf geänderte Client-Datenbanken

In der geöffneten Masterdatenbank kann man nun aus dem SPM-Fenster (Extras/Optionen) über das Kontextmenü die von den Clients bearbeiteten und eingecheckten Prozesse importieren. Die ausgecheckten (mit **x** gekennzeichneten) befinden sich für das Programm noch in Bearbeitung, sind also nicht eingecheckt, und können deshalb nicht importiert werden.

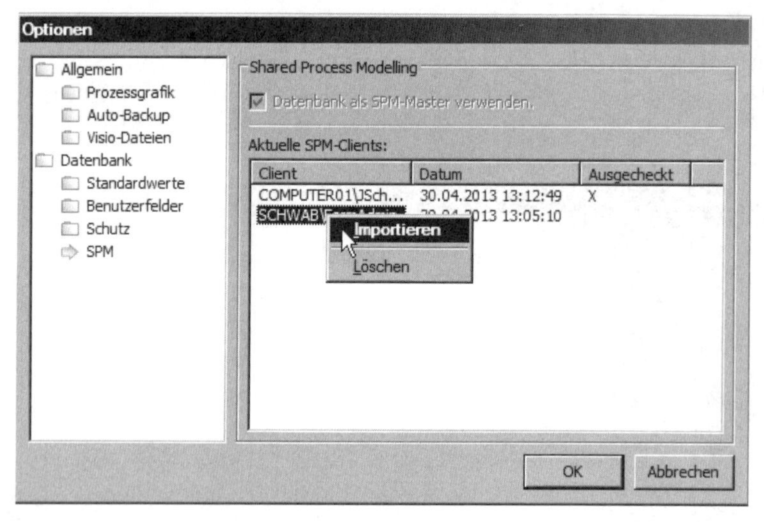

BILD 5.34 Ein- und ausgecheckte Clients

Man kann die Prozesse auswählen, die man importieren möchte. Eventuell möchte der Master ja nur einzelne Prozesse importieren:

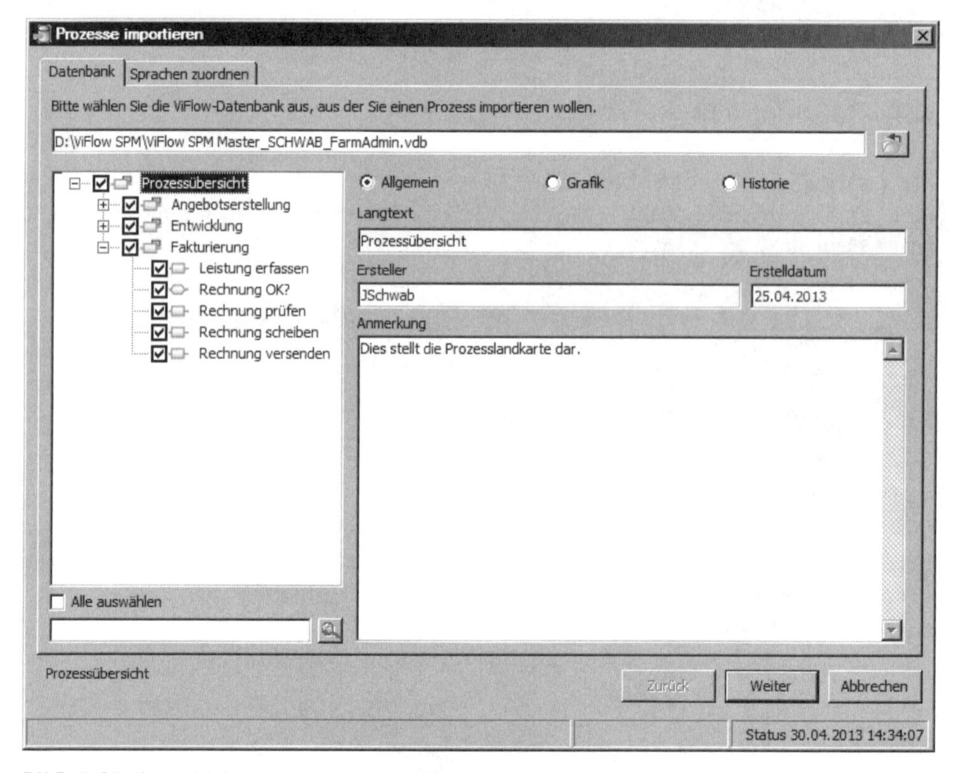

BILD 5.35 Auswahl der zu importierenden Prozesse

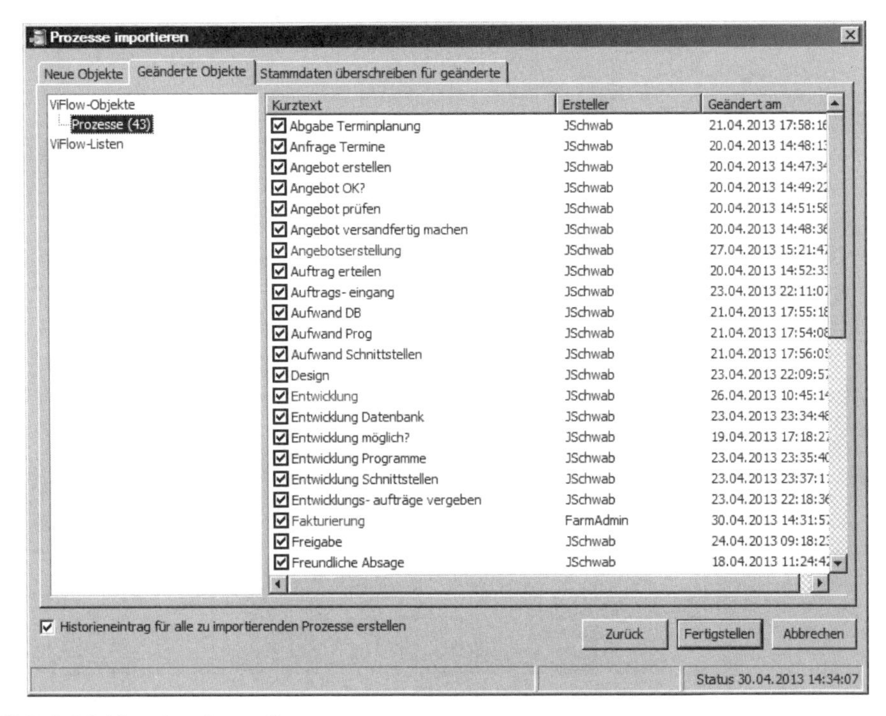

BILD 5.36 Hinweis auf neue Prozesse

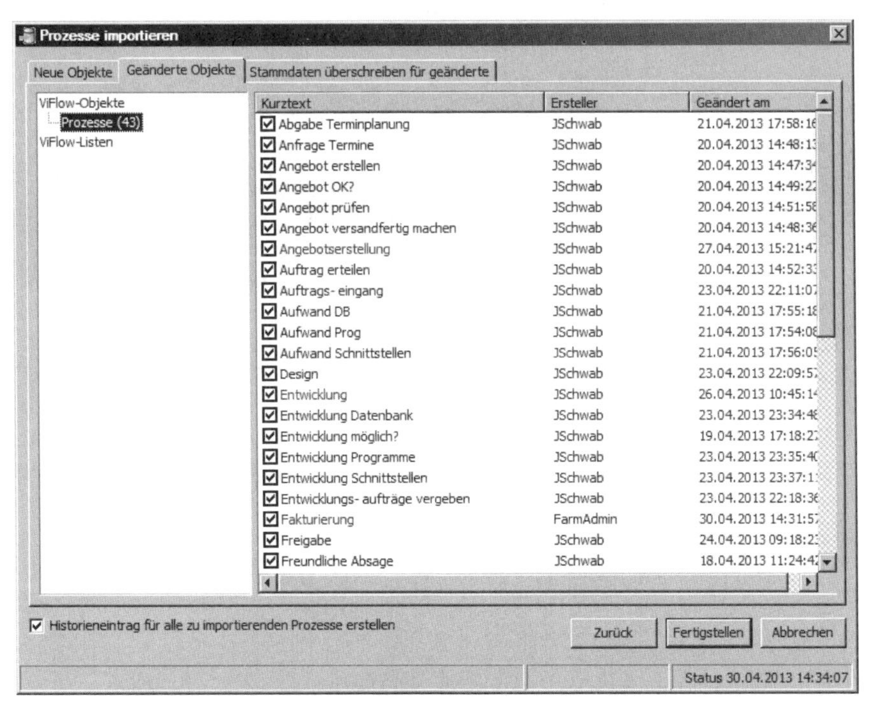

BILD 5.37 Hinweis auf geänderte Objekte

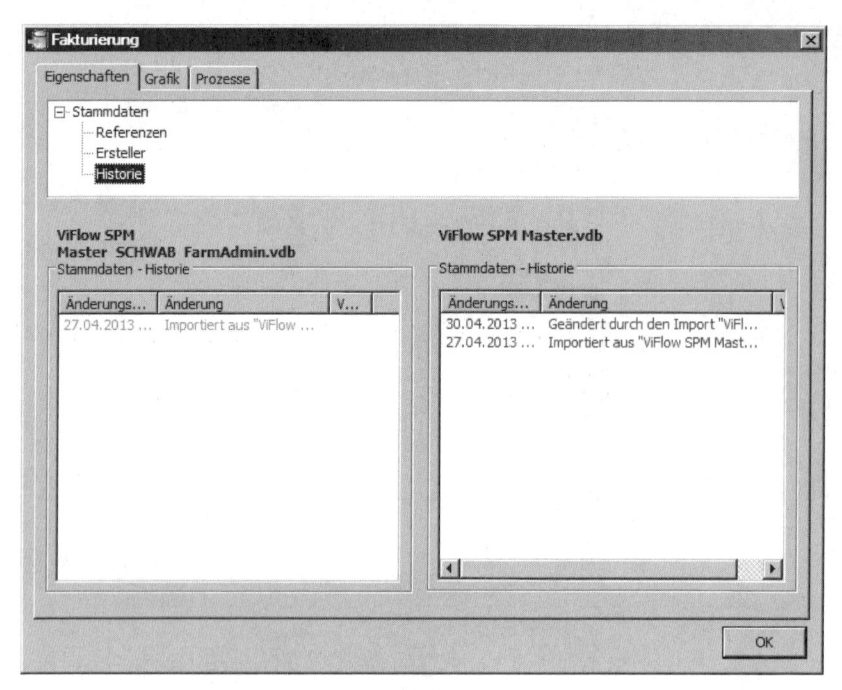

BILD 5.38 Historie der Änderungen

Mit blauer Schrift werden die geänderten Objekte hervorgehoben und über das Kontextmenü UNTERSCHIEDE ANZEIGEN können die Details und die Historie der Änderungen verfolgt werden.

Unter dem Register STAMMDATEN ÜBERSCHREIBEN FÜR GEÄNDERTE OBJEKTE kann der Master noch ausschließen, dass die ausgewählten Stammdaten für diese geänderten Objekte in die Masterdatenbank übernommen werden.

Mit FERTIG STELLEN wird der Import vorgenommen und mit der Erfolgsmeldung kann man die neue Datenbank reorganisieren (auch um die Dateigröße zu verringern) und die Client-Datenbank löschen. Der Client kann ja die Master-Datenbank immer wieder öffnen (so der Master sie nicht geöffnet hat) und mit dieser weiterarbeiten. Wenn man die Client-Datenbank nicht löscht – was eigentlich nur aus Zwecken der Archivierung sinnvoll sein kann –, steht diese Datei im gleichen Verzeichnis wie der Master mit _(Unterstrich) Computername _(Unterstrich)Benutzername. Achtung: Wenn der Client den aktuellen Stand der Prozessdatenbank öffnen will, darf er nicht die (gespeicherte) Client-Datenbank mit seinem Namen öffnen, sondern er muss die (Original-)Datenbank öffnen und so vorgehen wie oben beschrieben. Eine Client-Datenbank, auch wenn sie noch ausgecheckt ist (der Client hat vergessen einzuchecken oder den Benutzer gibt es nicht mehr oder das Netzwerk ist zusammengebrochen) kann über Extras/Optionen/**SPM** markiert und über das Kontextmenü gelöscht werden.

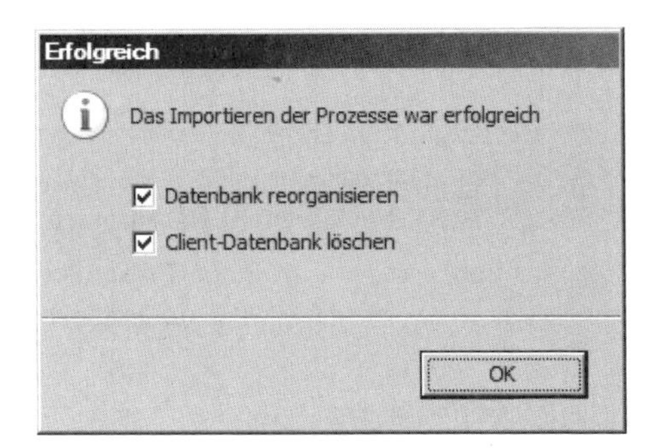

BILD 5.39
Import des Clients ist abgeschlossen

Das gewünschte Ergebnis, der neue Prozess:

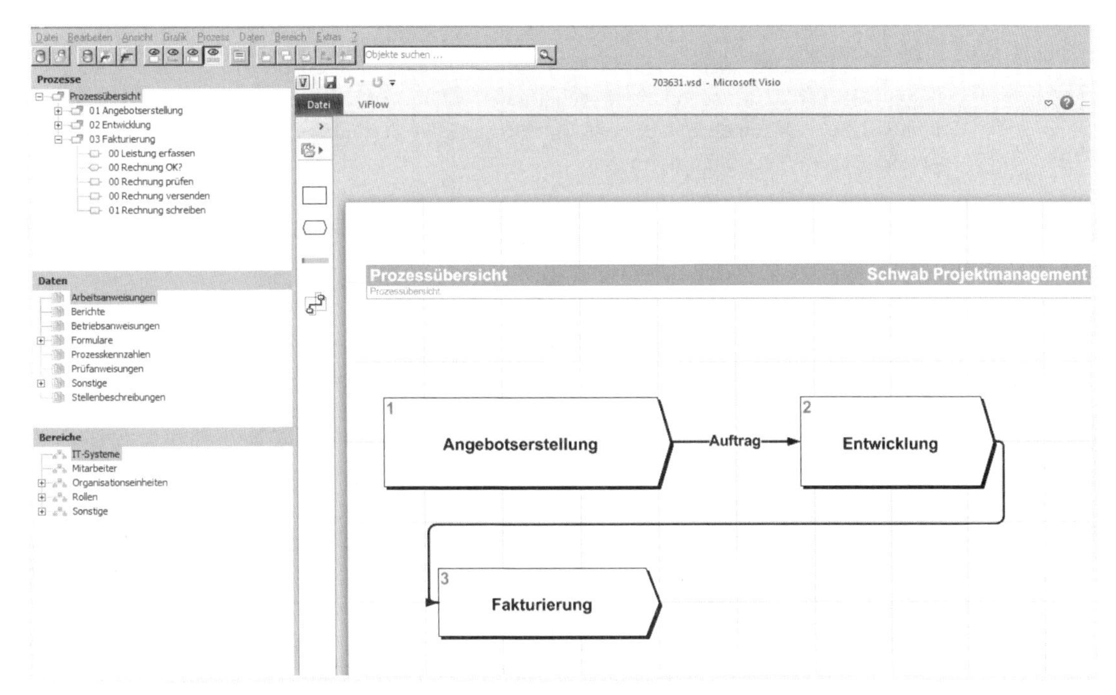

BILD 5.40 Der Prozess mit importiertem Client-Prozess

In den Download-Dateien ist das „ViFlow SPM.vdb“, die Sie allerdings als Master, wie in Bild 5.32 beschrieben, öffnen müssen.

■

5.7.2 Workflow-Prozesse genehmigen

Sie können einen Workflow zur Prozessfreigabe einrichten bzw. durchführen. ViFlow Standard verfügt nicht über diese Möglichkeit. Obwohl das Feature einen Bericht des ViFlow Reporters benutzt, benötigen Sie keinen Reporter, wenn Sie ViFlow Professional oder Enterprise benutzen.

Der Ersteller eines Prozesses kann für jeden Prozess einen **Prüfer** und einen **Freigeber** bestimmen. Man kann dann einen Freigabe-Bericht erstellen, der mit der E-Mail automatisch an den Prüfer und den Freigeber gesendet wird.

Im weiteren Verlauf des Workflows können die Ergebnisse sowohl der Prüfung als auch der Genehmigung zwischen dem Ersteller, dem Prüfer und dem Freigeber durch die E-Mail-Funktion ALLEN ANTWORTEN untereinander ausgetauscht werden.

1. Prüfer und Freigeber müssen als **Bereiche** in der Datenbank angelegt werden. Ich lege einen neuen Prozess an, den ich auch Genehmigung nenne, und lege darin zwei Bereiche an. Wichtig ist dabei, dass eine gültige **E-Mail-Adresse** im **Eigenschaftenfenster** unten eingetragen wird. Ich könnte den Bereich auch „Prüfer" nennen und die E-Mail-Adresse meines Prüfers eintragen, aber hier ist es vielleicht transparenter, wenn ich den wirklichen Namen als Bereichsnamen nehme:

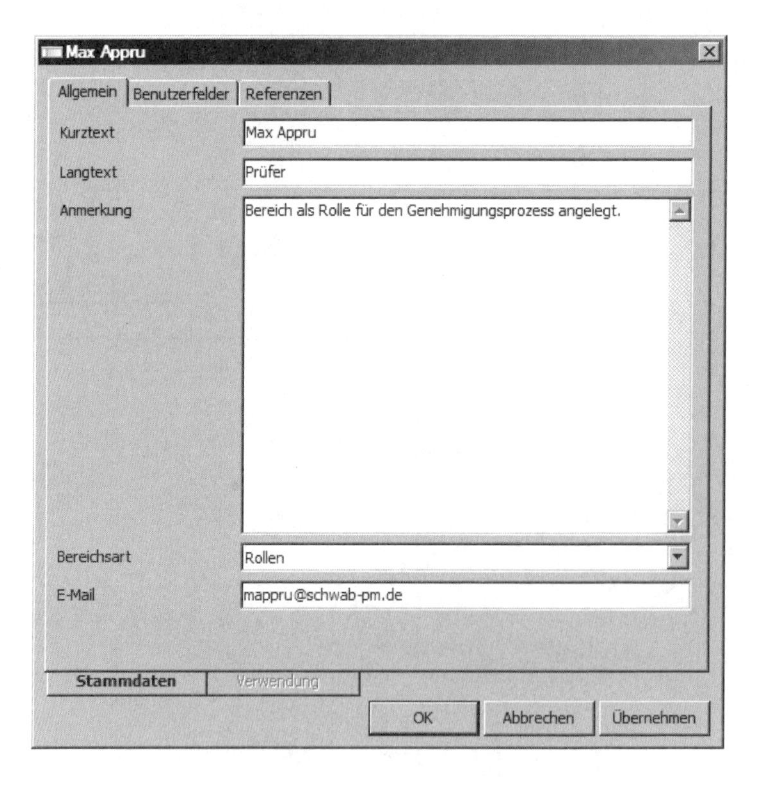

BILD 5.41 Mein Prüfer als Bereich

Ebenso muss ich den Freigeber als Bereich anlegen:

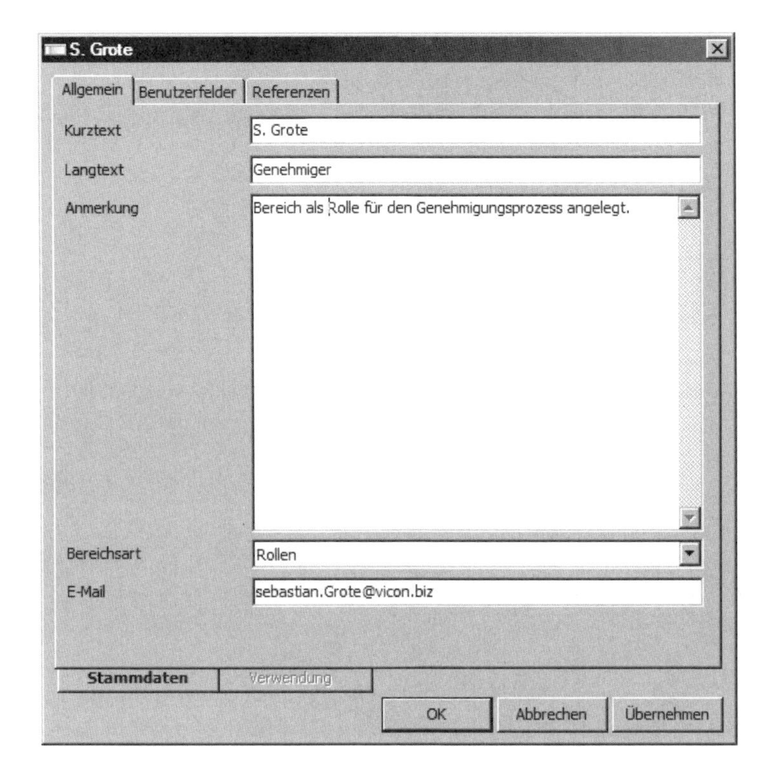

BILD 5.42 Mein Freigeber als Bereich

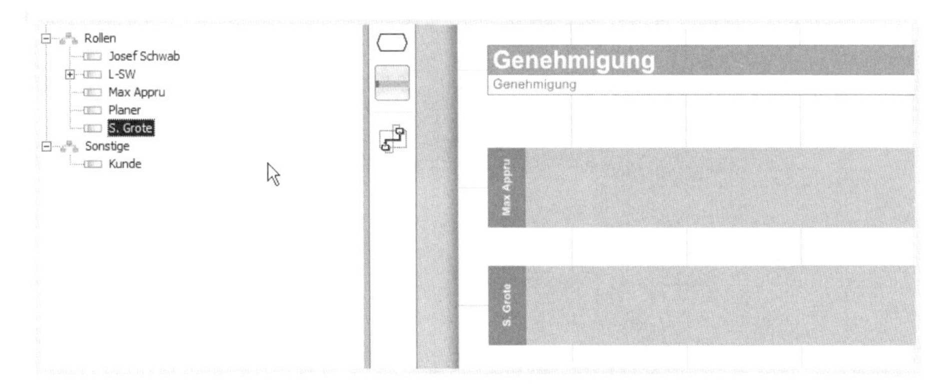

BILD 5.43 Die beiden Bereiche

2. Diese Bereiche müssen nur angelegt werden, um sie im **Eigenschaftsfenster** der Prozesse im Register **Historie** eintragen zu können.

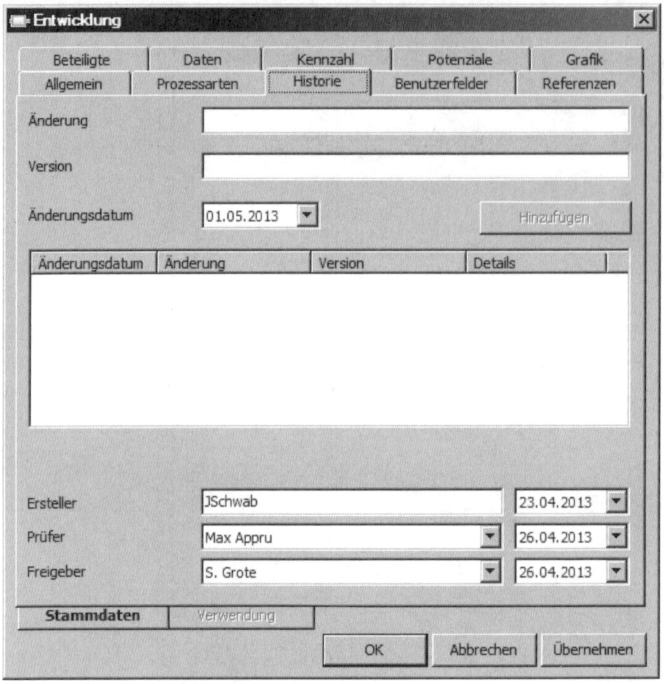

Entwicklung
Beteiligte
Daten
Kennzahl
Potenziale
Grafik
Allgemein
Prozessarten
Historie
Benutzerfelder
Referenzen
Änderung
Version
Änderungsdatum
01.05.2013
Hinzufügen
Änderungsdatum
Änderung
Version
Details
Ersteller
JSchwab
23.04.2013
Prüfer
Max Appru
26.04.2013
Freigeber
S. Grote
26.04.2013
Stammdaten
Verwendung
OK
Abbrechen
Übernehmen

BILD 5.44
Prüfer und Freigeber eintragen

Leider vererben sich diese Eintragungen nicht auf die hierarchisch unter ihm stehenden Teilprozesse, so dass man das für alle Prozessschritte machen muss, die entsprechend geprüft und freigegeben werden sollen. Allerdings kann man das Eigenschaftenfenster offen lassen (und an einer geeigneten Stelle positionieren) und dann die Prozessschritte in der Grafik nacheinander auswählen und diesen Eintrag vornehmen.

Ändern für alle Prozesse
Ersteller
JSchwab
Erstelldatum
17.04.2013
Letzte Änderung
26.04.2013
Prüfer
Prüfer
Prüfdatum
26.04.2013
Freigeber
Genehmiger
Freigabedatum
23.04.2013
Änderung für alle Prozesse in der Datenbank übernehmen.
OK
Abbrechen

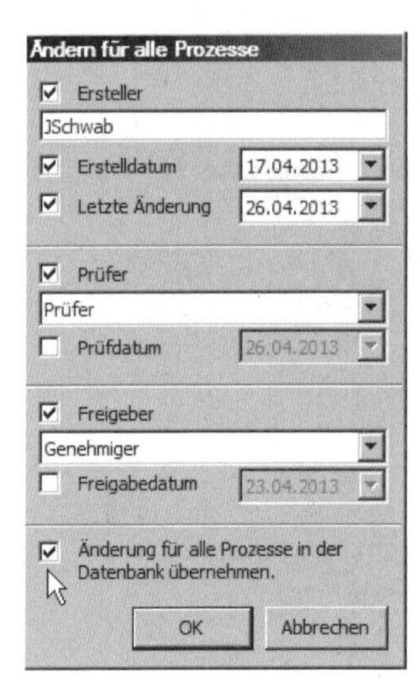

BILD 5.45
Eintragungen für alle Prozesse übernehmen

Im Datenbankfenster gibt es über das Kontextmenü den Befehl Ersteller ändern (oder im ViFlow-Menü Prozess) und hier hat man die Option **Änderung für alle Prozesse in der Datenbank übernehmen**, was allerdings dann für alle Prozesse in der Datenbank gilt.

Achtung:

Dieses Fenster verlangt die Langtexte der Bereiche. Ich habe die beiden Bereiche mit diesen Langtexten versehen, siehe Bild 5.41 und Bild 5.42. Dies ist zwar in Ordnung, man muss es nur wissen. Die Kurztexte sucht man hier vergeblich in der Drop-down-Liste.

3. Wenn alle gewünschten Einträge für Prüfer und Freigeber gemacht sind (und dieser Prozess geöffnet ist), wählen Sie aus dem ViFlow-Menü Datei/Berichte. Nach der Abfrage, ob die Änderungen am geöffneten Prozess gespeichert werden soll (Ja!), wird der ViFlow-Reporter mit der folgenden Maske gestartet:

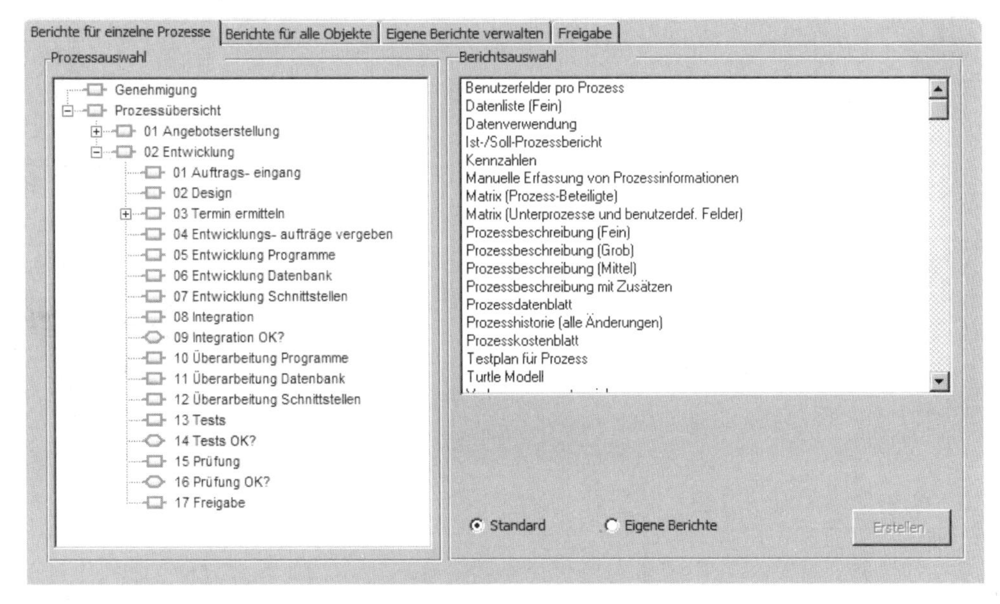

BILD 5.46 Auswahl der Prozesse im Reporter

Mit dem Register **Freigabe** wird die Vorschau auf den Bericht angezeigt, links die Grafik und rechts die Empfänger und die Textnachricht. Im Standard wird dieser Bericht an den **Prüfer** und den **Freigeber** gesendet, aber man kann auch weitere Empfänger mit ihrer E-Mail-Adresse eintragen. Der Text der Nachricht ist vorgegeben und könnte nur mit dem ViFlow-Reporter Professional geändert werden.

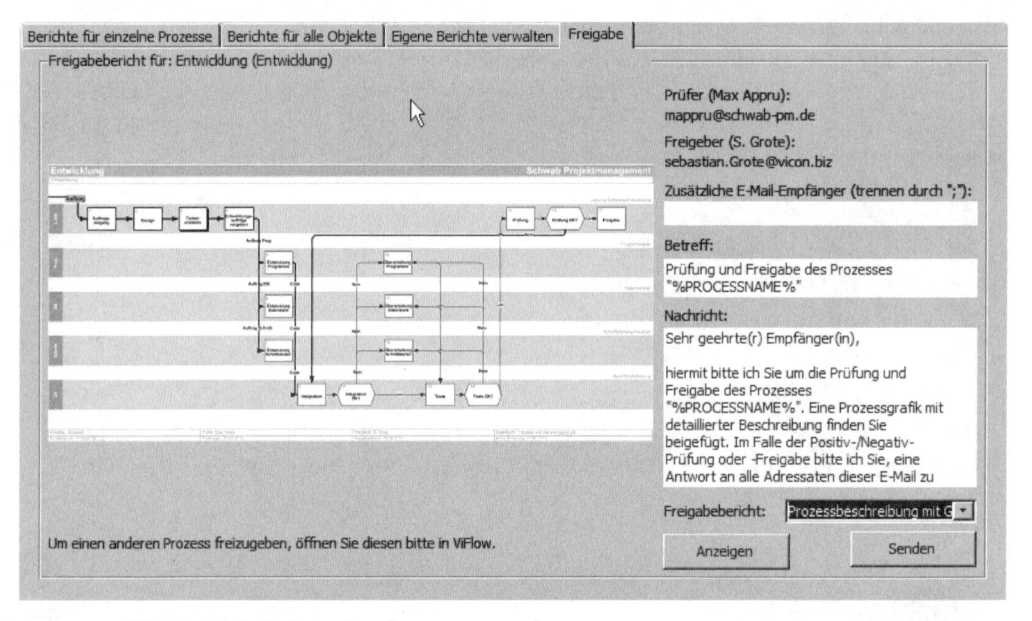

BILD 5.47 Freigabe vorbereiten

Es mag einige Zeit dauern, denn bei mir werden es elf Seiten, obwohl ich noch kaum weitere Informationen zu den Prozessen erfasst habe (das folgt im nächsten Abschnitt 5.8.2). Es wird in dem Bericht die Grafik erzeugt und ein Bericht **Prozessbeschreibung mit Prozessgrafik** versendet, das alles im PDF-Format.

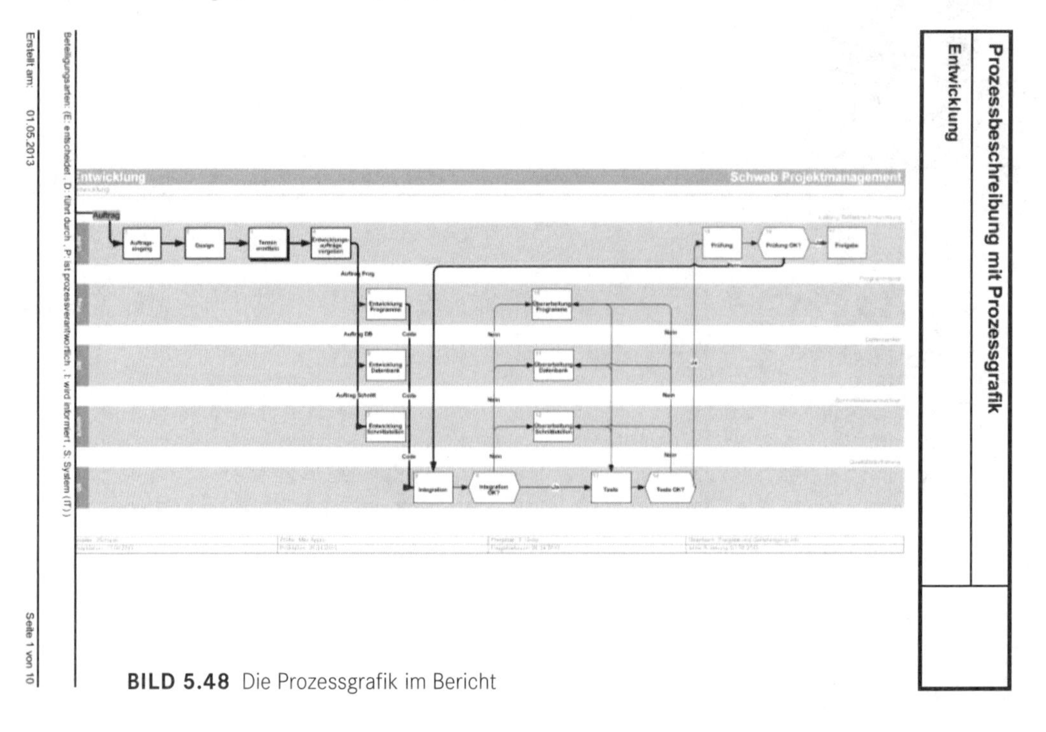

BILD 5.48 Die Prozessgrafik im Bericht

Prozessbeschreibung mit Prozessgrafik

Entwicklung

Vorgänger-Nr. → / Nachfolger-Nr. ←	Prozess (Anmerkung, Mitgeltende Daten, Unterprozesse)	Bereich
2 → / 4 ←	3 **Termin ermitteln**	L-SW, Leitung Software-Entwicklung

wird auch verwendet im Prozess
- Angebotserstellung Softwareprojekt

Unterprozesse im Prozess Termin ermitteln

Nr.	Unterprozess	Bereich
1	**Pflichtenheft überprüfen**	Planer
2	**Project-Plan erstellen**	Planer
3	**Schätzung Aufwand Programmierung**	Prog.
4	**Schätzung Aufwand Datenbank**	DB
5	**Schätzung Aufwand Schnittstellen**	Schnitt
6	**Planung fertig stellen**	Planer
7	**Abgabe Terminplanung**	Planer

BILD 5.49 Eine Seite des Berichts

In Bild 5.49 wird eine ausgewählte Seite von zehn dargestellt. Diese Seite habe ich ausgewählt, weil man sieht, dass auch die Unterprozesse erfasst werden. Die Empfänger können dann jeweils diesen Prozess kommentieren: „Ja, in Ordnung“ oder Änderungswünsche an den Ersteller zurücksenden. Da immer alle den gleichen Informationsstand haben sollen, ist es wichtig, die E-Mail-Funktion „ANTWORT AN ALLE“ zu benutzen.

Natürlich können die Berichte gespeichert und so zu Dokumentationszwecken verwendet werden.

Download

Die Datei mit den Bereichen als **Prüfer** und **Genehmiger** ist „Unsere Prozesse V8.vdb“.

5.8 Einstellungen und Anpassungen

5.8.1 Spracheinstellungen

Man kann mit ViFlow mit bis zu acht Sprachen arbeiten. In der Standardedition kann man nur die Sprache der Menüs, Masken etc., d. h. die Oberflächensprache, ändern. In der Professional- und der Enterprise-Edition kann man auch die Inhaltsprache, also die Sprache, in der die Datenbankinhalte (Prozesse, Daten und Bereiche) verfasst sind, in bis zu acht zusätzlichen Sprachen darstellen.

Oberflächensprache

In ViFlow

Im Menü Extras Optionen finden Sie die Spracheinstellung und können diese auswählen:

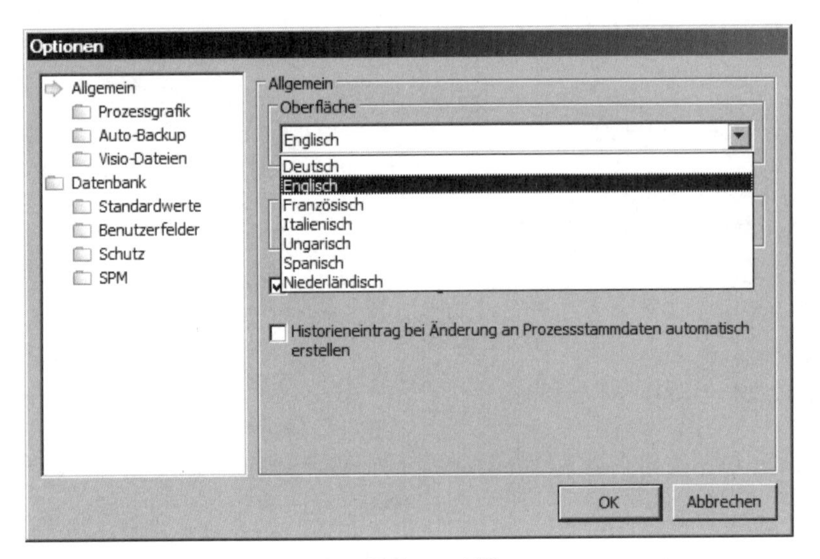

BILD 5.50 Spracheinstellungen für die Oberfläche von ViFlow

Nicht nur die Menüs, sondern auch z. B. das Eigenschaftenfenster („Properties“) werden jetzt in englischer Sprache angezeigt.

In Visio

Wenn man jetzt in ViFlow mit der englischen Oberfläche arbeitet, will man ja vielleicht auch die Visio-Menüs in englischer Sprache angezeigt bekommen. Voraussetzung ist, dass die englische (oder eine andere) Sprachversion des Programms oder das Windows Language Pack installiert ist. Sie finden diese Einstellungen unter Programme/Microsoft Office (2010 oder 2013)/Office (2010 oder 2013)-Tools/OFFICE (2010 ODER 2013) SPRACHEINSTELLUNGEN. In den Windows-Programmen können Sie die Sprache über das Menü Datei Optionen SPRACHE ändern.

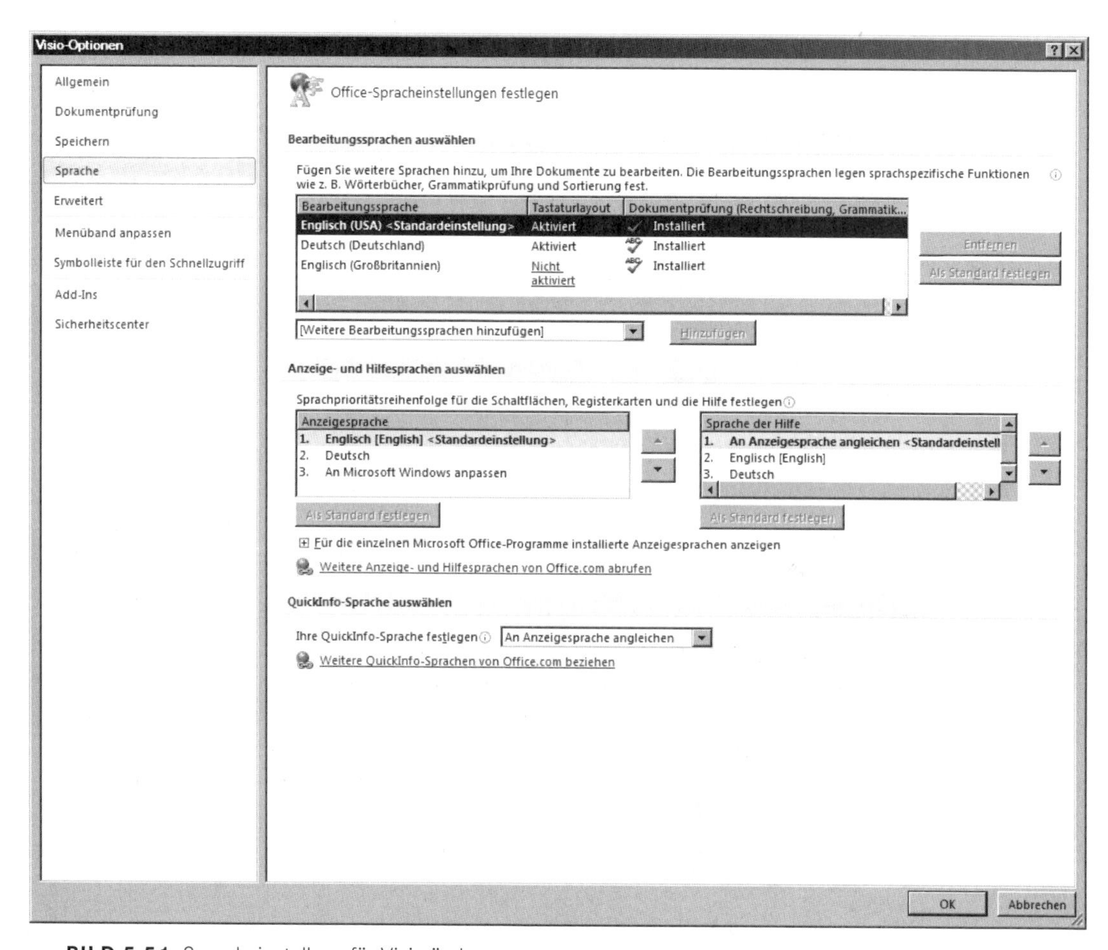

BILD 5.51 Spracheinstellung für Visio ändern

Nachdem Sie das Programm beendet und neu gestartet haben, sieht die Oberfläche dann so aus:

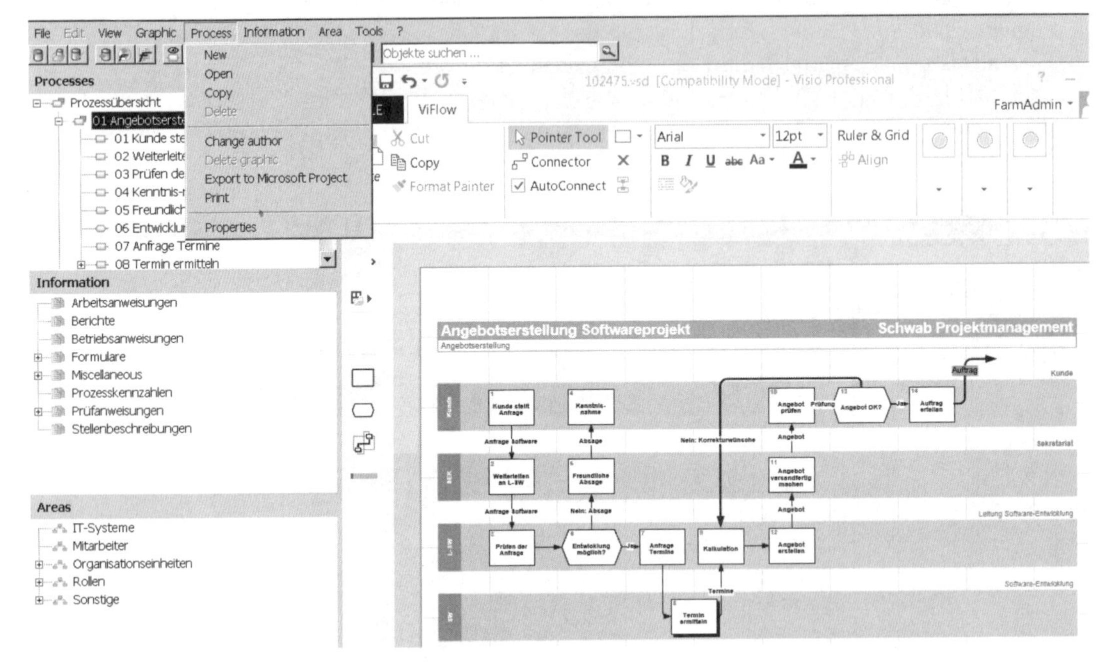

BILD 5.52 Englische Oberfläche in ViFlow und Visio

Inhaltssprache

Diese Möglichkeit ist nicht in der Standardversion verfügbar. Unter Menü Extras Optionen (Tools Options) können Sie die Funktionstaste auswählen, mit der Sie die Inhaltsinformationen in die anderen Sprachen übersetzen können:

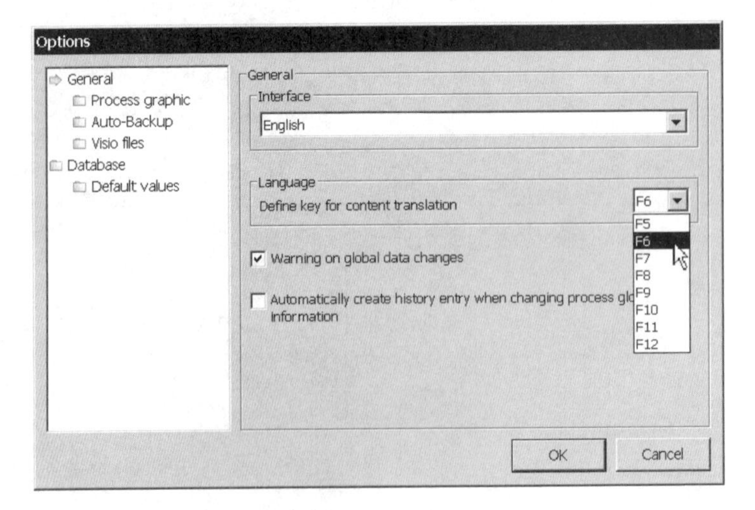

BILD 5.53 Funktionstaste für den Aufruf des Übersetzers

Dann müssen unter Extras Optionen Datenbank Benutzerfelder (Tools Options Database Language) die verwendeten Sprachen definiert werden:

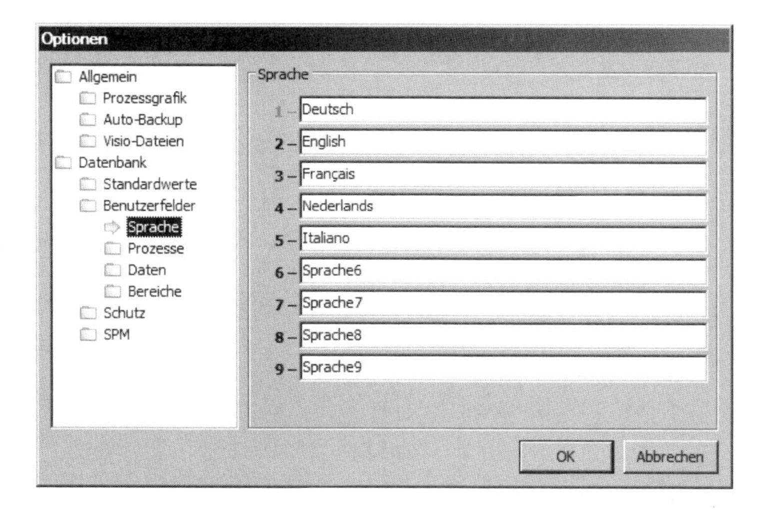

BILD 5.54 Definitionen der Sprache

Jetzt können Sie einen Prozess durch Doppelklick in der Grafik oder über das Kontextmenü EIGENSCHAFTEN (Properties) editieren. Im Eigenschaftenfenster muss man das Feld markieren, das man übersetzen möchte, und ruft mit der definierten Taste (Bild 5.53) den Übersetzer auf:

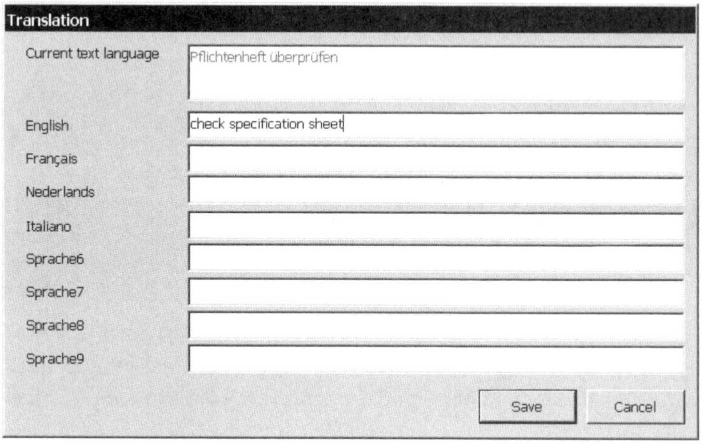

Translation
Current text language: Pflichtenheft überprüfen
English: check specification sheet
Français
Nederlands
Italiano
Sprache6
Sprache7
Sprache8
Sprache9
Save
Cancel

BILD 5.55 Übersetzungsmaske

So kann bzw. muss man alle Informationen in den gewünschten Sprachen eingeben und speichern (Save), auch den Prozess als Ganzes mit dem Diskettensymbol.

Dies mag verwirren: Wenn man z. B. die englische Sprache als Inhaltssprache schon ausgewählt hat (Extras Inhaltssprache bzw. Tools Content language), erscheint in der Maske „Translation“ diese nicht mehr, denn diese ist ja die „Current text language“. Man kann immer nur in eine Sprache übersetzen, die nicht die ausgewählte Inhaltssprache ist, also z. B. Deutsch als Inhaltsprache und dann die fremdsprachigen Begriffe eingeben. ■

Wenn man das für alle Prozesse (oder nur für einen Teil oder nur für ausgewählte Informationen) gemacht hat, kann man sich über Extras Inhaltssprache bzw. Tools Content language den ganzen Prozess in der anderen Inhaltssprache anzeigen lassen. Hier alles in Englisch:

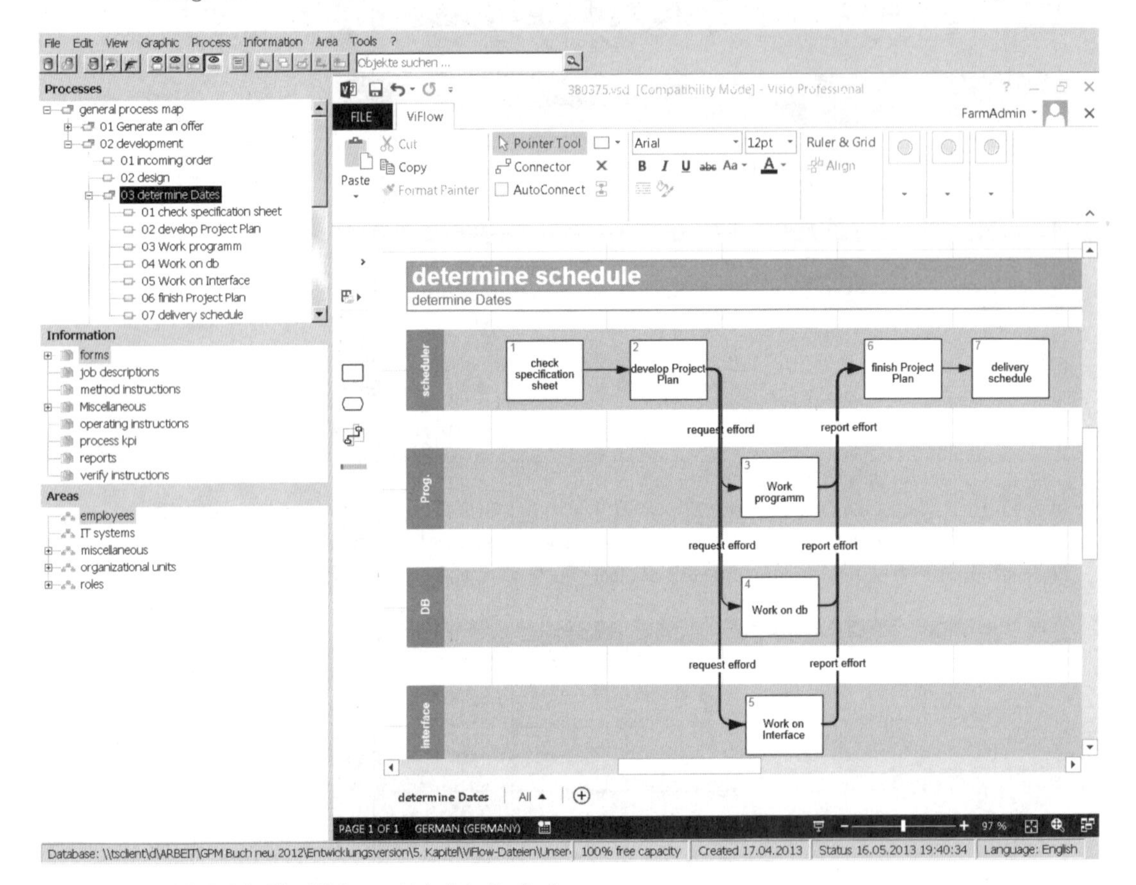

BILD 5.56 Oberfläche und Inhalt in Englisch

Man beachte, dass in der Statuszeile unten rechts „Language: English" angezeigt wird. Natürlich werden dieselben Prozesse angezeigt, wenn Sie die Sprache wieder wechseln: Nur die Begriffe, wahlweise der Oberfläche (auch in der Standardversion) oder der Inhalte, werden in der ausgewählte Sprache angezeigt.

Die Datei mit den umgestellten Sprachen ist „Unsere Prozesse V9.vdb".

5.8.2 Informationsbasis vertiefen

Wir haben bisher bei der Erfassung und Darstellung der Prozesse eigentlich nur die Namen und den Ablauf erfasst. Gelegentlich haben wir in den EIGENSCHAFTEN die Dauer erfasst – das war es aber auch.

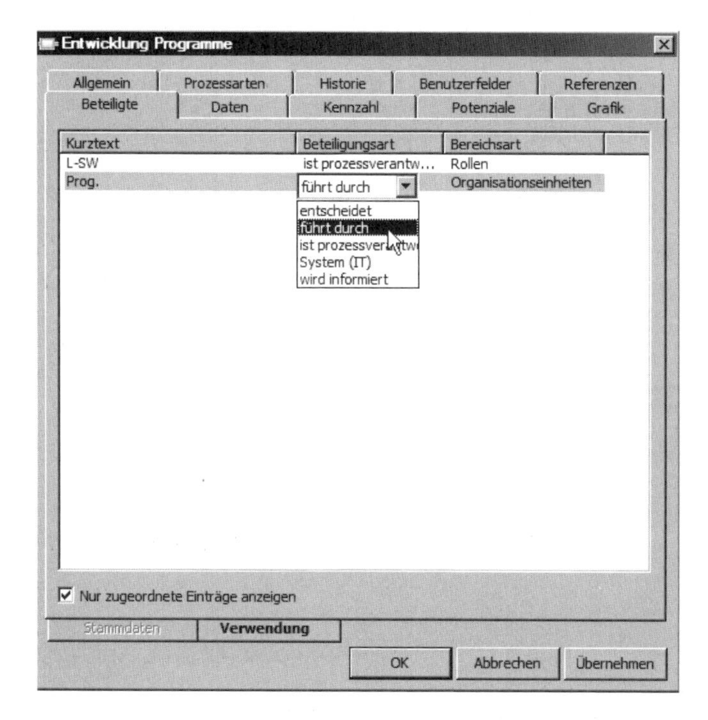

BILD 5.57
Eigenschaften Prozesse - Register Beteiligte

Wir haben die anderen Informationen, die man bei einer Prozessanalyse vielleicht brauchen und hier mit dem Prozess verbinden könnte, gar nicht beachtet. Damit haben wir entweder die Voreinstellungen für diese Informationen einfach übernommen oder eben keine weiteren Informationen eingegeben. Die Datenbank ist aber noch zur Aufnahme von vielen weiteren Informationen vorbereitet und einen wesentlichen Teil davon finden Sie in den EIGENSCHAFTEN. Hier sind viele Register eingerichtet, in die man weitere Informationen eingeben kann - klicken Sie ruhig mal die Register durch. Wobei es bei manchen Registern (z. B. bei den **Potentialen**) Stammdaten gibt - diese gelten immer, wenn dieser Prozess verwendet wird - und Verwendungsdaten - diese gelten nur für diese einmalige Verwendung des Prozesses in diesem Zusammenhang.

Im Register **Referenzen** wird automatisch angezeigt, in welchen Prozessen dieser Prozess verwendet wird. Ganz sinnvoll für eine Analyse ist, die weiteren **Beteiligten** zuzuordnen, da ja Prozesse oft unter der Mitwirkung mehrerer Instanzen stattfinden. Entweder man zieht einfach („drag and drop“) einen Bereich aus dem Strukturfenster in das offene Fenster der **Beteiligten** (Bild 5.57). Oder man deaktiviert die Option **Nur zugeordnete Einträge anzeigen** und kann dann aus der vorgegebenen Liste die **Beteiligten** reinklicken. Die Art der Beteiligung kann man aus der Drop-down-Liste auswählen. Eine ZUORDNUNG AUFHEBEN kann man über das Kontextmenü. Wie immer muss man mit OK abschließen.

Nun ist die Sammlung von Informationen kein Selbstzweck, sondern immer auf das Ziel ausgerichtet, was man wissen und auswerten will. Und hier hat jede Prozessanalyse ihre eigene Aufgabe und ihr eigenes Ziel. Wir wollen kurz versuchen, die Systematik der ViFlow-Datenbankinformationen darzustellen. Dann werden wir an einem Beispiel demonstrieren, wie diese Informationen im ViFlow-Reporter ausgewertet werden können. Als Beispiele nehme ich die Auswertung der **Potentiale** (Abschnitt 5.8.2.2).

5.8.2.1 Informationsarten bearbeiten

Anzeigen und bearbeiten können Sie diese Informationsarten über das Menü Bearbeiten. Wie immer gibt es in ViFlow die drei Kategorien Prozesslisten, Datenlisten und Bereichslisten. Hier können Sie eigene Informationsarten anlegen, vorgegeben löschen oder auch in andere Sprachen übersetzen.

Prozesslisten **Prozessarten, Modellarten, Beteiligungsarten, Zeitarten**

Datenlisten **Datenarten, Datenübertragungsarten, Austauscharten, Vernichtungsarten, Kriterien**

Bereichslisten **Bereichsarten**

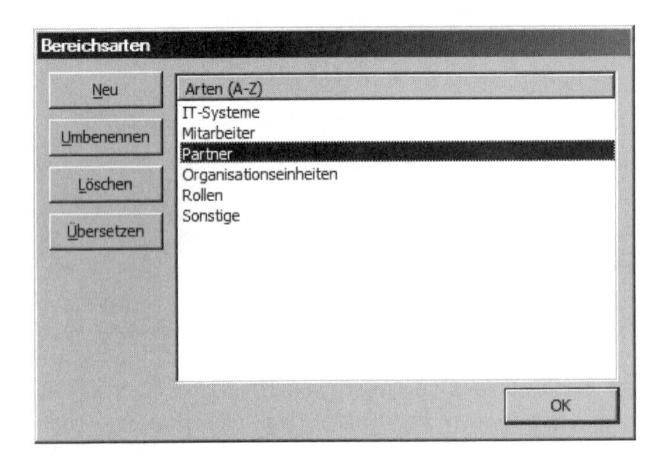

BILD 5.58
Beispiel neuer Bereich

Naturgemäß umfangreicher sind die Listen der Informationen zu den Prozessen: **Prozessarten**, **Modellarten**, **Beteiligungsarten** und **Zeitarten**. Sie können anlegen, was Sie für Ihre Analyse benötigen, das Kurzzeichen erscheint in den Auswertungen:

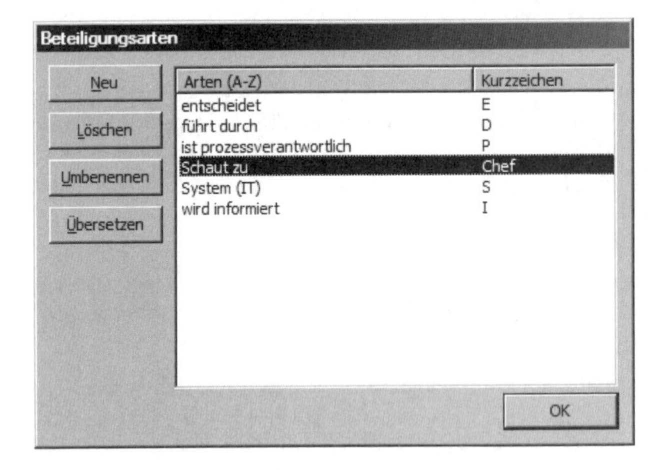

BILD 5.59
Beispiel neue Beteiligungsart

Die Voreinstellungen werden definiert über Extras Optionen Datenbank Standardwerte:

Optionen
Allgemein
Prozessgrafik
Auto-Backup
Visio-Dateien
Datenbank
Standardwerte
Benutzerfelder
Sprache
Prozesse
Daten
Bereiche
Schutz
SPM
Standardwerte
Modellart: Prozess
Beteiligungsart: D führt durch
Zeitart: Tag
Datenart: Sonstige
Datenübertragungsart: Sonstige
Bereichsart: Organisationseinheiten
IT-Systeme
Mitarbeiter
Organisationseinheiten
Rollen

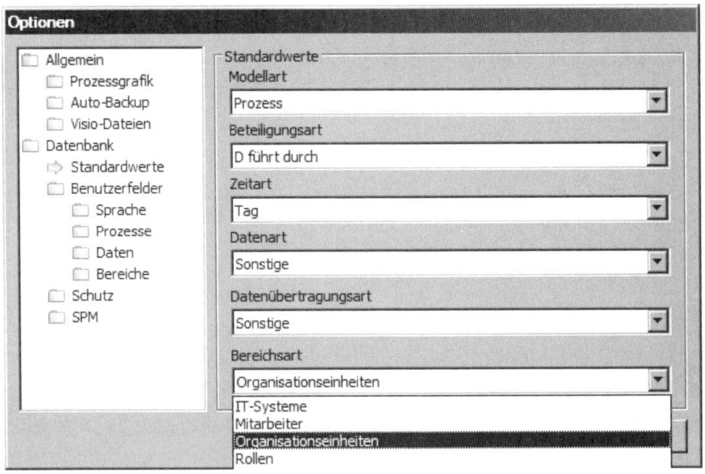

BILD 5.60 Voreinstellungen für die Bereichsarten

5.8.2.2 Potentiale

Das Register **Potentiale** nimmt alle negativen Bemerkungen und positiven Vorschläge zur Verbesserung des Prozesses auf. Dies müsste sich aus der Ist-Aufnahme des Prozesses ergeben und dann die Überlegungen zum Soll-Konzept beinhalten. Hier kommt alles zum Tragen, was wir im dritten Kapitel im Abschnitt 3.6 „Soll-Konzept" an inhaltlichen Überlegungen zur Prozessanalyse ausgeführt haben. Ohne dies hier wiederholen zu wollen,

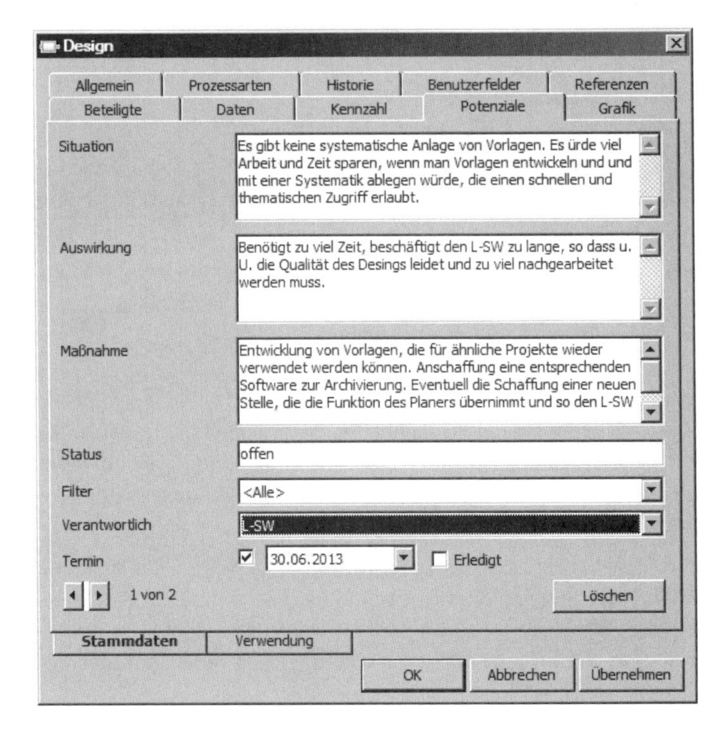

BILD 5.61 Prozess-Potentiale aufnehmen

betreffen die entscheidenden Überlegungen die interne Arbeitsteilung (wer ist überlastet?), was die Ursache von Wartezeiten und ungeplanter Lagerbildung ist und auch Ursache von Qualitätsproblemen sein kann. Ebenso gehören hierher Überlegungen zum Einsatz der optimalen Arbeitsmittel, also z. B. die Informationsvermittlung mittels IT, die Vermeidung von Medienbrüchen, die Standardisierung von Abläufen durch Verwendung von Vorlagen, vorgefertigten Formularen etc.

Schon im dritten Kapitel wurde darauf hingewiesen, dass bei allen Maßnahmen immer anzugeben ist, bis wann sie umgesetzt werden (**Termin**) und wer dafür **verantwortlich** ist. Sonst kann man nicht kontrollieren, ob überhaupt etwas getan wurde. Man muss die Umsetzung der Maßnahmen natürlich im angemessenen Zeitraum überprüfen.

1. Interne Arbeitsteilung:

   Der Leiter Software ist sehr stark eingesetzt. Einmal dauern dadurch die Vorgänge, die er zu erledigen hat, sehr lange. Außerdem leidet dadurch unter Umständen die Qualität.

   Dies kann man als Potential bei den Prozessen in der „Angebotserstellung" 8 01 „Pflichtenheft überprüfen", Prozess 9 „Kalkulation" und Prozess 10 „Angebot erstellen" im Prinzip ähnlich eintragen.

   „Situation"
   Dauert zu lange: Kann hier nicht jemand helfen, der Planer z. B.

   „Auswirkung"
   Würde eine Entlastung des L-SW bringen und Zeit sparen, evtl. Qualität verbessern.

   „Maßnahme"
   Die Stelle des Planers muss entsprechend besetzt werden.

   „Verantwortlich"
   Geschäftsführung

   Termin: in ca. 3 Monaten

   Ich habe einen neuen Bereich „Geschäftsführung" angelegt, der jedoch bisher in keiner Grafik eine Swimlane hat. Das kann man machen, wenn man diese Information benötigt, aber in keiner Grafik verwenden will.

   Im Übrigen ist natürlich auch daran zu denken, gewisse Aktivitäten, die zwar sehr spezialisiert sind, aber keine Vollzeittätigkeit darstellen, an zusätzliche Teilzeitstellen zu delegieren oder an Selbstständige nach außen zu vergeben.

2. IT-Unterstützung, Standardisierung, Vermeidung von Medienbrüchen:

   Eventuell werden bei einigen Tätigkeiten die Möglichkeiten der IT-Unterstützung nicht voll ausgeschöpft, so bei der internen Terminermittlung und Aufwandsplanung, die mit einem fortgeschrittenen Projektmanagement-Tool schneller, mit weniger Reibungsverlusten und nachprüfbarer zu bewerkstelligen wäre.

   Ich denke, dass dies bei den Vorgängen „Terminermittlung", „Project-Plan erstellen" und „Planung fertigstellen" eine Rolle spielt, denn wenn man hier ein fortgeschrittenes Projektmanagement-Tool wie den Project Server einsetzt, wird das Zeit sparen und die Qualität der Planung erhöhen. Voraussetzung ist natürlich, dass es dafür entsprechend qualifizierte Manpower gibt.

Wir werden diese Potentiale auswerten im ViFlow-Reporter mit dem Bericht „**Potentiale**“, siehe Abschnitt 5.10.3.1 „Verbesserungspotentiale“.

5.8.2.3 Benutzerdefinierte Felder

In ViFlow können bis zu zehn Felder verwendet werden, die vom Benutzer für seine Zwecke frei definiert werden können, jeweils zehn freie Felder **Prozesse**, **Daten** und **Bereiche**. Die zehn Felder für **Sprachen** sind von 1bis 5 schon vorbelegt und Sie tun gut daran, das nicht zu ändern.

Unter Extras Optionen Datenbank Benutzerfelder können Sie diese Felder mit den gewünschten Variablen belegen, hier die Felder für PROZESSE, wenn man einen **Prozesskostenbericht** im Reporter erstellen wollte:

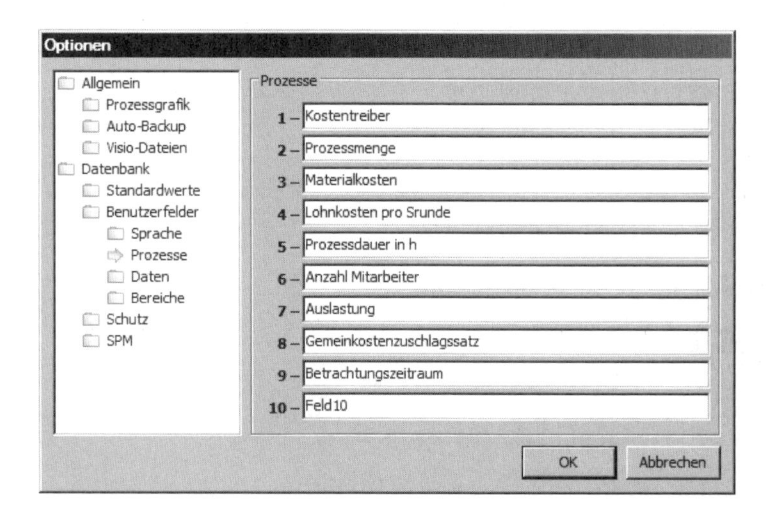

BILD 5.62 Felder für den Prozesskostenbericht

Die Prozesskostenrechnung (PRK) ist eine Methode, um die Gemeinkosten nicht mehr per prozentualer Zuschlagssätze auf die einzelnen Kostenstellen zu verteilen, sondern den ablaufenden Prozessen zuzuordnen, und zwar über die mengenmäßige Inanspruchnahme von Teilprozessen (Beanspruchungsprinzip).[4] Der **Prozesskostenbericht**, den der Reporter als Excel-Datei erzeugt, enthält die entsprechenden Werte für das Controlling.[5]

Besonders für die **Bereiche** und da wieder für die **Organisationseinheiten** oder die **Rollen** wünscht man sich vielleicht eigene, weitere Informationen, die man im Webmodell sehen oder über Berichte im Reporter auswerten kann.

[4] Für eine erste Orientierung ist wie immer WIKIPEDIA nützlich: http://de.wikipedia.org/wiki/Prozesskostenrechnung

[5] Siehe dazu auch den Wikipedia-Artikel zu dem Begründer des deutschen Controllings, Péter Horváth, und die darin genannte weiterführende Literatur: http://de.wikipedia.org/wiki/P%C3%A9ter_Horv%C3%A1th_(Betriebswirt)

Hier sehen Sie als Beispiel die Anlage der **Benutzerfelder** für BEREICHE:

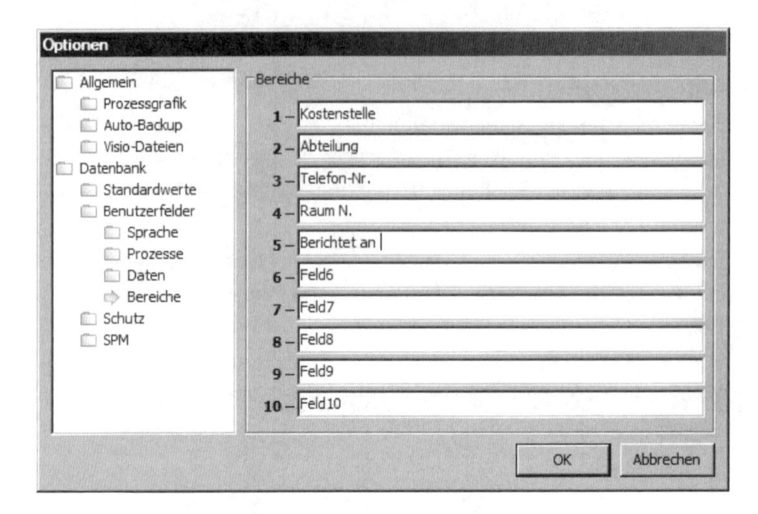

BILD 5.63 Benutzerfelder für Bereiche, Beispiel

Die BENUTZERFELDER in den **Eigenschaften** können dann z. B. für den **Leiter Software** mit diesen Informationen gefüllt werden:

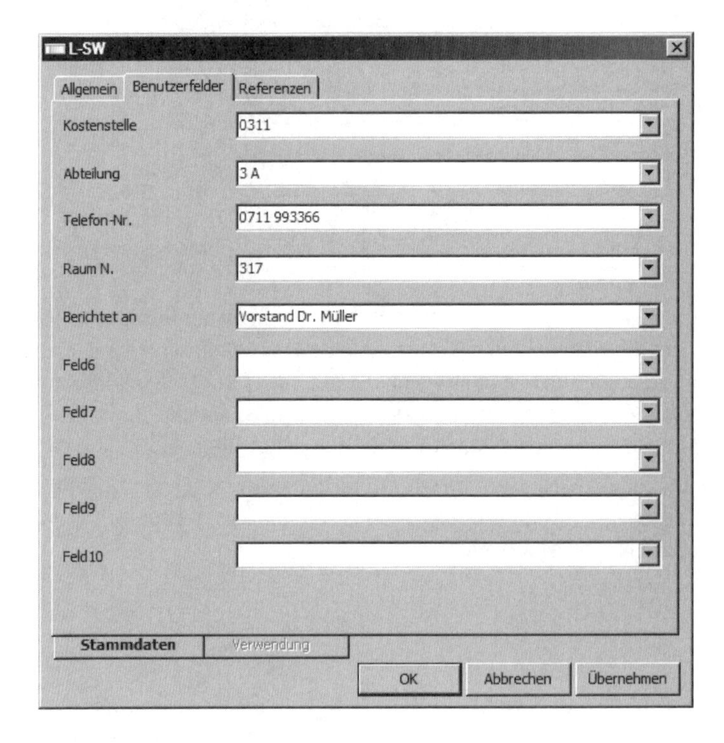

BILD 5.64 Benutzerfelder in den Eigenschaften eines Bereichs, Beispiel

Die Datei mit einigen Beispielen für Potentiale und der Anlage einiger benutzerdefinierter Felder ist „Unsere Prozesse V10“. ■

5.8.3 EPK mit ViFlow

Wir haben bisher ausschließlich mit der sogenannten Swimlane-Darstellung gearbeitet. Diese hat den Vorteil, dass man in den Bahnen (= „Swimlanes“) sofort sehen kann, wer was macht. Die Bereiche sind ja die Akteure, die die Prozesse ausführen und die Entscheidungen treffen.

Nun gibt es auch andere Arten der Prozessdarstellungen. Eine dieser Konventionen ist die Ereignisgesteuerte Prozesskette, kurz EPK, in der aktuellen Version wird sie als erweiterte, „e EPK“, geführt. Man kann sich die Schablonen der eEPK nach ViFlow hochladen und damit Diagramme nach eEPK-Konventionen entwerfen.

Am einfachsten funktioniert dies über einen Installationsassistenten, den die Vicon GmbH auf ihrer Homepage bereitstellt: http://www.viflow.biz/modellierung.html.

Folgen Sie dann einfach den Anweisungen des **Viflow eEPK Stencils Setup Wizard**, des Assistenten zur Installation der eEPK-Schablonen. Die Datei mit der EPK-Schablone („VF eEPK.vss“) wird gespeichert in

C:\Users\IhrName\Documents\ViFlow\Stencils (WIN7) bzw.
C:\Dokumente und Einstellungen\IhrName\Eigene Dateien\ViFlow\Stencils (WIN XP).

Jetzt muss man aus einer geöffneten ViFlow-Datenbank diese Schablone laden über

Shapes Weitere Shapes SCHABLONE ÖFFNEN... und wählen Sie die Datei „VF eEPK.vss“ in dem entsprechenden Verzeichnis aus:

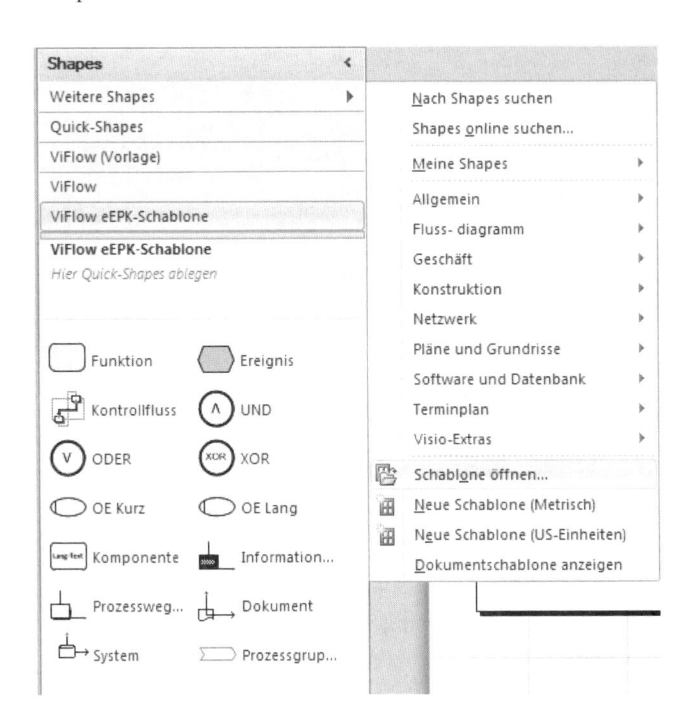

BILD 5.65 Schablone öffnen mit eEPK-Shapes

Eine **Funktion** entspricht einem **Prozess**, bei vorhandenem Unterprozess wird unten rechts ein kleines Symbol angefügt. Ein **Ereignis** ist immer sozusagen ein (Zwischen-)Zustand, also z. B. „Daten unvollständig“ oder eben ein (Zwischen-)Ergebnis, also z. B. „Daten vollständig“.

Der **Kontrollfluss** entspricht vollkommen dem **Verbinder**. Die Konnektoren entsprechen der Verzweigung oder der Entscheidung, wobei es eine **Und**-Verzweigung (**A**), eine **Oder**-Verzweigung (**V**) sowie eine **Und/Oder**-Verzweigung (**XOR**) gibt. Die gelben Shapes sollen Organisationseinheiten darstellen, entweder in einer kurzen oder einer langen Schreibweise. Ansonsten haben diese Shapes natürlich die gleiche Funktionalität wie die normalen ViFlow-Shapes, d. h., unter den Eigenschaften können Sie die analogen Informationen hinterlegen, die in der Datenbank gespeichert werden.

Wir wollen und können hier keine ausführliche Einführung in die Regeln der Modellierung von Prozessen nach den eEPK-Konventionen geben, aber vielleicht ein kleines Beispiel zeigen:

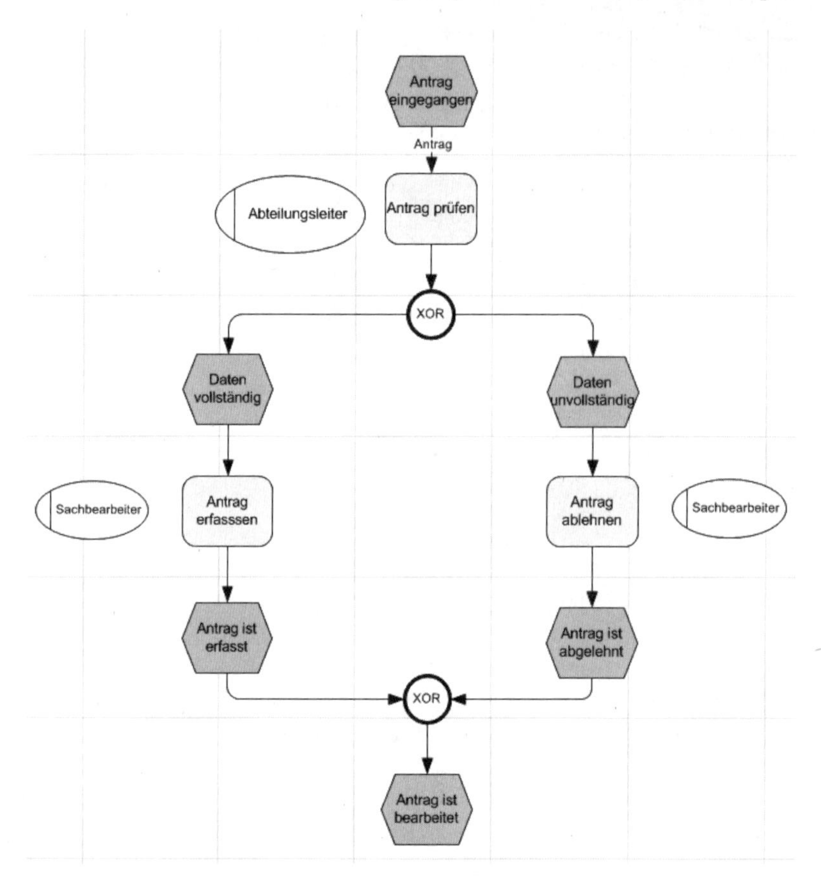

BILD 5.66 Ein eEPK-Prozess

Einmal ist es doch recht banal, wie die Organisationseinheiten zugeordnet werden. Aber, daher der Name, die Ereignisse steuern den Prozess. So zwingt EPK den Modellierer, hinter jeder Aktion ein Ereignis anzuhängen, und dies ist dann doch oft ein sogenanntes Trivialereignis, so wie hier im Beispiel auf „Antrag erfassen“ muss folgen „Antrag ist erfasst“. Verständliches Ziel ist, das Ergebnis eines Prozesses in der Modellierung festzuhalten. Aber muss das wirklich hinter jeder noch so kleinen Aktion sein? Da das oft etwas gezwungen wirkt und auch bei größeren Prozessdarstellungen unübersichtlich wird, gibt es Tools, bei denen man die „Trivialereignisse“ in der Darstellung ausblenden kann.

Ich weiß nicht, wie weit dies für Process Engines notwendig ist, auf die die eEPK auch zielt, die ja aus der SAP-Welt kommt, die sich vornehmlich mit der Automatisierung von Geschäftsprozessen beschäftigt. Aber in der Logik der EPK ist das Ergebnis hinter jedem Prozess wohl zwingend notwendig und so muss eben auf den Prozess „Lager aufräumen" das Ereignis „Lager ist aufgeräumt" Folgen. Das ist geistig sehr aufgeräumt.

Die BPMN als Nachfolger oder Konkurrenz zur EPK kehrt ja auch wieder zur Swimlane-Darstellung (mit Einschränkungen) zurück und befreit sich vom Zwang zu Trivialereignissen.

Die eEPK-Schablonen und dieses kleine Beispiel finden Sie zum Download in der Datei ViFlow eEPK.vdb. ■

5.8.4 BPMN mit ViFlow

Wir haben ja im Visio-Kapitel einiges über die Business Process Modelling and Notation-Norm geschrieben (s. Abschnitt 4.9 „BPMN"). Dies brauchen wir hier nicht zu wiederholen. Auch in ViFlow können Sie BPMN-Diagramme entwerfen, wenn Sie sich die BPMN-Schablone herunterladen. Auch hier finden Sie einen Installationsassistenten auf der ViFlow-Homepage:

http://www.viflow.biz/modellierung.html

Folgen Sie dann den Anweisungen des **BPMN Stencils Setup Wizard**, des Assistenten zur Installation der BPMN-Schablonen. Die Dateien mit den BPMN-Schablonen werden gespeichert in

C:\Users\IhrName\Documents\ViFlow\Stencils (WIN7) bzw.
C:\Dokumente und Einstellungen\IhrName\Eigene Dateien\ViFlow\Stencils (WIN XP).

Jetzt muss man aus einer geöffneten ViFlow-Datenbank diese Schablone laden über

Shapes Weitere Shapes SCHABLONE ÖFFNEN... Öffnen Sie alle sechs VFBPMN2-Schablonen:

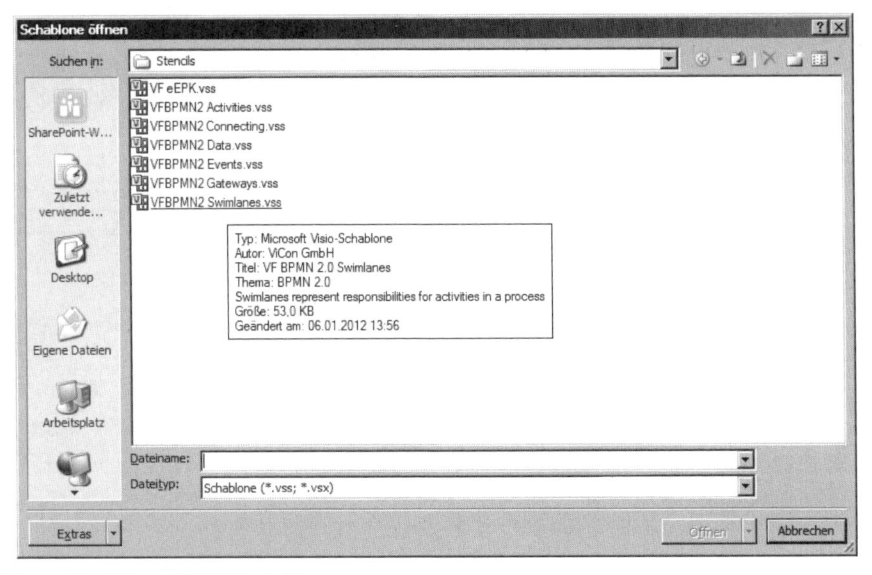

BILD 5.67 ViFlow-BPMN2-Schablonen

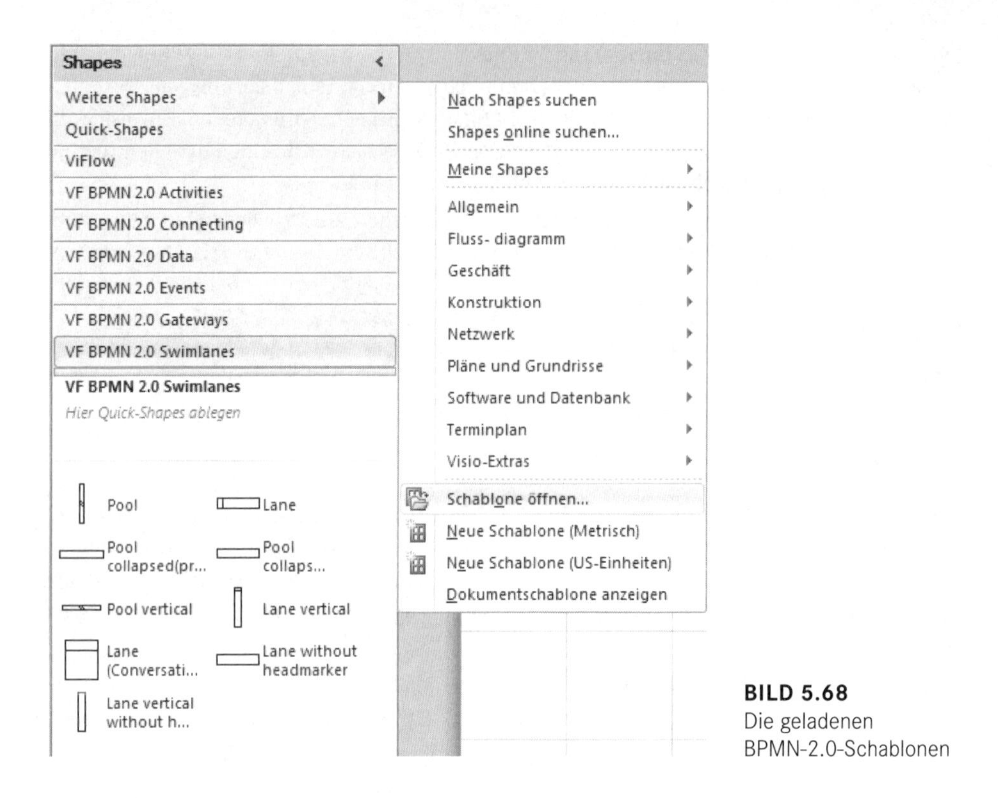

BILD 5.68 Die geladenen BPMN-2.0-Schablonen

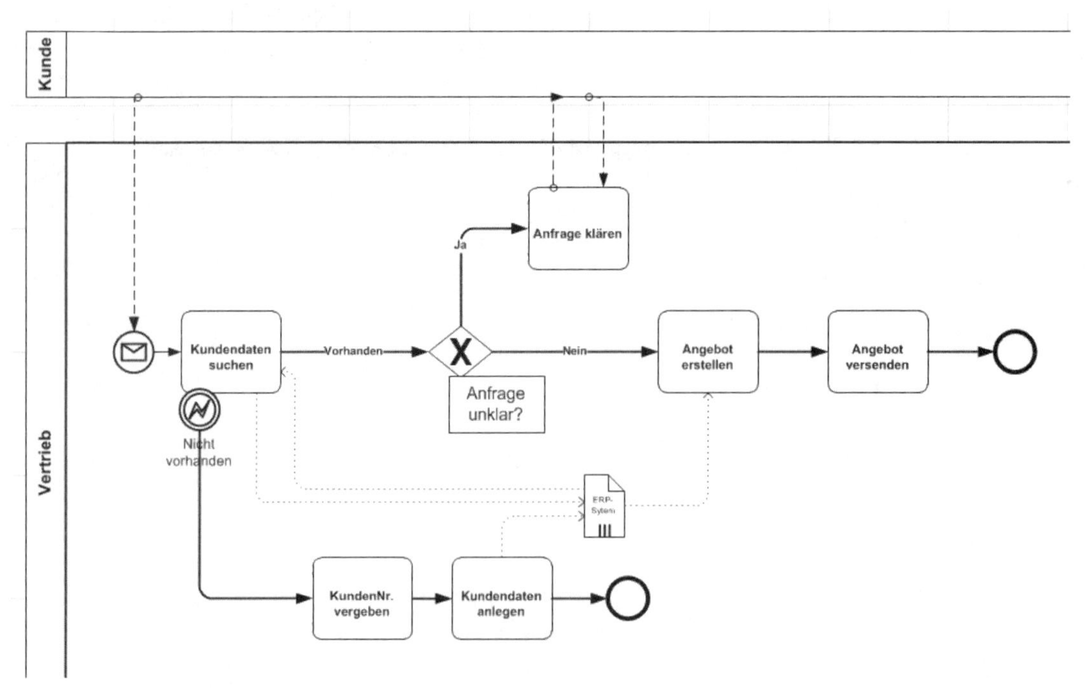

BILD 5.69 Ein BPMN-Prozess

Wer ein größeres Interesse an BPMN-Diagrammen hat, sei noch einmal verwiesen auf das vierte Kapitel, Abschnitt 4.9 „BPMN“, wo ich versuche, die Logik der BPM-Notation darzustellen.

Hier nur ein kleines Beispiel eines BPMN-Diagramms, das einen ähnlichen Prozess darstellt (Behandlung einer Kundenanfrage) wie den, den wir hier in unseren Übungen zu „unseren Prozessen“ behandelt haben.

Man beachte, dass zwischen den Pools nur ein Nachrichtenfluss (——► „Message Flow“) ausgetauscht werden kann, aber kein Sequenzfluss über die Grenzen eines Pools stattfinden darf. Ferner ist die Unterscheidung von Sequenzfluss (durchgehende Linie —— „Sequence Flow“) und Datenfluss (······► „ Data association“) zu beachten.

Die BPMN-Schablonen und dieses kleine Beispiel finden Sie zum Download als „ViFlow BPMN.vdb“. ■

5.8.5 Input und Output

In Kapitel 4, Abschnitt 4.9.3.2 wurde gezeigt, wie man in Visio 2013 (oder Visio 2010 Enterprise) ein BPMN-Diagramm überprüfen kann. Dort kann man die Logik einstellen, nach der überprüft werden soll (BPMN), und es wird ein Fenster geöffnet, das die erkannten Probleme auflistet. Dort wird sofort festgestellt, wenn ein Prozess kein Anfang- oder Ende-Shape hat. Man kann ja aus ViFlow diesen Prozess nach Visio exportieren (über Menü Datei Exportieren als Visio-Datei) und dort das Diagramm überprüfen lassen. Das habe ich gemacht (immerhin nimmt der Exportprozess sogar die BPMN-Shapes mit) und dieser Fehler wird mir nicht gemeldet, da ich ja ordentlich, d. h. den Regeln gemäß, modelliert habe und sowohl ein Startereignis („Start Message“) als auch Endereignisse (zweimal „End Blanco“) eingefügt habe (siehe Bild 5.69). Auch wenn ich kein BPMN-Diagramm erstellen will, da ich kein technisches Modell für eine Process Engine benötige, scheint es mir sehr sinnvoll, jeden Prozess mit einem Anfangssymbol zu beginnen und jeden Prozessabschluss mit einem Endesymbol abzuschließen. Es entspricht einfach der grundlegenden Prozesslogik, dass jeder Prozess einen Auslöser als auch einen Abschluss hat. Jeder Prozess hat einen Input und heraus kommt ein Ergebnis, ein Output, oder auf Deutsch, jeder Prozess hat einen Eingangswert und auch einen Ausgangswert. Auch in den Visio-Standardflussdiagramm-Shapes gibt es dieses ovale Shape für **Start/Ende** (siehe Kapitel 4, Bild 4.18 und, als Funktion eingesetzt, in Bild 4.27, auch wichtig bei der Überprüfung der Prozesse im Abschnitt 4.6).

Voneinander lernen?

Normen schränken ein. Das ist ihr Sinn, sie wollen ja versuchen, einen einheitlichen Standard zu setzen. Für viele Aufgaben des Geschäftsprozessmanagements sind jedoch diese Normen nicht notwendig und die Einschränkungen meines Erachtens unproduktiv. Ich will mich weder der EPC- noch der BPMN-Norm unterwerfen, weil diese mich zu sehr einschränken. Ich denke, dass die Flussdiagrammdarstellung für die meisten Aufgaben die richtige Methode ist, da sie das Entscheidende eines Prozesses erfasst, ohne mit zu vielen verschiedenen Symbolen zu verwirren, und den Modellierer nicht in ein Korsett zwängt – für die Freiheit der Geschäftsprozessmodellierung! Ich will aber auch das aus diesen Konventionen übernehmen, was mir sinnvoll und nützlich erscheint. Jeden Prozess mit einem Anfangs-Shape zu starten und mit einem Ende-Shape abzuschließen, ist etwas, was ich für methodisch richtig und grafisch sinnvoll halte.

Wenn man die BPMN-Schablonen geladen hat, kann man sich natürlich die gewünschten Symbole in seine Quick-Shapes übernehmen. Dies hat den Nachteil, dass die Schablone, aus der die Quick-Shapes kommen, geöffnet sein muss, um mit den daraus kommenden Quick-Shapes arbeiten zu können. Wenn man die gewünschten Shapes in seine Standard-ViFlow-Schablone einfügt, kann man damit arbeiten, auch wenn die BPMN-Schablonen geschlossen sind.

Hier habe ich einfach die beiden Start- und Endesymbole (aus der VF-BPMN-2.0-Events-Schablone) in den oberen, durch eine Linie abgetrennten Bereich, den **Quick-Shapes**-Bereich, gezogen (siehe Kapitel 4, Abschnitt 4.1.3 „Arbeiten mit Quick-Shapes“):

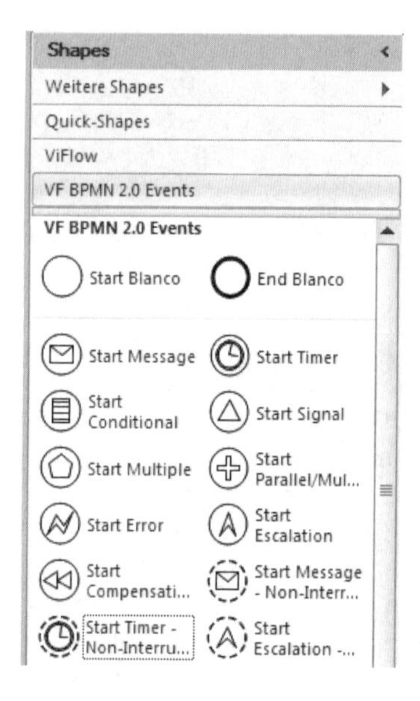

BILD 5.70
Start- und Endesymbol über die Linie ziehen

Das hat dieses Ergebnis:

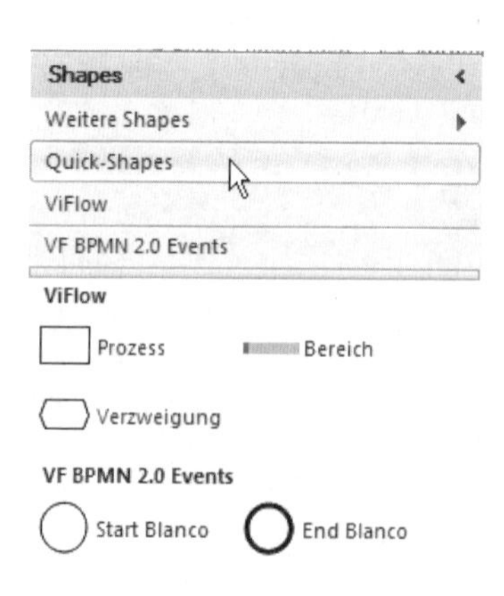

BILD 5.71
Start- und Endesymbol in den Quick-Shapes

Wenn man sich die gewünschten Symbole in die ViFlow-Standardsymbolleiste kopiert, kann man mit diesen Shapes arbeiten, auch wenn die BPMN-Schablone ausgeblendet ist. Dazu muss man die beiden Schablonen (ViFlow und VF BPMN 2.0 Events) mit der rechten Maustaste zum BEARBEITEN freigeben. Man erkennt, dass diese Schablone zum Bearbeiten freigegeben ist, an dem roten Stern im Titel (siehe Kapitel 4, Abschnitt 4.3.4 „Eigene Mastershapes definieren“).

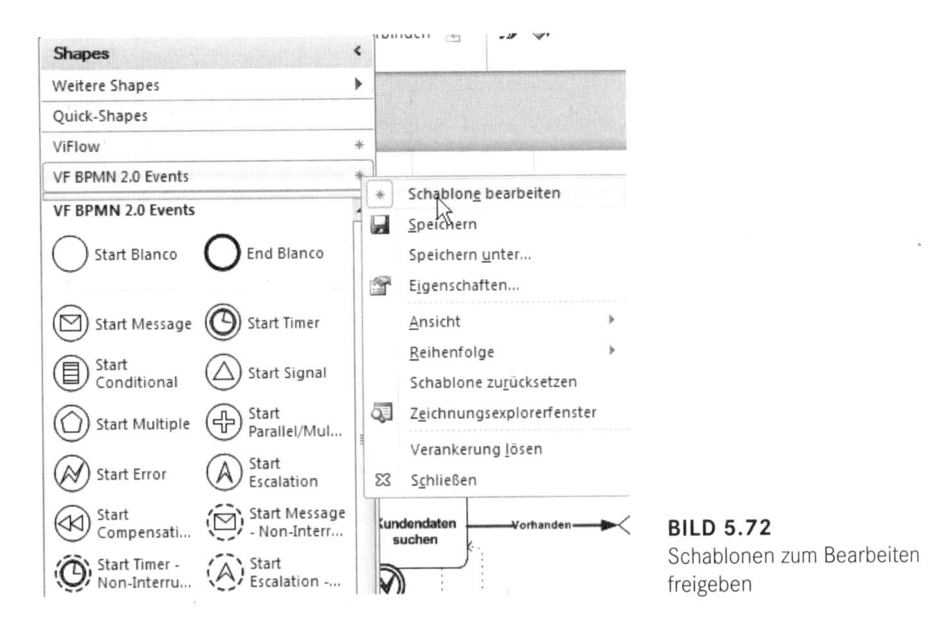

BILD 5.72
Schablonen zum Bearbeiten freigeben

Nun kann man einfach wie gewohnt das gewünschte Shape in der BPMN-Schablone über das Kontextmenü kopieren und in der ViFlow-Schablone einfügen. Ein Shape nach dem anderen:

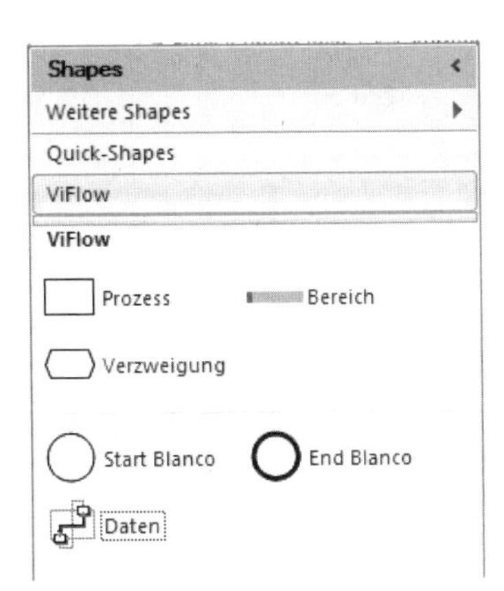

BILD 5.73
Die angepasste ViFlow-Schablone

Man könnte sich auch noch weitere gewünschte Symbole hier reinkopieren. Im letzten Kapitel „Prozessoptimierung mit MS Project“ geht es ja um die Berechnung der Durchlaufzeiten. Dazu könnte man ein Shape „Timer“ verwenden, das man missbraucht als Symbol für eine Wartezeit. Die soll es im Prozessablauf ja auch hie und da geben.

5.8.6 Datenbank reorganisieren und Backup

Zu guter Letzt, oder vielleicht nicht erst zum Schluss, sollten Sie ein Backup als Sicherung Ihrer Datenbank erstellen. Man weiß nie, was passiert.

Bevor Sie ein Backup erstellen oder bevor Sie die Datenbank versenden oder wenn Ihr Platz auf der Platte knapp wird, sollten Sie vielleicht über das ViFlow-Menü Extras die Datenbank reorganisieren. Immerhin reduziert sich bei mir die Dateigröße („Unsere Prozesse V12.vdb") von über 7.000 KB vor der Reorganisation auf die Hälfte, also ungefähr 3.500 KB.

Sie finden die Einstellungen zum **Backup** im ViFlow-Menü unter

Extras Optionen Allgemein AUTO-BACKUP

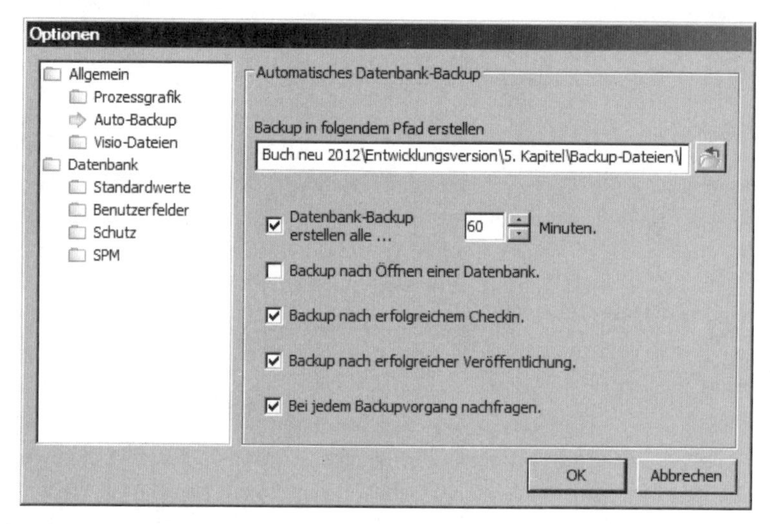

BILD 5.74 Backup-Optionen

Hier wählen Sie das Verzeichnis mit dem Pfad aus, in dem die Backup-Dateien gespeichert werden. Des Weiteren kann das Zeitintervall für das Auto-Backup eingestellt werden und ob schon beim Öffnen der Datenbank und/oder nach dem Check-in von Client-Datenbanken und/oder nach der Veröffentlichung als Webmodell (die beiden letzten Möglichkeiten gibt es nur in der Enterprise-Edition) das Backup vorgenommen werden soll. Ich jedenfalls will vorher gefragt werden.

Das Backup erstellt eine vollständige Kopie des momentanen Stands der Datenbank und – wenn Sie die **Option Backup nach erfolgreicher Veröffentlichung** aktiviert haben – eine Version des Webmodells (wenn die ViFlow-Datenbank veröffentlicht wurde, kommt im nächsten Abschnitt).

Die als Backup archivierte ViFlow-Datenbank können Sie wiederherstellen über ViFlow-Menü Datei Backup WIEDERHERSTELLEN (oder auch ERSTELLEN eine Backup-Datei):

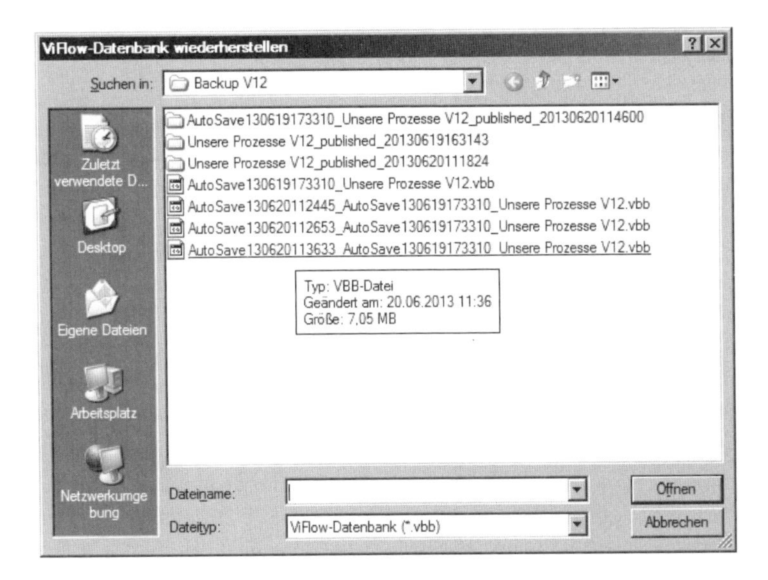

BILD 5.75 Backup-Datei wiederherstellen

Die Backup-Funktion sichert die ViFlow-Datei mit dem Format „Autosave", dem Datum in amerikanischer Schreibweise (Jahr, Monat, Tag und ein kryptisches Uhrzeitformat) mit der Dateiendung „.vbb". Das Wiederherstellen öffnet dann diesen Stand der Datenbank, anders kann man diese Backup-Datei nicht öffnen.

Wenn Sie die **Option Backup nach erfolgreicher Veröffentlichung** aktiviert haben, wird zusätzlich nach jedem Veröffentlichen das Webmodell in dem Backup-Verzeichnis gespeichert. In Bild 5.75 erkennen Sie diese Datei als „Dateiname_published" und wieder Datum (diesmal mit voller Jahreszahl, also 2013) und Uhrzeit (im Beispiel „Unsere Prozesse V12_published_2013_06 und nicht verständlicher Uhrzeit, aber die Info am Mauszeiger zeigt Ihnen eine verständliche Uhrzeit). Auf dieses vorherige Webmodell können Sie bei einem markierten Prozess über das Kontextmenü MODELLVERSIONEN oder aus dem ViFlow-Menü Prozess MODELLVERSIONEN zugreifen.

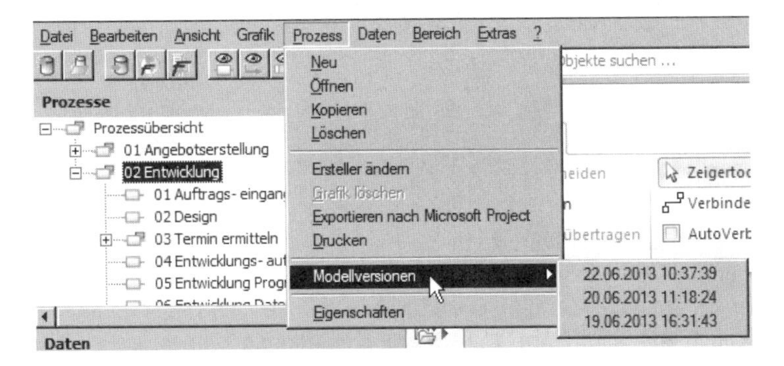

BILD 5.76 Frühere Webmodellversionen

Wenn Sie diese anklicken, wird das zu diesem Zeitpunkt erstellte Webmodell geöffnet. Aber vorher müssen wir ja mindestens eines erstellt haben.

5.9 Prozessdarstellung im Inter-/Intranet

Die aufgenommenen Prozesse können Sie gestalten und ausdrucken. Alle Gestaltungs- und Druckmöglichkeiten, die wir für *Visio* dargestellt haben, stehen Ihnen auch hier in *ViFlow* zur Verfügung. Aber Papier muss man verteilen, bei Änderungen müsste man immer wieder die aktuelle Version unter die Leute bringen etc., kurz: Um einen aktuellen Informationsstand aufrechtzuerhalten, ist das Medium Papier unkomfortabel. Heute benutzen wir ja alle die elektronischen Kommunikationsmöglichkeiten. Die Prozesse werden ins Internet oder in das firmeninterne Intranet gestellt und jeder kann sich alles mit dem Browser ansehen. Hier ist allerdings der Microsoft Internet Explorer erforderlich oder Sie laden sich den ViFlow WebModel Viewer 2, selbstverständlich kostenlos, von http://www.viflow.de/downloads.html herunter.

Die DIN ISO 9001:2008 macht ja keine Vorschriften, in welchem Medium die Dokumentation der Prozesse zur Verfügung gestellt werden muss. Im Gegenteil, die Norm ist ausdrücklich neutral gegenüber der Art oder dem Medium, in dem die Prozessdokumentation gespeichert wird. Eine elektronische Speicherung und Informationsbereitstellung über das Web ist ja auch viel sinnvoller und effektiver als ein ausgedrucktes Handbuch im Schrank („Schrankware“).

Aus ViFlow können Sie die Prozesse importieren oder exportieren oder eben als HTML-Datei **veröffentlichen**. Wählen Sie aus dem Menü Datei Veröffentlichen ...

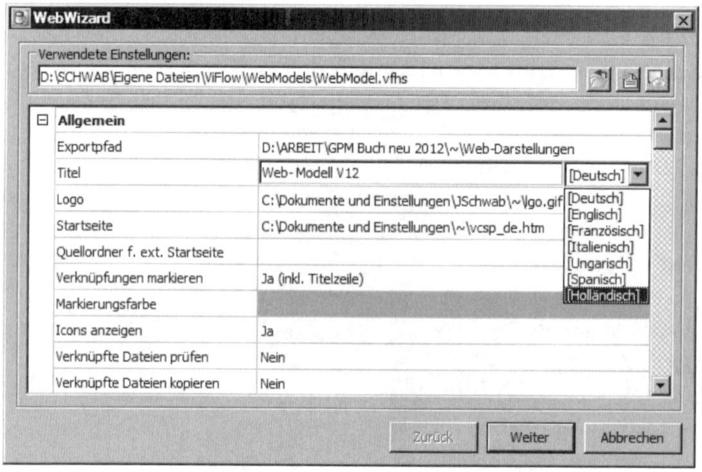

BILD 5.77 Veröffentlichen als WebModel: Startseite Wizard

In dem nun folgenden Fenster des WebWizard können Sie viele Einstellungen vornehmen, was das WebModel enthalten und wie es dargestellt werden soll. Ganz oben befindet sich gleich der Exportpfad, in dem die Dateien des Webmodells gespeichert werden. Dann können Sie einen Titel geben und auch eine Veröffentlichung in einer anderen Sprache einstellen (nur Professional-Version). Sie können Ihr Logo einbinden und Sie könnten eine eigene Startseite auswählen für die Begrüßung der Gäste oder mit eigenen Hinweisen zur Navigation. Sie können die Liste der Einstellungen für den Webexport durchgehen, Sie können jedoch auch die Kategorien mit dem Plus-Zeichen einblenden bzw. mit dem Minus-Zeichen ausblenden wie z. B. bei **+ Allgemein**.

Sie können das **Layout für den linken Frame** und für den **rechten Frame** separat gestalten, sowohl die Schriftgröße als auch die Farben. Unter **Detailinformationen veröffentlichen** finden Sie vielleicht noch interessante Details wie z. B., ob die **Benutzerdefinierten Felder** mitveröffentlicht werden sollen (Voreinstellung ja, aber vielleicht will man das gar nicht).

Ganz oben in der ersten Zeile finden Sie hinter **Verwendete Einstellungen:** einen Dateinamen, Format .vfhs, und dahinter drei Symbole für ÖFFNEN, NEU und VORSCHAU. Mit NEU können Sie die jetzt vorgenommenen Einstellungen in eine VFHS-Datei speichern (VFHS = ViFlow HTML Settings), mit ÖFFNEN können Sie vorher gespeicherte Settings öffnen und mit der Vorschau sehen Sie eine - allerdings rudimentäre - VORSCHAU (immerhin das Logo).

Wenn Sie alle Konfigurationen vorgenommen haben, klicken Sie auf WEITER. Falls Sie schon früher ein WebModel mit diesen Einstellungen erstellt haben, kommt eine Warnung, dass Sie das bestehende WebModel damit überschreiben. Dann folgt die Auswahl der Prozesse, die exportiert werden sollen:

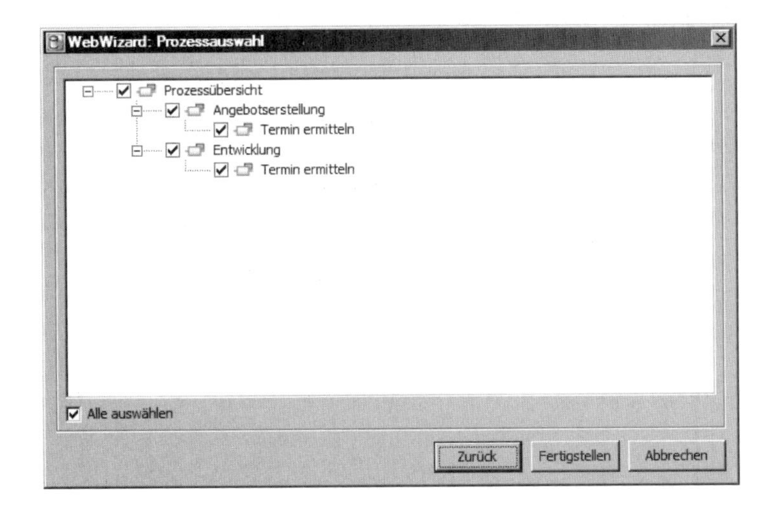

BILD 5.78 Auswahl der zu exportierenden Prozesse

Wenn die Datenbank mehrere Prozesse enthält, können Sie eine Auswahl treffen, welche Prozesse Sie exportieren möchten. Bei mehreren Prozessen können Sie durch Aktivieren der Auswahl unten ALLE AUSWÄHLEN.

Es folgt ein kleines Kino der voranschreitenden Fortschrittsbalken, aber nach einer längeren oder kürzeren Arbeitszeit kommt die Erfolgsmeldung:

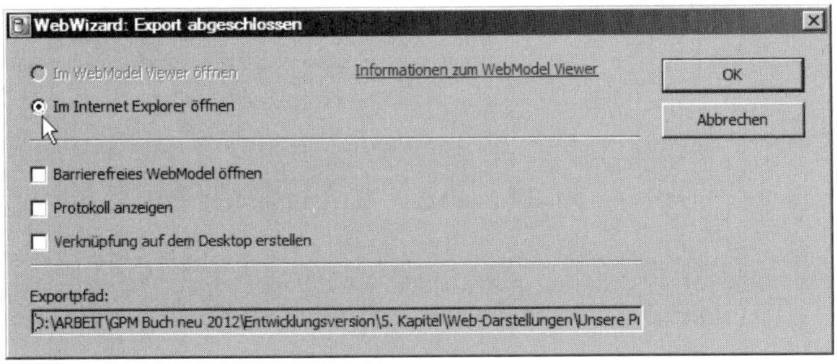

BILD 5.79 Export als Webseite erfolgreich abgeschlossen

Wenn Sie in Ihrem Internet Explorer eine hohe Sicherheitsstufe eingestellt haben, erscheint die Meldung, dass das Anzeigen aktiver Inhalte geblockt ist. Sie sollten sich (temporär) diesen geblockten Inhalt anzeigen lassen, da Sie sonst nicht den linken Teil, das Logo und die Navigation, angezeigt bekommen.

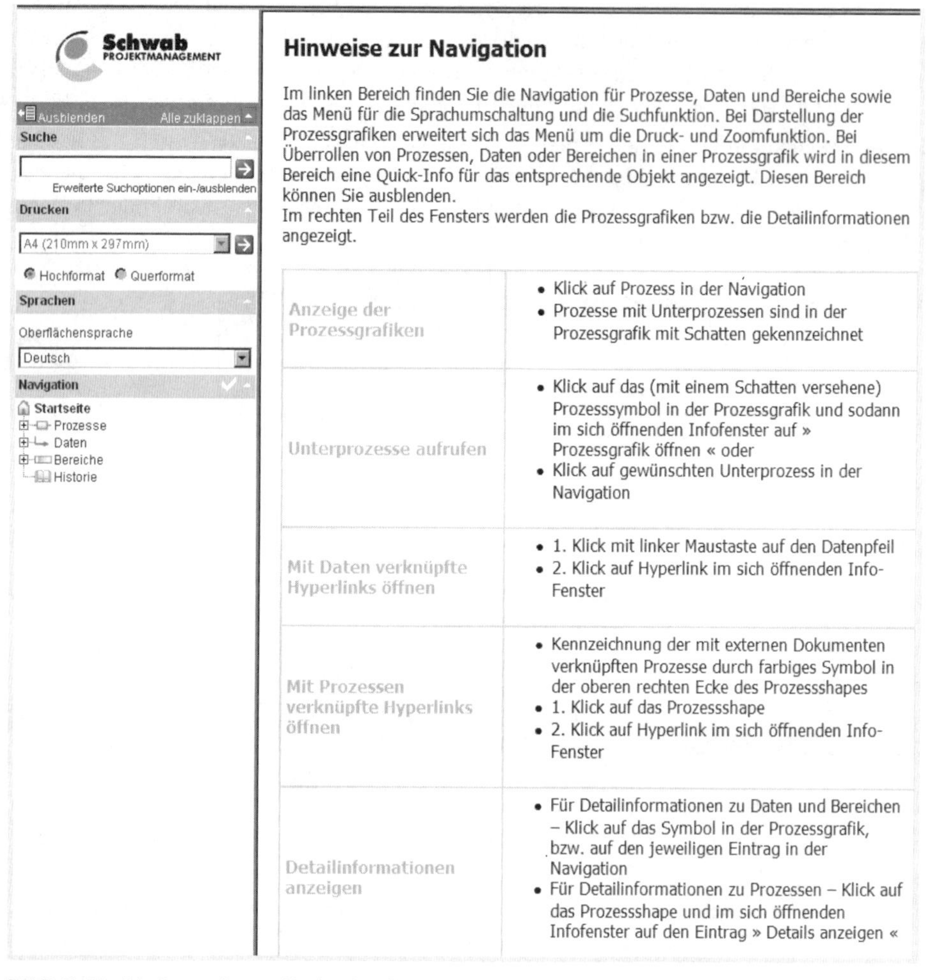

BILD 5.80 Die Startseite zur Navigation (Ausschnitt)

5.9.1 Navigieren

Die Standardstartseite gibt dem Benutzer Hinweise zum Navigieren in der HTML-Prozessansicht.

Links ganz oben haben Sie mit SUCHE eine Volltextsuche nach jedem möglichen Begriff zur Verfügung. Unter OBERFLÄCHENSPRACHE kann eine der verfügbaren Sprachen eingestellt werden.

Unterhalb der NAVIGATION sehen Sie die Baumstruktur mit den Verzeichnissen für PROZESSE, DATEN und BEREICHE. Hier kann man wie gewohnt über die Symbole + und – die Details ein- bzw. ausblenden. Unter HISTORIE werden die Änderungen mit Datum und Inhalt angezeigt.

PROZESSE zeigt die Übersicht über alle Prozesse, mit einem Klick auf einen Prozess öffnet sich die Ansicht auf die Prozessgrafik.

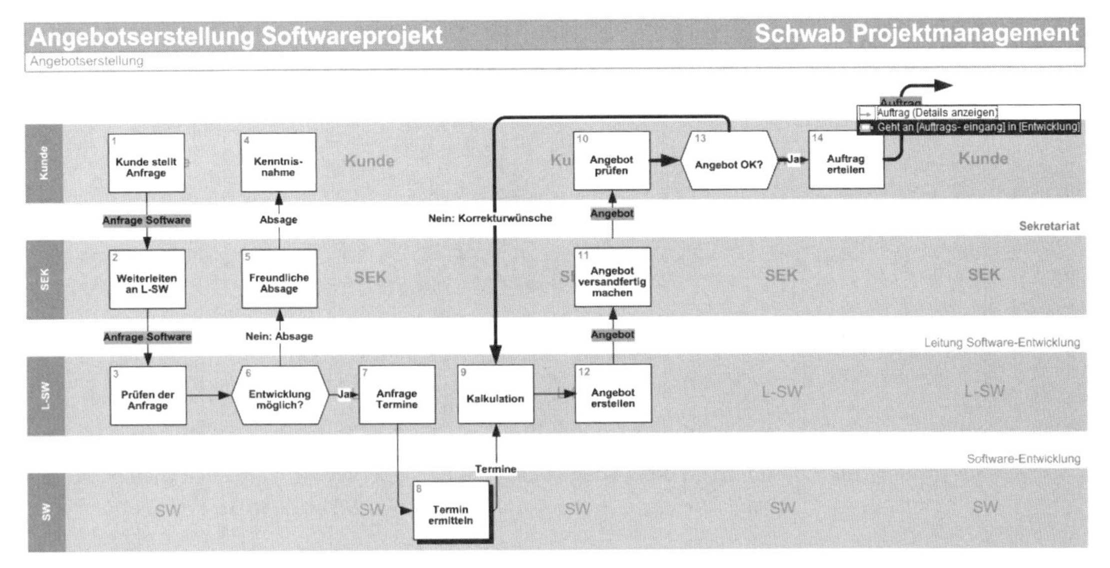

BILD 5.81 Die Grafik im Browser

Wie in Bild 5.81 zu erkennen ist, kann man – so man prozessübergreifende Verbindungen angelegt hat (siehe Abschnitt 5.6.1) – mit einem einfachen Klick auf die Seite wechseln, auf die der Verbinder verweist:

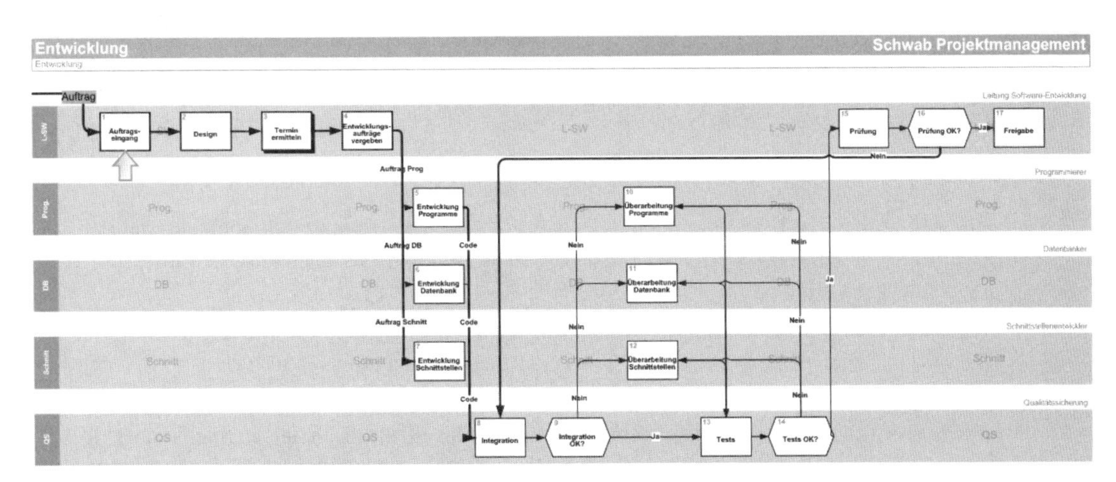

BILD 5.82 Der Folgeprozess

Der Prozess, auf den der eingehende Verbinder verweist, wird mit einem blinkenden farbigen Pfeil so markiert (Bild 5.82), dass er sofort ins Auge springt. Aber man kann sich ja auch die Details dieses Verbinders anzeigen lassen:

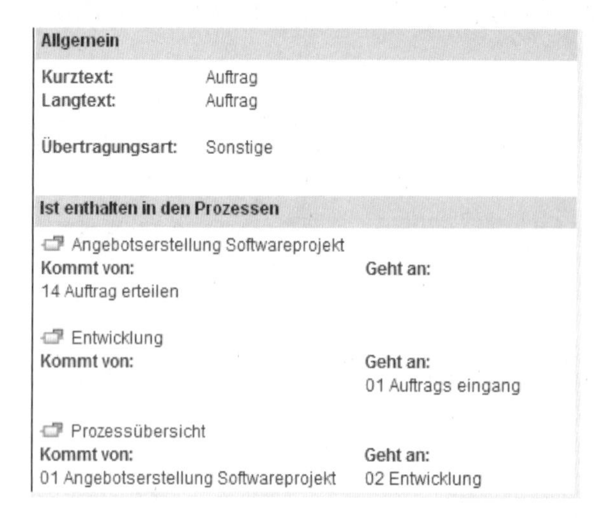

BILD 5.83 Details des Verbinders

Prozesselemente, die Unterprozesse enthalten, werden wie in ViFlow mit einem Schatten am rechten und unteren Rand des Symbols dargestellt. Dabei gibt es auch hier wieder die Alternative, sich die Details anzeigen zu lassen oder die Grafik des Unterprozesses zu öffnen:

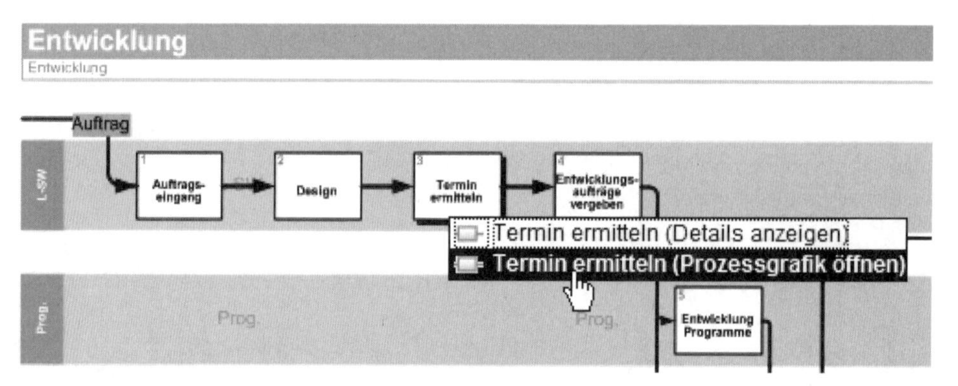

BILD 5.84 Link zum Unterprozess

Einmal hat man natürlich hier auch das Zoomfenster zur Verfügung, mit dem man die Darstellung stufenlos vergrößern oder verkleinern kann und sich den gewünschten Ausschnitt „zoomen" kann (Bild 5.85).

Wenn man zurück in den übergeordneten Prozess will, kann man mit den Zurück- (bzw. Vorwärts-)Pfeilen des Browsers navigieren oder über das bekannte Strukturfenster in jeden anderen Prozess springen (Bild 5.85).

Mit einem Klick auf ein Element eines **Prozesses** im Strukturfenster werden rechts die zugehörigen Detailinformationen eingeblendet. Unter **Daten** werden eben die Details der Daten und unter den **Bereichen** deren Details angezeigt.

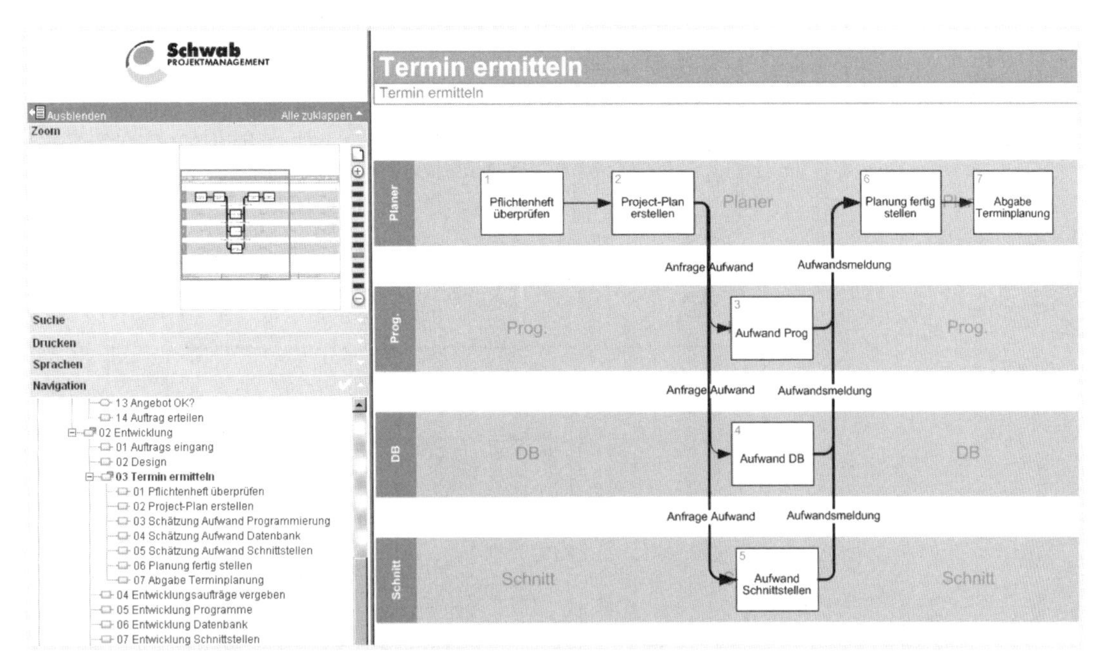

BILD 5.85 Der Unterprozess

Unter den **Bereichen** erscheinen die **Bereichsarten** und darunter dann jeweils die zu dieser Art gehörenden Bereiche. In der Detailsicht sieht man die Aufgaben des Bereichs und – je nach Prozesskonstruktion – ob dieser Bereich vielleicht stark belastet ist (siehe Bild 5.86). Bei einer Zertifizierung eines Qualitätsmanagementsystems wird ja geprüft, ob jeder Mitarbeiter weiß, in welche Prozesse er involviert ist. Hier bitte, ein Klick und er weiß es!

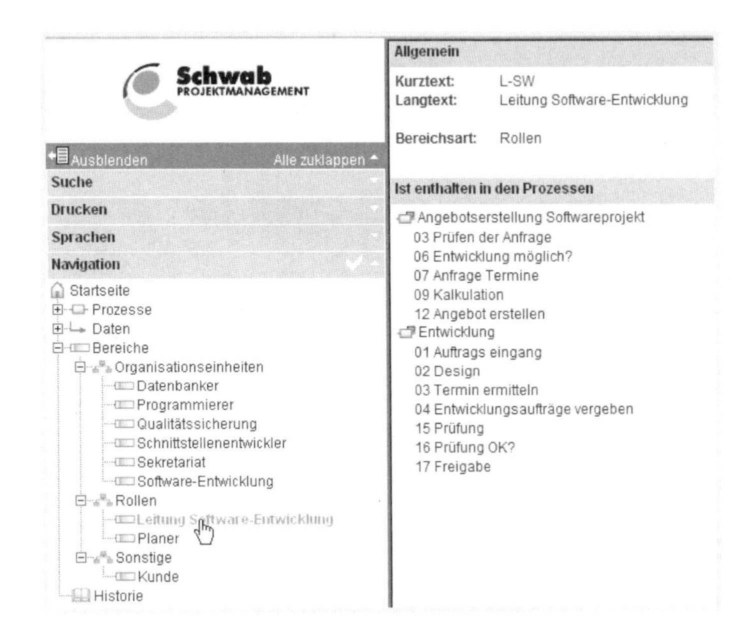

BILD 5.86 Welche Prozesse hat ein Bereich?

5.9.2 Volltextsuche und Sprache

Im linken Frame der Webansicht haben Sie die Möglichkeit der Volltextsuche. Lassen Sie sich die ERWEITERTEN SUCHOPTIONEN einblenden. Sie können nach jedem Objekt suchen, entweder in der geöffneten Grafik oder als Text nach den Details.

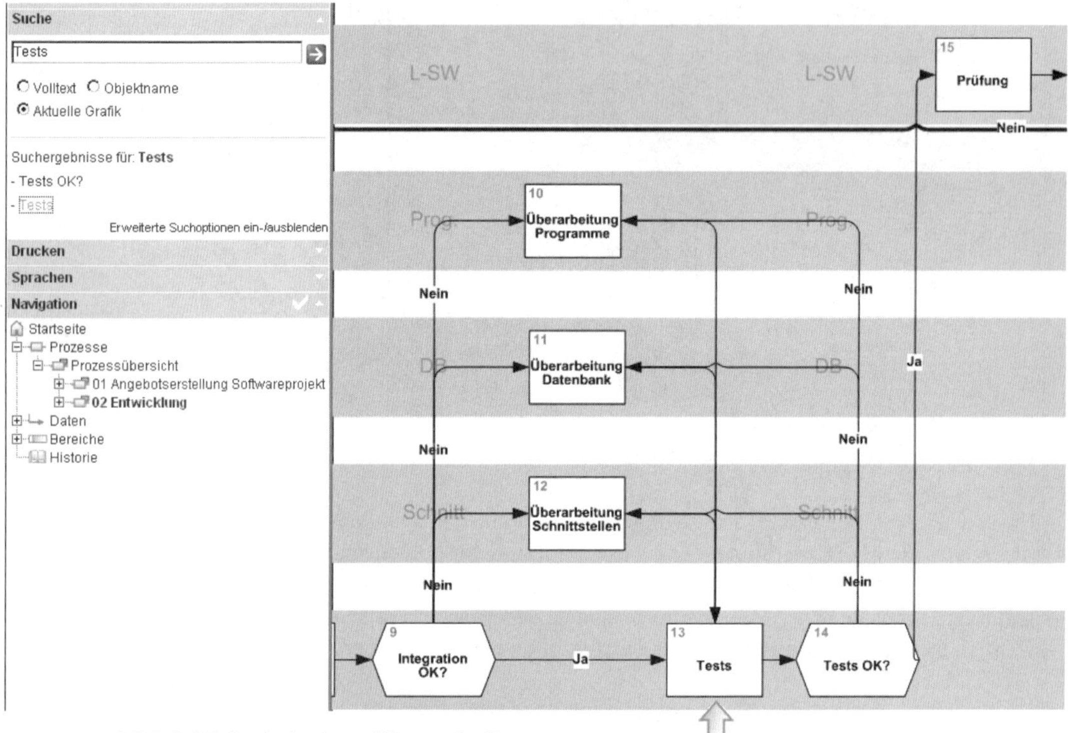

BILD 5.87 Suche in der geöffneten Grafik

In der Grafik wird das gesuchte Objekt wieder mit dem blinkenden Pfeil markiert.

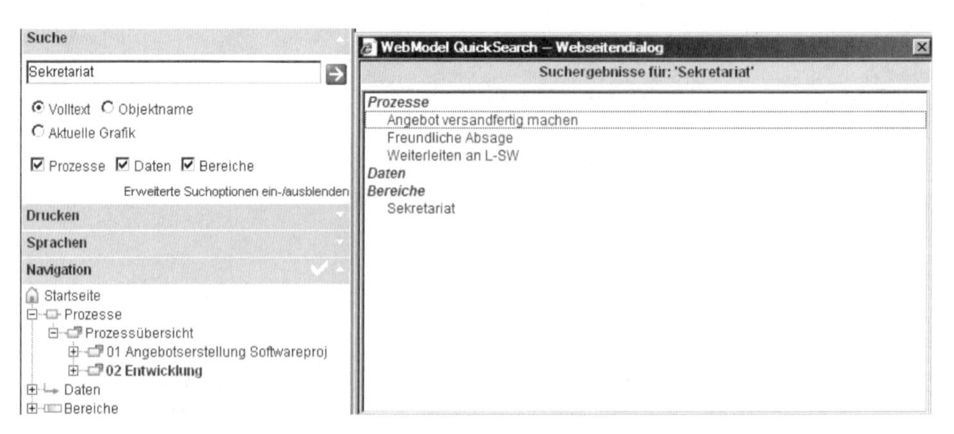

BILD 5.88 Volltext-Suche

5.9.3 WebModel starten

Sie haben ja zu Beginn der Erstellung des WebModels, im WebWizard, einen Pfad angegeben, in dem die Dateien gespeichert werden.

In diesem Verzeichnis werden jeweils eigene Ordner mit dem Namen angelegt, in denen die ganzen Dateien gespeichert werden. Aber es wird auch eine jeweilige Startdatei mit dem Namen des Modells und der Endung .htm angelegt.

Mit einem Klick auf diese Startdatei öffnet der Browser das WebModel. Es können hier auch mehrere Modelle gleichzeitig geöffnet werden.

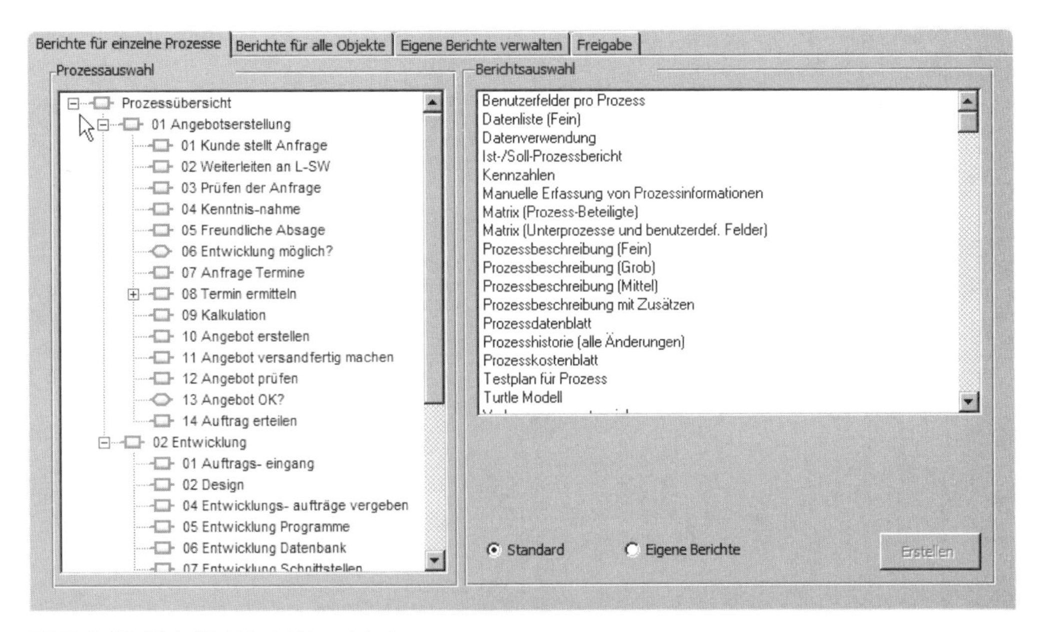

BILD 5.89 Mein WebModel-Verzeichnis

5.10 Der ViFlow-Reporter

Alle Informationen zu den Prozessen können Sie mit Hilfe des Reporters analysieren und dokumentieren. Diese Auswertungen und Dokumentationen können in verschiedenen Formaten ausgegeben werden, z. B. als Access-Berichte, Excel-Arbeitsblätter oder Visio-Grafiken. Dafür besteht die Voraussetzung, dass die entsprechenden Programme auf dem Rechner installiert sind.

Der ViFlow-Reporter setzt voraus, dass Microsoft Access (ab Version 2007) auf Ihrem Computer installiert ist. Der Reporter wertet nach vorgegebenen Kriterien (ViFlow Reporter Standard) oder auch nach eigenen Kriterien (ViFlow Reporter Professional) die Daten der Datenbank aus.

Sie starten den Reporter aus dem geöffneten ViFlow mit Datei Berichte... Die Berichte werden jeweils mit den Daten der ViFlow-Datenbank erstellt, aus der der Reporter gestartet wurde. Wenn Sie den Reporter ohne geöffnetes ViFlow, z. B. vom Desktop aus, starten, nimmt der Reporter die zuletzt geöffnete ViFlow-Datenbank in die Prozessauswahl.

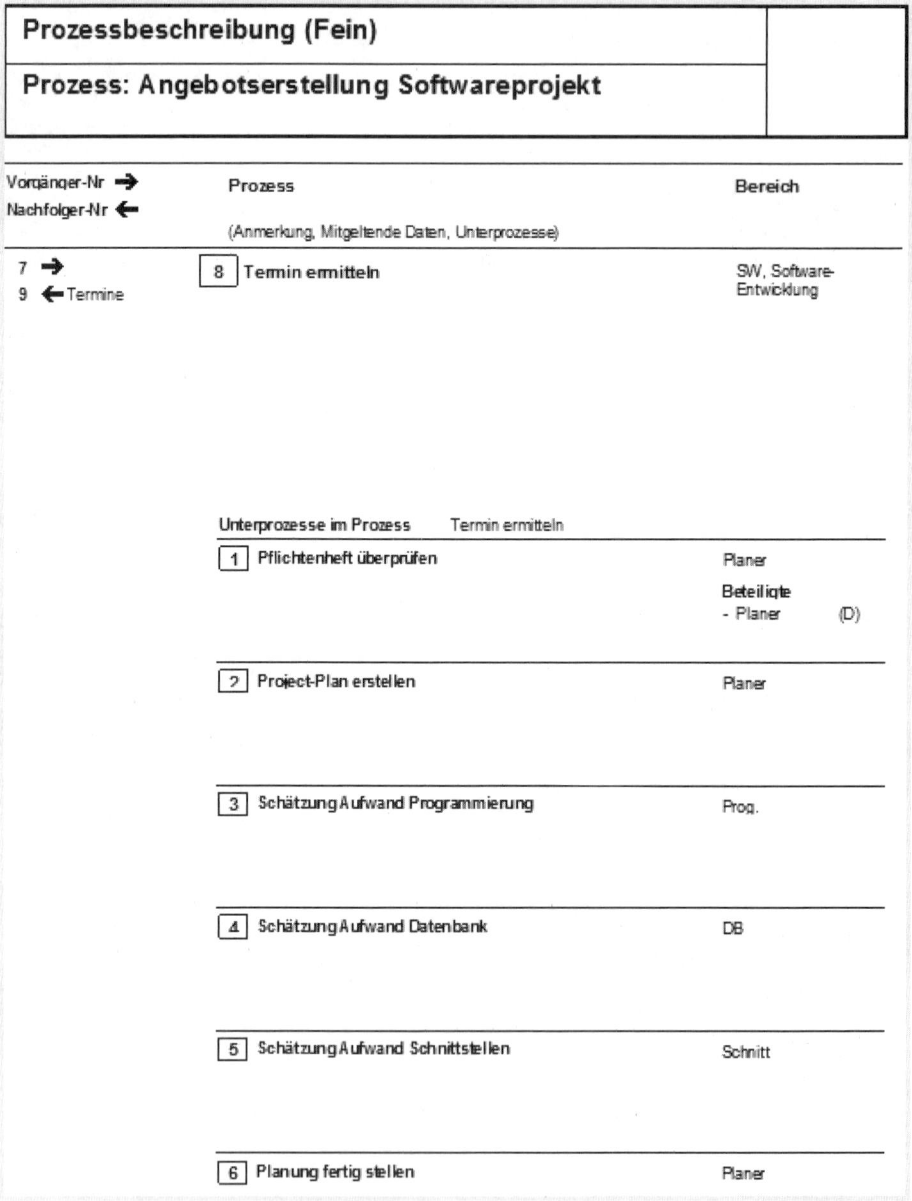

Prozessbeschreibung (Fein)

Prozess: Angebotserstellung Softwareprojekt

Vorgänger-Nr ➔ Nachfolger-Nr ←	Prozess (Anmerkung, Mitgeltende Daten, Unterprozesse)	Bereich
7 ➔ 9 ← Termine	8 **Termin ermitteln**	SW, Software-Entwicklung

Unterprozesse im Prozess Termin ermitteln

1	Pflichtenheft überprüfen	Planer **Beteiligte** - Planer (D)
2	Project-Plan erstellen	Planer
3	Schätzung Aufwand Programmierung	Prog.
4	Schätzung Aufwand Datenbank	DB
5	Schätzung Aufwand Schnittstellen	Schnitt
6	Planung fertig stellen	Planer

BILD 5.90 Auswahl der Berichte

Die Register sprechen für sich:

Berichte für einzelne Prozesse erstellt Berichte mit den Informationen aus einem Prozess, der im linken Fenster ausgewählt werden kann.

Berichte für alle Objekte erstellt Berichte aus allen Prozessen, allen Daten und allen Bereichen. Das kann man als Sammelauswertungen bezeichnen.

Eigene Berichte verwalten ermöglicht dem Benutzer, selbst Berichte zu generieren.

Freigabe stellt die Möglichkeiten zur Freigabe von Berichten zur Verfügung, wie wir sie im Abschnitt 5.7.2 „Workflow-Prozesse genehmigen" beschrieben haben.

Grundsätzlich gilt für alle Berichte, dass Sie nur die Daten auswerten können, die (vorher) in der Prozesserfassung aufgenommen wurden.

Alle hier dargestellten Berichte stammen aus der Datei „Unsere Prozesse V13.vdb"

5.10.1 Berichte pro Prozess

Fangen wir mit einem **Bericht über einen Prozess** an. Ich wähle die PROZESSBESCHREIBUNG FEIN für meinen Prozess „Angebotserstellung". Mit der Schaltfläche ÖFFNEN wird der Bericht erstellt.

Man kann nur die Informationen in einem Bericht ausgeben, die man vorher eingegeben hat. In diesem Prozess waren das so gut wie keine zusätzlichen Informationen. Auf der dritten Seite sehe ich jedoch, dass hier ein Unterprozess eingefügt ist, „Termin ermitteln", und die Prozesse des Unterprozesses angezeigt werden.

Da wir ja für diesen Prozess noch wenig weitere Informationen erfasst haben, könnten wir auf die Idee kommen, uns diese von den Mitarbeitern, welche die Prozesse ausführen, geben zu lassen. Und zwar nicht elektronisch, sondern ganz altmodisch auf einem Formular, auf einem Blatt Papier. Dafür gibt es die Berichtsart MANUELLE ERFASSUNG VON PROZESSINFORMATIONEN.

Hier gibt es für jeden Prozess ein Formular, d. h. eine Seite. Der Bericht hat also so viele Seiten, wie der ausgewählte Prozess Prozesse enthält.

Bild 5.92 zeigt das manuelle Erfassungsformular für den Prozess „Kalkulation". Die Mitarbeiter können nun die Informationsbasis vertiefen, indem sie hier z. B. Verbesserungspotentiale eingeben. Dies kann dann in der weiteren Prozessanalyse verwendet werden.

Übungen

Wählen Sie einfach Berichte aus und schauen Sie sich diese an, z. B. die DATENLISTE (FEIN) und auch die DATENVERWENDUNG.

Wenn man bereits viele Veränderungen aufgenommen hat, also schon quasi über verschiedene Versionen der Prozessaufnahme oder Darstellung verfügt, ist sicherlich auch der Bericht PROZESSHISTORIE (ALLE ÄNDERUNGEN) von Interesse.

Prozessbeschreibung (Fein)

Prozess: Angebotserstellung Softwareprojekt

Vorgänger-Nr → Nachfolger-Nr ←	Prozess (Anmerkung, Mitgeltende Daten, Unterprozesse)	Bereich
7 → 9 ← Termine	8 Termin ermitteln	SW, Software-Entwicklung

Unterprozesse im Prozess Termin ermitteln

1	Pflichtenheft überprüfen	Planer **Beteiligte** - Planer (D)
2	Project-Plan erstellen	Planer
3	Schätzung Aufwand Programmierung	Prog.
4	Schätzung Aufwand Datenbank	DB
5	Schätzung Aufwand Schnittstellen	Schnitt
6	Planung fertig stellen	Planer

Beteiligungsarten: (E: entscheidet, D: führt durch, P: ist prozessverantwortlich, I: wird informiert, S: System (IT), Chef: Schaut zu)

BILD 5.91 Prozessbeschreibung fein (Seite 3 von 5)

Erfassungsformular

Angebotserstellung Softwareprojekt

Nr Prozess	Beteiligte		
	Bereich	Beteiligungsart	Legende
9 Kalkulation im Bereich L-SW			

Anmerkung

Verwendete Daten (Inputs)

	Übertragungsart
Korrekturwünsche	Sonstige
Termine	Sonstige

Lfd.-Nr	Tätigkeitsbeschreibung / Unterprozesse

Verwendete Daten (Outputs)

	Übertragungsart

Verbesserungs-Potenziale

24.06.2013 Ersteller Seite 9 von 14

BILD 5.92 Manuelles Erfassungsformular (Seite 9 von 14)

5.10.2 Ausgabeformat auswählen

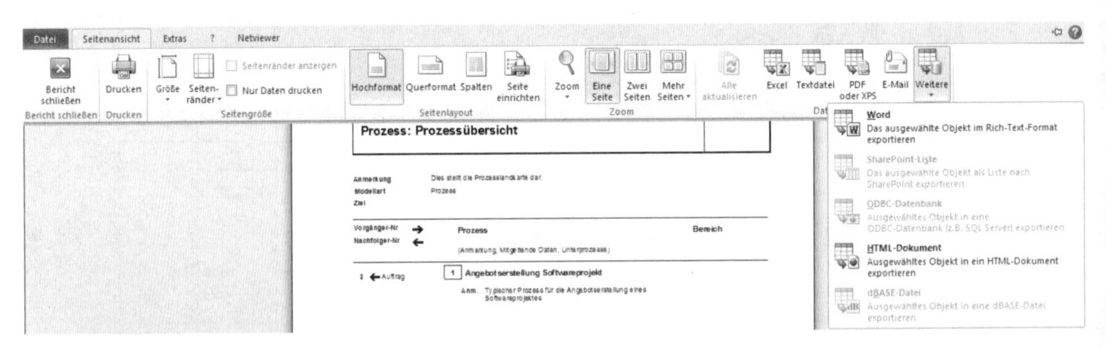

BILD 5.93 Menü Seitenansicht des Reporters

Aus dem Menü Seitenansicht können Sie die Ausgabe durch andere Programme auswählen, unter WEITERE finden Sie Word, Sharepoint-Liste oder HTML. Hier wird dann jeweils ein Assistent gestartet, der den Exportvorgang unterstützt. Besonders schön und nützlich (in Verbindung mit dem WebModell) finde ich die Darstellung in HTML.

Man kann den Bericht auch direkt als E-Mail versenden, wobei dann wieder die Auswahl der verschiedenen Programme erfolgt. Die Druckausgabe folgt den bekannten Regeln des Einrichtens einer Seitenvorschau. Für Berichte spezifisch ist die Option NUR DATEN DRUCKEN, die die Ausgabe etwas verschlankt. Nur im Menü Seitenansicht oder im Kontextmenü finden Sie BERICHT SCHLIESSEN (SCHLIESSEN), mit dem Sie den dargestellten Bericht schließen können (ohne das Programm zu beenden) und zur Berichtsauswahl zurückkommen.

Wie immer (oder fast immer) finden Sie alle wesentlichen Menüpunkte auch über das Kontextmenü.

Im Menü Extras befinden sich die Möglichkeit, ein **Logo** in die Berichte einzufügen, und die **Importmöglichkeiten** für **Berichte** und **Abfragen**. Dort gibt es auch **Sortieroptionen** und die Umstellung auf andere **Sprachen**.

Im Menü Datei finden Sie die Backup- und **Restore-Funktionen** analog den Backup-Funktionen in ViFlow.

5.10.3 Berichte für alle Objekte

5.10.3.1 Verbesserungspotentiale

In Abschnitt 5.8.2.2 „Potentiale" haben wir einige Überlegungen zu den Verbesserungspotentialen angestellt und bei einigen Prozessen in das entsprechende Register der Eigenschaften eingetragen.

Einen Überblick darüber verschafft mir der Bericht VERBESSERUNGSPOTENTIALE:

Verbesserungspotenziale

Potenziale zum Hauptprozess **Termin ermitteln**

Potenziale-Stamm

1 Wird bisher mit Papier erledigt. Oft sind mehrere Nachfragen notwendig, bis brauchbare Angaben vorliegen. ☐ Erledigt

Auswirkung Verfahren zu langsam und unzuverlässig. Schlechte Dokumentaion der Angaben.

Maßnahme Einsatz des Project Servers mit Web App, über das die Leiter der Abteilungen die geschätzten Aufwände und andere Informationen elektronisch übermitten können. Dies ist dann auch immer später nachzuprüfen.

Verantw. Geschäftsführung

Status offen

Termin 19.05.2013 Termin überschritten

Bereich: Planer

Prozess **Abgabe Terminplanung**

Prozess **Pflichtenheft überprüfen**

Potenziale-Stamm

1 Kann hier nicht jemand helfen, der Planer z. B. ☐ Erledigt

Auswirkung Würde eine Entlastung des L-SW bringen und Zeit spraren, evtl. Qualität verbessern.

Maßnahme Die Stelle der Planers muss entsprechend besetzt werden.

Verantw. Geschäftsführung

Status

Termin 01.07.2013

BILD 5.94 Verbesserungspotentiale (Auszug aus 18 Seiten)

Eine Übersicht über die in den „Potentialen“ eingegebenen Informationen, inklusive der betroffenen Bereiche und der Termine, gibt der Bericht LISTE DER POTENTIALE:

Liste der Potenziale

Lfd. Nr.	Prozess	Unterprozess	Art	Bereich	Situation	Auswirkung	Maßnahme	Verantwortung	Termin	Status
1	**Angebotserstellung**	Prüfen der Anfrage	V	L-SW	Gibt es dafür Vorlagen?				17.04.13	
2	**Angebotserstellung**	Kalkulation	S	L-SW	Gibt es hierfür Vorlagen bzw. eine Kalkulationssoftware?				19.05.13	
3	**Angebotserstellung**	Prüfen der Anfrage	S	L-SW	Gibt es dafür Vorlagen?				17.04.13	
4	**Angebotserstellung**	Termin ermitteln	S	SW	Wird bisher mit Papier erledigt. Oft sind mehrere Nachfragen notwendig, bis brauchbare Angaben vorliegen.	Verfahren zu langsam und unzuverlässig. Schlechte Dokumentaion der Angaben.	Einsatz des Project Servers mit Web App, über das die Leiter der Abteilungen die geschätzten Aufwände und andere Informationen elektronisch Übermitten können. Dies ist dann auch immer später nachzuprüfen.	Geschäftsführung	19.05.13	offen
5	**Entwicklung**	Design	S	L-SW	Es gibt keine systematische Anlage von Vorlagen. Es ürde viel Arbeit und Zeit sparen, wenn man Vorlagen entwickeln und und mit einer Systematik ablegen würde, die einen schnellen und thematischen Zugriff erlaubt.	Benötigt zu viel Zeit, beschäftigt den L-SW zu lange, so dass u. U. die Qualität des Desings leidet und zu viel nachgearbeitet werden muss.	Entwicklung von Vorlagen, die für ähnliche Projekte wieder verwendet werden können. Anschaffung eine entsprechenden Software zur Archivierung. Eventuell die Schaffung einer neuen Stelle, die die Funktion des Planers übernimmt und so den L-SW entlastet.	L-SW	30.06.13	offen
6	**Entwicklung**	Tests	S	QS	Sind die Tests zu automatisieren?			L-SW	19.05.13	

BILD 5.95 Verbesserungspotentiale

Einmal wird natürlich immer die Frage sein, wie weit Standardisierungen durch Vorlagen und Ähnliches ein Rationalisierungspotential enthalten. Dann ist zu fragen, ob die adäquate Software eingesetzt wird und ob bei den Mitarbeitern die entsprechenden Kenntnisse vorhanden sind, diese auch optimal einzusetzen.

Eine weitere entscheidende Frage ist immer, warum etwas von einem bestimmten Bereich, d. h. eventuell von einer bestimmten Person (Abteilungsleiter etc.) durchgeführt werden muss? Wenn ein anderer Bereich dies durchführt, gewinnt man möglicherweise Zeit und Qualität durch Spezialisierung, weil der andere Durchführende vielleicht nur dies eine, und das dann besonders schnell und gut, ausführt. Andererseits verliert man vielleicht Zeit und Qualität durch weitere Wege und/oder zusätzliche Schnittstellen. Die Belastung eines Bereichs sieht man im Bericht VERWENDUNG BEREICHE, der im Register BERICHTE FÜR ALLE BEREICHE (unter BERICHTE FÜR ALLE OBJEKTE) zu finden ist.

Verwendung der Bereiche

Kurztext:	L-SW
Langtext:	Leitung Software-Entwicklung
Bereichsart:	Rollen

Verwendung in Prozessen

ist als Beteiligter zugeordnet:

Entwicklung	\	Design	ist prozessverantwortlich
Entwicklung	\	Entwicklungs- aufträge vergeben	führt durch
Entwicklung	\	Prüfung	führt durch
Entwicklung	\	Entwicklung Datenbank	ist prozessverantwortlich
Entwicklung	\	Entwicklung Programme	ist prozessverantwortlich
Entwicklung	\	Test Programme	ist prozessverantwortlich
Entwicklung	\	Integration	ist prozessverantwortlich
Entwicklung	\	Eingang überprüfen	ist prozessverantwortlich
Entwicklung	\	Tests OK?	ist prozessverantwortlich
Entwicklung	\	Integration OK?	ist prozessverantwortlich
Termin ermitteln	\	Project-Plan erstellen	entscheidet
Termin ermitteln	\	Planung fertig stellen	entscheidet

wird in Prozessgrafiken verwendet:

Angebotserstellung

Entwicklung

BILD 5.96 Bericht Verwendung in Bereichen

Hier im Beispiel sieht man auf den ersten Blick, dass die Funktion des Leiters der Software viele Aufgaben hat, die mit Planung zu tun haben. Hier wäre an eine Entlastung durch die separate Funktion eines Planers zu denken (siehe Kapitel 6, Abschnitt 6.6 „Veränderung der Arbeitsteilung").

6 Prozessoptimierung mit MS Project

Gehen wir zurück an den Anfang, an das Ende unserer theoretischen Überlegungen zur Prozessanalyse. Die Erfolgsstory der industriellen Produktionsweise war (und ist) die enorme Steigerung der Ressourcenproduktivität durch das Erfinden und Durchsetzen der industriellen Arbeitsteilung.[1] Der Produktionsprozess wurde immer wieder neu erfunden, so dass das „Erfinden" des „Erfindens", das heißt das Bewusstsein, dass jeder Prozess neu und besser zu gestalten ist, das entscheidende Merkmal der Moderne ist.

Die Theoretiker, und wahrscheinlich noch mehr die Praktiker der industriellen Massenproduktion, haben die Produktionsweise, den „Produktionsprozess", so erfunden und gestaltet, dass es zu einer permanenten Produktivitätssteigerung in historisch einmaligem Ausmaß kam. Durch den permanenten Konkurrenzdruck gezwungen, wurde die Arbeitsteilung immer weiter vertieft, durch die „wissenschaftliche Betriebsführung" von F. W. Taylor und seinen Nachfolgern (selbst wenn sie dies nicht sein wollten oder wollen) wurde der Arbeitsprozess immer produktiver gestaltet. Dies führte zu dem Ergebnis, dass die Produktionsergebnisse so billig wurden, dass sie für die „Massen" erschwinglich wurden, dass sie wirklich Massengüter werden konnten.

Die Vertiefung der Arbeitsteilung steigerte die Ressourcenproduktivität in solchen Dimensionen, dass bis zu Henry Ford der Prozess als Ganzes gar nicht in das Blickfeld geriet. Es war die Genialität Henry Fords und seiner Ingenieure, das Band (die „Gleitbahnen" oder „Montagebahnen") als die den Prozess steuernde Maschine zu inthronisieren. Denn die Schöpfer der Fließproduktion sahen natürlich, dass sich die Gesamtprozesseffektivität immer aus beiden ergibt: aus der **Produktivität der Arbeitsschritte** (Ressourcenproduktivität) **und der Produktivität des Prozesses**, d. h., wie effektiv die Werkstücke, Vorprodukte, Materialien, aber natürlich auch Informationen durch den gesamten Produktionsprozess transportiert werden.

Die Bandgeschwindigkeit ist dann optimal, wenn die Summe der benötigten Zeiten für die einzelnen Arbeitsschritte und die Transport- und Zwischenzeiten bei Einhaltung vorgegebener Qualitätsstandards ein Minimum ergeben. Erst bei optimaler Abstimmung der Geschwindigkeiten der Einzelverrichtungen aufeinander, das heißt erst bei einer Übereinstimmung der Dauer der Einzelschritte (die sich aus der internen Arbeitsteilung ergibt), kann das Band mit konstanter Geschwindigkeit laufen. Erst durch die Optimierung der Geschwindigkeiten der singulären Prozesselemente und der Geschwindigkeit des Gesamtprozesses werden

[1] Oft sieht man nur die Entwicklung der Technik, wenn man die Produktivitätsfortschritte betrachtet. Ein mindestens genauso wichtiger Faktor war und ist sicherlich die Veränderung der Arbeitsteilung, wobei man sich dann darüber streiten könnte, ob die Durchsetzung der industriellen Arbeitsteilung (durch und in der Nachfolge von F. W. Taylor) die entsprechende Technik generierte oder ob eine (unabhängige?) Technikentwicklung, z. B. der Energieerzeugung und -übertragung, die industrielle Arbeitsgestaltung ermöglichte.

Diskontinuitäten und Interrupts vermieden (keine Engpässe, keine Staus). Dies erhöht schon dadurch die Qualität, weil keine Notwendigkeit entsteht, fallweise auf Arbeits- und/ oder Materialstaus oder -mängel reagieren zu müssen, was in der Regel qualitätsmindernd wirkt („Terminjäger"). Umgekehrt kann man sagen, erst bei harmonischem Ablauf des Gesamtprozesses werden gemeinsame, und das bedeutet bessere, Qualitätsstandards möglich.

In Kapitel 2 haben wir, wie ich meine, die wichtigsten Veröffentlichungen und Erfahrungsberichte der Berater und Beobachter der modernen Dienstleistungs- und Informationsgesellschaft diskutiert. Diese haben ein gemeinsames Thema, denn sie offenbaren das Problem der Produktion von Diensten und Wissen: Es fehlt bei der Produktion von Diensten und Wissen das den Ablauf regelnde Band! Alle genannten Autoren versuchen (bis hin zu den Schöpfern von Process Engines), jeweils ein solches Band zu finden und einzuführen, das man ja auch modern als Workflow bezeichnen kann. Nur, lassen wir uns nicht täuschen: Im Prozess insgesamt, auch wenn wir einen automatischen Workflow einrichten können, müssen wiederum die Einzelaktivitäten in ihrer Tiefe und in ihrem Umfang so eingerichtet werden, dass die Geschwindigkeit des Workflows so ablaufen kann, dass die einzelnen Prozesse weder schneller ablaufen oder produktiver sind (dann hat man im Prinzip unterausgelastete Ressourcen) noch langsamer ablaufen als der Gesamtprozess. Letzteres zeigt sich an den genannten Engpässen mit Material- oder Arbeitsstaus (und logischerweise entsprechenden Mängeln an anderer Stelle im Prozess).

Ob Hammer/Champy ein Fast-Food-Unternehmen so reorganisieren, dass ein wesentlich größerer Teil der Produktion in zentrale Küchen verlagert wird, ob 90 % der Versicherungsanträge von einer Person statt von dreien zu bearbeiten sind (weil 90 % Standardanträge sind, die ohne z. B. juristisches Fachwissen bearbeitet werden können) oder ob E. Goldratt Kapazitäten an Nicht-Engpassmaschinen stillstehen lässt (und die Mitarbeiter lieber bummeln lässt), weil sich nur Materialstaus an den Engpässen bilden, immer dreht es sich bei der Prozessanalyse und der Reorganisation von Prozessen auch um die Gestaltung der Einzelaktivitäten mit dem Fokus auf die Tiefe und Art der Arbeitsteilung für diese Aktivität.

Es sind immer zwei Fragen, die bei der Prozessanalyse gestellt und beantwortet werden müssen:

1. Wie kann die Arbeitsteilung für diesen Prozess so gestaltet werden, dass er so produktiv ist, wie die Produktivität des Gesamtprozesses es zulässt? Dies ist die Ressourcenproduktivität.
2. Wie kann der Gesamtprozess ablaufen, dass er seine Prozesselemente optimal einbindet und einen kontinuierlichen Fluss ermöglicht? Das ist die Effektivität des Gesamtprozesses.

6.1 Die Durchlaufzeit

Mathematisch präzise ausgedrückt, aber die Prozessanalyse vor schwere Aufgaben stellend, ist die Effizienz des Gesamtprozesses ein Ergebnis der Produktivität der Einzelprozesse und der Produktivität ihrer Verbindungswege, d. h. der Prozessproduktivität.

Mathematisch exakt ist dies nur für die Durchlaufzeit des Prozesses zu formulieren: Die Durchlaufzeit des Gesamtprozesses ergibt sich als Summe der Dauern der Prozesse und der Summe der Dauern der Wege in diesem Prozess, d. h. der Zwischen-, Transport-, Leerlauf- oder Wartezeiten.

Wir haben ja bei der Betrachtung der theoretischen Wurzeln der Prozessanalyse gesehen, dass schon der Vater der deutschen Betriebswirtschaft, Erich Gutenberg, die Berechnungsmethode des kritischen Weges als eine zukunftsweisende Methode entdeckt hat, die Durchlaufzeiten der Fließproduktion zu errechnen (s. Kapitel 2, Abschnitt 2.2.1). Und es ist sicherlich kein Zufall, dass einer der wesentlichen Schöpfer dieser Methode, Henry L. Gantt, ein Mitarbeiter von F. W. Taylor war, dem Erfinder der wissenschaftlichen Arbeitsteilung (s. Abschnitt 2.2.2 „Netzplantechnik").

Die Durchlaufzeit kann mit Hilfe der hier behandelten Programme errechnet und optimiert werden. Mit ViFlow und Microsoft Project ist Folgendes möglich:

1. Man kann alle Prozesse mit ihrem Zeitbedarf (Dauer) und ihrem Ablauf (wie wir das bisher bei der Erfassung der Prozesse getan haben) erfassen.
2. Man kann diese Prozesse in ein Programm exportieren, das mittels der Netzplantechnik die Zeiten berechnet. Alle Programme zum Projektmanagement berechnen die Termine der Aktivitäten nach der Critical Path Method (CPM), der Methode des kritischen Weges. Aus ViFlow (nicht aus Visio) kann man die erfassten Prozesse nach Microsoft Project quasi mit einem Mausklick exportieren. Für unsere Aufgabe kommt es dabei nicht auf die Termine an (die aber im Prinzip auch für die Netzplantechnik sekundär sind, nämlich das Ergebnis aus den Vorgängen mit ihren Dauern, der Anordnungsbeziehungen, vom Projektbeginn und dem Ressourceneinsatz abhängig), sondern auf die Durchlaufzeit für den Prozess insgesamt bzw. der einzelnen Teilprozesse. Kritische Wege stellen Engpässe dar, Pufferzeiten zeigen unterausgelastete Kapazitäten an (siehe Kapitel 2.2.2). Für alternative Prozessabläufe können alternative Szenarien berechnet werden, einschließlich Durchlaufzeiten, kritischer Vorgänge und Pufferzeiten.
3. Die Bereiche aus ViFlow werden als **Ressourcen** nach Project exportiert. Dort kann man Überlastungen von Ressourcen erkennen – ein weiterer Engpassfaktor.
4. Da in Microsoft Project dann die Dauern der Prozesse vorhanden sind und die Bereiche als Ressourcen exportiert werden, können wir diese Ressourcen (oder auch von uns gewünschte weitere oder andere Ausführende) mit Kostensätzen belegen. Dann errechnet das Programm die (Gesamt-)**Kosten** des Prozesses, soweit die Prozesse und die Ausführenden erfasst und mit Kostensätzen belegt sind. Das Problem sind die Pufferzeiten, die einen Leerlauf darstellen, denn hier entstehen ja (meist) keine direkten Kosten in der Art, dass jemand eben diese Zeit wartet und dafür bezahlt wird. Aber es hilft ja schon zu sehen, wie viel Leerlauf als Wartezeiten man hat.

6.2 Export nach Project

Wir verwenden hier die Datei „Unsere Prozesse V14.vdb" zum Export nach Project. Um die Darstellung übersichtlich zu gestalten, exportiere ich nur den Prozess „Entwicklung".

Hinweis

Man kann die Reihenfolge der Übernahme der Prozesse durch die Nummerierung in ViFlow beeinflussen. Zwar wird der Ablauf durch die Verbinder (die Daten) zwischen den Prozessen gesteuert, allerdings wird die Reihenfolge in der Vorgangsliste durch die Nummerierung beeinflusst.

Ich empfehle beim Export einer ViFlow-Datenbank nach Project, die Prozessnummerierung in ViFlow mit Grafik Prozessnummerierung entweder AUTOMATISCH erstellen zu lassen und dann zu testen, ob die Reihenfolge in Projekt richtig ist (ich empfehle einen chronologischen Aufbau der Vorgangsliste) oder MANUELL die Nummerierung genau in der Reihenfolge vorzunehmen, in der die Prozesse dann als Vorgänge nach Project übernommen werden sollen. Jedenfalls minimiert das die Arbeit der nachträglichen Umstellung der Vorgangsliste in Project.

Die Prozessnummer ist in ViFlow ein Text, der in Project einfach vor den Vorgangsnamen geschrieben wird. Diese darf man in Project allerdings nicht verwechseln mit der Gliederungsnummer, die man sich vor dem Vorgangsnamen einblenden lassen kann. Die Gliederungsnummer in Project ist etwas ganz anderes als die Prozessnummer in ViFlow und man sollte nur eines von beidem vor der Vorgangsnummer stehen haben.

Sie exportieren eine Datenbank nach Project aus dem ViFlow-Menü mit Prozess Exportieren nach Microsoft Project. Wenn man mehrere Versionen von Project auf dem Computer installiert hat, wird die Version gestartet, die zuletzt geöffnet war oder die geöffnet ist. Ich arbeite hier mit Project 2013, sehe aber keine großen Unterschiede zur Version Project 2010 oder sogar Version Project 2007. Es müsste eigentlich genauso funktionieren wie hier beschrieben bzw. ich versuche, wesentliche Unterschiede zu beschreiben.

Je nach Rechnergeschwindigkeit erscheint das Fenster **Projektinfo**, das Sie zur Angabe des **Projekt-Starttermins** auffordert; auch die Auswahl des Projektkalenders ist hier zu finden. Das alles interessiert uns hier jedoch nicht, da wir keine konkreten Termine errechnen wollen, aber Sie können als Starttermin den 01.01.2014 (eigentlich ohne Jahr, geht aber nicht) eingeben, dann haben Sie die gleichen Termine wie hier angezeigt, ohne große Umstellung. Außerdem poppt die Meldung auf „**Neue Vorgänge werden in Automatisch-geplant Modus erstellt**" (wohl nur in der Version Project 2013), was OK ist, da ich grundsätzlich im Modus der automatischen Planung arbeite (ich will ja, dass der Rechner mir die Arbeit abnimmt). Bestätigen Sie das **Projektinfo-Fenster** mit der Schaltfläche OK.

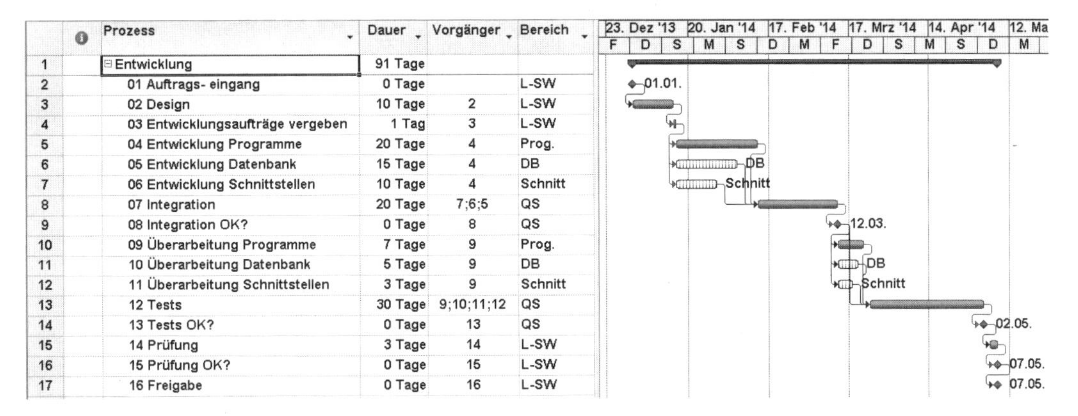

	Prozess	Dauer	Vorgänger	Bereich
1	Entwicklung	91 Tage		
2	01 Auftrags- eingang	0 Tage		L-SW
3	02 Design	10 Tage	2	L-SW
4	03 Entwicklungsaufträge vergeben	1 Tag	3	L-SW
5	04 Entwicklung Programme	20 Tage	4	Prog.
6	05 Entwicklung Datenbank	15 Tage	4	DB
7	06 Entwicklung Schnittstellen	10 Tage	4	Schnitt
8	07 Integration	20 Tage	7;6;5	QS
9	08 Integration OK?	0 Tage	8	QS
10	09 Überarbeitung Programme	7 Tage	9	Prog.
11	10 Überarbeitung Datenbank	5 Tage	9	DB
12	11 Überarbeitung Schnittstellen	3 Tage	9	Schnitt
13	12 Tests	30 Tage	9;10;11;12	QS
14	13 Tests OK?	0 Tage	13	QS
15	14 Prüfung	3 Tage	14	L-SW
16	15 Prüfung OK?	0 Tage	15	L-SW
17	16 Freigabe	0 Tage	16	L-SW

BILD 6.1 Der Prozess in Project

Bearbeitung in Project

- Bearbeitung und Darstellung in MS Project:[2]
  - Ich habe über das Kontextmenü im Bereich des Balkendiagramms über BALKENARTEN ANZEIGEN/AUSBLENDEN die Anzeige KRITISCHEN WEG eingeschaltet (oder im Format Menü die Option für KRITISCHE VORGÄNGE setzen). In allen Project-Abbildungen hier sind die dunklen Balken der kritische Weg, die helleren, mit waagerechten Linienmustern, sind nicht kritisch, haben also Pufferzeiten.
  - Es sind in den *Project*-Dateien eine Ansicht **Prozessansicht 1** und eine Tabelle **Prozesstabelle 1** definiert. In der Tabelle habe ich die Felder **Anfang** und **Ende** (bzw. **Fertig stellen**)ausgeblendet, da es sich ja hier nicht um eine Berechnung konkreter Termine dreht.
  - Der in ViFlow mit den **Verbindern** dargestellte Ablauf wird durch die **Vorgänger** in Project richtig übernommen.

- Die Verbinder/Anordnungsbeziehungen:
  Überprüfen Sie, ob der Ablauf, wie Sie ihn in ViFlow mit den Datenverbindern dargestellt haben, als Vorgangsbeziehungen (Anordnungsbeziehungen) in die Spalte VORGÄNGER nach Project richtig übernommen wird. Nur wenn Sie in ViFlow die automatischen Verbinder wirklich vom Vorgängerprozess zum Nachfolgerprozess richtig an das Prozesssymbol angehängt haben (KLEBEN AN VERBINDUNGSPUNKT), wird dies als Vorgangsbeziehung nach Project übernommen. Falls aus optischen Gründen (was sich besonders anbietet, wenn mehrere Prozesse einen Verbinder zu einem Nachfolgerprozess haben) der Verbinder nur bis zur Pfeildarstellung eines anderen Verbinders geführt wurde (es erscheint dann der Text „Ausrichten an Geometrie“), kann Project das nicht als Beziehung zwischen Aktivitäten erkennen.

[2] Ich setze hier gute MS-Project-Kenntnisse voraus. Falls diese nicht vorhanden sind, sollten Sie sich mein Buch darüber besorgen oder einen Kurs, natürlich bei mir, besuchen.

- Außerdem mag es hilfreich sein, wenn parallele Prozesse in ViFlow wirklich parallel untereinander angeordnet sind. Das gelingt automatisch mit der Funktion OBJEKTE AUSRICHTEN - eigentlich vertikal, aber Visio meint horizontal, naja, jeder kann sich mal irren. Man muss die parallelen Prozesse gruppieren und findet das im ViFlow-Menü.

- Die **Bereiche** werden in einer Spalte **Bereiche** übernommen, die aber die Spalte **Ressourcenname** in Project ist. Es ist nur der Titel der Spalte temporär umbenannt. Die Bereiche sind also richtigerweise die Ressourcen.
- Es ergibt sich eine Durchlaufzeit (DAUER) für den Prozess hier von 91 Arbeitstagen nach dem Projektkalender, der der Standard-Projektkalender ist, ohne Feiertage und 8 Stunden Arbeit an 5 Wochentagen. Die gesamte Dauer (Durchlaufzeit) wird im Projektsammelvorgang angezeigt (Project-Menü Format, PROJEKTSAMMELVORGANG in der Gruppe Einblenden/Ausblenden).

In der Prozesslogik gibt es Schleifen, d. h. Rückverweise (in unserem Prozess z. B. von der Verzweigung „Tests o.k.? in die drei „Überarbeitungsprozesse“). Diese Rückverweise als Schleifen sind nur in einer Prozessdarstellung möglich, nicht in einer Projektdarstellung im Tool Project. Deshalb werden die Rückverbindungen beim Export nach Project logischerweise ignoriert.

Ein Projekt hat Vorgänge, die entweder zeitlich parallel oder in der Zeitachse hintereinander, natürlich auch mit Zeitabständen, liegen können. Ein Programm zur Projektplanung berechnet den Zeitbedarf, der sich aus den Dauern der Vorgänge und ihren Anordnungsbeziehungen ergibt, in der Zeitachse, kann aber einen Vorgang nur einmal zur Berechnung verwenden, nicht mehrmals. Man kann keine Bedingung formulieren, „wenn die Tests nicht o.k. sind, zurück zu den Überarbeitungen“, denn dann müssten die Überarbeitungsvorgänge noch einmal als Zeitbedarf berechnet werden. Wenn man dies in Project abbilden will, müsste man einen oder mehrere neue Projektabschnitte einfügen, z. B. „Überarbeitungsphase 2“ mit den entsprechenden Untervorgängen, die alle wieder einen Zeitbedarf darstellen und deshalb zusätzlich einzufügen wären.

Umgekehrt: Wenn eine Schleife nicht notwendig wird (in unserem Prozess geht ja auch eine direkte Verbindung von der Verzweigung „Integration o.k.“ zu den „Tests“, wenn die Integration erfolgreich war), so dass die Überarbeitungsschritte gar nicht notwendig werden), muss man in Project einfach diese Vorgänge löschen (oder inaktiv stellen). Sie haben dann ja keinen Zeitbedarf mehr.[3]

[3] In meinem Buch „Projektplanung mit MS Project 2010“ (Hanser Verlag) habe ich auf den Seiten 113 f. „Projektprozesse - einige Beispiele“ verschiedene Prozessvarianten in Project dargestellt.

6.3 Kritischer Weg als Engpass

Wenn man sich die Darstellung des Prozesses in Project nach der Berechnungsmethode (und der Darstellung) des **kritischen Weges** genau anschaut, sieht man, dass die drei Entwicklungsprozesse parallel laufen, aber unterschiedlich lange dauern.

Wenn Sie sich noch an die Erläuterung der Methode des kritischen Wegs in Kapitel 2, Abschnitt 2.2.2, erinnern (Sie haben es doch gelesen, oder?), ist bei parallel laufenden Vorgängen immer der längste der kritische Vorgang, denn dieser bestimmt die Zeitstrecke zwischen Anfang und Ende. Die anderen, parallel liegenden, Vorgänge haben Pufferzeiten im Umfang der Differenz ihrer Dauer zum kritischen Vorgang (unter der Voraussetzung keiner anderen Vorgangsbeziehungen).

So ist es auch hier, der Prozess „Entwicklung Datenbank“ hat fünf Tage Pufferzeit, der Prozess „Entwicklung Schnittstellen“ hat zehn Tage Pufferzeit. Ebenso hat „Überarbeitung Datenbank“ zwei und „Überarbeitung „Schnittstellen“ vier Tage Pufferzeit. Die Pufferzeit errechnet sich als Differenz zum längsten parallelen Vorgang.

(Diese Darstellung ist als Ansicht „Prozessansicht 2“ und die Tabelle als „Prozesstabelle 2“ in den *Project*-Dateien erstellt.)

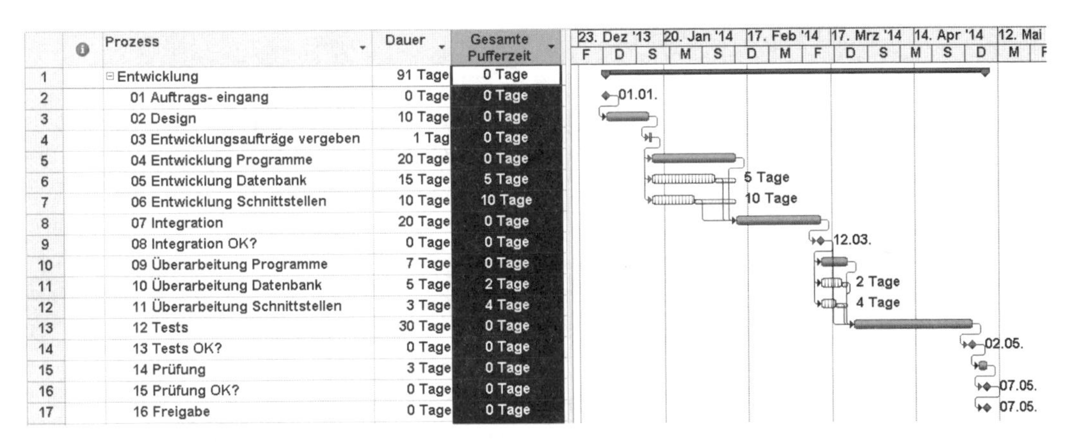

	Prozess	Dauer	Gesamte Pufferzeit
1	Entwicklung	91 Tage	0 Tage
2	01 Auftrags- eingang	0 Tage	0 Tage
3	02 Design	10 Tage	0 Tage
4	03 Entwicklungsaufträge vergeben	1 Tag	0 Tage
5	04 Entwicklung Programme	20 Tage	0 Tage
6	05 Entwicklung Datenbank	15 Tage	5 Tage
7	06 Entwicklung Schnittstellen	10 Tage	10 Tage
8	07 Integration	20 Tage	0 Tage
9	08 Integration OK?	0 Tage	0 Tage
10	09 Überarbeitung Programme	7 Tage	0 Tage
11	10 Überarbeitung Datenbank	5 Tage	2 Tage
12	11 Überarbeitung Schnittstellen	3 Tage	4 Tage
13	12 Tests	30 Tage	0 Tage
14	13 Tests OK?	0 Tage	0 Tage
15	14 Prüfung	3 Tage	0 Tage
16	15 Prüfung OK?	0 Tage	0 Tage
17	16 Freigabe	0 Tage	0 Tage

BILD 6.2 Prozessansicht: Anzeige der Pufferzeiten

Die Frage ist doch einfach die, was macht die Abteilung oder machen die Mitarbeiter in dieser (Leerlauf-)Zeit? Hier – falls sie in der Zwischenzeit nichts anderes zu tun haben[4] – läuft der Prozess nicht „rund“: Hier gibt es einen Engpass, die „Entwicklung Programme“, und in den anderen Entwicklungsabteilungen unterausgelastete Kapazitäten.

[4] Wenn es mehrere parallel laufende Prozesse gibt, die in einer anderen Datenbank erfasst sind, aber von den gleichen Bereichen (Ressourcen) durchgeführt werden, müsste man diese ebenfalls als Projekte exportieren. Durch gemeinsame Ressourcenverwendung der Projekte wären Ressourcenüber- bzw. -unterauslastungen erkennbar. Siehe zur Verwendung eines gemeinsamen Ressourcenpools für mehrere Projekte mein Buch „Projektplanung mit MS Project“.

Übung

Ich ändere die Dauern der drei Entwicklungsprozesse im ViFlow-Prozess auf jeweils 15 Tage. Man mag sich vorstellen, dass Entwickler von der einen Abteilung zur anderen umgeschichtet werden.

		Prozess	Dauer	Gesamte Pufferzeit
1		⊟ Entwicklung	86 Tage	0 Tage
2		01 Auftrags- eingang	0 Tage	0 Tage
3		02 Design	10 Tage	0 Tage
4		03 Entwicklungs- aufträge vergeben	1 Tag	0 Tage
5		04 Entwicklung Programme	15 Tage	0 Tage
6		05 Entwicklung Datenbank	15 Tage	0 Tage
7		06 Entwicklung Schnittstellen	15 Tage	0 Tage
8		07 Integration	20 Tage	0 Tage
9		08 Integration OK?	0 Tage	0 Tage
10		09 Überarbeitung Programme	7 Tage	0 Tage
11		10 Überarbeitung Datenbank	5 Tage	2 Tage
12		11 Überarbeitung Schnittstellen	3 Tage	4 Tage
13		12 Tests	30 Tage	0 Tage
14		13 Tests OK?	0 Tage	0 Tage
15		14 Prüfung	3 Tage	0 Tage
16		15 Prüfung OK?	0 Tage	0 Tage
17		16 Freigabe	0 Tage	0 Tage

BILD 6.3 Beschleunigung durch Abbau der Pufferzeiten

Nach der beschriebenen Umarbeitung habe ich die ViFlow-Datenbank unter „Unsere Prozesse V15.vdb" gespeichert und die daraus erstellte Project-Datei als „Entwicklung V2.mpp".

Die Durchlaufzeit hat sich durch die Vermeidung von Pufferzeiten, die aus einem ungleichmäßigen Prozessablauf resultieren, von 91 auf 86 Tage reduziert.

Für Project-Experten:

Man könnte sich sogar die benötigten Ressourceneinheiten für die neuen Dauern errechnen lassen. Vorgangsart generell auf **Feste Dauer** stellen, dann den Inhalt des Felds **Arbeit** von der vorherigen Datei in die neue Datei reinkopieren und Project errechnet die benötigten **Ressourceneinheiten** für die neuen Dauern. Leider gibt es in dieser Version von Project einen Bug, der das nicht richtig ausweist.[5]

[5] siehe mein in Fußnote 4 genanntes Buch, S. 224 und S. 229

6.4 Input-Wächter

Erinnern Sie sich an den Abschnitt „Input und Output“ im Kapitel 5 (Abschnitt 5.8.5)? Dort schlug ich vor, jeden Prozess mit einem Input-Symbol zu beginnen und mit einem Output-Symbol zu beenden. Das erhöht meines Erachtens die Lesbarkeit einer Prozessdarstellung und setzt klare Grenzen. In Projektplänen hat bei mir jede Projektphase einen Eingangsmeilenstein und einen Endmeilenstein, was dort den Vorteil hat, dass ich diese terminlich festlegen kann (Stichwort „Kapselung“).

Wenn von mehreren Prozessen Outputs geliefert werden, die jeweils als Input für einen gemeinsamen Folgeprozess benötigt werden, verbessert man die Prozessdurchführung, wenn man in der Realität diesen Eingang überwacht: Sind alle notwendigen Inputs für den Folgeprozess da? Dabei kann man auch eine Qualitätskontrolle an dieser Stelle einrichten. In der Prozessdarstellung ist es nützlich, dies mit einem Symbol darzustellen.

Ich setze einen Prozess „Eingang prüfen“ vor die „Integration“. Ich missbrauche dafür das Symbol des „**Prozess Pfeil doppelt rechts**“ aus der erweiterten ViFlow-Schablone, das ich allerdings in der Horizontalen etwas stauche. **Dauer 0 (null) Tage**, damit es ein Meilenstein wird. Die Verbinder müssen dann angepasst werden. Analog richte ich einen Eingangswächter vor den „Tests“ ein, da hier die drei Prozesse der Überarbeitung eingehen.

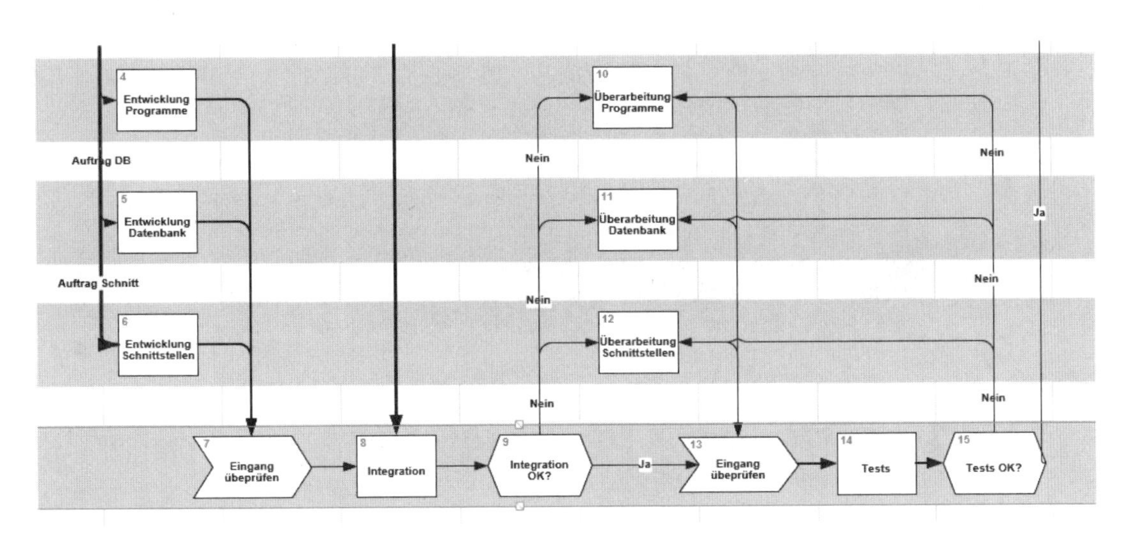

BILD 6.4 Die Eingangswächter im Prozess

Die Eingangswächter sind keine Entscheidungen (deshalb bitte nicht dieses Symbol nehmen), obwohl es so aussehen könnte. Aber eine Entscheidung hat mindestens zwei Alternativen (Ja/Nein), die unterschiedliche Wege ergeben. Ein Eingangswächter ist ein Punkt, ein Ereignis (EPK, ick hör dir trapsen ... oder voneinander lernen!), das eintritt, wenn alle Vorprozesse geliefert haben. Und daraus folgt ein (!) Weg zu dem Folgeprozess, der dann stattfinden kann.

Vielleicht wird der Nutzen im Projektplan deutlicher, da hier ja der Ablauf in der Zeitdimension dargestellt wird:

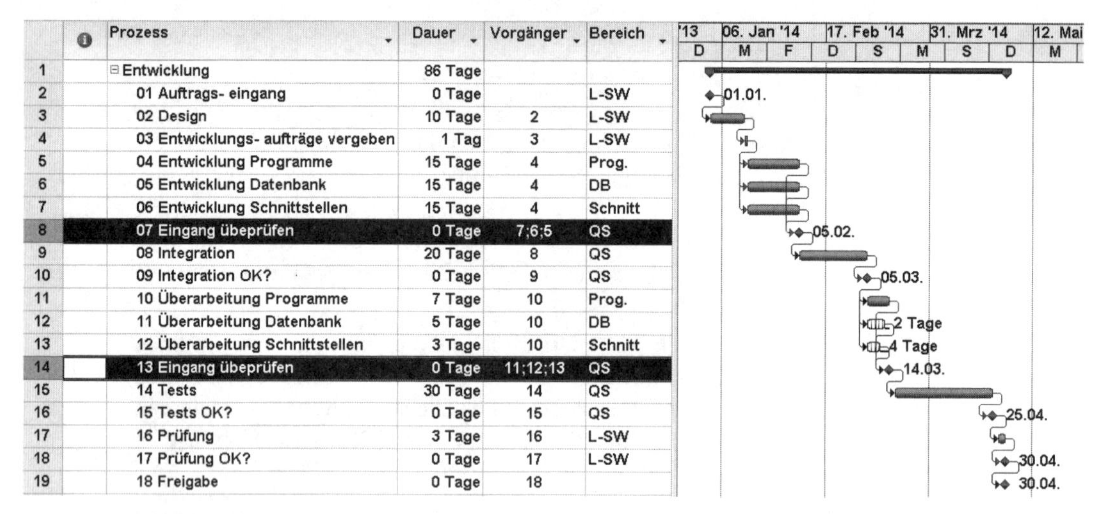

	Prozess	Dauer	Vorgänger	Bereich
1	⊟ Entwicklung	86 Tage		
2	01 Auftrags- eingang	0 Tage		L-SW
3	02 Design	10 Tage	2	L-SW
4	03 Entwicklungs- aufträge vergeben	1 Tag	3	L-SW
5	04 Entwicklung Programme	15 Tage	4	Prog.
6	05 Entwicklung Datenbank	15 Tage	4	DB
7	06 Entwicklung Schnittstellen	15 Tage	4	Schnitt
8	07 Eingang überprüfen	0 Tage	7;6;5	QS
9	08 Integration	20 Tage	8	QS
10	09 Integration OK?	0 Tage	9	QS
11	10 Überarbeitung Programme	7 Tage	10	Prog.
12	11 Überarbeitung Datenbank	5 Tage	10	DB
13	12 Überarbeitung Schnittstellen	3 Tage	10	Schnitt
14	13 Eingang überprüfen	0 Tage	11;12;13	QS
15	14 Tests	30 Tage	14	QS
16	15 Tests OK?	0 Tage	15	QS
17	16 Prüfung	3 Tage	16	L-SW
18	17 Prüfung OK?	0 Tage	17	L-SW
19	18 Freigabe	0 Tage	18	

BILD 6.5 Eingangsmeilensteine im Projektplan

Punkte der Qualitätskontrolle

Richten Sie immer einen Prozess als „Eingangswächter" ein, wenn es mehrere Prozesse gibt, deren jeweiliger Output als Input für den nächsten Prozessschritt notwendig ist. Die Funktion dieses Prüfprozesses ist, den Eingang der verschiedenen Inputs sicherzustellen bzw. zu überprüfen, sowohl was die terminliche Synchronisation angeht als auch die Qualität der gelieferten Inputs. Denn diese Prozesse sind die Punkte, an denen sinnvollerweise eine Qualitätskontrolle stattfinden kann (soll?). Falls die Inputs nicht einigermaßen gleichzeitig eintreffen, jedenfalls wenn es permanente Abweichungen bei den eingehenden Inputs gibt, ist der Prozess nicht „rund", stimmt die Synchronisation nicht. Falls die Qualität der Liefergegenstände nicht stimmt, müssen Sie etwas an den Vorprozessen ändern – z. B. durch Änderung der Arbeitsteilung (siehe Abschnitt 6.6).

Die neue ViFlow-Datenbank ist jetzt „Unsere Prozesse V16", die daraus exportierte Project-Datei ist „Entwicklung V3".

6.5 Neu synchronisieren

Wenn die Synchronisation schlecht ist, d. h., wenn parallele Prozesse unterschiedlich lange dauern, deren Outputs aber für den Fortgang des Prozesses benötigt werden, hilft es ja nicht, einfach einen Meilenstein als Prüfpunkt dazwischen zu setzen. Dieser Prüfpunkt ist geeignet als Punkt für die Qualitätskontrolle und verbessert die Struktur der Prozessdarstellung. Aber er allein beschleunigt ja noch nicht den Prozessablauf; zwischen Bild 6.3 und Bild 6.5 hat sich die Durchlaufzeit nicht verändert.

Aber Sie zeigen deutlicher, wenn Prozesse nicht gut synchronisiert sind. In Bild 6.5 sieht man ja, dass die Überarbeitungsprozesse (Vorgänge 11 bis 13) ungleich lang laufen und deshalb zwei Prozesse Puffer haben. Hier stellt sich also wieder das gleiche Problem, dass die drei Inputs für den Prozess „Tests" nicht zum gleichen Zeitpunkt eintreffen. Wenn diese Situation systematisch wäre, könnte man sich überlegen, ob es sachlich möglich ist, dass der Prozess „Tests" seinen Input von den Überarbeitungsvorgängen nicht zu einem Zeitpunkt, sondern zu den jeweiligen Endpunkten der Überarbeitungsvorgänge erhalten kann. Wenn dies möglich wäre, würde das in der Prozessanalyse bedeuten, den Testprozess in mehrere Teilprozesse aufzuspalten, die jeweils dann beginnen können, wenn sie ihren notwendigen Input erhalten.

Also splitten wir den Prozess „Test" in drei Prozesse auf. Der Eingangswächter ist dann entbehrlich, da ja jeweils ein Prozess als Vorgänger den Input für den speziellen Testprozess liefert.

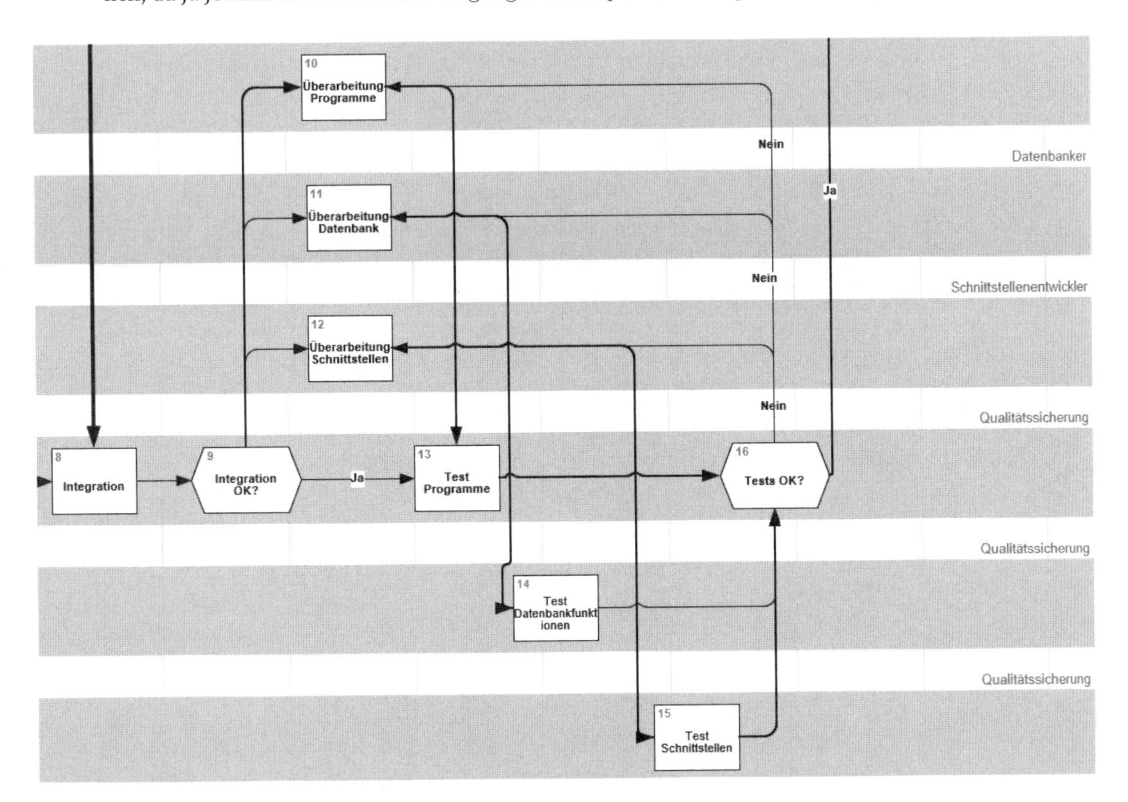

BILD 6.6 Aufteilung in parallele Tests

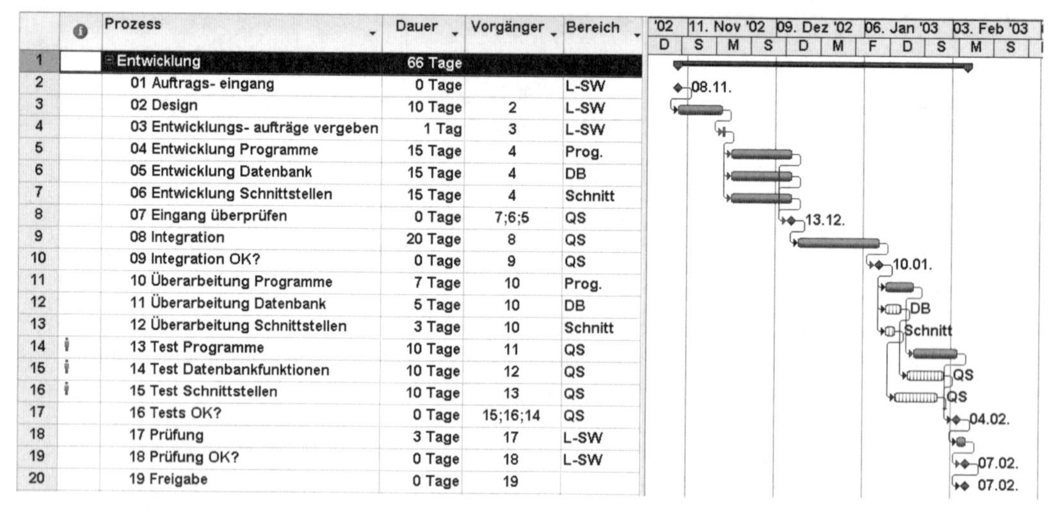

		Prozess	Dauer	Vorgänger	Bereich
1		Entwicklung	66 Tage		
2		01 Auftrags- eingang	0 Tage		L-SW
3		02 Design	10 Tage	2	L-SW
4		03 Entwicklungs- aufträge vergeben	1 Tag	3	L-SW
5		04 Entwicklung Programme	15 Tage	4	Prog.
6		05 Entwicklung Datenbank	15 Tage	4	DB
7		06 Entwicklung Schnittstellen	15 Tage	4	Schnitt
8		07 Eingang überprüfen	0 Tage	7;6;5	QS
9		08 Integration	20 Tage	8	QS
10		09 Integration OK?	0 Tage	9	QS
11		10 Überarbeitung Programme	7 Tage	10	Prog.
12		11 Überarbeitung Datenbank	5 Tage	10	DB
13		12 Überarbeitung Schnittstellen	3 Tage	10	Schnitt
14		13 Test Programme	10 Tage	11	QS
15		14 Test Datenbankfunktionen	10 Tage	12	QS
16		15 Test Schnittstellen	10 Tage	13	QS
17		16 Tests OK?	0 Tage	15;16;14	QS
18		17 Prüfung	3 Tage	17	L-SW
19		18 Prüfung OK?	0 Tage	18	L-SW
20		19 Freigabe	0 Tage	19	

BILD 6.7 Der besser synchronisierte Prozess in Project

So etwas nennt man in der Projektplanung eine Parallelisierung von Aktivitäten. Da die Tests vorher 30 Tage Dauer hatten, habe ich jedem dieser Teiltests eine Dauer von zehn Tagen gegeben, so dass sich an der insgesamt für Tests zur Verfügung stehenden Zeit nichts ändert.

Durch die Aufteilung und Parallelisierung der Tests hat sich die Durchlaufzeit von 86 Tagen (Bild 6.5) auf 65 Tage (Bild 6.7) verringert, ohne dass wir auch nur die Dauer eines Vorgangs geändert haben!

Obwohl bei keinem Vorgang die Dauer verändert wurde, hat sich die Durchlaufzeit gegenüber dem vorherigen Stand von 86 auf 65 Tage verkürzt. Durch Aufteilung der 30 Tage Tests in drei Prozesse von je zehn Tagen, die ja mindestens teilweise parallel laufen können, hat die Prozessdauer in der Zeitstrecke, und das misst der Projekt-Sammelvorgang, eben um die parallelen Strecken vermindert. Die Aufteilung hat zudem den Vorteil, dass nicht gewartet werden muss, bis alle Überarbeitungsvorgänge abgeschlossen sein müssen, bevor mit den Tests begonnen werden kann. Man würde immer noch gegenüber der vorherigen Lösung Durchlaufzeit sparen, wenn man aus Ressourcenüberlastungsgründen in der Gesamt-QS-Abteilung die Tests – um sagen wir zehn Tage – strecken müsste.

Für weitere Optimierungen gibt der Projektplan noch wichtige Hinweise: Die zeitkritischen Vorgänge sind die Überarbeitung und die Tests der „Programme", die parallel liegenden Prozesse für die „Datenbankfunktionen" und die „Schnittstellen" sind kürzer. Wenn es gelänge, durch einen anderen Ressourceneinsatz oder durch Qualitätsverbesserungen die Überarbeitungs- und Testvorgänge für die Programme zu verkürzen, würde sich die gesamte Durchlaufzeit verringern.

Der jetzige Stand unserer Prozessdarstellung ist die Datei „Unsere Prozesse V17", der daraus exportierte Projektplan ist die Datei „Entwicklung V4". ■

6.6 Veränderungen der Arbeitsteilung

Wir haben in unserer Prozessaufnahme keine Wartezeiten aufgenommen, da es natürlich banal ist, darauf hinzuweisen, dass Wartezeiten die Durchlaufzeit verlängern. Diese Banalität ist deshalb auch falsch. Das stimmt nur, wenn diese Wartezeit nicht bei einem Prozess entsteht, der parallele Prozesse hat, die länger dauern. Wenn bei einem nichtkritischen Prozess Wartezeiten festgestellt werden, ist das die natürlichste Sache der Welt. Denn wenn ein Prozess schneller ist als parallele Prozesse und die Liefergegenstände im Folgeprozess gleichzeitig benötigt werden, entsteht entweder ungewollte Lagerbildung oder die „Schnelleren" dürfen eine Pause machen.[6] **Pufferzeiten** (z. B. in Bild 6.5 und Bild 6.7) sind **Wartezeiten**, die sich aus dem Ablauf der Prozesse ergeben. Diese Pufferzeiten kann man versuchen, abzubauen, indem man die Prozessgeschwindigkeiten synchronisiert, wie wir im vorherigen Abschnitt beschrieben haben. Auch hier ist ein Mittel der Wahl, den Einsatz der Mitarbeiter umzuschichten, d. h. auch die Arbeitsteilung zu verändern. Es ist unschädlich, die Produktivität in den Bereichen mit Pufferzeiten zu verringern und mit den freigewordenen Ressourcen die Produktivität des kritischen Bereichs zu erhöhen, natürlich nur bis zu der Grenze, dass sie dann nicht selbst zeitkritisch werden.

Andererseits können Prozesse sozusagen in sich relativ unproduktiv sein und Leerzeiten enthalten. Was kann die Ursache einer Produktivität sein, die noch einen Spielraum nach oben hat? Auch hier muss man an die interne Arbeitsteilung ran. Wenn man sich die Prozesse im Bereich des Leiters Software-Entwicklung genauer anschaut, sieht man, dass es hier Verbesserungspotential gibt. Das haben wir schon bei der Prozessaufnahme notiert (s. Kapitel 5, Abschnitt 5.8.2.2., „Verbesserungspotentiale aufnehmen"), siehe z. B. Bild 6.8:

Aber es ist nicht nur ein Problem eines singulären Prozesses. Die Prozessaufnahme hat ergeben, dass die Entwicklungsprozesse darunter leiden, auch in ihrer Qualität, dass sowohl das Design der Aufträge wie auch die Formulierung der Aufträge zu wünschen übrig lassen (s. die Auswertungen im ViFlow-Reporter, Kapitel 5, Abschnitt 5.10.3.1 „Verbesserungspotentiale auswerten") (Bild 6.9).

Der Bereich Leiter Software-Entwicklung ist eindeutig überlastet und deshalb kommt es hier nicht nur zu regelmäßigen Wartezeiten zwischen den Prozessen (bei jedem „Multi-Tasking" entstehen im Prinzip Wartezeiten bei jedem Wechsel der Aufgabe – man muss sich neu einarbeiten), sondern auch zu qualitativ mangelhaften Inputs für die folgenden Prozesse. Dies ergab bzw. ergibt auch der Bericht im Reporter VERWENDUNG BEREICHE, der im Register BERICHTE FÜR ALLE BEREICHE (unter BERICHTE FÜR ALLE OBJEKTE) ist (siehe ebenfalls Kapitel 5, Abschnitt 5.10.3.1 „Verbesserungspotentiale auswerten") (Bild 6.10).

---

[6] So hat E. Goldratt gar nichts dagegen, sondern er hält viel davon, wenn die Beschäftigten in den Nicht-Engpassbereichen viele Pausen machen. Besser wäre es natürlich, sie könnten im Engpassprozess eingesetzt werden, um diesen zu beschleunigen. Siehe Kapitel 2, Abschnitt 2.1.5, „Eliyaho M. Goldratt: Neue Suche des Bandes der Produktionsprozesse"

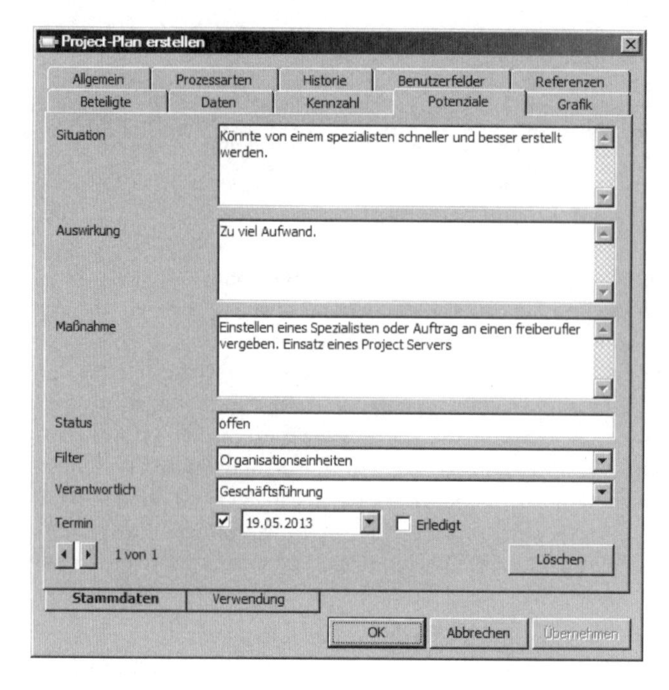

BILD 6.8 Vorschlag für Maßnahmen bei der Prozessaufnahme

Liste der Potenziale

Lfd. Nr.	Prozess	Unterprozess	Art	Bereich	Situation	Auswirkung	Maßnahme	Verantwortung	Termin	Status
3	Angebotserstellung	Prüfen der Anfrage	S	L-SW	Gibt es dafür Vorlagen?				17.04.13	
4	Angebotserstellung	Termin ermitteln	S	SW	Wird bisher mit Papier erledigt. Oft sind mehrere Nachfragen notwendig, bis brauchbare Angaben vorliegen.	Verfahren zu langsam und unzuverlässig. Schlechte Dokumentaion der Angaben.	Einsatz des Project Servers mit Web App, über das die Leiter der Abteilungen die geschätzten Aufwände und andere Informationen elektronisch Übermitten können. Dies ist dann auch immer später nachzuprüfen.	Geschäftsführung	19.05.13	offen
5	Entwicklung	Design	S	L-SW	Es gibt keine systematische Anlage von Vorlagen. Es ürde viel Arbeit und Zeit sparen, wenn man Vorlagen entwickeln und und mit einer Systematik ablegen würde, die einen schnellen und thematischen Zugriff erlaubt.	Benötigt zu viel Zeit, beschäftigt den L-SW zu lange, so dass u. U. die Qualität des Desings leidet und zu viel nachgearbeitet werden muss.	Entwicklung von Vorlagen, die für ähnliche Projekte wieder verwendet werden können. Anschaffung eine entsprechenden Software zur Archivierung. Eventuell die Schaffung einer neuen Stelle, die die Funktion des Planers übernimmt und so den L-SW entlastet.	L-SW	30.06.13	offen
6	Entwicklung	Tests	S	QS	Sind die Tests zu automatisieren?			L-SW	19.05.13	
7	Termin ermitteln	Pflichtenheft überprüfen	S	Planer	Kann hier nicht jemand helfen, der Planer z. B.	Würde eine Entlastung des L-SW bringen und Zeit spraren, evtl. Qualität verbessern.	Die Stelle der Planers muss entsprechend besetzt werden.	Geschäftsführung	01.07.13	

BILD 6.9 Problematische Arbeitsverteilung

Verwendung der Bereiche	

Kurztext:	L-SW
Langtext:	Leitung Software-Entwicklung
Bereichsart:	Rollen

Verwendung in Prozessen

ist als Beteiligter zugeordnet:

Entwicklung	\	Design	ist prozessverantwortlich
Entwicklung	\	Entwicklungs- aufträge vergeben	führt durch
Entwicklung	\	Prüfung	führt durch
Entwicklung	\	Entwicklung Datenbank	ist prozessverantwortlich
Entwicklung	\	Entwicklung Programme	ist prozessverantwortlich
Entwicklung	\	Test Programme	ist prozessverantwortlich
Entwicklung	\	Integration	ist prozessverantwortlich
Entwicklung	\	Eingang überprüfen	ist prozessverantwortlich
Entwicklung	\	Tests OK?	ist prozessverantwortlich
Entwicklung	\	Integration OK?	ist prozessverantwortlich
Termin ermitteln	\	Project-Plan erstellen	entscheidet
Termin ermitteln	\	Planung fertig stellen	entscheidet

wird in Prozessgrafiken verwendet:

Angebotserstellung

Entwicklung

BILD 6.10 Überlastung

Im Übrigen, wenn Sie keinen ViFlow-Reporter haben, liefert das WebModel im Prinzip die gleichen Daten (Bild 6.11).

Sie sehen hier, dass die Prozessanalyse grundsätzlich die Frage nach dem Zuschnitt der Arbeitsteilung, nach dem Zuschnitt der Tätigkeiten auf die Auszuführenden und ihre Einbindung in den Gesamtprozess stellen muss.

Haben wir im vorherigen Abschnitt über den kritischen Weg identifizierte Engpässe dadurch beseitigt, dass wir den Ressourceneinsatz quantitativ verändert haben (wir haben einfach die Prozessdauer verkürzt in der Annahme, dass mehr Ressourcen eingesetzt werden), ist dies hier keine Lösung. Hier muss man den Zuschnitt der Aufgaben und den Ablauf insgesamt neu überdenken.

Wir entschließen uns, den Leiter der Software-Entwicklung von den Aufgaben des Designs und der Auftragsvergabe, auch von der Prüfung der Software am Ende des Prozesses, im Wesentlichen zu entlasten. Der zwar schon existierende, aber wenig eingesetzte Bereich „Planer“ wird neu besetzt und damit qualitativ und quantitativ aufgewertet. Dieser berichtet dem Leiter Software direkt, d. h., Letzterer übernimmt nur noch die formale Prüfung. Durch die Aufwertung und vielleicht auch personelle Aufstockung eines eigenen Bereichs für diese Aufgabe versprechen wir uns eine Qualitätssteigerung, da das jetzt ausgewiesene

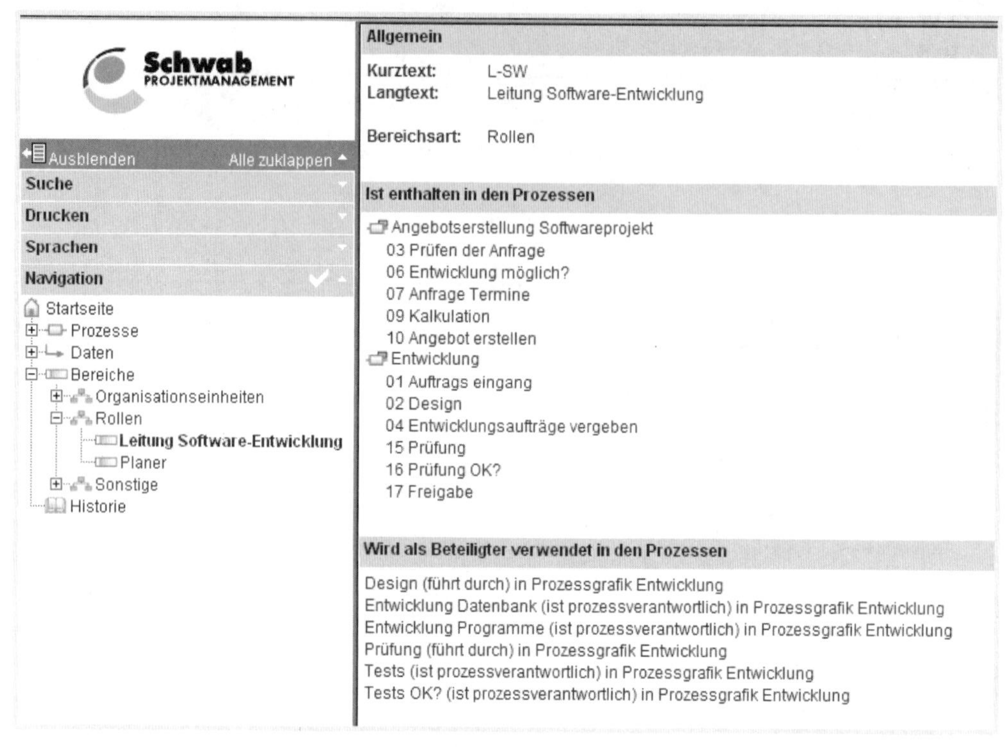

BILD 6.11 Sicht auf die Belastung im WebModel

Spezialisten machen. Durch die höhere Wiederholrate ähnlicher Tätigkeiten wächst hier nicht nur das Erfahrungswissen, sondern auch ganz einfach die Ressourcenproduktivität, d. h., es kann schneller gehen.

Ich speichere die bisherige Datenbank als „Unsere Prozesse V18“, um sie neu bearbeiten zu können.

Schaffen Sie auf dem Zeichenblatt des Prozesses „Entwicklung“ Platz für einen Bereich, den wir unterhalb des ersten Bereichs, also unterhalb „L-SW“, anlegen wollen.

Zunächst muss man das Zeichenblatt vergrößern, indem man mit gedrückter <STRG>-Taste den unteren Rand des Zeichenblatts eben nach unten schiebt (siehe Kapitel 4, Abschnitt 4.4.1). Dann könnte man Bereich für Bereich nach unten verschieben (unten beginnen), aber Sie können es sich einfacher machen, wenn Sie alle Bereiche unterhalb des ersten Bereichs L_SW „gruppieren“, d. h., mit dem Mauszeiger außerhalb oben links klicken und dann mit gedrückter Maustaste die graue Linie über alle Bereiche ziehen (der Gruppenbereich wird grau hervorgehoben) und den Mauszeiger erst rechts unten wieder loslassen (zum Arbeiten mit der Gruppierungsfunktion siehe Kapitel 4, Abschnitt 4.3.3.2). Nachdem Sie mit allen Bereichen außer dem ersten nun die Gruppe definiert haben, können Sie einen Bereich, eine Swimlane, anfassen (Maus bekommt vier Zeiger) und so weit nach unten verschieben, dass genügend Platz ist für einen neuen Bereich unterhalb des L-SW.

Wenn Sie die drei Bereiche nach unten verschoben haben, haben Sie Platz, einen neuen Bereich als zweiten Bereich von oben neu anzulegen. Man kann den Bereich „Planer" einfach an die frei gewordene Stelle ziehen. Ziehen Sie die beiden Prozesse „Design" und „Entwicklungsaufträge vergeben" in den neuen Bereich „Planer". Legen Sie einen neuen Prozess an im Bereich des „L-SW": „Genehmigung"; dieser steht oberhalb des Prozesses „Entwicklungsaufträge vergeben" und folgt auf Letzteren. Nach der Genehmigung werden die Aufträge an die Abteilungen vergeben.

Wenn Sie dann noch die Verbinder anpassen, könnte Ihr neuer Prozess etwa so aussehen:

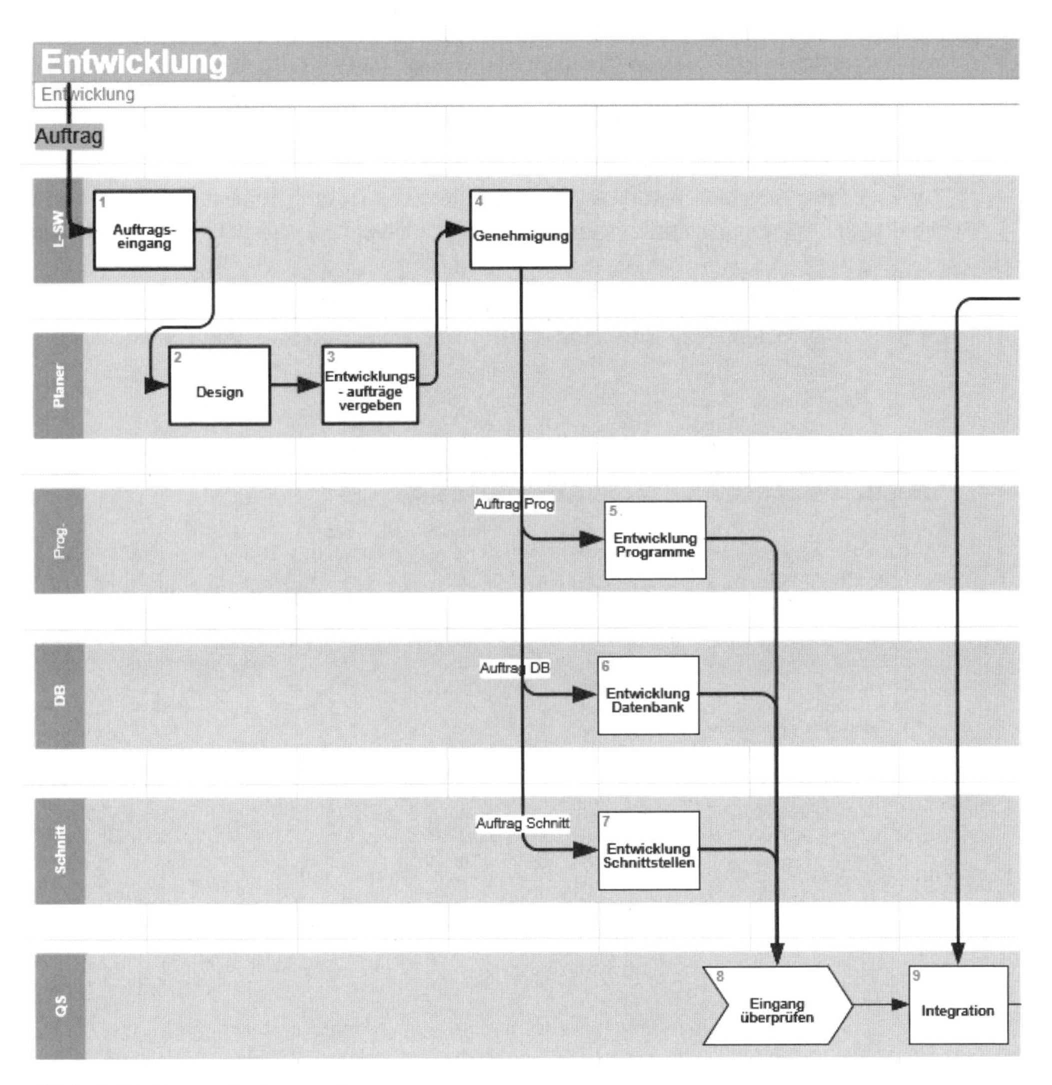

BILD 6.12 Neue Aufgabenverteilung

6.7 Neuen Prozess messen

Nehmen wir an, wir haben nach der Ist-Aufnahme des alten Prozesses den neuen Prozess entworfen und mit den Beteiligten kommuniziert. Alle waren einverstanden. Für ein neues Projekt, in der Quantität und im Schwierigkeitsgrad mit dem bisherigen Auftrag vergleichbar, führen wir den neuen Prozess ein.

Wir messen die Dauern der neuen Prozesse und stellen Folgendes fest:

Es verringert sich die Dauer des „Designs“ um 25 %, also von zehn auf acht Tage. Dafür benötigt der neue Prozess „Genehmigung“ einen Tag. Da die Aufträge jetzt genauer sind, steigt die Qualität der Entwicklung (deren Dauer lassen wir mal so wie bisher, wir arbeiten mit vorsichtigen Werten) und dadurch, hier für uns das Entscheidende, sinkt die Dauer der „Integration“ um 25 %, also von 20 auf 15 Tage.

Wir wollen hier noch nicht berücksichtigen, dass auch die Überarbeitungsprozesse im Durchschnitt mit 20 % weniger Aufwand erledigt werden, um uns hier eine Zeitreserve zu lassen.

Wir tragen die neuen Prozessdauern in „Unsere Prozesse V18.vdb“ ein und exportieren den Prozess nach Project. Das ist dann die Project-Datei „Entwicklung V5.mpp“.

	Prozess	Dauer	Vorgänger	Bereich
1	Entwicklung	60 Tage		
2	01 Auftrags- eingang	0 Tage		L-SW
3	02 Design	8 Tage	2	Planer
4	03 Entwicklungs- aufträge vergeben	1 Tag	3	Planer
5	04 Genehmigung	1 Tag	4	L-SW
6	05 Entwicklung Programme	15 Tage	5	Prog.
7	06 Entwicklung Datenbank	15 Tage	5	DB
8	07 Entwicklung Schnittstellen	15 Tage	5	Schnitt
9	08 Eingang überprüfen	0 Tage	6;7;8	QS
10	09 Integration	15 Tage	9	QS
11	10 Integration OK?	0 Tage	10	QS
12	11 Überarbeitung Programme	7 Tage	11	Prog.
13	12 Überarbeitung Datenbank	5 Tage	11	DB
14	13 Überarbeitung Schnittstellen	3 Tage	11	Schnitt
15	14 Test Programme	10 Tage	11;12	QS
16	15 Test Datenbankfunktionen	10 Tage	13	QS
17	16 Test Schnittstellen	10 Tage	14	QS
18	17 Tests OK?	0 Tage	16;17;15	QS
19	18 Prüfung	3 Tage	18	L-SW
20	19 Prüfung OK?	0 Tage	19	L-SW
21	20 Freigabe	0 Tage	20	L-SW

BILD 6.13 Optimierte Laufzeit des neuen Prozesses

Wenn Sie es mit dem alten Prozess vergleichen (der in der Project-Datei Entwicklung_4.mpp, siehe Bild 6.7), hat sich die Laufzeit von 66 auf 60 Tage verringert, das sind immerhin ca. 10 %.

Gleichzeitig haben wir die Mitarbeiter befragt: Durch die höhere Qualität des Entwurfs und der Auftragsformulierung stieg die Mitarbeiterzufriedenheit signifikant (sagen wir um 10 %) und die Kunden sind auch zufriedener, nicht nur weil termintreuer geliefert wird, sondern weil die Qualität gestiegen ist. Die Prozessverbesserung hat sich gelohnt.

6.8 Kostenberechnungen in Project

Weder in Visio noch in ViFlow gibt es eine Möglichkeit, die Kosten abhängig von dem Ressourceneinsatz und der Zeit berechnen zu lassen. Die Kosten kann man in Visio dazuschreiben und durch einen Bericht können die Summen der (eingegebenen) Kosten berechnet werden.

Nun ist es das Spezifische eines Prozesses wie eines Projekts, dass die Kosten von dem Ressourceneinsatz in der Zeit abhängig sind. Das ist im Prinzip die aufgewendete Arbeit, multipliziert mit den jeweiligen Kostensätzen. Es gibt natürlich noch andere Kosten, wie z. B. fixe Kosten, aber diese sind im Prinzip nicht abhängig von der Prozessgestaltung. Was uns hier interessiert, sind ja die *variablen* Kosten, und diese sind immer von der Prozessdauer abhängig sowie von den Kostensätzen derer, welche die Prozesse ausführen. **Prozesse** und **Projekte** haben dies gemeinsam und ein Tool, das dem Benutzer helfen soll, muss die Kosten abhängig von verschiedenen Abläufen, d. h. von verschiedenen Dauern, Einsatzgraden und Kostensätzen, berechnen können.

Wenn man einen ViFlow-Prozess nach Project exportiert, werden die **Bereiche** aus ViFlow als **Ressourcen** nach Project übernommen, allerdings ohne weitere Spezifikationen. Man muss dann in Project die Kostensätze für die Ressourcen eingeben.

Ich will hier zur Demonstration die Kosten von zwei Prozessvarianten vergleichen:

In der ViFlow-Datei „Unsere Prozesse V17.vdb", dem entspricht die Project-Datei „Entwicklung_V4.mpp", haben wir den Stand des Prozesses vor unserer Veränderung der Arbeitsteilung erreicht, mit der der „Planer" den „Leiter der Softwareabteilung" entlastet.

Mit der ViFlow-Datenbank „Unsere Prozesse V18.vdb", der die *Project*-Datei „Entwicklung_06.mpp" entspricht, haben wir den letzten Stand nach unseren Prozessverbesserungen erreicht.

Ich will die Kosten zwischen diesen beiden Prozessvarianten vergleichen.

Vorarbeiten in Project:

Wechseln Sie in die ANSICHT RESSOURCE:TABELLE (Menü Ansichten, Gruppe Ressourcenansichten) und geben Sie folgende Kostensätze pro Stunde (/h) ein. Um es einfach zu machen, nehme ich den gleichen Kostensatz für alle Ressourcen an, nur der „Leiter Software" verdient mehr. Alle überflüssigen Spalten sind entfernt.

	❶	Ressourcenname	Art	Max. Einh.	Standardsatz	Überstd.-Satz	Kosten/Einsatz	Fällig am	Basiskalender
1		Schnitt	Arbeit	100%	100 €/Stunde	0 €/Stunde	0 €	Anteilig	Standard
2	◈	QS	Arbeit	100%	100 €/Stunde	0 €/Stunde	0 €	Anteilig	Standard
3		DB	Arbeit	100%	100 €/Stunde	0 €/Stunde	0 €	Anteilig	Standard
5		Prog.	Arbeit	100%	100 €/Stunde	0 €/Stunde	0 €	Anteilig	Standard
4		L-SW	Arbeit	100%	200 €/Stunde	0 €/Stunde	0 €	Anteilig	Standard
6		Planer	Arbeit	100%	200 €/Stunde	0 €/Stunde	0 €	Anteilig	Standard

BILD 6.14 Kostensätze in *Project*

Über die aus dem ViFlow-Prozess übernommenen **Dauern** der Prozesse errechnet jetzt Project die **Kosten** (Arbeit * Kostensatz). Ich verzichte darauf, den Vorgängen mehr als eine Ressource zuzuordnen (im Standard wird immer eine Ressource zugeordnet), obwohl z. B. die Ressource „QS" überlastet ist. Aber solche Vertiefungen gehören nicht hierher, sondern in ein Project-Buch. Das, was ich zeigen will, wird hier am klarsten demonstriert, wenn wir es einfach und klar lassen, also mit jeweils einer Ressourceneinheit pro Prozess, so wie die Schnittstelle von ViFlow nach Project dies standardmäßig anlegt.

	ℹ	Prozess	Dauer	Kosten	Bereich
0		⊟ ViFlow	45 Tage	104.800 €	
1		⊟ Entwicklung	45 Tage	104.800 €	
2		01 Auftrags- eingang	0 Tage	0 €	L-SW
3		02 Design	8 Tage	12.800 €	Planer
4		03 Entwicklungs- aufträge vergeben	1 Tag	1.600 €	Planer
5		04 Genehmigung	1 Tag	1.600 €	L-SW
6		05 Entwicklung Programme	15 Tage	12.000 €	Prog.
7		06 Entwicklung Datenbank	15 Tage	12.000 €	DB
8		07 Entwicklung Schnittstellen	15 Tage	12.000 €	Schnitt
9		08 Eingang überprüfen	0 Tage	0 €	QS
10		09 Integration	15 Tage	12.000 €	QS
11		10 Integration OK?	0 Tage	0 €	QS
12		11 Überarbeitung Programme	7 Tage	5.600 €	Prog.
13		12 Überarbeitung Datenbank	5 Tage	4.000 €	DB
14		13 Überarbeitung Schnittstellen	3 Tage	2.400 €	Schnitt
15	i	14 Test Programme	10 Tage	8.000 €	QS
16	i	15 Test Datenbankfunktionen	10 Tage	8.000 €	QS
17	i	16 Test Schnittstellen	10 Tage	8.000 €	QS
18		17 Tests OK?	0 Tage	0 €	QS
19		18 Prüfung	3 Tage	4.800 €	L-SW
20		19 Prüfung OK?	0 Tage	0 €	L-SW
21		20 Freigabe	0 Tage	0 €	L-SW

BILD 6.15 Errechnete Kosten in Project, Stand Entwicklung V4

Selbstverständlich werden die Kostenberechnungen aktualisiert, wenn sich die Dauern der Vorgänge ändern.

Nun geben wir den Ressourcen in „Entwicklung_v5.mpp" die gleichen Kostensätze (s. Bild 6.14). Hier ist eine vorsichtige Annahme eingebaut, wahrscheinlich ist der „Planer" billiger zu haben.

Das ergibt dann in dem durch die Veränderung der Arbeitsteilung optimierten Prozess „Entwicklung_V5.mpp" diese Kosten (Bild 6.16):

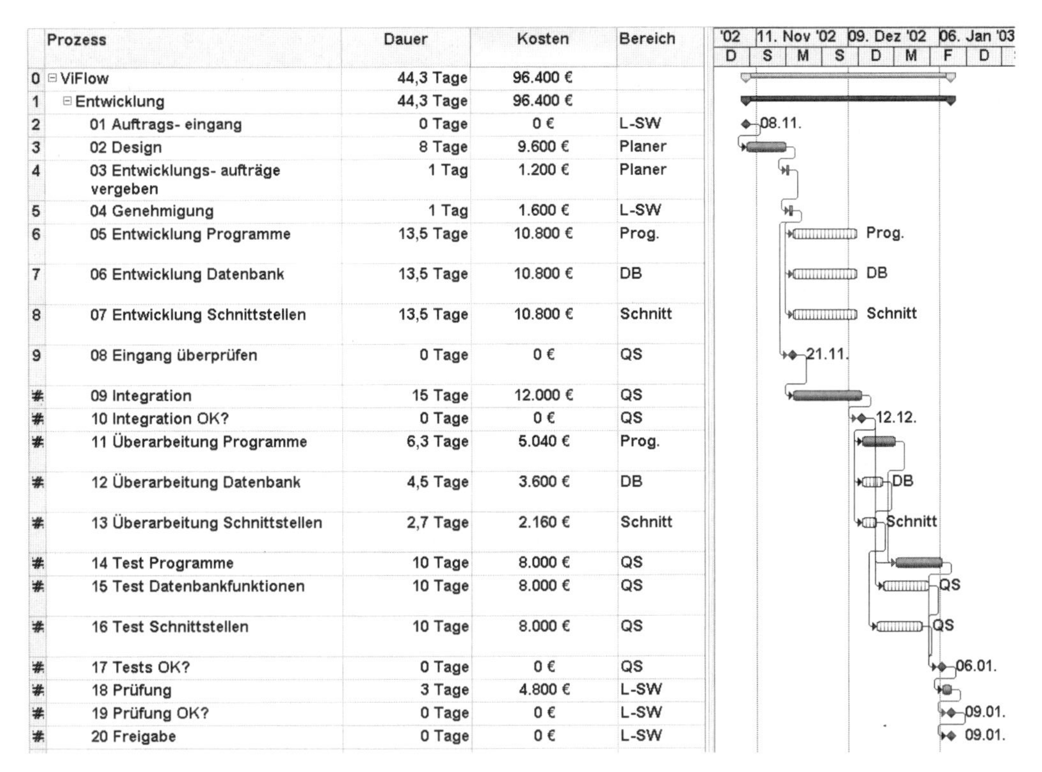

	Prozess	Dauer	Kosten	Bereich
0	⊟ ViFlow	44,3 Tage	96.400 €	
1	⊟ Entwicklung	44,3 Tage	96.400 €	
2	01 Auftrags- eingang	0 Tage	0 €	L-SW
3	02 Design	8 Tage	9.600 €	Planer
4	03 Entwicklungs- aufträge vergeben	1 Tag	1.200 €	Planer
5	04 Genehmigung	1 Tag	1.600 €	L-SW
6	05 Entwicklung Programme	13,5 Tage	10.800 €	Prog.
7	06 Entwicklung Datenbank	13,5 Tage	10.800 €	DB
8	07 Entwicklung Schnittstellen	13,5 Tage	10.800 €	Schnitt
9	08 Eingang überprüfen	0 Tage	0 €	QS
#	09 Integration	15 Tage	12.000 €	QS
#	10 Integration OK?	0 Tage	0 €	QS
#	11 Überarbeitung Programme	6,3 Tage	5.040 €	Prog.
#	12 Überarbeitung Datenbank	4,5 Tage	3.600 €	DB
#	13 Überarbeitung Schnittstellen	2,7 Tage	2.160 €	Schnitt
#	14 Test Programme	10 Tage	8.000 €	QS
#	15 Test Datenbankfunktionen	10 Tage	8.000 €	QS
#	16 Test Schnittstellen	10 Tage	8.000 €	QS
#	17 Tests OK?	0 Tage	0 €	QS
#	18 Prüfung	3 Tage	4.800 €	L-SW
#	19 Prüfung OK?	0 Tage	0 €	L-SW
#	20 Freigabe	0 Tage	0 €	L-SW

BILD 6.16 Errechnete Kosten in Project, Stand Entwicklung V5

Sie sehen, dass selbst unter den sehr vorsichtigen Annahmen, die wir hier gemacht haben, die Kosten gesunken sind (im Vergleich zur Kostenberechnung, wie sie Bild 6.15 dargestellt ist, um ca. 5 %). Die vorsichtigen Annahmen sind die, dass die neue Ressource keinen geringeren Stundensatz hat als der Leiter Software-Entwicklung und dass nur wenige, für die Kosten unwesentliche, Prozesse sich beschleunigt haben.

Folgendes, alternatives Szenario wäre denkbar: Der „Planer" ist mit 75 % der Kosten des „Leiters Software" zu haben, also zu einem Stundensatz von 150 €. Durch seinen Einsatz bei allen Entwicklungsvorgängen, die er begleitet, werden sowohl diese als auch die Überarbeitungsvorgänge im Durchschnitt um jeweils 10 % kürzer!

Bild 6.17 auf der nächsten Seite zeigt die alternative Kostenentwicklung (Datei „Entwicklung_V6.mpp").

Hier könnten wir jetzt weiter optimieren. Man erkennt, dass der Bereich „QS" an zwei kritischen Vorgängen beteiligt ist. Es würde sich lohnen, über eine Erhöhung des Ressourceneinsatzes nachzudenken, um die Durchlaufzeit weiter zu reduzieren.

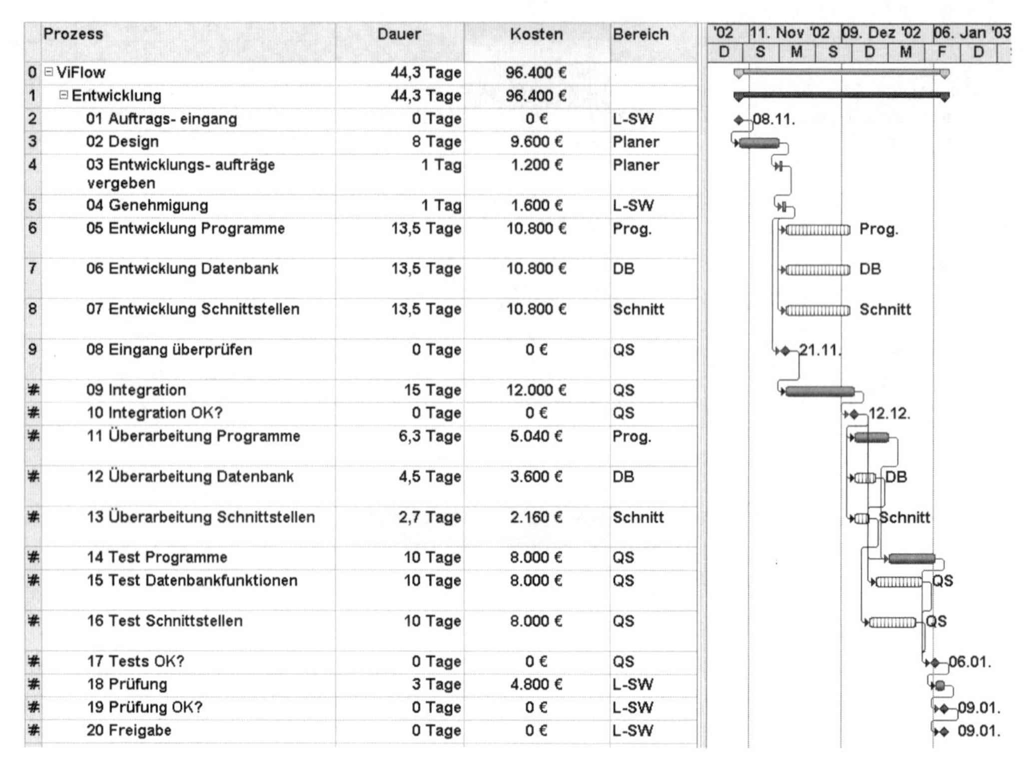

	Prozess	Dauer	Kosten	Bereich
0	⊟ ViFlow	44,3 Tage	96.400 €	
1	⊟ Entwicklung	44,3 Tage	96.400 €	
2	01 Auftrags- eingang	0 Tage	0 €	L-SW
3	02 Design	8 Tage	9.600 €	Planer
4	03 Entwicklungs- aufträge vergeben	1 Tag	1.200 €	Planer
5	04 Genehmigung	1 Tag	1.600 €	L-SW
6	05 Entwicklung Programme	13,5 Tage	10.800 €	Prog.
7	06 Entwicklung Datenbank	13,5 Tage	10.800 €	DB
8	07 Entwicklung Schnittstellen	13,5 Tage	10.800 €	Schnitt
9	08 Eingang überprüfen	0 Tage	0 €	QS
#	09 Integration	15 Tage	12.000 €	QS
#	10 Integration OK?	0 Tage	0 €	QS
#	11 Überarbeitung Programme	6,3 Tage	5.040 €	Prog.
#	12 Überarbeitung Datenbank	4,5 Tage	3.600 €	DB
#	13 Überarbeitung Schnittstellen	2,7 Tage	2.160 €	Schnitt
#	14 Test Programme	10 Tage	8.000 €	QS
#	15 Test Datenbankfunktionen	10 Tage	8.000 €	QS
#	16 Test Schnittstellen	10 Tage	8.000 €	QS
#	17 Tests OK?	0 Tage	0 €	QS
#	18 Prüfung	3 Tage	4.800 €	L-SW
#	19 Prüfung OK?	0 Tage	0 €	L-SW
#	20 Freigabe	0 Tage	0 €	L-SW

BILD 6.17 Alternatives Kostenszenario

Entscheidend ist hier in der Kostenanalyse, dass uns mit MS Project ein Tool zur Verfügung steht, das die Kosten abhängig von den Prozessdauern und den Ressourcenzuordnungen jeweils aktuell berechnet. Wir haben eine dynamische Kostenberechnung, die sich jeweils aus der Prozessdynamik ergibt, und benötigen nicht mehr die manuelle Eingabe von Kosten, die schon deshalb vollkommen ungeeignet ist, weil wir bei Veränderungen (oder verändern sich Ihre Prozesse nie? Warum machen Sie dann Prozessanalyse?) das jeweils alles selbst neu berechnen und eintippen müssten.

Verändern Sie in Project einmal einige Dauern, z. B. der Entwicklungsprozesse oder der Tests, und Sie werden sehen, wie extrem dynamisch die Kosten sich dabei verändern.

Nun könnten wir auch noch Fixkosten eingeben und diese hinzuaddieren lassen. Wir könnten die Ressourcen, statt Abteilungen oder generische Ressourcen zu führen, noch differenzieren in Individuen mit verschiedenen Kostensätzen. Wir könnten mit eigenen Formeln noch einen Gemeinkostenaufschlag berechnen, kurz, wir könnten hier all die schönen Dinge machen, die man mit den Kosten in Microsoft Project machen kann. Das können Sie meinem schon öfter genannten Buch zum Projektmanagement mit Microsoft Project entnehmen.

Hier, beim Geschäftsprozessmanagement und bei der Optimierung unseres Geschäftsprozesses, haben wir unsere Ziele erreicht: **Die Durchlaufzeit hat sich verringert, die Kosten sind gesunken, die Mitarbeiter und die Kunden sind zufriedener. Das reicht doch.**

Am Ende des Tages

Am Ende des Tages ist man doch beeindruckt, was man mit preiswerten Standardtools erreichen kann, wenn man sie mit dem notwendigen Wissen anwendet.

Wir haben die Prozesse und Unterprozesse aufgenommen, Engpässe und implizite Wartezeiten (Pufferzeiten) aufgedeckt, wir haben Prozesse so umgestellt, dass der Ablauf insgesamt synchroner verläuft, und wir haben die interne Arbeitsteilung unter die Lupe genommen und so umorganisiert, dass wir Zeit und Kosten eingespart und vielleicht an Qualität gewonnen haben.

Ja, aber das waren ja nur Beispiele, in der Realität ist das viel komplexer und schwieriger, werden Sie einwenden? Ja, antworte ich, aber eine Analyse ist immer beispielhaft und man muss, wenn man analysieren und verändern will, immer modellhaft vorgehen. Man muss die Realität immer so weit vereinfachen, dass sie für die Logik der eingesetzten Analyseinstrumente handhabbar wird und trotzdem das Wesentliche der Realität richtig erfasst. Ich vermute, dass der „Alltagsverstand" eigentlich genauso vorgeht, wenn er etwas durchdenkt. Nur, vor einen Computer gesetzt, wollen die Fachleute unbedingt beweisen, dass sie etwas von ihrem Fach verstehen, und das scheint dann zu sein, dass sie alle Details wissen und aufnehmen wollen. Es fehlt oft der Mut zur Abstraktion.

Das ist das Schwierigste: die Modellbildung (lernt man das eigentlich nicht mehr in den entsprechenden Ausbildungen?). Den technisch ausgebildeten Mitarbeitern (Ingenieure et al.), mit denen ich es zu tun hatte und habe, fällt es in der Tat am schwersten, sich von der Detailverliebtheit zu lösen, die Einzelheiten zu logischen Blöcken zusammenzufassen, den Ablauf modellhaft abzubilden und dann die richtigen Schlüsse daraus zu ziehen. Ich sehe keine Probleme, die hier beispielhaft gezeigten Prozessanalysen auch im „wirklichen Leben" durchzuführen, mit den Prozessen aus der Realität der Unternehmen und Organisationen. Und damit ähnlich produktive Ergebnisse zu erzielen, wie hier beispielhaft gezeigt. Auf die Modellbildung kommt es an.

Am Ende des Tages fragt man sich, was ist das notwendige Wissen, um diese Tools wirklich produktiv anzuwenden? Die Kenntnisse der Tools? Das ist ein schwerwiegendes Missverständnis, das allerdings weit verbreitet ist. Als ob ein Handwerker, wenn er nur seine Werkzeuge gut kennt, zu einem guten Handwerker wird! Um dem vorzubeugen, habe ich hier als Anfang im Buch einen „Parforceritt" (so ein Kritiker der früheren Ausgabe) durch die Geschichte der Ökonomie gemacht, um die geistesgeschichtlichen Wurzeln des Themas zu vergegenwärtigen. Und das Denken in Prozessen war schon immer – ja, ich würde sagen – identisch mit dem Projektgedanken. Was Herr Taylor an Arbeitsschritten auseinanderdividiert hat, durfte Herr Gantt wieder zeitlich zusammenaddieren. Jeder, der heute ein Gantt-Diagramm (er kann es auch Balkendiagramm nennen) benutzt, ohne zu wissen, dass dies die Addition der Durchlaufzeiten einzelner Prozessschritte ist, weiß nicht wirklich, was er tut. Vielen Autoren ist die Gemeinsamkeit von Prozess- und Projektdenken selbstverständlich. So hat z. B. E. Goldratt ja durchaus bemerkenswerte Bücher zu beidem geschrieben und bei Tom de Marco spürt man bei jeder Erzählung über Projektmanagement den Prozessgedanken[1] dahinter.

Leider ist dieses Bewusstsein untergegangen, auch wenn manche Beratungsunternehmen großartig in ihrem Untertitel verkünden „Projekt- und Prozessmanagement", ohne auch nur in einem von beidem ausgewiesen zu sein („gefährliches Halbwissen"). In Wirklichkeit ist auch die Szene der Berater auseinanderdividiert in solche für Projektmanagement (und die Beratung in der Anwendung der entsprechenden Tools) und in solche für Geschäftsprozessmanagement (und die Beratung in der Anwendung der entsprechenden Tools). Denn die Tool-Entwicklung ging einfach getrennte Wege: hier die Tools zum Geschäftsprozessmanagement, mit denen man schöne Bildchen über den Ablauf der Prozesse malen kann, aber keine zeitliche Dimension in den Blick bekommt, dort die Tools zum Projektmanagement, die den zeitlichen Ablauf berechnen können (nur dann haben sie die Bezeichnung Projektmanagement-Programme verdient), aber keinerlei logische Berührung zu ihrem Inhalt, den darin enthaltenen Prozessen, haben.

So ist denn leider auch die Wirklichkeit: Die Prozessanalyse beschränkt sich auf die mehr oder weniger gelungene grafische Darstellung des Prozessablaufs. Dies um sich nach irgendeiner Norm zertifizieren zu lassen, dann hat das ja seinen Zweck erfüllt. Wenn überhaupt organisatorische (oder re-organisatorische) Schlüsse daraus gezogen werden, dann aufgrund des gesunden Menschenverstands der Berater, die sich jedoch hüten werden, jemandem auf die Füße zu treten. Da seien die Bereichsegoismen vor. Auf der anderen Seite werden Projektpläne mit entsprechenden Tools entworfen, in die keinerlei Ablauflogik integriert ist. Da wird in guter Ingenieurstradition z. B. ein „Motor" oder ein „Kühlturm" konstruiert[2]. Das Objekt wird natürlich hervorragend verstanden - kein Thema. Aber wie ist der Ablauf? Was kommt vorher, was danach? Welche Zeitpuffer baut man vernünftigerweise ein? Wie kann man die zeitlichen Abläufe übersichtlich darstellen und Terminplankonflikte rechtzeitig erkennen? Welche Liefergegenstände braucht wer und wann von einem Vorproduzenten?[3] Schon die einfachsten Fragen, die man an einen Ablauf stellen muss, werden von den üblicherweise verwendeten Projektplänen nicht beantwortet und dann, wenn nichts klappt, wird auf das Tool geschimpft, ersatzweise auf die Politik oder die anderen Beteiligten oder auf alles.

Was bleibt am Ende des Tages?

Die Hoffnung, dass das Denken in Prozessen und das Projektdenken wieder zusammenwachsen. Dass Tools entwickelt werden, die mit beider Logik, die ja im Prinzip vollkommen identisch sind (Tätigkeiten werden definiert, der Zeitbedarf wird geschätzt, der Ablauf wird durchdacht und dargestellt, der Einsatz der Kräfte wird berechnet und es besteht ein

[1] Im angelsächsischen Raum gehört das Denken in Prozessen viel eher zu den „Basics" im wirtschaftlichen und technischen Bereich. Das sieht man z. B. am „PMBOK Guide", dem „Project Management Body of Knowledge" des PMI, Newton Square, Pennsylvania. In jedem Kapitel und in jedem Abschnitt werden die Eingangswerte (Input), Methoden und Verfahren (Prozess) und die Ausganswerte (Output) definiert. Eigenartigerweise wird diese methodische, prozessorientierte Fundierung des PMBOK-Guide von seinen deutschen Adepten wenig herausgestellt.

[2] Ein gemeines Beispiel wäre der neue Berliner Flughafen.

[3] Einen kleinen, rudimentären Ansatz dazu habe ich versucht darzustellen im Abschnitt 3.6.2 „Projektprozesse - einige Beispiele" in meinem hier ja schon öfter genannten Buch zu Project 2010.

Optimierungsbedarf für Zeit und Aufwand), arbeiten können. Und die Hoffnung auf die Menschen, dass sie in der Hektik des Tagesgeschäfts sich auf die gemeinsamen und allgemein zugänglichen Wurzeln unseres Wissens besinnen und dieses Wissen dann ohne künstliche Fach- und Toolgrenzen produktiv einsetzen. Das mag zwar im Tagesgeschäft Ärger geben, aber längerfristig werden die Erfolge nicht ausbleiben. Außerdem macht es Spaß und stärkt das Selbstbewusstsein.

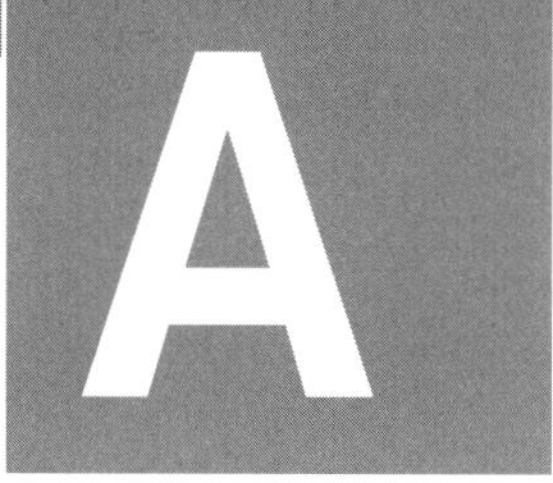

Anhang

von Stefan Becker und Thomas Heidkamp

A.1 Einleitung

Anhand des fiktiven Unternehmens BRING & SCHNELL GmbH wird ein Projekt geschildert, in dem ein prozessorientiertes Qualitätsmanagementsystem nach DIN EN ISO 9001 mit Hilfe der Prozessmodellierungssoftware ViFlow aufgebaut wird. Der Schwerpunkt Projektdokumentation liegt primär in der Vorgehensweise, das gewählte Softwareprogramm wirkungsvoll einzusetzen, um eine QM-Dokumentation bzw. ein QM-Handbuch schnell zu erstellen.

A.1.1 Beweggründe für eine prozessorientierte QM-Dokumentation

Seit einem halben Jahr häufen sich bei der BRING & SCHNELL Kosten aufgrund von Konventionalstrafen, hervorgerufen durch eine schlechter werdende Qualität der Produkte. Um Kosten zu sparen, wurden in der Vergangenheit neue Lieferanten ins Portfolio aufgenommen. Die zugelieferten Produkte entsprachen allerdings nicht der Qualität, mit der man das Arbeiten gewohnt war. An vielen Stellen musste durch die BRING & SCHNELL nachgebessert werden. Allein durch die zusätzlich anfallenden Arbeiten entstanden höhere, dem Produkt zurechenbare Lohnkosten. Dieses sind jedoch nur einige Aspekte der Problematik. Man hat im Rahmen der Nachbesserung festgestellt, dass das erforderliche Know-how für diese Tätigkeiten nur in den Köpfen einzelner, zumeist älterer Mitarbeiter, vorhanden gewesen war. Dies hatte für die Nacharbeiten zur Folge, dass der gewünschte Qualitätsgrad ebenfalls nicht immer erreicht wurde. Das misslungene Lieferantenmanagement und die nicht vorhandene Dokumentation von wichtigem Know-how im Rahmen der Nacharbeiten haben bei der Geschäftsführung das Bewusstsein für die Notwendigkeit eines Qualitätsmanagementsystems geschaffen. Diverse interne Analysen zeigten, dass der Wissensstand der Mitarbeiter eine beträchtliche Spannbreite aufweist. Diese Spannbreite bezieht sich zum einen auf die korrekte Durchführung der Produktionstätigkeiten, zum anderen hat man festgestellt, dass eigentlich identische Tätigkeiten sehr unterschiedlich durchgeführt werden. Dies liegt sowohl am Wissensstand der Mitarbeiter als auch an nicht vorhandenen Ablaufdokumentationen. Es sind also keine Standards vorhanden, um eine stets gleichbleibende Qualität realisieren zu können. Auch fehlt die Ablaufdokumentation, um Verbesserungen zu identifizieren und zu realisieren. Eine Plattform, die den Mitarbeitern zur zentralen Informationsbeschaffung dient, ist ebenfalls nicht bzw. nur unzureichend vorhanden.

Durch die Zusammenarbeit mit verschiedenen Gemeinden und Kunden im näheren Umfeld des Unternehmenssitzes hatte die BRING & SCHNELL bereits Einsicht in Softwaresysteme, welche in der Lage sind, die Kernanforderungen, eine zentrale und einheitliche Informationsbereitstellung, zu erfüllen.

Die aktuelle Problematik im eigenen Haus und die positiven Erfahrungen von Kunden haben schließlich dazu geführt, ein Projekt mit dem Ziel des Aufbaus einer prozessorientierten Qualitätsmanagementdokumentation anzustoßen.

A.1.2 Das Projekt

Die Geschäftsführung hat als zeitlichen Rahmen für das Projekt einen Zeithorizont von 12 Monaten gesetzt. Zu Beginn hatte man überlegt, die Dokumentation mit bereits vorhandener Software, wie Word oder Excel, zu erstellen. Schnell hatte man jedoch Nachteile in der Pflege der Dokumente und Verknüpfung der Dokumente untereinander erkannt und sich für den Einsatz eines Prozessmanagement-Werkzeugs entschieden. Einen Aspekt, den die Office-Software mitbringt, soll das künftig genutzte Programm jedoch auch kennzeichnen. Das Programm soll einfach, ohne Spezialistenwissen zu bedienen sein und auf Standardsoftware aufbauen. Neben der reinen Dokumentation soll das Ergebnis den Mitarbeitern auf einfache Art und Weise zur Verfügung gestellt werden. Auch die spätere Verknüpfung mit Systemen zur Prozesssimulation und -automatisierung sowie die Anbindung eines Management-Cockpits für das Controlling und den Führungskreis sollen möglich sein. Nach eingehender Marktforschung wurden insgesamt fünf Hersteller mit ihren Produkten in die engere Auswahl genommen. Nach einem intensiven Auswahlprozess fiel die Wahl auf das Prozessmodellierungstool ViFlow. Es zeichnet sich vor allem durch einfache Bedienung, den Aufbau auf Standardsoftware (Microsoft Visio) und die Möglichkeit aus, das System durch Add-ons und weitere Systeme zukünftig breiter aufzustellen.

A.2 Die Projektphasen

Das Projekt gliedert sich in folgende vier Phasen:

- Vorbereitung und Kommunikation,
- Prozessaufnahme und Modellierung,
- Veröffentlichung und Training sowie
- die laufende Pflege und kontinuierliche Verbesserung der dokumentierten Abläufe.

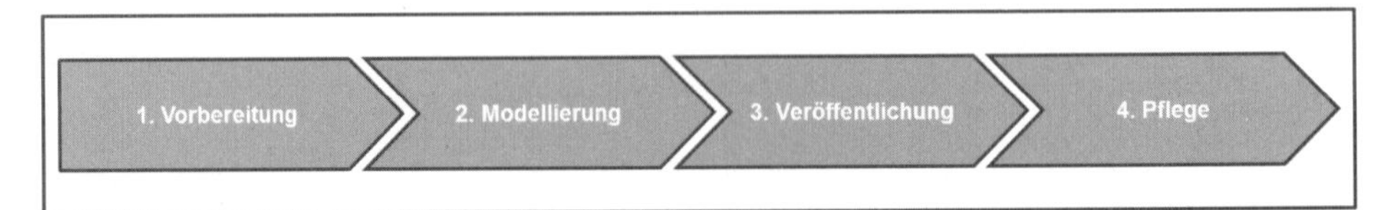

BILD A.1 Projektphasen im Überblick

A.2.1 Phase 1: Vorbereitung und Kommunikation

A.2.1.1 Projektvorbereitungen

Im ersten Projektteil geht es zunächst darum, sich ein Bild über den IST-Zustand des Unternehmens zu verschaffen. Das Projektziel ist ein nach DIN EN ISO 9001 zertifizierbares QM-System. Zuerst gilt es daher zu prüfen, ob das für die Erstellung eines solchen Systems notwendige Wissen im Hause vorhanden ist. Dies ist bei der BRING & SCHNELL GmbH nicht der Fall. Als Lösungsoptionen liegen zwei Ansätze vor: der Qualifikationsaufbau durch interne Ressourcen oder die Beschaffung des relevanten Wissens durch eine externe Unternehmensberatung. Da mit dem Einsatz externer Unterstützung hohe Kosten verbunden sind, fällt die Entscheidung, die eigenen Mitarbeiter mit dem erforderlichen Know-how auszustatten. Vor dem Projektstart werden Mitarbeiter der BRING & SCHNELL ausgewählt und in Bezug auf die ISO-Norm qualifiziert. Zudem erhalten die Mitarbeiter durch einen Trainer ein Moderatoren-Coaching. Dies ist besonders für die spätere Prozessaufnahmephase ein wichtiges Handwerkszeug.

Auch im Umgang mit dem ausgewählten Tool ViFlow erhalten die Mitarbeiter zunächst eine Einweisung. Der Softwarehersteller führt die ausgewählten Mitarbeiter in einer Inhouse-Schulung in das Programm ein. Da die Handhabung des ausgewählten Modellierungsprogramms sehr einfach ist, sind zwei Tage Schulung ausreichend. Im Rahmen der Schulung erhalten die Teilnehmer neben der Software-Bedienung auch wichtige Tipps zur Prozessaufnahme.

Nach der Festlegung der Vorgehensweise im Hinblick auf das für den Projekterfolg notwendige Wissen wird zunächst das Projektteam benannt. Dieses besteht aus dem Leitungskreis der Fa. BRING & SCHNELL und einem Mitarbeiter aus jeder Fachabteilung.

TABELLE A.1 Projektbeteiligte und Aufgaben

Rolle Organisation	Rolle Projekt
Geschäftsführung	Projektleitung
Leiter Vertrieb	Bereitstellung personeller Ressourcen und Kommunikation
Leiter Einkauf	Bereitstellung personeller Ressourcen und Kommunikation
Leiter Entwicklung	Bereitstellung personeller Ressourcen und Kommunikation
Leiter Produktion	Bereitstellung personeller Ressourcen und Kommunikation
Leiter Verwaltung (beinhaltet Personal und IT)	Bereitstellung personeller Ressourcen und Kommunikation sowie Ansprechpartner für IT-Fragestellung und QMB
Mitarbeiter Vertrieb	Bereitstellung des für die Prozessvisualisierung erforderlichen fachlichen Know-hows und Bedienung des Prozessmodellierungstools
Mitarbeiter Einkauf	Bereitstellung des für die Prozessvisualisierung erforderlichen fachlichen Know-hows und Bedienung des Prozessmodellierungstools
Mitarbeiter Entwicklung	Bereitstellung des für die Prozessvisualisierung erforderlichen fachlichen Know-hows und Bedienung des Prozessmodellierungstools
Mitarbeiter Produktion	Bereitstellung des für die Prozessvisualisierung erforderlichen fachlichen Know-hows und Bedienung des Prozessmodellierungstools
Mitarbeiter Verwaltung	Bereitstellung des für die Prozessvisualisierung erforderlichen fachlichen Know-hows und Bedienung des Prozessmodellierungstools

Die Mitarbeiter, die an der Qualifizierung zur ISO-Norm teilgenommen haben, sichten nun mit dem Leitungskreis alle vorhandenen Informationen, die für die Erstellung eines QM-Systems erforderlich sind. Hierbei handelt es sich weitgehend um Dokumente und Informationen, die bei BRING & SCHNELL innerhalb der letzten fünf Jahre erstellt worden sind:

- Interne Regelungen und Anweisungen
- Organigramm (Aufbauorganisation)
- Formulare
- Fertigungspläne
- Festlegungen aus dem Intranet
- Informationen aus dem Marketingbereich (CI/CD Richtlinien, Homepage usw.)
- Externe Anforderungen (Gesetze, Kundenanforderungen, branchentypische Richtlinien, weitere relevante Normen)

Ablaufbeschreibungen in grafischer Form liegen nicht vor. Vereinzelt sind Ablaufbeschreibungen in Fließtextform vorhanden.

Nach der gemeinsamen Sichtung aller vorhandenen Unterlagen und Informationen wird das Delta zur QM-Norm, abzüglich eventueller Ausschlüsse, ermittelt. Nun liegt ein Überblick über die komplett neu zu erstellenden Dokumente und Verfahren vor.

Nach Sichtung, Analyse und der Spiegelung des Vorhandenen an den Normforderungen kann aus der Gesamtmenge bereits die erforderliche Struktur des späteren Qualitätsmanagementsystems gebildet werden. Die Definition der Systemstruktur wird später beschrieben.

A.2.1.2 Kommunikation

Die Vorarbeit ist im Wesentlichen erledigt, ein wichtiger Aspekt, der in der Praxis häufig zu kurz kommt, steht jedoch noch aus. Die Kommunikation des Projekts und dessen Bedeutung für das gesamte Unternehmen. Wie bei allen Projekten steht oder fällt auch im QM- und Prozessbereich der Erfolg des späteren Systems mit der Akzeptanz der Mitarbeiter. Die Kommunikation und Vermittlung müssen sich daher an alle Mitarbeiter im Unternehmen wenden. Auf allen Mitarbeiterebenen muss für Commitment gesorgt werden. Die typischen Hauptargumente gegen Neues und Veränderungen sind auch in der Leitungsebene vorhanden. Besonders die Bereiche Organisation und Vertrieb haben das Projekt in den ersten Informationssitzungen kritisiert. Die Hauptkritikpunkte sind:

- Brauchen wir das überhaupt?
- Rechtfertigt der gewonnene Nutzen den Aufwand?
- Es läuft doch alles, wozu der ganze Firlefanz?

Die Geschäftsführung hingegen steht hundertprozentig hinter dem Projekt und ist nun gefordert, dem Widerstand auf Leitungsebene zu begegnen, um eine Ausdehnung in die Mitarbeiterebene zu verhindern. Der Bekämpfung des Widerstands im Rahmen von Veränderung sollte im weiteren Projektlauf ebenfalls eine hohe Bedeutung zugesprochen werden, um ein späteres effektives Arbeiten mit der neuen QM-Dokumentation sicherzustellen.

In diversen persönlichen Gesprächen mit den Kritikern des Projekts konnte die Geschäftsführung den Nutzen für das Unternehmen klar herausstellen. Ein wesentliches Hilfsmittel war auch hier die Verankerung des Themas Akzeptanz in den Zielvereinbarungen der Führungskräfte. Hilfreich waren auch das Aufzeigen praktischer Erfahrungen und das aktive Einbinden einiger Kritiker in die Kommunikation.

Widerstände treten in der Regel in jedem Projekt, mit welchem Veränderungen einhergehen, auf. Daher ist das Wissen über die verschiedenen Phasen von Vorteil.

Phase 1 Schock

Etwas Unerwartetes trat auf. Im Projektkontext war dies die Tatsache, dass in Zukunft viele Abläufe einheitlich und damit für den einen oder anderen Mitarbeiter anders durchgeführt werden als bisher. Die erste Reaktion war in der Regel Schock, manchmal auch Euphorie. Der Schockzustand setzt normalerweise ein, da mit einer Veränderung oftmals der Verlust von Kompetenzen einhergeht. Euphorie kann ausgelöst werden, wenn bei der entsprechenden Partei ein Zugewinn an Kompetenzen zu erwarten ist. Eine typische Aussage in diesem Kontext war: „Das kann doch jetzt nicht wirklich wahr sein ...“

Phase 2 Verneinung, Ablehnung

War der Schock erst einmal überwunden, folgte die Phase der Verneinung der tatsächlichen Auswirkungen der Veränderung. Die Überzeugung, dass eine Veränderung nicht nötig sei, wächst. Die wahrgenommene eigene Kompetenz steigt über das Ausgangsniveau. Selbstüberschätzung ist die Folge. Eine häufige Phrase in diesem Kontext kann sein: „Das ist doch so nicht richtig ...“

Phase 3 Rationale Akzeptanz

Die Verneinung musste überwunden werden, bevor die Phase des Widerstands eintreten konnte. Dies ist oft auf das Loslassen von vertrauten Bedingungen oder wegen des Einlassens auf die neuen Dinge zurückzuführen. Die Notwendigkeit zur Veränderung wurde erkannt. An dieser Stelle sinkt die wahrgenommene eigene Kompetenz. Die rationale Akzeptanz geht häufig mit folgender Aussage einher: „Vielleicht ja doch so ...“

Phase 4 Emotionale Akzeptanz

Nachdem die Veränderung rational akzeptiert wurde, fand die Phase des Widerstands ihren Abschluss in der emotionalen Akzeptanz der Veränderung. Dieses Ende konnte aus folgenden Gründen eintreten: aus Überzeugung oder aufgrund der Einsicht, dass die Zukunft im Unternehmen das »Leben« der Veränderung voraussetzt. Für manche Mitarbeiter fühlte sich diese Widerstandsphase besonders lang an: die sogenannte „Krise“ oder das »Tal der Tränen«. Die Wahrnehmung der eigenen Kompetenz ist am Tiefpunkt angelangt. „Es ist eigentlich richtig so ...“

Phase 5 Ausprobieren, lernen

Nachdem der Widerstand überwunden und die Veränderung akzeptiert wurde, begann die Phase des Ausprobierens. Die emotionale Akzeptanz setzt einen Lernprozess in Gang. Neue Verhaltensweisen können erprobt werden. Die wahrgenommene eigene Kompetenz steigt durch das Ausprobieren und Lernen. „Mal testen und versuchen ...“

Phase 6 Erkenntnis

Danach begann die Phase des Einlassens auf die Veränderung. Die wahrgenommene eigene Kompetenz steigt durch das vergrößerte Verhaltensrepertoire über das Niveau vor der Veränderung. „Es funktioniert ja tatsächlich so ...“

Phase 7 Integration

Anschließend wurde das neue Verhalten verinnerlicht und zur Routine. Neue Denk- und Verhaltensweisen wurden normal und weitgehend unbewusst vollzogen. Die wahrgenommene eigene Kompetenz steigt weiterhin durch Gewöhnung/Erfahrung und damit verbundener Sicherheit. „Es ist selbstverständlich und normal ...“[1]

Um das Projekt und damit auch das neue QM-System an die Mitarbeiter heranzutragen, werden verschiedene Aktionen durchgeführt. Die Geschäftsführung beruft zum einen die gesamte Belegschaft ein und stellt das Projekt vor. Um direkt von Beginn an möglichst wenig Irritation bei den Mitarbeitern aufkommen zu lassen, stellt die Geschäftsführung primär den Nutzen im operativen Bereich heraus.

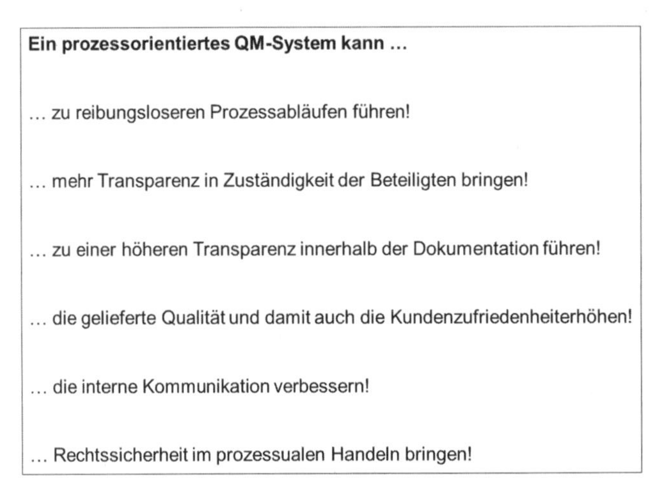

BILD A.2 Nutzen eines prozessorientierten QM-Systems

Der Großteil der Belegschaft ist dem neuen System gegenüber positiv eingestellt. Dies liegt vor allem daran, dass der gesamte Leitungskreis seine positive Einstellung in sehr klarer Weise zum Ausdruck gebracht hat. Einige wenige Mitarbeiter sind jedoch nach der gemeinsamen Veranstaltung kritisch gegenüber dem neuen Prozessansatz eingestellt. Hier liegt die Verantwortung bei den entsprechenden Führungskräften. In regelmäßigen Gesprächen sollen die Barrieren, welche den Widerstand bedingen, eliminiert werden.

A.2.1.3 Systemfestlegungen

Die Rahmenbedingungen sind nun fixiert. Das heißt, das Projekt ist bis in die Mitarbeiterebene kommuniziert, die Projektbeteiligten sind benannt und das im ersten Schritt notwendige Fachwissen im Bereich QM und Prozesse ist durch diverse Weiterbildungen bei den Mitarbeitern der BRING & SCHNELL vorhanden. Um in die zweite Projektphase eintreten zu können, ist es nun erforderlich, den Systemrahmen anhand der gestellten Anforderungen zu definieren. Die wesentlichen Punkte sind hierbei die Festlegung

- der Modellierungskonventionen,
- der Daten-/Dokumentenablage,
- der ViFlow-Systemstruktur und
- der Modellstruktur (Ebenentiefe).

Diese Aspekte werden nachfolgend näher betrachtet.

[1] Vgl. Claudia Kostka und Annette Mönch (2009), Change Management, 4. Auflage 2009, München: Carl Hanser Verlag (Pocket Power, Seite 12–14)

A.2.1.4 Modellierungskonventionen

Zuerst wird die Modellierungsnotation definiert. Es gibt verschiedene Modellierungssprachen und alle habe ihre Daseinsberechtigung. Jedoch sind nicht alle zweckangemessen. Für die BRING & SCHNELL stehen die Swimlane-Methodik, die BPMN 2.0, die EPK sowie das klassische Flowchart zur Diskussion.

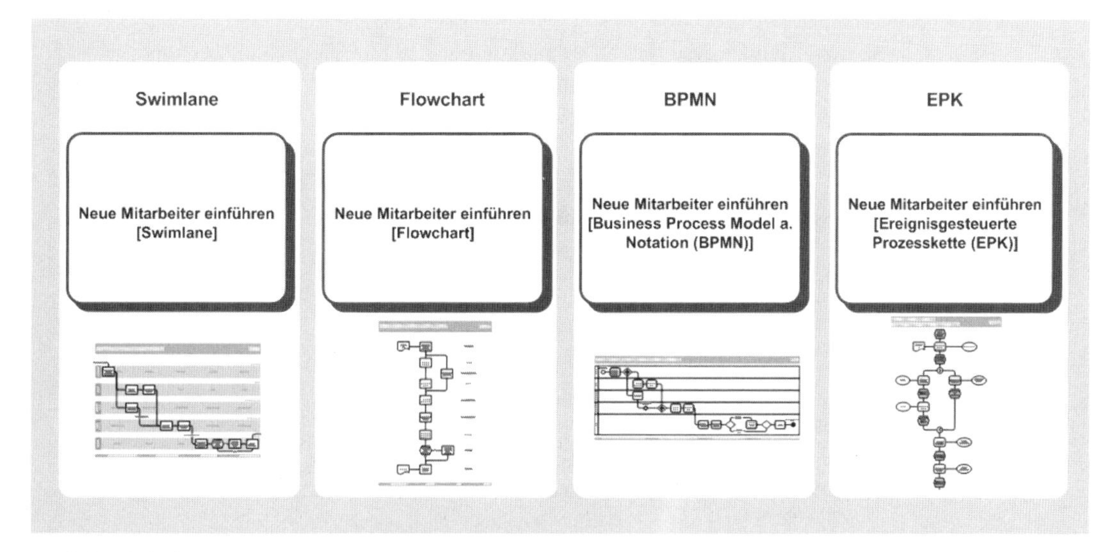

BILD A.3 Übersicht der in Frage kommenden Notationen

Die BPMN sowie die EPK, so sind sich alle ziemlich schnell einig, sind nicht geeignet, um die gesetzten Ziele zu erreichen. Es wird seitens der Leitungsebene befürchtet, dass die Komplexität der Darstellungsformen zu hoch ist. Auch die Einarbeitungszeit für die unternehmensinternen Modellierer wird als zu hoch erachtet. Die klassische Flowchart-Darstellung wird ebenfalls schnell verworfen. Hier liegt der Grund nicht in der Komplexität, sondern darin, dass nicht auf den ersten Blick erkennbar ist, welche Aktivitäten/Aufgaben in wessen Verantwortung liegen. Die Swimlane-Methodik hingegen überzeugt durch ihre Einfachheit. Sie kommt mit sehr wenigen Symbolen aus, was erhebliche Auswirkungen auf die Einarbeitungszeit hat, und sie kann bei Bedarf erweitert werden. Die Swimlanes selbst stellen den Verantwortungsbereich dar. Alle Prozessaktivitäten, die auf der gleichen Lane liegen, sind also von ein und derselben Prozessrolle durchzuführen. So kann jeder seinen Part im Gesamtprozess auf den ersten Blick identifizieren. Einen weiteren Pluspunkt kann die Swimlane-Darstellung durch die transparente Visualisierung von Schnittstellen erzielen. Bei jedem Verantwortungswechsel können die relevanten Schnittstelleninformationen am Sequenzfluss direkt auf Grafikebene visualisiert werden.

Definition Swimlane-Methodik:
Die Swimlane-Darstellung zur Prozessmodellierung zeigt grafisch, woher Informationen und Daten kommen und wohin diese gehen, wie aus Inputs durch Transformation (Aktivitäten, Tätigkeiten) Outputs entstehen, welche Beziehungen zwischen den einzelnen Transformationen bestehen.

Diese Transformationen (Aktivitäten, Tätigkeiten) werden in Bahnen, den sogenannten „Swimlanes“ oder „Lanes“ („Schwimmbahnen“) angeordnet, um organisatorische Zuständigkeiten im erzeugten Modell abzubilden.

Die Swimlane-Darstellung kann Prozesse sehr transparent visualisieren, weil sie ihren Schwerpunkt in der Beschreibung von bereichsübergreifenden Prozessabfolgen mit den auftretenden Nahtstellen hat. Sie ist eine Kombination von Zuständigkeits- und klassischen Flussdiagrammen.

Ein wesentliches Kennzeichen der Swimlane-Methode ist die Möglichkeit, schnell, leicht erfassbar und strukturiert Prozesse abzubilden. Hierbei ergeben sich im Wesentlichen drei Sichtweisen auf den Prozess: Aktivitätensicht (Prozesssicht), Informationssicht (Datensicht) und Organisationssicht (Bereichssicht).

Inhalte eines Modellierungsleitfaden

Allgemeiner Abschnitt
- Ziel und Zweck
- Was steht im Leitfaden

Modellierungsspezifika
- Welche Notation (Modellierungssprache) wird verwendet?
- Welche weiteren grafischen Elemente sollen zur Darstellung genutzt werden?
- Interpretation/Darstellung der Prozesssymbole (Prozesse, Bereiche, Daten, Verzweigungen)

Modellierung von Prozessen
- Grundinformationen zur Vorgehensweise und Beschreibung des gewählten Systems
- Vorgehensweise bei der Modellierung
- Beschreibung der Struktur/ des Aufbaus: Prozessmodell, Prozesslandschaft, Prozessübersicht
- Prozesse modellieren (Aufzeigen einer Prozessdarstellung)
- Teilprozesse modellieren (Konnektoren)
- Unterprozesse modellieren (Konnektoren, Detaillierung)

Prozessinformationen hinterlegen
- Bis zu welcher Tiefe soll detailliert werden?
- Welche Informationen müssen und welche können hinterlegt werden?
- Basisdaten (Prozesslisten, Datenlisten, Bereichslisten, Benutzerfelder)
- Anmerkungen zu Prozessen, Daten und Bereichen

Darstellung der Organigramme
- Symbole (Festlegung der Organigramm-Shapes)
- Erscheinungsformen

Prozessmodellierung mit mehreren Benutzern
- Festlegung der Versionsverwaltung
- Festlegung der Modellierungsstrategie
- Prozessmodelle veröffentlichen

BILD A.4 Inhalte eines Modellierungsleitfadens

Unabhängig von der letztlich gewählten Modellierungssprache, sollten folgende Themen in einem Konventionenhandbuch zur Modellierung (Modellierungsleitfaden) festgeschrieben werden:

- Ziel und Zweck des Leitfadens
- Beschreibung des Systemaufbaus
- Modellierungsspezifikationen
- Vorgehensweise bei der Modellierung von Prozessen
- Festlegungen zur Detaillierungstiefe des Prozesses
- Darstellung von Organigrammen
- Vorgehensweise bei der Modellierung mit mehreren Benutzern

Im Wesentlichen handelt es sich bei den oben aufgeführten Punkten um die Festlegungen aus der Projektplanungsphase. Im Modellierungsleitfaden sollten diese anhand konkreter praktischer Beispiel dokumentiert werden. Neu hinzukommen an dieser Stelle die Dimensionen Organigramme und Prozessmodellierung mit mehreren ViFlow-Benutzern (Bild A.4).

A.2.1.5 Datenablage

Die Datenablage ist besonders beim Neuaufbau von QM-Dokumentationen ein zentrales Thema. Bestimmende Einflussfaktoren im BRING & SCHNELL-Projekt sind

1. die ViFlow-Datenbank,
2. das ViFlow-WebModel und
3. die über das WebModel hinterlegten prozessrelevanten Dokumente.

Der ViFlow-Datenbank genügt zur Ablage ein normales Netzlaufwerk. Einzige Voraussetzung an dieser Stelle ist die Zugriffsmöglichkeit aller ViFlow-Modellierer auf den entsprechenden Ablagepfad.

Das ViFlow-WebModel kann analog zur Datenbank ebenfalls auf einem Netzlaufwerk abgelegt werden. Aufgrund der zu erwartenden hohen Zugriffszahlen durch die Endanwender hat man sich allerdings dazu entschieden, die HTML-basierte Informationsplattform auf einem Web-Server abzulegen.

Ein Aspekt, den die ISO 9001 aufgreift, ist das Thema Lenkung von Dokumenten. Die BRING & SCHNELL GmbH setzt bereits seit einiger Zeit das Dokumentenmanagementsystem Microsoft Share Point ein. Mit MS Share Point können an Dokumenten erfolgte Änderungen automatisch nachverfolgt werden. Des Weiteren lassen sich zu Prüf- und Freigabezwecken Workflows hinterlegen, die das Änderungsmanagement erheblich vereinfachen. Ein weiterer wesentlicher Aspekt, besonders in Zusammenarbeit mit dem Modellierungsprogramm ViFlow, ist eine dauerhafte URL zu einem Dokument, unabhängig davon, um welche Version es sich handelt. Dies bedeutet, dass in ViFlow keine Verknüpfungen zu Dokumenten mehr angepasst werden müssen.

A.2.1.6 Systemstruktur in ViFlow

Die ViFlow-Systemstruktur muss aus drei Perspektiven betrachtet werden. Zunächst werden auf Basis der Situationsanalyse aus der Projektvorbereitung die ViFlow-Stammdaten definiert. Hierunter ist der Aufbau der Daten-/Informations- und der Bereichs-/Organisationssicht

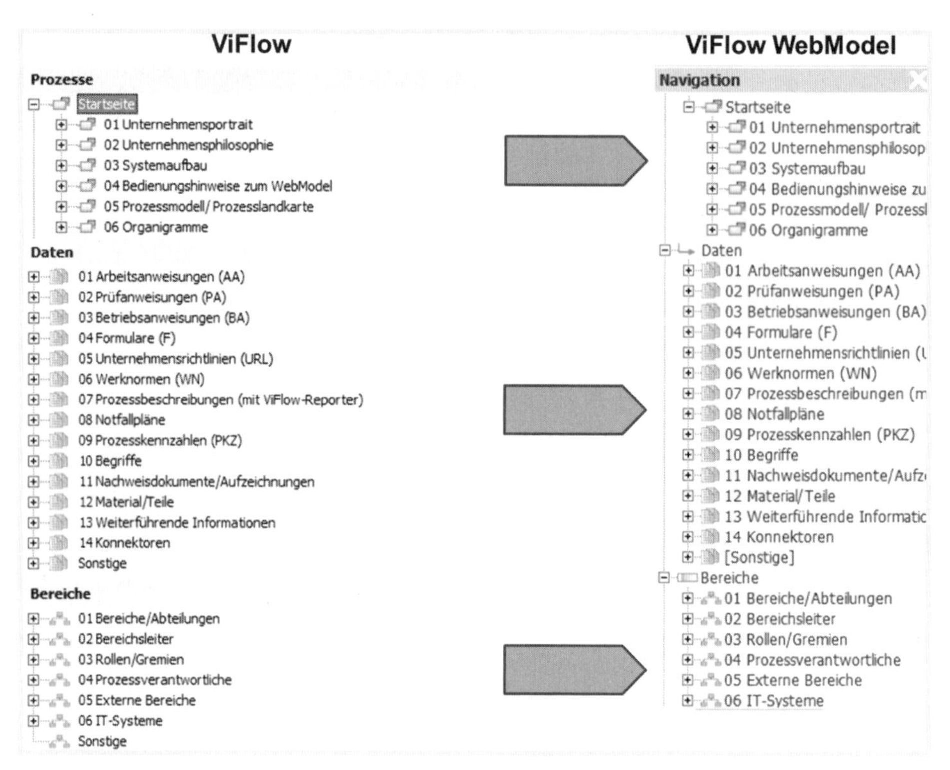

BILD A.5 Auszug Datenbank Stammdaten in ViFlow und ViFlow WebModel

zu verstehen. Sind diese beiden Punkte definiert, folgt die Prozesssicht. Ein besonderes Augenmerk gilt hier einer für den Endanwender verständlichen Struktur, da der Aufbau im Modellierungsprogramm auch dem des späteren WebModels entspricht.

Für die Sparte Daten/Informationen hat die Situationsanalyse folgende erforderliche Struktur hervorgebracht, unter der dann die Dokumente und Informationen bereitgestellt werden:

- Arbeitsanweisungen
- Prüfanweisungen
- Betriebsanweisungen
- Formulare
- Unternehmensrichtlinien
- Werknormen
- Prozessbeschreibungen
- Notfallpläne
- Prozesskennzahlen
- Begriffe
- Aufzeichnungen
- Material

Folgende Fragestellungen sind für den Aufbau der Daten-/Informationssicht sinnvoll:

- Welche Dokumententypen existieren im Unternehmen?
- Lassen sich die verschiedenen Dokumententypen sinnvoll zusammenfassen (statt beispielsweise Arbeits-, Verfahrens- und Prüfanweisungen in separaten Strukturen anzulegen, können diese auch unter der Datenart „Anweisungen" zusammengefasst werden)?
- Ist die gewählte Strukturierung praxistauglich (Anwendersicht)?

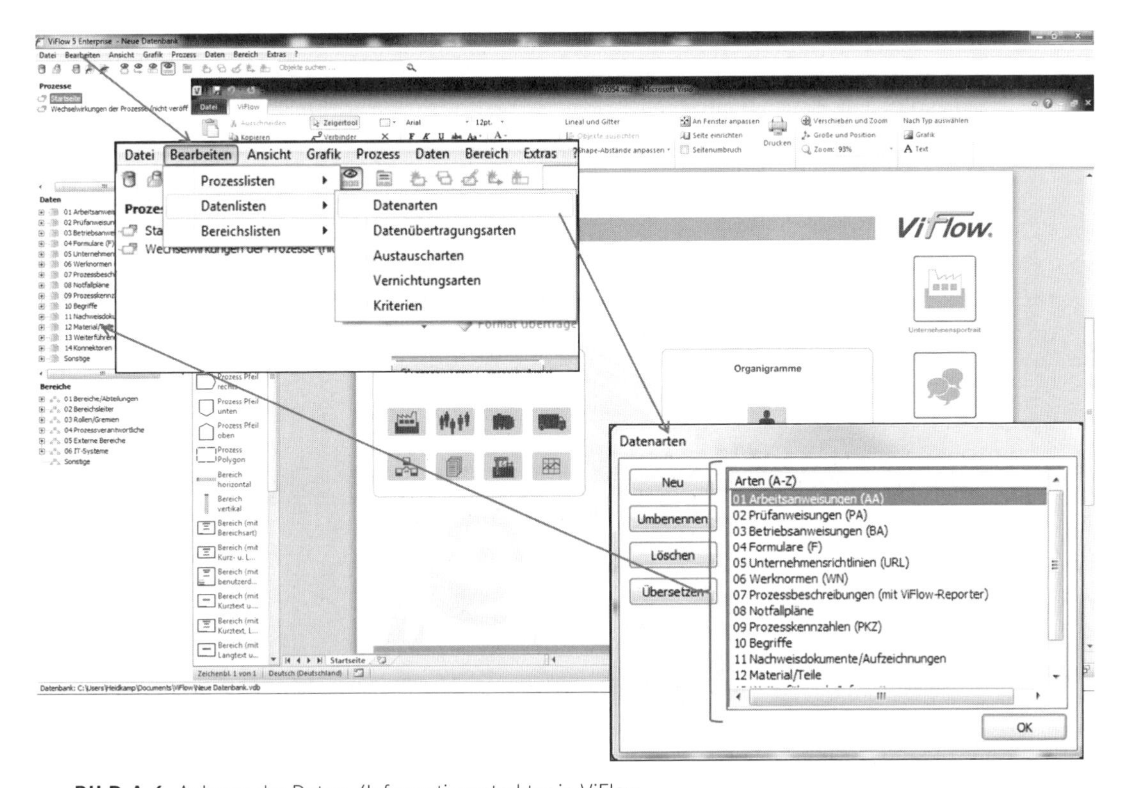

BILD A.6 Anlegen der Daten-/Informationsstruktur in ViFlow

Ein analoges Vorgehen empfiehlt sich auch für den Aufbau der Bereichs- und Organisationssicht. Die BRING & SCHNELL hat sich auf Basis der vorliegenden Informationen für folgende Bereichsarten entschieden:

- Bereiche/Abteilungen
- Bereichsleiter
- Rollen/Gremien
- Prozessverantwortliche
- Externe Bereiche
- IT-Systeme

In der ersten Diskussionsrunde zu den Festlegungen in der Bereichssicht stand auch eine Bereichsart für die „Mitarbeiter" zur Diskussion. Hier hat man jedoch erkannt, dass der Nutzen, der sich hieraus ergibt, sehr gering ist und in keinem Verhältnis zum Aufwand in der späteren Modellpflege steht. Auch die Anforderung, eine zentrale Stellen-/Rollenbeschreibung durch das WebModel zur Verfügung zu stellen, wäre nicht mehr gegeben gewesen, wenn man die „Mitarbeiter" als Swimlane in der Prozessgrafik verwendet hätte.

Als dritter Kernaspekt muss die Prozessstruktur definiert werden. Die Hauptzielgruppe im BRING & SCHNELL-Projekt sind die Mitarbeiter. Um eine komfortable und transparente Informationsbeschaffung gewährleisten zu können, ist es erforderlich, die Modellstruktur so klar und einfach wie möglich aufzubauen. Grundsätzlich gilt allerdings, dass die Modellstruktur stets abhängig von der Komplexität des jeweiligen Unternehmens ist. Das bedeutet konkret, dass die hier gewählte Modelltiefe bei entsprechenden Anforderungen auch tiefer ausfallen kann. Dies muss jeweils individuell definiert werden. Eine praxiserprobte Modellstruktur, die auch bei BRING & SCHNELL zur Anwendung gekommen ist, wird im Folgenden aufgezeigt.

Ebene 0: Startseite

Ebene 1: Prozesslandkarte

Ebene 2: Prozessgruppe (z. B. Personalprozesse, Vertriebsprozesse, ...)

Ebene 3: Prozess (z. B. Einstellung neuer Mitarbeiter, Versandabwicklung, ...)

Ebene 4: Aktivität (diese Ebene enthält keine weiteren Unterebenen mehr; z. B. Auftragsbestätigung versenden)

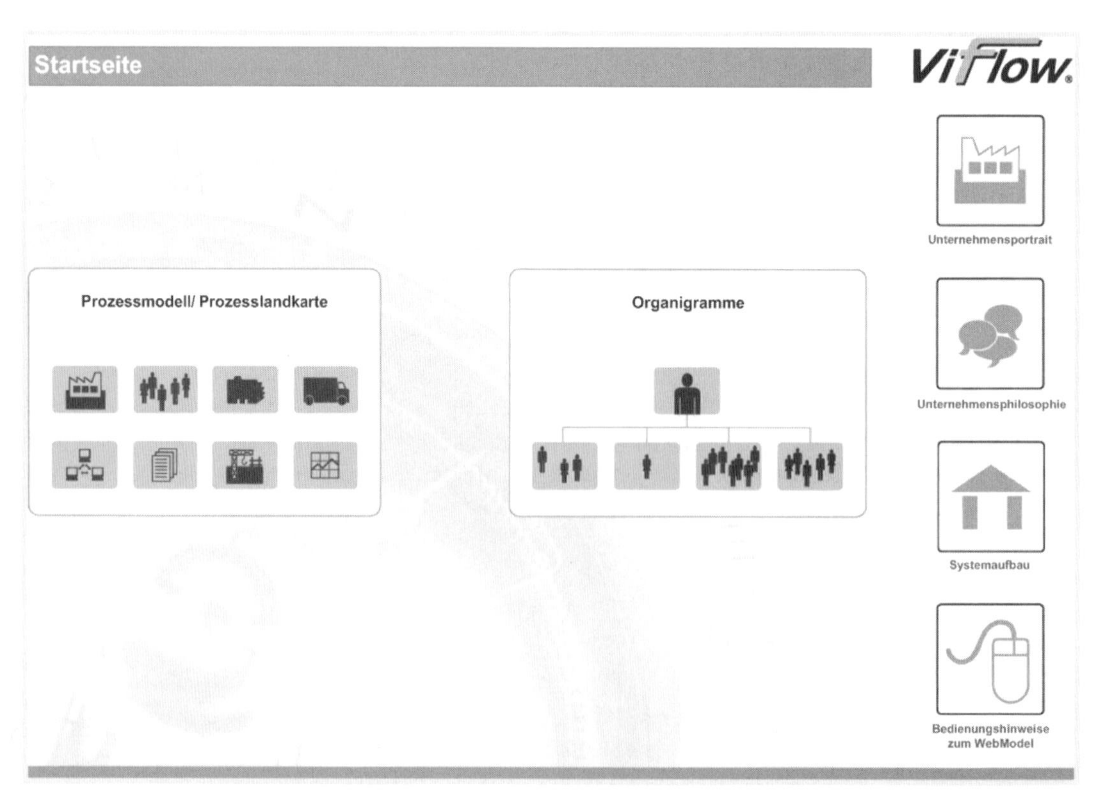

BILD A.7 Ebene 0 Startseite in ViFlow

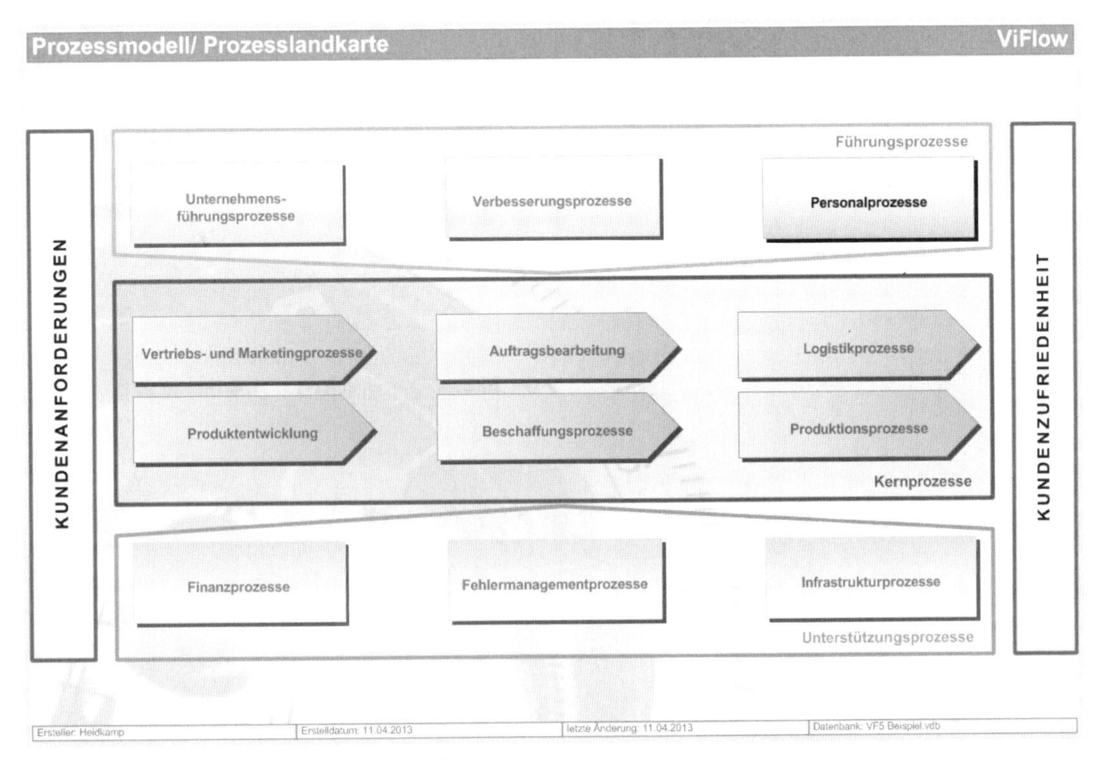

BILD A.8 Ebene 1 Prozesslandkarte in ViFlow

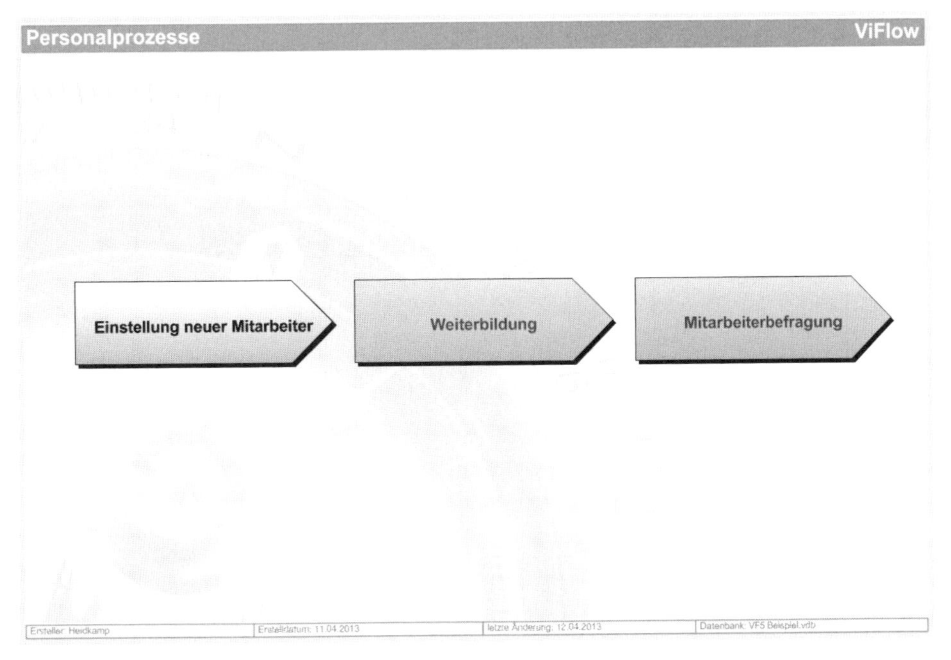

BILD A.9 Ebene 2 Prozessgruppe in ViFlow

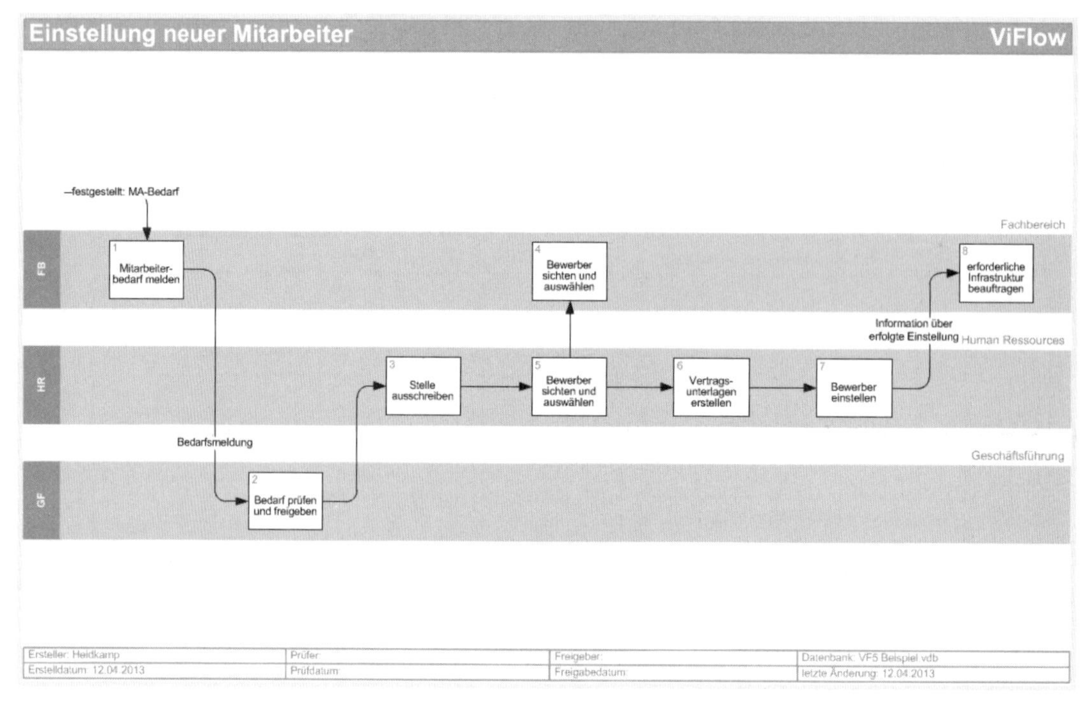

BILD A.10 Prozess in ViFlow

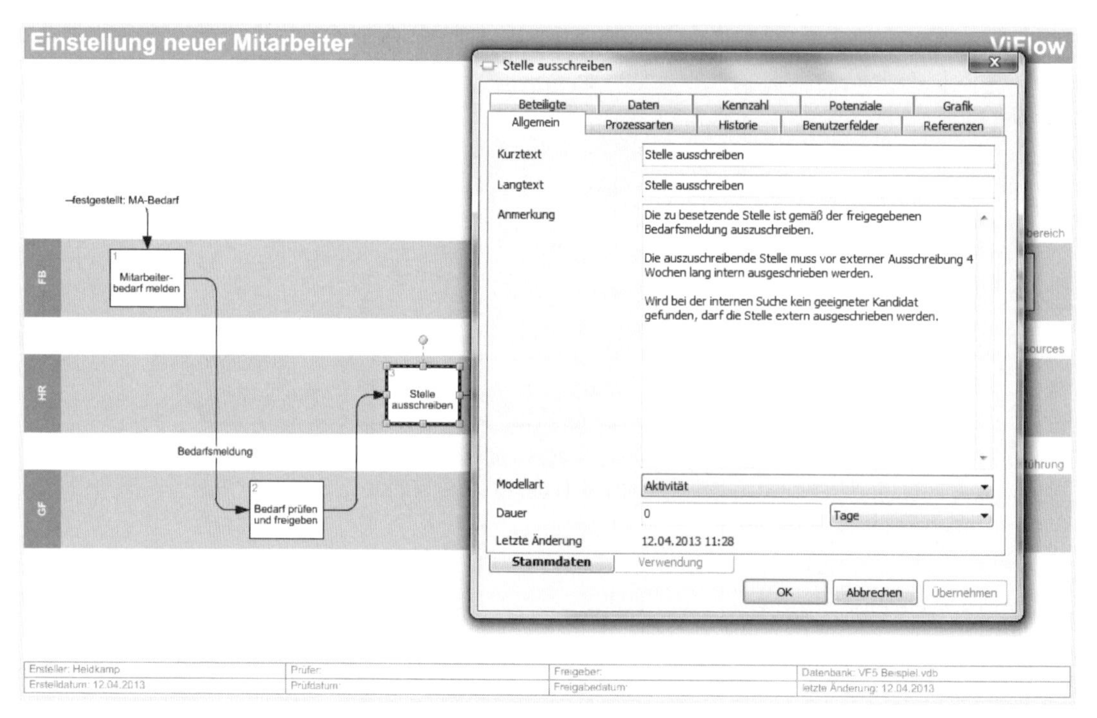

BILD A.11 Aktivität/Prozessschritt in ViFlow

A.2.2 Phase 2: Prozessaufnahme und Modellierung

A.2.2.1 Schritt 1: Identifizierungsphase und Vorabklärung

Die Systemstruktur und die Modellierungsfestlegungen sind definiert. Nun folgt die eigentliche Projektarbeit. Das Modell wird mit Inhalten gefüllt. Zunächst müssen jedoch die abzubildenden Prozesse identifiziert werden. Hierzu werden die Mitglieder des Leitungsteams aufgefordert, sämtliche Prozesse zu benennen. Die Prozessbenennung sollte vor dem Gesichtspunkt der ISO-Relevanz erfolgen.

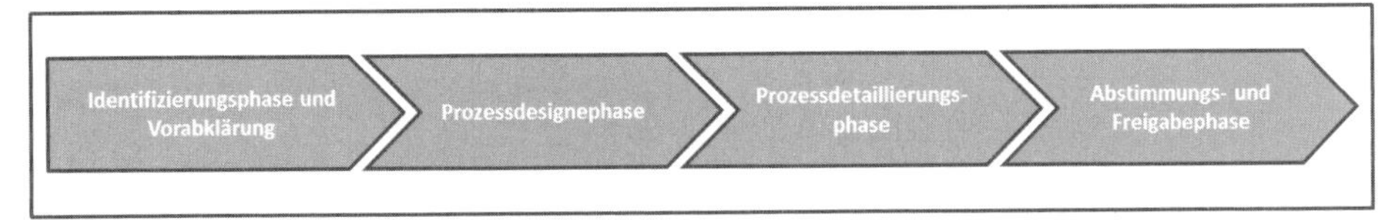

BILD A.12 Phasenübersicht im Rahmen der Prozessaufnahme und Modellierung

Der QMB erstellt daraufhin eine Liste mit den identifizierten Prozessen. Die Liste wird um folgende Attribute ergänzt:

- Prozessname
- Ereignis für den Prozessstart (!)
- Ereignis für das Prozessende (!)
- Prozessverantwortlicher (!)
- Priorität des Prozesses aus Sicht des Leitungsmitglieds

TABELLE A.2 Ausschnitt Priorisierungstabelle

Nr.	Prozessname	Ereignis Prozessstart	Ereignis Prozessende	Prozessverantwortlicher	Priorität
1	Einstellung neuer Mitarbeiter	Interne MA-Bedarfsmeldung liegt vor	Neuer MA ist eingestellt	Benno Beispiel	Hoch
...	...	...	...	...	...
...	...	...	...	...	...

Nachdem die Mitglieder des Leitungsteams die Liste innerhalb ihres Bereichs abgestimmt und ausgefüllt hatten, wurden die einzelnen Dateien zu einer Gesamtliste in Excel zusammengeführt und konsolidiert, d. h. Doppelbenennungen und Unklarheiten wurden beseitigt.

Diese Liste wurde dann in ViFlow vom zentralen Prozessmodellierer in eine entsprechende Prozessstruktur überführt. Um die aufzunehmenden Prozesse vor der Modellierung voneinander abzugrenzen, wurden erforderliche und wesentliche Prozessinformationen definiert, die in einem sogenannten Prozesssteckbrief/Turtle-Grafik festgehalten wurden.

Folgende Informationen wurden im Vorfeld der Modellierung geklärt und jeweils in einem Turtle-Diagramm dargestellt:

- Prozesskurzbeschreibung (Meilensteine des Prozesses)
- Mitgeltende Dokumente und Informationen
- Inputs und Outputs des Prozesses
- Beteiligte Bereiche (intern/extern)
- Geltungsbereich
- Prozessziele und, sofern vorhanden, Kennzahlen
- Ressourcen (z. B. IT-Systeme)

Zusätzlich wurden im Steckbrief bereits die Informationen aus der Vorbereitung integriert (Prozessname, PV, Startereignis, Endereignis, Priorität).

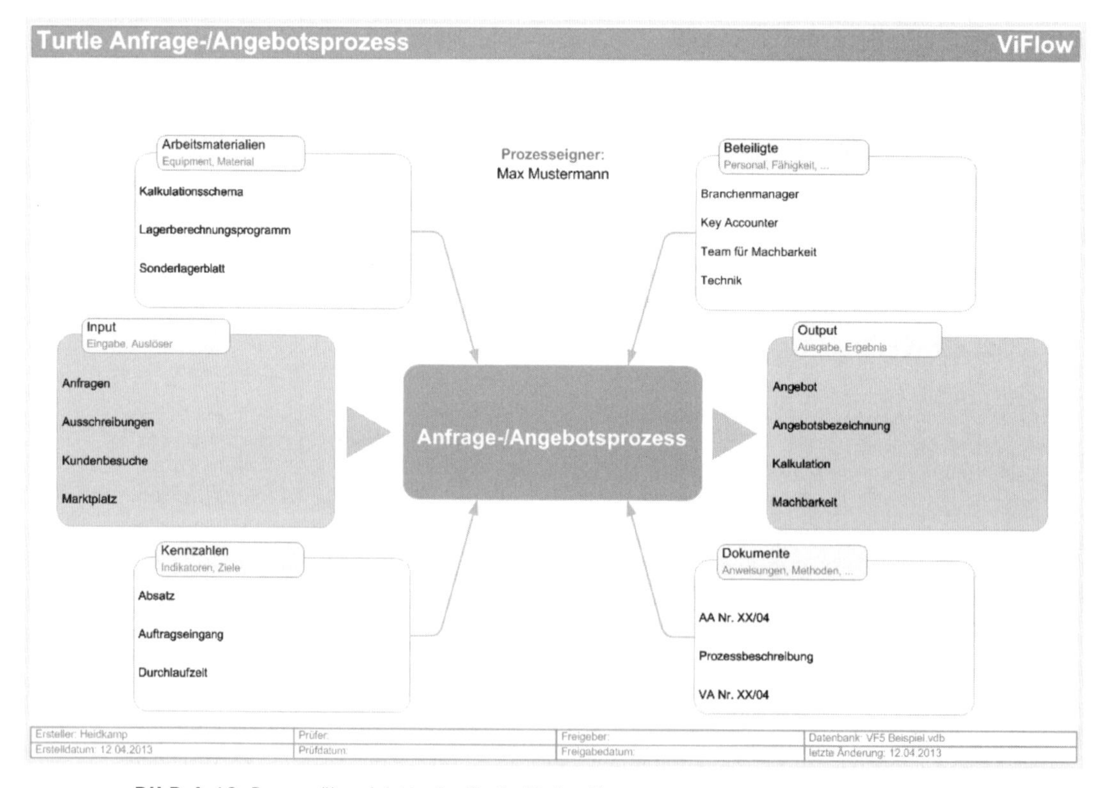

BILD A.13 Prozessübersicht in der Turtle-Methodik

Im Folgenden finden Sie einige Kernfragen, die bei der Prozessanalyse beantwortet werden sollten, um den Prozess hinlänglich zu beschreiben.

- Wer ist verantwortlich für den Prozess?
- Was sind die Auslöser (Inputs) des Prozesses?
- Wie wird der Prozess abgewickelt (Tätigkeit)?
- Welche mitgeltenden Dokumente sind bei der Durchführung relevant?
- Wer mit wem (Mitwirkungen und Verantwortlichkeiten)?
- Was sind die Ergebnisse (Outputs) des Prozesses?
- Wie ist das Vorgehen bzw. sind die Verantwortlichkeiten bei Störungen oder Änderungen geregelt?
- Welche Prozessziele sind festgelegt?
- Wann und wie wird die Leistungsfähigkeit gemessen (Soll-Ist-Vergleich), visualisiert und bewertet (Kennzahl)?
- Wie wird der Prozess wirksam verbessert bzw. werden Korrekturmaßnahmen festgelegt und überwacht?

Diese Informationen wurden zunächst an den in ViFlow hinterlegten Prozess angebunden und anschließend in ViFlow integriert (z. B. im Anmerkungstext, über die Beteiligten, ...).

A.2.2.2 Schritt 2: Prozessdesignphase

Die Prozessdesignphase lässt sich in drei wesentliche Schritte gliedern:

- Schritt 1: Vorbereitung der Prozessaufnahme
- Schritt 2: Während der Prozessaufnahme
- Schritt 3: Abschließende Arbeiten

Im ersten Schritt, der Vorbereitung der Prozessaufnahme, wird entschieden, wie die Prozesse aufgenommen werden sollen. Hier bieten sich zwei Methoden an: die Prozessaufnahme mittels Interviewtechnik oder die Durchführung von Prozessworkshops. Die BRING & SCHNELL hat beide Methoden angewandt. Strategisch und politisch unkritische Prozesse sind in Form eines Interviews aufgenommen worden. Der Informationsaustausch fand hier primär zwischen Prozessverantwortlichem und Modellierer statt. Schwierige und politisch kritische Prozesse wurden hingegen jeweils durch zwei Personen in einem Prozessworkshop begleitet. Das kleine Team bestand aus einem Moderator (Workshop-Leitung) und einem Modellierer, ergänzt um die weiteren relevanten Prozessbeteiligten.

Soll die Prozessaufnahme mittels Interviewtechnik erfolgen, empfiehlt es sich, die Ergebnisse direkt am Rechner zu sichern. Im Rahmen der Prozessworkshops stellt dieses Vorgehen ebenfalls eine Möglichkeit dar. Allerdings sollte darauf geachtet werden, dass das Rechnerbild in diesem Fall für alle Workshop-Beteiligten gut sichtbar bereitgestellt wird, z. B. über einen Beamer. Der Vorteil in der direkten Hinterlegung des Prozesses in ViFlow liegt auf der Hand. Es entfällt die Überführung aus anderen Medien. Somit ist sichergestellt, dass keine Informationen, die ggf. unleserlich auf Papier notiert wurden, verloren gehen. Weiter kann der aufgenommene Prozess direkt im Anschluss an den Workshop ausgedruckt und den Teilnehmern mitgegeben werden. Neben der direkten Visualisierung in ViFlow sind ebenfalls Medien wie Flip-Charts oder Stellwände denkbar.

Unabhängig vom letztlich gewählten Verfahren sind folgende Aspekte im Vorfeld zu erledigen:

- Prozessbeteiligte einladen
- Gegebenenfalls Co-Moderator auswählen (für die parallele Eingabe der Informationen in ViFlow)
- Material für Prozessmoderation, z. B. Beispielprozesse, Arbeitsmaterial (Flipchart, Stellwände, Beamer usw.) vorbereiten
- Abläufe (Agenda) zur Prozessaufnahme, eventuell Moderationsplan gestalten

Nachdem die vorbereitenden Tätigkeiten abgeschlossen wurden, geht es weiter mit Schritt 2, der eigentlichen Prozessaufnahme. Die nachfolgenden Erfolgsfaktoren sind gültig für die Interviewtechnik wie auch für die Prozessworkshops. Bei der BRING & SCHNELL hat die Berücksichtigung dieser Punkte nicht unwesentlich zum gesamten Projekterfolg beigetragen.

- Ziele des Workshops definieren
- Ablauf des Workshops klären
- Prozessdarstellungsweise von ViFlow erklären
- Anfangs- und Endpunkt des aufzunehmenden Prozesses klären
- Prozessbeteiligte (Swimlanes) aufnehmen (Orientierung anhand des Firmenorganigramms)

Neben den organisatorischen Aspekten ist der Erfolg einer Prozessaufnahme größtenteils von den prozessrelevanten Fragestellungen abhängig. Es müssen zunächst die Prozessbeteiligten definiert werden. Die benannten Organisationseinheiten wurden direkt auf der Prozessgrafik als Swimlanes angelegt. Anschließend folgt die Festlegung des Startpunkts. Entweder man definiert hier ein Symbol für „Prozessstart" oder wenn dieser Start aus einem anderen Prozess abgeleitet ist, wird dieser mit Hilfe des Konnektors dargestellt. Ein Konnektor bietet die Möglichkeit, vor- und nachgelagerte Prozesse miteinander zu verknüpfen. Idealerweise folgt direkt im Anschluss die Definition des Prozessergebnisses. Wenn dies als Input für weitere Prozesse dient, wird es ebenfalls mit dem Konnektor visualisiert. Die frühe Klärung des Prozessergebnisses/-endes minimiert die Gefahr, Inhalte abzubilden, die möglicherweise kein Kernaspekt des zu definierenden Prozesses sind. Ist der Prozess klar abgegrenzt, kann nun die Modellierung der Tätigkeiten und Entscheidungen des Prozesses erfolgen. Diese werden, abhängig von der jeweiligen Durchführungsverantwortung, auf der entsprechenden Swimlane platziert. Nun ist noch die Ablaufreihenfolge festzulegen. Abgeschlossen wird die eigentliche Aufnahmephase dann mit der Definition von Schnittstellen. Hier wurde detailliert betrachtet, welche Informations-/Daten-/Dokumenten- und/oder Materialflüsse zwischen den einzelnen Aktivitäten zu visualisieren waren. Eine Beispielprozessgrafik, die nach dem beschriebenen Verfahren erstellt wurde, zeigt Bild A.14. Die relevanten Fragen im Überblick:

- Welche Organisationseinheiten, Rollen oder Bereiche sind innerhalb des zu betrachtenden Prozesses mit Tätigkeiten/Aktivitäten involviert?
- Welches Ereignis/welche Ereignisse starten den Prozess/die Prozessgrafik?
- Welches Ereignis/welche Ereignisse beenden den Prozess/die Prozessgrafik?
- Welche Tätigkeiten/Aktivitäten/Entscheidungen sind innerhalb des Prozesses erforderlich?
- In welcher Reihenfolge laufen die einzelnen Tätigkeiten/Aktivitäten ab?
- Was fließt zwischen den einzelnen Aktivitäten bzw. was stößt die Folgeaktivität an?

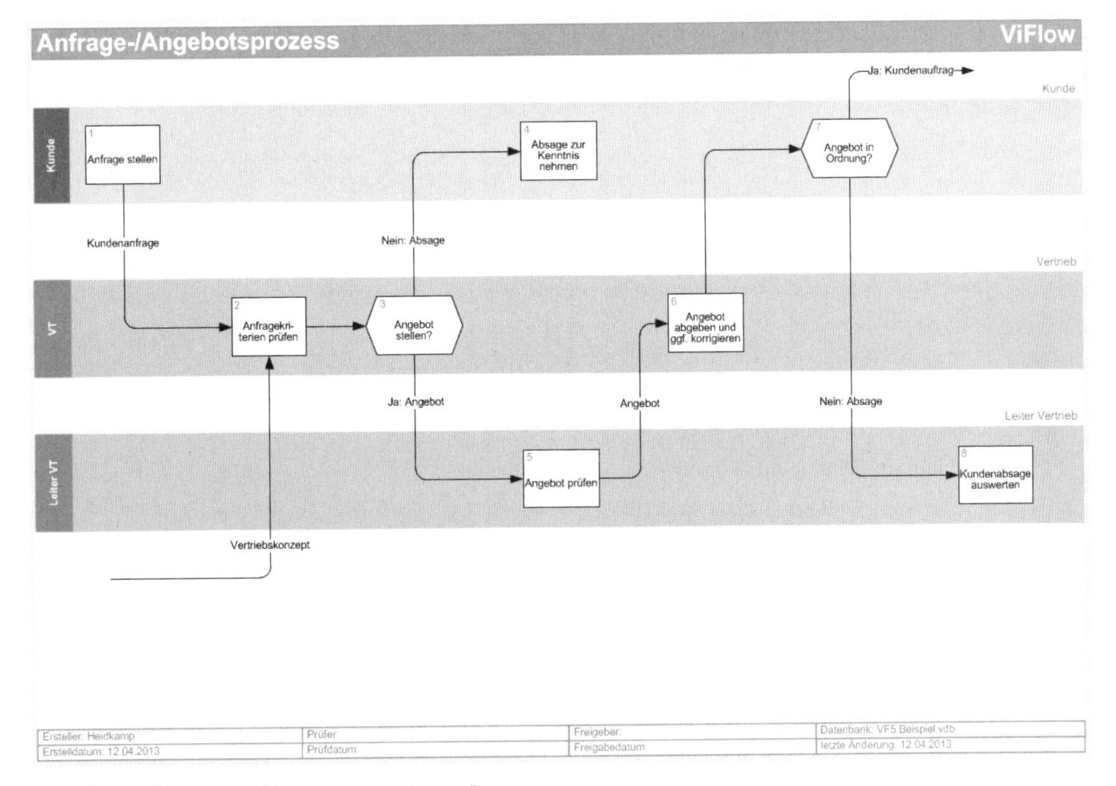

BILD A.14 Beispiel für einen modellierten Prozess

Nachdem nun die Prozesse gemeinsam mit den Beteiligten aufgenommen wurden, ist im Rahmen des Workshops/Interviews noch Schritt 3 zu berücksichtigen. Die abschließenden Arbeiten der Prozessdesignphase bei BRING & SCHNELL sind:

- die Benennung und Gewichtung von Verbesserungspotentialen und
- die Vereinbarung der weiteren Vorgehensweise.

A.2.2.3 Schritt 3: Prozessdetaillierungsphase

Nach der Designphase war BRING & SCHNELL eine Detaillierung der Prozesse wichtig, um alle aktuellen, den Prozess betreffenden Informationen zu erfassen. Diese Aufgabe wurde von den Modellierern in enger Zusammenarbeit mit den jeweiligen Prozessbeteiligten vorgenommen. Eine derart detaillierte Aufnahme wäre in einem Workshop auch wegen begrenzter Ressourcen nicht möglich gewesen – die in dieser Phase gewählte Interviewtechnik erwies sich rückblickend als richtige Entscheidung. Die Detaillierung hatte folgende Ausprägungen:

Detaillierungsmethode 1: Modellierung von Unterprozessen

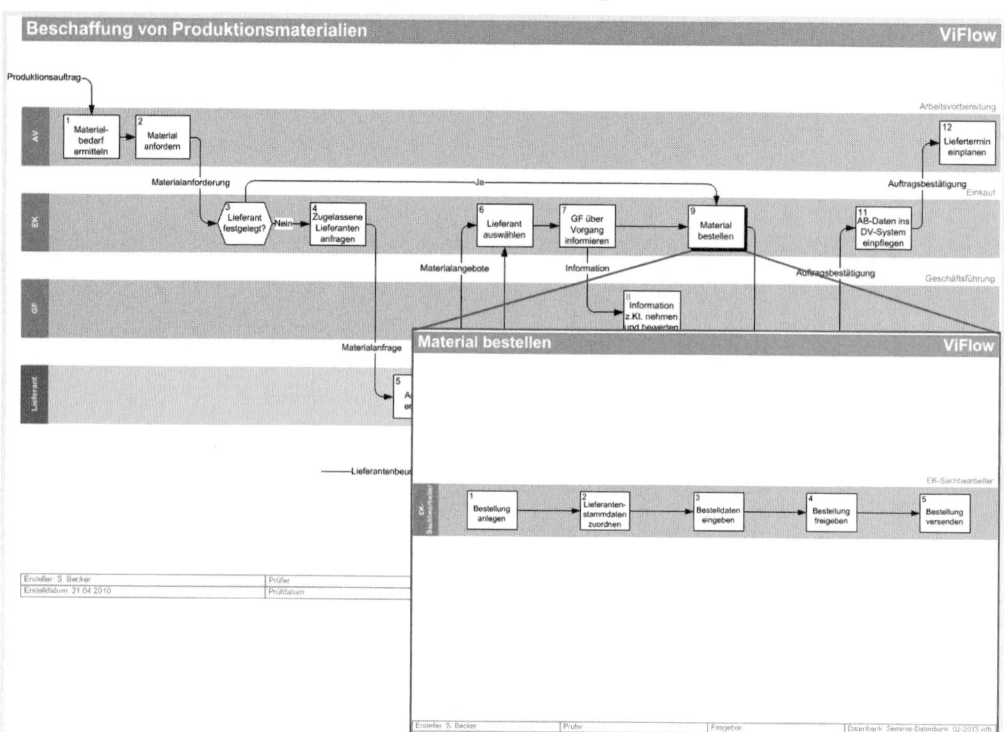

BILD A.15 Detaillierung von Unterprozessen

Detaillierungsmethode 2: Textliche Beschreibung der Details im Anmerkungstext (von einzelnen Wörtern bis hin zu ganzen Textpassagen)

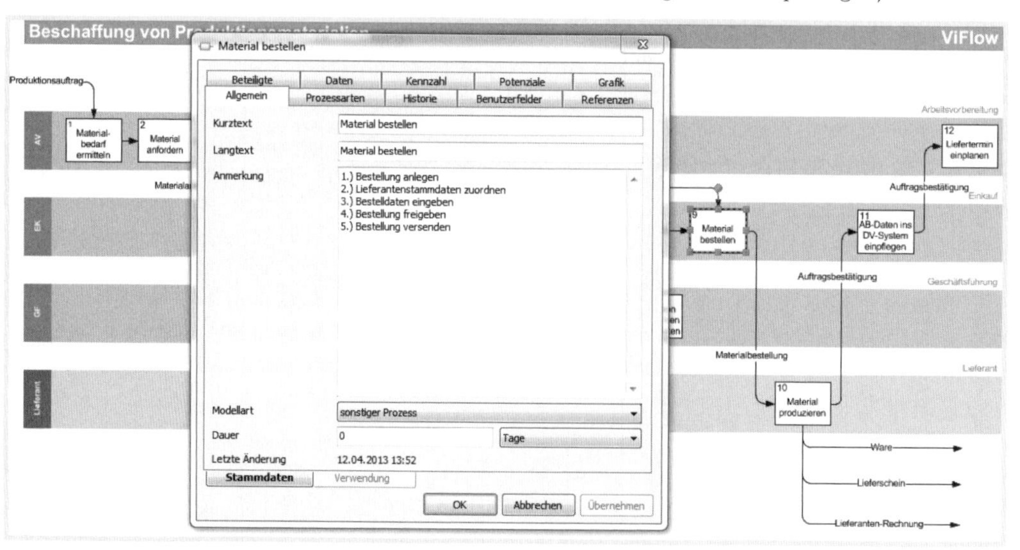

BILD A.16 Eigenschaften Anmerkungstext

Detaillierungsmethode 3: Zuordnung von mitgeltenden Informationen (im überwiegenden Teil handelte es sich hier um Arbeitsanweisungen, Formulare, Organisationsrichtlinien, Normforderungen usw.)

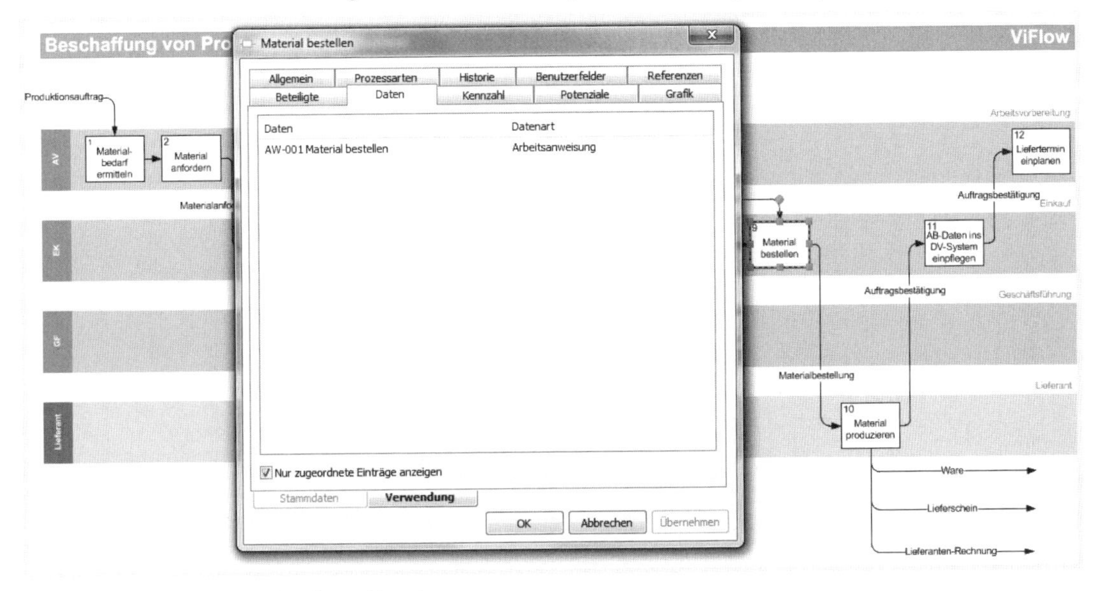

BILD A.17 Eigenschaften Datenhinterlegung

Detaillierungsmethode 4: Zuordnung von spezifischen Informationen innerhalb der Datenbank (Normanforderungen, Aufnahmezeitpunkt und Interviewpartner, Status, Verbesserungsmaßnahmen usw.)

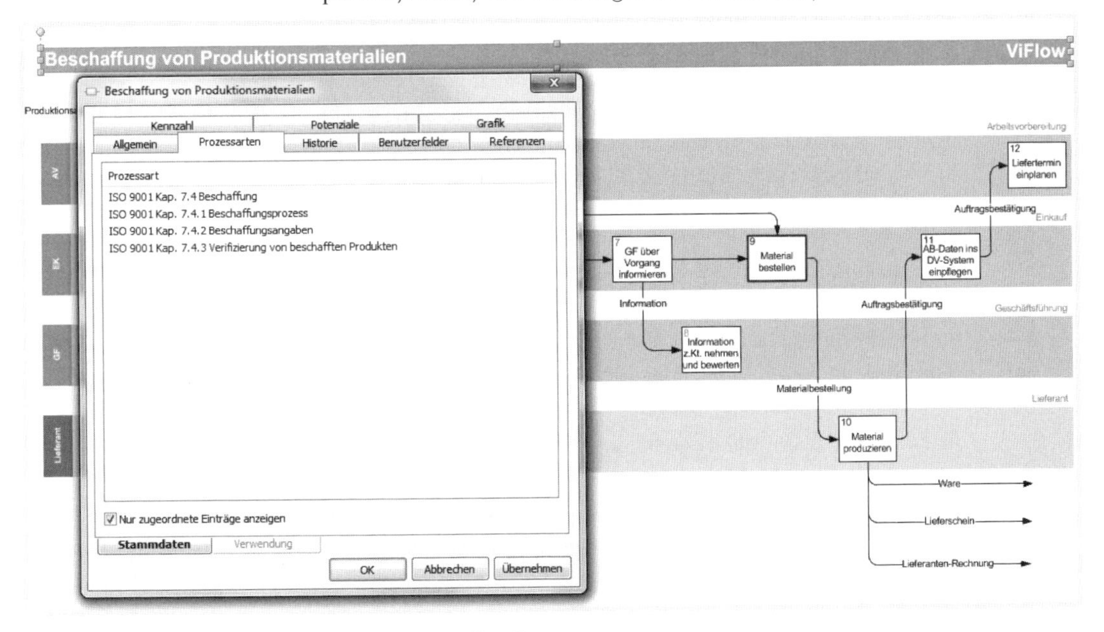

BILD A.18 Hinterlegung von Normkapiteln über Prozessarten

Die Detaillierungsmethode und der Detaillierungsgrad waren innerhalb des Projekts von verschiedenen Faktoren abhängig:

- der zu schaffenden Transparenz,
- der Priorität des Prozesses,
- den vorhandenen, im Unternehmen bereits beschriebenen, Regelungen,
- den zu erwartenden Risiken bei einem nicht oder nur eingeschränkt funktionierenden Prozess,
- der Komplexität des Prozesses,
- der Störungshäufigkeit im Prozess,
- der Qualifikation der am Prozess beteiligten Mitarbeiter,
- der Schnittstellenproblematik.

Die während der Detaillierungsphase ermittelten Verbesserungspotentiale wurden erfasst und im Tool hinterlegt.

A.2.2.4 Schritt 4: Abstimmungs- und Freigabephase

Nach Abschluss der Detaillierungsphase ging es um die Finalisierung der Modellierungsergebnisse. Die Ergebnisse wurden an alle am Prozess beteiligten Bereiche und an den Prozessverantwortlichen verteilt. Die Prozesse sind direkt aus der Modellierungsumgebung ViFlow an die entsprechenden Prüfer und Freigeber versendet worden. Hier wurde der im Modellierungsprogramm enthaltene Freigabeworkflow verwendet. Voraussetzung hierfür war die Benennung sämtlicher Prüf- und Freigabeverantwortlichen zu Beginn des Projekts. Nach deren Benennung wurden diese als Datensatz im Programm ViFlow angelegt. Der Datensatz beinhaltet neben dem Namen auch die E-Mail-Adresse der zuständigen Person. Im letzten Schritt mussten die entsprechenden Prüfer und Freigeber dem Prozess zugeordnet werden. Der Freigabemechanismus stellt den Prüf- und Freigabeverantwortlichen eine Grafik des Prozessbilds – inklusive aller hinterlegten Detailinformationen, wie z. B. Anmerkungstexte, Beteiligte oder erforderliche Dokumente – zur Verfügung. Das einzige ToDo für die Modellierer war die Berichtserstellung. ViFlow hat die Dokumentation automatisch in eine neue E-Mail eingefügt, so dass nur noch auf die Senden-Schaltfläche geklickt werden musste. So konnte eine zeitnahe Übermittlung der Arbeitsergebnisse realisiert werden. Neben der komfortablen Verteilung der Ergebnisse ist man mit dieser Vorgehensweise im Hinblick auf die für das QM erforderliche Nachweispflicht von Prüfung und Freigabe bestmöglich aufgestellt, da sämtliche Prozesskommunikation über das Mailsystem der BRING & SCHNELL nachvollziehbar ist. Die sich daraus ergebenden Änderungen wurden in die Prozesse modelliert.

Der Leitungskreis, die Prozessverantwortlichen, die an der Prozessmodellierung beteiligten Mitarbeiter und das Projekt-/Modellierungsteam des Unternehmens hatten jederzeit Zugriff auf die Entwurfsstände des Prozessmodells innerhalb dieses definierten Nutzerkreises.

Der Leitungskreis wurde während dieser Phase permanent über den Stand der Modellierung unterrichtet.

Anschließend kam es zu einer Freigabe des abgestimmten Modellierungsstands durch den jeweiligen Prozessverantwortlichen. Schnelle und ohne großen Abstimmungsbedarf umsetzbare Verbesserungspotentiale wurden durch den Prozessverantwortlichen bewertet und initiiert.

Hinweis: Alle während des Projekts ermittelten Maßnahmen wurden über ein zentrales Maßnahmenmanagement erfasst und gepflegt.

Umfangreicheres Verbesserungspotential wurde ebenfalls erfasst und in die anschließende Prozessoptimierungsphase überführt.

A.2.3 Phase 3: Veröffentlichung und Training

Für BRING & SCHNELL war die Zweisprachigkeit des Prozessmodells ein wichtiger Aspekt. Mit der offiziellen Veröffentlichung, also der Freischaltung des erarbeiteten Systems für alle Mitarbeiter, sollte das komplette Modell übersetzt vorliegen. Hier ging es darum, die europäischen Standorte, im Wesentlichen Büros der Vertriebs- und Projektmitarbeiter, einzubinden.

Die englische Übersetzung erfolgte aufgrund mangelnder interner Ressourcen durch ein Übersetzungsbüro. Für die komplette Übersetzung des Modells wurden drei Wochen eingeplant. Da das Übersetzungsbüro auch in der Vergangenheit für BRING & SCHNELL tätig war, hielt sich die Abstimmung der Terminologie in Grenzen.

In dieser Zeit wurde der Anwenderleitfaden zum ViFlow-WebModel/„Prozess-Navigator" erstellt und ebenfalls in die englische Sprache übersetzt.

Hier ging es noch einmal um den „Feinschliff" des Modells.

Für die Kommunikation wurde der Marketingbereich von BRING & SCHNELL eingebunden. Folgende Kanäle wurden zur Kommunikation genutzt:

- Ankündigungen im Intranet (interne News)
- PowerPoint-Präsentation zum Thema QMH und WebModel
- Flyer (mit Informationen zum Projekt, zum Prozessmanagement, Kontaktdaten der Ansprechpartner, Beispiele, ...)
- Bereichsbezogene Schulungen durch die Prozessverantwortlichen (unterstützt durch Teilnehmer des Projektteams)
- Telefon-/Webkonferenzen (Webinare) für die europäischen Standorte (Darstellung und Navigation)

Besonderes Interesse hat bei den Mitarbeitern die Verlinkung der veröffentlichten Prozesse in einem E-Mail-Newsletter ausgelöst. Hierdurch konnte jeder Mitarbeiter über die Ankündigung direkt in den zu betrachtenden Prozess springen. Dies half gerade in der Einführungsphase dabei, die Endanwender über die Inhaltsebene in die neue Systemstruktur einzuführen.

A.2.4 Phase 4: Pflege

Ab der ersten Veröffentlichung des BRING & SCHNELL-„Prozess-Navigator" begann die ständige Pflege und Weiterentwicklung des Modells.

Gerade in der ersten Zeit nach Veröffentlichung gab es zahlreiche Hinweise und Ergänzungen zum Modell. Hier wurde als zentraler Anlaufpunkt eine Funktionsmailbox eingerichtet.

Nach einer kurzen „Ruhephase" wurde das bereits oben genannte Verbesserungsprojekt (siehe Schritt 4: Abstimmungs- und Freigabephase) gestartet. Hier war dem Leitungskreis wichtig, den derzeitigen Fokus und die Sensibilisierung nicht zu verlieren. Dieses Folgeprojekt wurde unter dem Namen „BRING & SCHNELL im Wandel" aufgesetzt. Basis der Betrachtung waren die Ist-Prozesse und die daraus ermittelten umfangreicheren, bisher noch nicht umgesetzten, Verbesserungspotentiale.

A.3 Fazit

Das Projekt „Erstellung einer prozessorientierten QM-Dokumentation" wie auch das aus dem Hauptprojekt abgeleitete Verbesserungsprojekt der BRING & SCHNELL GmbH, ist nicht zuletzt durch die strukturierte Vorgehensweise als unternehmensweiter Erfolg anzusehen. Neben einem sehr klaren Vorgehensmodell war zudem die deutliche Positionierung des Geschäftsführers für die Notwendigkeit ein essenzieller Faktor. In vielen Projekten, die sich mit Veränderungen beschäftigen, kann man in der Praxis gerade seitens der Geschäftsführung mangelnde Unterstützung feststellen. Die Grundvoraussetzungen sind in einem solchen Fall denkbar schlecht. Dies wird auch aus dem Exkurs zum Thema Widerstände deutlich. Werden die Ängste der betroffenen nicht ernst genommen und die Erfordernis für den Wandel nicht von der obersten Hierarchieebene nach unten getragen, kommt man zwar zu einem Projektergebnis, allerdings ist dessen Nutzen in der Regel nicht der erhoffte.

Auch das gewählte Modellierungsprogramm ViFlow hat in der Breite des Unternehmens enormen Zuspruch gefunden. Positiv wahrgenommen wurden hier vor allem die sehr einfache Handhabung, eine für jedermann auf den ersten Blick verständliche Modellierungssprache wie auch die Möglichkeit, in Zukunft das QM-System mit weiteren Systemen, wie z. B. Workflow- oder Kennzahlensystemen, zu verknüpfen.

Das aufgebaute QM-System entspricht den Forderungen der ISO 9001. Auch wenn die Zertifizierung nach der ISO-Norm erfolgreich sein wird, ist dies für die Verantwortlichen der BRING & SCHNELL ein eher untergeordneter Punkt. Das Hauptziel, die Förderung des Prozessdenkens, ist geglückt. Hiermit hat sich BRING & SCHNELL eine hervorragende Basis für die Implementierung eines kontinuierlichen Verbesserungsprozesses geschaffen.

Stichwortverzeichnis

N

O

P

T

U

V

W

X

Z